Wolf

Arbeitshilfen für Rechtsanwaltsfachangestellte

Arbeitshilfen für Rechts-anwaltsfachangestellte

Formulare, Checklisten und Muster für praktische Büroabläufe

9. Auflage 2026

von

Rechtswirtin **Carmen Wolf**,
Mülheim-Kärlich

ZAP

Zitiervorschlag:
Wolf, Arbeitshilfen für Rechtsanwaltsfachangestellte, § 1 Rn 1

Hinweis
Die Ausführungen in diesem Werk wurden mit Sorgfalt und nach bestem Wissen erstellt. Sie stellen jedoch lediglich Arbeitshilfen und Anregungen für die Lösung typischer Fallgestaltungen dar. Die Eigenverantwortung für die Formulierung von Verträgen, Verfügungen und Schriftsätzen trägt der Benutzer. Herausgeber, Autoren und Verlag übernehmen keinerlei Haftung für die Richtigkeit und Vollständigkeit der in diesem Buch enthaltenen Ausführungen.

Anregungen und Kritik zu diesem Werk senden Sie bitte an
kontakt@zap-verlag.de
Autor und Verlag freuen sich auf Ihre Rückmeldung.

www.zap-verlag.de

Satz: Reemers Publishing Services, Krefeld
Druck: Hans Soldan Druck GmbH, Essen
Umschlaggestaltung: gentura, Holger Neumann, Bochum
ISBN 978-3-7508-0042-7

Bibliografische Information der Deutschen Nationalbibliothek
Die Deutsche Nationalbibliothek verzeichnet diese Publikation in der Deutschen Nationalbibliografie; detaillierte bibliografische Daten sind im Internet über http://dnb.d-nb.de abrufbar.

Vorwort zur 9. Auflage

Gerade Berufsanfänger – erst recht Auszubildende – machen sich wenig Vorstellungen, wie wichtig die Optimierung von Büroabläufen und Standard-Arbeiten im Sekretariat ist, um Versäumnisse zu vermeiden: Bürofehler werden aber weder von Mandanten noch von Gerichten verziehen – im schlimmsten Fall können sie zum Verlust eines Prozesses führen. Dieses Werk soll insbesondere Berufseinsteigern, Quereinsteigern, aber auch Auszubildenden helfen, Verfahrensabläufe zu optimieren und so die Arbeit im Sekretariat effizient und hochwertig zu gestalten.

Aber auch routinierten Mitarbeitern in Anwaltskanzleien mögen diese Arbeitshilfen eine präsente Vorlage sein, denn je nach Ausrichtung der Kanzlei ist man mit der einen oder anderen Tätigkeit mehr oder weniger betraut. Lesen Sie, auf welche Details das Augenmerk zu richten ist und welche Tätigkeiten leicht zu perfektionieren sind.

Zu optimieren sind insbesondere Formalien, wie Abläufe bei der Bearbeitung der Eingangspost, Fristenberechnung, -notierung und -kontrolle, das Terminmanagement, die Einholung von Vollstreckungs- und Zustellungsklausel zur Vorbereitung der Zwangsvollstreckung sowie die Titulierung von Kostenerstattungsansprüchen. Natürlich darf insoweit auch das Mahn- und Vollstreckungsverfahren nicht fehlen, das hier in vielen Varianten erläutert wird.

Insbesondere spielt auch die richtige Gebührenabrechnung eine wichtige Rolle, denn das Verfahren oder die ergriffene Maßnahme muss nach den richtigen Kostenvorschriften abgerechnet werden, um nicht Gebühren zu verschenken und – wie vorstehend bereits erwähnt – die Kostenerstattungsansprüche der Mandantschaft korrekt bei Gericht anzumelden.

Muster, Formularhilfen, Checklisten und Berechnungsbeispiele helfen, die theoretischen Kenntnisse richtig und später routinemäßig fehlerfrei in die Praxis umzusetzen.

Carmen Wolf
Koblenz, im September 2025

Inhaltsübersicht

Formulierungsbeispielverzeichnis

§ 1 Allgemeines

A. Formulare

I. Prozessvollmacht

1. Erklärung

Die Rechtsanwälte erhalten von ihren Mandanten die Erlaubnis, in ihrem Namen bestimmte Handlungen durchzuführen. Das muss natürlich schriftlich fixiert werden und geschieht durch eine sog. Vollmacht. 1

Die Vollmacht wird vom Mandanten unterzeichnet und zurückgegeben. Oftmals muss man vor Behörden seine Bevollmächtigung nachweisen; das erledigt man dann durch Vorlage dieser unterzeichneten Vollmacht in Kopie. Gibt der Anwalt einseitige, empfangsbedürftige Erklärungen für den Mandanten ab, bedarf es zur Wirksamkeit dieser Erklärungen sogar der Beifügung einer Originalvollmacht (z.B. bei einer Anfechtung oder Kündigung).

2. Beispiel

Eine **Vollmacht** könnte etwa wie folgt aussehen: 2

▼

Formulierungsbeispiel 1.1: Vollmacht

In Sachen (...)

wegen (...) *(Auftragsgrund nennen)*

wird den Rechtsanwälten (...) *(Vorname, Nachname, Anschrift)*

Vollmacht

erteilt:

1. zur Prozessführung (u.a. nach §§ 81 ff. ZPO) einschließlich der Befugnis zur Erhebung und Zurücknahme von Widerklagen;
2. zur Antragstellung in Scheidungs- und Scheidungsfolgesachen, zum Abschluss von Vereinbarungen über Scheidungsfolgen sowie zur Stellung von Anträgen auf Erteilung von Renten- und sonstigen Versorgungsauskünften;
3. zur Vertretung und Verteidigung in Strafsachen und Bußgeldsachen (§§ 302, 374 StPO) einschließlich der Vorverfahren sowie (für den Fall der Abwesenheit) zur Vertretung nach § 411 Abs. 2 StPO, mit ausdrücklicher Ermächtigung auch nach §§ 233 Abs. 1, 234 StPO sowie mit ausdrücklicher Ermächtigung zur Empfangnahme von Ladungen nach § 145a Abs. 3 StPO, zur Stellung von Straf- und anderen nach der Strafprozessordnung zulässigen Anträgen und von Anträgen nach dem Gesetz über die Entschädigung für Strafverfolgungsmaßnahmen;
4. zur Vertretung in sonstigen Verfahren und bei außerordentlichen Verhandlungen alle Art (insbesondere Unfallsachen zur Geltendmachung von Ansprüchen gegen Schädiger, Fahrzeughalter und deren Versicherer);
5. zur Begründung und Aufhebung von Vertragsverhältnissen und zur Abgabe von einseitigen Willenserklärungen (z.B. Kündigungen).

Die Vollmacht gilt für alle Instanzen und erstreckt sich auch auf Neben- und Folgeverfahren aller Art (z.B. Arrest und einstweilige Verfügung, Kostenfestsetzungs-, Zwangsvollstreckungs-, Interventions-, Zwangsversteigerungs-, Zwangsverwaltungs- und Hinterlegungsverfahren sowie Konkurs- und Vergleichsverfahren über das Vermögen des Gegners). Sie umfasst insbesondere die Befugnis, Zustellungen zu bewirken und entgegenzunehmen, die Vollmacht ganz oder teilweise auf andere zu übertragen (Untervollmacht), Rechtsmittel einzulegen, zurückzunehmen oder auf sie zu verzichten, den Rechtsstreit oder außergerichtliche Verhandlungen durch Vergleich, Verzicht oder Anerkenntnis zu erledigen, Geld, Wertsachen und Urkunden, insbesondere auch den Streitgegenstand und die von dem Gegner, von der Justizkasse oder von sonstigen Stellen zu erstattenden Beträge entgegenzunehmen.

(...) *(Ort)*, den (...) *(Datum)*

(...) *(Unterschrift des Mandanten)*

▲

II. Vollmacht in Strafsachen

1. Erklärung

3 Abweichend von der „allgemeinen Prozessvollmacht“ kann in einer Strafsache die Vollmacht nur auf einen einzelnen Verteidiger erstreckt werden, nicht auf die gesamte Kanzlei. Es ist bei der Erstellung einer solchen Vollmacht also unbedingt darauf zu achten, dass der Bevollmächtigte namentlich genannt wird.

2. Beispiel

4 Eine **Strafverteidigervollmacht** könnte etwa wie folgt aussehen:

▼

Formulierungsbeispiel 1.2: Strafverteidigervollmacht

Frau Rechtsanwältin/Herrn Rechtsanwalt (...) *(Vorname und Nachname, Anschrift)*

wird hiermit in Sachen (...)

wegen (...) *(Auftragsgrund)*

Vollmacht

erteilt:

1. zur Vertretung und Verteidigung in Strafsachen und Bußgeldsachen (§§ 302, 374 StPO) einschließlich der Vorverfahren sowie (für den Fall der Abwesenheit) zur Vertretung nach § 411 Abs. 2 StPO, mit ausdrücklicher Ermächtigung auch nach §§ 233 Abs. 1, 234 StPO sowie mit ausdrücklicher Ermächtigung zur Empfangnahme von Ladungen nach § 145a Abs. 3 StPO, zur Stellung von Straf- und anderen nach der Strafprozessordnung zulässigen Anträgen und von Anträgen nach dem Gesetz über die Entschädigung für Strafverfolgungsmaßnahmen;
2. zur Vertretung in sonstigen Verfahren und bei außerordentlichen Verhandlungen aller Art.

Die Vollmacht gilt für alle Instanzen und erstreckt sich auch auf Neben- und Folgeverfahren aller Art. Sie umfasst insbesondere die Befugnis, Zustellungen zu bewirken und entgegenzunehmen, die Vollmacht ganz oder teilweise auf andere zu übertragen (Untervollmacht), Rechtsmittel einzulegen, zurückzunehmen oder auf sie zu verzichten, den Rechtsstreit oder außergerichtliche Verhandlungen durch Vergleich, Verzicht oder Anerkenntnis zu erledigen, Geld, Wertsachen und Urkunden, insbesondere auch den Streitgegenstand und die von dem Gegner, von der Justizkasse oder von sonstigen Stellen zu erstattenden Beträge entgegenzunehmen.

(...) *(Ort)*, den (...) *(Datum)*

(...) *(Unterschrift des Mandanten)*

▲

III. Untervollmacht

1. Erklärung

5 Der Anwalt mit Vollmacht kann die Vollmacht „weitergeben“, also einen Dritten bevollmächtigen, z.B. einen Termin bei Gericht wahrzunehmen (Terminsvertreter). Die vom Vollmachtsinhaber erteilte Vollmacht an einen Dritten nennt man Untervollmacht. Eine Untervollmacht wird z.B. dann benötigt, wenn der mit Sitz in München tätige Rechtsanwalt einen Rechtsstreit vor dem Landgericht Hamburg führt und die Wahrnehmung des Termins aus wirtschaftlichen Gründen von einem in Hamburg ansässigen Rechtsanwalt erfolgen soll. Sie wird aber auch benötigt, wenn ein Referendar oder der Bürovorsteher der Kanzlei einen Termin vor dem Amtsgericht wahrnehmen soll.

2. Beispiel

Die **Untervollmacht** könnte etwa folgenden Text haben: 6

▼

Formulierungsbeispiel 1.3: Untervollmacht

Die Rechtsanwälte (...) *(Vorname, Nachname, Anschrift)*

erteilen hiermit

Herrn/Frau (...) *(Name des Vollmachtsempfängers)*

in Sachen (...)

wegen (...) *(Auftragsgrund)*

Untervollmacht.

(...) *(Ort)*, den (...) *(Datum)*

(...) *(Unterschrift des Rechtsanwalts)*

▲

IV. Vergütungsvereinbarung

1. Erklärung

Wenn ein Rechtsanwalt eine Person vertritt, egal ob vor Gericht oder außergerichtlich, fallen die gesetzlichen Gebühren (**Verfahrens-** und **Terminsgebühren** und **außergerichtliche Gebühren**, s. § 7 Rdn 8 ff.) an. 7

Seit der am 1.7.2006 in Kraft getretenen Änderung des RVG (insbesondere Neufassung des § 34 sowie daraus folgende Veränderungen in Teil 2 des Vergütungsverzeichnisses) fordert das RVG den Rechtsanwalt auf, für eine Vielzahl von außergerichtlichen Tätigkeiten auf eine Gebührenvereinbarung hinzuwirken: Der Anwalt kann hier verlangen, was der Mandant zahlt! 8

Aber hier ist Vorsicht geboten: Hat der Rechtsanwalt es versäumt, eine (wirksame) Vergütungsvereinbarung mit seinem Mandanten zu treffen, bestimmen sich die Gebühren nach den Vorschriften des bürgerlichen Rechts; es sind also sodann „angemessene Gebühren" zu berechnen. Hier bietet sich Streitpotential, denn die „Angemessenheit" der Vergütung für die erbrachte Leistung könnte durchaus von Rechtsanwalt und Mandant unterschiedlich bewertet werden. 9

§ 34 RVG birgt aber eine weitere Gefahr: Ist eine Vergütungsvereinbarung nicht (wirksam) getroffen worden und ist der Auftraggeber Verbraucher, so beträgt die Höchstgebühr für die Beratung oder für die Ausarbeitung eines schriftlichen Gutachtens höchstens 250 EUR, für ein erstes Beratungsgespräch 190 EUR. Die Kappungsgrenze greift also nur dann nicht, wenn der Rechtsanwalt einen Unternehmer oder eine juristische Person berät bzw. für diese/n ein schriftliches Gutachten ausarbeitet.

Die vorgenannten „Gebührenfallen" können durch eine wirksame Vergütungsvereinbarung umgangen werden.

Aber nicht nur in den gebührenmäßig nicht geregelten Bereichen wie Gutachtenerstellung und Beratung, sondern auch für viele geregelte Tätigkeiten werden – gerade in größeren Kanzleien – Vergütungsvereinbarungen abgeschlossen. Hier muss – bei gerichtlichen Verfahren – unbedingt darauf geachtet werden, dass die vereinbarte Vergütung nicht unter den gesetzlichen (gegenstandswertabhängigen) Gebühren liegen darf.

Nach § 3a Abs. 1 S. 1 RVG bedarf eine Vergütungsvereinbarung der Textform (Wegfall des Schriftformerfordernisses Mitte 2008). Bei der Textform handelt es sich um eine lesbare Erklärung, in der die Person des Erklärenden genannt ist, und die auf einem dauerhaften Datenträger abgegeben werden kann. Hierbei kann es sich also z.B. auch um Erklärungen in E-Mails handeln, die der Rechtsanwalt (ohne Unterschrift) an den Mandanten übermittelt, die dieser dann annimmt. Zur Vereinheitlichung in der anwaltlichen Praxis und somit zur Vereinfachung der Erfüllung der Beweislast im Falle eines Falles, aber auch, um Rechtsunsicherheiten auszuschließen, wird der Abschluss einer Vergütungsvereinbarung empfohlen. Diese sollte dann (wenn noch mit Papier gearbeitet wird) ausgedruckt und im Original vom Berufsträger unterschrieben oder aber digital signiert per E-Mail versendet, vom Mandanten ausgedruckt, unterschrieben und (ggf. eingescannt oder aber seinerseits digital signiert) zurückgesendet werden. Natürlich reicht auch die Rücksendung einer gegengezeichneten Fassung per Telefax. Die Vergütungsabrede darf nicht in der Vollmacht enthalten sein und muss sich als Vergütungsabrede von anderen Vereinbarungen deutlich absetzen und als solche bezeichnet sein. Die Vergütungsvereinbarung muss nicht zwingend alleine auf „einem Blatt" enthalten sein; bestimmte Nebenabreden können auch zugleich getroffen werden. Allerdings hat die 10

Vergütungsvereinbarung einen Hinweis darauf zu enthalten, dass Dritte (z.B. die gegnerische Partei, ein anderer Verfahrensbeteiligter oder auch die Staatskasse) nur die gesetzliche Vergütung zu erstatten haben.

Wichtig!
Eine Vergütungsvereinbarung darf nie im Zusammenhang mit einer Vollmacht in einem Dokument festgehalten sein. Ist sie es doch, so ist sie unwirksam.

11 Die Erhebung einer Bürokostenpauschale (z.B. 3 % oder 5 % auf die Vergütung, um die allgemeinen Bürokosten abzudecken) – wie in der Vorauflage noch vertreten – ist nach aktueller BGH-Rechtsprechung (mindestens) bei Abschluss einer Vergütungsvereinbarung mit einem Verbraucher unwirksam, da eine solche zu einer verschleierten Erhöhung des Stundensatzes führt (BGH, Urt. v. 12.9.2024 – IX ZR 65/23). Dennoch ist ein Auslagenersatz im Rahmen einer Stundenvergütung möglich, wenn dieser nach RVG vereinbart wird.

2. Beispiel

12 Eine **Vergütungsvereinbarung** könnte folgenden Text haben:

▼

Formulierungsbeispiel 1.4: Vergütungsvereinbarung – Stundenhonorar

Vergütungsvereinbarung

zwischen

den Rechtsanwälten (...) *(Vorname, Nachname, Anschrift)*

sowie (...) *(Vorname, Nachname, Anschrift)*

Für die Vertretung in (...) wegen (...) wird Folgendes vereinbart: Die Parteien vereinbaren eine Vergütung für die Tätigkeiten der Rechtsanwälte (Partner, Associates, Of Counsel) in Höhe von (...) EUR/Stunde zzgl. gesetzlicher Mehrwertsteuer in Höhe von derzeit 19 %. Die Tätigkeiten werden mit Datum und Zeit (eine Zeittaktung entspricht jeweils einem vollendeten Zeitabschnitt von fünf Minuten) erfasst und dem Mandanten monatlich in Rechnung gestellt. Die Parteien sind sich darüber einig, dass unabhängig von der oben vereinbarten Stundenvergütung für die Tätigkeiten der Kanzlei mindestens die gesetzlichen Gebühren nach RVG geschuldet sind, die sich nach dem Gegenstandswert bemessen.

Zur anwaltlichen Vergütung gehört auch ein Bürokosten- und Auslagenersatz, der vom Mandanten separat zu erstatten ist. Dieser wird nach Anfall entsprechend den gesetzlichen Vorgaben berechnet (Nrn. 7000 ff. VV RVG, ebenfalls zzgl. Mehrwertsteuer) und betrifft insbesondere den Ersatz für Ablichtungen (Kopien), die Entgelte für Post- und Telekommunikationsdienstleistungen, allgemeine Büroleistungen sowie sonstige Kosten, die in unmittelbarem Zusammenhang mit dem Mandat stehen und zur Mandatsführung notwendig sind. Kfz-Reisekosten werden mit 0,50 EUR pro gefahrenem Kilometer (zzgl. Mehrwertsteuer) berechnet. Der Mandant wurde darauf hingewiesen, dass die vereinbarte Vergütung unter Umständen die gesetzlich geschuldete Vergütung überschreiten kann und dass eine Erstattung der Stundenvergütung vom Gegner oder einem Dritten (z.B. Rechtsschutzversicherung) nicht zu erwarten ist. Der Mandant muss diese Beträge selbst leisten. Dem Mandanten ist zudem bekannt, dass im Falle eines etwaigen gerichtlichen Verfahrens die gesetzlichen Gebühren gemäß Rechtsanwaltsvergütungsgesetz nicht unterschritten werden dürfen und damit mindestens geschuldet sind.

Beide Vertragspartner bestätigen durch ihre Unterschrift, je ein von beiden Seiten unterzeichnetes Exemplar dieser Vergütungsvereinbarung erhalten zu haben.

(...) *(Ort)*, den (...) *(Datum)*

(...) *(Unterschrift des Rechtsanwalts)*

(...) *(Ort)*, den (...) *(Datum)*

(...) *(Unterschrift des Mandanten)*

▲

V. Erfolgshonorar

Durch die Einfügung eines Satzes 2 zu § 49b Abs. 2 BRAO im Wege des 1. Kostenrechtsmodernisierungsgesetzes ist mittlerweile auch die Vereinbarung eines Erfolgshonorars (in einem begrenzten Rahmen) möglich. 13

§ 49b Abs. 2 BRAO lautet:

> *„Ein Erfolgshonorar im Sinne des Satzes 1 liegt nicht vor, wenn nur die Erhöhung von gesetzlichen Gebühren vereinbart wird."*

Nach der Begründung des 1. Kostenrechtsmodernisierungsgesetzes (BT-Drucks 15/1971, S. 232) zur Anfügung des neuen Satzes 2 zu § 49b Abs. 2 BRAO soll das *„grundsätzliche Verbot eines Erfolgshonorars nicht angetastet werden. Gleichwohl soll eine Lockerung vorgeschlagen werden."*

Die bloße Lockerung des Verbotes soll nach der Begründung im 1. Kostenrechtsmodernisierungsgesetz nur insoweit erfolgen, als Erhöhungen der schon gesetzlich vorgesehenen Erfolgskomponenten zulässig sein sollen. Eine erfolgsbezogene Gebühr ist etwa die in Nr. 1000 VV RVG vorgesehene Einigungsgebühr; demnach soll es z.B. zulässig sein, eine höhere als die gesetzlich vorgesehene Einigungsgebühr zu vereinbaren.

In der Literatur hat sich danach auch die herrschende Meinung gebildet, dass nur dort, wo das Gesetz erfolgsabhängige Gebühren ausdrücklich anordnet, eine vertragliche Erhöhung vereinbart werden kann. Damit scheidet eine erfolgsorientierte Vergütungsvereinbarung, beispielsweise gerichtet auf Verdoppelung der Verfahrensgebühr aus, da es sich bei der Verfahrensgebühr, gerade nicht um eine Gebühr mit Erfolgskomponente handelt.

Demnach könnte nach derzeitigem Stand eine erfolgsorientierte Vergütungsvereinbarung wie folgt aussehen:

▼

Formulierungsbeispiel 1.5: Vergütungsvereinbarung – Erfolgshonorar

Vergütungsvereinbarung

zwischen den Rechtsanwälten (...) *(Vorname, Nachname, Anschrift)* sowie (...) *(Vorname, Nachname, Anschrift)*.

Für die Vertretung in (...) wegen (...) wird folgende Vergütung zusätzlich zu den gesetzlichen Gebühren geschuldet:

Wird 100 % der geltend gemachten Forderung/en tituliert, so fällt die Einigungsgebühr	fünffach,
wird 50 % der geltend gemachten Forderung/en tituliert, so fällt die Einigungsgebühr	dreifach,
wird 30 % der geltend gemachten Forderung/en tituliert, so fällt die Einigungsgebühr	doppelt

an.

Der Mandant wurde darauf hingewiesen, dass die vereinbarte Vergütung unter Umständen die gesetzlich geschuldete Vergütung überschreiten kann und dass eine Erstattung der Gebühren über das gesetzliche hinaus vom Gegner oder einem Dritten (z.B. Rechtsschutzversicherung, Staatskasse im Rahmen der Prozesskostenhilfe) nicht zu erwarten ist. Der Mandant muss diese Beträge selbst leisten.

Beide Vertragspartner bestätigen durch ihre Unterschrift, je ein von beiden Seiten unterzeichnetes Exemplar dieser Vergütungsvereinbarung erhalten zu haben.

(...) *(Ort)*, den (...) *(Datum)*

(...) *(Unterschrift des Rechtsanwalts)*

(...) *(Ort)*, den (...) *(Datum)*

(...) *(Unterschrift des Mandanten)*

▲

Beachtet werden sollte bei der Nutzung entsprechender Vergütungsvereinbarungen auf jeden Fall, dass die Erfolgsgebühr an die Titulierung der Forderung, keinesfalls an die Realisierung der Forderung geknüpft wird: Der Bundesgerichtshof qualifiziert Vergütungsvereinbarungen, die die Fälligkeit des geschuldeten Honorars an die Leistungserbringung durch den Verfahrensgegner knüpfen, als unzulässig, weil hierdurch gesetzeswidrige Durchsetzungsbegehren gefördert werden könnten.

B. Gerichte

I. Aufbau

14 Die grundlegende Struktur der Gerichtsbarkeit in Deutschland ergibt sich aus Art. 95 Abs. 1 GG. Danach ist die deutsche Gerichtsbarkeit auf fünf verschiedene und voneinander unabhängige Gebiete verteilt.

1. Ordentliche Gerichte

15
- **Zuständigkeit:**
  - Zivilprozesse,
  - Strafprozesse,
  - Verfahren der freiwilligen Gerichtsbarkeit.

Die Ordentliche Gerichtsbarkeit ist vierstufig aufgebaut:

- **Bestehend aus:**
  - Amtsgericht (AG),
  - Landgericht (LG),
  - Oberlandesgericht (OLG),
  - Bundesgerichtshof (BGH) in Karlsruhe.

Vor die ordentlichen Gerichte gehören gemäß § 13 GVG alle Strafsachen, alle bürgerlichen Rechtsstreitigkeiten (Zivilsachen) sowie alle Verfahren der freiwilligen Gerichtsbarkeit, nämlich

- Grundbuchsachen,
- Registersachen,
- Betreuungssachen,
- Nachlass-Sachen,
- Personenstandssachen,
- Wohnungseigentumssachen.

Bei den Amtsgerichten sind gem. § 23 GVG auch die Familiengerichte eingerichtet. Ihr Aufgabenbereich betrifft die sog. Familiensachen. Die Familiengerichte sind damit z.B. für Ehesachen, das elterliche Sorgerecht, das Umgangsrecht, das Unterhaltsrecht, aber auch für Lebenspartnerschaftssachen zuständig.

2. Arbeitsgerichte

16 Die Gerichte der Arbeitsgerichtsbarkeit entscheiden über bürgerliche Rechtsstreitigkeiten zwischen Tarifvertragsparteien (Tarifvertragssachen) oder zwischen Arbeitnehmern und Arbeitgebern aus dem Arbeitsverhältnis. Außerdem entscheiden sie über Betriebsverfassungs- und Mitbestimmungsangelegenheiten.

- **Zuständigkeit:**
  - Rechtsstreitigkeiten zwischen Arbeitgeber und -nehmer,
  - Rechtsstreitigkeiten zwischen Arbeitnehmern,
  - Tarifstreitigkeiten,
  - Streitigkeiten aus Arbeitskampf (Streik oder Aussperrung).

Die Arbeitsgerichtsbarkeit ist dreistufig aufgebaut:

- **Bestehend aus:**
  - Arbeitsgericht (ArbG),
  - Landesarbeitsgericht (LAG),
  - Bundesarbeitsgericht (BAG) in Erfurt.

3. Verwaltungsgerichte

17 Die Verwaltungsgerichte entscheiden über alle öffentlich-rechtlichen Streitigkeiten, die nicht anderen Gerichten, etwa den Sozial- oder Finanzgerichten, übertragen sind, dazu gehören z.B.

- Ausländer- und Asylrecht,
- BAföG- und Wohngeldrecht,
- Polizei- und Ordnungsrecht,
- Schul-, Hochschul- und Prüfungsrecht,
- Gewerbe- und Gaststättenrecht,

- Kommunales Abgabenrecht,
- Bauplanungs- und Bauordnungsrecht,
- Beamten- und Richterrecht.

Sie sind **zuständig** für öffentlich-rechtliche Streitigkeiten. Die Verwaltungsgerichtsbarkeit ist dreistufig aufgebaut:

- **Bestehend aus:**
  - Verwaltungsgericht (VG),
  - Oberverwaltungsgericht (OVG),
  - Bundesverwaltungsgericht (BVerwG) in Leipzig.

4. Sozialgerichte

Die Sozialgerichte entscheiden über öffentlich-rechtliche Streitigkeiten wie z.B. solche im Verhältnis Behörde – Bürger in Angelegenheiten der Sozialversicherung, der Arbeitsförderung und des Kassenarztrechtes. 18

- **Zuständig** für öffentlich-rechtliche Streitigkeiten auf den Gebieten der
  - Sozialversicherung,
  - Arbeitslosenversicherung,
  - Kriegsopferhilfen sowie
  - auf anderen sozialrechtlichen Gebieten.

Die Sozialgerichtsbarkeit ist dreistufig aufgebaut:

- **Bestehend aus:**
  - Sozialgericht (SG),
  - Landessozialgericht (LSG),
  - Bundessozialgericht (BSG) in Kassel.

5. Finanzgerichte

Die Finanzgerichtsbarkeit entscheidet ebenfalls über öffentlich-rechtliche Streitigkeiten, und zwar betreffend Steuern, Kindergeld und Zölle (Steuer-, Kindergeld- und Zollsachen). 19

- **Zuständig** für Streitigkeiten mit den Finanzbehörden bei Abgabenangelegenheiten (Steuern).

Die Finanzgerichtsbarkeit ist zweistufig aufgebaut:

- **Bestehend aus:**
  - Finanzgericht (FG),
  - Bundesfinanzhof (BFH) in München.

6. Bundesverfassungsgericht (BVerfG) in Karlsruhe

Das Bundesverfassungsgericht ist zuständig für die im Grundgesetz (GG) bezeichneten Rechtsstreitigkeiten über die Verletzung von Grundrechten oder der Verfassung. Es wahrt die verfassungsrechtliche Rechtsweggarantie. 20

II. Zuständigkeiten

1. Sachliche Zuständigkeiten (der ordentlichen Gerichte)

Die sachliche Zuständigkeit regelt, welches Gericht den Rechtsstreit zu entscheiden hat bzw. welches Gericht als Eingangsinstanz zuständig ist. Das „angerufene" Gericht muss also sachlich zuständig sein. 21

- **Amtsgericht:**
  - Das Amtsgericht ist zuständig für die Entscheidung über vermögensrechtliche Streitigkeiten mit einem **Streitwert bis einschließlich 5.000,00 EUR**, wobei Nebenforderungen wie Zinsen und Kosten nicht mitgerechnet werden *(hier sind Gesetzesänderungen zu beobachten, da die Anhebung der Zuständigkeitsstreitwerte auf „bis einschließlich 10.000 EUR" geplant ist).*
  - Es ist **ohne Rücksicht auf die Höhe des Streitwertes** zuständig für die **meisten Wohnungs-Mietstreitigkeiten, für Streitigkeiten aus gesetzlicher Unterhaltspflicht, in Familien- und Kindschaftssachen**.
  - *Weitere streitwertunabhängige Zuordnungen an die Amtsgerichte, wie z.B. nachbarschaftsrechtliche Streitigkeiten aufgrund ihrer Ortsverbundenheit, sind geplant; auch hier sind Gesetzesänderungen zu beobachten.*

- Es ist **immer zuständig in Mahnverfahren**, und zwar unabhängig von der Höhe der geltend gemachten Forderung.
- **Amtsgerichte** sind in verschiedene **Abteilungen** unterteilt: Grundbuchamt, Vollstreckungsabteilung, Zwangsverwaltung, Vergleichsabteilung/Insolvenzabteilung, Nachlassabteilung, Handelsregister, Güterrechtsregister, Vereinsregister u.m.

- **Landgericht:**
  - Das Landgericht ist sachlich zuständig für Entscheidungen über vermögensrechtliche Streitigkeiten mit einem **Streitwert über 5.000,00 EUR, also ab 5.000,01 EUR** (Änderungen geplant durch Anhebung der Zuständigkeitsstreitwertgrenze auf „ab 10.000,01 EUR", s.o.).
  - Ohne **Rücksicht auf die Höhe des Streitwertes** ist es zuständig für alle nichtvermögensrechtlichen Streitigkeiten, z.B. **Widerruf oder Unterlassung ehrkränkender Behauptungen**, und **für sog. Amtshaftungssachen** (Streitigkeiten, in denen der Staat oder eine Körperschaft des öffentlichen Rechts wegen eines privaten vermögensrechtlichen Anspruchs verklagt wird).
  - *Geplant ist überdies die Übernahme von streitwertunabhängigen komplexen Sachgebieten durch Spezialkammern der Landgerichte, wie z.B. in Angelegenheiten der Heilbehandlung; auch insoweit sind Gesetzesänderungen zu beobachten.*
  - Das Landgericht ist zuständig für **Berufungen gegen Urteile der Amtsgerichte** (in diesen Fällen ist es zweite und letzte Instanz) und **für Beschwerden gegen Beschlüsse der Amtsgerichte**. Zudem werden **Klagen zwischen Vollkaufleuten** in Wechsel-, Scheck- und Wettbewerbssachen dort (Kammer für Handelssachen) anhängig gemacht.
  - Die **Landgerichte** sind in verschiedene **Kammern** unterteilt wie bspw. die 1., 2., 3. usw. Zivilkammer. Kammern für Handelssachen sind spezialisiert auf Wirtschaftszivilsachen (§ 95 GVG).
- **Oberlandesgericht:**
  - Das Oberlandesgericht ist zuständig in **Strafsachen für schwerwiegende Fälle** (Mord und Terrorismus), **in Berufungssachen gegen Urteile des Amtsgerichts in Kindschafts- und Familiensachen** (sog. Sprungrevision), **in Beschwerdesachen gegen Beschlüsse des Landgerichts** sowie **in Berufungssachen gegen Zivilurteile des Landgerichts**.
- **Bundesgerichtshof:**
  - Der Bundesgerichtshof ist Revisionsinstanz und somit zuständig bei **Revisionen gegen Urteile des Oberlandesgerichts, bei Revisionen gegen Urteile des Landgerichts im Wege der Sprungrevision, bei Beschwerden gegen Beschlüsse des Oberlandesgerichts**, soweit zulässig.

2. Örtliche Zuständigkeiten

22 Durch die Vorschriften zur örtlichen Zuständigkeit wird geklärt, welches Gericht an welchem Ort für die jeweilige gerichtliche Angelegenheit zuständig ist.

Eine Klage kann am **allgemeinen Gerichtsstand des Beklagten** erhoben werden, d.h. bei dem Gericht, in dessen Bezirk der Beklagte seinen **Wohnsitz** bzw. die juristische Person ihren **Geschäftssitz** hat.

Das Gesetz sieht für bestimmte Fälle **besondere – ausschließliche – Gerichtsstände** vor:

- Für Klagen, durch die das **Eigentum, eine dingliche Belastung oder der Besitz an einem Grundstück** geltend gemacht wird, ist das Gericht zuständig, in dessen **Bezirk das Grundstück liegt**.
- Für Klagen auf **Räumung von Wohnraum, auf Fortsetzung des Mietverhältnisses auf Erfüllung, auf Entschädigung wegen Nichterfüllung eines Mietvertrags ist das Gericht zuständig, in dessen Bezirk sich der Wohnraum** befindet.

Dagegen kann der Kläger **nach seiner Wahl** bei dem allgemeinen Gerichtsstand des Beklagten oder bei dem besonderen Gerichtsstand in folgenden Fällen klagen:

- Wenn der **Beklagte keinen Wohnsitz** hat oder sich längere Zeit dort nicht aufhält, z.B. bei Studenten, Hausgehilfen usw., ist als besonderer Gerichtsstand das **Gericht des Aufenthaltsorts** zuständig.
- Für Klagen in Unterhaltssachen **gegen eine Person, die im Inland keinen Gerichtsstand hat**, ist als besonderer Gerichtsstand **das Gericht zuständig, bei dem der Kläger im Inland seinen allgemeinen Gerichtsstand hat**.
- Für Klagen, mit denen **Pflichtteilsansprüche, Vermächtnisse oder Erbschaftsansprüche** geltend gemacht werden, ist als besonderer Gerichtsstand das Gericht zuständig, in dessen **Bezirk der Erblasser seinen Wohnsitz** gehabt hat.
- Für Klagen aus **unerlaubter Handlung, z.B. Körperverletzung, auch bei Verkehrsunfällen**, ist als besonderer Gerichtsstand **das Gericht des Erfüllungsorts** zuständig, z.B. bei einem Vertrag auf Durchführung einer Autoreparatur das Gericht, in dessen Bezirk die Werkstatt liegt.

- Für Klagen aus **unerlaubter Handlung**, wie z.B. Körperverletzung (auch bei Verkehrsunfällen), Sachbeschädigung, Ehrverletzung, Amtspflichtverletzung, ist als besonderer Gerichtsstand das Gericht zuständig, in dessen **Bezirk die Handlung begangen worden ist** (Gerichtsstand der unerlaubten Handlung).
- Für Klagen von **Rechtsanwälten oder sonstigen Bevollmächtigten gegen den Mandanten auf Zahlung von Gebühren und Auslagen** ist als besonderer Gerichtsstand das Gericht zuständig, **vor dem der Rechtsstreit, in welchem sie den Mandanten vertreten haben, anhängig** war bzw. – wenn kein Rechtsstreit anhängig war – **am Wohnsitz des Beklagten**. Der Kanzleisitz als Erfüllungsort ist nach aktueller Rechtsprechung nicht mehr als Wahlgerichtsstand zulässig.

3. Funktionelle Zuständigkeiten

Die funktionelle Zuständigkeit regelt die rechtliche Aufgabenverteilung zwischen verschiedenen über- und untergeordneten Gerichten. Sie regelt im Innenverhältnis, wer sich bei Gericht mit der jeweiligen Angelegenheit befasst (z.B. Zivilkammer, Einzelrichter, Kammer für Handelssachen, Prozessgericht oder Vollstreckungsgericht, Richter oder Rechtspfleger). **23**

III. Aktenzeichen

Bei den Gerichten wird wie bei allen Behörden jedes Verfahren in einer besonderen Akte behandelt. Jede Sache erhält ein Aktenzeichen, damit die Akten ordnungsgemäß registriert und verwaltet werden können; zudem ist die Zuordnung der eingehenden Post einfacher, wenn Aktenzeichen vergeben sind. **24**

Bei Eingaben (Schriftsätzen) an das Gericht, Behörden und Versicherungen ist das Aktenzeichen stets anzugeben.

Die Aktenzeichen der Gerichte sind so beschaffen, dass sich aus der Bezeichnung erkennen lässt, um **welche Art von Verfahren** es sich handelt. Das erleichtert die Zuordnung.

Bei den meisten Aktenzeichen ist zunächst in einer arabischen Ziffer die Nummer der Abteilung bzw. Kammer angegeben, die die Sache führt. Es folgt ein Großbuchstabe oder eine römische Ziffer: hierdurch wird die Art der Angelegenheit gekennzeichnet. Danach wird die laufende Nummer der Sache angegeben und der Jahrgang, in dem die Sache registriert wurde. Das Aktenzeichen 2 C 16/17 bedeutet also: Es handelt sich um eine bei der 2. Zivilabteilung des Amtsgerichts anhängige Zivilsache mit der laufenden Nummer 16 aus dem Jahre 2017.

1. Aktenzeichen der Amtsgerichte

C	Bürgerliche Rechtsstreitigkeiten einschließlich Urkunden-, Wechsel- und Scheckprozessen, Arreste und einstweilige Verfügungen, Entmündigungen, Aufgebotssachen, Anträge auf Vollstreckbarkeitserklärung von Schiedssprüchen und ausländischen Titeln	**25**
F	Familiensachen	
H	Selbstständige Beweisverfahren	
K	Zwangsversteigerungsverfahren	
L	Zwangsverwaltungsverfahren	
M	Allgemeine Vollstreckungssachen	
N	Konkursverfahren	
IN	Insolvenzverfahren	
VN	Vergleichssachen	
(DR)	Geschäftszeichen der Gerichtsvollzieher in Zwangsvollstreckungssachen	

2. Aktenzeichen der Landgerichte

O	Bürgerliche Rechtsstreitigkeiten (entsprechend C beim Amtsgericht)	**26**
OH	Anträge außerhalb anhängiger Verfahren (selbstständige Beweisverfahren)	
S	Berufung in Zivilsachen gegen Urteile des Amtsgerichts	
T	Beschwerden in Zivilsachen gegen Beschlüsse des Amtsgerichts	
HKO	Verfahren vor den Kammern für Handelssachen	

3. Aktenzeichen der Oberlandesgerichte

27 U	Berufungen in Zivilsachen gegen Urteile des Landgerichts
UF	Berufungen und Beschwerden gegen Endentscheidungen der Familiengerichte
W	Beschwerden in Zivilsachen gegen Beschlüsse des Landgerichts
WF	Beschwerden gegen Beschlüsse in Familiensachen

4. Aktenzeichen in Strafsachen

28 ■ **Amtsgericht**

Bs	Privatklagen
Cs	Strafbefehle
Ds	Strafsachen, in denen Anklage erhoben wurde
OWi	Bußgeldverfahren

■ **Staatsanwaltschaft**

Js	Straf- und Bußgeldsachen
VRs	Strafvollstreckungssachen

C. Zahlungsverkehr

29 Der Zahlungsverkehr beschreibt den Austausch von Geld zwischen Personen oder Unternehmen, um Rechnungen oder Waren/Dienstleistungen zu bezahlen. Dabei lassen sich drei grundlegende Formen des Zahlungsverkehrs unterscheiden: der bare, der halb-bare und der unbare Zahlungsverkehr.

I. Barer Zahlungsverkehr/Barzahlung

30 Beim baren Zahlungsverkehr handelt es sich um die einfachste und ursprüngliche Form des Bezahlens. Hier erfolgt die Übergabe des Geldes unmittelbar und persönlich – in Form von Münzen oder Banknoten. Eine Bank ist an diesem Vorgang nicht beteiligt, und auch ein Bankkonto ist nicht erforderlich. Typische Situationen für diese Art der Zahlung sind etwa der Einkauf im Supermarkt, der Friseurbesuch oder der Einkauf auf einem Wochenmarkt. Das Geld wird der Kasse entnommen und der Beleg in die Kasse bzw. das Kassenbuch eingelegt.

Diese Art des Zahlungsverkehrs bietet den Vorteil, dass Zahlungen sofort beglichen werden können und keine technischen Hilfsmittel erforderlich sind. Die Barzahlung ist besonders geeignet für kleinere Beträge und alltägliche Geschäftsvorgänge, wie z.B. den Kauf einer Zeitschrift am Kiosk. Allerdings birgt der Umgang mit Bargeld auch gewisse Risiken: Bei Verlust oder Diebstahl besteht kaum eine Möglichkeit zur Rückverfolgung oder Wiederbeschaffung. Zudem sind größere Bargeldsummen unhandlich.

II. Halb-barer Zahlungsverkehr

31 Der halb-bare Zahlungsverkehr stellt – wie der Name bereits vermuten lässt – eine Mischform aus Barzahlung und unbarer Zahlung dar: Eine der beteiligten Parteien zahlt mit Bargeld bei einem Kreditinstitut, von dem der Betrag auf das Konto des Empfängers – also unbar – weitergeleitet wird. Der Empfänger muss also hierbei ein Bankkonto besitzen.

1. Zahlschein

32 Ein typisches Beispiel hierfür ist die Bareinzahlung auf ein fremdes Konto mittels eines Überweisungsvordrucks (Zahlschein). Diese Zahlungsform findet oft Anwendung, wenn die zahlende Person kein eigenes Konto besitzt, aber dennoch eine bargeldlose Überweisung tätigen möchte.

Auch wenn diese Methode eine gewisse Flexibilität bietet, ist sie mit Nachteilen verbunden. So kann die Bearbeitung mehrere Werktage in Anspruch nehmen, und es fallen häufig Gebühren an. Darüber hinaus erfordert sie den Gang zur Bank oder Postfiliale, was im Vergleich zum unbaren Zahlungsverkehr eher umständlich ist.

2. Barscheck

Ein weiteres Beispiel für eine halb-bare Zahlungsform ist der Barscheck. Dabei handelt es sich um einen ausgestellten Scheck, der dem Empfänger (auch „Inhaber" des Schecks genannt) bar bei einer Bank ausgezahlt wird. Der Scheckaussteller muss dabei über ein entsprechendes Guthaben auf seinem Bankkonto verfügen, da der Scheck bei Vorlage durch die Bank geprüft und der Betrag dort abgebucht wird. 33

Die Zahlung mit Barscheck erfolgt in zwei Stufen: Der Aussteller veranlasst die Zahlung, indem er einen Scheck auf sein Konto schreibt. Der Empfänger reicht diesen Scheck bei einem Kreditinstitut ein und erhält den Betrag bar ausgezahlt. Die Bank des Scheckausstellers belastet dessen Konto im Hintergrund mit dem entsprechenden Betrag. Die Auszahlung erfolgt somit in bar, die Verrechnung jedoch unbar über das Bankensystem – daher handelt es sich um halb-baren Zahlungsverkehr.

Barschecks werden heute vergleichsweise selten verwendet, da sie in vielen Bereichen durch elektronische Zahlungsformen ersetzt wurden. Sie können jedoch in bestimmten Fällen weiterhin sinnvoll sein, beispielsweise bei privaten Zahlungen, in Geschäftsbeziehungen ohne direkten Zugang zu elektronischen Systemen oder bei grenzüberschreitenden Vorgängen, bei denen keine gemeinsame Infrastruktur besteht.

Der Barscheck bietet eine gewisse Sicherheit für den Empfänger, da er bei Deckung des Kontos eine garantierte Barauszahlung ermöglicht. Gleichzeitig muss jedoch beachtet werden, dass Schecks **Vertrauen** voraussetzen – insbesondere in die ausreichende Deckung des Kontos des Ausstellers. Ist das Konto nicht gedeckt oder liegt eine fehlerhafte Ausstellung vor, kann der Barscheck von der Bank zurückgewiesen werden.

Auch wenn der Barscheck in der heutigen Praxis selten geworden ist, bleibt er ein klassisches Beispiel für halb-baren Zahlungsverkehr, bei dem Bargeldübergabe und kontobasierte Abwicklung kombiniert werden.

3. Nachnahme

Eine weitere Form des halb-baren Zahlungsverkehrs ist die sogenannte „Nachnahme". 34

a) Nachnahme bei Waren und Dienstleistungen

Bei dieser Zahlungsart zahlt der Empfänger den Rechnungsbetrag bar an den Zusteller, also beispielsweise an einen Paketboten oder Postmitarbeiter, der ihm gleichzeitig die Ware oder ein Schriftstück aushändigt. Das eingenommene Bargeld wird im Anschluss über das Finanzsystem – in der Regel über ein Konto des Transportunternehmens – an den Versender weitergeleitet. 35

Die Nachnahme wird v.a. im Versandhandel als sichere Zahlungsart verwendet, insbesondere, wenn der Käufer nicht per Vorkasse oder elektronisch zahlen möchte. Für den Verkäufer besteht der Vorteil darin, dass er sicher sein kann, das Geld zu erhalten, sobald die Ware ausgeliefert wird. Für den Käufer wiederum ergibt sich der Vorteil, dass er erst bei Erhalt der Sendung zahlen muss – allerdings ist diese Zahlungsform in der Regel mit zusätzlichen Gebühren verbunden.

b) Gerichtsvollziehernachnahme

Eine besondere Form der Nachnahme ist die sogenannte Gerichtsvollziehernachnahme. Diese kommt noch im Rahmen der Zwangsvollstreckung zum Einsatz. Dabei wird ein zu zahlender Geldbetrag durch einen Gerichtsvollzieher beim Schuldner in bar erhoben. Der Gerichtsvollzieher händigt dem Schuldner ein Schriftstück – beispielsweise einen Vollstreckungsbescheid oder eine amtliche Zahlungsaufforderung – aus und nimmt gleichzeitig den fälligen Betrag entgegen. Anschließend leitet er das Geld über die Gerichtskasse oder sein Dienstkonto an den Gläubiger weiter. Auch Gebühren gegenüber dem Gläubiger erheben Gerichtsvollzieher zum Teil auf diese Art und Weise, indem Sie das Vollstreckungsprotokoll nach erfolgloser Vollstreckung nur gegen Zahlung der Gebühren an den Gläubiger aushändigen. 36

III. Unbarer Zahlungsverkehr

Der unbare Zahlungsverkehr ist heute die gängigste Form der Geldübertragung, insbesondere im geschäftlichen Bereich. Hierbei wird kein Bargeld eingesetzt – vielmehr erfolgt die Zahlung durch die Übertragung von sogenanntem Buchgeld von einem Konto auf ein anderes. 37

Diese Form des Zahlungsverkehrs setzt voraus, dass sowohl der Zahlende als auch der Zahlungsempfänger ein Bankkonto besitzen. Die Abwicklung erfolgt über Banken oder Finanzdienstleister und kann auf verschiedene Weise erfolgen – beispielsweise durch Überweisung, Lastschrift, Dauerauftrag oder mittels Zahlungskarten wie EC- oder Kreditkarten. Auch der elektronische Zahlungsverkehr über Onlinebanking-Systeme oder mobile Zahlungsdienste wie zum Beispiel PayPal gehört zu dieser Kategorie.

38 Moderne Bankkunden greifen häufiger auf die Online-Überweisung zurück. Dabei handelt es sich um einen aktiven Zahlungsvorgang, bei dem der Kontoinhaber selbst eine Überweisung per Onlinebanking anstößt. Diese Methode bietet ein hohes Maß an Flexibilität, kann rund um die Uhr genutzt werden und erlaubt eine schnelle und sichere Übermittlung von Zahlungen.

39 Neben der aktiven Überweisung existiert auch das sogenannte SEPA-Lastschriftverfahren, bei dem der Zahlungsempfänger eine Zahlung einzieht. Der Zahlungspflichtige erteilt dem Gläubiger im Voraus ein Lastschriftmandat. Dieser kann daraufhin in festgelegten Abständen oder einmalig den fälligen Betrag vom Konto des Schuldners abbuchen. Diese Methode wird beispielsweise bei Strom-, Miet- oder Versicherungszahlungen, aber auch bei Steuern verwendet und bietet beiden Seiten Komfort und Planungssicherheit.

40 Beim unbaren Zahlungsverkehr lässt sich zwischen Einzelaufträgen und Daueraufträgen unterscheiden. Ein Einzelauftrag ist eine einmalig erteilte Überweisung – etwa zur Begleichung einer Rechnung oder zur Zahlung eines bestimmten Betrags an eine andere Person oder Institution. Im Gegensatz dazu wird beim Dauerauftrag eine wiederkehrende Zahlung mit gleichbleibendem Betrag und festen Terminen eingerichtet. Dies ist beispielsweise bei Mietzahlungen, Abonnements und Darlehensraten üblich.

41 Der große Vorteil des unbaren Zahlungsverkehrs liegt in seiner Schnelligkeit, Sicherheit und Automatisierbarkeit. Zahlungen können unabhängig von Ort und Zeit durchgeführt werden, sie können regelmäßig und zuverlässig ausgeführt werden und sind durch Kontoauszüge jederzeit nachvollziehbar. Allerdings setzt dieser Zahlungsweg ein gewisses Maß an technischer Infrastruktur, digitale Kompetenz sowie die korrekte Eingabe aller Daten voraus. Fehlerhafte Angaben können zu Rückbuchungen oder Verzögerungen führen.

42 Im Rahmen des unbaren Zahlungsverkehrs wird stets die **IBAN** benötigt. Die Abkürzung **IBAN** steht für *„International Bank Account Number"*, also *Internationale Bankkontonummer.* Sie wurde eingeführt, um den nationalen und grenzüberschreitenden Zahlungsverkehr innerhalb Europas und darüber hinaus zu vereinfachen, zu vereinheitlichen und sicherer zu machen.

Die IBAN dient dabei der eindeutigen Identifikation eines Bankkontos – sowohl im Inland als auch international. Sie ersetzt die früher verwendete Kombination aus Kontonummer und Bankleitzahl und ermöglicht es Banken, Zahlungen automatisiert und ohne manuelle Zuordnung zu verarbeiten.

Ohne korrekte IBAN kann eine Zahlung nicht ausgeführt werden oder wird von der Bank zurückgewiesen. Deshalb ist es wichtig, bei jeder Zahlung sicherzustellen, dass die IBAN des Zahlungsempfängers korrekt eingegeben wird.

Die IBAN besteht in Deutschland aus 22 Stellen und setzt sich wie folgt zusammen:

- Ländercode (2 Buchstaben): Gibt das Herkunftsland des Kontos an. Für Deutschland ist dies DE.
- Prüfziffer (2 Ziffern): Eine zweistellige Zahl zur Überprüfung der Gültigkeit der gesamten IBAN. Sie dient der Fehlererkennung.
- Bankleitzahl (8 Ziffern): Kennzeichnet das Kreditinstitut, bei dem das Konto geführt wird.
- Kontonummer (10 Stellen): Gibt das Konto an. Ist die Kontonummer kürzer als 10 Stellen, wird sie links mit Nullen aufgefüllt.

In anderen Ländern kann die IBAN länger sein – je nach nationalem Standard. Maximal kann sie bis zu 34 Stellen umfassen.

43 Der SWIFT-Code ist das einheitliche Format für den Business Identifier Code, abgekürzt BIC, und dient der eindeutigen Identifikation der Banken und Finanzinstitute.

Das digitale Zeitalter ermöglicht es darüber hinaus, hinter einem sogenannten „Giro-Code" Bankverbindung, Zahlbetrag und Überweisungsbetrag zu hinterlegen. Dann findet sich ein entsprechender Code auf der Rechnung, der über eine Bank-App gescannt wird, so dass im Überweisungsfeld sämtliche Daten vorausgefüllt sind.

§ 2 beA-Pflicht für Rechtsanwälte

A. Allgemeines

§ 130a Abs. 3 ZPO zeigt die elektronischen Übermittlungswege an das Gericht auf; das vorzugsweise von den Rechtsanwälten genutzte (weil insoweit zur Nutzung verpflichtende und automatisch mit Zulassung zur Verfügung gestellte) beA – besonderes elektronisches Anwaltspostfach – gehört seit dem 1.1.2022 für Rechtsanwälte und deren Mitarbeiter zum Büroalltag. Schriftsätze sind – damit sie wirksam sind – elektronisch zu übermitteln, unabhängig davon, ob es sich um Klageschriften, Erwiderungen, Berufungen oder auch Anträge im Mahn- und Vollstreckungsverfahren handelt. 1

Auch unter den Anwälten selbst hat sich das beA bereits bewährt und wird vielfach genutzt: Schnelle Wege, sichere Anmeldung und sichere Nachrichtenübermittlung (Versendung und Empfang) sowie die Einhaltung des Datenschutzes sind damit gewährleistet. Noch nicht jedes Gericht nimmt aktiv an der elektronischen Kommunikation teil; sie trifft die Verpflichtung derzeit noch nicht, sondern erst in der Zukunft. 2

Die Weboberfläche des beA ist unter https://www.bea-brak.de erreichbar. Man benötigt einen Internet-Anschluss und einen PC, auf dem ein Webbrowser (Explorer, Chrome, Mozilla etc.) installiert ist. Es muss sodann ein kleines Software-Modul, die „Client-Security", installiert werden, mit dem die Verschlüsselung und gegebenenfalls das Signieren der Nachrichten erledigt wird. Dieses Modul steht auf der oben genannten Webseite für Windows, Linux und Mac OS zum Download bereit. Nach der Installation muss sich der Nutzer authentifizieren. Dazu werden die entsprechende beA-Karte samt passender PIN und das Lesegerät benötigt. 3

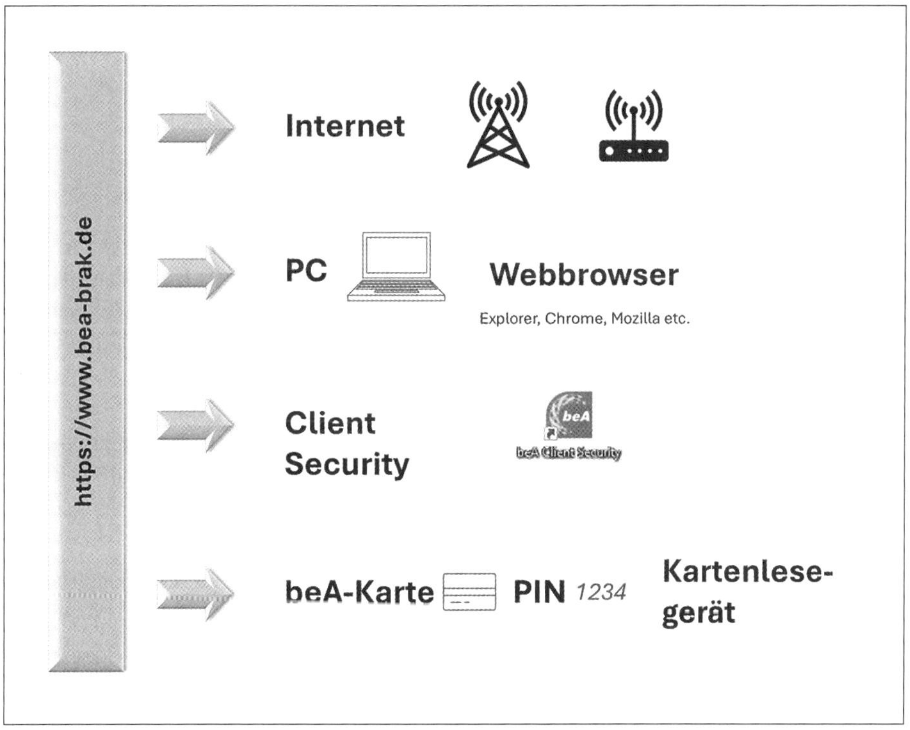

Sodann kann man sein persönliches Postfach einrichten und dabei auch eine E-Mail-Adresse angeben, an die dann automatisch die Benachrichtigungen über in das beA eingegangene Post geschickt werden.

Das jeweilige beA-Postfach ist an den jeweiligen Rechtsanwalt gebunden. Der Rechtsanwalt erhält insoweit eine beA-Karte (mindestens Basiskarte, vorzugsweise eine Karte mit Signatur) und eine dazugehörige PIN. Beides darf er aus berufsrechtlichen Gründen nicht aus den Händen geben und nur höchstpersönlich und selbst verwenden. Seinen Mitarbeitern kann der Anwalt mittels einer Mitarbeiterkarte oder einem Mitarbeiterzertifikat diverse Rechte zum Arbeiten mit dem beA einrichten (Nachrichten lesen, abrufen, versenden usw.). 4

Wenn ein Rechtsanwalt eine Nachricht über das besondere elektronische Anwaltspostfach (beA) versenden möchte – etwa einen Schriftsatz an ein Gericht oder eine Nachricht an einen Kollegen –, meldet er sich zunächst mit seiner beA-Karte und PIN über den Webclient am System an. Auch berechtigte Mitarbeiterinnen und Mitarbeiter können den Versand vornehmen, allerdings muss in diesen Fällen sichergestellt sein, dass der verantwortliche Anwalt als „verantwortende Person" erkennbar ist – durch qualifizierte elektronische Signatur (qeS). 5

Nachdem die Nachricht erstellt und mit den erforderlichen Anlagen versehen wurde, wird sie – erforderlichenfalls – signiert (mindestens bei Versand durch Mitarbeitende).

Sobald die Nachricht fertiggestellt und abgesendet wurde, wird sie vom beA-System verschlüsselt und an den sogenannten „Intermediär" übermittelt. Das ist eine technische Vermittlungsstelle der Bundesrechtsanwaltskammer (BRAK), die für die ordnungsgemäße Weiterleitung sorgt. Der Intermediär prüft unter anderem, ob das Zertifikat des Absenders gültig ist, ob der Empfänger existiert und erreichbar ist und ob die Nachricht formale Mindestanforderungen erfüllt. Erst nach dieser (automatisierten) Prüfung wird die Nachricht an das elektronische Postfach des Empfängers übermittelt – etwa an das elektronische Gerichts- und Verwaltungspostfach (EGVP) eines Gerichts oder an das beA eines anderen Anwalts. Gleichzeitig erhält der Absender eine Eingangs- bzw. Versandbestätigung, aus der hervorgeht, wann die Nachricht versendet und wann sie beim Empfänger eingegangen ist. Diese Protokolle haben für den Anwalt eine hohe Bedeutung, da sie im Zweifel den Nachweis über die rechtzeitige Einreichung einer Nachricht führen können.

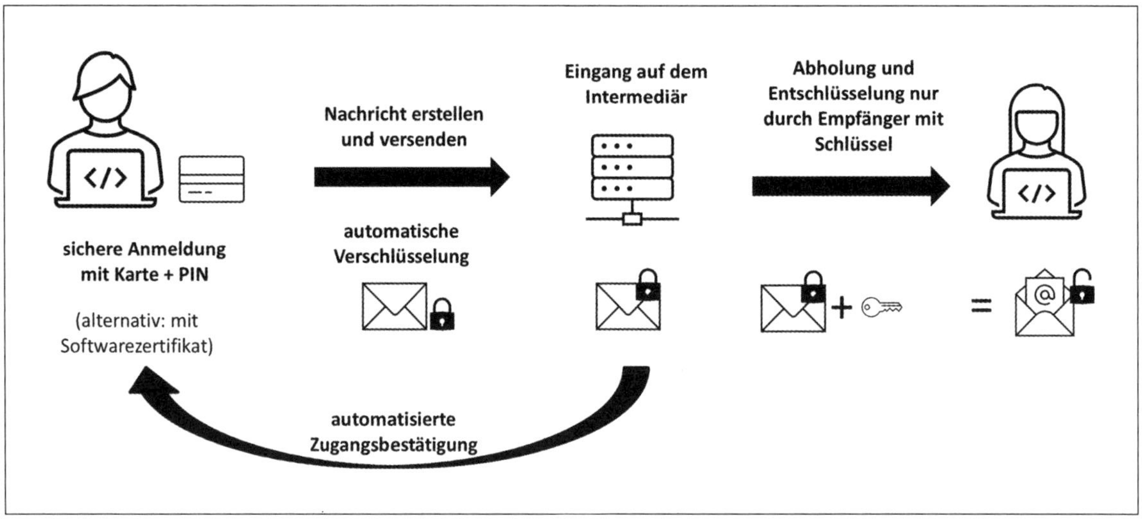

6 Das besondere elektronische Anwaltspostfach (beA) ist Teil einer umfassenden Infrastruktur für die elektronische Kommunikation im deutschen Rechtsverkehr. Diese Infrastruktur besteht aus einer Vielzahl besonderer elektronischer Postfächer, die jeweils für unterschiedliche Berufsgruppen, Behörden oder Organisationen vorgesehen sind. Sie sind technisch miteinander verbunden und ermöglichen eine sichere, nachvollziehbare und rechtsverbindliche elektronische Kommunikation untereinander.

Im Mittelpunkt steht das **EGVP** – das **elektronische Gerichts- und Verwaltungspostfach**. Dieses wird von Gerichten und Behörden genutzt und stellt sozusagen die zentrale Anlaufstelle für die Kommunikation mit der Justiz dar. Von dort aus können Nachrichten an sämtliche der angeschlossenen besonderen Postfächer gesendet werden – und umgekehrt.

Zum **beA**, dem Postfach der Rechtsanwälte, treten verschiedene andere Systeme hinzu:

- **beN**: das **besondere elektronische Notarpostfach** für Notarinnen und Notare. Es erlaubt beispielsweise die elektronische Kommunikation mit Gerichten oder auch mit Rechtsanwälten und anderen Notaren.
- **beSt**: das **besondere elektronische Steuerberaterpostfach**, über das Steuerberater mit Gerichten, Finanzämtern oder anderen Berufsträgern kommunizieren können.
- **GePo**: das **besondere elektronische Gesellschaftspostfach**, das speziell für Berufsausübungsgesellschaften vorgesehen ist – etwa Kanzleien in der Form einer GmbH oder Partnerschaftsgesellschaft.
- **beBPo**: das **besondere elektronische Behördenpostfach**, das Behörden und andere öffentliche Stellen nutzen, um mit der Justiz und anderen Beteiligten zu kommunizieren.
- **eBO**: das **besondere elektronische Bürger- und Organisationenpostfach**, das Privatpersonen sowie nichtanwaltlichen Organisationen zur Verfügung steht – etwa zur Kommunikation mit Gerichten, aber auch mit Berufsgeheimnisträgern.

Diese Postfächer stehen nicht isoliert da, sondern sind miteinander vernetzt: Eine Nachricht aus dem beA kann an das beBPo, das beSt oder auch an ein eBO gesendet werden – und umgekehrt. Das ermöglicht eine medienbruchfreie Kommunikation quer durch den gesamten Rechts- und Behördenverkehr.

Sämtliche Nachrichten durchlaufen – wie beim beA-Versand beschrieben – eine gesicherte Transportinfrastruktur mit Intermediären, Zertifikatsprüfung und Protokollierung. Der Zugang zu jedem dieser Postfächer erfordert eine Authentifizierung über ein zugelassenes Sicherheitsmedium (z.B. Signaturkarte, beA-Karte oder Personalausweis).

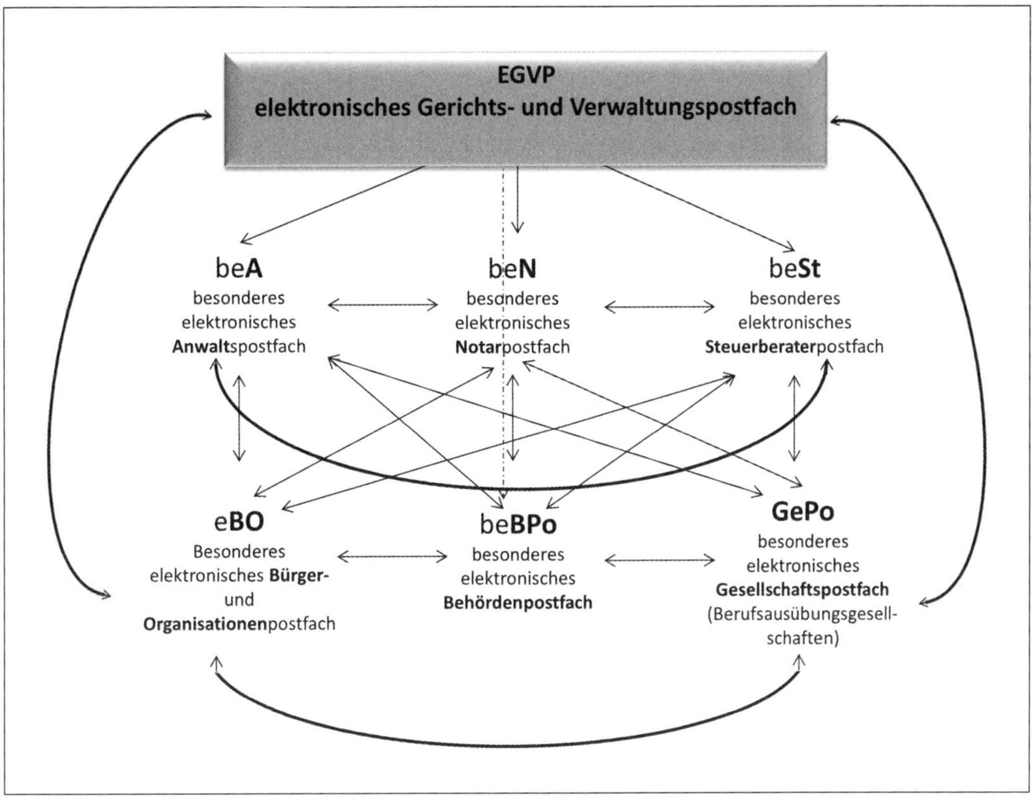

B. Versendungsvorgänge

Zum Versand von Dokumenten via beA stehen grundsätzlich zwei Möglichkeiten zur Verfügung: 7

Entweder der den Schriftsatz verantwortende Rechtsanwalt lädt den Schriftsatz selbst hoch, wählt das Empfängergericht bzw. den oder die Empfänger aus und versendet höchstpersönlich aus dem eigenen Postfach. Dann ist, rein formal gesehen, eine qualifizierte Signatur des Berufsträgers nicht notwendig (allerdings kann dies aus materiell-rechtlichen Gründen erforderlich sein).

Oder aber das Fachpersonal lädt mittels Mitarbeiterkarte oder -zertifikat die Datei hoch, wählt das Empfängergericht aus, speichert die Nachricht als Entwurf und der Anwalt signiert und lässt das Versenden wiederum vom Fachpersonal vornehmen.

C. Anforderung an die Dateien

Die Anforderungen bei der Versendung von Schriftsätzen via beA ergeben sich aus den §§ 2 ff. ERVV mit Bezug zum Justizportal des Bundes und der Länder: 8

§ 2 Abs. 2 ERVV verweist auf § 5 Abs. 1 Nr. 1 u. 6 ERVV: Danach werden die Versionen der zu nutzenden Dateiformate PDF und TIFF sowie die Dateigrößen und -mengen auf der Internetseite *www.justiz.de* bekannt gegeben.

Danach eignen sich zur wirksamen Einreichung:

- PDF einschließlich 2.0, PDF/A-1, PDF/A-2, PDF/UA,
- TIFF (auch TIF) Version 6 (TIFF 6 ist die neueste Version, und zwar bereits seit 1992) zusätzlich zur PDF, wenn das PDF die Datei nicht darstellen kann.

Andere PDF-Dateien, wie z.B. PDF/X sind damit von der wirksamen Einreichung via beA ausgeschlossen.

Daneben gilt eine derzeitige Volumenbegrenzung auf 1000 Dateien und 200 MB; weitere Ausweitungen werden in Zukunft folgen (müssen). 9

Für das Mahnverfahren gelten insoweit ergänzende Vorschriften, hier sind vorzugsweise die EDA-Dateien bei den Mahngerichten einzureichen (s. nachfolgend § 5).

Platz für Notizen

§ 3 Wichtige Fristen im Zivilprozess

A. Grundsätzliches zur Frist

Eine **Frist ist ein Zeitraum**, innerhalb dessen etwas passieren muss. 1

Kaum etwas ist im Alltag der Anwaltskanzlei so wichtig wie die Einhaltung von Fristen. Damit ist die fehlerlose Fristenkontrolle auch das A und O guter Kanzleiorganisation und es ist unerlässlich, die Strukturen in der Kanzlei so zu ordnen, dass alle Fristen richtig berechnet, richtig notiert und insbesondere dann auch eingehalten werden können.

Die Versäumung einer Frist ist der größte „Unfall" in einer Anwaltskanzlei: Fristversäumnisse können nicht nur dazu 2
führen, einen Prozess zu verlieren, sondern sind durchaus dazu geeignet, dem Mandanten das Vertrauen in die Kanzlei zu entziehen – abgesehen von der Haftungs- und Regressgefahr für den Anwalt. Der gute Ruf erfährt zudem gerade beim Bekanntwerden von Fristversäumnissen erhebliche „Kratzer", denn der Mandant nimmt diese – zu Recht – als mangelhafte Organisation wahr.

Grundsätzlich ist der Rechtsanwalt für die Einhaltung der Fristen verantwortlich. Er darf aber die Fristberechnung, 3
-notierung und Ausgangskontrolle „einfacher und wiederkehrender" Fristen auf sein geschultes/qualifiziertes Personal übertragen und sich hierauf verlassen, wobei aber eine geeignete („wasserdichte" und durch eindeutige Arbeitsanweisungen belegbare) Kanzleiorganisation sicherstellen muss, dass die Fristen zuverlässig festgehalten und kontrolliert werden. Bei anderen Fristen, insbesondere Rechtsmittel- und Rechtsmittelbegründungsfristen, aber auch bei ungewöhnlichen Fristen, bleibt der Anwalt in der Pflicht. Schließlich ist der Rechtsanwalt auch gehalten, die Qualität der übertragenen Arbeiten und die Einhaltung der einschlägigen Arbeitsanweisungen im Hinblick auf die Fristenkontrolle regelmäßig (als Stichproben) zu überprüfen.

Die eingehende Post (und damit die Fristeneingangskontrolle) muss also – gerade im Anwaltsbüro – von einer langjäh- 4
rigen und zuverlässigen Kraft verantwortet werden, um dem Anwalt im Falle einer Fristversäumnis die Möglichkeit zu eröffnen, Wiedereinsetzung in den vorherigen Stand zu erhalten. Der Schriftverkehr in der Anwaltspraxis ist aber weit umfangreicher, und Fristen finden sich nicht nur in der Eingangspost. Zu regeln ist daher auch die Verantwortlichkeit bei

- beA-Nachrichten
- E-Mails
- Telefaxen
- im Termin übergebenen Schriftstücken.

Es müssen eindeutige Arbeitsanweisungen existieren, wer die eingehenden Schriftstücke auf Fristen zu überprüfen hat bzw. – wenn die Angelegenheiten delegiert werden – wer die Verantwortlichkeit für die Fristen hat (Überprüfung auf Fristen, Kontrolle).

B. Grundsatz der Fristennotierung und -kontrolle

Ergibt sich eine Frist aus dem Schriftstück/beA-, Post- oder E-Mail-Eingang, ist diese (zu berechnen und) zu notieren. 5
Neben dem Fristende wird die Angelegenheit mit einer (z.B. einwöchigen oder zweiwöchigen, je nach Vorgaben der Kanzlei) Vorfrist in den Fristenkalender eingetragen (unerheblich, ob Fristenbuch und/oder digital). Erst wenn dies geschehen ist, sind die Art der notierten Frist, das Datum des Fristendes, die eingetragene Vorfrist und der Hinweis, dass die entsprechende Frist in den Kalender eingetragen wurde, auf dem Schriftstück (Handakte, sofern sie geführt wird) selbst zu notieren. Hält man diesen Weg genau ein, kann ausgeschlossen werden, dass die Fristennotierung durch eine Störung des Arbeitsablaufes – etwa durch ein eingehendes Telefonat – versäumt wird.

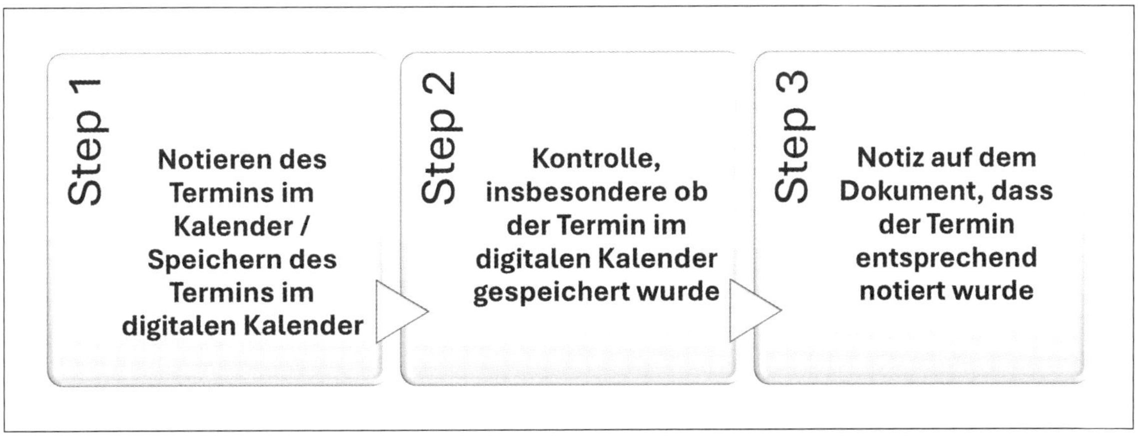

6 Zu den grundsätzlichen Anforderungen gehört, dass das Fristenkontrollbuch „revisionssicher“ ist. Das bedeutet beim Papierkalender, dass Eintragungen nicht mit Bleistift vorgenommen werden dürfen, Arbeiten mit Tipp-Ex oder „Tintenkillern“ ist nicht erlaubt. Eine Loseblattsammlung, z.B. ein Ordner, Ringbuch oder Hefter reicht nicht aus. Es muss sich also um ein gebundenes Buch handeln.

Wird der Fristenkalender über die EDV geführt, gelten hohe Anforderungen an das Programm, die es zu überprüfen gilt. Denn die elektronische Kalenderführung eines Prozessbevollmächtigten darf nach höchstrichterlicher Rechtsprechung grundsätzlich keine geringere Überprüfungssicherheit bieten als die eines herkömmlichen Fristenkalenders. Dazu gehört insbesondere, dass die Eingaben in den EDV-Kalender durch Ausgabe der eingegebenen Einzelvorgänge über den Drucker oder durch Ausgabe eines Fehlerprotokolls durch das Programm kontrolliert werden. Denn die Fertigung eines Kontrollausdrucks ist erforderlich, um nicht nur Datenverarbeitungsfehler des EDV-Programms, sondern auch Eingabefehler oder -versäumnisse mit geringem Aufwand rechtzeitig zu erkennen und zu beseitigen. Es gelten aber viele weitere Anforderungen, die hier den Rahmen sprengen würden; will man sich alleine auf die EDV verlassen und den Papierkalender vom Tisch verbannen, ist eine intensivere Beschäftigung mit der Materie angebracht.

7 Genauso wenig wie das Notieren der Fristen darf das Streichen oder auch „Löschen“ der Fristen (sie dürfen nicht wirklich gelöscht sein, denn die Nachvollziehbarkeit muss gewährleistet sein) nicht jeder in der Kanzlei vornehmen. Auch hier wird gefordert, dass geschultes Personal die Verantwortung übernimmt.

8 Zur Fristenausgangskontrolle gehört bereits die Vorfristkontrolle: Vorfristen des Tages sind durch einen verantwortlichen Mitarbeiter zu erledigen: In der Akte ist einzusehen, ob – und gegebenenfalls wann – die Frist bereits erledigt wurde. Ist dies eindeutig, kann die Frist bereits zum Zeitpunkt der Vorfrist gelöscht bzw. gestrichen werden. Ist die Erledigung nicht eindeutig, ist die Akte dem verantwortlichen Sachbearbeiter vorzulegen, der zu entscheiden hat, ob und bejahendenfalls was zu tun ist. Die Vorfrist – aber auch nur die Vorfrist – kann dann im Kalender als erledigt/bearbeitet abgehakt werden (sinnvollerweise mit Kürzelzeichen/Handzeichen der für die Fristen verantwortlichen Fachkraft bzw. Vertreter). Die Frist ist naturgemäß erst zu streichen bzw. mit Erledigungsvermerk zu versehen, wenn die Frist tatsächlich erledigt ist.

9 Nicht zu vergessen: Die Tagesendkontrolle. Sie ist nach BGH unerlässlich, um im Falle eines Falles Wiedereinsetzung in den vorherigen Stand erreichen zu können.

Hierbei muss auch – ggf. durch Einsicht in die entsprechenden Akten – überprüft werden, ob möglicherweise in einer bereits als erledigt vermerkten Fristsache die fristwahrende Handlung noch aussteht bzw. ob die der Erledigung dienenden Schriftsätze auch tatsächlich abgesandt worden sind. Dabei ist natürlich auch zu prüfen, ob der versandte oder postfertige Schriftsatz die im Kalender vermerkte Frist auch tatsächlich und zweifelsfrei erledigt und nicht etwa z.B. aufgrund einer versandten Sachstandsanfrage betreffend eines eingeleiteten Kostenfestsetzungsverfahrens z.B. eine etwa notierte Tatbestandsberichtigungsfrist gelöscht wird.

C. Fristenkontrolle in Verbindung mit beA

10 Gerade in der digitalen Welt haben Anwälte – ebenso wie bei der zumindest im Rahmen der aktiven Kommunikation mit Gerichten „verabschiedeten“ Papierform – besondere Sorgfaltspflichten walten zu lassen, um die Einhaltung von Fristen abzusichern.

Da das Versenden oder Signieren von ungeprüften Schriftsätzen einer Blind- oder Blanko-Unterschrift gleichkommt, ist die Wiedereinsetzung in den vorherigen Stand in vielen Fällen kaum noch möglich. Das erfordert zum einen höhere Sorgfaltspflichten bei den Berufsträgern, aber gleichermaßen Überprüfungsschritte bei den Mitarbeitenden.

11 Bei der Arbeit mit dem beA gibt es im Grunde zwei Wege:

Entweder der den Schriftsatz verantwortende Rechtsanwalt lädt den Schriftsatz selbst hoch, wählt das Empfängergericht und versendet höchstpersönlich aus dem eigenen Postfach: Er hat dann das Versenden selbst vorgenommen und trägt damit – naturgemäß – auch die Verantwortung dafür, wenn etwas „schiefgelaufen ist“.

Erkennbar ist dieser Vorgang daran, dass in der Exportdatei die Angaben unter „Absender:“ und „Letzte Änderung von:“ identisch sind und – wenn nicht signiert wurde (was in der Regel nicht erforderlich ist, wenn der Anwalt aus dem eigenen Postfach versendet) – unter den Anhängen keine Signaturdatei aufgeführt ist:

Absender:	Max Mustermann	**Postfachinhaber/RA**
Empfänger:	Mustergericht	
Betreff:	Alpha ./. Beta	
Aktenzeichen Sender:	007/22-XAB	
Akteneichen Empfänger:	99 O 999/22	
Gesendet:	TT.MM.JJJ 00:00	
Zugegangen:	TT.MM.JJJ 00:00	
Erstellt von:	DE.BRAK.b125a472-ea....	
Letzte Änderung von:	Max Mustermann	**Postfachinhaber/RA**
Anhänge		
Dateiname		
Klageerwiderung.pdf	**Schriftsatz im pdf-Format**	**Signatur i.d.R. nicht erforderlich/**
xjustiz_nachricht.xml	**Strukturdatensatz**	**dann keine Signaturdatei**

Oder aber das Fachpersonal lädt die Datei hoch, wählt das Empfängergericht aus, speichert die Nachricht als Entwurf und der Anwalt signiert und lässt das Versenden wiederum vom Fachpersonal vornehmen. Erkennbar ist die Tatsache der Mitwirkung des Fachpersonals dann an den unterschiedlichen Angaben bei „Absender:“ und „Letzte Änderung von:“. Die in diesen Fällen zwingend notwendige Signatur ist in der zusätzlichen Signaturdatei unter der Rubrik „Anhänge“ zu sehen:

Absender:	Max Mustermann	**Postfachinhaber/RA**
Empfänger:	Mustergericht	
Betreff:	Alpha ./. Beta	
Aktenzeichen Sender:	007/22-XAB	
Akteneichen Empfänger:	99 O 999/22	
Gesendet:	TT.MM.JJJ 00:00	
Zugegangen:	TT.MM.JJJ 00:00	
Erstellt von:	DE.BRAK.b125a472-ea....	
Letzte Änderung von:	MA-Zertifi07	**zugewiesener Mitarbeiter mit entsprechenden Rechten**
Anhänge		
Dateiname		
Klageerwiderung.pdf	**Schriftsatz im pdf-Format**	
Klageerwiderung.pdf.pkcs7	**Signaturdatei**	**zwingend erforderlich!**
xjustiz_nachricht.xml	**Strukturdatensatz**	

12 Beide Varianten haben gemeinsam, dass der Schriftsatz in Absendereife in den Verfügungsbereich des verantwortlichen Rechtanwaltes gelangt, was zugleich bedeutet, dass ein Fehler erkannt werden kann bzw. muss.

Denn mit dem eigenen Hochladen sowieso, aber auch mit der Notwendigkeit, das Schriftstück zu signieren, liegt die Verantwortung für die Prüfung der Richtigkeit und Vollständigkeit von Schriftsätzen – und dazu gehört neben der inhaltlichen Prüfung auch die Prüfung, ob der Schriftsatz an das richtige Gericht versandt wird – gerade bei Rechtsmitteln und Rechtsmittelbegründungen abschließend in den Händen des Rechtsanwalts und nicht beim Fachpersonal. Damit ist ein erfolgreicher Wiedereinsetzungsantrag nahezu ausgeschlossen. Die Berufsträger müssen ihre Eingaben also selbst sorgfältig überprüfen, bevor sie versenden oder zum Versand freigeben.

13 Die erforderliche Prüfung erfolgt vor Streichung der Frist durch das ausgebildete Fachpersonal wie folgt:

Zum einen ist der Nachweis des korrekten Zugangs der vollständigen Nachricht herunterzuladen und (positiv) zu prüfen. Eine Garantie ist mit erfolgreichen Übermittlungsangaben in den meisten genutzten Anwaltsprogrammen nicht gegeben, ggf. sollte man beim Softwarebetreiber eine verbindliche Auskunft hierzu einholen. Zur verlässlichen Versandkontrolle ist ein Einloggen in der Webanwendung des beA, das Aufrufen der entsprechenden Datei unter „Gesendet“ und das Exportieren der Datei über die Menüleiste oben rechts erforderlich. In der so heruntergeladenen ZIP-Datei befinden sich alle relevanten Daten und Dateien, die zur Sicherheit sämtlich zu überprüfen sind:

- der übermittelte Schriftsatz, der durch Öffnen nochmals kurz überprüft werden sollte durch
  - Abgleich des Empfängergerichts mit den Daten in der E-Akte sowohl im Schriftsatz als auch im Empfängerfeld des beA,
  - Prüfung des Schriftsatzes auf Vollständigkeit und Richtigkeit (Übereinstimmung mit dem Ursprungsschriftsatz),
  - Abgleich des Gerichtsaktenzeichens,
  - Kontrolle, ob der Schriftsatz eine einfache Signatur (lesbare Unterschrift im Schriftsatz – maschinengeschriebener Name reicht aus) enthält,
- das Vorhandensein einer Signaturdatei bei Versand über Mitarbeiterkarte oder -zertifikat und bei entsprechendem Erfordernis die Überprüfung der Signaturdatei
- eine Datei mit der Endung _“export.html“. Durch Doppelklick hierauf kann das Prüfprotokoll eingesehen und – sinnvollerweise – dann zum späteren Nachweis zur Akte gespeichert werden.

  Anmerkung:

  Dass die Datei mit der Endung export.html nicht lediglich ausgedruckt, sondern unbedingt elektronisch gespeichert werden sollte, hängt mit ihrer Beweiskraft zusammen: Ein Ausdruck stellt – mangels eines öffentlichen Beglaubigungsvermerks – eben keine Urkunde im Rechtssinn dar. Inzwischen erkennen öffentliche Stellen die Beweiskraft elektronischer Dokumente an. Daher sollte es eine verbindliche Vorgabe geben, die vollständige beA-Nachricht aus dem ZIP-Ordner (siehe oben) entweder auf dem Kanzleiserver oder in der digitalen Akte zu sichern. Im Rahmen der Fristenkontrolle geht es nämlich genau darum: Im Bedarfsfall muss lückenlos belegt werden können, dass der Versand korrekt erfolgt ist und eine entsprechende Bestätigung vorliegt.

  Bei einer korrekten Eingangsbestätigung nach § 130a Abs. 5 S. 2 ZPO zeigt das beA im Übermittlungsprotokoll unter dem Abschnitt „Zusammenfassung Prüfprotokoll“ folgendes Bild:

Zusammenfassung Prüfprotokoll:

Empfänger	Übermittlungscode	Meldungstext	OSCI-Nachrichten-ID	Eingang Intermediär	Status
Mustergericht	0800	Request executed, dialog closed	bnotk_0948408907898	TT.MM.JJJJ 07.01	Erfolgreich

14 Um bei der Fristenkontrolle eine noch höhere Sicherheit zu gewährleisten, empfiehlt es sich zusätzlich, die Datei mit der Endung VerificationReport.html per Doppelklick zu öffnen – insbesondere dann, wenn eine qualifizierte elektronische Signatur erforderlich ist (zum Beispiel bei der Versendung einer beA-Nachricht durch Kanzleimitarbeitende).

Diese VerificationReport.html-Datei enthält das Prüfprotokoll zur Signaturverifikation. Grün markierte Einträge sind unbedenklich; bei Problemen erscheinen die jeweiligen Prüfpunkte in Gelb oder Rot. Besonders wichtig: Wer genau die qualifizierte Signatur vorgenommen hat, sollte ebenfalls überprüft werden.

15 Wenn Sie Ihre Fristenkontrolle wirklich lückenlos gestalten möchten – und das sollte stets das Ziel sein – empfiehlt sich zusätzlich ein Blick auf weitere Dateien im Exportverzeichnis. Dazu zählt etwa die BusinessCard.html, insbesondere bei mehreren beA-Postfächern. Anhand dieser Datei lässt sich nachvollziehen, aus welchem Postfach der Versand

erfolgt ist. Gerade wenn Berufsträger selbst verschicken (also ohne qualifizierte Signatur), muss sichergestellt sein, dass einfache Signatur und beA-Absenderpostfach übereinstimmen. Hier kann es zu Abweichungen kommen – etwa wenn der Berufsträger Zugriff auf mehrere Postfächer hat oder ein gemeinsames Kanzleipostfach genutzt wird. Zudem sollte – falls qualifiziert signiert wurde – geprüft werden, ob der Name des Schriftsatzes mit dem der Signaturdatei übereinstimmt.

Zwar existieren aktuelle Entscheidungen, wonach es unter bestimmten Umständen unschädlich sein kann, wenn einfache und qualifizierte Signatur voneinander abweichen – ob man sich jedoch in einem laufenden Verfahren auf diese Diskussion einlassen möchte, steht auf einem anderen Blatt.

Das klingt zunächst nach viel Aufwand. Aber: Nach dem Export liegen alle relevanten Dateien gebündelt in einem **16**
ZIP-Ordner vor. Mit einem Doppelklick lassen sich die jeweiligen Prüfungen schnell durchführen.

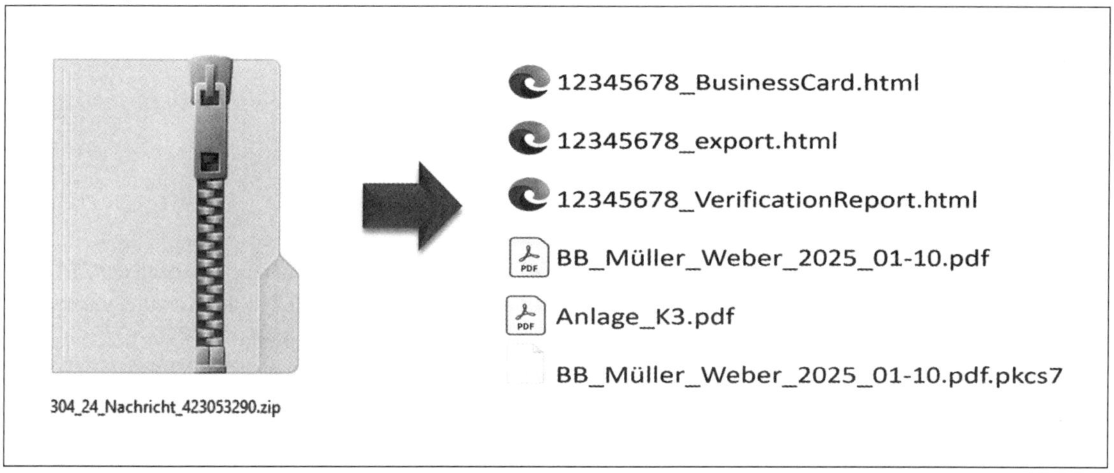

Mit etwas Übung geht das zügig – und verschafft Ihnen spürbar mehr Sicherheit. Denn wenn der Fehler erst einmal passiert ist, ist der Korrekturaufwand erheblich größer.

Dass im Vorfeld schon überprüft worden ist, ob das hochgeladene Schriftstück beA-konform ist, wird unterstellt und **17**
sei hier nur der Vollständigkeit halber erwähnt.

Ein Fehler oder der fehlende Hinweis des ausgeführten Auftrages erfordert einen nochmaligen Versand mit den entsprechenden Prüfungsschritten, und zwar auch dann, wenn ein eigentlich schon einmal hochgeladener Schriftsatz, der sich nach Prüfung als nur an einer Stelle fehlerbehaftet herausstellt, neu hochgeladen werden soll.

Sind alle Prüfungsschritte positiv durchlaufen, kann die Frist als erledigt gekennzeichnet bzw. gestrichen werden.

D. Vertragliche, richterliche und gesetzliche Fristen

Zu unterscheiden ist hier zwischen den **vertraglichen Fristen** (durch rechtsgeschäftliche Willenserklärungen verein- **18**
barte Fristen), **richterlichen Fristen** (Fristen, die das Gericht bzw. der Richter selbst bestimmt) und den **gesetzlichen Fristen** (Fristen, die in einem Gesetz normiert sind – unterschieden wird u.a. in materiell-rechtliche Fristen wie z.B. Verjährungsfristen und prozessuale Fristen).

Innerhalb der prozessualen Fristen, die regelmäßig von Rechtsanwaltsfachangestellten „entdeckt" und überwacht wer- **19**
den müssen, wird zwischen **Notfristen** (dazu folgend Rdn 26 f.) und gewöhnlichen Fristen, also Fristen, die in der ZPO nicht als Notfristen bezeichnet sind, unterschieden.

E. Ermittlung von Fristbeginn und Fristende

Die grundsätzlichen **Bestimmungen zur Frist** sind in den §§ 187–193 des Bürgerlichen Gesetzbuches (BGB) gere- **20**
gelt; daneben gelten besondere Regeln für die prozessualen Fristen, die in den §§ 221–224 der Zivilprozessordnung (ZPO) geregelt sind.

Um den **Fristbeginn** – und damit auch den Fristablauf – korrekt zu ermitteln, muss differenziert werden, ob es sich bei **21**
der Frist um eine **Ereignis- oder eine Verlaufsfrist** (§ 187 BGB) handelt.

Bei einer **Ereignisfrist** beginnt der Lauf der Frist um 0:00 Uhr des auf das Ereignis folgenden Tages.

Beispiel:
Berechnung bei Fristbeginn mit Ereignis (§ 187 Abs. 1 BGB)
Es wurde am Dienstag, den 7.3.2023 ein Schriftstück zugestellt, das eine Monatsfrist enthält:

Dienstag, 9.9.2025, irgendwann	**Ereigniseintritt**
Mittwoch, den 10.9.2025, 0:00 Uhr	**Fristbeginn**
Donnerstag, den 9.10.2025, Tagesablauf	**Fristende**

22 Nach § 187 Abs. 2 BGB ist gerade nicht auf ein Ereignis abzustellen. Bei der **Verlaufsfrist** wird der Tag als maßgeblicher Zeitpunkt mitgerechnet; im Vergleich zur Ereignisfrist endet diese dann entsprechend früher.

Bei einer Verlaufsfrist beginnt der Lauf der Frist um 0:00 Uhr des benannten Tages

Beispiel:
Berechnung bei Fristbeginn ohne Ereignis = Verlaufsfrist (§ 187 Abs. 2 BGB)
Es wird ein Unterstellplatz für fünf Monate gemietet; Beginn ist der 1.8.2025.

Freitag, 1.8.2025, 00:00 Uhr	**Fristbeginn**
Mittwoch, der 31.12.2025, Tagesablauf	**Fristende**

23 In einer Anwaltskanzlei gibt es viele Sachen, die fristgebunden sind, wobei es sich bei den Fristen nach der ZPO regelmäßig um eine Ereignisfrist handelt (Ereignis: Zustellung oder Verkündung, Möglichkeit der Kenntnisnahme).

24 Wird eine Frist ermittelt, wird hierzu eine sog. Vorfrist, die eine Woche früher liegt, notiert. Die Vorfrist dient dazu, den Anwalt oder Sachbearbeiter rechtzeitig an den Fristablauf zu erinnern.

Fristen laufen nicht an Sonn- und Feiertagen oder Sonnabenden ab (Beachte: Fristen können aber an diesen Tagen zu laufen beginnen!): Fällt also der letzte Tag der Frist (= Fristende) auf einen Sonntag, allgemeinen Feiertag oder Sonnabend, so tritt an diese Stelle der nächste Werktag. Bei den Feiertagen muss berücksichtigt werden, ob der Feiertag bundeseinheitlich oder regionalabhängig ist. Maßgeblich ist der Erklärungs- bzw. Leistungsort.

Achtung!
Fehlt bei einer **nach Monaten bestimmten Frist** in dem letzten Monat der für ihren Ablauf **maßgebende Tag,** so **endet** die Frist mit dem **Ablauf des letzten Tages dieses Monats** (es ist also nicht so, dass dann die Frist am darauffolgenden Tag des fehlenden Tages abläuft).

Beispiel 1:
Mit am **30. Januar eingehenden Schreiben** setzt das Gericht eine **Monatsfrist** zur Beantwortung des gegnerischen Schriftsatzes. **Die Frist läuft** demnach (wenn es sich um kein Schaltjahr handelt) **am 28. Februar ab** (beim Schaltjahr: am 29. Februar).

Beispiel 2:
Mit dem am **31. Januar eingehenden Schreiben** wird eine **Frist von fünf Monaten** in Gang gesetzt; da der Juni lediglich 30 Tage hat, **endet die Frist am 30. Juni** desselben Jahres.

Wie vorstehend ausgeführt, endet eine nach Tagen bestimmte Frist mit dem Ablauf des letzten Tages, allgemeinsprachlich ist das um 24.00 Uhr. Demgegenüber beginnt ein neuer Tag um 0.00 Uhr. Betrachtet man die Uhrzeiten eng, so gibt es keinen wirklichen Übergang vom Vortag in den neuen Tag, so dass streng davon ausgegangen werden sollte, dass eine Frist, die am Ende des Tages abläuft, tatsächlich um 23.59 Uhr endet.

25 Versäumt der Anwalt eine Frist, wird er in Haftung genommen: Allein wegen einer Fristversäumnis kann ein Gerichtsverfahren (= Prozess) verloren gehen.

F. Notfrist

I. Definition

26 Eine **Notfrist** liegt nur vor, wenn sie im Gesetz ausdrücklich als solche bezeichnet wird. Notfristen sind insbesondere für den Zivilprozess vorgesehen. Ihre Bedeutung liegt darin, dass sie durch Parteivereinbarung bzw. Antrag nicht abgeändert werden können.

Die Notfrist ist also **nicht verlängerbar**.

Achtung!
Notfristen laufen trotz Ruhen des Verfahrens (§ 251 Abs. 1 S. 2 ZPO), nicht aber bei Unterbrechung und Aussetzung (§ 249 Abs. 1 ZPO).

II. Beispiele

- Frist zur Vorlage der Verteidigungsanzeige: **zwei Wochen ab Zustellung der Klageschrift**; 27
- Frist zur Einlegung der Berufung und der Revision: **ein Monat ab Zustellung des Urteils**;
- Frist zur Einlegung des Einspruchs: **zwei Wochen ab Zustellung des Versäumnisurteils**;
- Frist zur Erhebung der Rüge wegen Verletzung des rechtlichen Gehörs: **zwei Wochen ab Zustellung des nicht berufungsfähigen Urteils**.

G. Typische Fristen im Zivilprozess

I. Verteidigungsanzeige

1. Definition

Der Beklagte muss gegenüber dem Gericht **nach Zustellung der Klageschrift** anzeigen, dass er sich gegen die **Klage verteidigen** will. Tut er dies **innerhalb der Notfrist von zwei Wochen ab Zustellung der Klageschrift** nicht, erlässt das zuständige Gericht auf Antrag des Klägers ein Versäumnisurteil und damit einen sofort vollstreckbaren Titel gegen den Beklagten (§ 276 ZPO). 28

Zwischen der Zustellung der Klageschrift und dem Termin zur mündlichen Verhandlung muss somit ein Zeitraum von mindestens zwei Wochen liegen (Einlassungsfrist). Ist die Zustellung im Ausland vorzunehmen, so beträgt die Einlassungsfrist einen Monat. Der Vorsitzende kann auch eine längere Frist bestimmen, § 274 Abs. 3 ZPO.

2. Hintergrund

Dass eine Frist zur Vorlage der Verteidigungsanzeige gesetzt wird, liegt daran, dass der Kläger ein Interesse daran hat, in absehbarer Zeit sein Anliegen geregelt zu haben: Würde dem Beklagten keine entsprechende Frist gesetzt werden, könnte er sich theoretisch nach drei oder vier Jahren melden und ankündigen, die Ansprüche des Klägers zurückweisen zu wollen. 29

II. Klageerwiderung

1. Definition

Der Beklagte, also derjenige, gegen den eine Klage gerichtet ist, muss auf die Begründung der Klage erwidern. Das nennt man **Klageerwiderung**. Hierzu setzt das Gericht eine Frist, die unbedingt zu notieren ist; ein Sachvortrag, der nach Ablauf der gesetzten Frist eingegeben wird, kann von der Gegenseite als verspätet gerügt werden und ist sodann vom Gericht als nicht vorgetragen zu behandeln, darf also bei der Urteilsfindung keine Rolle spielen (wenn die Berücksichtigung zur Prozessverzögerung führen würde), § 277 ZPO. 30

Die Länge der Frist ist unterschiedlich, sie ist demnach im Gesetz nicht festgeschrieben; **in aller Regel** läuft diese Frist jedoch **zwei Wochen** nach Ablauf der Frist zur Vorlage der Verteidigungsanzeige ab; des Öfteren setzt das Gericht auch ein bestimmtes Datum fest.

Da es sich bei der Klageerwiderungsfrist **nicht** um eine Notfrist handelt, kann diese auf Antrag der beklagten Partei verlängert werden.

2. Hintergrund

Der Kläger stellt mit seiner Klageschrift nicht nur einen Antrag, sondern muss diesen unter Benennung von Beweisantritten darlegen und begründen. Ebenso hat der Beklagte die Möglichkeit, den Sachverhalt des Klägers – ebenfalls mit Beweisantritten – zu widerlegen. Um den Prozess nicht unnötig zu verzögern, wird hierzu eine Frist gesetzt, denn das Gericht soll in aller Regel nach Kenntnis der beiderseitigen Darstellungen einen Termin anberaumen, um die Angelegenheit zügig einem Abschluss zuzuführen. 31

32 Insoweit spielt auch die **Ladungsfrist** eine wichtige Rolle:

Die Ladungsfrist ist die gesetzlich vorgeschriebene Mindestfrist zwischen dem Zugang einer gerichtlichen Ladung zur mündlichen Verhandlung und dem tatsächlichen Termin. Sie beträgt in Anwaltsprozessen **mindestens eine Woche**, in anderen Prozessen mindestens drei Tage, § 217 ZPO. Das bedeutet, dass zwischen dem Zeitpunkt, an dem die Ladung zur mündlichen Verhandlung den Parteien zugestellt wird, und dem Termin zur Verhandlung selbst ein Zeitraum von mindestens einer Woche liegen muss.

Diese Frist gilt sowohl für den Kläger als auch für den Beklagten. Sie soll sicherstellen, dass beide Parteien ausreichend Zeit haben, um sich auf den Verhandlungstermin vorzubereiten – sei es zur Sammlung von Beweismitteln, zur Rücksprache mit einem Rechtsanwalt oder zur Vorbereitung eigener Schriftsätze.

Die Ladungsfrist kann in besonderen Fällen abgekürzt werden, etwa bei besonderer Eilbedürftigkeit des Verfahrens oder wenn beide Parteien damit einverstanden sind. Solche Ausnahmen müssen jedoch gut begründet sein und im Einklang mit dem rechtlichen Gehör der Parteien stehen (§ 217 S. 2 ZPO).

Die Einhaltung der Ladungsfrist ist prozessual bedeutsam. Wird die Frist nicht eingehalten, ohne dass ein Ausnahmefall vorliegt, kann die betroffene Partei beantragen, dass der Termin aufgehoben oder verlegt wird. Sie könnte sonst geltend machen, nicht ordnungsgemäß vorbereitet gewesen zu sein, was einen Verstoß gegen das rechtliche Gehör darstellen kann.

III. Schriftsatzfrist

1. Definition

33 Das Wort „**Schriftsatz**" ist eine Bezeichnung für Briefe, meistens für Briefe an Gerichte oder Behörden. Das Gericht setzt oftmals **Schriftsatzfristen. Innerhalb dieser Fristen kann man Schriftsätze bei Gericht einreichen**. Die Dauer der Fristen liegt im Ermessen des Gerichts und wird jeweils bekannt gegeben.

2. Hintergrund

34 In aller Regel werden Schriftsatzfristen gesetzt, damit der Gerichtstermin vorbereitet werden kann und sich das Verfahren nicht unnötig in die Länge zieht. Auch hier gilt: Als verspätet gerügter Sachvortrag bleibt ggf. unberücksichtigt; eine Schriftsatzfrist ist grundsätzlich verlängerbar.

IV. Schriftsatzschluss

1. Definition

35 Ein Verfahren kann auch im schriftlichen Wege erledigt werden; wenn z.B. eine der Parteien (oder die Parteien) beantragen, aufgrund des geringen Streitwertes nach „§ 495a ZPO zu verfahren", so bedeutet dies, dass auf die Abhaltung eines Verhandlungstermins verzichtet wird und die Angelegenheit lediglich durch die Vorlage von Schriftsätzen zur Entscheidung gelangt. Wird das Verfahren dann im Einverständnis der Parteien im schriftlichen Verfahren entschieden, so setzt das Gericht einen sog. Schriftsatzschluss fest, also ein abschließendes Datum bis zu dem Schriftsätze bei Gericht eingereicht werden können. Danach wird das Gericht dann entscheiden.

2. Hintergrund

36 Das Gericht beabsichtigt, aufgrund der von den Parteien eingereichten Schriftsätze zu einer Entscheidung zu gelangen; es setzt sodann einen Verkündungstermin fest, an dem die Entscheidung bekannt gegeben wird. Rechtzeitig vor dem Verkündungstermin sollen von allen Parteien die entsprechenden Schriftsätze vorliegen, damit die Richter sich noch einlesen und ggf. beraten können. Deshalb wird der Schriftsatzschluss in der Regel ein bis zwei Wochen vor den Verkündungstermin gelegt.

V. Widerrufsfrist

1. Definition

37 Wenn sich Parteien einigen, sich also entschließen, vor Gericht nicht mehr zu streiten, sondern einen Kompromiss zu finden, nennt man dies **Vergleich** oder auch **Einigung**. Viele Vergleiche werden als sog. **Widerrufsvergleiche** geschlossen, d.h., eine oder auch alle Parteien haben die Möglichkeit, **binnen einer vom Gericht zu bestimmenden Frist darüber nachzudenken, ob der Kompromiss akzeptabel ist**.

Kommt eine Partei (oder auch mehrere Parteien) zu dem Entschluss, dass ein entsprechender Vergleich doch nicht akzeptiert werden soll, **widerruft** sie den Vergleich: Der Vergleich wird nicht bestandskräftig!

Damit irgendwann Klarheit darüber besteht, ob der Vergleich Wirksamkeit entfaltet oder nicht, bestimmt das Gericht, wie oben ausgeführt, eine Frist zum Widerruf. Wird nicht widerrufen, wird der Vergleich bestandskräftig.

Widerrufsfristen haben keine besondere „Länge"; das Gericht entscheidet, wie lange es den Parteien die Möglichkeit bietet, zu widerrufen.

> **Wichtig!**
> Wird der Vergleich in der Verhandlung geschlossen und die Widerrufsfrist nicht nach Datum bestimmt, so berechnet sich die Frist (z.B. „binnen drei Wochen") ab dem Tage der Verhandlung, also dem Datum des Protokolls und nicht des Eingangs.

2. Hintergrund

Mit der Widerrufsfrist wird den Parteien Gelegenheit gegeben, die Angelegenheit, insbesondere die Wirtschaftlichkeit des Vergleichs zu überdenken: Die Partei soll mit einem etwaigen Vorschlag des Gerichts oder der Gegenseite nicht „überrumpelt" werden. Oftmals ist es nämlich so, dass eine Lösung auf den ersten Blick ganz passabel aussieht, nach Abwägung aller Vor- und Nachteile jedoch unwirtschaftlich bzw. inakzeptabel ist. Eine später zu bereuende ad hoc-Entscheidung soll mit der Einräumung des zeitlich begrenzten Widerrufsrechts vermieden werden. 38

VI. Einspruchsfrist (beim Versäumnisurteil)

1. Definition

Gegen das (erste) **Versäumnisurteil** kann man sich mit dem Rechtsbehelf „**Einspruch**" wehren. Der Einspruch, der bei dem Gericht, das das entsprechende Urteil erlassen hat, eingelegt wird, ist **binnen einer Notfrist von zwei Wochen ab Zustellung des Versäumnisurteils** möglich, § 339 ZPO. 39

2. Hintergrund

Der Beklagte soll mit der Einspruchsfrist die Möglichkeit haben, das endgültige Rechtsstatut (Rechtskraft des Versäumnisurteils) abzuwenden. 40

Dass der Beklagte nicht zeitlich unbegrenzt die Möglichkeit haben darf, das Versäumnisurteil anzugreifen, liegt im Interesse des Klägers: Dieser möchte im Rahmen einer angemessenen Zeit eine endgültige Regelung haben, sei es durch das in Rechtskraft erwachsende Versäumnisurteil oder das später nach Einspruch erwirkte Urteil.

VII. Berufungsfrist

1. Definition

Gegen ein Urteil (sofern es kein erstes Versäumnisurteil ist) kann man sich mit dem Rechtsmittel der Berufung „wehren". 41

Dies allerdings nur, wenn die Beschwer 600 EUR übersteigt. Bei Urteilen, deren Beschwer bis zu 600 EUR betragen, ist nur die Rüge, bezogen auf die Verletzung des rechtlichen Gehörs (sog. Abhilfeverfahren), binnen einer Notfrist von zwei Wochen ab Zustellung des nicht berufungsfähigen Urteils der anzuwendende Rechtsbehelf.

Durch die Einlegung der Berufung, die beim nächst höheren Gericht (nächste Instanz) erfolgt, wird die Sache zur Neuentscheidung den jetzt zuständigen Richtern vorgelegt.

Die Einlegung einer **Berufung ist fristgebunden**; die **Rechtsmittelfrist** beginnt mit **Zustellung des (vollständig ausgefertigten) Urteils** und läuft **einen Monat**. Sie ist eine **Notfrist**, § 517 ZPO.

Wichtig!
Wird das Urteil nicht bzw. sehr spät zugestellt, beginnt die Berufungsfrist trotzdem zu laufen, und zwar fünf Monate nach Verkündung (§ 517 ZPO). Das bedeutet also, dass die Frist sechs Monate nach Verkündung verstreicht (Beginn fünf Monate ab Zustellung und einen Monat Frist). Fällt also im Rahmen der Wiedervorlage auf, dass das telefonisch schon abgefragte Urteil nach etwa einem Monat immer noch nicht in schriftlich abgefasster Form vorliegt, ist spätestens dann der Zeitpunkt gekommen, die Berufungsfrist mit Ablauf von sechs Monaten ab dem Verkündungsdatum zu notieren. Gerade in Prozessen vor den Arbeitsgerichten und Landesarbeitsgerichten sind die späten Urteilsübersendungen leider keine Seltenheit.

2. Hintergrund

42 Die unterlegene Partei soll mit der Berufung die Möglichkeit haben, das endgültige Rechtsstatut abzuwenden. Mit Einlegung der Berufung wird die Rechtskraft des vorinstanzlichen Urteils verhindert.

Dass die unterlegene Partei nicht zeitlich unbegrenzt die Möglichkeit haben darf, das erstinstanzliche Urteil anzugreifen, liegt im Interesse der obsiegenden Partei: Auch sie möchte im Rahmen einer angemessenen Zeit eine endgültige Regelung haben, sei es durch das in Rechtskraft erwachsende erstinstanzliche Urteil oder das später nach Durchführung des Berufungsverfahrens ergangene zweitinstanzliche Urteil. Deshalb ist auch die Berufung fristgebunden.

VIII. Berufungsbegründungsfrist

1. Definition

43 Wenn ein Urteil mit der Berufung angegriffen wird, muss der Berufungskläger (derjenige, der die Berufung eingelegt hat bzw. hat einlegen lassen) die Berufung begründen. Er muss also darlegen, warum er der Auffassung ist, dass das vorinstanzliche Gericht falsch entschieden hat.

Die **Berufungsbegründung** ist fristgebunden. Der Lauf dieser Frist beginnt mit **Zustellung des (vollständig abgefassten) Urteils** und endet **zwei Monate später**, § 520 ZPO.

Wichtig!
Auch hier gilt, dass der Lauf der Berufungsbegründungsfrist spätestens fünf Monate nach Verkündung des Urteils beginnt, wenn eine vorherige Zustellung des Urteils nicht erfolgt ist (§ 520 ZPO). Demnach liefe die Berufungsbegründungsfrist eines verkündeten, aber nicht zugestellten Urteils nach sieben Monaten, gerechnet ab dem Zeitpunkt der Verkündung, ab.

2. Hintergrund

44 Der Berufungskläger stellt mit seiner Berufungsschrift den Antrag, das Urteil des untergeordneten Gerichts abzuändern. Anders als bei der Klage im Zivilprozess muss er bei Einlegung des Antrags binnen Monatsfrist noch keine Begründung liefern. Dies muss er aber – wie oben ausgeführt – spätestens zwei Monate nach Zustellung des Urteils nachholen; der Berufungsbeklagte erhält sodann in aller Regel ebenfalls eine Frist zur Stellungnahme. Auch diese Fristen werden gesetzt, damit das Verfahren nicht länger dauert als nötig.

Die Berufungsbegründungsfrist ist – da sie keine Notfrist ist – verlängerbar. Dies wird auch häufig ausgenutzt: Oftmals lässt die unterlegene Partei durch ihre Anwälte „zur Fristwahrung" Berufung einlegen. Sodann ist nämlich genügend Zeit, die Aussichten der Durchführung des Berufungsverfahrens zu prüfen. Nicht selten stellen die Anwälte darüber hinaus weitere Fristverlängerungsanträge, wenn die endgültige Prüfung nicht abgeschlossen ist.

Ohne Einwilligung des Gegners kann die Berufungsbegründungsfrist um bis zu einem Monat verlängert werden, wenn nach der Überzeugung des Vorsitzenden der Rechtsstreit nicht verzögert wird oder aber der Berufungskläger für die Verlängerung triftige Gründe vorträgt. Sollte eine weitere oder zeitlich weitreichendere Verlängerung begehrt werden, ist es ratsam, sich vorher beim Gegner die Einwilligung hierzu einzuholen und im Fristverlängerungsantrag darauf hinzuweisen, dass der Gegner mit der Verlängerung einverstanden ist (vgl. auch nachstehend unter Rdn 55).

Erste Fristverlängerungen, insbesondere um die Aussichten der Berufung detailliert zu überprüfen, sind mehr als üblich, wobei auch kostenbewusst daran gedacht wird, der berufungsbeklagten Partei bzw. deren erstinstanzlichen Anwälten mitzuteilen, dass die Berufungseinlegung aus den oben dargestellten Gründen erfolgte und eine kostenerhöhende Bestellung eines Anwalts beim zweitinstanzlichen Gericht seitens des Berufungsbeklagten noch nicht veranlasst werden soll. Allerdings darf man sich nicht unbedingt darauf verlassen, dass sich der gegnerische Kollege im Berufungsverfahren nicht bestellt, denn er muss dieser Bitte nach BGH-Rechtsprechung nicht nachkommen. In den meisten Fällen wird der gegnerische Kollege dies jedoch tun.

Findet das Berufungsverfahren sodann statt, weil nach Ansicht der Berufungskläger die Aussichten gut sind, ist immer noch ausreichend Zeit für die gegnerische Partei, das Notwendige zu veranlassen. Es ist also keinesfalls so, dass für die gegnerische Partei, wenn sie eine Berufungsschrift zugestellt erhält, das Gleiche gilt, wie bei Klagezustellung, nämlich dass eine „Notfrist für die Anzeige einer Verteidigungsbereitschaft" in Gang gesetzt wird.

IX. Tatbestandsberichtigungsfrist

1. Definition

Eine Partei des Rechtsstreits hat die Möglichkeit, die **Tatbestandsdarstellung** im Urteil binnen **zwei Wochen ab Zustellung** des (mit Tatbestand und Entscheidungsgründen versehenen) Urteils **berichtigen zu lassen**, § 320 ZPO. Ist der Berichtigungsantrag rechtzeitig, wird er der anderen Partei (bzw. den anderen Parteien) zur Stellungnahme übersandt; stimmt die Gegenpartei zu oder ist die Fehlerhaftigkeit offensichtlich, wird das Urteil durch Beschluss berichtigt. Ist das Berichtigungsbegehren strittig, wird im Rahmen des Tatbestandsberichtigungsverfahrens terminiert; sieht das Gericht – und das ist relativ häufig der Fall – selbst keine Veranlassung zur Berichtigung, so weist es den Antrag zurück. 45

2. Hintergrund

Ein Urteil kann mit der Berufung angegriffen werden; in der zweiten Instanz wird aber der im Urteil zugrunde gelegte Tatbestand als richtig und unbestritten unterstellt. Neue Beweismittel werden nur zugelassen, soweit sie im erstinstanzlichen Verfahren noch nicht bekannt waren. Das Gericht des zweiten Rechtszuges beruft sich also auf den Tatsachenvortrag des erstinstanzlichen Verfahrens, so wie er aus dem Urteil ersichtlich ist. Deshalb ist es für das Berufungsverfahren wichtig, zu überprüfen, ob der Tatbestand richtig dargestellt wurde. Im Übrigen ist es für das Berufungsverfahren unerheblich, ob der Tatbestand berichtigt wird oder nicht: Maßgeblich ist, dass vor dem Berufungsgericht nachgewiesen werden kann, dass der Tatbestand bestritten ist. 46

X. Widerspruchsfrist (beim Mahnbescheid)

1. Definition

Der Antragsgegner kann sich **gegen einen Mahnbescheid wehren**, indem er innerhalb einer **Frist von zwei Wochen ab Zustellung des Mahnbescheids Widerspruch einlegt**, § 694 ZPO. 47

Ist der Widerspruch rechtzeitig, geht das Mahnverfahren in das ordentliche Verfahren, also in das Klageverfahren, über (sodann muss der Antragsteller = Kläger den Anspruch begründen; s. dazu nachfolgend Rdn 51 f.: Anspruchsbegründung).

Ein verspäteter Widerspruch zum Mahnbescheid (nach Ablauf der Widerspruchsfrist und nach Erlass eines Vollstreckungsbescheids) wird als Einspruch zum Vollstreckungsbescheid gewertet. Aber: Der Antragsteller hat in diesem (verspäteten) Fall schon einen Titel, aus dem er die Vollstreckung betreiben kann!

2. Hintergrund

Der Hintergrund ist gleichzusetzen mit dem Hintergrund der Frist zur Vorlage der Verteidigungsanzeige. 48

Der Antragsteller hat ein Interesse daran, in absehbarer Zeit sein Anliegen geregelt zu haben: Würde dem Antragsgegner keine entsprechende Frist gesetzt werden, könnte er sich theoretisch nach drei oder vier Jahren melden und den Mahnbescheid angreifen. Dass ein Mahnbescheid überhaupt angegriffen werden kann, liegt daran, dass der Antragsgegner natürlich auch die Möglichkeit haben muss, sich gegen eine ungerechtfertigte Forderung zu wehren.

XI. Einspruchsfrist (beim Vollstreckungsbescheid)

1. Definition

Gegen den **Vollstreckungsbescheid** kann sich der Antragsgegner mit einem Einspruch wehren. Der **Einspruch muss binnen einer Notfrist von zwei Wochen ab Zustellung des Vollstreckungsbescheids** eingelegt werden, §§ 700, 339 ZPO. 49

2. Hintergrund

50 Der Vollstreckungsbescheid wird, wenn er nicht innerhalb der Zwei-Wochen-Frist mit dem Einspruch angegriffen wird, ein unangreifbarer vollstreckbarer Titel, der 30 Jahre Gültigkeit hat. Der Antragsgegner soll sich nach Erhalt des Vollstreckungsbescheids (sozusagen: nach Erhalt der zweiten gerichtlichen Aufforderung!) noch einmal überlegen können, ob er nicht doch freiwillig zahlt (um weitere Kosten, also die der Zwangsvollstreckung, abzuwenden) oder ob die Forderung ungerechtfertigt ist, so dass es Sinn macht, sich zu wehren. Weitere Überlegungschancen erhält er nicht.

XII. Frist zur Anspruchsbegründung nach Mahnverfahren

1. Definition

51 Wenn der Antragsgegner rechtzeitig gegen den Mahnbescheid Widerspruch (vgl. hierzu § 5 Rdn 21) oder gegen den Vollstreckungsbescheid Einspruch einlegt, muss der seinerzeitige Antragsteller, der fortan Kläger heißt, seinen **Anspruch in Form einer Klageschrift begründen.** Er muss also darlegen, warum er glaubt, die Forderung zu haben, und dies auch gleichzeitig unter Beweis stellen, § 700 ZPO. Das Gericht fordert den Kläger bzw. dessen Anwalt dazu auf und **setzt hierzu (in der Regel) eine Frist von zwei Wochen**.

Diese Frist ist **keine Notfrist**.

Die Frist zur Anspruchsbegründung kann aber trotzdem nicht verlängert werden, da es sich um eine gesetzliche Frist ohne im Gesetz bestimmte Änderungsmöglichkeit handelt. Allerdings wird bei nicht rechtzeitiger Begründung nichts von Seiten Gerichts veranlasst, sondern ein Weglegen der Akte nach § 7 AktO abgewartet (vgl. insoweit § 697 Abs. 3 S. 1 ZPO). Sollte die Gegenseite in der Zwischenzeit beantragen, dass Termin bestimmt wird, wird dem Antragsteller eine neue – richterliche und auch verlängerbare – Frist zur Begründung gesetzt (§ 697 Abs. 2 S. 2 ZPO).

Dennoch sollte diese Frist notiert und beachtet werden: Denn sollte sich aus den Akten ergeben, dass der Rechtsstreit erheblich verzögert wurde, kann unter Umständen weiterer Vortrag als verspätet zurückgewiesen. Außerdem sollte man im Blick halten, dass eventuell Verjährungsfristen laufen, die man vielleicht mit der Einleitung des Mahnverfahrens unterbrechen wollte.

2. Hintergrund

52 Der Mahnbescheid ist nicht nur der billigere, sondern auch der einfachere Weg, einen vollstreckbaren Titel zu erlangen: Bei Einlegung des Mahnbescheids muss man nichts begründen und keine Tatsachen unter Beweis stellen.

Erst wenn der Antragsgegner Einwendungen gegen die angebliche Forderung erhebt, muss der Antragsteller seinen Anspruch in Form einer Klageschrift mit entsprechenden Beweisantritten begründen.

Diese Fristen werden relativ kurz bemessen, damit das Verfahren nicht länger dauert, als nötig.

Diese Anspruchsbegründung in der Form einer Klageschrift wird dem Antragsgegner, der fortan Beklagter heißt, zugestellt; das sog. **ordentliche Verfahren** ist rechtshängig und das Verfahren geht weiter, wie bei einer „normalen" Klage: Der Beklagte wird aufgefordert, binnen einer Notfrist von zwei Wochen ab Zustellung der Anspruchsbegründung Verteidigungsabsicht anzuzeigen und (regelmäßig, aber nicht unbedingt in gleicher Länge) binnen einer weiteren Frist auf das Vorbringen zu erwidern.

H. Fristverlängerung

53 Termine und Fristen beherrschen gerade bei Anwälten, die überwiegend prozessual tätig sind, den oft hektischen Kanzleialltag. Dadurch wird die eigentlich rechtliche Ausnahme der Fristverlängerung in vielen Kanzleien zur Regel. Es gibt jedoch einiges zu beachten, um den Ablauf von der Stellung des Antrages bis hin zur (endgültigen) Fristnotierung „rechtssicher" zu gestalten:

Einschlägig ist hier zunächst die allgemeine Vorschrift, § 224 ZPO, nach der grundsätzlich

> *„richterliche und gesetzliche Fristen abgekürzt oder verlängert werden (können), wenn erhebliche Gründe glaubhaft gemacht sind, gesetzliche Fristen jedoch nur in den besonders bestimmten Fällen."*

Insofern sollte vor Beantragung klar sein, welche Frist gerade verlängert werden soll. **Notfristen sind** insoweit ganz klar **ausgeklammert**.

54 Insbesondere **in Eilverfahren** ist **Vorsicht geboten**: In der Regel entfällt die Dringlichkeit (die ja regelmäßig auf Seiten des Antragstellers besteht) bereits mit der Einreichung des Fristverlängerungsantrages! Insoweit sollte die Reihenfolge der Abarbeit der Fristsachen auf den Prüfstand gestellt werden.

Ist ein Fristverlängerungsantrag geboten, ist der **Antrag** (zugleich mit der Stellung und nicht erst nachträglich) insoweit **zu begründen**, als dass er auf „**als erheblich anerkannte Gründe**" gestützt wird, denn der Inhalt bzw. die Begründung ist entscheidend dafür, ob der Antragsteller auf die Gewährung der Fristverlängerung vertrauen darf oder nicht.

Nach der ständigen Rechtsprechung werden keine hohen Anforderungen an die Begründung des Fristverlängerungsantrages gestellt, vielmehr reicht der Hinweis auf einen anerkannten Grund aus, der nicht näher substantiiert werden muss. „**Erheblich anerkannte Gründe**" können **Arbeitsüberlastung, laufende Vergleichsverhandlungen**, aber auch **Urlaub und Krankheit** des sachbearbeitenden Rechtsanwalts sein. Bei Urlaub und Krankheit besteht jedoch rein theoretisch die Gefahr, dass der Einwand gebracht wird, dass insoweit der Vertreter die Erledigung der Frist müsse vornehmen können. Dieser Einwand ist jedoch praxisfern, weil die Einarbeitung in die entsprechende Akte durch den Vertreter wiederum zu dessen Arbeitsüberlastung führen könnte, die wiederum als Grund ausreicht.

Selbstverständlich ist der **Antrag vor Ablauf der zu verlängernden (Ursprungs-)Frist bei Gericht einzureichen**. Die Bewilligung der Fristverlängerung selbst kann bei rechtzeitigem Antrag auch nach Fristablauf erfolgen. Ist der Antrag form- und fristgerecht eingereicht und darüber hinaus ordnungsgemäß begründet, darf grundsätzlich darauf vertraut werden, dass dem Fristverlängerungsbegehren stattgegeben wird.

Vorstehendes gilt nur bei der **ersten Verlängerung**. Soll eine Frist zum wiederholten Mal verlängert werden, darf die Verlängerung nur nach Anhörung des Gegners bewilligt werden (§ 225 Abs. 2 ZPO). Hier kann man im Allgemeinen nicht darauf vertrauen, dass das Fristverlängerungsgesuch positiv beschieden wird, und es müssen entsprechende Vorkehrungen getroffen werden, damit bei Ablehnung die vorherige (bereits verlängerte) Frist eingehalten werden kann.

Bei der **Verlängerung der Berufungsbegründungsfrist** gibt es in Abweichung zu vorstehender Vorschrift **drei Gründe**, die zu einer positiven Bescheidung eines entsprechenden Fristverlängerungsantrages führen können (§ 520 ZPO): 55

1. die Einwilligung der Gegenseite liegt vor
2. nach Überzeugung des Richters wird der Rechtsstreit nicht verzögert

oder

3. der Berufungskläger trägt erhebliche Gründe vor.

Die Einwilligung der Gegenseite muss nicht schriftlich vorliegen; es reicht aus, wenn die Zusage telefonisch eingeholt und im entsprechenden Fristverlängerungsantrag darauf hingewiesen wird, dass die Gegenseite (Berufungsbeklagter) mit der Fristverlängerung einverstanden ist. Aus Gründen der anwaltlichen Vorsicht sollte das Telefonat in der Akte dokumentiert, bestenfalls die Einwilligung aber tatsächlich von der Gegenseite kurz schriftlich bestätigt werden.

Grundsätzlich ist davon auszugehen, dass eine Fristverlängerung stets den Rechtsstreit verzögert: Ein Bearbeitungsrückstand bzw. Terminrückstand des entsprechenden Berufungssenates kann kein Grund sein, hier keine Verzögerung anzunehmen, denn eine spätere Berufungsbegründung hat wiederum auch eine noch spätere Terminierung zur Folge. Deshalb sei davon abgeraten, sich alleine auf die Begründung: „Die Verlängerung der Berufungsbegründungsfrist führt nicht zu einer Verzögerung des Rechtsstreits" zu stützen.

Die alternativ geforderten erheblichen Gründe decken sich wiederum insoweit mit den nach § 224 ZPO geforderten Begründungen; erhebliche Gründe ohne nähere Substantiierung sind insoweit auch bei der ersten Fristverlängerung bei Berufungsbegründungen ausreichend.

Gerade bei Beschwerdebegründungen oder bei Berufungsbegründungen gilt dies **nach herrschender Meinung aber nur für erstmalige Fristverlängerungen von bis zu einem Monat**; bei der zweiten Fristverlängerung oder bei erstmaligen Fristverlängerungen über einen Monat hinaus soll stets die Einwilligung des Gegners erforderlich sein. 56

Grundsätzlich wird die neue Frist

> *„von dem Ablauf der vorigen Frist an berechnet, wenn nicht im einzelnen Fall ein anderes bestimmt ist"*

(§ 224 Abs. 3 ZPO). Die beantragte **Verlängerung wird also ab Ursprungsfristablauf berechnet**. Um Berechnungsfehler beim Notieren im Fristenkalender zu vermeiden, empfiehlt es sich, das errechnete Datum unmittelbar in den Antrag mit aufzunehmen. Das schafft ein klares Bild für alle Beteiligten in der Kanzlei sowie bei Gegner und Gericht:

Ein **allgemeiner Fristverlängerungsantrag** könnte etwa wie folgt aussehen:

▼

Formulierungsbeispiel 3.1: Fristverlängerungsantrag

In dem Rechtsstreit

X ./. Y

Aktenzeichen:

beantragen wir die am 10.9.2025 ablaufende Frist zur Vorlage der Klageerwiderung um zwei Wochen, mithin bis zum

24.9.2025,

zu verlängern.

Begründung:

- Einwilligung Gegner liegt vor
- Arbeitsüberlastung
- Urlaub/Krankheit Unterzeichner

▲

Die Aufnahme des Fristablaufdatums unterstützt nicht nur die für die Fristnotierung zuständige Fachkraft, sie vermeidet zudem, dass Fristverlängerungen beantragt werden, die möglicherweise auf einen Samstag, Sonntag oder Feiertag fallen, was oft im Sekretariat für Irritationen sorgt.

57 Würde die errechnete Frist beispielsweise rein rechnerisch auf einen Sonntag fallen, so dass diese tatsächlich am darauffolgenden Werktag abläuft, empfiehlt sich die Stellung des Fristverlängerungsantrages wie folgt:

▼

Formulierungsbeispiel 3.2: Fristverlängerungsantrag mit errechnetem Fristablauf auf einem Sonntag

In dem Rechtsstreit

X ./. Y

Aktenzeichen:

beantragen wir die am 19.9.2025 ablaufende Frist zur Vorlage der Berufungsbegründung um einen Monat, mithin bis zum

20.10.2025

(der 19.10.2025 ist ein Sonntag),

zu verlängern.

Begründung:

- Einwilligung Gegner liegt vor
- Arbeitsüberlastung
- Urlaub/Krankheit Unterzeichner

▲

58 Wichtig für die Fristenorganisation: **Das beantragte Fristende** ist zunächst **nur vorläufig** – bis es endgültig bewilligt wird. Und genau das muss der Fristenkalender – unabhängig davon, ob digital oder in Papier geführt – widerspiegeln, da es anderenfalls sehr schnell zu Fristversäumnissen kommen kann, für die der Weg der Wiedereinsetzung in den vorigen Stand gerade nicht eröffnet ist.

Selbstverständlich sollte sein, dass die **Ursprungsfrist** so lange **unangetastet bleibt** – also weder gestrichen noch „gelöscht" wird –, **bis die Bewilligung** der verlängerten neuen Frist **vorliegt**. Zugleich muss das begehrte Ende der neuen Frist mit einer entsprechenden Vorfrist notiert werden, wobei es aber unerlässlich ist, diese Frist **als „vorläufig" zu kennzeichnen**. Denn es handelt sich hierbei lediglich um eine **hypothetische Frist**, die noch nicht bestätigt ist und durchaus anders vom Richter beschieden werden kann. Erst mit der Bestätigung des Gerichts über die Bewilligung der verlängerten Frist ist der Vorläufigkeitsvermerk zu entfernen oder aber die Frist (möglicherweise auf ein früheres Datum) zu notieren.

Platz für Notizen

§ 4 Terminmanagement

A. Terminnotierung/Terminvorbereitung

Geht die Ladung in der Kanzlei ein, ist der Termin zu notieren. Auch hierbei gilt: Erst ist der Termin im (e-)Kalender zu notieren, **danach** ist ein Vermerk anzubringen, dass die Notierung des Termins erfolgt ist. Das ist aber in der Regel nicht alles: 1

Zum einen ist darauf zu achten, dass terminvorbereitende Schriftsätze rechtzeitig vor dem Termin einzureichen sind, vgl. § 132 ZPO: **Vorbereitende Schriftsätze**, die neue Tatsachen oder ein anderes neues Vorbringen enthalten, sind so rechtzeitig einzureichen, dass sie **mindestens eine Woche vor der mündlichen Verhandlung** zugestellt werden können; vorbereitende Schriftsätze, die auf neues Vorbringen erwidern, sind so rechtzeitig einzureichen, dass sie **mindestens drei Tage vor der mündlichen Verhandlung** zugestellt werden können. Je nach Gepflogenheiten der Kanzlei ist eine entsprechende Frist, mindestens aber eine passende Wiedervorlage zu notieren, damit rechtzeitig überprüft werden kann, von wem der letzte Schriftsatz vorliegt und ob gegebenenfalls ein terminvorbereitender Schriftsatz noch notwendig ist. 2

Zum anderen ist für Ladungen, bei denen die Termine in den Zeitraum vom 1. Juli bis 31. August fallen, vorsorglich eine **Frist zur Terminsverlegung von einer Woche** ab Zugang der Ladung zu notieren (s. nachfolgend unter Rdn 9 f.). 3

Spätestens eine Woche vor Termin sollte nochmals geprüft werden, ob das persönliche Erscheinen des Mandanten angeordnet ist, bejahendenfalls, ob der Mandant (richtigerweise) auch entsprechend informiert wurde und evtl. sogar seine Terminteilnahme bestätigt oder angekündigt hat. Ein guter Service, wenn der Mandant teilnehmen soll und auch möchte, ist eine kurze Erinnerung mit Tipps zu guten Parkmöglichkeiten. Sollte der Mandant hingegen nicht teilnehmen können oder wollen und auch nicht entbunden sein, ist zu prüfen, ob eine entsprechende Vollmacht nach § 141 Abs. 3 S. 2 ZPO vorliegt, mit der der Unterzeichner belegen kann, dass er umfassend über den Sachverhalt informiert und zur Abgabe sämtlicher prozessualer Erklärungen, insbesondere zum Abschluss eines Vergleichs bevollmächtigt ist (s. nachfolgend unter Rdn 11 ff.). 4

Zudem sollte die Akte im Sekretariat – unabhängig davon, ob digital oder Papier – auf Vollständigkeit und Chronologie überprüft werden: Nichts ist unangenehmer für den Rechtsanwalt, als wenn er in der Verhandlung einen Schriftsatz sucht, der falsch abgeheftet oder digital nicht in der entsprechenden Akte gelandet ist. Eine besonders gute Vorbereitung ist es zudem, wenn oben auf die Akte ein Dokument geheftet (oder in der digitalen Akte angepinnt) ist, aus dem zum einen der Verhandlungssaal mit Uhrzeit auf einen Blick ersichtlich ist, zum anderen stichpunktartig – sinnvollerweise untergliedert nach Partei z.B. in Tabellenform – hervorgeht, wann welcher Antrag gestellt wurde. Gerade dann, wenn Teilerledigungserklärungen, Klageänderungen oder Widerklagen erfolgt sind, erleichtert dies einen schnellen Zugriff auf die entsprechenden Dokumente. 5

B. Terminsverlegung

Um einen Verhandlungstermin verlegen zu können, bedarf es grundsätzlich eines **begründeten Antrags.** Gründe für die Terminsverlegung können die Verhinderung der Partei/des Parteivertreters, mangelnde Terminsvorbereitung ohne Verschulden oder auch das Einvernehmen beider Parteien sein. Auf Verlangen des Vorsitzenden sind die Gründe glaubhaft zu machen (§ 227 ZPO). 6

Bevor ein Terminsverlegungsantrag gestellt wird, ist zunächst zu prüfen, ob ein solcher möglicherweise Nachteile mit sich bringen könnte: So signalisiert beispielsweise ein Terminsverlegungsantrag in einem Eilverfahren (z.B. im Verfahren über die einstweilige Verfügung), dass die Angelegenheit „doch nicht besonders dringlich sein" könnte. Hier ist also Vorsicht geboten. 7

Macht ein Terminsverlegungsantrag Sinn, ist, wie vorstehend aufgeführt, eine Begründung erforderlich, soweit die Verlegung nicht im Einvernehmen der Parteien (z.B. wegen laufender Vergleichsverhandlungen) erfolgt. Unproblematisch ist die Verhinderung der Partei z.B. bei Urlaub oder Krankheit, wobei der Antrag frühzeitig (zumindest bei geplanter und gebuchter Urlaubszeit) zu stellen ist. Die Verhinderung des Parteivertreters – also des sachbearbeitenden Rechtsanwalts – ist kritischer zu hinterfragen, zumindest bei Kanzleien mit mehreren Rechtsanwälten: Während dies beim Einzelanwalt unproblematisch ist, spricht in einer Mehr-Anwälte-Kanzlei die Möglichkeit der Vertretung durch einen Kollegen gegen eine Terminsverlegung. Hier sollten dann neben der Begründung für die Nichtvertretungsmöglichkeit des sachbearbeitenden Rechtsanwalts Gründe vorgetragen werden, warum der Termin nicht von einem Kollegen wahrgenommen werden kann. Das können Terminskollisionen, große Termindichte, aber auch der Wunsch des Mandanten, eben nur von dem bestimmten Kollegen vertreten zu werden, sein. 8

In der Sommerzeit (früher: Gerichtsferien) ist die Terminsverlegung in bestimmten Verfahren ohne Begründung möglich, und zwar für Termine, die für die Zeit vom 1. Juli bis 31. August anberaumt werden (§ 227 Abs. 3 ZPO). Hiervon 9 ausgenommen sind neben Terminen zur Verkündung einer Entscheidung Termine in Verfahren, die einer besonderen Beschleunigung bedürfen, wie

- in Arrestsachen oder in eine einstweilige Verfügung oder einstweilige Anordnung betreffenden Sachen,
- in Streitigkeiten wegen Überlassung, Benutzung, Räumung oder Herausgabe von Räumen oder wegen Fortsetzung des Mietverhältnisses über Wohnraum aufgrund der §§ 574–574b BGB,
- in Wechsel- oder Scheckprozessen,
- in Bausachen, wenn über die Fortsetzung eines angefangenen Baues gestritten wird,
- in Streitigkeiten wegen Überlassung oder Herausgabe einer Sache an eine Person, bei der die Sache nicht der Pfändung unterworfen ist,
- in Zwangsvollstreckungsverfahren oder
- in Verfahren der Vollstreckbarerklärung oder zur Vornahme richterlicher Handlungen im Schiedsverfahren.

10 Allerdings ist die Bewilligung des begründungslosen Verlegungsantrages für Termine, die in die Zeit vom 1. Juli bis 31. August des jeweiligen Jahres fallen, **fristgebunden:** Der Antrag muss **innerhalb einer Woche nach Zugang der Ladung** bei Gericht eingegangen sein.

C. Befreiung vom persönlichen Erscheinen

I. Grundsätze

11 Hat im Vorfeld eines Zivilprozesses kein Einigungsversuch vor einer außergerichtlichen Gütestelle stattgefunden und ist die Güteverhandlung von vornherein nicht erkennbar aussichtslos, hat eine Güteverhandlung vorauszugehen, zu der das persönliche Erscheinen der Parteien angeordnet werden soll (§ 278 ZPO), wenn dies – was bei der Güteverhandlung regelmäßig der Fall ist – zur Aufklärung des Sachverhalts geboten erscheint (§ 141 Abs. 1 ZPO). Bleibt die Partei im Termin aus, so kann gegen sie ein Ordnungsgeld festgesetzt werden.

12 Was also tun, wenn der Mandant – z.B. wegen der emotionalen Verfangenheit in der Sache – den Termin nicht wahrnehmen möchte? Das ist sicherlich kein wichtiger Grund, um ihn vom persönlichen Erscheinen entbinden zu können, kommt aber ziemlich häufig vor.

Abhilfe schafft hier § 141 Abs. 3 ZPO, der es der Partei ermöglicht, zum Güte-/Verhandlungstermin einen Vertreter zu entsenden, der zur Aufklärung des Sachverhalts in der Lage und zur Abgabe der gebotenen Erklärungen, insbesondere auch zu einem Vergleichsabschluss, ermächtigt ist. Als entsandter Vertreter kommt insoweit sowohl der Prozessbevollmächtigte selbst – sofern er vollumfänglich informiert ist – als auch ein Dritter in Betracht.

Im Vorfeld muss aber abgeklärt werden, was der Grund der Ladung war: Geht es „nur" um das persönliche Erscheinen zur Aufklärung des Sachverhalts und zum Abschluss eines Vergleichs oder erfolgte die Ladung möglicherweise, weil Parteivernehmung angeboten wurde? Im letzteren Fall würden Sie sich eines Beweisantritts „berauben", wenn Sie die Partei hier „freistellen".

II. Muster

13 Eine **Vollmacht** nach § 141 Abs. 3 ZPO könnte etwa wie folgt aussehen:

▼

Formulierungsbeispiel 4.1: Vollmacht nach § 141 Abs. 3 ZPO

Vollmacht

gemäß § 141 Abs. 3 S. 2 ZPO

In dem Rechtsstreit

A ./. B

Gericht / Aktenzeichen

zeigt der Unterzeichner/die Unterzeichnerin an, dass der/die Terminsvertreter/in der von ihm/ihr beauftragten Rechtsanwälte [Kanzleiname] umfassend über den Sachverhalt informiert und zur Abgabe sämtlicher prozessualer Erklärungen, insbesondere zum Abschluss eines Vergleichs bevollmächtigt ist.

(...) *(Ort)*, den (...) *(Datum)*

(...) *(Unterschrift des Mandanten)*

▲

§ 5 Mahnverfahren

A. Mahnbescheid

I. Allgemeines

1. Form

Wenn ein **Gläubiger**, das ist derjenige, der etwas von einem anderen zu bekommen hat (vgl. § 9 Rdn 1), seine (Geld-) Forderung nicht „auf dem außergerichtlichen Weg" realisieren kann, muss er das Gericht einschalten. Hier gibt es zwei Wege: entweder die Klage oder das sog. gerichtliche Mahnverfahren (Letzteres nur bei Geldforderungen). Das gerichtliche Mahnverfahren besteht aus dem **Antrag auf Erlass eines Mahnbescheids** und des **Vollstreckungsbescheids**. 1

In vielen Geldforderungsangelegenheiten wird der Mahnbescheid bevorzugt, weil das **Verfahren vereinfacht** und nicht nachweispflichtig ist. Außerdem ist es **kostengünstiger**; es fallen weniger Gebühren und Gerichtskosten an.

Seit dem 1.12.2008 ist für Anwälte die Verwendung des Mahnbescheidformulars „auf Papier" nicht mehr zulässig; der Gesetzgeber schaffte mit dem 2. Justizmodernisierungsgesetz, Art. 10 Abs. 8, das Mahnen in dieser Form ab. Dort heißt es:

> *„Der Antrag kann in einer nur maschinell lesbaren Form übermittelt werden, wenn diese dem Gericht für seine maschinelle Bearbeitung geeignet erscheint. Wird der Antrag von einem Rechtsanwalt gestellt, ist nur diese Form der Antragstellung zulässig."*

Aber schon einige Jahre vor dieser Verordnung wurde das maschinelle Mahnverfahren nicht nur auf Papier, sondern auch in Datenform – durch Übersendung einer Diskette – eingeleitet. Durch den elektronischen Datenaustausch wurde das Mahnverfahren schneller, kostengünstiger und auch bedienungsfreundlicher.

2. Übermittlungsmöglichkeit

Seit dem 1.1.2022 sind vorbereitende Schriftsätze und deren Anlagen sowie schriftlich einzureichende Anträge und Erklärungen durch Rechtsanwälte via beA als elektronisches Dokument zu übermitteln (vgl. insoweit auch § 2). Die zentralen Mahngerichte der Bundesländer verlangen darüber hinaus die Einreichung entsprechender Verfahrensanträge in einer nur maschinell lesbaren Aufzeichnung (elektronischer Datenaustausch = EDA). 2

Neben dem Antrag auf Erlass eines Mahnbescheids müssen über Rechtsanwälte auch entsprechende Folgeanträge und der Widerspruch per EDA-Datensatz übermittelt werden. Ein Einreichen von Barcode-Anträgen ist in der Regel nicht zulässig.

EDA-Dateien können über spezielle Kanzleisoftware, aber auch kostenlos über das Internet (www.online-mahnantrag.de) generiert werden. Die Dateien werden dann – wie alle Anträge an das Gericht – via beA versandt. 3

Folgende Anträge an das Amtsgericht sind im EDA möglich:

- Antrag auf Erlass eines Mahnbescheids
- Antrag auf Neuzustellung eines Mahnbescheids
- Antrag auf Erlass eines Vollstreckungsbescheids
- Antrag auf Neuzustellung eines Vollstreckungsbescheids
- Monierungsantwort
- Antrag auf Einzug der Kosten für das streitige Verfahren
- Rücknahme/Erledigterklärung

Folgende Mitteilungen vom Gericht werden auf Wunsch im EDA übermittelt/übersandt:

- Kostenrechnung
- Zustellungs- bzw. Nichtzustellungsnachricht
- Monierung
- Widerspruchsnachricht
- Abgabenachricht

3. Antragsteller und -gegner

Beim Mahnbescheid gibt es den **Antragsteller** (derjenige, der den Antrag stellt) und den **Antragsgegner** (derjenige, gegen den der Antrag gerichtet ist). Der Antragsteller ist demnach die Person, der die Forderung zusteht. Der Antragsgegner ist derjenige, der seiner Zahlungspflicht nicht nachgekommen ist (vgl. auch § 9 Rdn 1). 4

Mit dem Mahnbescheid wird der Antragsgegner durch das Gericht zur Zahlung angemahnt. Das geschieht dadurch, dass dem Antragsgegner der sog. Mahnbescheid zugestellt wird. Damit das Gericht zustellen kann, ist es also erforderlich, dass die vollständige Anschrift des Antragsgegners in dem Mahnbescheid aufgeführt ist; auch die Anschrift des Antragstellers ist notwendig: Einmal, damit der Antragsgegner genau weiß, wer ihn zur Zahlung auffordert, weiter aus dem Grund, da das **Gericht am Wohnsitz des Antragstellers** (Gläubigers) zuständig ist, und schließlich muss das Gericht ja auch wissen, wen es über den Gang des Verfahrens unter welcher Anschrift informieren kann (sofern kein Anwalt am Mahnverfahren beteiligt ist). Auf beiden Seiten, also sowohl auf Antragsteller- als auch auf Antragsgegnerseite, können natürliche Personen (auch mehrere – dann Gesamtgläubiger bzw. Gesamtschuldner) oder juristische Personen (auch mehrere – dann wiederum Gesamtgläubiger bzw. Gesamtschuldner) stehen, auch in Kombination.

5 Bevor der Mahnbescheid beantragt wird, muss also feststehen, wer Antragsteller und wer Antragsgegner ist, insbesondere, ob die Parteien natürliche Personen (möglicherweise sogar in Personenmehrheit) oder möglicherweise Firmen in verschiedenen Rechtsformen sind.

a) natürliche Person

6 Sofern es sich bei Antragsteller oder auch Antragsgegner um (nur) eine natürliche Person handelt, sind keine Besonderheiten zu beachten. Die jeweiligen Personen sind mit Geschlechtsangabe, Vor- und Nachname sowie Anschrift in der Datenmaske einzutragen.

b) Gesamtgläubiger

7 In diesem Fall werden die Ansprüche zweier (oder mehrerer) Personen gegen denselben Schuldner in einem Antrag geltend gemacht. Das kann zum Beispiel dann der Fall sein, wenn ein Ehepaar einer weiteren Person ein Darlehen zur Verfügung gestellt hat und die Rückzahlung nicht erfolgt. Beide werden als Gesamtgläubiger, da beiden die Forderung insgesamt (§ 428 BGB) zusteht, den entsprechenden Antrag stellen. Mit Eintragung des weiteren Gläubigers in der Datenmaske wird gleichzeitig versichert, dass der erste Gläubiger den oder die weiteren Gläubiger vertreten darf. Hat jeder einen eigenen Anspruch, sind zwei Mahnbescheide zu beantragen, weil es im Antrag nicht möglich ist, ein Beteiligungsverhältnis anzugeben.

c) Gesamtschuldner

8 Wenn eine Person (oder auch mehrere oder eine Firma) einen Anspruch gegen zwei (oder mehrere) Personen gleichzeitig geltend macht, gibt es zwei Möglichkeiten: Entweder die beiden Schuldner sind Gesamtschuldner oder nicht. Sind sie Gesamtschuldner, so haftet jeder der Schuldner voll, d.h., der Gläubiger kann die volle Forderung bei einem einzelnen Schuldner eintreiben (§ 421 BGB). Im Innenverhältnis kann sich der eine Schuldner dann bei dem anderen Schuldner „schadlos halten", also von diesem die Hälfte der Forderung verlangen. Das interessiert den Gläubiger aber nicht. Der Vorteil der Gesamtschuldnerschaft für den Gläubiger liegt darin, dass er seine Forderung bei dem „Reicheren" der beiden eintreiben kann.

Sind die Schuldner keine Gesamtschuldner, kann der Gläubiger im gleichen Verhältnis der Schuldneranzahl die jeweilige Teilforderung bei jedem der Schuldner geltend machen, bei zwei Schuldnern demnach jeweils 50 % der Forderung, bei vier Schuldnern jeweils 25 % der Forderung.

d) Einzelfirma

9 Die „Firma" ist der Name, unter welchem der Kaufmann handelt.

Eine **Einzelfirma** hat einen **Inhaber**. Diese Rechtsform ist in der Haftung unbeschränkt: Für Verbindlichkeiten haftet der Inhaber sowohl mit seinem Privat- als auch mit seinem Firmenvermögen.

Seit dem 1.4.2003 müssen eingetragene Kaufleute einen entsprechenden Firmenzusatz oder eine Abkürzung in ihrer Firma führen („eingetragener Kaufmann", „e.K.", „e.Kfr." oder Vergleichbares).

Stellt sich bei der Überprüfung der Rechtsform heraus, dass **keine Eintragung** in das Handelsregister erfolgt ist, fehlt also der Zusatz (z.B. „e.K."), handelt es sich in aller Regel nicht um eine kaufmännische Firma im Sinne des HGB. Gewerbetreibende, welche keine Firma nach § 18 HGB führen dürfen, können dann nur als natürliche Personen unter ihrem eigenen Namen in Anspruch genommen werden. Der **Mahnbescheid muss dann gegen die natürliche Person**, nämlich Herrn oder Frau X, beantragt werden. Mit einem auf die natürliche Person ausgestellten Vollstreckungstitel kann auch in das Firmenvermögen der Einzelfirma vollstreckt werden, da beides nicht voneinander zu trennen ist.

e) Gesellschaft mit beschränkter Haftung (GmbH)

10 Eine Gesellschaft mit beschränkter Haftung (GmbH) ist eine juristische Person, also keine natürliche Person. Die GmbH wird vertreten von einem oder mehreren Geschäftsführern, die naturgemäß auch im Mahnbescheid aufgeführt (nicht zwingend: namentlich) werden müssen. Im Mahnbescheid für oder gegen eine GmbH muss darauf geachtet werden, dass die Rechtsform (GmbH) sowie auch der oder die gesetzliche(n) Vertreter angegeben sind: Wenn der Name

des oder der derzeitigen Geschäftsführer(s) nicht bekannt ist, ist dies für die Beantragung des Mahnbescheids unproblematisch: Denn eine namentliche Bezeichnung des gesetzlichen Vertreters einer juristischen Person ist nicht unbedingt erforderlich, vielmehr genügt die „Kennzeichnung" des Zustellungsadressaten. Es reicht hier also, wenn aus dem Mahnbescheid hervorgeht, dass die GmbH durch den oder die Geschäftsführer vertreten wird. Allerdings ist es zum Zwecke der Identifizierung und einer späteren Ladung zur Abgabe der Vermögensauskunft sinnvoll, auch die Geschäftsführung zu benennen, wenn diese bekannt ist.

f) Kommanditgesellschaft (KG)

Eine **Kommanditgesellschaft** (KG) wird vertreten durch den **Komplementär** (daneben gibt es noch den oder die so genannten Kommanditisten, die beschränkt auf ihre Hafteinlage haften, jedoch nicht Vertreter der Gesellschaft sind). Der Komplementär ist als Vertreter anzugeben. **11**

g) GmbH & Co. KG

Die GmbH & Co. KG ist eine Personengesellschaft. Sie wird vertreten durch eine GmbH; diese wiederum durch einen Geschäftsführer. **12**

Auch hier gilt: Die namentliche Bezeichnung des gesetzlichen Vertreters ist nicht unbedingt erforderlich, vielmehr genügt die „Kennzeichnung" des Zustellungsadressaten. Es kann also durchaus der Mahnbescheid (erfolgreich) ohne Nennung der Komplementär-GmbH und ohne Nennung des Namens der Geschäftsführung beantragt werden, etwa „Wolf GmbH & Co.KG, vertreten durch den Geschäftsführer." Wenn die Daten vollständig bekannt sind, empfiehlt sich jedoch stets die vollständige Angabe aller Daten.

Praxistipp:
Sie kennen die Vertretungsverhältnisse oder die genaue Rechtsform nicht? Mit Inkrafttreten des Gesetzes zur Umsetzung der Digitalisierungsrichtlinie (DiRUG) zum 1.8.2022 ist der Abruf aller Registerinhalte aus dem Handels-, Genossenschafts-, Vereins- und Partnerschaftsregister sowie der elektronisch verfügbaren Dokumente – z.B. Gesellschafterlisten, Gesellschaftsverträge, Anmeldungen und vieles mehr – kostenfrei möglich geworden. Eine Registrierung oder ein Login – wie es bis zum 31.7.2022 notwendig war – ist nicht mehr erforderlich, Kosten für Einsichtnahmen werden nicht mehr erhoben. Die fehlenden Informationen kann man sich also leicht unter *www.handelsregister.de.* beschaffen.

4. Zuständiges Gericht

An welches Gericht (Ort/Zentrales Mahngericht der jeweiligen Bundesländer) der Mahnbescheid zu richten ist, bestimmt die örtliche Zuständigkeit (§ 1 Rdn 22). Neben der örtlichen Zuständigkeit gibt es noch die sachliche Zuständigkeit (§ 1 Rdn 21), die aber für das für die Einlegung des Mahnbescheids zuständige Gericht keine Rolle spielt. **13**

Für einen Antrag auf Erlass eines Mahnbescheides ist **immer das Amtsgericht** zuständig, an dem der Antragsteller seinen Wohnsitz hat, **unabhängig davon, wie hoch die Forderung** ist.

Hierbei ist allerdings zu beachten, dass die Bundesländer seit Einführung des maschinellen Mahnverfahrens die Zustandigkeit für eben diese Mahnsachen zentralisiert haben: Es ist also in bestimmten Bezirken nur jeweils ein Gericht für das elektronische Mahnverfahren in einem gewissen örtlichen Umkreis zuständig. Das aber wird regelmäßig über die Kanzleisoftware ermittelt; wird ein Mahnbescheid über die Internetplattform generiert, wird durch Auswahl des entsprechenden Bundeslandes/Orts des Antragstellers automatisch das zuständige Gericht des jeweiligen Bundeslandes ausgewählt.

5. Widerspruch des Antragsgegners

Selbstverständlich hat der **Antragsgegner** die Möglichkeit, sich mit einem sog. **Widerspruch gegen den Mahnbescheid zu wehren.** Tut er das, geht das Mahnverfahren in das sog. **ordentliche Verfahren** über (vgl. § 3 Rdn 47–52). **14**

Ein solches ordentliches Verfahren (nach einem Widerspruch) wird dann an dem Gericht (örtliche Zuständigkeit) durchgeführt, an dem **der Antragsgegner seinen Wohnsitz hat**, es sei denn, es handelt sich um eine Forderung aus einem **Mietverhältnis**: Dann ist das Gericht **am Ort des Mietobjekts** zuständig. Die sachliche Zuständigkeit für die Durchführung des ordentlichen Verfahrens muss grundsätzlich anhand des Streitwertes ermittelt werden (bis einschließlich 5.000,00 EUR = Amtsgericht; ab 5.000,01 EUR = Landgericht; Anhebung der Zuständigkeitswertgrenzen ist in Planung), wobei es aber auch hier Ausnahmen zu beachten gibt (z.B. bei Mietsachen über Wohnraum, bei denen stets das Amtsgericht unabhängig von der Höhe des Streitwertes zuständig ist).

6. Inhalt des Mahnbescheids/Entstehung des Anspruchs

15 Der Antragsgegner muss genau wissen, was für eine Forderung der Antragsteller geltend macht und aus welchem Rechtsgrund. Der Mahnbescheid muss also enthalten, worum es geht (Honorarforderung, Miete o.Ä.) und wann der Anspruch entstanden ist. Weiterhin ist die **Fälligkeit** einer Forderung wichtig. Der Anspruch selbst (wie zuvor, oder z.B. Forderung aus Warenlieferung, Arztrechnung usw.) ist in einem Katalog hinterlegt und muss entsprechend ausgewählt werden.

7. Fälligkeit der Forderung

16 Um eine Forderung geltend machen zu können, muss sie „fällig" sein. Der Schuldner muss also in der Verpflichtung stehen, die Forderung zahlen zu müssen.

Wenn ein Schuldner über die Fälligkeit hinaus nicht zahlt, gerät er durch das Eintreten eines Verzugsmomentes (Verspätung) nach § 286 BGB, und zwar

a) durch Mahnung oder
b) durch gerichtliche Geltendmachung oder
c) ohne Mahnung durch Fristvereinbarung oder
d) wenn der Leistung ein Ereignis vorauszugehen hat und eine angemessene Zeit für die Leistung in der Weise bestimmt ist, dass sie sich von dem Ereignis an nach dem Kalender berechnen lässt (einseitige Zahlungsziele in einer Rechnung reichen nicht aus),
e) wenn der Schuldner die Leistung ernsthaft und endgültig verweigert,
f) wenn der Schuldner **Unternehmer** ist: innerhalb von **30 Tagen ab Fälligkeit** oder
g) wenn der Schuldner **kein Unternehmer** ist, aber in der Rechnung über die 30-Tage-Frist aufgeklärt wurde (wie unter Ziffer f)

in Verzug. Verzug bedeutet also, mit der Zahlung verspätet oder „überfällig" zu sein.

Das bedeutet Folgendes:

a) Eine Mahnung ist eine empfangsbedürftige, geschäftsähnliche Handlung, die dem Schuldner **noch einmal** seine Leistungspflicht vor Augen führt. Mit Empfang der Mahnung (übliche Postlaufzeit: ein Tag) gerät der Schuldner mit der fälligen Leistung in Verzug.
b) Die Mahnung (= Aufforderung zur Leistung) muss auf jeden Fall nach Eintritt der Fälligkeit erfolgen: Eine **Mahnung vor der eigentlichen Fälligkeit** löst **keinen Verzug** aus.
c) Wird eine Forderung **gerichtlich** geltend gemacht, **tritt spätestens mit Rechtshängigkeit** (Zustellung des gerichtlichen Antrags an die Gegenseite) **Verzug ein**.
d) Eine Mahnung ist dann nicht zwingend erforderlich, wenn der **Leistungstermin nach dem Kalender bestimmt** ist. Dann aber muss sich der Leistungszeitpunkt aus einer „**Vertragsvereinbarung**" ergeben; die Parteien müssen also den Leistungszeitpunkt für diesen Fall vertraglich vereinbart haben.
e) Verzug wird ebenfalls **nach Rechnungslegung und 30 Tagen**, nachdem die Forderung fällig geworden und eine Rechnung (oder gleichwertige Zahlungsaufforderung) zugegangen ist, begründet. Dies gilt bei einer „geschäftsgewandten" Person (z.B. Unternehmer, Geschäftsführer, eingetragener Kaufmann) ohne Weiteres; **bei natürlichen Personen** allerdings **nur**, wenn die Rechnung eine **entsprechende Belehrung** bzw. einen entsprechenden Hinweis hierzu enthält.
f) Als „sonstiger verzugsbegründender Umstand" kommt z.B. die **Ablehnung der Leistung** durch den Schuldner in Betracht.

17 Den Verzug richtig bestimmen zu können, ist wichtig, da erst ab Verzug Schadensersatz (Anwalts- und Ermittlungskosten sowie Zinsen, dazu nachfolgend) zu zahlen sind, sich also insbesondere **ab Verzug die Zinsen** aus der Forderung errechnen. Die Geldschuld ist während des Verzugs (bei Verbrauchern) mit 5 Prozentpunkten über dem Basiszinssatz zu verzinsen. Ist an dem Rechtsgeschäft kein Verbraucher beteiligt, so beträgt der gesetzliche Zinssatz nach **§ 288 Abs. 2 BGB** 9 Prozentpunkte über dem jeweils gültigen Basiszinssatz. Werden also beispielsweise von einer Gerüstbaufirma an ein Bauunternehmen entsprechende Gerüstbauteile verkauft oder vermietet und gerät das Bauunternehmen in Verzug, so ist die fällige Forderung mit 9 Prozentpunkten über dem Basiszinssatz zu verzinsen.

18 Der Basiszinssatz ist variabel und muss erfragt bzw. im Handelsblatt oder im Internet nachgesehen werden. Sofern höhere Zinsen vertraglich vereinbart wurden oder als Verzugsschaden nachzuweisen sind (was zum Beispiel der Fall ist, wenn Kredite in Anspruch genommen werden), sind selbstverständlich diese in Ansatz zu bringen.

Für den Mahnbescheid entstehen **Gebühren**; die müssen bezahlt werden. Da der Schuldner in Verzug geraten ist und der Gläubiger durch außergerichtliche Mahnungen seine Forderung nicht eintreiben konnte, suchte er sich einen Anwalt, um die Forderung gerichtlich geltend zu machen. Für diese Kosten **ist der Schuldner bei Verzug** auch **erstattungspflichtig**.

8. Antragsinhalt

In der Eingabemaste anzugeben sind auch die **Prozessbevollmächtigten** des Antragstellers: Das ist die beantragende Rechtsanwaltskanzlei. Das Gericht muss wissen, wem es Mitteilung über die Zustellung oder auch eventuelle Nichtzustellung (z.B. wenn der Schuldner verzogen ist) macht (fehlen hier Angaben, erfolgt die Zustellung unmittelbar an den Antragsteller). Anwaltskanzleien, die häufiger Mahnbescheide beantragen, haben in der Regel eine Kennziffer, hinter der die Daten wie Kanzleiname, Vertreter, Anschrift und Bankverbindungen (damit der Antragsgegner seine Information darüber erhält, wohin er die Zahlung zu leisten hat) hinterlegt sind. Mit der Kennziffer erspart man sich das jeweilige Eintragen dieser Daten. 19

Die Angabe zur Vorsteuerabzugsberechtigung ist für die Festsetzung der Kosten wichtig (vgl. § 7 Rdn 92 ff.).

II. Erstellung des Mahnbescheids

Zur Erstellung eines Mahnbescheid ohne spezielle Kanzleisoftware folgt man den Vorgaben und Hilfestellungen unter *www.online-mahnantrag.de*, die nachfolgend kurz (und nicht in allen möglichen Varianten) dargestellt werden sollen: 20

Zunächst sind die Informationen zum Datenschutz zu lesen und zu bestätigen:

Online-Mahnantrag (Screenshot): Datenschutzerklärung

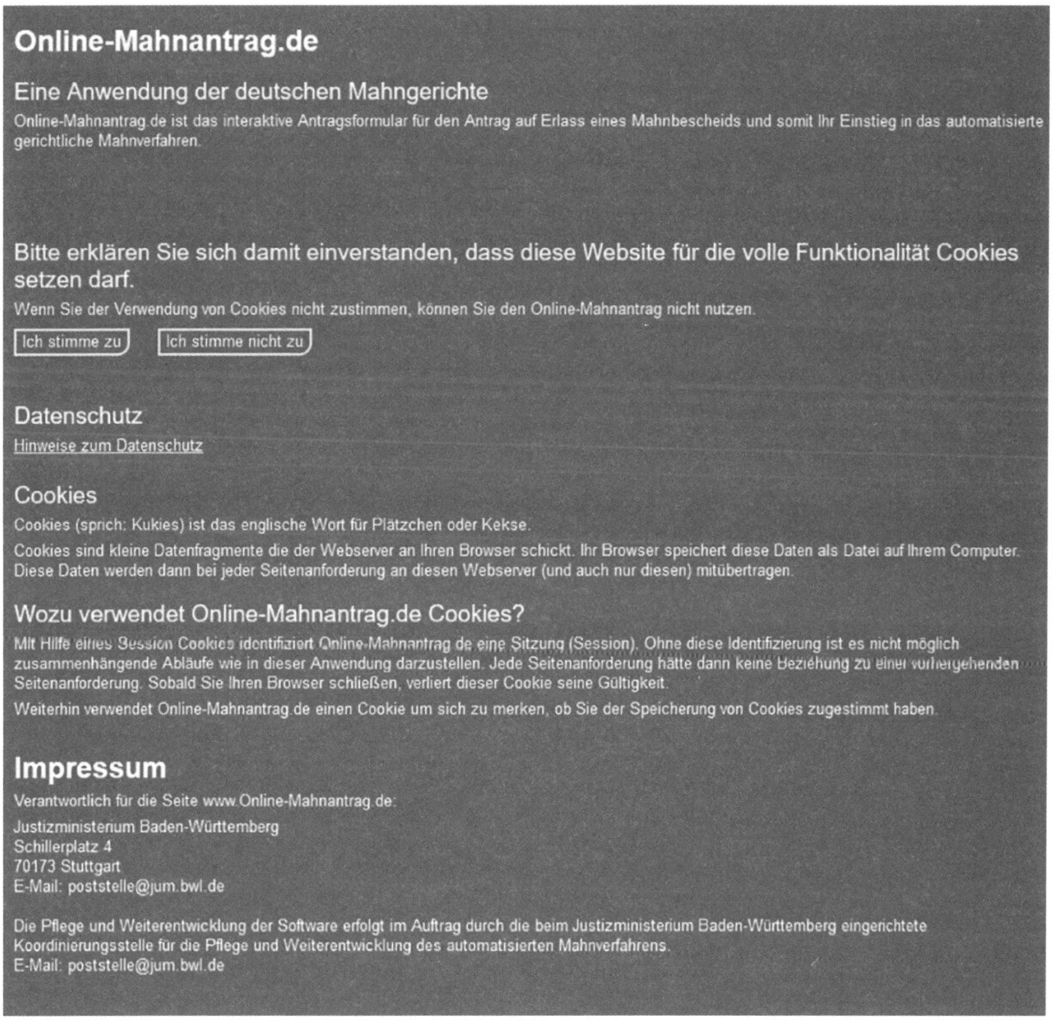
Online-Mahnantrag.de

Eine Anwendung der deutschen Mahngerichte

Online-Mahnantrag.de ist das interaktive Antragsformular für den Antrag auf Erlass eines Mahnbescheids und somit Ihr Einstieg in das automatisierte gerichtliche Mahnverfahren.

Bitte erklären Sie sich damit einverstanden, dass diese Website für die volle Funktionalität Cookies setzen darf.

Wenn Sie der Verwendung von Cookies nicht zustimmen, können Sie den Online-Mahnantrag nicht nutzen.

Ich stimme zu | Ich stimme nicht zu

Datenschutz

Hinweise zum Datenschutz

Cookies

Cookies (sprich: Kukies) ist das englische Wort für Plätzchen oder Kekse.

Cookies sind kleine Datenfragmente die der Webserver an Ihren Browser schickt. Ihr Browser speichert diese Daten als Datei auf Ihrem Computer. Diese Daten werden dann bei jeder Seitenanforderung an diesen Webserver (und auch nur diesen) mitübertragen.

Wozu verwendet Online-Mahnantrag.de Cookies?

Mit Hilfe eines Session Cookies identifiziert Online-Mahnantrag.de eine Sitzung (Session). Ohne diese Identifizierung ist es nicht möglich zusammenhängende Abläufe wie in dieser Anwendung darzustellen. Jede Seitenanforderung hätte dann keine Beziehung zu einer vorhergehenden Seitenanforderung. Sobald Sie Ihren Browser schließen, verliert dieser Cookie seine Gültigkeit.

Weiterhin verwendet Online-Mahnantrag.de einen Cookie um sich zu merken, ob Sie der Speicherung von Cookies zugestimmt haben.

Impressum

Verantwortlich für die Seite www.Online-Mahnantrag.de:
Justizministerium Baden-Württemberg
Schillerplatz 4
70173 Stuttgart
E-Mail: poststelle@jum.bwl.de

Die Pflege und Weiterentwicklung der Software erfolgt im Auftrag durch die beim Justizministerium Baden-Württemberg eingerichtete Koordinierungsstelle für die Pflege und Weiterentwicklung des automatisierten Mahnverfahrens.
E-Mail: poststelle@jum.bwl.de

Sodann muss man sich entscheiden, wo (welches Bundesland) der Antragsteller seinen Wohnsitz hat. Das ist wichtig, da damit die Zuständigkeit des zentralen Mahngerichtes ermittelt wird.

Online-Mahnantrag (Screenshot): Auswahl Bundesland Antragsteller

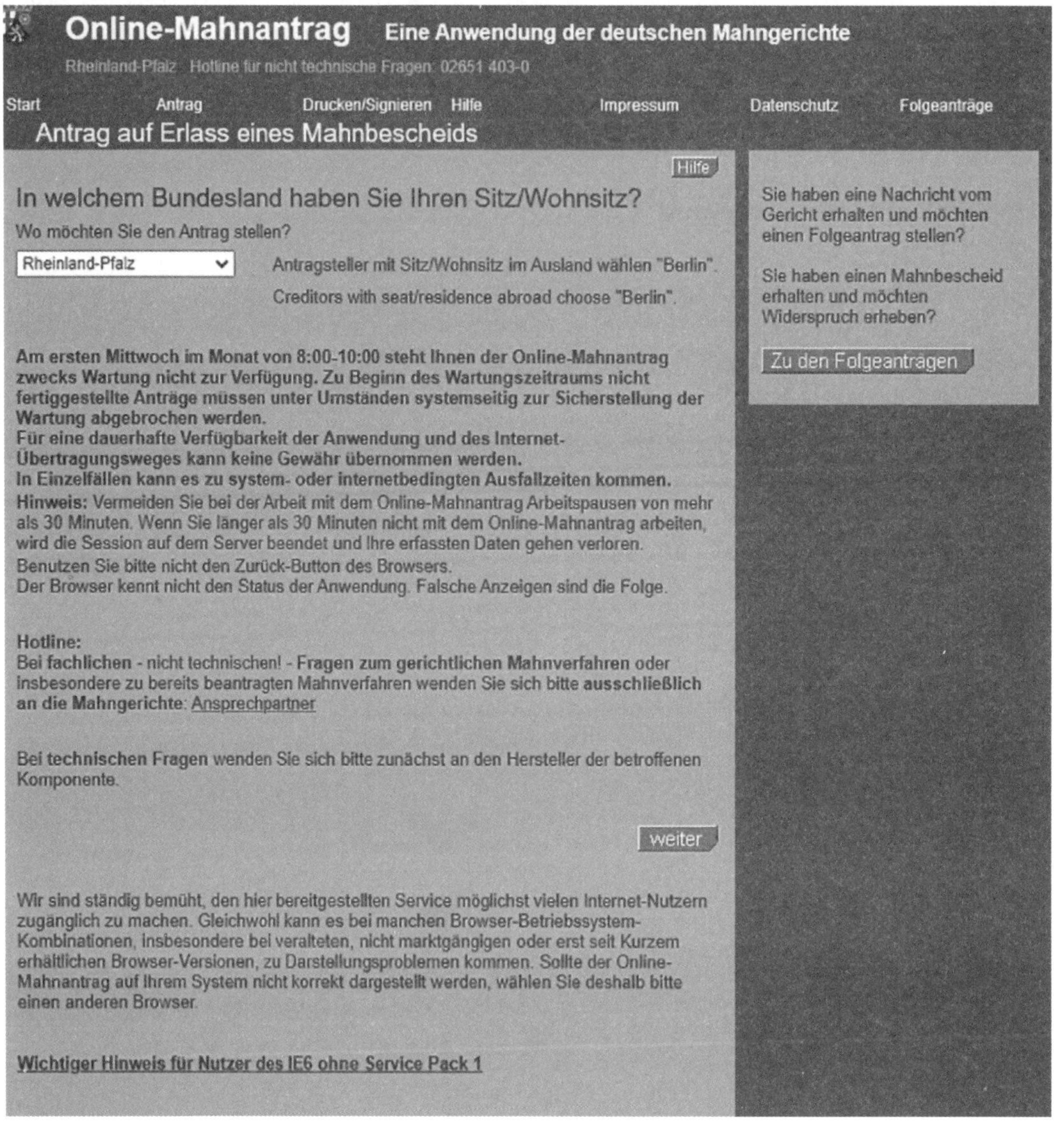

Sodann muss die Entscheidung getroffen werden, dass der Download einer EDA-Datei zum Individualversand erfolgen soll.

Online-Mahnantrag (Screenshot): Versandart

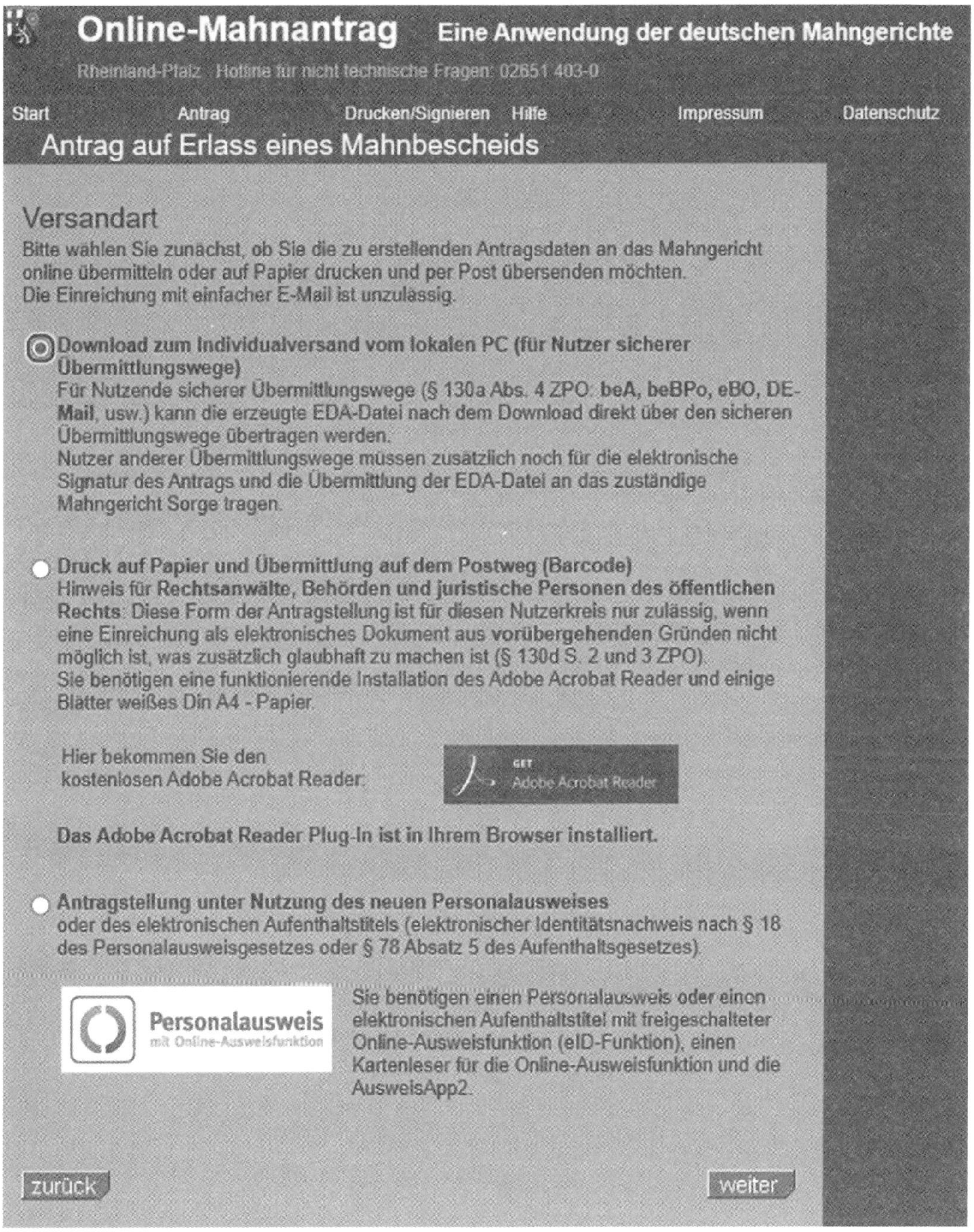

Im nächsten Schritt sind Hinweise über die zu durchlaufenden Schritte enthalten, hier entscheidet man sich sodann für „neuer Antrag".

Online-Mahnantrag (Screenshot): Acht Schritte

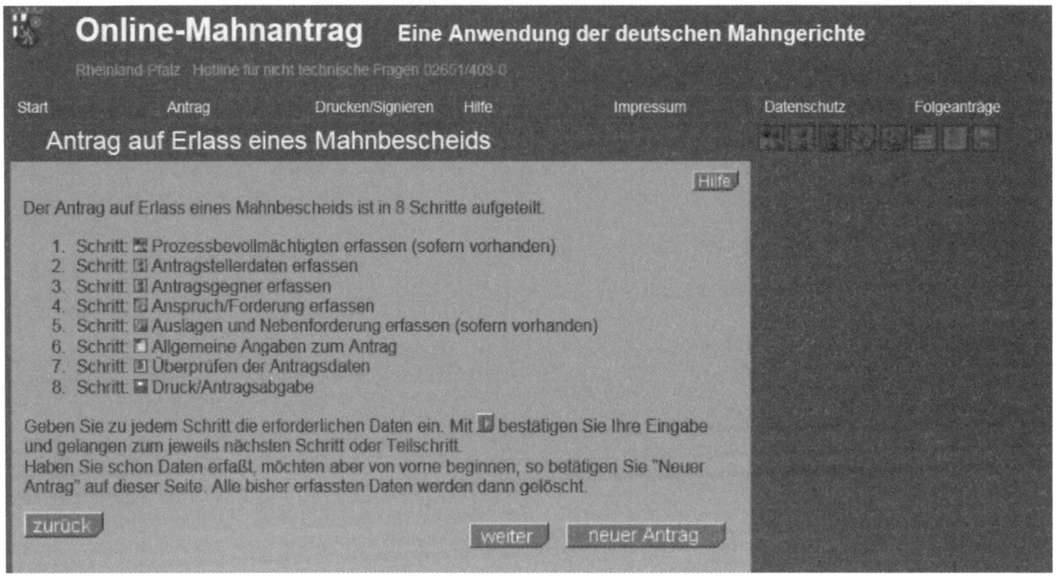

Anschließend ist anzugeben, wer den Antrag stellt; in der Regel wird das – für den Leser dieser Arbeitshilfen – der Prozessbevollmächtigte sein.

Online-Mahnantrag (Screenshot): Für wen wird der Antrag erfasst?

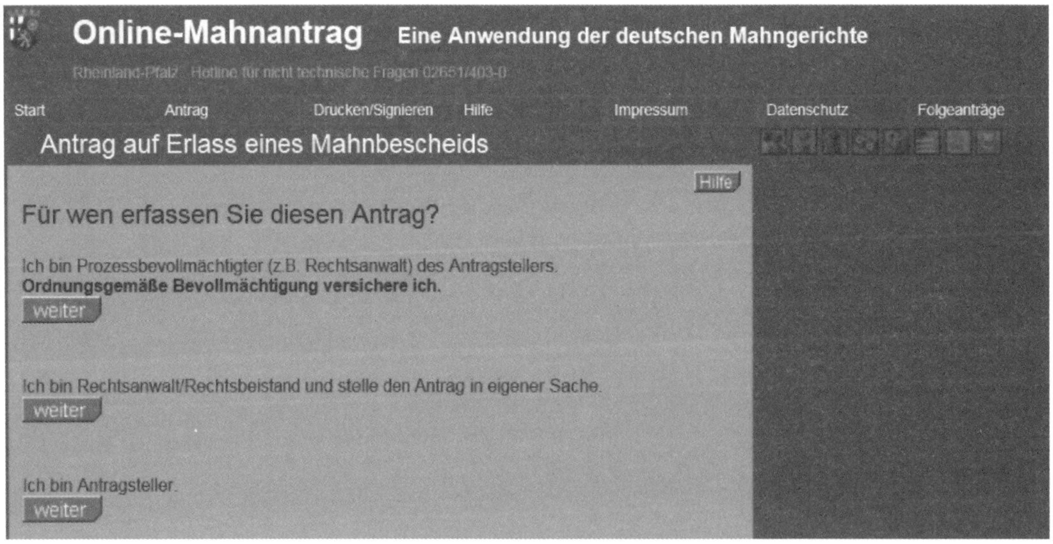

In der folgenden Maske sind dann Angaben zum Beauftragungsdatum, etwaigen Auslagen, Vorsteuerabzugsberechtigung und zum Antragsteller (hier Prozessbevollmächtigten) zu machen, wobei Anwälte, die beim angerufenen Gericht eine Mahnbescheid-Kennziffer erhalten haben, sich die näheren Angaben durch Eintragung ihrer Kennziffer ersparen können.

Online-Mahnantrag (Screenshot): Prozessbevollmächtigter des Antragstellers

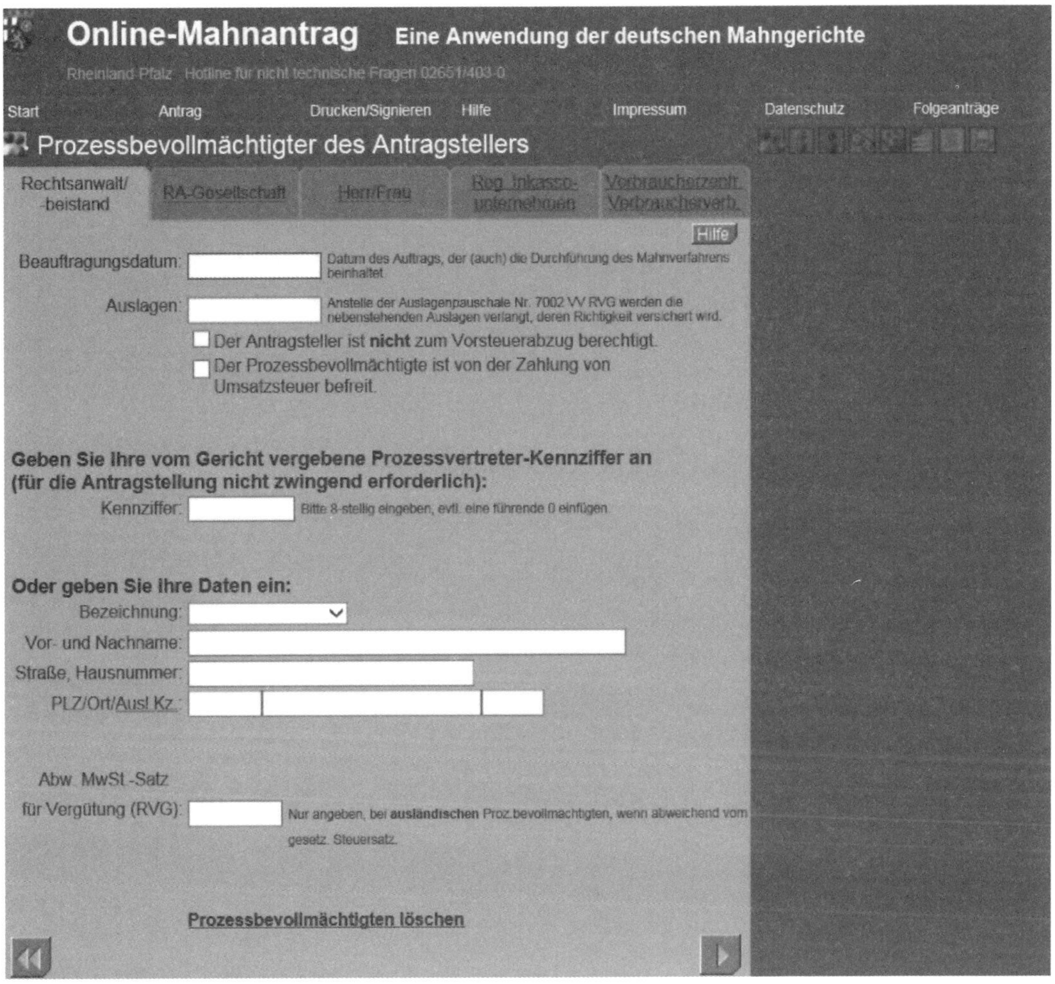

Erfolgt die Antragstellung nicht durch den Anwalt, so kann in den oberen Karteikarten nochmals gewechselt werden.

Sind die notwendigen Angaben vollständig erfasst, geht es weiter zu den Angaben des Antragstellers selbst (nicht: des Prozessbevollmächtigten), also Name, Vorname, Anschrift. Sofern es sich beim Antragsteller nicht um eine natürliche Person handelt, kann auch hier wieder in den oberen Karteikarten zu „Firma" gewechselt werden, oder aber – wenn Großkunde, wie z.B. Inkassounternehmen, das ein eine eigene Kennziffer hat – hier auch nur die Kennziffer eingetragen werden.

Online-Mahnantrag (Screenshot): Angaben zum Antragsteller

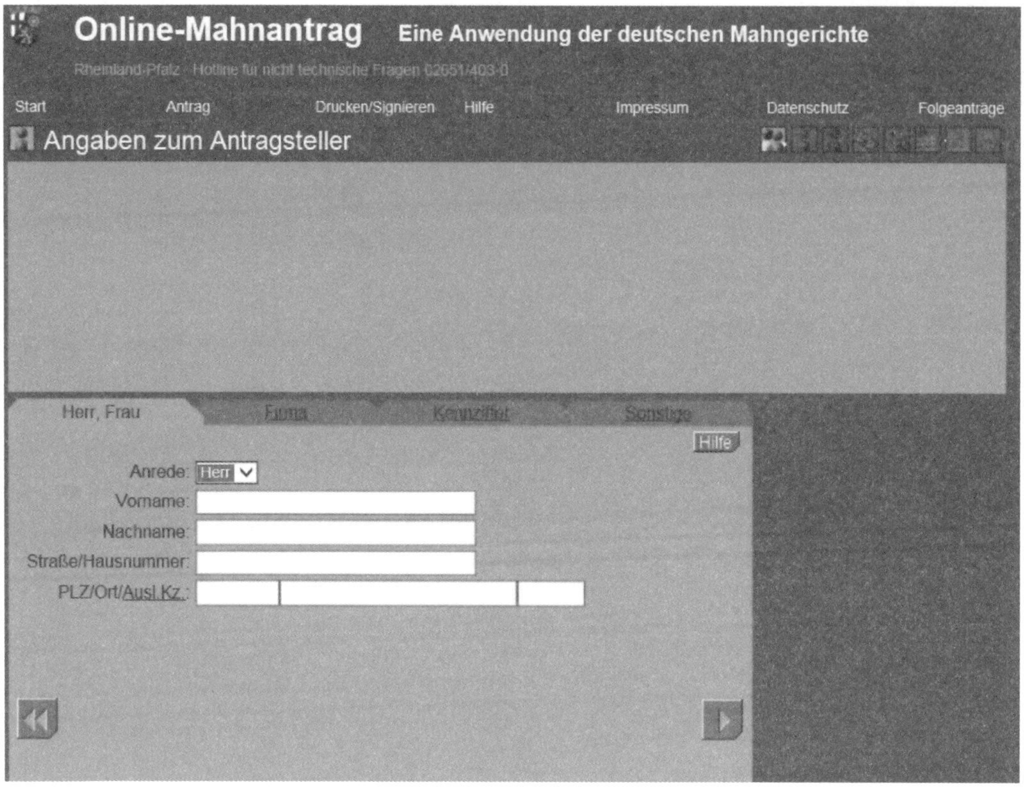

Online-Mahnantrag (Screenshot): Angaben zum Antragsteller

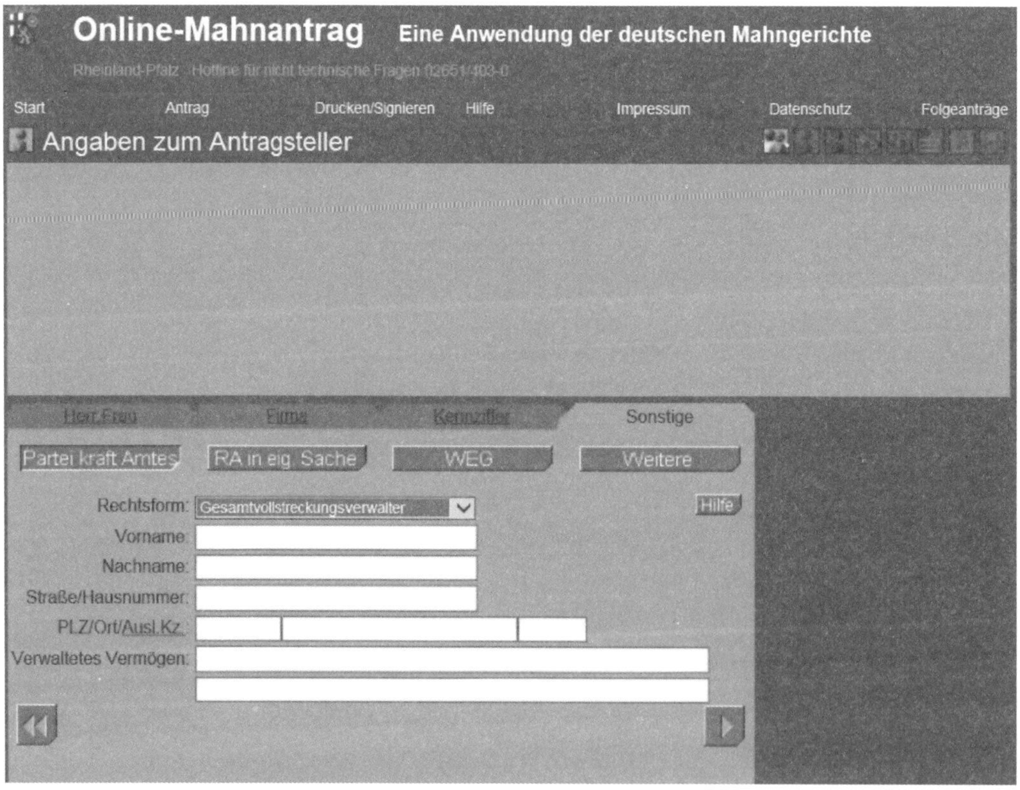

Im nächsten Schritt kann – falls Bedarf besteht und was bei Firmen notwendig ist – ein gesetzlicher Vertreter eingetragen werden. In der folgenden Darstellung wird hierauf verzichtet. Gegebenenfalls können auch weitere Antragsteller eingetragen werden; auch insoweit möchte die Autorin an dieser Stelle auf weitere Darstellungen verzichten.

Online-Mahnantrag (Screenshot): Angaben zum Antragsteller

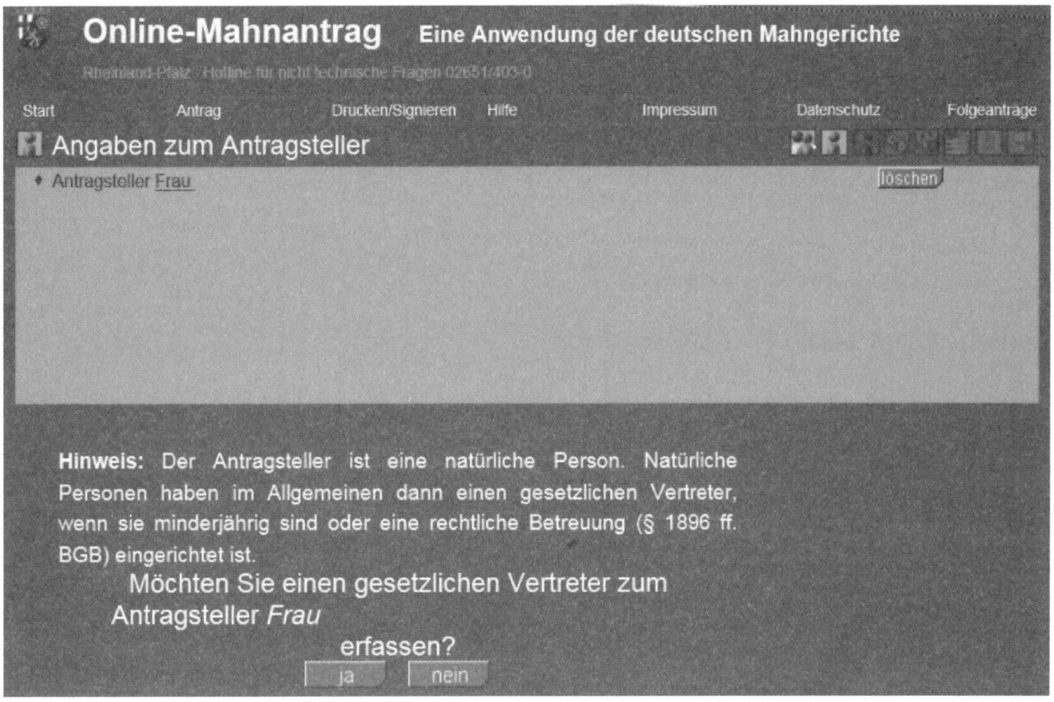

Ist der Antragsteller erfasst, können – soweit notwendig – ein oder auch mehrere weitere Antragsteller erfasst werden, und zwar nach dem gleichen Schema.

Online-Mahnantrag (Screenshot): Erfassen weiterer Antragsteller

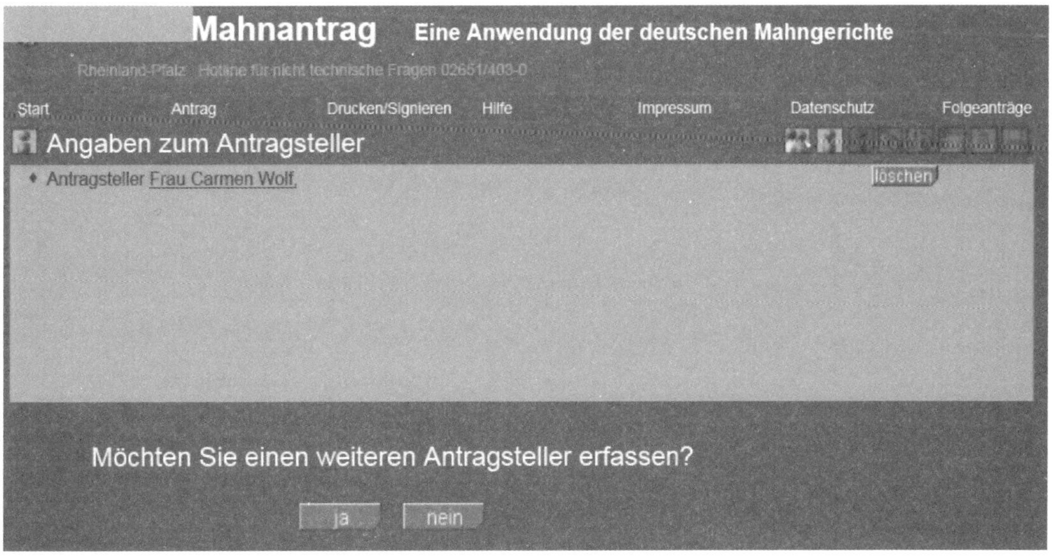

Sodann geht es zur Erfassung der Antragsgegnerdaten, die sich auch nicht von den Antragstellerdaten unterscheiden. Es gibt also die Wahlmöglichkeit zwischen natürlichen Personen, Firmen und Sonstigen; falls notwendig sind auch hier weder Vertreter anzugeben.

Online-Mahnantrag (Screenshot): Angaben zum Antragsgegner

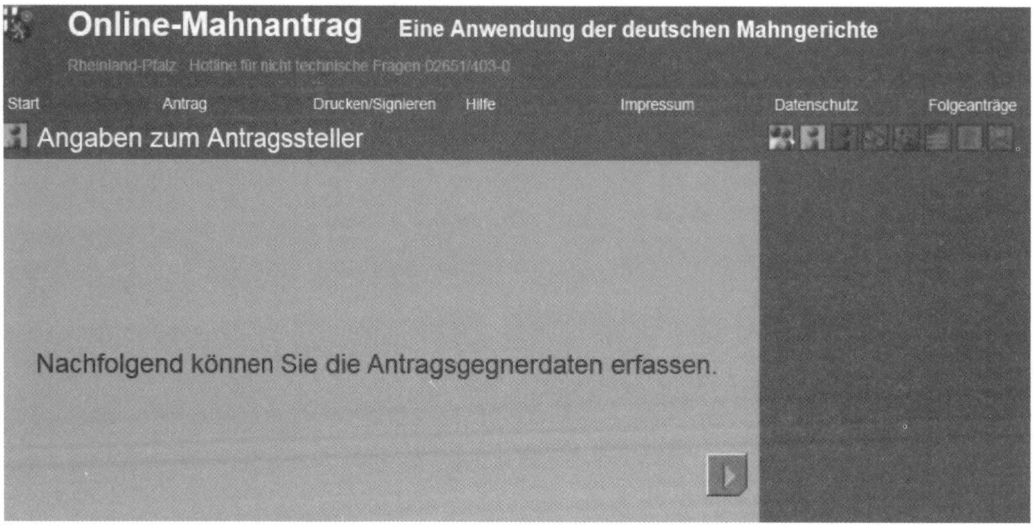

Sind auch insoweit alle Daten korrekt erfasst, muss die Entscheidung gefällt werden, ob es sich um ein reguläres Mahnverfahren, ein Urkunden-Mahnverfahren, ein Scheck-Mahnverfahren oder ein Wechsel-Mahnverfahren handelt.

Online-Mahnantrag (Screenshot): Art des Mahnverfahrens

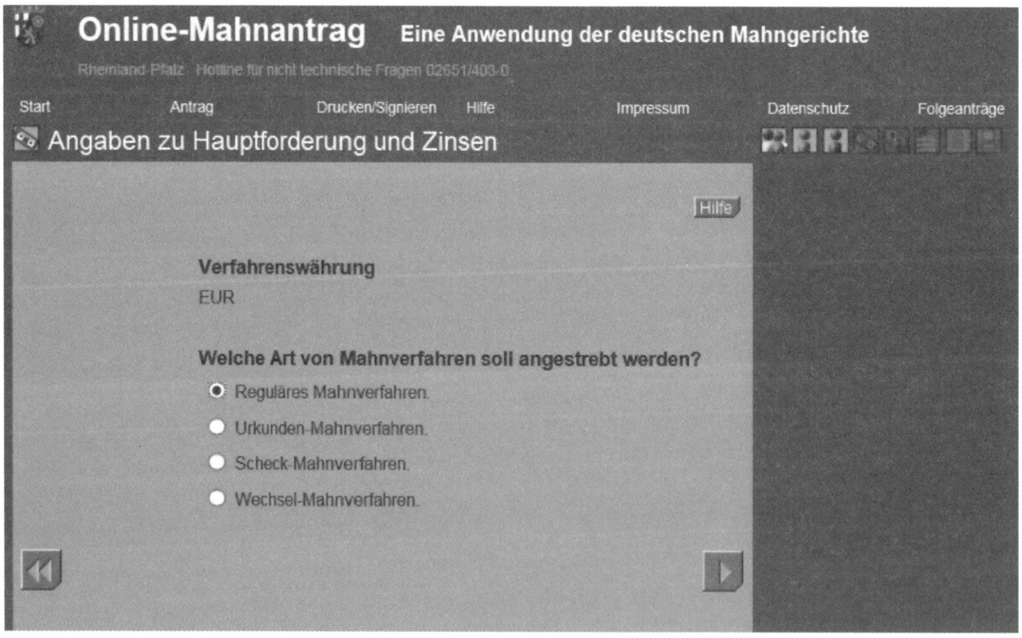

Schließlich geht es um die Erfassung des Anspruchs, der auch durch Auswahl der Katalog-Nummern in der Rollbox oder durch Auswahl des Anspruchs in der weiteren Rollbox ausgewiesen wird. Hierbei ist zu beachten, dass der Anspruch (z.B. Darlehensrückzahlung, Dienstvertrag, Kaufvertrag usw.) korrekt bezeichnet wird; gibt es in der Rollbox keine passende Auswahl, kann in den Feldern darunter der Anspruch individuell bezeichnet werden. Eine Rechnungsnummer o.ä. kann auch eine Kunden-Nummer, eine Vertragsnummer, ein Aufforderungsschreiben oder anderes sein. Das Datum des Anspruchs ist einzugeben, das Feld „bis:“ kann unausgefüllt bleiben, wenn sich der Anspruch nicht auf einen festgelegten Zeitraum bezieht. Dass der Betrag, der geltend gemacht wird, einzutragen ist, versteht sich von selbst.

Online-Mahnantrag (Screenshot): Angabe der Katalognummern

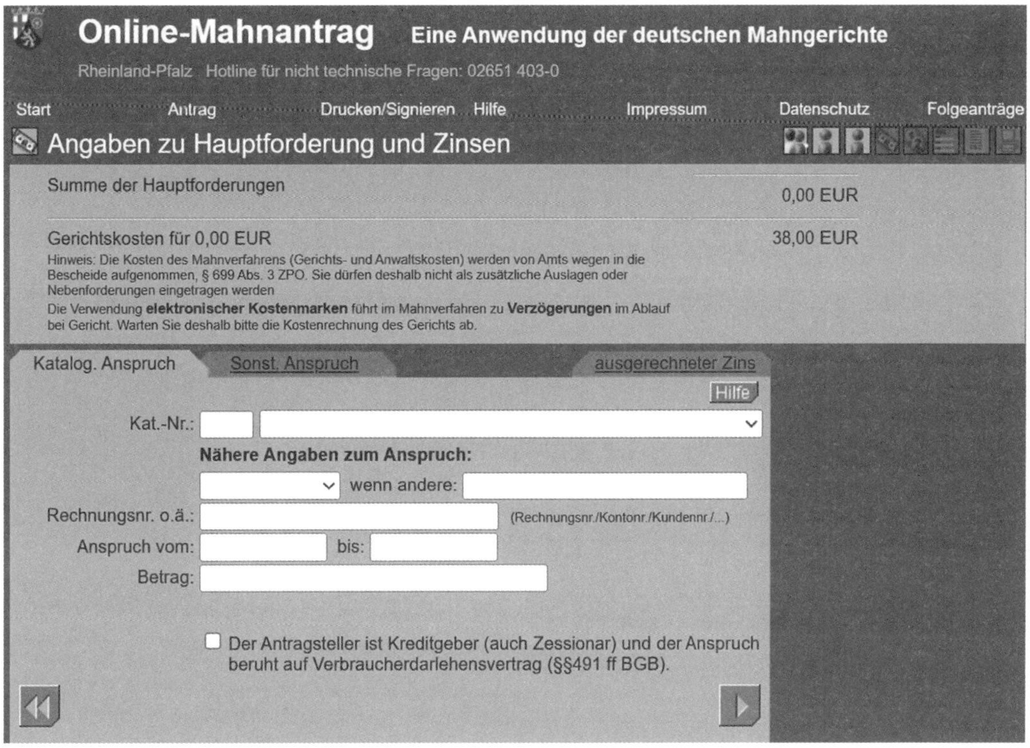

Durch die Angabe des Betrags, über den der Mahnbescheid beantragt werden soll, werden die später zu zahlenden Gerichtskosten automatisch ermittelt. Die Gerichtskosten betragen (derzeit) mindestens 38,00 EUR; entsprechend ist dieser Betrag bereits bei einer noch nicht eingetragenen Hauptforderung vorgegeben.

In der nächsten Maske ist man gefordert, weitere Angaben zur Hauptforderung zu machen, Zinsangaben zu erfassen oder auch ausgerechnete Zinsen einzutragen.

Online-Mahnantrag (Screenshot): Hauptforderung

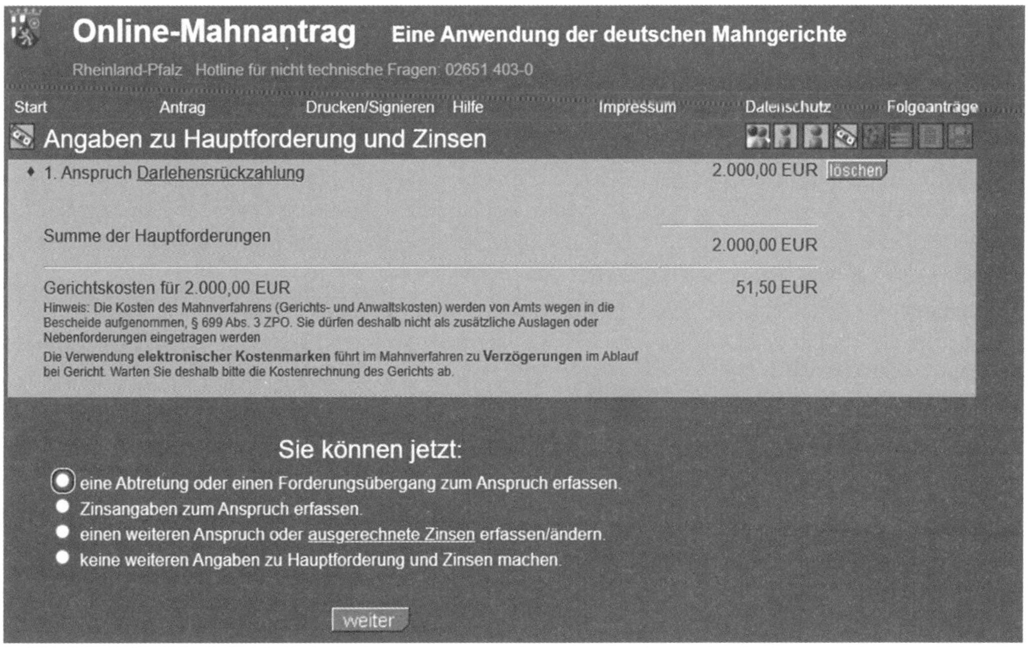

Anhand der eingegebenen Forderung (bzw. Forderungen) ermittelt die Webanwendung die einzuzahlenden Gerichtskosten automatisch, wie im Bild sehr gut zu erkennen ist (statt 38,00 EUR Mindestanforderung ermitteln sich jetzt die Gerichtskosten aus dem Gegenstandswert 2.000,00 EUR).

Im nächsten Schritt können weitere Forderungen aufgenommen werden, sofern welche existieren.

Zudem gibt es hier die Möglichkeit, eine Abtretung oder einen Forderungsübergang zum Anspruch zu erfassen, was erforderlich ist, wenn der Anspruch nunmehr im Namen einer von dem Vertrag abweichenden Person geltend gemacht wird. Dort sind dann Name und Anschrift des vorherigen Gläubigers zu erfassen.

Der Zinsanspruch ist ebenfalls über die nach entsprechendem Klick aufgehende Maske zu erfassen:

Online-Mahnantrag (Screenshot): Hauptforderung und Zinsen

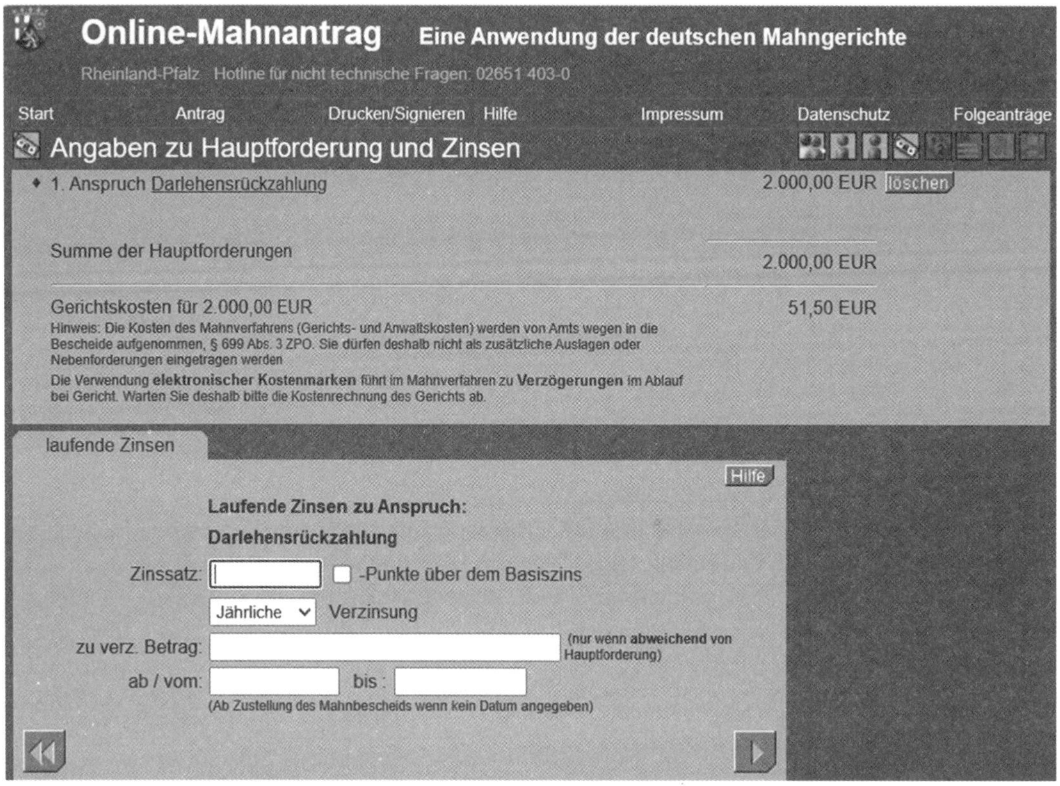

Auslagen des Antragstellers, weitere Nebenforderungen wie Mahnkosten, Auskunftskosten, Bankrücklastkosten etc. sind in der darauf folgenden Maske einzugeben, ebenso wie eine mögliche vorherige außergerichtliche Tätigkeit wegen der notwendigen Anrechnungspflicht der entstandenen Geschäftsgebühr.

Unter „Auslagen des Antragstellers" werden Porto-Beträge, ggf. auch die Kosten des Briefpapiers oder Umschlags, eingetragen; unter „Andere Nebenforderungen" werden Mahnkosten, Auskunftskosten, Bankrücklastkosten oder sonstige Beträge, die keine Hauptforderung sind, eingetragen. Insbesondere gehören zu den „anderen Nebenforderungen" auch sonstige Auslagen, wie beispielsweise Inkasso- oder Mahnkosten.

Ist dem Mahnbescheid eine außergerichtliche Tätigkeit vorangegangen, die nicht dazu diente, den Schuldner in Verzug zu setzen, sondern die erfolgte, nachdem der Verzug bereits begründet wurde, ist die hierfür zu berechnende Geschäftsgebühr der Nr. 2300 VV RVG als Verzugsschaden geltend zu machen. In der Regel werden eine 1,3 Geschäftsgebühr der Nr. 2300 VV RVG zuzüglich Auslagen sowie (bei nicht vorsteuerabzugsberechtigten Personen) Mehrwertsteuer, ggf. aber auch eine vorgerichtlich entstandene Terminsgebühr geltend zu machen sein. Diese Gebühren müssen errechnet und als Nebenforderung im Feld „Anwaltsvergütung für vorgerichtliche Tätigkeit" geltend gemacht werden. Hierbei muss an anderer Stelle natürlich auch an die Anrechnung der anteiligen Geschäftsgebühr auf die Gebühr für das Mahnverfahren gedacht werden.

Da eine außergerichtliche Geschäftsgebühr der Nr. 2300 VV RVG teilweise auf die Verfahrensgebühr eines nachfolgenden gerichtlichen Verfahrens anzurechnen ist – das Mahnverfahren ist ein gerichtliches Verfahren –, muss der anrechenbare Teil im Mahnantrag angegeben werden. Es handelt sich hierbei um die Hälfte der Geschäftsgebühr, soweit sich der Gegenstand mit der anwaltlichen Tätigkeit deckt. Hinsichtlich der Auslagenpauschale gibt es keine Anrechnungspflicht; die Mehrwertsteuer ist dort deshalb nicht aufzuführen, weil im Mahnbescheid selbst bei der Kostenaufstellung (linke Seite/unten des Mahnbescheids) diese (Netto-)Gebühr auch vor dem Ansatz einer eventuellen Mehrwertsteuer in Abzug gebracht wird.

Online-Mahnantrag (Screenshot): Auslagen und Nebenforderungen

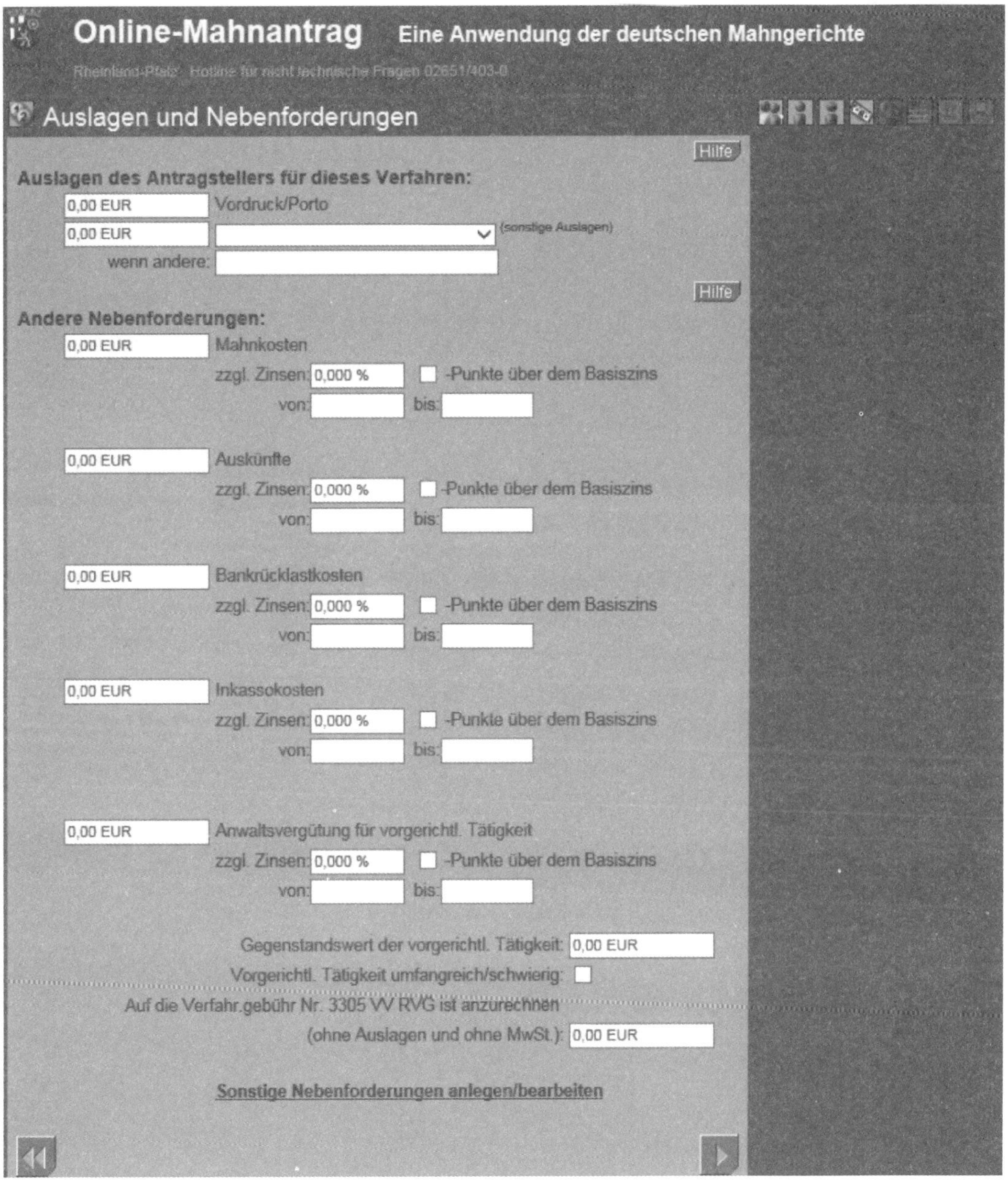
Online-Mahnantrag Eine Anwendung der deutschen Mahngerichte
Auslagen und Nebenforderungen
Hilfe
Auslagen des Antragstellers für dieses Verfahren:
0,00 EUR Vordruck/Porto
0,00 EUR (sonstige Auslagen)
wenn andere:
Hilfe
Andere Nebenforderungen:
0,00 EUR Mahnkosten
zzgl. Zinsen: 0,000 % -Punkte über dem Basiszins
von: bis:
0,00 EUR Auskünfte
zzgl. Zinsen: 0,000 % -Punkte über dem Basiszins
von: bis:
0,00 EUR Bankrücklastkosten
zzgl. Zinsen: 0,000 % -Punkte über dem Basiszins
von: bis:
0,00 EUR Inkassokosten
zzgl. Zinsen: 0,000 % -Punkte über dem Basiszins
von: bis:
0,00 EUR Anwaltsvergütung für vorgerichtl. Tätigkeit
zzgl. Zinsen: 0,000 % -Punkte über dem Basiszins
von: bis:
Gegenstandswert der vorgerichtl. Tätigkeit: 0,00 EUR
Vorgerichtl. Tätigkeit umfangreich/schwierig:
Auf die Verfahr.gebühr Nr. 3305 VV RVG ist anzurechnen
(ohne Auslagen und ohne MwSt.): 0,00 EUR
Sonstige Nebenforderungen anlegen/bearbeiten

Das Gesetz zur Förderung verbrauchergerechter Angebote im Rechtsdienstleistungsmarkt vom 10.8.2021, in Kraft getreten zum 1.10.2021, sieht unter anderem in Art. 2 vor, dass bei Inkassodienstleistungen niedrigere Gebühren als die gesetzliche Vergütung nach dem RVG vereinbart werden oder sogar ganz auf die Vergütung verzichtet werden kann. Dies gilt dann naturgemäß auch für das gerichtliche Mahnverfahren. Dementsprechend ist auch in der vorgegebenen (entsprechend angepassten) Datenmaske die erforderliche Angabe zu machen.

Online-Mahnantrag (Screenshot): Hinweis auf Gebührennebenforderung (Gebühren für den Mahnbescheid)

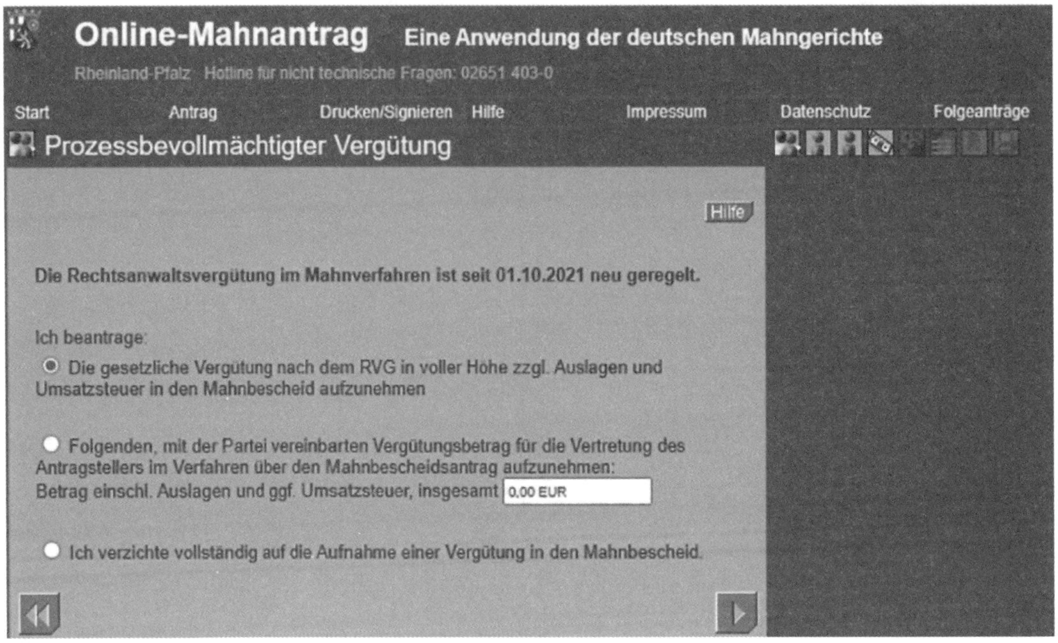

Anhand der Eingaben (hier: zum Antragsgegner) wird das Gericht, das im Falle eines Widerspruchs dann zuständig wird, automatisch ermittelt.

Online-Mahnantrag (Screenshot): Prozessgericht

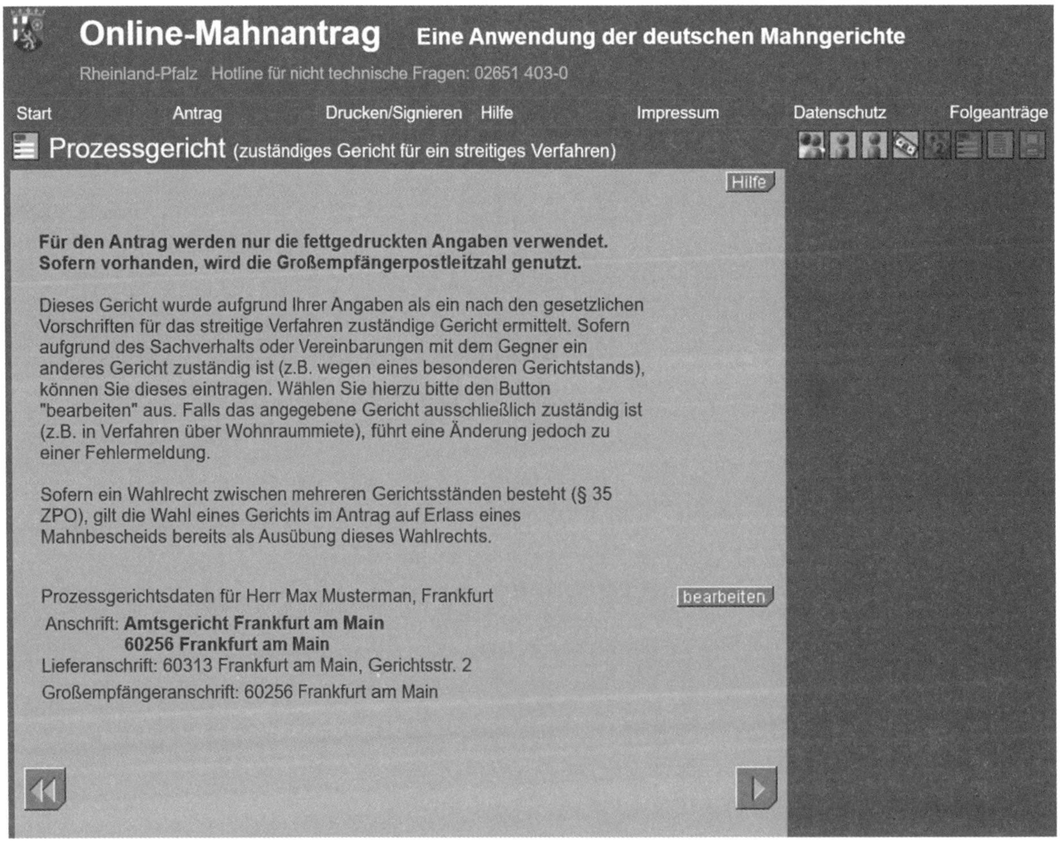

Schließlich sind die allgemeinen Angaben zum Antrag einzutragen, wie Geschäftszeichen, und auch die Erklärung, ob der Anspruch von einer Gegenleistung abhängt oder nicht. Sofern der Anspruch von einer Gegenleistung abhängt (wie das im Vertragsrecht in der Regel der Fall ist, z.B. beim Kaufvertrag hängt die Bezahlung von der Lieferung/Übereignung des Kaufgegenstands ab), muss die Leistung erbracht sein, damit die Forderung überhaupt fällig ist. Hingegen hängt der Anspruch von Schadensersatz oder Schmerzensgeld gerade nicht von einer Gegenleistung ab.

Darüber hinaus ist anzugeben, ob das streitige Verfahren durchzuführen wäre, wenn der Antragsgegner Widerspruch gegen den Mahnbescheid einlegt. Das ist immer dann sinnvoll, wenn man sicher ist, das Verfahren wegen der vollen beantragten Summe auch „durchzuziehen".

Kommt man mit dem Mandanten hingegen überein, dass in der zunächst per Mahnbescheid geltend gemachten Forderung eine nicht oder nur schwer nachweisbare Position enthalten ist, die aber im Mahnbescheid berücksichtigt werden soll, für den Fall, dass der Antragsgegner entweder sofort zahlt oder aber zumindest keinen Widerspruch einlegt, dann sollte man das entsprechende Kreuz nicht setzen: Denn immer, wenn der Antrag auf Durchführung des streitigen Verfahrens im Falle des Widerspruchs durch eben dieses Kreuz gestellt wurde, fallen die Gerichtskosten (2. Gerichtskostenhälfte) in voller Höhe auf Basis des zunächst geltend gemachten Betrags an! Lässt man das Kreuz weg, kann man den Antrag auf Durchführung des streitigen Verfahrens wegen eines geringeren Betrags im Nachhinein stellen, und zwar ohne Nachteile, aber mit dem Vorteil, dass die Gerichtskosten geringer sind!

Ist man bzw. der Mandant sich seiner Sache sicher und steht die Beweisbarkeit des Bestehens der Forderung nicht in Zweifel, sollte man das entsprechende Kreuz setzen. Wenn das Kreuz von vornherein gesetzt ist, geht die Abgabe an das zuständige Gericht ein paar Tage schneller, man erspart sich zudem einen separaten Antrag.

Schließlich und letztlich können im nachfolgenden Fenster noch Angaben zur etwa bewilligten Prozesskostenhilfe gemacht werden (damit Gerichtskosten nicht angefordert werden).

Online-Mahnantrag (Screenshot): Allgemeine Angaben zum Antrag

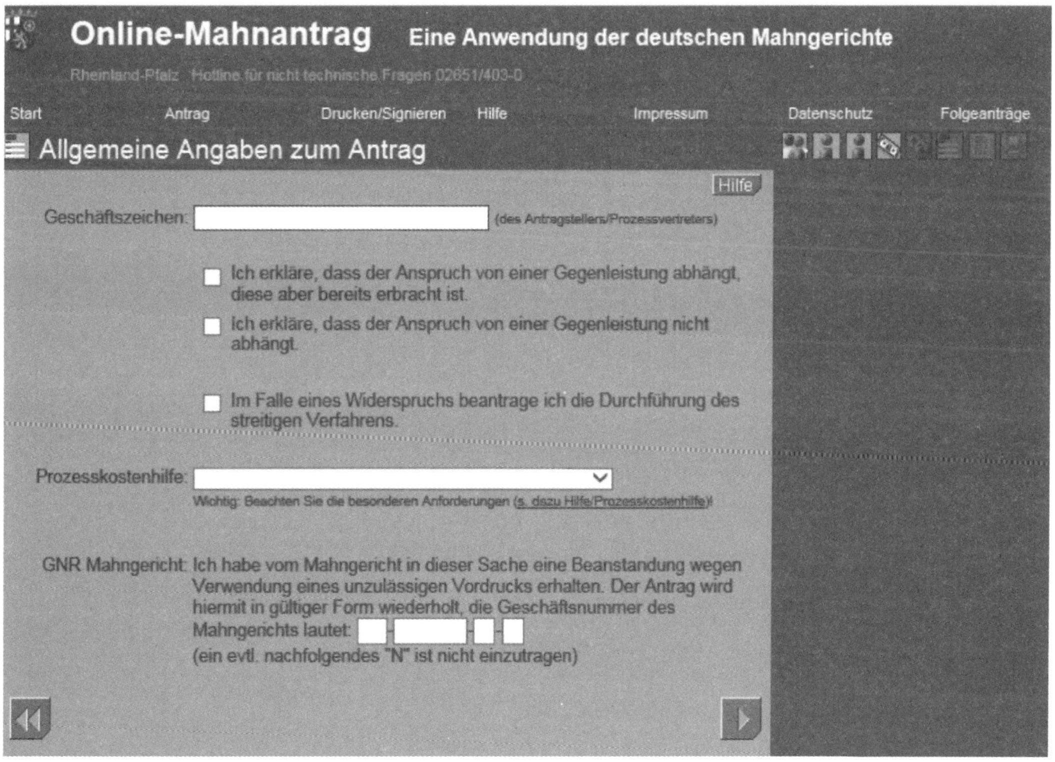

Nachdem – optional – die Bankverbindung eingegeben werden kann (sofern sie nicht bereits bei der Kennziffer hinterlegt ist), müssen die Hinweise zur elektronischen Übermittlung als gelesen bestätigt und der Befehl zum Speichern der EDA-Datei (und zum Ausdruck der Leseabschrift) gegeben werden.

Online-Mahnantrag (Screenshot): Bankverbindung

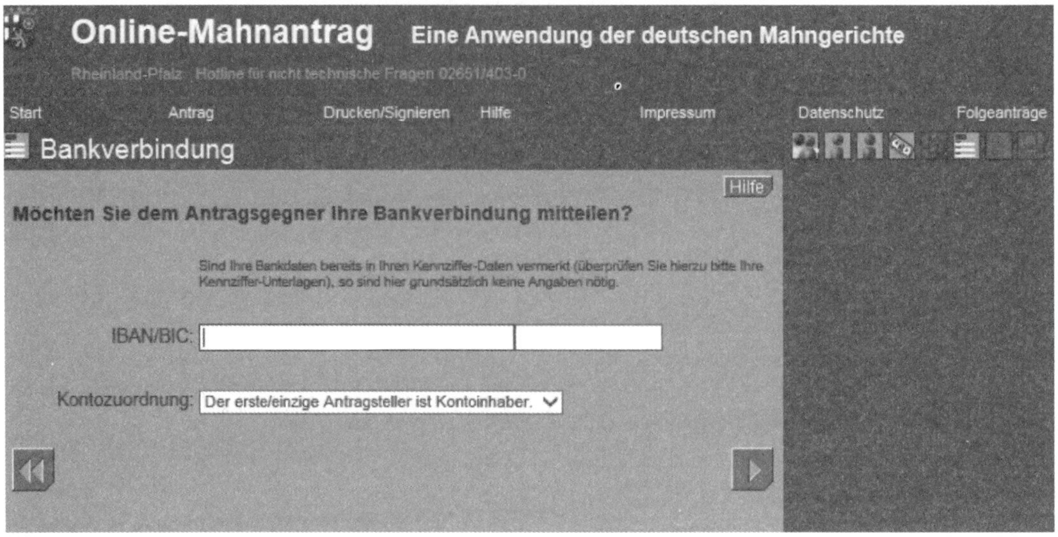

Im Anschluss an eine Übersicht, für und gegen wen welche Forderungen geltend gemacht werden, kann im nachfolgenden Schritt die EDA-Datei, die für die Übermittlung an das Gericht gedacht ist, heruntergeladen werden; darüber hinaus kann eine „Leseabschrift" – nur für die Akten gedacht – gedruckt werden. Anhand letzter Datei können die Daten noch einmal geprüft werden, denn die EDA-Datei als solche kann vom Rechtsanwalt nicht ausgelesen werden. Vorab muss markiert werden, dass die Hinweise zum elektronischen Versand bzw. die Anforderungen hierzu gelesen wurden.

Online-Mahnantrag (Screenshot): Download der Datei

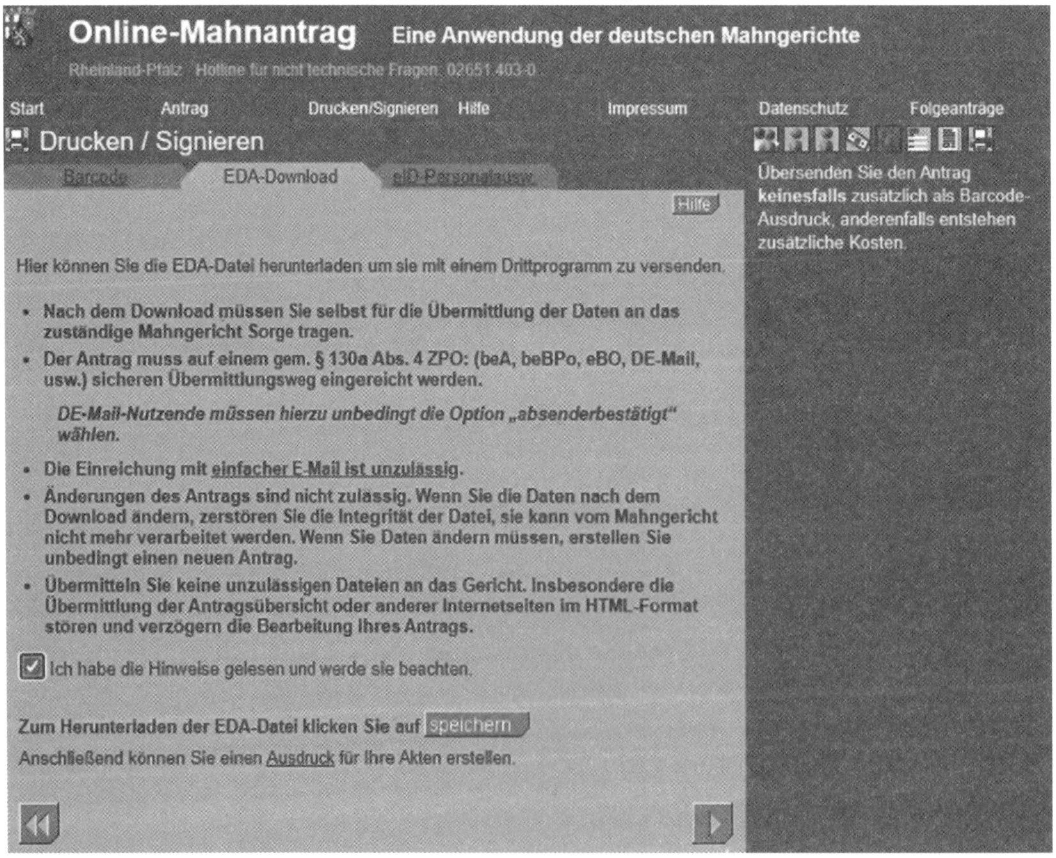

Online-Mahnantrag (Screenshot): Ende der Antragsabgabe

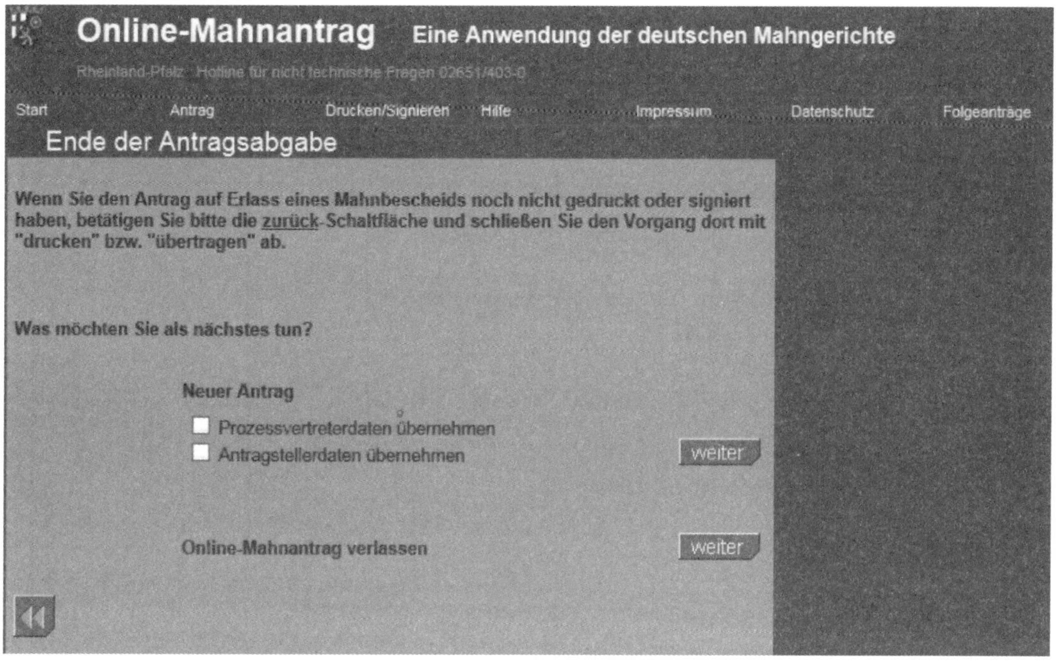

Wie zuvor erwähnt, dient die heruntergeladene Datei „Ausdruck für Ihre Akten" der Überprüfung der Antragsdaten, da die EDA-Datei vom Anwalt nicht ausgelesen werden kann.

Auch wenn im vorstehenden Fenster angezeigt wird „Ende der Antragsabgabe", so ist der Mahnbescheid noch längst nicht abgegeben. Die heruntergeladene EDA-Datei muss mittels sicherer elektronischer Kommunikation (in der Regel ist das das beA) an das zuständige Mahngericht „transportiert" werden. Das Eintragen auf dieser Website ist gerade keine Einreichung.

Der Ausdruck („Leseabschrift") des Mahnbescheids sieht dann etwa wie folgt aus:

Muster eines online erstellten Formulars – Seite 1

Drucken / Schließen

Übersicht über die Antragsdaten – NICHT für das Gericht geeignet

Antrag

Verfahrenswährung: **EUR**
Antragsdatum: **17.07.2025**

Prozessbevollmächtigter

Abweichende Auslagen von Nr. 7002 VV RVG:

Abweichender Mehrwertsteuersatz:

☐ **Der Antragsteller ist nicht zum Vorsteuerabzug berechtigt**
☐ **Der Prozessbevollmächtigte ist von der Zahlung von Umsatzsteuer befreit.**

Beauftragungsdatum: **17.07.2025**

Kennziffer: **08501162**
Vergütung: **Gesetzliche Vergütung nach dem RVG**

Antragsteller

1. Antragsteller

Anrede: **Frau**
Vorname: **Gabriele**
Nachname: **Mustermann**
Straße: **Musterstraße 1**
PLZ/Ort/Nation: **56070 Koblenz**

Antragsgegner

1. Antragsgegner

Anrede: **Herr**
Vorname: **Max**
Nachname: **Mustermann**
Straße: **Musterstraße 3**
PLZ/Ort/Nation: **60311 Frankfurt**

Prozessgericht

Anschrift: **Amtsgericht Frankfurt am Main**
60256 Frankfurt am Main

Muster eines online erstellten Formulars – Seite 2

Ansprüche

Summe der Hauptforderungen: **2.000,00 EUR**
Gerichtsgebühr: **51,50 EUR**

1. Katalogisierbarer Anspruch

Anspruch: **Darlehensrückzahlung (Katalog-Nr. 4)**
Mitteilungsform:
Rechnungsnummer: **Darlehensvertrag**
ab/vom: **14.07.2024**
bis:
Betrag: **2.000,00 EUR**

1. Zinsangaben: Laufende Zinsen

Zinssatz: **5,000 %-Punkte jährlich über dem Basiszinssatz**
aus Betrag: **Anspruchsbetrag**
ab/vom: **01.01.2025**
bis:

Allgemeine Angaben

☑ **Ich erkläre, dass der Anspruch von einer Gegenleistung abhängt, diese aber bereits erbracht ist.**

☐ **Ich erkläre, dass der Anspruch von einer Gegenleistung nicht abhängt.**

☑ **Im Falle eines Widerspruchs beantrage ich die Durchführung des streitigen Verfahrens.**

Zuständiges Mahngericht

Amtsgericht Mayen, Gem. Mahngericht
der Länder Rheinland-Pfalz und Saarland
56723 Mayen

B. Widerspruch

I. Erläuterungen

21 Ist man Antragsgegner, wird einem also ein Mahnbescheid zugestellt, hat man die Möglichkeit, sich gegen den dort geltend gemachten Anspruch zu wehren; es ist ja nicht zwingend, dass der Antragsteller immer im Recht ist. Man wehrt sich gegen die Geltendmachung eines Anspruchs im Mahnverfahren mit dem **Widerspruch**. Der Widerspruch ist **fristgebunden**, d.h., der Antragsgegner hat nur eine gewisse Zeit, einen Widerspruch beim Amtsgericht, bei dem das Mahnverfahren anhängig ist, einzureichen. **Die Frist für die Einlegung des Widerspruchs beträgt zwei Wochen, gerechnet ab Zustellung des Mahnbescheids** (vgl. § 3 Rdn 49). Wurde der Mahnbescheid dem Antragsgegner am 14.8.2025 zugestellt, lief die Widerspruchsfrist am 28.8.2025 ab. Am 28.8.2025 müsste demnach spätestens der Widerspruch bei Gericht bis zum Tagesablauf eingegangen sein.

22 Diese Frist ist unbedingt einzuhalten. Das bedeutet zugleich aber nicht, dass mit Ablauf der Frist „der Zug abgefahren" ist. Der Widerspruch ist noch so lange möglich, wie der Vollstreckungsbescheid noch nicht erlassen ist. Kommt ein Mandant zu spät, ist es also definitiv einen Versuch wert. Sollte der Vollstreckungsbescheid schon erlassen sein, wenn der Widerspruch beim Mahngericht eingeht, wird der Widerspruch als „Einspruch" gegen den Vollstreckungsbescheid behandelt. Der Unterschied: Der Vollstreckungsbescheid ist dann schon in der Welt und er ist ohne Sicherheitsleistung vorläufig vollstreckbar.

II. Widerspruch gegen den Anspruch insgesamt

23 Wenn der Antragsgegner Widerspruch gegen den Anspruch insgesamt einlegt, bedeutet dies, dass er die Forderung für nicht gerechtfertigt oder für noch nicht fällig hält und somit auch, dass kein Verzug gegeben ist und damit weder Verzugszinsen noch Kosten zu erstatten sind.

III. Teilwiderspruch

24 Wenn man nicht dem gesamten Anspruch widerspricht, sondern nur einen Teil der Forderung für nicht gerechtfertigt erachtet, legt man auch Widerspruch ein; dieser nennt sich dann aber **Teilwiderspruch**.

Der Antragsgegner kann widersprechen:

- einem Teil der Hauptforderung;
- den Zinsen insgesamt;
- der Höhe der Zinsen;
- den Verfahrenskosten sowie
- anderen Nebenforderungen (z.B. Mahnkosten, Auskünften).

IV. Änderungen von Angaben/Ergänzende Angaben

25 Wenn sich die Anschrift des Antragsgegners geändert oder sich ein Fehler eingeschlichen hat, kann der Antragsgegner dies im Antragsformular korrigieren.

Selbiges gilt, wenn der Antragsgegner einen Vertreter oder Prozessbevollmächtigten hat: Im Widerspruchsformular sind Spalten enthalten, die für diesen Fall auszufüllen sind.

V. Erstellung der entsprechenden EDA-Datei

26 Seit dem 1.1.2020 gilt auch für den Widerspruch für Rechtsanwälte und registrierte Inkassodienstleister die Verpflichtung zur maschinell-lesbaren Einreichung. Die amtlichen Vordrucke können insoweit nicht mehr benutzt werden. Bei der Neuregelung handelt es sich um eine Erweiterung der Nutzungsverpflichtung, die bereits für den Antrag auf Erlass eines Mahnbescheids und für die Folgeanträge gilt. Auch insoweit sind die EDA-Dateien elektronisch beim Gericht einzureichen.

Im Portal www.online-mahnantrag.de finden Sie die Option für die Einlegung des Widerspruchs rechts oben unter „Folgeanträge".

Online-Widerspruch (Screenshot): Folgeantrag

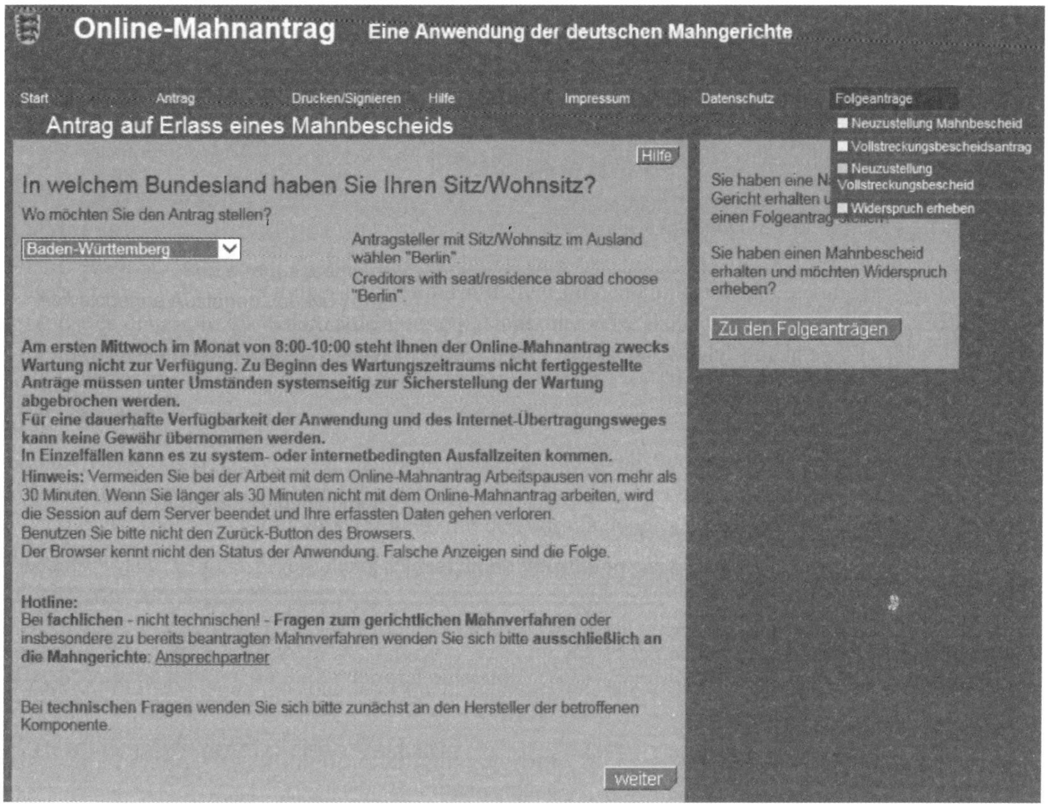

Nach der Auswahl steht die Entscheidung an, ob man Widerspruch einlegen oder aber einen Stundungsantrag stellen möchte; vorliegend geht es um die Einlegung des Widerspruchs.

Online-Widerspruch (Screenshot)

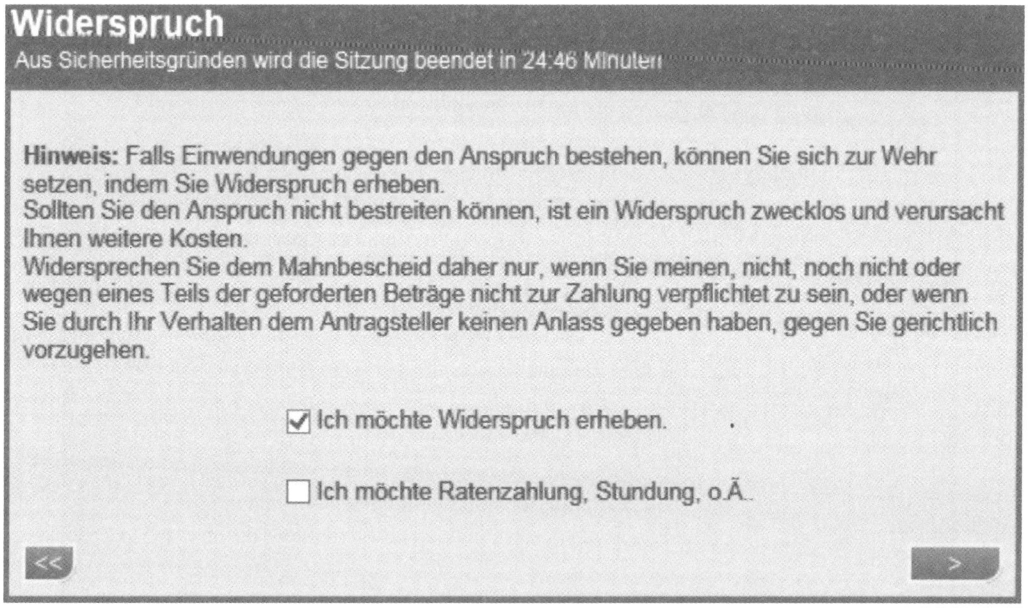

Sodann ist die Geschäftsnummer des zugestellten Mahnbescheids, gegen den der Widerspruch erhoben werden soll, einzutragen.

Online-Widerspruch (Screenshot): Geschäftsnummer

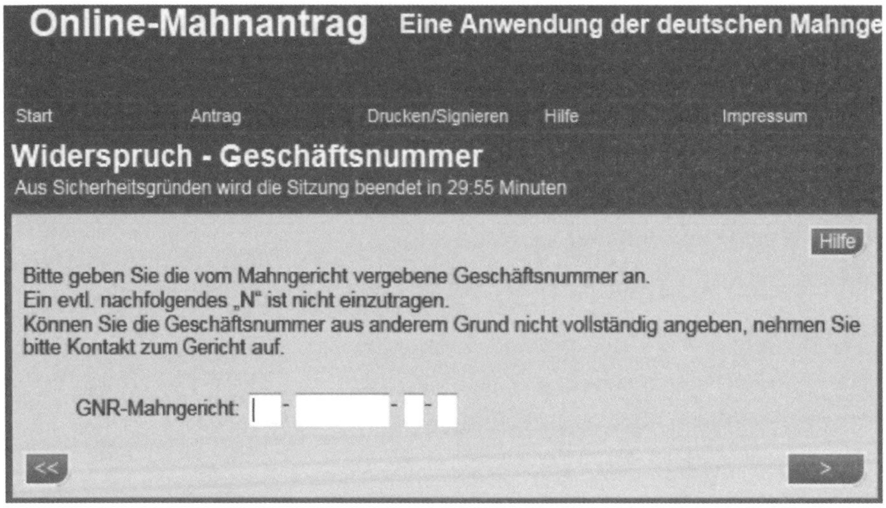

Im weiteren Fenster erfolgt die Auswahl – für Rechtsanwälte zwingend der Download der EDA-Datei –, wie die Übermittlung des Mahnantrages erfolgen soll.

Online-Widerspruch (Screenshot): Versandart

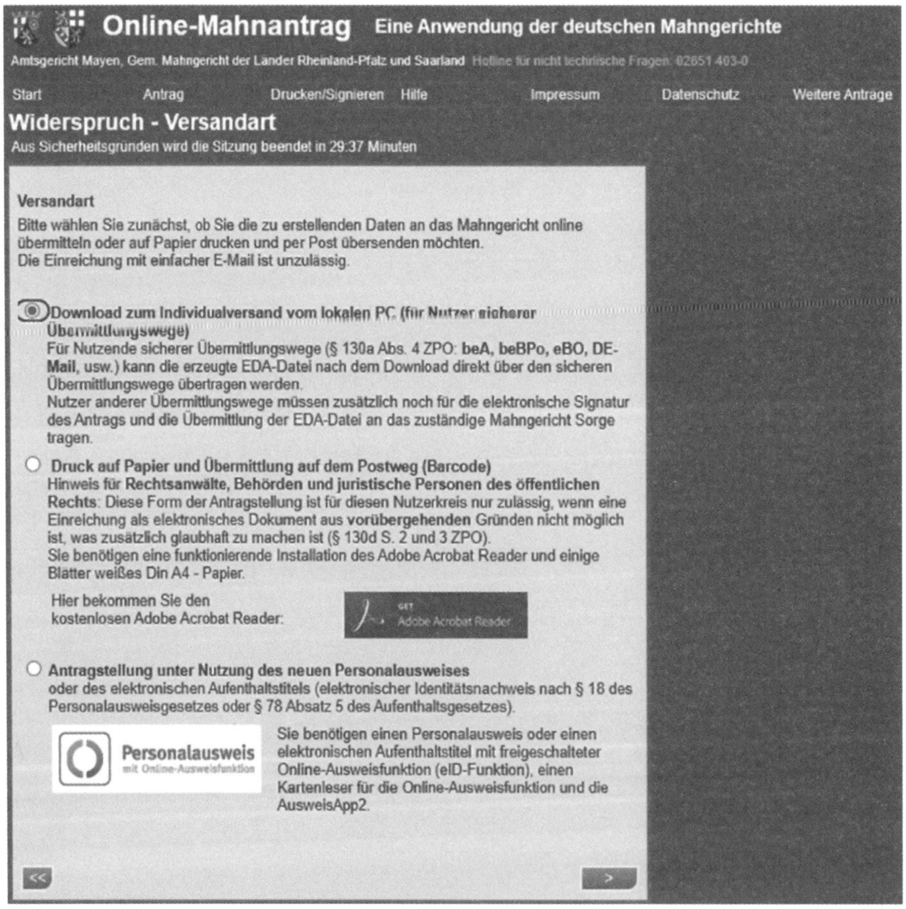

Anschließend ist auszuwählen, wer den Widerspruch erhebt: der Antragsgegner, der gesetzliche Vertreter (z.B. Mutter oder Vater bei nicht volljährigen Personen) oder aber der Prozessbevollmächtigte.

Online-Widerspruch (Screenshot): Wer erhebt Widerspruch?

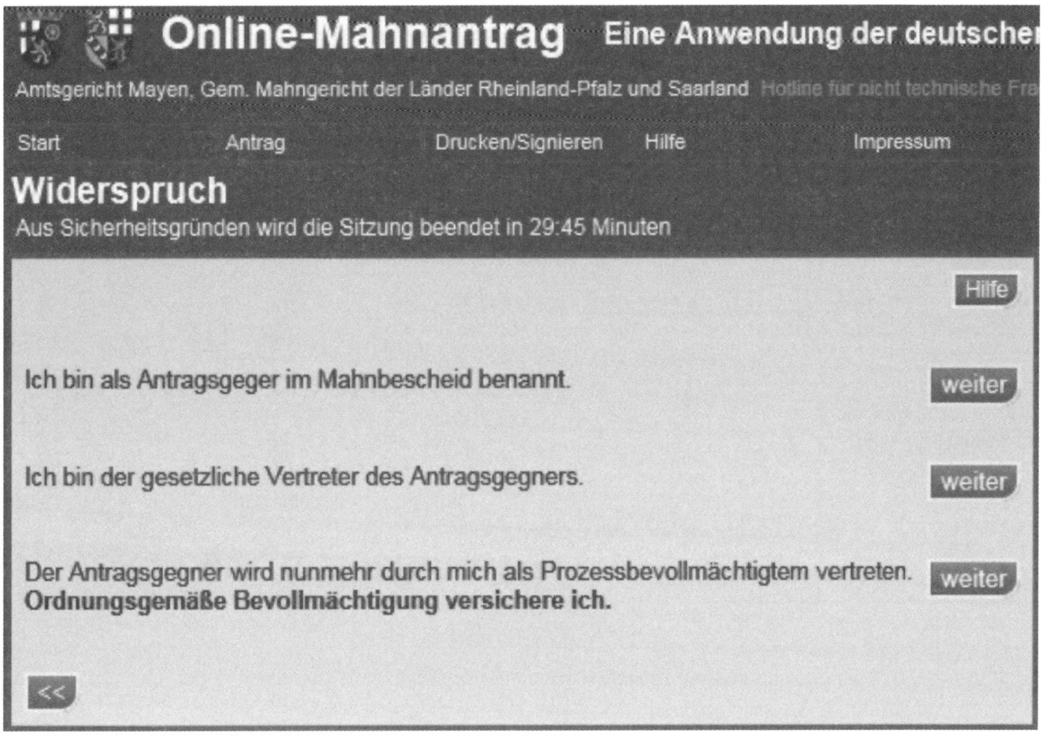

Sollte die Anschrift des Antragsgegners fehlerhaft oder unvollständig sein, besteht im nächsten Schritt die Möglichkeit der Korrektur.

Online-Widerspruch (Screenshot): Anschrift des Antragsgegners

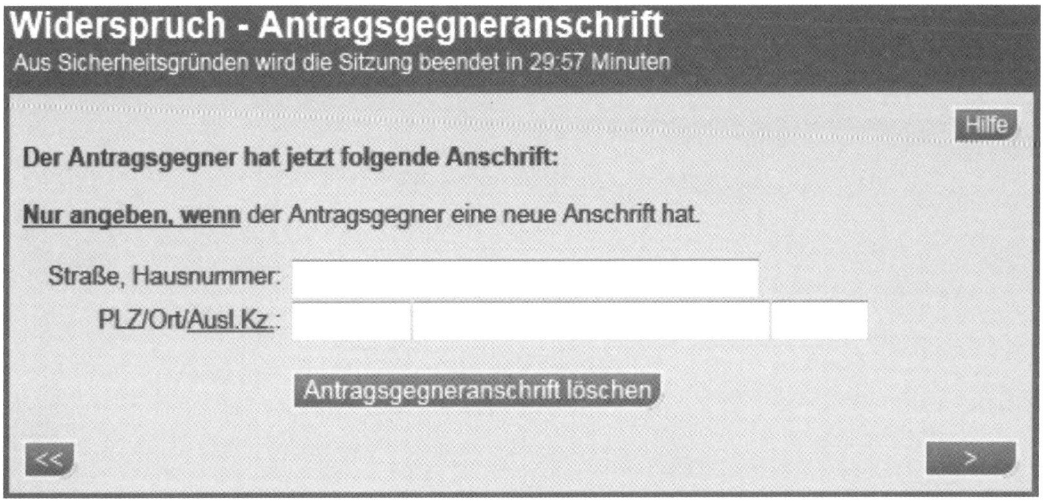

Sofern im Vorfeld angegeben wurde, dass der Widerspruch als gesetzlicher Vertreter erhoben wird, muss die nachfolgende Kartei vervollständigt werden.

Online-Widerspruch (Screenshot): Gesetzlicher Vertreter

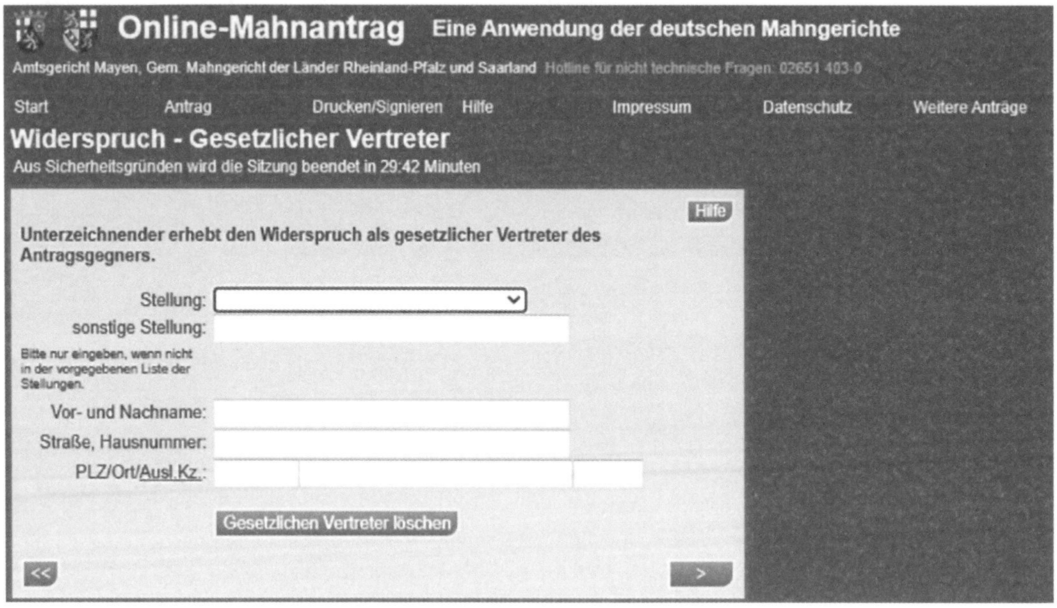

Im Anschluss daran ist zu entscheiden, ob es sich vorliegend um einen Teilwiderspruch oder aber um einen Widerspruch gegen den gesamten Anspruch handelt.

Online-Widerspruch (Screenshot): Teilwiderspruch oder Widerspruch gegen gesamten Anspruch

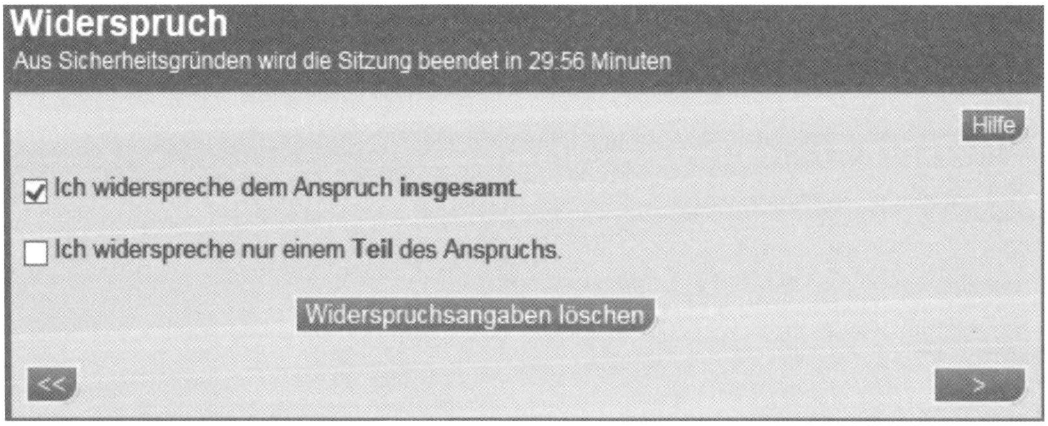

Damit die Angelegenheit bei weiterem Posteingang (z.B. in der Kanzlei) auch zugeordnet werden kann, sollte sodann das Geschäftszeichen eingetragen werden.

Online-Widerspruch (Screenshot): Allgemeine Angaben

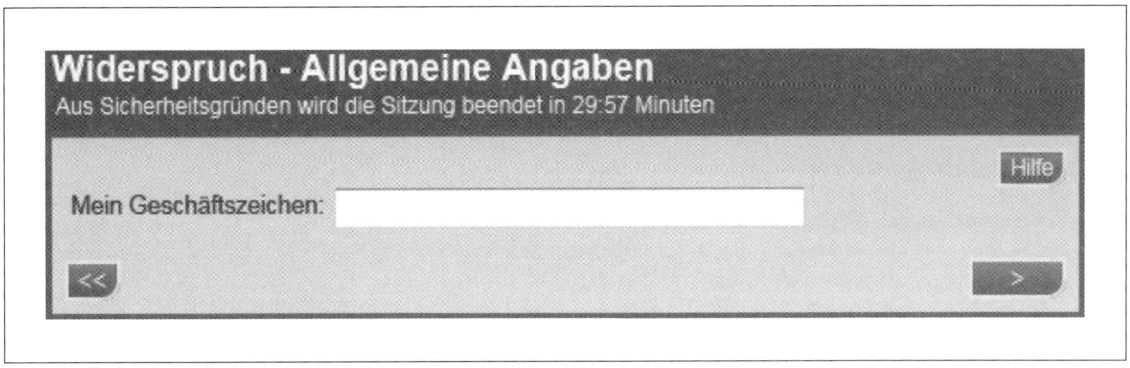

Sind alle Daten erfasst, erscheint eine Datenübersicht zwecks Kontrolle; sollten Daten fehlerhaft sein, erscheint zudem eine Fehlermeldung.

Online-Widerspruch (Screenshot): Datenübersicht

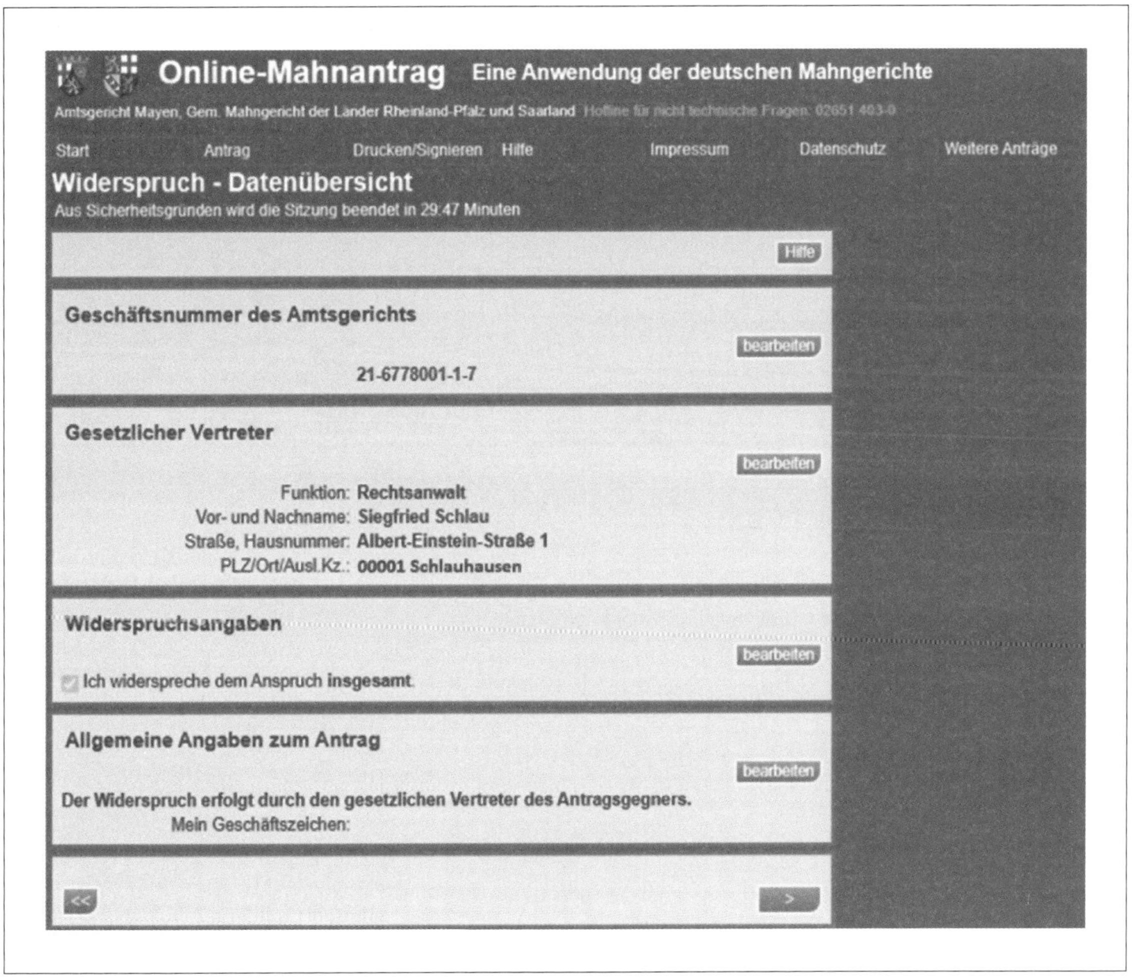

Durch (mehrfachen) Klick auf den Doppelpfeil unten links im Schaubild gelangt man dann zu der noch zu vervollständigenden Kartei; ist der Widerspruch dann tatsächlich vollständig richtig erfasst, kann der Widerspruch in Form der EDA-Datei heruntergeladen werden.

Damit dies erfolgt, müssen die Hinweise zur elektronischen Übermittlung gelesen und bestätigt werden. Die Leseabschrift kann dann ebenfalls heruntergeladen werden.

Online-Widerspruch (Screenshot): Drucken/Signieren

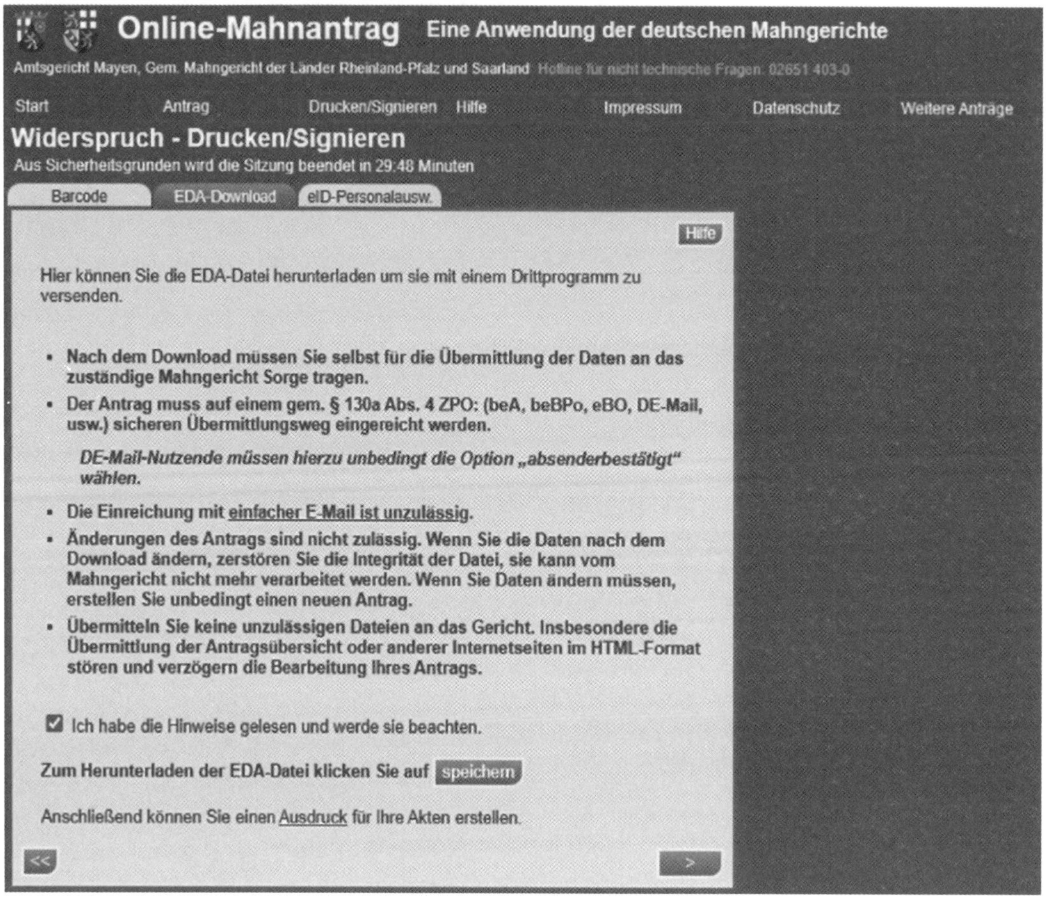

Der über die Website generierte Widerspruch, der dann noch zur Post gegeben wird, sieht in der Leseabschrift wie folgt aus.

Online-Widerspruch (Muster der Leseabschrift/Datenübersicht)

Widerspruch - Datenübersicht

Geschäftsnummer des Amtsgerichts

430269-0

Prozessbevollmächtigter

Funktion: **Rechtsanwalt**

Name/Bezeichnung: **Erwin Schlau**
Straße, Hausnummer: **Gerichtsstraße 1**
PLZ/Ort/Ausl.Kz.: **56218 Mülheim-Kärlich**

Widerspruchsangaben

Ich widerspreche dem Anspruch **insgesamt**.

Allgemeine Angaben zum Antrag

Der Widerspruch erfolgt durch den Prozessbevollmächtigten des Antragsgegners.

Mein Geschäftszeichen: **123/45**

C. Vollstreckungsbescheid

Nachdem ein Mahnbescheid beantragt und dieser dem Gegner zugestellt wurde, erhält der Antragsteller bzw. dessen 27
Vertreter eine entsprechende Information, dass und wann (nach Ablauf der für den Antragsgegner laufenden Widerspruchsfrist), „**Antrag auf Erlass eines Vollstreckungsbescheids**" gestellt werden kann. Das ist die „zweite Mahnung des Gerichts", auf die Forderung des Antragstellers (Gläubigers) Zahlungen zu leisten. Dieser Antrag ist zu stellen, wenn der Antragsgegner keine Zahlung geleistet oder nur einen Teil der geforderten Schuld beglichen hat. Der Antrag darf **frühestens nach Ablauf von zwei Wochen ab Zustellung des Mahnbescheids** an den Antragsgegner gestellt werden, weil der Antragsgegner bekanntlich zwei Wochen Zeit hat, Widerspruch gegen den beantragten Mahnbescheid einzulegen.

Sinn dieses Antrags ist es, einen Vollstreckungsbescheid vom Gericht zu erhalten, in dem dann die Forderung „tituliert" ist. Ein Vollstreckungsbescheid ist ein sog. Titel, und aus einem Titel kann 30 Jahre lang vollstreckt werden. Die Forderung verjährt also in diesem Zeitraum nicht mehr (Ausnahme: die Zinsen).

28 Über „*www.online-mahnantrag.de*“ kann dann der Folgeantrag gestellt werden, wobei folgende Daten einzugeben sind:

- das Datum des Antrags;
- die Nennung der Zahlungen, die der Antragsgegner bereits geleitet hat (Daten und Beträge);
- die Klärung, ob die Zustellung durch das Gericht oder durch eigene Veranlassung über den Gerichtsvollzieher erfolgen soll;
- die Angabe, welche weiteren Auslagen entstanden sind;
- die Angabe, ob beantragt wird, die Kosten des Verfahrens mit dem in § 104 Abs. 1 S. 2 ZPO festgelegten Zinssatz zu verzinsen;
- ggf. die Änderung der Anschrift, der Bezeichnung, Ergänzung bzw. Korrektur des gesetzlichen Vertreters;
- die Bezeichnung des Absenders;

Mit Ausnahme der Frage, ob der Vollstreckungsbescheid über das Gericht oder vom Gerichtsvollzieher zugestellt werden soll, beantworten sich alle Fragen „auf einen Blick“ aus einer ordentlich geführten Akte.

29 Wie man die Zustellung beantragt, hängt vom Sachverhalt ab: Ist der Antragsteller daran interessiert, unverzüglich die **Gerichtsvollzieherzwangsvollstreckung einzuleiten**, muss die **Zustellung nicht** über das Gericht beantragt werden. Die Zustellung kann dann gleichzeitig mit dem entsprechenden Vollstreckungsauftrag veranlasst werden. Das spart Zeit und hat zudem den Vorteil, dass die Vollstreckung dem Schuldner nicht angekündigt wird (= Überraschungseffekt). Die Zustellung selbst muss aber erfolgen, um die Einspruchsfrist in Gang zu setzen, damit später – sofern der Schuldner keinen Einspruch einlegt – ein rechtskräftiger, vollstreckbarer Titel vorliegt.

30 Demgegenüber sollte der Vollstreckungsbescheid **über das Gericht zugestellt** werden, wenn die **Gerichtsvollzieherzwangsvollstreckung nicht beabsichtigt** ist, etwa, weil dem Antragsgegner (Schuldner) Ratenzahlung bewilligt wurde und das Erwirken des Titels „lediglich“ der Sicherung des Anspruchs dient. Gleichermaßen ist es unumgänglich, die Zustellung über das Amtsgericht zu beantragen, wenn das Vollstreckungsgericht zu Hilfe genommen werden soll. Das ist immer dann der Fall, wenn der Gläubiger über Kenntnisse bestimmter Vermögenswerte des Schuldners verfügt, so dass beispielsweise ein Pfändungs- und Überweisungsbeschluss der richtige Vollstreckungsakt ist. Das Vollstreckungsgericht wird aber einen Pfändungs- und Überweisungsbeschluss nicht erlassen, wenn die Voraussetzung der Zwangsvollstreckung „Zustellung“ fehlt.

Auch dann, wenn im Vorfeld auffällt, dass ein Schuldner gerne umzieht (z.B. dadurch, dass zwischen Rechnung und Mahnung ein Umzug stattfindet oder es Schwierigkeiten gibt, den Schuldner überhaupt zu finden, weil er immer wieder bei anderen Personen „untertaucht“), sollte die Zustellung über das Gericht beantragt werden: Neuzustellungen kosten nichts gesondert, wenn aber der Gerichtsvollzieher sofort mit Zustellung und Vollstreckung beauftragt wird, fallen insbesondere Gerichtsvollzieherkosten an, auch wenn der Schuldner wegen Wegzugs nicht angetroffen werden kann.

I. Inhalt der Angaben

1. „Regelfall“

31 In der Regel hat der Antragsgegner keine Zahlungen auf den Mahnbescheid geleistet, so dass wir dies hier den „Regelfall“ nennen. Dieser Fall kommt sehr häufig vor.

2. Antrag unter Berücksichtigung von Zahlungen

32 Wie bereits oben erwähnt, müssen Zahlungen, die auf die mit dem Mahnbescheid geltend gemachte Forderung Anrechnung finden, im Antrag auf Erlass des Vollstreckungsbescheids berücksichtigt werden. Im digitalen Formular können beliebig viele Teilzahlungen eingegeben werden.

3. Weitere entstandene Kosten/Änderungen und weitere Angaben

Dem Antragsteller (oder auch seinem Prozessbevollmächtigten) können weitere Kosten entstanden sein, etwa dadurch, dass der Schuldner bzw. Antragsgegner nach Beantragung des Mahnbescheids umgezogen ist und die neue Anschrift per Einwohnermeldeamtsanfrage ermittelt werden musste. Die hierfür entstandenen Mehrkosten sind ebenfalls zu titulieren und können im Online-Antrag aufgenommen werden.

Wie auch beim Widerspruch sind die übrigen Angaben wie „Änderung der Anschrift“, „Richtige Bezeichnung des Antragsgegners“ und „Gesetzlicher Vertreter des Antragsgegners“ in der Eingabemaske nur zu ergänzen, wenn und soweit die vorherigen Angaben im Mahnbescheid lücken- oder fehlerhaft waren.

Ansonsten sind diese Felder offen zu lassen.

Wird der Anwalt bzw. die Anwaltskanzlei durch den Mandanten, der den Mahnbescheid selbst erwirkt hat, erst mit der Beantragung des Vollstreckungsbescheids beauftragt, muss der Anwalt dies entsprechend angeben und seine Daten einpflegen.

Zudem muss jetzt auch – wegen der Erstattung der Anwaltsgebühren – die Erklärung erfolgen, ob der Mandant zum Vorsteuerabzug berechtigt ist oder nicht.

II. Erstellung der entsprechenden EDA-Datei

Wie auch beim Mahnbescheid oder beim Widerspruch, so ist es auch möglich – bei Rechtsanwaltskanzleien verpflich- 33
tend (diese erhalten den Vordruck für den Antrag auf Erlass eines Vollstreckungsbescheides vom Amtsgericht erst gar nicht übersandt) –, den Vollstreckungsbescheid als EDA-Datei unter der Domain *www.online-mahnantrag.de* zu erstellen und dann elektronisch einzureichen. Das entsprechende (digitale) Formular findet sich oben rechts unter der Rubrik „Folgeanträge", dort an zweiter Stelle:

Online-Vollstreckungsbescheid (Screenshot): Folgeantrag

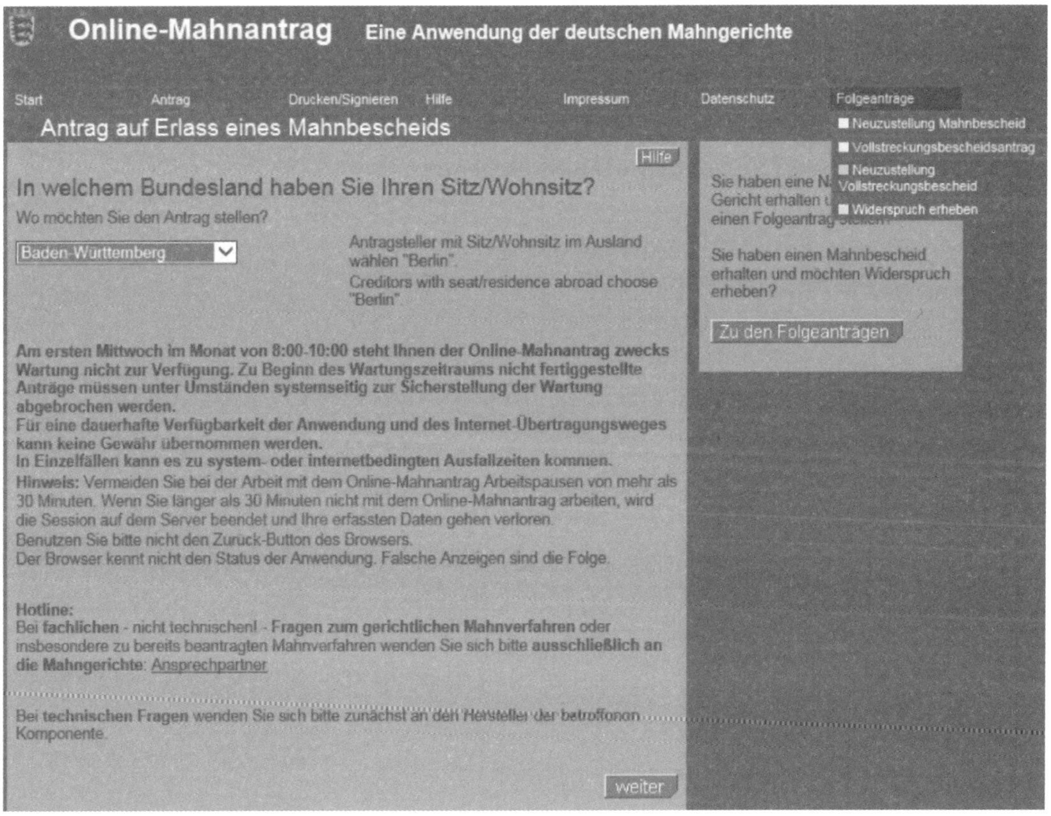

Zunächst ist das Geschäftszeichen des Mahngerichtes (enthalten auf dem Mahnbescheid) einzugeben, sodann, in welcher Form der Mahnbescheid erstellt werden soll (für Rechtsanwälte zwingend die EDA-Datei), und schließlich, wer den Antrag stellt: Prozessbevollmächtigter (oder der Antragsteller selbst).

Online-Vollstreckungsbescheid (Screenshot): Geschäftsnummer

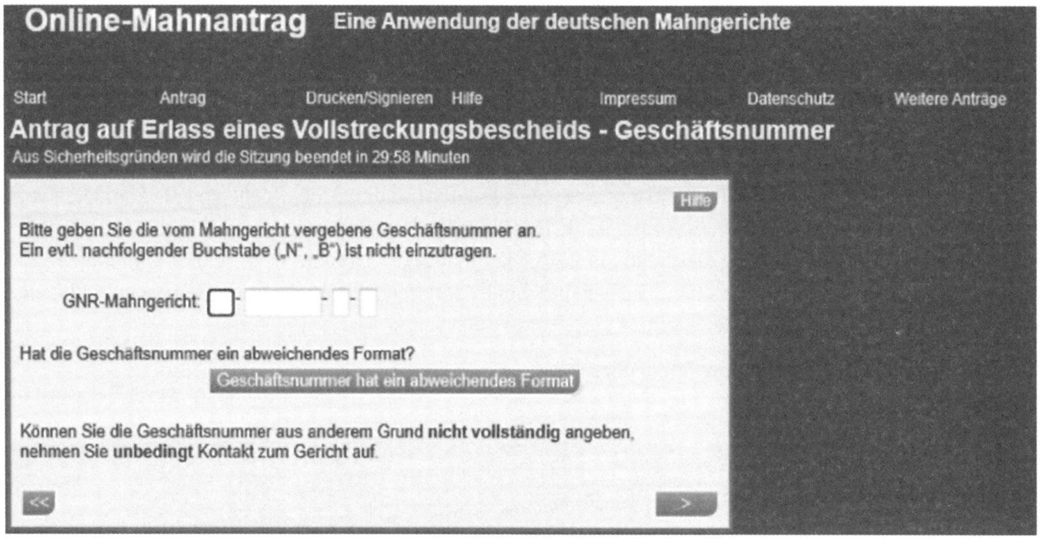

Online-Vollstreckungsbescheid (Screenshot): Auswahl der Versandart

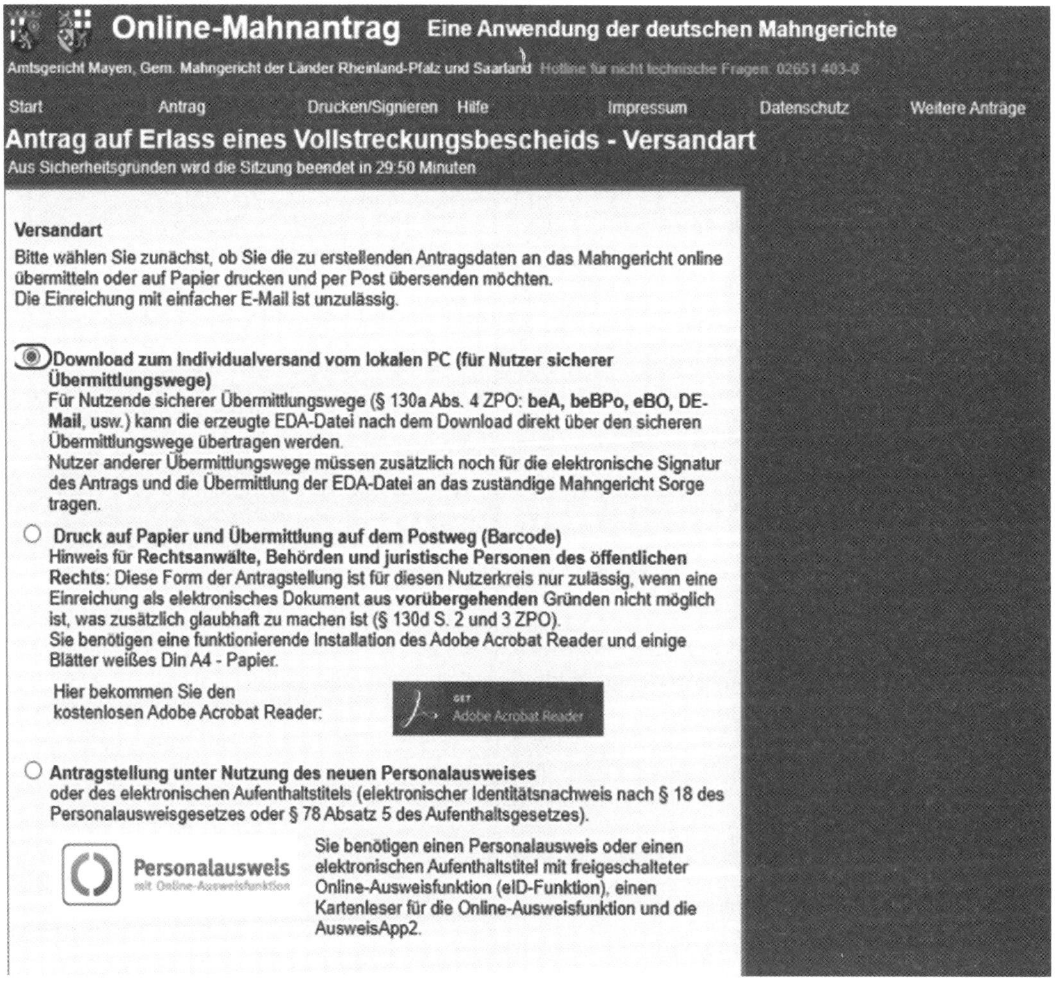

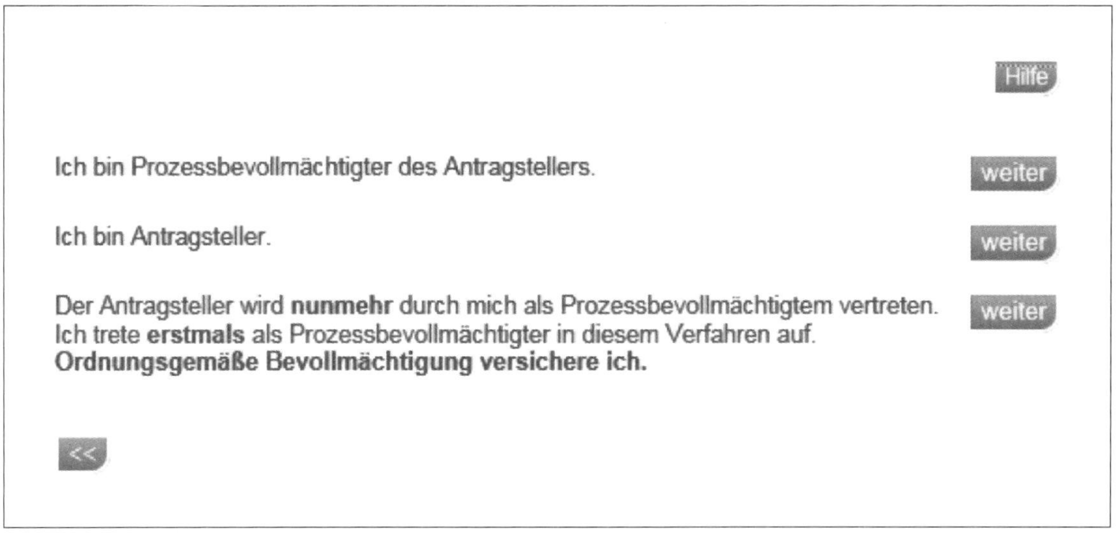

Wird der Vollstreckungsbescheid von einem Rechtsanwalt (bzw. Vertreter), der zuvor im Mahnverfahren noch nicht tätig war, beantragt, so hat er ergänzende Angaben zu seiner Vertretung zu machen.

Online-Vollstreckungsbescheid (Screenshot): Art der Vertretung

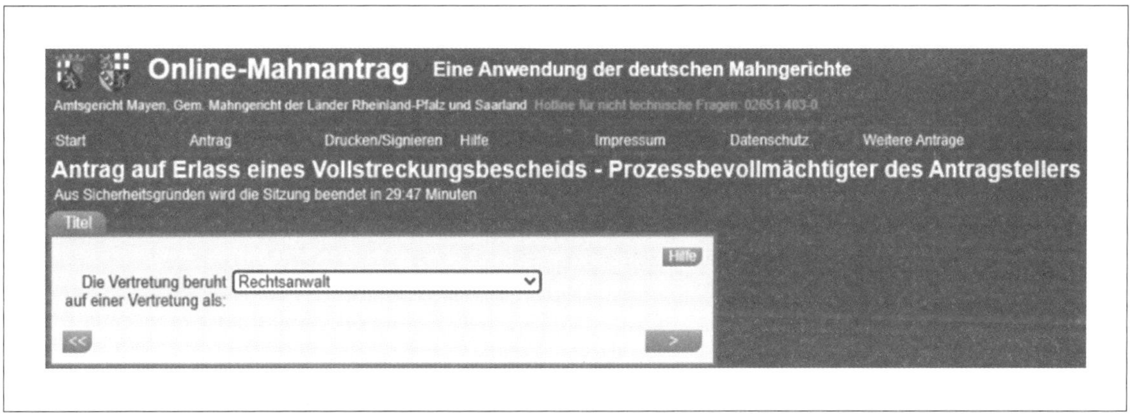

Sodann hat der Anwalt sich hinsichtlich der Geltendmachung seiner Vergütung für das Mahnverfahren zu erklären. In der Regel ist hier die gesetzliche Vergütung nach RVG aufzunehmen.

Online-Vollstreckungsbescheid (Screenshot): Auswahl der Vergütung

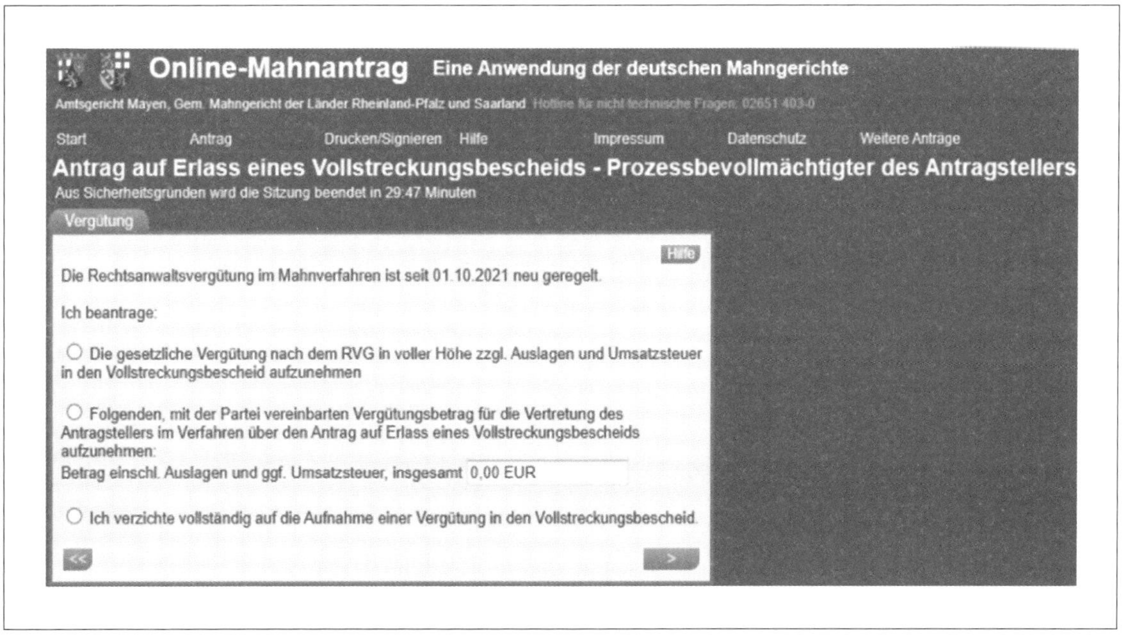

Im nächsten Schritt ist anzugeben, ob der Antragsgegner Zahlungen geleistet hat oder nicht.

Online-Vollstreckungsbescheid (Screenshot): Wurden bereits Zahlungen geleistet?

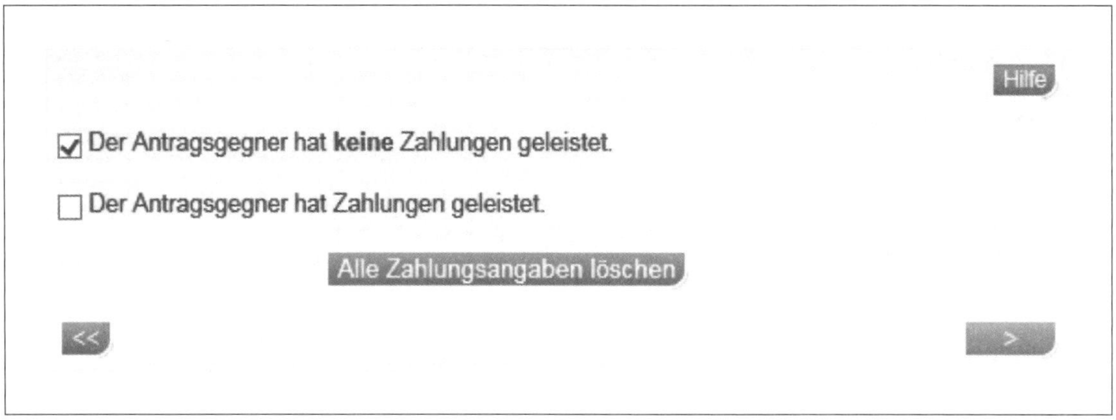

Bejahendenfalls sind die erforderlichen Daten (Datum der jeweiligen Zahlung und Betrag) einzugeben. In den darauffolgenden Masken können etwaige fehler- oder lückenhafte Anschriften oder Bezeichnungen ergänzt, (…)

Online-Vollstreckungsbescheid (Screenshot): Korrektur fehlerhafter oder Ergänzung lückenhafter Daten

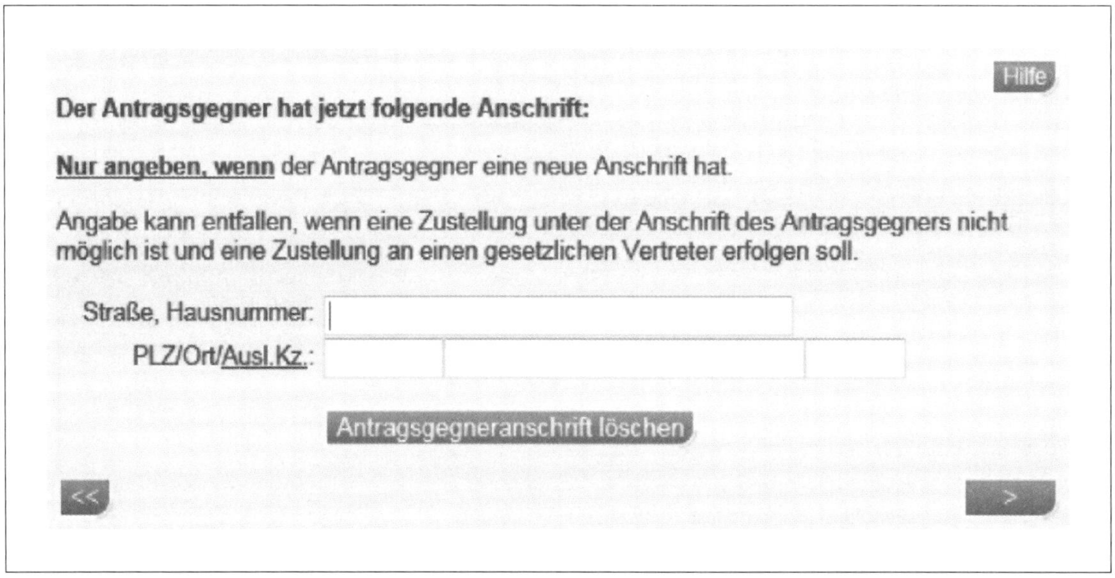

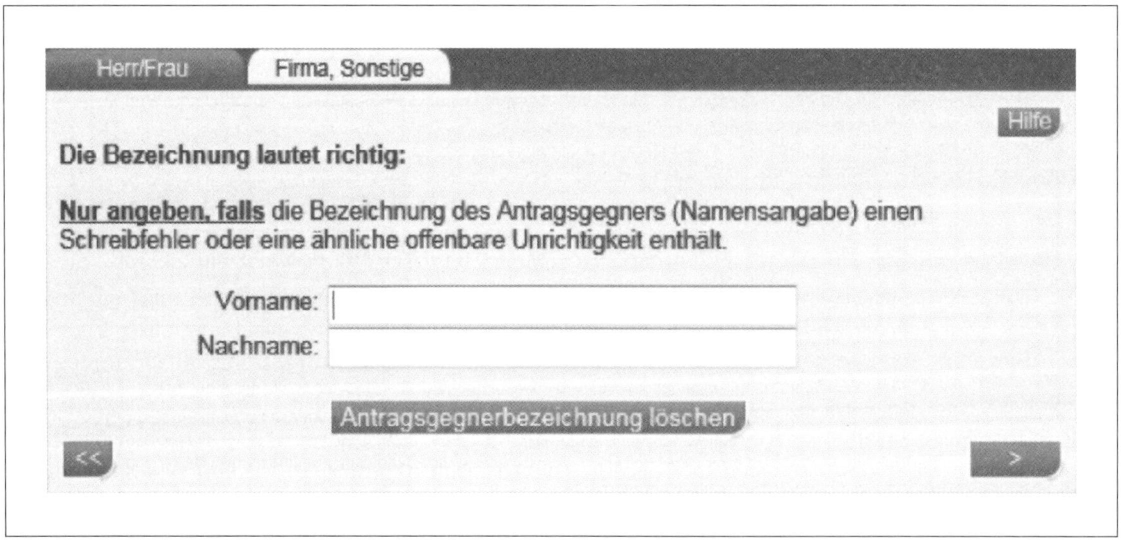

(…) sowie weitere Auslagen eingetragen werden. Wichtig ist noch der zu stellende Antrag, dass die Kosten des Verfahrens zu verzinsen sind (ganz unten im Feld).

Online-Vollstreckungsbescheid (Screenshot): Auslagen des Antragstellers

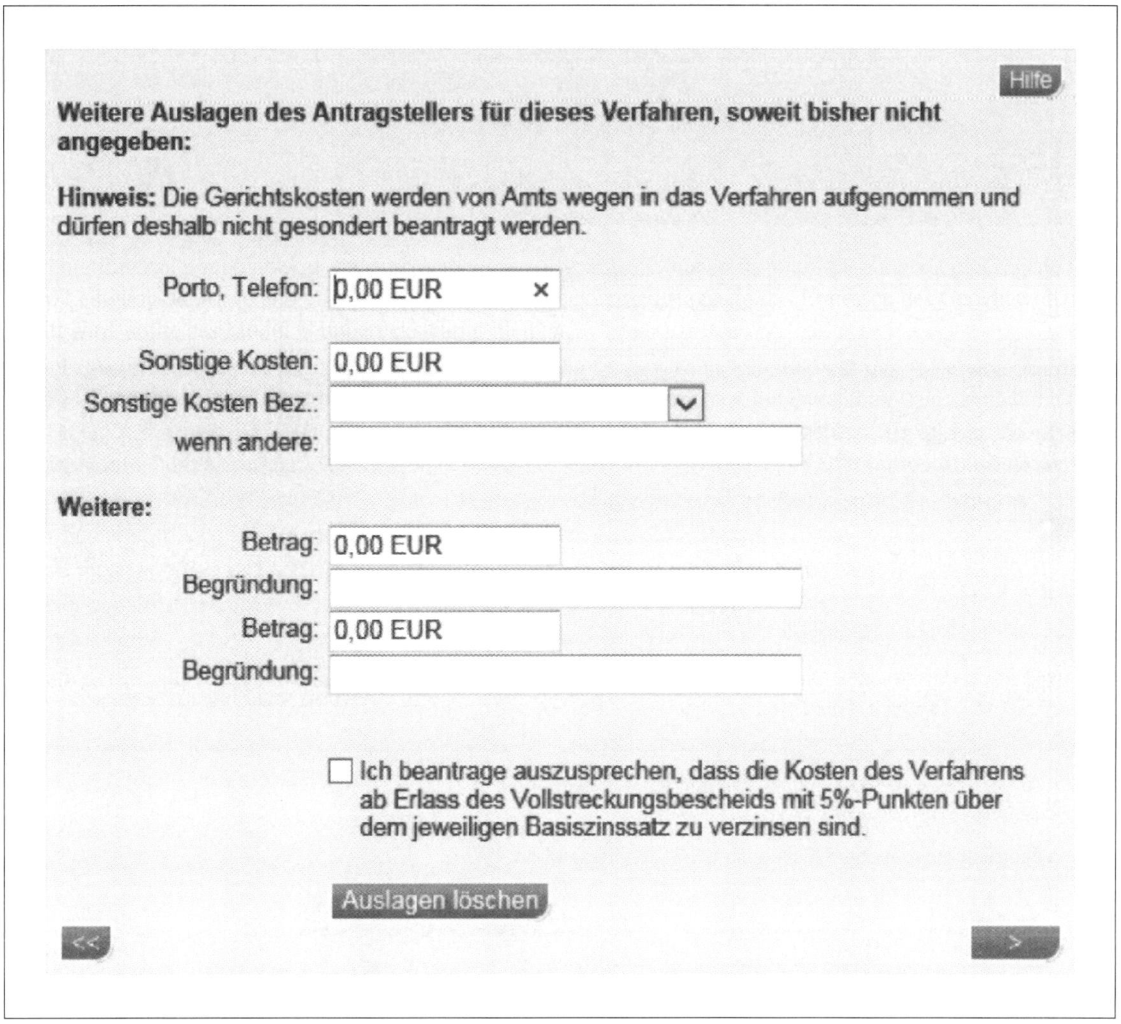

Soll die Zustellung an einen bestimmten gesetzlichen Vertreter des Antragsgegners erfolgen, so kann dies in der nächsten Datenmaske eingetragen werden.

Online-Vollstreckungsbescheid (Screenshot): Gesetzlicher Vertreter

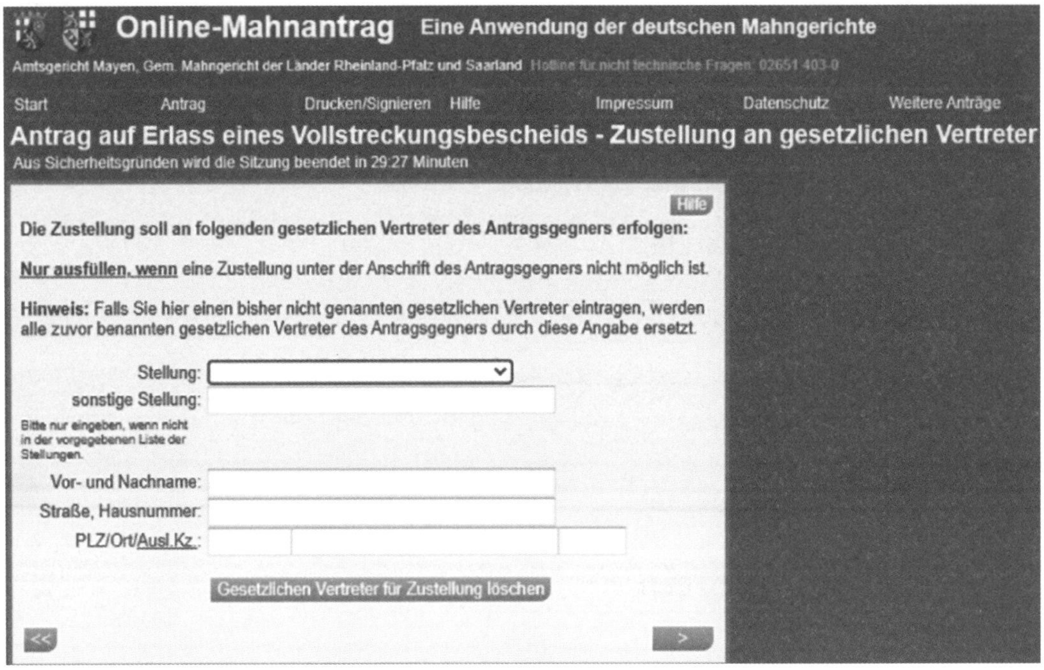

Sodann ist das eigene Aktenzeichen einzugeben und die Entscheidung zu fällen, wie die Zustellung des Vollstreckungsbescheids erfolgen soll.

Online-Vollstreckungsbescheid (Screenshot): Geschäftszeichen

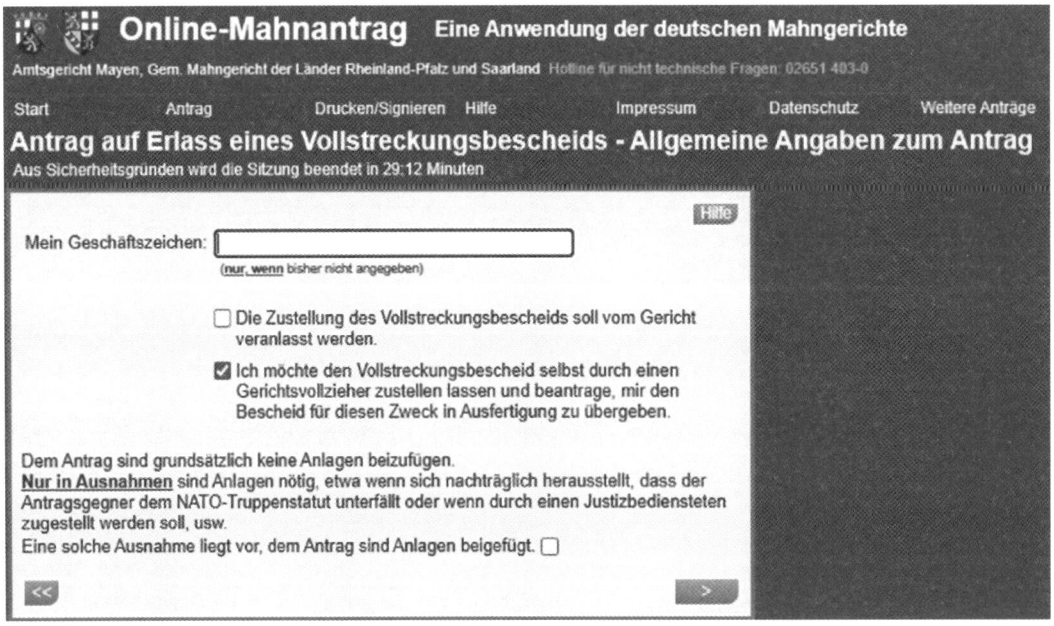

Sind alle Daten eingegeben, wird noch einmal ein Überblick über die eingetragenen Daten aufgezeigt.

Online-Vollstreckungsbescheid (Screenshot): Eingetragene Daten

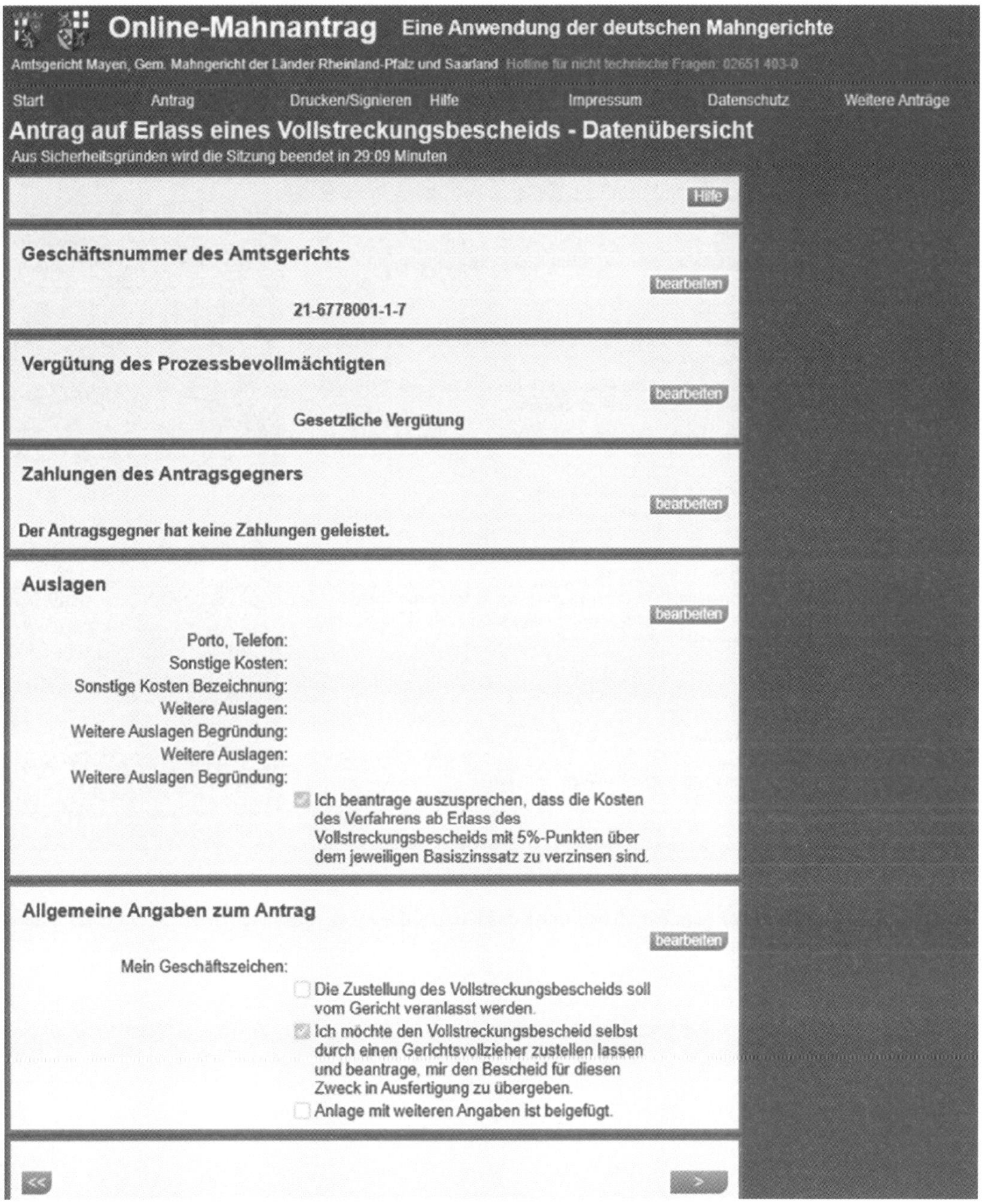

Nachdem die Hinweise zur Versendung gelesen und bestätigt wurden, (…)

Online-Vollstreckungsbescheid (Screenshot): Versandhinweise

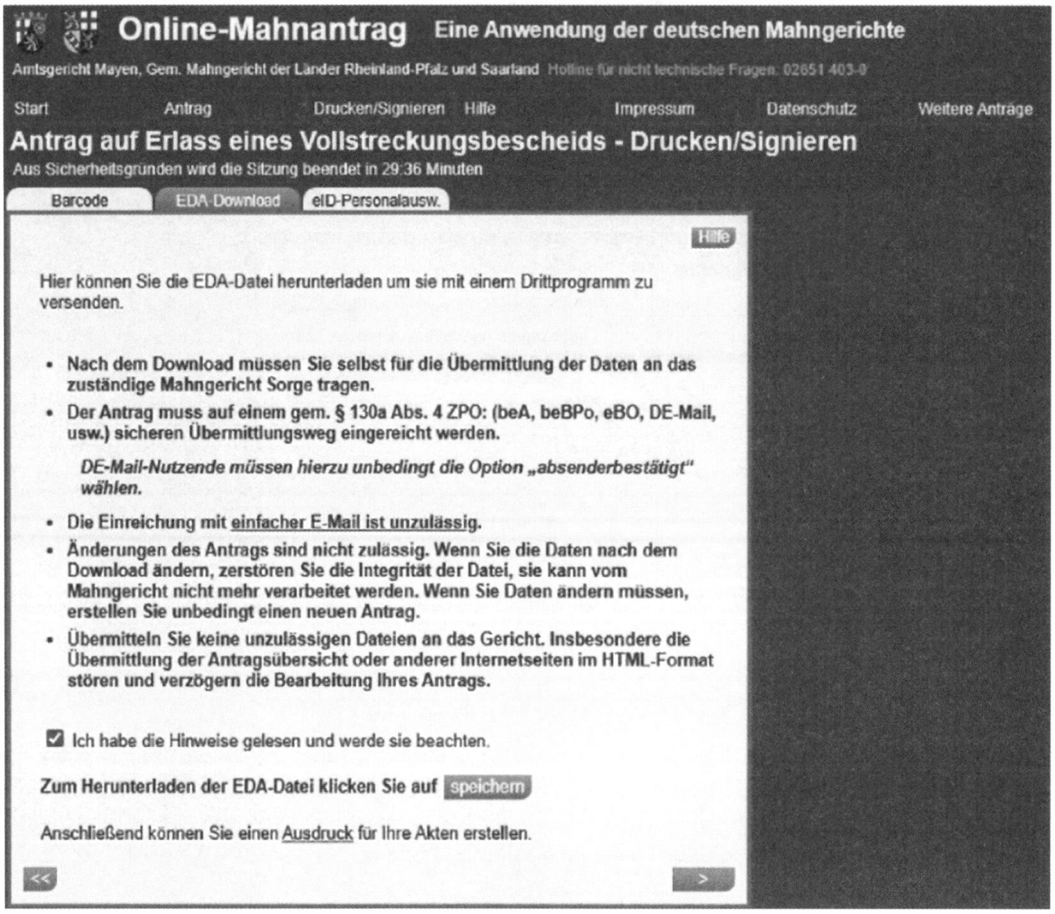

(…) wird die EDA-Datei heruntergeladen. Zuvor muss das Kontrollkästchen, dass die Hinweise zur Versandart gelesen wurden, aktiviert werden.

Der zusätzlich für die Akten zu generierende Ausdruck (Leseabschrift/Dateiübersicht) sieht wie folgt dann im Muster wie folgt aus:

Online-Vollstreckungsbescheid (Muster der Leseabschrift/Datenübersicht)

Antrag auf Erlass eines Vollstreckungsbescheids - Datenübersicht

Geschäftsnummer des Amtsgerichts

30269

Prozessbevollmächtigter

Beauftragungsdatum:
Abweichende Auslagen von Nr. 7002 VV RVG:
Abweichender Mehrwertsteuersatz:

Rechtsanwalt

Name/Bezeichnung:
Straße, Hausnummer:
PLZ/Ort/Ausl.Kz.:
Vergütung: **Gesetzliche Vergütung nach dem RVG**

Zahlungen des Antragsgegners

Der Antragsgegner hat keine Zahlungen geleistet.

Zustellung an gesetzlichen Vertreter

Funktion: **Rechtsanwalt**
Vor- und Nachname: **Erwin Schlau**
Straße, Hausnummer: **Gerichtsstraße 1**
PLZ/Ort/Ausl.Kz.: **56218 Mülheim-Kärlich**

Allgemeine Angaben zum Antrag

Mein Geschäftszeichen: **123/45**

Die Zustellung des Vollstreckungsbescheids soll vom Gericht veranlasst werden.

Ich möchte den Vollstreckungsbescheid selbst durch einen Gerichtsvollzieher zustellen lassen und beantrage, mir den Bescheid für diesen Zweck in Ausfertigung zu übergeben.

Anlage mit weiteren Angaben ist beigefügt.

Platz für Notizen

§ 6 Zwangsvollstreckung

A. Dispositionsmaxime/Vorgabe durch Tenor

Das Gericht hat eine Entscheidung getroffen; ein Urteil (oder anderer vollstreckungsfähiger Titel) liegt vor. Man hat zwar von dem entsprechenden Gericht sein Recht bekommen, aber wie setzt man es durch? 1

Wenn Sie einen vollstreckbaren Titel vorliegen haben, entscheiden Sie als Gläubiger einseitig über die Durchführung des Verfahrens durch Antrag. Mit der zu treffenden Maßnahme bestimmen Sie insbesondere, welche **Art der Vollstreckung** durchgeführt werden soll, aber auch den Umfang, in dem vollstreckt werden soll (Gesamtforderung, Teilbetrag), gegen welche Person vollstreckt werden soll (z.B. bei Mehrschuldnerschaft, Gesamtschuldnerschaft), in welches Vermögen vollstreckt werden soll (Privatvermögen, Betriebsvermögen).

Zum Teil sind die Vollstreckungsmöglichkeiten bereits durch den Tenor des Titels vorgegeben, denn die Durchsetzung einer Maßnahme ist anders zu vollstrecken als die Zahlungsforderung.

B. Zwangsvollstreckungen in Handlungen

Für Zwangsvollstreckungen in Handlungen ist das Prozessgericht (zum Aktenzeichen des Erkenntnisverfahrens) zuständig. Die Anträge sind nicht formulargebunden. Hier ist zunächst zu unterscheiden zwischen Vollstreckung in vertretbare Handlungen (§ 887 ZPO) und Vollstreckung in nicht vertretbare Handlungen (§ 888 ZPO) 2

Eine **vertretbare Handlung** liegt vor, wenn es rechtlich zulässig ist, dass ein anderer die Handlung vornimmt. 3

> **Beispiel für eine vertretbare Handlung**
>
> Der Nachbar schuldet das Zurückschneiden seiner Hecke, die über das Grundstück des Gläubigers ragt.
>
> Die Hecke muss nicht zwingend vom Nachbar (Schuldner) zurückgeschnitten werden, es kann bei Verweigerung (und bestehendem Titel) die Ersatzvornahme auf Kosten des Schuldners erfolgen.

Demzufolge ist beim Prozessgericht ein Antrag nach § 887 Abs. 2 ZPO zu stellen, nach dem der Schuldner verurteilt werden soll, die voraussichtlich entstehenden Kosten für die Ersatzvornahme vorauszuzahlen. Die Entscheidung ergeht durch Beschluss, der zugleich einen Vollstreckungstitel darstellt und der vollstreckbar z.B. im Wege der Sach- oder Forderungspfändung ist.

Eine **nicht vertretbare Handlung** liegt vor, wenn der Gläubiger ein rechtlich geschütztes Interesse daran hat, dass gerade (nur) der Schuldner die Handlung vornimmt, weil diese nur durch den Schuldner vorgenommen werden kann. 4

> **Beispiel für eine nicht vertretbare Handlung**
>
> Der allein wirtschaftende Rechtsanwalt schuldet seiner ausgeschiedenen Mitarbeiterin ein Arbeitszeugnis nach Beendigung des Angestelltenverhältnisses.
>
> Das Arbeitszeugnis kann nicht von einem Dritten erstellt werden, so dass hier Zwangsmittel genutzt werden müssen.

Demzufolge ist beim Prozessgericht ein Antrag nach § 888 Abs. 1 ZPO zu stellen, nach dem die Festsetzung von Zwangsmitteln (Zwangsgeldfestsetzung, ersatzweise Zwangshaft) beantragt wird, um den Schuldner zur Vornahme der von ihm geschuldeten Handlung zu bewegen.

C. Zwangsvollstreckung in bewegliches Vermögen

I. Verordnung über Formulare für die Zwangsvollstreckung

Am 22.12.2022 ist die Verordnung über Formulare für die Zwangsvollstreckung (Zwangsvollstreckungsformular-Verordnung – ZVFV) in Kraft getreten (Verkündung im BGBl I 2022, 2368). Diese Verordnung schreibt die Nutzung neuer Formulare für die Zwangsvollstreckung einschließlich der entsprechenden Formulare für die Forderungsaufstellungen verpflichtend ab dem 1.12.2023 vor; die Formulare wurden bereits (mehrfach) angepasst, und seit dem 1.10.2025 sind die mit der Zweiten Verordnung zur Änderung der Zwangsvollstreckungsformular-Verordnung in Kraft getretenen Formulare ausschließlich zu verwenden. Diese Version der Formulare wird in den nachfolgenden Darstellungen entsprechend verwendet. 5

Vorab: Die ZVFV dient neben der Anpassung an die zwischenzeitlich geänderten Rechtsvorschriften der Erleichterung der elektronischen Einreichung und der Vereinfachung des Prozesses: Zum einen wurden die Formulare inhaltlich, redaktionell und im Layout überarbeitet und dabei neu gegliedert – insbesondere ist die Forderungsaufstellung nicht mehr in den jeweilige Anträgen enthalten, sondern separat beizufügen (je nachdem, welche Maßnahme ergriffen wird). Darüber hinaus sind die Formulare hinsichtlich der elektronischen Ausfüllbarkeit überarbeitet worden.

6 Bei den entsprechenden Pflichtformularen, die als Anlage 1 bis 8 der Verordnung zu entnehmen sind, handelt es sich um folgende:

Anlage 1

Vollstreckungsauftrag an Gerichtsvollzieher

Anlage 2

Antrag auf Erlass einer richterlichen Durchsuchungsanordnung (und einer richterlichen Anordnung der Vollstreckung zur Nachtzeit und an Sonn- und Feiertagen)

Anlage 3

Entwurf einer richterlichen Durchsuchungsanordnung und einer richterlichen Anordnung der Vollstreckung zur Nachtzeit und an Sonn- und Feiertagen

Anlage 4

Antrag auf Erlass eines Pfändungsbeschlusses und eines Pfändungs- und Überweisungsbeschlusses

Anlage 5

Entwurf eines Pfändungsbeschlusses und eines Pfändungs- und Überweisungsbeschlusses

Anlage 6

Aufstellung von Forderungen für Vollstreckungsaufträge an Gerichtsvollzieher

Anlage 7

Aufstellung von Forderungen, die keine gesetzlichen Unterhaltsansprüche sind, für den Antrag auf Erlass eines Pfändungsbeschlusses und eines Pfändungs- und Überweisungsbeschlusses

Anlage 8

Aufstellung von Forderungen bei der Vollstreckung von gesetzlichen Unterhaltsansprüchen für den Antrag auf Erlass eines Pfändungsbeschlusses und eines Pfändungs- und Überweisungsbeschlusses

7 Den Bezeichnungen der Anlagen ist – wie bereits vorstehend angerissen wurde – zu entnehmen, dass für unterschiedliche Maßnahmen unterschiedliche Forderungsaufstellungen beizufügen sind; insbesondere gibt es nach der Formularverordnung nur noch ein Formularbündel (Antrag und Beschlussentwurf) für den Pfändungs- und Überweisungsbeschluss und nicht – wie in der noch bis zum 30.11.2023 geltenden Fassung – jeweils unterschiedliche Anträge für gewöhnliche Forderungen und Unterhaltsforderungen. Die Differenzierung ergibt sich nunmehr lediglich aus der Forderungsaufstellung.

Demgemäß sind folgende Kombinationen der Anlagen zu wählen:

Zwangsvollstreckung in das bewegliche Vermögen/Sachpfändung

Anlage 1 + Anlage 6

Vollstreckungsauftrag an Gerichtsvollzieher + passende Forderungsaufstellung

Zwangsöffnung und Vollstreckung „zur Unzeit“

Anlage 2 + Anlage 3

Antrag auf Erlass einer richterlichen Durchsuchungsanordnung + Beschlussentwurf

Forderungspfändung – gewöhnliche Forderungen

Anlage 4 + Anlage 5 + Anlage 7

Antrag auf Erlass eines Pfändungs- (und Überweisungs)beschlusses + Beschlussentwurf + passende Forderungsaufstellung

Forderungspfändung – Unterhaltsforderungen

Anlage 4 + Anlage 5 + Anlage 8

Antrag auf Erlass eines Pfändungs- (und Überweisungs)beschlusses + Beschlussentwurf + passende Forderungsaufstellung

8 Bevor nachstehend im Rahmen der Erläuterung auf die einzelnen Formulare eingegangen wird, noch ein paar kurze Hinweise:

Sämtliche im Formular grau (im Original farblich) hinterlegten Felder sind ausfüllbar; alle (personenbedingten) Abfragen wie Gläubiger und Schuldner folgen demselben Schema. Gleichermaßen sind die Abfragen zum Vollstreckungstitel vereinheitlicht worden. Das vereinfacht die Bearbeitung doch erheblich, denn man muss sich nicht wegen jedem Auftrag/Antrag umstellen.

Dass die Module sowie die Forderungsaufstellungen voneinander abweichen, liegt in der Natur der Sache.

Die Formulare enthalten Ausfüllfelder mit und ohne Rahmen: Das hat eine zentrale Bedeutung: Die Ausfüllfelder ohne Rahmen sind Pflichtfelder, die Felder mit Rahmen sind freiwillig (daneben gibt es – je nach Formular – auch umrandete Felder, die vom Gericht auszufüllen sind). Im Übrigen sind zutreffende Kontrollkästchen zu markieren (x) und Texteingabefelder entsprechend auszufüllen. Befinden sich mehrere Kontrollkästchen in derselben Zeile, ist davon nur eines anzukreuzen. Befinden sich mehrere Kontrollkästchen auf derselben Einrückungsebene untereinander, dürfen mehrere dieser Kontrollkästchen markiert werden. Rahmen, die vom Gericht auszufüllen sind (sie enthalten eine entsprechende Kennzeichnung), sind grundsätzlich unverändert zu übermitteln.

Die Formulare selbst dürfen nur nach Maßgabe des § 3 Abs. 2 der ZVFV geändert werden, nämlich wenn es darum 9
geht,

- Formulare an geänderte Rechtsvorschriften anzupassen,
- die Währungsangaben im Formular zu verändern (Erleichterung für die Zwangsvollstreckung bei ausländischen Titeln, die nicht auf EUR lauten),
- unwesentliche formale Änderungen, die nicht zur Beeinträchtigung der Lesbarkeit führen, vorzunehmen,
- den Umfang von Eingabefeldern zu erweitern bzw. zu verringern,
- Text in den Anlagen 1 bis 3 innerhalb der weiß hinterlegten Rahmen mehrfach oder gar nicht zu verwenden.

Mit letzterem ist ausdrücklich gemeint, dass Module, die überhaupt keine Rolle für den Auftrag an den Gerichtsvollzieher bzw. an das Gericht spielen und deshalb nicht ausgefüllt werden sollen, einfach wegzulassen sind.

Auf der anderen Seite ist das Beifügen von Anlagen (aber auch nur dann) zulässig, wenn gewünschte Angaben nicht in das Formular „passen".

Die Anträge auf Erlass einer richterlichen Durchsuchungsanordnung **sowie** die entsprechenden Beschlussentwürfe sind verpflichtend einzureichen, wenngleich es den Gerichten freigestellt bleibt, den Beschlussentwurf zu nutzen.

Wie bereits oben ausgeführt, sind sämtliche Formulare der ZVFV nach dem gleichen Schema aufgebaut. Das gilt für die Gläubiger- und Schuldnerdaten (auch: Drittschuldner), gleichfalls aber auch für die Daten der Vollstreckungstitel, die die Grundlage der Aufträge bilden. Um Wiederholungen und ein Aufblähen dieses Werks zu vermeiden, werden die gleichgearteten Formularteile im ersten Formular (Gerichtsvollzieherzwangsvollstreckung) beschrieben und in den Folgeformularen auf die Erläuterungen zu diesem ersten Formular verwiesen.

II. Gerichtsvollzieherzwangsvollstreckung (Sachpfändung)

1. Allgemeines

Soll die Zwangsvollstreckung in das bewegliche Vermögen des Schuldners betrieben werden, so muss sich hierfür eines 10
sog. **Gerichtsvollziehers** bedient werden. Er ist für die Pfändung von beweglichen Sachen (= **Sachpfändung**) und für die Abnahme der Vermögensauskunft zuständig. Er kann kein Arbeitseinkommen pfänden und darf nicht auf Konten zugreifen (= **Forderungspfändung**: Diese Berechtigung hat nur das Vollstreckungsgericht). Er ist demnach für diejenigen Vollstreckungshandlungen zu beauftragen, die nicht dem Gericht übertragen werden können. Zu seinen Aufgaben gehören:

- die Zustellung von Titeln, Schriftstücken, die einen Zustellnachweis erfordern, Pfändungs- und Überweisungsbeschlüssen an Drittschuldner und Schuldner
- die Sachpfändung, also die Wegnahme, Verwertung bzw. Versteigerung von Wertgegenständen des Schuldners
- die Durchsetzung von titulierten Geldforderungen, also Bargeld pfänden, z.B. auch im Wege der Taschenpfändung
- die Zwangsräumung von Wohnraum, Gewerberaum und anderen Behältnissen
- die Abnahme der Vermögensauskunft
- die Einholung von Auskünften bei Dritten über das Vermögen des Schuldners (Drittauskünfte)
- der Versuch der gütlichen Einigung
- die Eintragung des Zahlungspflichtigen in das Schuldnerverzeichnis
- das Abfragen bei anderen Behörden
- die Einholung von Meldeauskünften

2. Vorgang

Der Ablauf einer Vollstreckung in das bewegliche Vermögen, in Gang gesetzt durch einen Auftrag, für den Formular- 11
zwang herrscht, sieht wie folgt aus: Der **Gerichtsvollzieher geht zum Schuldner**, überreicht ihm – ggf. – den vollstreckbaren Titel in Ausfertigung, macht ihn mit der Forderung bekannt und **fordert ihn zur Zahlung auf**. Kann der

Schuldner nicht zahlen, **begehrt der Gerichtsvollzieher Einlass**. Wenn der Schuldner den Gerichtsvollzieher nicht in die Wohnung bzw. Geschäftsräume lässt, muss der Gerichtsvollzieher zunächst die Vollstreckung einstellen (es wird ein Durchsuchungsantrag nötig, dazu später).

12 Wenn der Gerichtsvollzieher eintreten darf, schaut er sich nach **verwertbaren Sachen um** und **nimmt** sie – falls tragbar – **an sich**. Größere Sachen versieht er mit dem sog. **Pfandsiegel**, in der Umgangssprache auch „Kuckuck" genannt. Diese Sachen werden später versteigert.

Hat der Schuldner überhaupt **keine pfändbare Habe**, so liegen die Voraussetzungen für einen Antrag nach §§ 807, 900 ZPO vor, dem sog. **Antrag auf Abgabe der Vermögensauskunft** (s. dazu später unter Rdn 43 ff.).

13

Wichtig!
Ohne **Titel – Klausel – Zustellung** geht nichts!

Es wird also ein **zur Zwangsvollstreckung geeigneter Titel** benötigt, der eine **Vollstreckungsklausel** trägt und mit einem **Zustellungsnachweis** versehen ist.

Um die Zwangsvollstreckung durchführen zu können, muss das Urteil oder der Vergleich zur Zwangsvollstreckung geeignet sein, also einen **vollstreckbaren Inhalt** haben. Zu unterscheiden sind Titel, die **„vorläufig vollstreckbar"** sind und solche, die **„vollstreckbar"** sind.

14 „Vorläufige Vollstreckbarkeit" bedeutet, dass aus einem Urteil bereits die Zwangsvollstreckung betrieben werden kann, obwohl das Urteil noch nicht rechtskräftig ist. Es kann also die Zwangsvollstreckung betrieben werden, obwohl die Rechtsmittelfrist noch läuft oder sich das Verfahren in der Berufung befindet.

Insoweit ist zu differenzieren zwischen Urteilen, die ohne Sicherheitsleistung für vorläufig vollstreckbar erklärt werden, und solchen, die gegen Sicherheitsleistung vorläufig vollstreckbar sind. Welche Urteile ohne Sicherheitsleistung vollstreckt werden, ergibt sich aus § 708 ZPO.

Anmerkung:
Die Anordnung der Sicherheitsleistung dient dem Schutz der unterlegenen Partei für den Fall, dass sich das Urteil in der nächsthöheren Instanz „umkehrt". Ist nämlich die im ersten Rechtszug obsiegende Partei, also der Gläubiger, am Ende und bei anderslautender Entscheidung im zweiten Rechtszug zahlungsunfähig und kann den im Wege der vorläufigen Zwangsvollstreckung bei dem Schuldner eingezogenen Betrag nicht zurückzahlen, dann kann sich der Schuldner aus der vom Gläubiger bestellten Sicherheit bedienen. Eine Sicherheit wird regelmäßig durch eine selbstschuldnerische Bürgschaft oder durch die Hinterlegung von Geld bei Gericht – Hinterlegungsstelle – erbracht.

15 Allerdings reicht die Vollstreckbarerklärung nicht aus. Die Urkunde muss auch einen vollstreckbaren Inhalt haben: Der Vollstreckungstitel muss bestimmt sein, das heißt, er muss die Parteien (Gläubiger und Schuldner) sowie Inhalt, Art und Umfang der geschuldeten Leistung genau bezeichnen. Ist aus dem Titel nicht eindeutig bestimmbar, was der Schuldner zu leisten oder zu dulden hat, kann aus ihm nicht vollstreckt werden.

Grundsätzlich sind auf eine Leistung des Schuldners gerichtete Titel vollstreckungsfähig, also eine Verurteilung auf Zahlung von Geld, Herausgabe einer Sache, Leistung von vertretbaren Sachen, Vornahme von Handlungen, Abgabe von Willenserklärungen u.Ä.; Feststellungs- und grundsätzlich auch Gestaltungsurteile, aber auch Zwischenurteile sowie klageabweisende Urteile sind hinsichtlich ihrer Hauptsache nicht vollstreckungsfähig.

Es gibt also Urkunden, die einen vollstreckbaren Inhalt haben, aber auch solche, die vollstreckbar erklärt wurden, aber eben nicht zur Zwangsvollstreckung geeignet sind, weil ein vollstreckbarer Inhalt nicht gegeben ist.

Beispiel

1. Die Klage wird abgewiesen.
2. Die Kosten des Rechtsstreits hat der Kläger zu tragen.
3. Das Urteil ist gegen Sicherheitsleistung in Höhe von 110 % vorläufig vollstreckbar.

Das **Urteil** selbst ist zwar nicht vollstreckbar, **begründet** aber einen **Kostenerstattungsanspruch**, der durch Kostenfestsetzungsbeschluss als gesonderter Vollstreckungstitel nach § 794 Abs. 1 Nr. 2 ZPO dann vollstreckt werden kann. Denn grundsätzlich gilt: Jede Hauptsache **und** jede Kostenentscheidung muss für vorläufig vollstreckbar beurteilt werden, um dem Gläubiger die Vollstreckung (wenn auch durch einen dann bezifferten Kostentitel) möglich zu machen. Bevor die Vollstreckung eingeleitet wird, ist also zunächst zu überprüfen, ob der Titel einen vollstreckbaren Inhalt hat.

16 Daneben muss zur Vollstreckung die Vollstreckungsklausel vorliegen. Das ist eine amtliche Bescheinigung, dass die Zwangsvollstreckung aus dem Titel zulässig ist. Sie lautet z.B.: „Vorstehende Ausfertigung wird dem Kläger zum Zwecke der Zwangsvollstreckung erteilt."

Weitere Voraussetzung ist die Zustellungsklausel, also der Nachweis, dass der Titel der zahlungspflichtigen Person zur Kenntnis gebracht wurde. 17

Sind alle Formalien erfüllt, kann die Zwangsvollstreckung beginnen.

Der Vollstreckungsauftrag wird an das **Amtsgericht am Wohnsitz des Schuldners, dort an die Verteilerstelle für Gerichtsvollzieheraufträge**, gerichtet. 18

Seit dem 1.1.2022 gilt auch **für Vollstreckungsaufträge die aktive Nutzungspflicht** des beA: Vollstreckungsaufträge müssen dementsprechend elektronisch (amtlicher Vordruck ist für bestimmte Aufträge zwingend zu nutzen) eingereicht werden. Dass das in der Praxis nicht ganz einfach ist, da es digitale Vollstreckungstitel noch nicht gibt, liegt auf der Hand. Um hier eine Vereinfachung herbeizuführen, müssen Vollstreckungsbescheide bei einer Forderungshöhe von bis zu 5.000,00 EUR nicht im Original nachversendet werden; Vollstreckungsbescheide darüber hinaus und auch andere Titel müssen im Original nachgereicht werden, was zur Zeitverzögerung führt.

Die Praxis hat aber gezeigt, dass auch Vollstreckungsbescheide mit geringeren Forderungen von den Gerichtsvollziehern eingefordert werden, was auch nachvollziehbar ist: Leistet der Schuldner z.B. Teilzahlungen auf einen Titel, so wurden und werden sie üblicherweise unmittelbar auf dem Titel quittiert, so dass jederzeit erkennbar ist, dass nicht mehr die volle Forderung geschuldet wird. Ohne Vorlage des Originaltitels ist zum einen nicht überprüfbar, ob und gegebenenfalls welche Teilzahlungen schon geleistet wurden, darüber hinaus kann auch der jetzt zuständige Gerichtsvollzieher etwaige Zahlungen oder durchgeführte Pfändungen (mangels Vorlage) nicht auf dem Titel quittieren. Mit der Anforderung des Titels kann also trotz der fortschreitenden Digitalisierung noch gerechnet werden.

Da die Gerichte einen Aufwand zu bewältigen haben, um eingehende Original-Titel den elektronischen Anträgen zuzuordnen, sollte abgewartet werden, bis die Anforderung erfolgt; es ist aber zur Vereinfachung und zum Abgleich sinnvoll, dem Vollstreckungsantrag im Vorfeld bereits eine elektronische Kopie des Titels beizufügen.

Das Amtsgericht leitet diesen Auftrag an den zuständigen Gerichtsvollzieher weiter. Nicht jeder Gerichtsvollzieher kann überall vollstrecken: Jedem Gerichtsvollzieher wird ein bestimmtes Gebiet (Ort, Straßen) zugeordnet, in dem er vollstrecken darf. 19

Um Missverständnisse bei einem solchen Auftrag zu vermeiden (wie viele „Frau Maria Müller" gibt es beispielsweise in München?), ist stets das **volle Rubrum** anzugeben.

Da der Gerichtsvollzieher natürlich auch wissen muss, in welche Forderung (Höhe) er vollstrecken soll, ist eine **Forderungsaufstellung** zu fertigen. Die Forderungsaufstellung beinhaltet **Hauptforderung, Kosten und Zinsen**. Die sich so errechnende **Gesamtforderung** ist sodann – anders als im Mahnverfahren oder bei Klagen – der **Streitwert** für die **Gebühren der Zwangsvollstreckung**. Vollstreckt man nur wegen einer Teilforderung (z.B. um das Kostenrisiko gering zu halten), was immer möglich ist, ist natürlich eben diese Teilforderung der maßgebliche Gegenstandswert für die Gebühren der Zwangsvollstreckung. 20

Der Gerichtsvollzieher übt seine Tätigkeit natürlich auch nicht kostenfrei aus. Vollstreckt er erfolgreich, fordert er auch seine Kosten beim Schuldner ein, vollstreckt er fruchtlos, zieht er seine Kosten beim Gläubiger bzw. Gläubigervertreter ein.

3. Auftrag in der aktuellen Fassung

Der Gerichtsvollzieherauftrag besteht aus zwei Formularen, den Anlagen 1 und 6 der Formularverordnung (Vollstreckungsauftrag an Gerichtsvollzieher nebst passender Forderungsaufstellung). Die Formulare sind für die Gerichtsvollzieherzwangsvollstreckung (Sachpfändung) verpflichtend zu nutzen; reine Zustellungsaufträge an den Gerichtsvollzieher sind hiervon allerdings nicht erfasst (§ 2 Abs. 2 S. 1 ZVFV): Sie **können** mittels Formular beantragt werden, **müssen** dies aber **nicht**; ein eigens ausformulierter Antrag ist insoweit ausreichend. 21

Das Ausfüllen des zwingend zu nutzenden Formulars bestimmt sich nach den Vorgaben des Gläubigers und den Gegebenheiten aus der Akte. Daher werden auf den nachfolgenden Seiten die jeweiligen Seiten mit kurzen Anmerkungen abgebildet: 22

Zunächst ist auf Seite 1 das zuständige Gericht (am Wohn- bzw. Geschäftssitz des Schuldners) auszuwählen. Dieses leitet den Auftrag sodann an den zuständigen Gerichtsvollzieher weiter. Sollte dem Einreicher bekannt sein, welcher Gerichtsvollzieher zuständig ist, kann der Auftrag auch an diesen direkt übermittelt werden. Sofern die postalische Adresse des Gerichtsvollziehers oder Gerichts lediglich aus Postleitzahl und Ort besteht, können die Angaben zu Postfach oder zu Straße und Hausnummer entfallen.

Neben dem zuständigen Gericht sind sodann (verpflichtend) das Datum des Auftrags sowie die Schuldnerangaben einzutragen; gerade die Schuldnerangaben auf der ersten Seite des Formulars dienen der vereinfachten Verteilung der Aufträge durch die Gerichtsvollzieherverteilerstelle, verschaffen also schnell einen Überblick, welchem Gerichtsvollzieher der Auftrag zuzuordnen ist.

Darüber hinaus besteht (freiwillig, die Passagen haben einen Rahmen) die Möglichkeit, den Ansprechpartner für diesen Auftrag (in der Kanzlei ist dies regelmäßig der Bevollmächtigte), dessen SAFE-ID sowie die Bankverbindung für etwaige Zahlungen einzutragen. Die Eingabe der Kontaktdaten dient der Erleichterung bei Rückfragen des Gerichtsvollziehers und die Bankverbindung sollte ebenfalls eingegeben werden, damit nicht bei Zahlungseinzügen noch eine Rückfrage erfolgen muss. Sofern die IBAN des Geldempfängers mit DE beginnt, kann die Angabe der BIC entfallen. Als Verwendungszweck können beispielsweise ein Aktenzeichen oder ein Kassenzeichen eingetragen werden.

23 **Auftragsseite**

Vollstreckungsauftrag an Gerichtsvollzieher

An

Bitte beachten Sie die Ausfüllhinweise zu diesem Formular auf www.bmj.de/Zwangsvollstreckungsformulare.

______________, den ______

Angaben zum Schuldner:

☐ Herr ☐ Frau ☐ Unternehmen ☐ ______

Name/Firma ______ ggf. Vorname(n) ______

Straße ______ Hausnummer ______

Postleitzahl ______ Ort ______

Land (wenn nicht Deutschland) ______

Kontaktdaten des Auftraggebers:

☐ Gläubiger ☐ gesetzlicher Vertreter ☐ Bevollmächtigter

Name/Firma ______ ggf. Vorname(n) ______

Telefon ______ E-Mail ______ Fax ______

SAFE-ID ______

Geschäftszeichen ______

☐ Der Gläubiger beabsichtigt, für die Begleichung der Kosten für diesen Vollstreckungsauftrag ein SEPA-Lastschriftmandat zu erteilen.

☐ Befreiung von Gerichtsvollzieherkosten gemäß: ______

☐ Für die Weiterleitung der vom Gerichtsvollzieher vereinnahmten Gelder wird folgende Bankverbindung mitgeteilt:

Bankverbindung des

☐ Gläubigers: ☐ gesetzlichen Vertreters: ☐ Bevollmächtigten: ☐ abweichenden Kontoinhabers:

Name des Kontoinhabers ______

IBAN ______ BIC (Angabe kann entfallen, wenn IBAN mit DE beginnt) ______

Verwendungszweck ______

Modul A 24

Seite 2 (bis Seite 3/oben) des verpflichtenden Formulars beschäftigt sich mit den Gläubigerdaten und verlangt zunächst eine Ziffer. Eine Bezifferung ist jedoch erst und nur dann notwendig, wenn es mehr als einen Gläubiger gibt; dann wird fortlaufend gezählt, also die 1 für den ersten Gläubiger, die 2 für den zweiten Gläubiger und so weiter.

Sodann werden die Daten des Gläubigers verlangt: Handelt es sich beim Gläubiger um eine Firma/eintragungspflichtige bzw. eintragungsfähige Person, so sind neben den üblichen Kontaktdaten das Registergericht sowie die entsprechende Registernummer einzutragen. Die Angabe dient der Identitätsfeststellung im Rahmen der Prüfung der Zwangsvollstreckungsvoraussetzungen. Mit Öffnung des digitalen Handelsregisters (*www.handelsregister.de*) und der Kostenfreiheit des Abrufverfahrens kann ein jeder Gläubiger die erforderlichen Daten leicht ermitteln.

Gibt es mehrere Gläubiger, muss eine entsprechende Anlage (Modul A) für jeden weiteren Gläubiger beigefügt werden.

Die Angaben zum Vertreter sind nicht obligatorisch (Ausfüllteil ist umrandet), insbesondere die Stellung des Vertreters bei Gesellschaften ergibt sich aus der Rechtsform. Neben dem möglicherweise gesetzlichen Vertreter (Erziehungsberechtigte, Vertreter von Gesellschaften) befindet sich an dieser Stelle die Möglichkeit, einen gerichtlich bestellten Betreuer oder z.B. auch – in der ganz rechten Spalte – einen Vertreter aufgrund Vorsorgevollmacht aufzuführen.

In der Zwangsvollstreckungssache

des Gläubigers (zu Ziffer ______)

☐ Herr ☐ Frau ☐ Unternehmen ☐ ______

Name/Firma	ggf. Vorname(n)
Straße	Hausnummer
Postleitzahl	Ort
Land (wenn nicht Deutschland)	Geschäftszeichen
Registergericht	Registernummer

☐ Der Gläubiger ist nicht vorsteuerabzugsberechtigt.

☐ sowie der weiteren Gläubiger gemäß weiterer Anlage

A

Gläubiger (zu Ziffer ______) vertreten durch

☐ den gesetzlichen Vertreter	☐ den gerichtlich bestellten Betreuer, ☐ der eine Ausschließlichkeitserklärung abgegeben hat (§ 53 Absatz 2 ZPO)	☐ Firma oder Funktion
☐ Herrn ☐ Frau ☐ ______	☐ Herrn ☐ Frau ☐ ______	☐ diese vertreten durch
Name	Firma/Name	Funktion
Vorname(n)	ggf. Vorname(n)	Name
Straße	Straße	ggf. Vorname(n)
Hausnummer	Hausnummer	
Postleitzahl	Postleitzahl	
Ort	Ort	
Land (wenn nicht Deutschland)	Land (wenn nicht Deutschland)	

☐ den gesetzlichen Vertreter

☐ Herrn ☐ Frau ☐ ______

Name

Vorname(n)

Straße Hausnummer

Postleitzahl Ort

Land (wenn nicht Deutschland)

25 **Modul B**

Seite 3 (bis Seite 4/oben) beschäftigt sich mit den entsprechenden Schuldnerangaben. Wegen der Eingabemaskenidentität sind an dieser Stelle weitere Kommentierungen entbehrlich.

A

Gläubiger (zu Ziffer ____) vertreten durch den Bevollmächtigten

☐ Herr ☐ Frau ☐ Unternehmen ☐ ____

Name/Firma | ggf. Vorname(n)

Straße | Hausnummer | Postleitzahl | Ort

Land (wenn nicht Deutschland) | Geschäftszeichen

gegen

den Schuldner (zu Ziffer ____)

☐ Herr ☐ Frau ☐ Unternehmen ☐ ____

Name/Firma | ggf. Vorname(n)

Straße | Hausnummer

Postleitzahl | Ort | Land (wenn nicht Deutschland)

Geschäftszeichen | Geburtsdatum | Geburtsort

Registergericht | Registernummer

☐ sowie die weiteren Schuldner gemäß weiterer Anlage

B

Schuldner (zu Ziffer ____) vertreten durch

☐ den gesetzlichen Vertreter

☐ Herrn ☐ Frau ☐ ____

Name

Vorname(n)

Straße

Hausnummer

Postleitzahl

Ort

Land (wenn nicht Deutschland)

☐ den gerichtlich bestellten Betreuer,

☐ der eine Ausschließlichkeits-erklärung abgegeben hat (§ 53 Absatz 2 ZPO)

☐ Herrn ☐ Frau ☐ ____

Firma/Name

ggf. Vorname(n)

Straße

Hausnummer

Postleitzahl

Ort

Land (wenn nicht Deutschland)

☐ Firma oder Funktion

☐ diese vertreten durch

Funktion

Name

ggf. Vorname(n)

☐ den gesetzlichen Vertreter

☐ Herrn ☐ Frau ☐ ____

Name

Vorname(n)

Straße | Hausnummer

Postleitzahl | Ort

Land (wenn nicht Deutschland)

Modul C 26

Auf Seite 4 des Formulars geht es unter Modul C zunächst um den oder die Vollstreckungstitel:

Die laufende Ziffer zum Vollstreckungstitel beginnt mit 1 (sofern mehrere Vollstreckungstitel mit Hilfe dieses Antrags durchgesetzt werden sollen), hier sind die üblichen Angaben wie Art des Titels, Aussteller (Gericht, Notar), Datum des Titels und das Geschäftszeichen anzugeben und ggf., ob ein Zustellungsnachweis bereits vorliegt. Ein weiterer Vollstreckungstitel (z.B. ein Kostenfestsetzungsbeschluss zum Urteil) kann zusätzlich (dann mit Ziffer 2) angegeben werden, weitere Vollstreckungstitel (dann fortlaufend mit den Nummerierungen 3, 4 usw.) in einer beizufügenden Anlage (auf der sich dann wiederum dieses maschinenlesbare Modul C befindet).

Werden mehre Forderungsaufstellungen beigefügt, so ist die Anzahl im dort vorhergesehenen Feld einzutragen.

Die zusätzliche und optionale Angabe im umrandeten Teil des Moduls in Bezug auf die Titelausfertigungen – Versendung erst nach Bekanntgabe des Aktenzeichens oder Versendung unmittelbar und parallel auf dem Postweg oder/und die Beifügung der elektronischen Abschrift des Titels – erleichtern der Geschäftsstelle die Arbeit bzw. die Zuordnung später nachgereichter Titel. Die Angabe ist – wie erwähnt – keine Pflicht, sollte aber eine gute Kür sein – sofern der Titel überhaupt nachgereicht werden muss (nicht: bei Vollstreckungsbescheiden bis einschließlich 5.000 EUR und Vorliegen der entsprechenden Voraussetzungen, §§ 754, 754a ZPO), s. auch nachfolgend zu Modul E. Empfehlenswert ist insoweit immer die Variante, den Titel nach Bekanntgabe des Aktenzeichens zu versenden, weil es sonst zu Doppelanlegungen oder fehlerhaften Zuordnungen bei Gericht kommt.

Bei den folgenden Modulen handelt es sich ausnahmslos um freiwillige Angaben, die zur ordnungsgemäßen Auftragserteilung und Bearbeitung der Angelegenheit auszuwählen sind.

Modul D 27

Modul D auf Seite 4 eröffnet die Möglichkeit, etwa beizufügende Anlagen zu vermerken. Wurde für das Vollstreckungsverfahren Prozesskostenhilfe bewilligt, ist der Beschluss entsprechend beizufügen und das Kreuzchen zu setzen.

Grundsätzlich ist eine Vollmacht bei Stellung des Antrages durch einen Rechtsanwalt nicht erforderlich (dazu sogleich in Modul E), die Notwendigkeit der Beifügung einer Geldempfangsvollmacht ist streitig. Liegt eine vor, kann die Empfehlung nur lauten, diese beizufügen, um den Antrag zu beschleunigen.

Sofern Zahlungen geleistet wurden, die nicht durch Angabe der Restforderung oder Teilforderung in der Forderungsaufstellung berücksichtigt sind, so ist eine entsprechende Anlage beizufügen und dies in diesem Modul zu vermerken; gleiches gilt für angefallene Inkassokosten, die als Gesamtbetrag in der Forderungsaufstellung aufzuführen sind und in einer separaten Anlage aufgelistet werden müssen.

Schließlich sind die Belege zu der Aufstellung der bisherigen Vollstreckungskosten gemäß § 788 Abs. 2 i.V.m. § 104 Abs. 2 ZPO nicht zwingend beizufügen, allerdings ist das „Pochen“ auf diese Vorschriften nicht sinnvoll: Regelmäßig fordern die Gerichtsvollzieher die Belege an. Da diese in der Regel ohnehin dem Titel angeheftet sind (sofern sie ohnehin nicht bereits nach § 788 ZPO festgesetzt sind), kann eine Beifügung der Belege zur Beschleunigung der Angelegenheit nur empfohlen werden.

Zum Nachweis eines übergegangenen Unterhaltsanspruchs muss gemäß § 7 Abs. 5 UhVorschG dem Vollstreckungsauftrag der Bescheid nach § 9 Abs. 2 UhVorschG beigefügt werden, soweit die Zwangsvollstreckung aus einem Vollstreckungsbescheid betrieben wird. Das ist dann ebenfalls durch Kreuzchen in diesem Modul zu berücksichtigen.

Liegt eine Negativauskunft des Einwohnermeldeamtes dem Gläubiger vor, sollte diese dem Auftrag beigefügt werden, wenn der Gerichtsvollzieher mit der Einholung von Drittauskünften (Modul N) beauftragt wird.

In den Freifeldern zu Modul D können weitere Anlagen aufgeführt werden, etwa „Anlagen zu Modul …“. Das ist aber nur insoweit zulässig, als mit den in dem Auftrag und den Forderungsaufstellungen vorgesehenen Kontrollkästchen und Texteingabefeldern die gewünschten Angaben nicht gemacht werden können. Die Anlagen sind dann in den Eingabefeldern zu bezeichnen.

Modul E 28

Das Modul E auf Seite 4 beinhaltet Versicherungen des Antragstellers bzw. Bevollmächtigten. Wenngleich es sich hier nicht um ein Pflichtfeld handelt, sollte die Vertretungsbefugnis des § 753a S. 1 ZPO stets erklärt bzw. angekreuzt werden. Das erspart die Versendung einer zusätzlichen Vollmacht (vgl. Modul D).

Vollstreckungsbescheide bis einschließlich 5.000 EUR können entsprechend der §§ 754, 754a ZPO wie auch bislang schon im vereinfachten Verfahren elektronisch eingereicht werden. Sofern die Voraussetzungen erfüllt sind, ist eine Nachversendung in Papier nicht erforderlich. Insofern ist dann die zweite Versicherung im Modul E abzugeben (somit sich dann der fakultative Ankreuzpunkt hinsichtlich der Nachversendung im Modul C erübrigt).

Erforderlich ist jedoch bei elektronischen Vollstreckungsbescheiden die Versicherung, dass die Forderung noch in entsprechender Höhe besteht. Grund hierfür ist die Tatsache, dass ein elektronischer Titel nach (Teil-)Forderungseinzug nicht quittiert wird bzw. werden kann, so dass dem Titel selbst die Erfüllung nicht zu entnehmen ist.

Das Freifeld im Modul E bietet Raum für weitere Versicherungen, z.B. für den Anfall von nicht als Belege beigefügten Vollstreckungskosten.

B

Schuldner (zu Ziffer ______) vertreten durch den Bevollmächtigten

☐ Herr ☐ Frau ☐ Unternehmen ☐ ______

Name/Firma	ggf. Vorname(n)
Straße / Hausnummer	Postleitzahl / Ort
Land (wenn nicht Deutschland)	Geschäftszeichen

wird/werden

C

der Vollstreckungstitel (zu Ziffer ______)

Art	Aussteller
Datum	Geschäftszeichen

☐ **zuzüglich Zustellungsnachweis**

sowie der Vollstreckungstitel (zu Ziffer ______)

Art	Aussteller
Datum	Geschäftszeichen

☐ **zuzüglich Zustellungsnachweis**

☐ sowie die weiteren Vollstreckungstitel aufgeführt in weiterer Anlage

(sowie) die Forderungsaufstellung (bei Mehrfachverwendung ______ Forderungsaufstellungen) übermittelt.

Bei elektronisch übermittelten Aufträgen:

☐ Die Ausfertigungen der Vollstreckungstitel werden erst nach Mitteilung des Aktenzeichens versandt. Es wird um Mitteilung des Aktenzeichens gebeten.

☐ Die Ausfertigungen der Vollstreckungstitel werden gleichzeitig auf dem Postweg übersandt.

☐ Eine Abschrift des Vollstreckungsbescheides nebst Zustellungsbescheinigung ist als elektronisches Dokument beigefügt.

D

Es werden folgende weitere Anlagen übermittelt:

☐ Beschluss über bewilligte Prozesskosten- oder Verfahrenskostenhilfe
☐ Vollmacht
☐ Geldempfangsvollmacht
☐ Vorpfändungsbenachrichtigung
☐ Aufstellung über die geleisteten Zahlungen
☐ Aufstellung der Inkassokosten
☐ Aufstellung der bisherigen Vollstreckungskosten mit Belegen
☐ Bescheid nach § 9 Absatz 2 UhVorschG
☐ Negativauskunft des Einwohnermeldeamtes
☐ ______
☐ ______
☐ ______

E

Versicherungen

☐ Es wird gemäß § 753a Satz 1 ZPO die ordnungsgemäße Bevollmächtigung zur Vertretung versichert.

☐ Es wird gemäß § 754a Absatz 1 Satz 1 Nummer 4 ZPO versichert, dass Ausfertigungen der als elektronische Dokumente übermittelten Vollstreckungsbescheide mit den jeweiligen Zustellungsnachweisen vorliegen und die Forderungen in Höhe des Vollstreckungsauftrags noch bestehen.

☐ ______

Modul F 29

Auf Seite 5 – unter Modul F – kann der Gerichtsvollzieher beauftragt werden, einen bzw. mehrere noch nicht zugestellte Titel zuzustellen. Das kann im Rahmen der erfolgenden Zwangsvollstreckung passieren oder es kann sich hierbei auch um einen separaten Auftrag an den Gerichtsvollzieher nur zur Zustellung (eines Titels oder auch einer Vorpfändungsbenachrichtigung – vgl. insoweit auch Rdn 59 f., Vorläufiges Zahlungsverbot –, ggf. auch eine Kündigung) handeln.

Modul G 30

Soll der Gerichtsvollzieher im Rahmen der Zwangsvollstreckung oder auch ohne den Auftrag zur Zwangsvollstreckung mit der gütlichen Einigung bzw. einer Ratenzahlungsvereinbarung betraut werden, ist Modul G auf Seite 5 entsprechend zu wählen und auszufüllen. Gleichermaßen ist es entsprechend auszufüllen, wenn der Gläubiger ausdrücklich keine Ratenzahlung wünscht oder im Wege der Vollstreckung nur bestimmte Ratenhöhen eingezogen werden sollen. Lediglich dann, wenn die Bearbeitung des Vollstreckungsauftrages in das Ermessen des Gerichtsvollziehers gestellt wird, sollte das Modul G unberücksichtigt bleiben.

Vorabinformationen zu den nachfolgenden Modulen: 31

Sind keine Vermögenswerte bekannt, ist die Wahl zu treffen, ob die Gerichtsvollziehervollstreckung (sinnvoll bereits kombiniert mit Antrag auf Abnahme der Vermögensauskunft) oder direkt das Verfahren auf Abnahme der Vermögensauskunft eingeleitet werden soll.

Oder Sie kombinieren direkt, was in der Regel sinnvoll ist, weil es Zeit spart.

Vorab sind die Vor- und Nachteile abzuwägen und gegebenenfalls mit dem Gläubiger zu besprechen:

1. Auftrag Sachpfändung, anschließend Antrag auf Abgabe der Vermögensauskunft, gegebenenfalls auch beides kombiniert

Beantragen Sie direkt die Gerichtsvollziehervollstreckung (Sachpfändung), so ist Ihr Mandant gegenüber evtl. anderen vorhandenen Gläubigern des Schuldners, die lediglich die Abgabe der Vermögensauskunft beantragen, bessergestellt, weil direkt vorhandenes pfändbares Vermögen nur zur Befriedigung Ihres Gläubigers dient. Zudem wird der Schuldner (insbesondere, wenn der Titel nicht schon zugestellt wurde) mit der Vollstreckung überrascht und kann nicht noch etwaige Vermögenswerte „auf die Seite schieben". Im Übrigen geht die Sachpfändung in der Regel zügiger vonstatten. Und: Die Möglichkeit, die Vermögensauskunft abzunehmen, bleibt nach wie vor bestehen, auch und insbesondere in Kombination mit anderen Aufträgen.

2. Unmittelbare Abnahme der Vermögensauskunft

Auf der anderen Seite kann derjenige, der die unmittelbare Abgabe der Vermögensauskunft beantragt, einen Pfändungsvorrang gerade bei Forderungen erreichen, weil er an Informationen gelangt, die ihm die Möglichkeit geben, den Gerichtsvollzieher mit der Vorpfändung, also dem vorläufigen Zahlungsverbot an den Drittschuldner, zu beauftragen.

Darüber hinaus haben Sie mit Vorlage der Vermögensauskunft die Informationen über die Vermögensverhältnisse, die Ihnen eine sinnvolle Entscheidungsbasis dafür liefern, ob und bejahendenfalls welche weiteren Vollstreckungsmaßnahmen erfolgversprechend erscheinen. Ist nach der Vermögensauskunft überhaupt nichts beim Schuldner zu holen, haben Sie dem Gläubiger zumindest die Kosten der Sachpfändung erspart.

Nicht zu unterschätzen ist auch der Überraschungseffekt, dass der Schuldner ohne vorherige Vollstreckung ins Schuldnerregister eingetragen werden soll. Dies kann den einen oder anderen (nicht hartgesottenen) Schuldner dazu bewegen, evtl. einzulenken und z.B. Teilzahlungen zu leisten.

Wie auch immer die Entscheidung lautet – zuerst die Vollstreckung in die Vermögenswerte durch den Gerichtsvollzieher oder zuerst die Abnahme der Vermögensauskunft –, ein entsprechend isolierter Auftrag macht in der Regel nur dann Sinn, wenn der Mandant kostenbewusst erst einmal nur eine Maßnahme ergreifen möchte. Allerdings bleibt nach dieser Maßnahme – es sei denn, die Forderung wird bei der Vollstreckung im Erstversuch vollständig befriedigt, z.B. auch durch Raten – das Verfahren regelmäßig stecken. Sinnvoll ist z.B. bei jeglicher Auswahl der beiden vorgenannten Vollstreckungswege die Kombination mit der Ermittlung des Aufenthalts des Schuldners für den Fall, dass dieser unbekannt verzogen ist. Gleiches gilt auch für die Einholung von Drittauskünften, die aber je nach Akte gut überlegt sein wollen: Es macht z.B. keinen Sinn, eine Auskunft bei der Ausländerbehörde zu beantragen, wenn es sich bei dem Schuldner Ihres Mandanten zweifelsfrei um einen deutschen Staatsbürger handelt. Hinterfragen Sie bei den gebotenen Möglichkeiten der Auskünfte, ob es zu Ihrer Akte bzw. zu Ihrem Schuldner „passt".

Soll der Gerichtsvollzieher zunächst mit der Sachpfändung oder auch der Herausgabe beauftragt werden, ist neben der Wohnortermittlung für den Fall des Wegzugs des Schuldners die gleichzeitige Beantragung der Abnahme der Vermögensauskunft für den Fall der fruchtlosen Vollstreckung sinnvoll: Der Gerichtsvollzieher wird dann ohne Umwege, ohne, dass er erst die Mitteilung über die fruchtlose Vollstreckung übersendet und ohne, dass es eines weiteren isolierten Auftrages bedarf, entsprechend weiterverfahren. Bei einem Antrag auf Abgabe der Vermögensauskunft – hier dann in kombinierter Form mit einem Sachpfändungsauftrag – ist es zudem sinnvoll, zugleich Haftbefehl für den Fall zu beantragen, dass der Schuldner seiner Verpflichtung nicht freiwillig nachkommt. Der Haftbefehl kann dann auf weiteren Antrag – im selben Formular – direkt an den Gerichtsvollzieher weitervermittelt werden, so dass große Umwege vermieden werden. Und schließlich und letztlich macht der Antrag auf Zustellung einer Vorpfändungsbenachrichtigung („vorläufiges Zahlungsverbot“) auch in Kombination mit der Abnahme der Vermögensauskunft Sinn, denn sollten sich aus dem Vermögensverzeichnis zu pfändende Ansprüche ergeben, so wird durch das vorläufige Zahlungsverbot und dem dann innerhalb der Monatsfrist zuzustellenden Pfändungs- (und Überweisungs-)beschluss der Rang gesichert.

Allerdings muss an dieser Stelle darauf hingewiesen werden, dass mit der Vielzahl von kombinierten Aufträgen die Kosten (Anwaltskosten und Gerichtsvollzieherkosten) unüberschaubar werden, weil von vornherein nicht abgeschätzt werden kann, welcher Auftrag/Antrag tatsächlich (wegen Eintritts der Bedingung) zum Zuge kommt.

Die Entscheidung, welchen Weg Sie gehen und welche Kombination Sie gegebenenfalls ergreifen, ist individuell und nach Abwägung der Vor- und Nachteile gegebenenfalls mit dem Gläubiger gemeinsam zu treffen.

32 **Modul H**

Mit Modul H – ebenfalls auf Seite 5 – kann die Abnahme der Vermögensauskunft des Schuldners bzw. einzelner Schuldner (Ziffer angeben) beantragt werden.

Hier ist zu unterscheiden zwischen der Vermögensauskunft nach § 802c ZPO (direkte Vermögensauskunft), nach §§ 802c, 807 ZPO (Vermögensauskunft nach Pfändungsversuch) und der weiteren Vermögensauskunft nach § 802d ZPO.

Nach § 802c ZPO kann der Gläubiger die Abgabe der Vermögensauskunft beantragen, wenn er eine titulierte Geldforderung gegen den Schuldner nachweisen kann. Eine vorherige fruchtlose Vollstreckung ist nicht (mehr) erforderlich.

Die Vermögensauskunft gibt dem Gläubiger einen vollumfänglichen Überblick über dessen Einkommens- und Vermögensverhältnisse. Sie dient der Vorbereitung bzw. der Fortführung der Zwangsvollstreckung.

Insbesondere erhält der Gläubiger über die Vermögensauskunft folgende Informationen:

- Anschrift des möglichen Arbeitgebers (für eine mögliche Gehaltspfändung),
- bestehende Konto- und Bankverbindungen (z.B. für eine Kontopfändung),
- abgeschlossene Lebensversicherungen und Bausparverträge,
- in seinem Eigentum stehende Fahrzeuge,
- Grundbesitz,
- andere Sachwerte und Wertgegenstände (z.B. teure Gemälde),
- andere Vermögenswerte (Aktien etc.),
- bestehende Forderungen zugunsten des Schuldners, z.B. Schadensersatzansprüche.

Hat der Schuldner die Vermögensauskunft abgegeben, wird diese beim zentralen Vollstreckungsgericht für zwei Jahre elektronisch gespeichert, wobei in dieses Schuldnerverzeichnis Gerichtsvollzieher, Vollstreckungsgerichte, Insolvenzgerichte und Strafverfolgungsbehörden wie die Staatsanwaltschaft Einsicht nehmen können. Gläubiger, die ein berechtigtes Interesse (Titel) nachweisen und ihrerseits die Abgabe der Vermögensauskunft beantragen, erhalten auf Antrag innerhalb der Zwei-Jahres-Frist eine Abschrift, da die erneute oder ergänzte Abgabe der Vermögensauskunft innerhalb dieser Frist nur unter besonderen Bedingungen möglich ist.

Zur Abnahme der Vermögensauskunft setzt der Gerichtsvollzieher in diesem Falle dem Schuldner eine Frist von zwei Wochen für die Begleichung der Forderung. Zugleich bestimmt er für den Fall, dass die Forderung nach Fristablauf nicht vollständig beglichen ist, einen Termin zur Abgabe der Vermögensauskunft alsbald nach Fristablauf und lädt den Schuldner zu diesem Termin in seine Geschäftsräume, wobei der Schuldner die zur Abgabe der Vermögensauskunft erforderlichen Unterlagen im Termin beizubringen hat. Eine Fristsetzung ist dann nicht mehr notwendig, wenn der Gerichtsvollzieher den Schuldner bereits zuvor zur Zahlung aufgefordert hat und seit dieser Aufforderung zwei Wochen verstrichen sind, ohne dass die Aufforderung Erfolg hatte.

Alternativ kann die Abnahme der Vermögensauskunft nach Pfändung – bei Verweigerung der Durchsuchung oder bei Erkenntnis, dass keine Befriedigung zu erwarten ist – nach §§ 802c, 807 ZPO erfolgen, ohne dass eine weitere Zahlungsfrist gesetzt werden muss (hier hat der Schuldner allerdings ein Widerspruchsrecht).

Grundsätzlich ist ein Schuldner wegen der Sperrfrist des § 802d ZPO nur alle zwei Jahre verpflichtet, die Vermögensauskunft gemäß §§ 802c, 802f ZPO abzugeben. Die Vorschrift dient dem Schutz des Schuldners, den man damit nicht zwingen kann, etwa alle zwei oder drei Monate eine neue Vermögensauskunft zu erteilen.

Die zweijährige Sperrfrist gilt jedoch nicht ausnahmslos. Sie besteht dann nicht, wenn das Vermögensverzeichnis entweder unvollständig ist oder aber glaubhafte Ansatzpunkte bestehen, dass sich die Vermögensverhältnisse des Schuldners geändert haben.

Daher ist die Ergänzung oder Nachbesserung einer Vermögensauskunft von der erneuten Abgabe der Vermögensauskunft nach § 802d ZPO abzugrenzen.

Im Falle des Nachbesserungsantrages – der ohne Nutzung des Pflichtformulars beim Gerichtsvollzieher erfolgen kann – muss der Schuldner seine Vermögensauskunft so lange ergänzen bzw. nachbessern, bis er seiner Auskunftspflicht in vollem Umfang nachgekommen ist.

Zur erneuten Abgabe der Vermögensauskunft gemäß § 802d ZPO ist der Schuldner jedoch verpflichtet, wenn der Gläubiger Tatsachen glaubhaft macht, die auf eine wesentliche Veränderung der Einkommens- bzw. Vermögensverhältnisse des Schuldners schließen lassen.

Je nachdem, ob hier die erstmalige oder aber die weitere Vermögensauskunft gewünscht ist, ist die Wahl zu treffen, ob vorher ein Pfändungsversuch und gegebenenfalls weitere Maßnahmen eingeleitet werden sollen. Bereits jetzt kann auch mitgeteilt werden, ob eine Mitteilung über die Terminsbestimmung entbehrlich ist und ob ggf. eine Teilnahme am Termin beabsichtigt ist. Spezielle Fragen an den Schuldner könnten im Freifeld an den Gerichtsvollzieher formuliert werden, so auch ein Hinweis, dass ein mögliches Vermögensprotokoll nur eingeholt und übersendet werden soll, wenn dieses nicht älter als z.B. ein halbes Jahr ist.

Modul I 33

Nicht selten weigern sich die Schuldner, die begehrte Vermögensauskunft abzugeben. Dann besteht die Möglichkeit, den Schuldner mittels eines Haftbefehls zwecks Abgabe der Vermögensauskunft vorführen zu lassen. Dafür wird aber eben der Haftbefehl benötigt, der mittels Modul I (Seite 5) beantragt werden kann.

Regelmäßig – aber nicht immer – wird ein Haftbefehl für den Fall der Verweigerung der Auskunft bereits im Zwangsvollstreckungsauftrag / Kombiauftrag beantragt. Das ist im Modul I möglich. Soll hier kombiniert werden, empfiehlt sich zugleich die Angabe, dass der Haftbefehl direkt an den Gerichtsvollzieher übermittelt werden soll, der dann beauftragt ist, die Verhaftung vorzunehmen (s. nachfolgend Modul J).

Es besteht im Übrigen selbstverständlich auch die Möglichkeit, diesen Antrag separat zu stellen.

Wegen der aus den Forderungsaufstellungen ersichtlichen Forderungen und der für dieses Verfahren entstehenden Kosten werden folgende Aufträge erteilt:

F

Zustellung

☐ sämtlicher beigefügter Vollstreckungstitel

☐ des Vollstreckungstitels (zu Ziffer ______)

☐ der beigefügten Vorpfändungsbenachrichtigung nach § 845 ZPO

☐ ______

G

Gütliche Erledigung, Zahlungsvereinbarung (§ 802b ZPO)

☐ Der Vollstreckungsauftrag beschränkt sich auf die **gütliche Erledigung**.

☐ Mit einer **Zahlungsvereinbarung** besteht

☐ kein Einverständnis ☐ Einverständnis wie folgt:

☐ Folgende Zahlungsfrist wird gewährt: ______

☐ Es werden Teilbeträge eingezogen.

☐ Ratenhöhe mindestens ______ Euro

☐ monatlicher Turnus ☐ sonstiger Turnus: ______

☐ Abweichung von den Zahlungsmodalitäten nach dem Ermessen des Gerichtsvollziehers.

☐ sonstige Weisungen: ______

H

Abnahme der Vermögensauskunft des Schuldners (zu Ziffer ______)

☐ Vermögensauskunft nach § 802c ZPO

☐ Weitere Vermögensauskunft nach § 802d ZPO
Die Vermögensverhältnisse des Schuldners haben sich wesentlich geändert, weil

______

Zur Glaubhaftmachung wird beigefügt:

______

Die Vermögensauskunft nach § 802c ZPO oder die weitere Vermögensauskunft nach § 802d ZPO soll erfolgen

☐ ohne vorherigen Pfändungsversuch nach den §§ 802c, 802f ZPO.

☐ nach vorherigem Pfändungsversuch nach den §§ 802c, 807 ZPO (Modul L).

☐ Sofern der Schuldner wiederholt nicht anzutreffen ist,

☐ wird beantragt, das Verfahren zur Abnahme der Vermögensauskunft nach den §§ 802c, 802f ZPO einzuleiten.

☐ wird um Rücksendung der Vollstreckungsunterlagen gebeten.

☐ ______

☐ Auf die Mitteilung der Terminsbestimmung nach § 802f ZPO wird verzichtet.

☐ Es ist beabsichtigt, an dem Termin zur Abnahme der Vermögensauskunft teilzunehmen.

☐ ______

I

Erlass eines Haftbefehls (§ 802g Absatz 1 ZPO) gegen den Schuldner (zu Ziffer ______)

☐ Für den Fall, dass der Schuldner dem Termin zur Abgabe der Vermögensauskunft unentschuldigt fernbleibt oder sich ohne Grund weigert, die Vermögensauskunft zu erteilen, wird der Erlass eines Haftbefehls nach § 802g Absatz 1 ZPO beantragt. Der Gerichtsvollzieher wird gebeten, den Antrag an das zuständige Amtsgericht weiterzuleiten und dieses zu ersuchen, nach Erlass des Haftbefehls diesen zu übersenden an

☐ den Gläubiger. ☐ den Bevollmächtigten. ☐ den zuständigen Gerichtsvollzieher.
Der Gerichtsvollzieher wird mit der Verhaftung des Schuldners nach § 802g Absatz 2 ZPO beauftragt.

34 **Modul J**

Liegt ein entsprechender Haftbefehl vor, kann mittels Modul J (Seite 6) die (Pfändung und) Verhaftung des Schuldners beantragt werden.

Auf diesem Wege wird der Schuldner letztmalig – unter Androhung der Vollstreckung des Haftbefehls – zum Termin zur Abgabe der Vermögensauskunft geladen. Gibt er dann wiederum grundlos die Vermögensauskunft nicht ab (bleibt er also fern vom Termin), wird der Gerichtsvollzieher auf Antrag des Gläubigers versuchen, den Haftbefehl mit Unterstützung der Polizei umzusetzen, den Schuldner also an seiner Meldeanschrift zu verhaften und zur zwangsweisen Abgabe der Vermögensauskunft vorzuführen.

Verweigert sich der Schuldner weiterhin, kann er auf Antrag des Gläubigers in Erzwingungs- oder Beugehaft genommen werden. Sobald der Betroffene über seine Vermögensverhältnisse Auskunft erteilt hat, wird er aus der Haft entlassen. Die Haft kann bis zu sechs Monate dauern.

Hinweis:
Letzteres kann sehr teuer werden, denn der Gläubiger muss für jeden einzelnen Hafttag die Gebühren vorschießen!

Die Erfahrung zeigt jedoch, dass es in den wenigsten Fällen so weit kommt, dass der Schuldner inhaftiert wird. Um dies zu umgehen, beugen sich in aller Regel die Schuldner und geben die begehrte Vermögensauskunft ab.

Ohne ein Druckmittel weigern sich jedoch viele Schuldner, die begehrte Vermögensauskunft abzugeben. Deshalb besteht die Möglichkeit, den Schuldner mittels eines Haftbefehls zwecks Abgabe der Vermögensauskunft vorführen zu lassen. Regelmäßig – aber nicht immer – wird ein Haftbefehl für den Fall der Verweigerung der Auskunft bereits im Zwangsvollstreckungsauftrag / Kombiauftrag erteilt, sinnvollerweise dann auch mit unmittelbarer Übersendung an den Gerichtsvollzieher (vgl. vorstehend Modul I). In diesem Fall ist das Modul J nicht auszuwählen.

Modul K 35

Für den Fall, dass der Gerichtsvollzieher im Rahmen der Zwangsvollstreckung, insbesondere bei der Abnahme der Vermögensauskunft, Informationen über Forderungen des Schuldners gegen einen Dritten erfährt, kann der Gerichtsvollzieher mittels Angaben im Modul K (Seite 6) mit der Vorpfändung (auch: dem vorläufigen Zahlungsverbot) beauftragt werden (vgl. insoweit nachfolgend Rdn 59 f., Vorläufiges Zahlungsverbot). Ist im Gerichtsvollzieherauftrag der Antrag auf Abnahme der Vermögensauskunft enthalten, ist die Auswahl des Moduls K sinnvoll, um hier schnell die Forderung zu sichern. Zugleich ist dann aber auch in Modul F die Zustellung dieser Vorpfändungsbenachrichtigung zu beantragen.

Das Modul K – die Vorpfändung – kann aber auch ein ganz isolierter Auftrag wegen bekannter Forderungen sein.

Modul L 36

Die Pfändung und Verwertung – also die „eigentliche Zwangsvollstreckung" im Volksmund – wird mit dem Modul L (ebenfalls Seite 6) in Auftrag gegeben. Regelmäßig dürfte nur das erste Kästchen mit „einschließlich" angeklickt werden, es sei denn, es ist tatsächlich nur die Kassen- oder Taschenpfändung oder eine sonstige Maßnahme im Modul L gewünscht.

Modul M 37

Leider ist allzu oft der Fall anzutreffen, dass Schuldner immer wieder ihren Wohnsitz wechseln. Mit den Möglichkeiten, die der Gerichtsvollzieher zur Ermittlung der Anschriften hat, können Sie auch in dem Falle, dass Ihr Schuldner unbekannt verzogen ist, einen Auftrag an den Gerichtsvollzieher richten, der dann versucht, den Aufenthaltsort des Schuldners zu ermitteln (Modul M, Seite 6). Die Berechtigung zur Ermittlung wird dem Gerichtsvollzieher mit § 755 ZPO erteilt. Allerdings kann eine Anschriftenermittlung nicht separat in Auftrag gegeben werden, diese muss schon in Verbindung mit der Beauftragung einer Vollstreckungsmaßnahme erfolgen.

Sofern die Anschriftenermittlung durch Nachfrage bei der Meldebehörde nicht zum Erfolg führt, sind die weiteren Ermittlungsmöglichkeiten beim Ausländerzentralregister und der aktenführenden Ausländerbehörde, bei den Trägern der gesetzlichen Rentenversicherung und bei einer berufsständischen Versorgungseinrichtung im Sinne des § 6 Abs. 1 S. 1 Nr. 1 SGB VI sowie beim Kraftfahrt-Bundesamt zulässig.

Überlegen Sie sich – gerade unter dem Gesichtspunkt der anfallenden Kosten – welche Auskünfte Sie einholen möchten: Es macht z.B. keinen Sinn, eine Auskunft bei der Ausländerbehörde zu beantragen, wenn es sich bei dem Schuldner Ihres Mandanten zweifelsfrei um einen deutschen Staatsbürger handelt. Hinterfragen Sie bei den gebotenen Möglichkeiten der Auskünfte, ob es zu Ihrer Akte bzw. zu Ihrem Schuldner „passt".

Achten Sie auch darauf, dass Sie insbesondere dann, wenn Sie selbst erfolglos bereits eine Einwohnermeldeamtsanfrage gestartet hatten, das Kästchen für Auskünfte der Meldebehörde nicht anklicken und am besten im Freifeld noch einen Zusatzhinweis machen, etwa „Schuldner ohne Meldung bei den Behörden verzogen" oder „Erlaubnis zur Weitergabe der Anschrift durch Meldebehörde liegt nicht vor", damit hier nicht unnötige Kosten produziert werden.

J	**Verhaftung des Schuldners (zu Ziffer ____) (§ 802g Absatz 2 ZPO)** Haftbefehl des Amtsgerichts ____ vom ____ Geschäftszeichen ____
K	**Vorpfändung (§ 845 ZPO)** Anfertigung der Benachrichtigung über die Vorpfändung und Zustellung sowie unverzügliche Mitteilung über die ☐ pfändbaren Forderungen, die dem Gerichtsvollzieher bekannt sind oder bekannt werden ☐ mit Ausnahme folgender Forderungen: ____ ☐ folgenden Forderungen: ____
L	**Pfändung und Verwertung** ☐ Es soll eine Sachpfändung durchgeführt werden ☐ einschließlich ☐ beschränkt auf: ☐ Taschenpfändungen ☐ Kassenpfändungen ☐ ____ ☐ Es soll eine Pfändung von Forderungen aus Wechseln und anderen Papieren, die durch Indossament übertragen werden können, durchgeführt werden. ☐ Mit der Erteilung einer Fruchtlosigkeitsbescheinigung nach § 32 GVGA besteht kein Einverständnis. ☐ Der Pfändungsauftrag steht unter der Bedingung, dass sich aus dem Vermögensverzeichnis pfändbare Gegenstände ergeben. ☐ ____
M	**Ermittlung des Aufenthaltsorts des Schuldners (zu Ziffer ____) (§ 755 ZPO)** Ermittlung des Aufenthaltsorts des Schuldners: ☐ für den Fall, dass sich im Verfahren herausstellt, dass keine zustellungsfähige Anschrift des Schuldners vorliegt: ☐ Ermittlung nach § 755 Absatz 1 ZPO ☐ der gegenwärtigen Anschriften sowie der Angaben zur Haupt- und Nebenwohnung des Schuldners durch Nachfrage bei der Meldebehörde ☐ der gegenwärtigen Anschriften, des Ortes der Hauptniederlassung oder des Sitzes des Schuldners durch Einsicht in das Handels-, Genossenschafts-, Partnerschafts-, Unternehmens- oder Vereinsregister ☐ der gegenwärtigen Anschriften, des Ortes der Hauptniederlassung oder des Sitzes des Schuldners durch Einholung einer Auskunft bei den nach Landesrecht für die Durchführung der Aufgaben nach § 14 Absatz 1 GewO zuständigen Behörden ☐ Ermittlung nach § 755 Absatz 2 ZPO ☐ des Aufenthaltsorts durch Nachfragen beim Ausländerzentralregister und bei der aktenführenden Ausländerbehörde ☐ der bekannten derzeitigen Anschrift sowie des derzeitigen oder zukünftigen Aufenthaltsorts des Schuldners bei ☐ den Trägern der gesetzlichen Rentenversicherung ☐ der folgenden berufsständischen Versorgungseinrichtung im Sinne des § 6 Absatz 1 Satz 1 Nummer 1 SGB VI: Bezeichnung ____ Postfach ____ Straße ____ Hausnummer ____ Postleitzahl ____ Ort ____ Tatsächliche Anhaltspunkte dafür, dass der Schuldner Mitglied dieser berufsständischen Versorgungseinrichtung ist: ____ ☐ der Halterdaten nach § 33 Absatz 1 Satz 1 Nummer 2 StVG des Schuldners beim Kraftfahrt-Bundesamt ☐ ____

38 **Modul N**

Neben den Informationen, die der Gerichtsvollzieher über das Standard-Formular oder durch gezielte Fragen vom Schuldner erhält, besteht die Möglichkeit, dass der Gerichtsvollzieher Drittauskünfte einholt, wie z.B. beim Bundeszentralamt für Steuern, beim Träger der gesetzlichen Rentenversicherung über ein sozialversicherungspflichtiges Beschäftigungsverhältnis des Schuldners oder beim Kraftfahrtbundesamt über auf den Schuldner zugelassene Fahrzeuge. Ebenso besteht die Möglichkeit, Informationen über Konten des Schuldners einzuholen.

Mit diesen Drittauskünften sollen dem Gläubiger weitere Vollstreckungsmöglichkeiten eröffnet werden. Insoweit ist das Modul N zu nutzen, das sich auf Seite 7 des Auftrages (nachfolgendes Schaubild) befindet.

Modul O 39

Das Modul O (Seite 7) eignet sich für Aufträge, die sonst in keinem der vorhergehenden Module „untergebracht" werden können, z.B. für einen Räumungsauftrag.

Modul P 40

Darüber hinaus besteht unter Modul P auf Seite 7 die Möglichkeit, den Gerichtsvollzieher anzuweisen, die Reihenfolge der Aufträge vorzugeben. So können Sie ihn anweisen, z.B.

- zuerst zu vollstrecken (Sachpfändung)
- bei Fruchtlosigkeit die VA (Vermögensauskunft) abzunehmen
- im Falle der Verweigerung Haftbefehl zu beantragen und die Verhaftung vorzunehmen
- sowie im Falle der Abnahme der Vermögensauskunft und dem Erhalt von Informationen über Forderungen die Vorpfändung (das vorläufige Zahlungsverbot) in die Wege zu leiten

oder

- zuerst die Vermögensauskunft abzunehmen,
- im Falle der Verweigerung Haftbefehl zu beantragen und die Pfändung – und, falls diese nicht erfolgreich ist – die Verhaftung vorzunehmen,
- sowie im Falle der Abnahme der Vermögensauskunft und dem Erhalt von Informationen über Forderungen die Vorpfändung (das vorläufige Zahlungsverbot) in die Wege zu leiten,

usw.

Modul Q 41

Das Modul Q auf Seite 7 ermöglicht es, Anweisungen an den Gerichtsvollzieher zu geben. Hier geht es darum, ob ein Vollstreckungsprotokoll oder gegebenenfalls ein Gesamtprotokoll (das bei gleichzeitiger Pfändung für mehrere Gläubiger erfolgt) erbeten wird, und ob der möglicherweise unzuständige Gerichtsvollzieher den Vollstreckungsauftrag weiterleiten soll. Darüber hinaus können z.B. Anweisungen nach § 23 GVGA (Erteilung der Fruchtlosbescheinigung, wenn bekannt ist, dass eine Vollstreckung aussichtslos ist) oder § 58 GVGA (z.B. eine Kassenpfändung nach einem umsatzträchtigen Tag) erteilt werden. Möglich und sinnvoll ist in der Regel auch der Hinweis, dass ein mögliches Vermögensprotokoll nur eingeholt und übersendet werden soll, wenn dieses nicht älter als z.B. ein halbes Jahr ist (das kann man allerdings auch im Modul H vermerken).

Der Name des Auftraggebers dient der Identifizierung und ist – trotz Unterschrift und Signatur – erforderlich. Die Unterschrift ist bei einer qualifizierten Signatur (bzw. wenn ein Anwalt selbst aus seinem eigenen Postfach heraus versendet) entbehrlich (über Papier dürfen Rechtsanwälte bekanntlich keine Anträge mehr einreichen).

Verpflichtend sind letztlich dann der Name des Antragstellers und die Unterschrift (bzw. wegen verpflichtender Einreichung via beA die qualifizierte Signatur, sofern ein Anwalt nicht selbst aus seinem eigenen Postfach heraus versendet).

N

Einholung von Auskünften Dritter (§ 802l ZPO) über den Schuldner (zu Ziffer ______)

☐ Erhebung des Namens und der Vornamen oder der Firma sowie der Anschrift der derzeitigen Arbeitgeber des Schuldners bei

☐ den Trägern der gesetzlichen Rentenversicherung

☐ der folgenden berufsständischen Versorgungseinrichtung im Sinne des § 6 Absatz 1 Satz 1 Nummer 1 SGB VI:

Bezeichnung

Postfach

Straße Hausnummer

Postleitzahl Ort

Tatsächliche Anhaltspunkte dafür, dass der Schuldner Mitglied dieser berufsständischen Versorgungseinrichtung ist:

☐ Ersuchen an das Bundeszentralamt für Steuern, bei den Kreditinstituten die in § 93b Absatz 1 und Absatz 1a AO bezeichneten Daten abzurufen

☐ Erhebung der Fahrzeug- und Halterdaten nach § 33 Absatz 1 StVG zu einem Fahrzeug, als dessen Halter der Schuldner eingetragen ist, beim Kraftfahrt-Bundesamt

☐ Antrag auf aktuelle Einholung von Auskünften (§ 802l Absatz 4 Satz 3 ZPO)
Zur Änderung der Vermögensverhältnisse des Schuldners wird vorgetragen:

☐

O

weitere Aufträge

☐

☐

P

Angaben zur Reihenfolge bzw. Kombination der einzelnen Aufträge

Die gestellten Aufträge sollen in folgender Reihenfolge durchgeführt werden:

1. ___
2. ___
3. ___

☐

Q

Dem Gerichtsvollzieher werden folgende Hinweise gegeben und es werden folgende Vorgaben gemacht:

☐ Es wird um Übersendung des

☐ Protokolls ☐ Gesamtprotokolls
gebeten.

☐ Im Fall der Nichtzuständigkeit wird um Weiterleitung des Vollstreckungsauftrags an den zuständigen Gerichtsvollzieher gebeten, wenn nicht bereits eine Weiterleitung von Amts wegen erfolgt.

☐ Es wird um Rücksendung der Vollstreckungsunterlagen für den Fall gebeten, dass

☐

☐

Namen der Auftraggeber

Unterschriften der Auftraggeber

42 Dem vorstehenden Zwangsvollstreckungsauftrag ist eine Forderungsaufstellung beizufügen, die ebenfalls formulargebunden ist.

Da es möglich ist, mehrere Forderungsaufstellungen beizufügen (insbesondere, wenn das Formular nicht ausreicht), sind die Forderungsaufstellungen durchlaufend zu nummerieren, soweit mehr als eine Aufstellung beizufügen ist. Im Übrigen ist die Forderungsaufstellung aus sich heraus verständlich, es sind Forderungen, Nebenforderungen, vorherige Kosten der Zwangsvollstreckung sowie die Kosten der gestellten Anträge aufzunehmen und eine Gesamtsumme zu bilden.

Praxistipp:
Da laufende Zinsen ab Rechtskraft eines Titels nach drei Jahren verjähren, bietet es sich an, die Zinsen zu „teilen“. Nutzen Sie eine Spalte, um die Zinsen vom Ausspruch bis Rechtskraft ausgerechnet einzutragen und eine weitere, in der Sie die Zinsen ab Rechtskraft aufnehmen. So lassen sich im Falle der Einrede der Verjährung die Zinsen einfacher ermitteln.

Aufstellung von Forderungen für Vollstreckungsaufträge an Gerichtsvollzieher

Lfd. Nr.

Die Gläubiger können von den Schuldnern aus dem Vollstreckungstitel (zu Ziffer ______) die nachfolgend aufgeführten Beträge beanspruchen:

I. Hauptforderungen einschließlich dazugehöriger Zinsen und Säumniszuschläge	
☐ Hauptforderung ☐ Restforderung aus Hauptforderung in Höhe von ______ Euro ☐ Teilforderung aus Hauptforderung in Höhe von ______ Euro	Euro
(Teil-/Rest-)Zinsen wie im Vollstreckungstitel ausgerechnet	Euro
(Teil-/Rest-)Zinsen in Höhe von	
☐ ______ Prozentpunkten über dem jeweiligen Basiszinssatz ☐ ______ Prozent aus ______ Euro seit dem ______ bis ______	Euro
☐ ______ Prozentpunkten über dem jeweiligen Basiszinssatz ☐ ______ Prozent aus ______ Euro seit dem ______ bis ______	Euro
☐ ______ Prozentpunkten über dem jeweiligen Basiszinssatz ☐ ______ Prozent aus ______ Euro seit dem ______	
☐ ______ Prozentpunkten über dem jeweiligen Basiszinssatz ☐ ______ Prozent aus ______ Euro seit dem ______	
☐ Hauptforderung ☐ Restforderung aus Hauptforderung in Höhe von ______ Euro ☐ Teilforderung aus Hauptforderung in Höhe von ______ Euro	Euro
(Teil-/Rest-)Zinsen wie im Vollstreckungstitel ausgerechnet	Euro
(Teil-/Rest-)Zinsen in Höhe von	
☐ ______ Prozentpunkten über dem jeweiligen Basiszinssatz ☐ ______ Prozent aus ______ Euro seit dem ______ bis ______	Euro
☐ ______ Prozentpunkten über dem jeweiligen Basiszinssatz ☐ ______ Prozent aus ______ Euro seit dem ______ bis ______	Euro
☐ ______ Prozentpunkten über dem jeweiligen Basiszinssatz ☐ ______ Prozent aus ______ Euro seit dem ______	
☐ ______ Prozentpunkten über dem jeweiligen Basiszinssatz ☐ ______ Prozent aus ______ Euro seit dem ______	
☐ Hauptforderung ☐ Restforderung aus Hauptforderung in Höhe von ______ Euro ☐ Teilforderung aus Hauptforderung in Höhe von ______ Euro	Euro
Säumniszuschläge gemäß ______ aus ______ Euro seit dem ______ bis ______	Euro
Säumniszuschläge gemäß ______ aus ______ Euro seit dem ______	
☐ ______	Euro
II. Rückständiger Unterhalt oder rückständige Renten aus Anlass einer Verletzung des Körpers oder der Gesundheit für	
Name ______ Vorname(n) ______ geboren am ______	
Rückstand für die Zeit vom ______ bis ______	Euro
(Teil-/Rest-)Zinsen wie im Vollstreckungstitel ausgerechnet	Euro
(Teil-/Rest-)Zinsen in Höhe von	
☐ ______ Prozentpunkten über dem jeweiligen Basiszinssatz ☐ ______ Prozent aus ______ Euro seit dem ______ bis ______	Euro
☐ ______ Prozentpunkten über dem jeweiligen Basiszinssatz ☐ ______ Prozent aus ______ Euro seit dem ______ bis ______	Euro
☐ ______ Prozentpunkten über dem jeweiligen Basiszinssatz ☐ ______ Prozent aus ______ Euro seit dem ______	
☐ ______ Prozentpunkten über dem jeweiligen Basiszinssatz ☐ ______ Prozent aus ______ Euro seit dem ______	
III. Titulierte Kosten einschließlich dazugehöriger Nebenforderungen	
In den Vollstreckungsbescheid aufgenommene Kosten des Mahnverfahrens	
☐ Gesamtkosten ☐ Restkosten aus Gesamtkosten in Höhe von ______ Euro ☐ Teilkosten aus Gesamtkosten in Höhe von ______ Euro	Euro
(Teil-/Rest-)Zinsen wie im Vollstreckungsbescheid ausgerechnet	Euro
(Teil-/Rest-)Zinsen in Höhe von	

☐ ______ Prozentpunkten über dem jeweiligen Basiszinssatz ☐ ______ Prozent aus ______ Euro seit dem ______ bis ______	Euro
☐ ______ Prozentpunkten über dem jeweiligen Basiszinssatz ☐ ______ Prozent aus ______ Euro seit dem ______ bis ______	Euro
☐ ______ Prozentpunkten über dem jeweiligen Basiszinssatz ☐ ______ Prozent aus ______ Euro seit dem ______	
☐ ______ Prozentpunkten über dem jeweiligen Basiszinssatz ☐ ______ Prozent aus ______ Euro seit dem ______	
Titulierte vorgerichtliche Kosten	
☐ Gesamtkosten ☐ Restkosten aus Gesamtkosten in Höhe von ______ Euro ☐ Teilkosten aus Gesamtkosten in Höhe von ______ Euro	Euro
(Teil-/Rest-)Zinsen wie im Vollstreckungstitel ausgerechnet	Euro
(Teil-/Rest-)Zinsen in Höhe von	
☐ ______ Prozentpunkten über dem jeweiligen Basiszinssatz ☐ ______ Prozent aus ______ Euro seit dem ______ bis ______	Euro
☐ ______ Prozentpunkten über dem jeweiligen Basiszinssatz ☐ ______ Prozent aus ______ Euro seit dem ______ bis ______	Euro
☐ ______ Prozentpunkten über dem jeweiligen Basiszinssatz ☐ ______ Prozent aus ______ Euro seit dem ______	
☐ ______ Prozentpunkten über dem jeweiligen Basiszinssatz ☐ ______ Prozent aus ______ Euro seit dem ______	
Festgesetzte Kosten	
☐ Gesamtkosten ☐ Restkosten aus Gesamtkosten in Höhe von ______ Euro ☐ Teilkosten aus Gesamtkosten in Höhe von ______ Euro	Euro
(Teil-/Rest-)Zinsen wie im Kostenfestsetzungsbeschluss ausgerechnet	Euro
(Teil-/Rest-)Zinsen in Höhe von	
☐ ______ Prozentpunkten über dem jeweiligen Basiszinssatz ☐ ______ Prozent aus ______ Euro seit dem ______ bis ______	Euro
☐ ______ Prozentpunkten über dem jeweiligen Basiszinssatz ☐ ______ Prozent aus ______ Euro seit dem ______ bis ______	Euro
☐ ______ Prozentpunkten über dem jeweiligen Basiszinssatz ☐ ______ Prozent aus ______ Euro seit dem ______	
☐ ______ Prozentpunkten über dem jeweiligen Basiszinssatz ☐ ______ Prozent aus ______ Euro seit dem ______	
☐ ______	Euro

IV. Kosten der Zwangsvollstreckung gemäß § 788 Absatz 1 ZPO	
Bisherige Vollstreckungskosten gemäß Aufstellung in weiterer Anlage	Euro
Kosten für dieses Verfahren:	
Rechtsanwaltskosten nach RVG für Vollstreckungsmaßnahme ______; Gegenstandswert (§ 25 RVG): ______ Euro	
Verfahrensgebühr (VV Nr. 3309, ggf. i. V. m. VV Nr. 1008)	Euro
Entgelte für Post- und Telekommunikationsdienstleistungen, ggf. Pauschale (VV Nr. 7001 oder 7002)	Euro
weitere Auslagen ______	Euro
Umsatzsteuer (VV Nr. 7008)	Euro
Zwischensumme Rechtsanwaltskosten ______ **Euro**	
Rechtsanwaltskosten nach RVG für Vollstreckungsmaßnahme ______; Gegenstandswert (§ 25 RVG): ______ Euro	
Verfahrensgebühr (VV Nr. 3309, ggf. i. V. m. VV Nr. 1008)	Euro
Entgelte für Post- und Telekommunikationsdienstleistungen, ggf. Pauschale (VV Nr. 7001 oder 7002)	Euro
weitere Auslagen ______	Euro
Umsatzsteuer (VV Nr. 7008)	Euro
Zwischensumme Rechtsanwaltskosten ______ **Euro**	
Kosten von Inkassodienstleistern nach § 13e RDG gemäß Aufstellung in weiterer Anlage	Euro
☐ ______	Euro

Summe I. bis IV. (Zinsen und Säumniszuschläge nur, soweit nicht laufend)	**Euro**

III. Abnahme der Vermögensauskunft

Liegen dem Gläubiger vor Vollstreckungsbeginn keine Informationen über die Vermögensverhältnisse des Schuldners vor und möchte der Gläubiger „nicht ins Blaue hinein" pfänden, kann er ohne vorherigen Vollstreckungsversuch die Abgabe der Vermögensauskunft beantragen, um in Erfahrung zu bringen, welche Maßnahmen im Rahmen der Vollstreckung erfolgversprechend sind. Der Antrag kann natürlich auch aus anderen Gründen, so z.B. nach Ablauf der zweijährigen Sperrfrist, sinnvoll sein. 43

Mit Vorlage der Vermögensauskunft erhält der Gläubiger einen Überblick über dessen Einkommens- und Vermögensverhältnisse, insbesondere erhält er Auskünfte über 44

- die Anschrift des möglichen Arbeitgebers (für eine mögliche Gehaltspfändung)
- etwa bestehende Konto- und Bankverbindungen (z.B. für eine Kontopfändung)
- abgeschlossene Lebensversicherungen und Bausparverträge
- in seinem Eigentum stehende Fahrzeuge
- Grundbesitz
- andere Sachwerte und Wertgegenstände (z.B. teure Gemälde)
- andere Vermögenswerte (Aktien etc.)
- bestehende Forderungen zugunsten des Schuldners, z.B. Schadensersatzansprüche.

Das Vermögensprotokoll des Schuldners wird beim zentralen Vollstreckungsgericht für zwei Jahre elektronisch gespeichert, wobei in dieses Schuldnerverzeichnis Gerichtsvollzieher, Vollstreckungsgerichte, Insolvenzgerichte und Strafverfolgungsbehörden wie die Staatsanwaltschaft Einsicht nehmen können. Gläubiger, die ein berechtigtes Interesse (Titel) nachweisen und ihrerseits die Abgabe der Vermögensauskunft beantragen, erhalten auf Antrag innerhalb der zwei-Jahres-Frist eine Abschrift, da die erneute oder ergänzte Abgabe der Vermögensauskunft innerhalb dieser Frist nur unter besonderen Bedingungen möglich ist. 45

Die Abgabe der Vermögensauskunft ist ein Offenbarungseid. Hier muss der Schuldner – wie vorstehend dargestellt – sein gesamtes Vermögen (oder Nichtvermögen) offen darlegen und die Richtigkeit an Eides statt versichern – und kann für eine Falschaussage bestraft werden. Die Eintragung im Schuldnerverzeichnis schwächt die Kreditwürdigkeit des Schuldners enorm. Das Wissen über die Konsequenzen bringt den einen oder anderen Schuldner möglicherweise dazu, die Forderung evtl. doch – z.B. in Raten – zu tilgen. 46

Der Antrag ist nicht an ein Formular gebunden; dennoch kann und sollte der Einfachheit halber das Pflichtformular Zwangsvollstreckung genutzt und das Kreuzchen an der passenden Stelle vergeben werden (s. vorstehend unter Rdn 32). 47

IV. Richterliche Durchsuchungsanordnung

1. Allgemeines

Zur Zwangsvollstreckung in das bewegliche Vermögen bedarf es – wenn der Schuldner der Durchsuchung/dem Betreten von Wohnung und Behältnissen widerspricht – im Hinblick auf Art. 13 Abs. 2 GG einer richterlichen Durchsuchungsanordnung. 48

Ein entsprechender Beschluss ist nur ausnahmsweise nicht nötig, wenn der Gerichtsvollzieher „Gefahr im Verzug" erkennt und sofort handeln muss. 49

Der Gläubiger muss für die Begründung des Antrags auf Durchsuchung ein Rechtsschutzbedürfnis haben, das insbesondere vorliegt, wenn der Schuldner dem Gerichtsvollzieher beim ersten Vollstreckungsversuch den Zutritt verweigert hat. Auch wenn der Schuldner nach Zustellung des Vollstreckungstitels mindestens zweimal nicht zuhause angetroffen wurde, kann eine Wohnungsdurchsuchung richterlich angeordnet werden, wobei es notwendig ist, dass der Gerichtsvollzieher wenigstens einmal die Zwangsvollstreckung angekündigt hat. Der letzte Vollstreckungsversuch darf dann nicht mehr als sechs Monate zurückliegen, denn bei einem länger zurückliegenden Versuch kann man nicht unbedingt davon ausgehen, dass der Schuldner der Durchsuchung seiner Wohnung (erneut) widerspricht. 50

Beachtet werden muss auch hier der Grundsatz der Verhältnismäßigkeit: Eine Durchsuchungsanordnung ist z.B. dann nicht mehr verhältnismäßig sondern unbillig, wenn der Schuldner amtsbekannt kein pfändbares Vermögen bzw. keine pfändbaren Gegenstände besitzt.

Sinnvollerweise ist ein entsprechender Durchsuchungsbeschluss bereits in Kombination mit der Sachpfändung zu beantragen, er ist jedoch auch isoliert möglich.

2. Antrag in der aktuellen Fassung

a) Allgemeines zum Formularsatz

51 Soweit ein Antrag auf richterliche Durchsuchungsanordnung nicht im Rahmen der Zwangsvollstreckung in Kombination (als Eventual-Antrag) beantragt wurde, ist dieser separat zu beantragen. Auch insoweit existiert ein Pflichtformular.

Wie bereits ausgeführt, besteht der Antrag auf Erlass eines richterlichen Durchsuchungsantrags aus zwei Formularen, den Anlagen 2 und 3 der Formularverordnung (Antrag auf Erlass einer richterlichen Durchsuchungsanordnung nebst Beschlussentwurf).

Insbesondere ist darauf hinzuweisen, dass der Antrag ebenfalls genutzt werden kann, wenn es um die Zwangsvollstreckung zur Nachtzeit und an Sonn- und Feiertagen geht. Dieser Antrag ist jedoch nicht formulargebunden, kann also auch als eigen formulierter Text gestellt werden (§ 2 Abs. 2 S. 2 ZVFV).

Der Antrag auf Erlass einer richterlichen Durchsuchungsanordnung ist mittels zweier Formulare einzureichen: Zum einen der Antrag selbst, zum anderen ein Beschlussentwurf. Beide Formulare sind zwingend einzureichen, wenngleich den Gerichten noch vorbehalten ist, den Beschlussentwurf (noch) nicht zu verwenden. Um eine elektronische Weiterverarbeitung zu ermöglichen, sollten der Antrag und der vorausgefüllte Beschlussentwurf als getrennte Dokumente in einer elektronischen Nachricht eingereicht werden. Zudem sollte der vorausgefüllte Beschlussentwurf weder handschriftlich ausgefüllt und eingescannt noch mit einer qualifizierten elektronischen Signatur versehen werden, damit eine weitere Verarbeitung gewährleistet ist.

Wie bereits unter Rdn 9 ausgeführt, sind die Formulare vereinheitlicht worden, so dass an dieser Stelle ein Verweis auf die Ausführungen zu den Gläubiger- und Schuldnerangaben (sowohl für den Antrag als auch für den Beschlussentwurf) auf die dortigen Ausführungen (Rdn 24 f.) ausreicht.

b) Der Antrag auf Erlass der richterlichen Durchsuchungsanordnung (und einer richterlichen Anordnung der Vollstreckung zur Nachtzeit und an Sonn- und Feiertagen)

52 Im Hinblick auf die Dateneingabe in Bezug auf das Empfängergericht und die Angaben zum Schuldner wird wegen der Einheitlichkeit der neuen Formulare auf die Ausführungen unter Rdn 23 (Zwangsvollstreckungsauftrag) verwiesen.

Darüber hinaus ist auf Seite 1 des Antrags die jeweilige Begründung für den Antrag aufzunehmen. Wie bereits ausgeführt, muss ein Rechtsschutzinteresse gegeben sein. Bei der Beantragung des Durchsuchungsbeschlusses ist insoweit mit der Verweigerung des Schuldners, beim Antrag auf Vollstreckung zur Nachtzeit und an Sonn- und Feiertagen mit dem Nichtantreffen des Schuldners zu den gewöhnlichen Zeiten zu begründen. Das ergibt sich jeweils aus dem vorliegenden Vollstreckungsprotokoll bzw. aus den Mitteilungen des Gerichtsvollziehers. Der Antrag, der nicht gestellt wird (es sind ja zwei unterschiedliche Möglichkeiten gegeben), wird nicht ausgefüllt (obwohl es sich nach der Regel dieser Formulare um ein Pflichtfeld handelt – keine Umrandung).

Antrag auf Erlass einer richterlichen Durchsuchungsanordnung und einer richterlichen Anordnung der Vollstreckung zur Nachtzeit und an Sonn- und Feiertagen

Vom Gericht auszufüllen:
Eingangsstempel

An das Amtsgericht

– Vollstreckungsgericht –

Bitte beachten Sie die Ausfüllhinweise zu diesem Formular auf www.bmj.de/Zwangsvollstreckungsformulare.

, den

Angaben zum Schuldner:

☐ Herr ☐ Frau ☐ Unternehmen ☐

Name/Firma ggf. Vorname(n)

Straße Hausnummer

Postleitzahl Ort

Land (wenn nicht Deutschland)

Kontaktdaten des Antragstellers:

☐ Gläubiger ☐ gesetzlicher Vertreter ☐ Bevollmächtigter

Name/Firma ggf. Vorname(n)

Telefon E-Mail Fax

Geschäftszeichen

Es wird beantragt, den beigefügten Entwurf wie ausgefüllt als Beschluss zu erlassen.
Begründung des Antrags:
Begründung für Antrag auf Anordnung der Durchsuchung nach § 758a Absatz 1 ZPO:

Begründung für Antrag auf Anordnung der Vollstreckung zur Nachtzeit und an Sonn- und Feiertagen in der Wohnung nach § 758a Absatz 4 ZPO:

Auf Seite 2 findet sich – neben der erforderlichen Angabe über die Anzahl der beizfügenden Nachweise der vorhergehenden Vollstreckungshandlungen – zunächst die Anfrage, ob anstelle der beglaubigten Abschrift eine Ausfertigung des Beschlusses in Papierform erteilt werden soll. Der Grund: Ausfertigungen des Beschlusses werden nur auf Antrag und nur in Papierform erteilt (§ 317 Abs. 2 S. 1 ZPO). **53**

Das optionale Kästchen, wohin der Beschluss gesandt werden soll (Bevollmächtigte/r oder Gerichtsvollzieher/in), begründet sich mit der Tatsache, dass der Gläubiger dem Gerichtsvollzieher den Beschluss grundsätzlich selbst übermitteln und ihn mit der Durchführung der Durchsuchung beauftragen muss; eine Übermittlung von Amts wegen erfolgt also nicht. Es besteht jedoch die Möglichkeit, das Amtsgericht um Weiterleitung des Beschlusses an den zuständigen Gerichtsvollzieher zu ersuchen, wofür auch keine zusätzlichen Kosten entstehen.

Dem Antrag können zum Nachweis des Rechtsschutzinteresses für die Antragsart auch die Protokolle der Vollstreckungshandlungen beigefügt werden. Die beizufügende Anzahl der Protokolle ist auf Seite 2 an entsprechender Stelle einzutragen. Allerdings ist das nur erforderlich, wenn der Umfang des Textfeldes auf Seite 2 nicht ausreichen sollte. Daher kann das Feld auch mit einer „0“ befüllt werden.

Darüber hinaus ist ggf. anzugeben, ob bzw. welche weiteren Anlagen übermittelt werden, wobei auch hier die Bedarfsstellen nur auszufüllen sind, soweit mit den in dem Formular vorgesehenen Kontrollkästchen und Texteingabefeldern die gewünschten Angaben im Antrag nicht gemacht werden können. Dann gilt aber auch, dass die Anlagen in den Eingabefeldern zu bezeichnen sind.

Im Hinblick auf die – stets empfohlene – anwaltliche Versicherung der Bevollmächtigung wird auf die Ausführungen zum Zwangsvollstreckungsauftrag (Rdn 28) verwiesen.

Verpflichtend sind letztlich auch in diesem Formular der Name des Antragstellers und die Unterschrift bzw. die Signatur (alternativ die qualifizierte Signatur, sofern ein Anwalt nicht selbst aus seinem eigenen Postfach heraus versendet).

Zusätzlich wird beantragt,

☐ anstelle einer beglaubigten Abschrift eine Ausfertigung des Beschlusses zu erteilen.
☐ den Beschluss direkt an den zuständigen Gerichtsvollzieher zur Vollstreckung weiterzuleiten.
☐ vor Erlass der Anordnungen keine Anhörung durchzuführen. Eine Anhörung würde den Vollstreckungserfolg aus den nachstehenden Gründen gefährden:

☐ ____________________

Es werden die in dem Beschlussentwurf bezeichneten Vollstreckungstitel mit den jeweiligen Zustellungsnachweisen und die Protokolle über ______ (Anzahl) Vollstreckungshandlungen übermittelt.

Es werden folgende weitere Anlagen übermittelt:

☐ Mitteilungen des Vollstreckungsorgans
☐ Unterlagen, die darlegen, dass eine Anhörung wichtige Interessen des Gläubigers gefährden würde
☐ Vollmacht
☐ Bescheid nach § 9 Absatz 2 UhVorschG
☐ ____________________
☐ ____________________

Versicherung

☐ Es wird gemäß § 753a Satz 1 ZPO die ordnungsgemäße Bevollmächtigung zur Vertretung versichert.
☐ ____________________

Namen der Antragsteller

____________________ ____________________
Unterschriften der Antragsteller

c) Beschlussentwurf zur richterlichen Durchsuchungsanordnung und einer richterlichen Anordnung der Vollstreckung zur Nachtzeit und an Sonn- und Feiertagen

54 Der Beschlussentwurf selbst ist aufwändiger als der Antrag hierzu. Das begründet sich im Großen und Ganzen mit den geforderten Angaben zu Gläubiger und Schuldner (insoweit wird auf die Ausfüllhinweise unter Rdn 24 f. verwiesen). Hierbei handelt es sich um die **Module A und B**, die auch wie das Modul C – Angabe des oder der Vollstreckungstitel/s – hier wegen der Einheitlichkeit der neuen Formulare nicht näher erläutert werden müssen (s. insoweit: Rdn 9, Verordnung).

Amtsgericht ______________________

– Vollstreckungsgericht –

Vom Gericht auszufüllen:
Geschäftszeichen: ______________

Beschluss

In der Zwangsvollstreckungssache

des Gläubigers (zu Ziffer ______)

☐ Herrn ☐ Frau ☐ Unternehmen ☐ ______________

Name/Firma	ggf. Vorname(n)
Straße	Hausnummer
Postleitzahl	Ort
Land (wenn nicht Deutschland)	Geschäftszeichen
Registergericht	Registernummer

☐ Der Gläubiger ist nicht vorsteuerabzugsberechtigt.

☐ sowie der weiteren Gläubiger gemäß weiterer Anlage

A

Gläubiger (zu Ziffer ______) vertreten durch

☐ den gesetzlichen Vertreter

☐ Herrn ☐ Frau ☐ ______

Name

Vorname(n)

Straße

Hausnummer

Postleitzahl

Ort

Land (wenn nicht Deutschland)

☐ den gerichtlich bestellten Betreuer,

☐ der eine Ausschließlichkeitserklärung abgegeben hat (§ 53 Absatz 2 ZPO)

☐ Herrn ☐ Frau ☐ ______

Firma/Name

ggf. Vorname(n)

Straße

Hausnummer

Postleitzahl

Ort

Land (wenn nicht Deutschland)

☐ Firma oder Funktion

☐ diese vertreten durch

Funktion

Name

ggf. Vorname(n)

☐ den gesetzlichen Vertreter

☐ Herrn ☐ Frau ☐ ______

Name

Vorname(n)

Straße Hausnummer

Postleitzahl Ort

Land (wenn nicht Deutschland)

A

Gläubiger (zu Ziffer ____) vertreten durch den Bevollmächtigten

☐ Herrn ☐ Frau ☐ Unternehmen ☐

Name/Firma | ggf. Vorname(n)

Straße | Hausnummer | Postleitzahl | Ort

Land (wenn nicht Deutschland) | Geschäftszeichen

gegen

den Schuldner (zu Ziffer ____)

☐ Herr ☐ Frau ☐ Unternehmen ☐

Name/Firma | ggf. Vorname(n)

Straße | Hausnummer

Postleitzahl | Ort | Land (wenn nicht Deutschland)

Geschäftszeichen | Geburtsdatum | Geburtsort

Registergericht | Registernummer

☐ sowie die weiteren Schuldner gemäß weiterer Anlage

B

Schuldner (zu Ziffer ____) vertreten durch

☐ den gesetzlichen Vertreter

☐ Herrn ☐ Frau ☐

Name

Vorname(n)

Straße

Hausnummer

Postleitzahl

Ort

Land (wenn nicht Deutschland)

☐ den gerichtlich bestellten Betreuer,

☐ der eine Ausschließlichkeitserklärung abgegeben hat (§ 53 Absatz 2 ZPO)

☐ Herrn ☐ Frau ☐

Firma/Name

ggf. Vorname(n)

Straße

Hausnummer

Postleitzahl

Ort

Land (wenn nicht Deutschland)

☐ Firma oder Funktion

☐ diese vertreten durch

Funktion

Name

ggf. Vorname(n)

☐ den gesetzlichen Vertreter

☐ Herrn ☐ Frau ☐

Name

Vorname(n)

Straße | Hausnummer

Postleitzahl | Ort

Land (wenn nicht Deutschland)

55 Auf Seite 3 des Beschlussentwurfs ist zunächst der Antrag bzw. sind zunächst die Anträge auszuwählen:

- Wird (nur) eine Durchsuchungsanordnung beantragt?
- Wird (nur) die Anordnung der Vollstreckung zur Nachtzeit und an Sonn- und Feiertagen beantragt?
- Werden beide Beschlüsse/Anordnungen begehrt?

Die entsprechende Auswahl ist anzukreuzen.

Nachdem der oder die Vollstreckungstitel in **Modul C** (Seite 3) aufgenommen wurde/n (hier wieder Verweis auf die Ausführungen unter Rdn 26), ist die Höhe der derzeit (noch) offenen Forderung vor **Modul D** einzutragen (eine Forderungsaufstellung zu diesem Antrag ist nicht vorgesehen, die Auswahl, ob es sich um Hauptforderungen, Teil- oder Restforderungen handelt mit entsprechenden Beträgen ist insoweit ausreichend).

Modul D 56

Modul D (ebenfalls Seite 3 – geht bis Seite 4) ist auszufüllen, sofern es sich bei dem Antrag um den Antrag auf Erlass einer Durchsuchungsanordnung handelt; hier sind dann die Wohn- bzw. Betriebsstättenanschriften, die geöffnet und durchsucht werden sollen, mit Namen einzutragen.

B

Schuldner (zu Ziffer ______) vertreten durch den Bevollmächtigten

☐ Herrn ☐ Frau ☐ Unternehmen ☐ ______

Name/Firma	ggf. Vorname(n)		
Straße	Hausnummer	Postleitzahl	Ort
Land (wenn nicht Deutschland)	Geschäftszeichen		

ergeht folgende

☐ Durchsuchungsanordnung

☐ Anordnung der Vollstreckung zur Nachtzeit und an Sonn- und Feiertagen:

Auf Antrag des Gläubigers wird

C

aus dem Vollstreckungstitel (zu Ziffer ______)

Art	Aussteller
Datum	Geschäftszeichen

sowie aus dem Vollstreckungstitel (zu Ziffer ______)

Art	Aussteller
Datum	Geschäftszeichen

☐ sowie aus den weiteren Vollstreckungstiteln aufgeführt in weiterer Anlage

wegen der noch bestehenden

☐ Hauptforderungen in Höhe von insgesamt ______ Euro

☐ Teilforderungen in Höhe von insgesamt ______ Euro

☐ Restforderungen in Höhe von insgesamt ______ Euro

Folgendes angeordnet:

D

☐ Der zuständige Gerichtsvollzieher wird ermächtigt, zum Zweck der Zwangsvollstreckung

☐ die Privatwohnung von

Name der betroffenen Person	Vorname(n) der betroffenen Person
Straße	Hausnummer
Postleitzahl	Ort

☐ die Arbeits-, Betriebs-, Geschäftsräume von

Name der betroffenen Person	Vorname(n) der betroffenen Person
Straße	Hausnummer
Postleitzahl	Ort

Sofern der Durchsuchungsantrag mit der Vollstreckung zur Nachtzeit und an Sonn- und Feiertagen kombiniert werden soll, ist dies ebenfalls im Modul D (Seite 4/oben) durch Ankreuzen der dafür vorgesehenen Kästchen anzugeben.

57 **Modul E**

Wird die Anordnung begehrt, dass Vollstreckungsmaßnahmen zur Nachtzeit und an Sonn- und Feiertagen durchzuführen sind, so sind diese Vollstreckungsmaßnahmen und die Orte, an denen sie durchgeführt werden sollen, im Modul E zu benennen.

D

☐ andere Örtlichkeit

Name der betroffenen Person	Vorname(n) der betroffenen Person
Straße	Hausnummer
Postleitzahl	Ort

zu durchsuchen (§ 758a Absatz 1 ZPO).

☐ **Gleichzeitig wird angeordnet, dass die Durchsuchung der oben bezeichneten**

☐ Privatwohnung

☐ Arbeits-, Betriebs-, Geschäftsräume

☐ ______

zur Nachtzeit und an Sonn- und Feiertagen (§ 758a Absatz 4 ZPO) durchgeführt werden kann.

E

☐ **Der zuständige Gerichtsvollzieher wird ermächtigt, die** ______ (Bezeichnung der Zwangsvollstreckungsmaßnahmen) **in**

☐ der Privatwohnung von

Name der betroffenen Person	Vorname(n) der betroffenen Person
Straße	Hausnummer
Postleitzahl	Ort

☐ den Arbeits-, Betriebs-, Geschäftsräume von

Name der betroffenen Person	Vorname(n) der betroffenen Person
Straße	Hausnummer
Postleitzahl	Ort

☐ andere Örtlichkeit

Name der betroffenen Person	Vorname(n) der betroffenen Person
Straße	Hausnummer
Postleitzahl	Ort

zur Nachtzeit und an Sonn- und Feiertagen durchzuführen (§ 758a Absatz 4 ZPO).

58 **Modul F**

Beim Modul F handelt es sich um die zu erlassenden Beschlussangaben, daher ist dieses Modul (wie auch dort vermerkt) vom Gericht auszufüllen. Einer Unterschrift/Signatur des Anwalts bedarf es nicht, da es sich bei diesem Formular nicht um einen Antrag, sondern eben um den Beschlussentwurf handelt. Eine qualifizierte Signatur auf diesem Formular ist sogar schädlich, weil sie die Weiterverarbeitung durch das Gericht verhindert.

F

Vom Gericht auszufüllen:

Bezeichnung der Ermächtigung

☐ Es wird angeordnet, dass die Ermächtigung zur ______
auf die Dauer von ___ Monat/-en von heute an befristet ist.

☐ Im Rahmen der angeordneten Durchsuchung umfasst sie die Befugnis, verschlossene Haustüren, Zimmertüren und Behältnisse öffnen zu lassen und Pfandstücke zum Zweck ihrer Verwertung an sich zu nehmen (Artikel 13 Absatz 2 GG, § 758a Absatz 1 ZPO). Die Ermächtigung gilt zugleich für das Abholen der Pfandstücke.

Weitere Anordnungen:

Die Durchsuchung der Wohnung bzw. der anderen Örtlichkeit wird
☐ auf folgende Zeiten beschränkt: von ______ Uhr bis ______ Uhr. ☐ zeitlich nicht beschränkt.

Gründe:

☐ Nach den Angaben des zuständigen Gerichtsvollziehers konnten die Schuldner wiederholt und trotz Terminsmitteilung in der Wohnung bzw. der anderen Örtlichkeit nicht angetroffen werden.

☐ Die Schuldner haben dem Gerichtsvollzieher die Durchsuchung verweigert.

☐ Auf eine Anhörung der Schuldner vor Erlass des Beschlusses wurde im Hinblick auf den bisherigen Verfahrensgang verzichtet, um den Vollstreckungserfolg nicht zu gefährden.

☐

Vom Gericht auszufüllen:

Datum ______ Name Richterin/Richter ______ ______
Unterschrift Richterin/Richter

☐ Ausgefertigt ☐ Beglaubigt

Datum ______ Name Urkundsbeamtin/Urkundsbeamter ______ ______
Unterschrift Urkundsbeamtin/Urkundsbeamter

V. Vorläufiges Zahlungsverbot (Vorpfändungsbenachrichtigung)

1. Allgemeines

Zwischen dem Erhalt eines Vollstreckungstitels und der Zustellung eines Pfändungs- und Überweisungsbeschlusses 59
(s.u. Rdn 63) liegt in aller Regel ein längerer Zeitraum (durch die Beantragung und die Notwendigkeit der Beschlussfassung durch das Gericht). In diesem Zeitraum besteht für den Gläubiger die Gefahr, dass der Schuldner Forderungen einzieht, die er gegen Dritte hat, und die der Gläubiger beabsichtigt, mit dem entsprechenden Pfändungs- und Überweisungsbeschluss zu pfänden. Um hier einen sicheren Zeitraum zu schaffen, ist dem Pfändungs- und Überweisungsbeschluss das sog. Zahlungsverbot vorzuschieben. Ein Zahlungsverbot bedarf lediglich der Beifügung einer Kopie des entsprechenden Titels; eine Ausfertigung oder sogar das Original ist nicht notwendig. Sobald das vorläufige Zahlungsverbot an den Drittschuldner zugestellt wurde, darf dieser nicht mehr an den Schuldner zahlen. Er muss das Geld „zurückhalten", ggf. hinterlegen.

Hierbei ist jedoch zu beachten, dass spätestens **einen Monat** nach Zustellung des Zahlungsverbots der Pfändungs- und Überweisungsbeschluss an den Drittschuldner zugestellt sein muss, da das Zahlungsverbot ansonsten seine Wirkung verliert und der Drittschuldner den gepfändeten Betrag wieder an den Schuldner auszahlen darf.

Das Zahlungsverbot wahrt bei fristgerechtem Nachschieben eines Pfändungs- (und Überweisungs-)beschlusses im 60
Übrigen auch bereits einen Rang: Ist ein Zahlungsverbot dem Drittschuldner zugestellt worden und reicht ein weiterer Gläubiger im Anschluss hieran einen Pfändungs- und Überweisungsbeschluss ein, ist der im Nachhinein und innerhalb eines Monats auf das Zahlungsverbot ergehende und zugestellte Pfändungs- und Überweisungsbeschluss vorrangig zu befriedigen.

Beispiel:
Der Gläubiger G beantragt ein vorläufiges Zahlungsverbot bezüglich des Lohns des Schuldners, das am 24.9.2025 dem Arbeitgeber zugestellt wird; ein anderer Gläubiger H beantragt (ohne vorheriges vorläufiges Zahlungsverbot) einen Pfändungs- und Überweisungsbeschluss, bezogen auf dieselbe Forderung, der antragsgemäß erlassen und dem Drittschuldner (Arbeitgeber) am 7.10.2025 zugestellt worden ist. Der auf Antrag des Gläubigers G nachgeschobene Pfändungs- und Überweisungsbeschluss wird dem Drittschuldner am 22.10.2025 zugestellt.

Lösung:

Der Zeitpunkt der Pfändung des Gläubigers G (= Zustellung des Pfändungs- und Überweisungsbeschlusses) wirkt auf den Zeitpunkt der Zustellung des vorläufigen Zahlungsverbotes (24.9.2025) „zurück"; Gläubiger G wird vorrangig befriedigt.

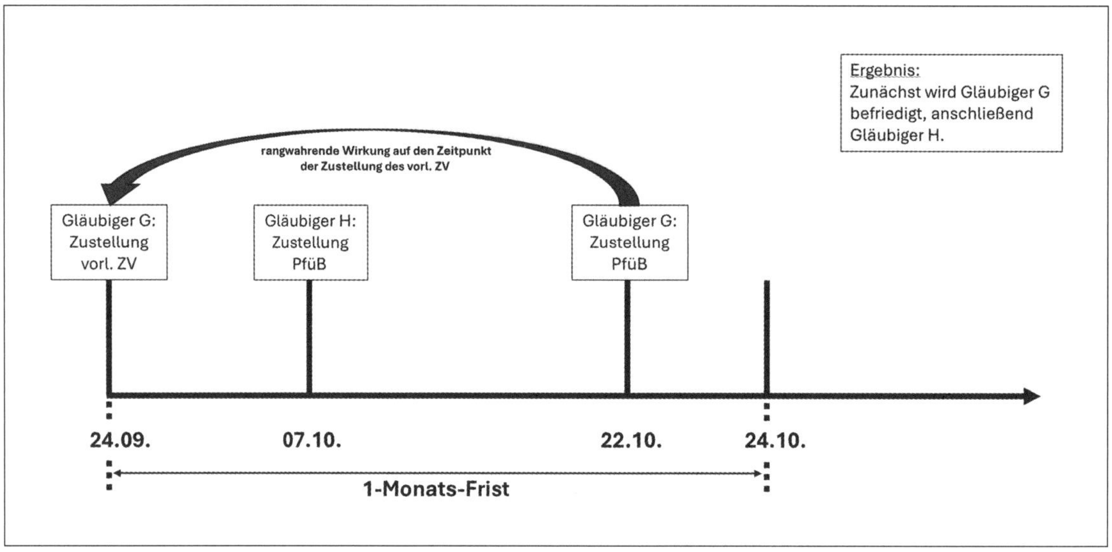

61 Dies gilt allerdings nicht, wenn der Pfändungs- und Überweisungsbeschluss nicht im Rahmen der Monatsfrist zugestellt wurde: Hat sich ein weiterer Gläubiger nach Zustellung des Zahlungsverbotes jedoch vor Zustellung des darauf bezogenen Pfändungs- und Überweisungsbeschlusses des ersten Gläubigers in die Liste der Gläubiger eingereiht, so ist dieser vorrangig zu befriedigen, wenn die Monatsfrist nicht eingehalten wurde; der Gläubiger, der das Zahlungsverbot vorgeschoben hat, steht also hinten an, weil die Zustellung des Pfändungs- und Überweisungsbeschlusses „zu spät" war.

Beispiel:
Der Gläubiger G beantragt ein vorläufiges Zahlungsverbot bezüglich des Lohns des Schuldners, das am 24.9.2025 dem Arbeitgeber zugestellt wird; ein anderer Gläubiger H beantragt (ohne vorheriges vorläufiges Zahlungsverbot) einen Pfändungs- und Überweisungsbeschluss, bezogen auf dieselbe Forderung, der antragsgemäß erlassen und dem Drittschuldner (Arbeitgeber) am 7.10.2025 zugestellt worden ist. Der auf Antrag des Gläubigers G nachgeschobene Pfändungs- und Überweisungsbeschluss wird dem Drittschuldner am 29.10.2025 zugestellt.

Lösung:

Gläubiger G hat die Monatsfrist „verpasst"; die Wirkung des vorläufigen Zahlungsverbotes ist entfallen. Gläubiger H wird vorrangig befriedigt.

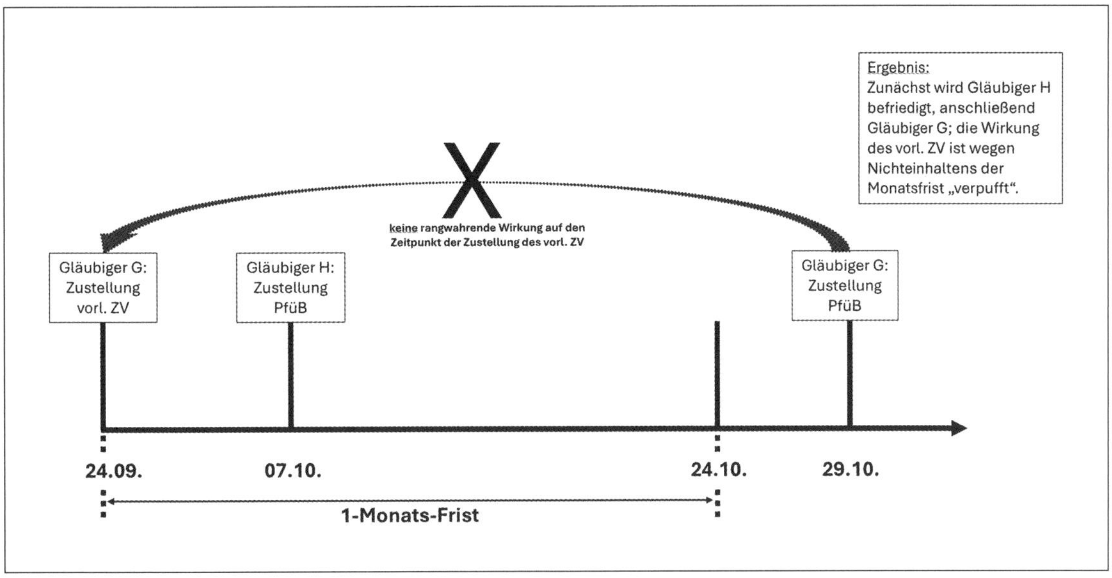

2. Antrag

Der Antrag auf Zustellung eines vorläufigen Zahlungsverbots (auch: Vorpfändungsbenachrichtigung) unterliegt nicht dem Formularzwang. Ein entsprechender Antrag kann jedoch mit dem Pflichtformular Zwangsvollstreckung (dort Seite 4, Modul J) erteilt werden. Da auch die Gerichtsvollzieher am elektronischen Rechtsverkehr teilnehmen, kann und sollte die Beauftragung an den Gerichtsvollzieher via beA erfolgen; wird das vorläufige Zahlungsverbot ohnehin beim Gericht – dort bei der Verteilerstelle für Gerichtsvollzieheraufträge – eingereicht, ist das beA zwingend zu nutzen. Ohne Nutzung des Formulars könnte ein solcher Antrag wie folgt formuliert werden: 62

▼

Formulierungsbeispiel 6.1: Vorläufiges Zahlungsverbot

An das Amtsgericht

(...) *(das Gericht, das am nächsten ist, also eigener Sitz)*

Vorläufiges Zahlungsverbot gem. § 845 ZPO

In Sachen (...) *(volles Rubrum)*

kann der Gläubiger von dem Schuldner die in der beigefügten Forderungsaufstellung berechnete Summe beanspruchen.

Wegen dieser Ansprüche und Kosten (einschließlich Gerichtsvollzieherkosten und Zustellungskosten) für diesen Beschluss steht die gerichtliche Pfändung der angeblichen Forderungen des Schuldners gegenüber

(...) *(genaue Bezeichnung des Drittschuldners)*

wegen

(...) *(genaue Bezeichnung und Bezifferung des Anspruchs)*

– einschließlich der künftig fällig werdenden Beträge aus dem gleichen Rechtsgrunde – bevor. Als Bevollmächtigte des Gläubigers benachrichtigen wir hiermit Drittschuldner und Schuldner gem. § 845 ZPO von der bevorstehenden Pfändung mit der Aufforderung an den Drittschuldner, nicht an den Schuldner zu zahlen, und an den Schuldner, sich jeder Verfügung über die Forderung, insbesondere ihrer Einziehung, zu enthalten. Diese Benachrichtigung hat die Wirkung eines Arrestes (§§ 845, 930 ZPO), sofern die Pfändung der Forderung innerhalb eines Monats bewirkt wird. Nach der Zustellung des gerichtlichen Pfändungsbeschlusses hat der Drittschuldner nach § 840 ZPO die Verpflichtung zur Erklärung,

1. ob und inwieweit er die Forderung als begründet anerkennt und Zahlung zu leisten bereit ist;
2. ob und welche Ansprüche andere Personen an die Forderung stellen;
3. ob und wegen welcher Ansprüche die Forderung bereits für andere Gläubiger gepfändet ist.

Im Interesse einer vereinfachten Abwicklung bitten wir, diese Fragen binnen zwei Wochen zu beantworten.

Zustellung wird erbeten an Drittschuldner und Schuldner.

(...) *(Ort)*, den (...) *(Datum)*

(...) *(Unterschrift des Rechtsanwalts)*

Anlage: Forderungsaufstellung, Titelkopie

▲

Dieser Antrag löst eine Vollstreckungsgebühr aus, die allerdings in der Vollstreckungsgebühr des nachfolgenden Pfändungsbeschlusses „untergeht".

VI. Vollstreckung über das Amtsgericht (Forderungspfändung)

1. Allgemeines

63 Die Forderungspfändung umfasst die Zwangsvollstreckung in Ansprüche, die ein Schuldner gegen einen Dritten, den sogenannten Drittschuldner, hat. Hier hat der Gerichtsvollzieher keine Befugnisse mehr, vielmehr muss das Vollstreckungsgericht über Anträge des Gläubigers im Beschlussweg entscheiden.

Der Pfändungs- (und Überweisungs-)beschluss ist also dann erforderlich, wenn der Gläubiger Forderungen pfänden will, die seinem Schuldner gegen einen Drittschuldner zustehen. Das kann z.B. die Forderung des Schuldners gegenüber dessen Arbeitgeber auf Auszahlung von Lohn oder ein erwarteter Auszahlungsbetrag von einer Lebensversicherung sein.

Der vom Gericht begehrte Beschluss

- bewirkt die Beschlagnahme der entsprechenden Forderung,
- verbietet dem Schuldner deren Einziehung,
- verbietet dem Drittschuldner die Leistung an den Schuldner,
- (überträgt die Forderung des Schuldners auf dessen Gläubiger per Überweisung – der Begriff hat nichts mit der Überweisung im „banktechnischen Sinne" zu tun).

Um eine Forderung zu pfänden, sind folgende Angaben in dem zu beantragenden Beschluss zwingend erforderlich:

- die genaue Bezeichnung des Schuldners,
- die genaue Bezeichnung des Gläubigers,
- die genaue Benennung des Drittschuldners,
- die genaue Bezeichnung der Forderung des Gläubigers,
- die genaue Angabe des zu pfändenden Anspruchs,
- (die Kontoverbindung des Gläubigers oder seines Vertreters).

Der Antrag auf Erlass eines Pfändungs- (und Überweisungs-)beschlusses ist an das zuständige Vollstreckungsgericht zu richten. Welches Gericht das ist, richtet sich nach dem Wohnsitz des Schuldners bzw. dessen Geschäftssitz, falls es sich beim Schuldner um ein Unternehmen handelt.

Ergeht der begehrte Beschluss, so beinhaltet dieser das Verbot an den Drittschuldner, die gepfändete Forderung an den Schuldner zu leisten und enthält die Anweisung an den Schuldner, insbesondere die Einziehung dieser Forderung zu unterlassen.

Der Pfändungs- (und Überweisungs-)beschluss muss dem Drittschuldner zugestellt werden, wodurch er erst Wirksamkeit entfaltet. Erst ab diesem Zeitpunkt darf der Drittschuldner – z.B. der Arbeitgeber oder die Bank des Schuldners – nicht mehr an den Schuldner zahlen, und der Schuldner darf die gepfändete Forderung dann auch nicht mehr beim Drittschuldner einfordern.

64 Zu den aus der Erfahrung der Verfasserin effektivsten Vollstreckungsmaßnahmen zählte bislang die **Kontenpfändung**, da der Schuldner diesbezüglich in seiner Flexibilität stark eingeschränkt wurde. Er konnte über sein Vermögen nicht mehr verfügen, bekam Gehaltszahlungen und andere Leistungen nicht ausgezahlt. In diesem Falle waren die Schuldner oft schnell bereit, wenigstens eine Ratenzahlungsvereinbarung mit dem Gläubiger zu treffen. Durch die Einführung der sog. **Pfändungsschutzkonten** (P-Konto) hat sich das Verhalten der Schuldner (nicht zugunsten der Gläubiger) geändert. Denn das P-Konto ist eine Erleichterung für den Schuldner.

Das seit dem 1.7.2010 mögliche P-Konto ist ein auf Guthabenbasis zu führendes Girokonto einer natürlichen Person mit dem Zusatzvermerk „P-Konto", das im Falle einer Pfändung dem Schuldner die Verfügung über den monatlichen pfändungsfreien Betrag ermöglicht. Während es vor Inkrafttreten dieser Änderung noch notwendig war, dass der Schuldner bei erfolgter Kontopfändung bei Gericht einen Schutzantrag stellen musste, muss der Schuldner (am besten vor der Pfändung, aber selbst im Laufe und nach der Pfändung ist dies möglich) heute nur noch bei seiner Bank vorsprechen. Damit ist der Schuldner besonders geschützt und er kann auch einer Pfändung eher „gelassen“ entgegensehen. Das bedeutet aber nicht zwingend, dass eine Kontenpfändung immer ins Leere geht.

Die Forderungspfändung unterliegt dem Formularzwang, wobei zwei unterschiedliche Forderungsaufstellungen zur Verwendung kommen. 65

2. Auswahl der begehrten Beschlüsse

Unabhängig davon, ob Sie nun gewöhnliche Forderungen oder Unterhaltsforderungen pfänden möchten, sind die Formulare sowohl für den Antrag auf Erlass eines Pfändungsbeschlusses (ohne Einziehung der Forderung zur Überweisung) als auch für den Antrag auf Erlass eines Pfändungs- und Überweisungsbeschlusses zu stellen. 66

Die reine Einziehung zur Überweisung (im Anschluss an einen Pfändungsbeschluss, z.B. nach Wegfall notwendiger Sicherheitsleistungen) ist nicht zwingend mittels des Formulars zu beantragen, aber möglich (dazu später).

a) Pfändungs- und Überweisungsbeschluss

Beim Antrag auf Erlass eines Pfändungs- und Überweisungsbeschlusses wird die Forderung gepfändet und zugleich „zur Einziehung überwiesen“, was bedeutet, dass auch eine Verwertung erfolgen soll. Gepfändete Gelder sollen ausgezahlt, gepfändete Sachen herausgegeben oder verwertet werden. Dies geht immer dann, wenn ein Titel ohne Sicherheitsbeschränkungen vorliegt, bzw. bei einem vorläufig nur vollstreckbaren Titel die erbrachte Sicherheitsleistung oder die Rechtskraft des Titels nachgewiesen werden kann. 67

b) Pfändungsbeschluss

Wenn die Anordnung der Sicherheitsleistung aktuell noch Geltung hat, die Sicherheit aber nicht geleistet werden soll oder kann, kann nur die Sicherungsvollstreckung durchgeführt werden: Denn die Verwertungsmöglichkeit (Einziehung der Forderung zwecks Überweisung) ist insoweit ausgeschlossen; nur der Sicherungsanspruch ist durchsetzbar. 68

Hinweis:
Bei der Sicherungsvollstreckung ist das Einhalten einer Wartefrist erforderlich: Neben Titel, Klausel und Zustellung ist es notwendig, dass der Titel mit Vollstreckungsklausel zwei Wochen vor Beantragung des Pfändungsbeschlusses zugestellt und die Zustellung dem Vollstreckungsgericht nachgewiesen wird (§ 750 Abs. 3 ZPO). Diese Wartefrist soll dem Schuldner ermöglichen, die Sicherungsvollstreckung durch Sicherheitsleistung noch abzuwenden.

c) Überweisungsbeschluss

Ein isolierter Antrag „Beschluss auf Überweisung“ ist immer dann erforderlich, wenn zuvor die Sicherungsvollstreckung betrieben wurde, aber dann das Urteil z.B. zweitinstanzlich bestätigt wurde und in Rechtskraft erwachsen ist. Mit dem Rechtskraftattest wird der Wegfall der Sicherungsbeschränkungen nachgewiesen und die seinerzeit gepfändete Forderung kann zur Einziehung überwiesen, also verwertet werden. Gleiches gilt, wenn im Nachhinein (also nach Sicherungsvollstreckung) die Sicherheit geleistet wird. 69

3. Einziehungsart

Die Verwertung gepfändeter Forderungen zur Befriedigung des Gläubigers erfolgt grundsätzlich durch Überweisung nach § 835 ZPO. Der Gläubiger hat insoweit die Wahl: 70

a) Überweisung zur Einziehung

Die Überweisung zur Einziehung ist der Regelfall, also die vorherrschende Art der Überweisung, weil sie risikolos ist: Der Gläubiger erwirbt (nur) das Recht, die aus der Forderungsinhaberschaft resultierenden Rechte gegenüber dem Drittschuldner im eigenen Namen geltend zu machen, soweit dies zur Einziehung der Forderung notwendig ist. Er wird nicht Inhaber der gepfändeten Forderung. Damit wird der Gläubiger erst befriedigt, wenn er vom Drittschuldner die von diesem auf die gepfändete Forderung geschuldete Zahlung erhält. Bei Zahlungsunfähigkeit des Drittschuldners kann der Gläubiger den Titel weiterverwenden, also auch in andere Vermögenswerte des Schuldners vollstrecken. Der Titel ist nicht verbraucht. 71

b) Überweisung an Zahlung Statt

Die Überweisung an Zahlung statt stellt die Ausnahme dar, weil sie risikobehaftet ist: Denn die Überweisung an Zahlung statt zum Nennwert hat die Wirkung einer Abtretung, was bedeutet, dass die Forderung mit allen Nebenrechten in Höhe des zu vollstreckenden Betrages einschließlich der Kosten auf den Gläubiger übergeht. Der Gläubiger wird somit 72

Inhaber der Forderung. Er gilt mit dem Forderungsübergang auf ihn als befriedigt, unabhängig davon, ob und inwieweit er tatsächlich vom Drittschuldner Zahlung erhält.

Damit trägt der Gläubiger das Risiko der Zahlungsunfähigkeit des Drittschuldners. Der Titel ist also in jedem Fall verbraucht („erfüllt"), weitere (andere) Forderungen können damit nicht eingezogen werden.

4. Erhöhung der Pfändungschancen

73 Der Gläubiger hat – was zum Teil titelabhängig ist – die Möglichkeit, durch unterschiedliche Anträge seine Pfändungschancen bei der Forderungspfändung (Pfändungs- und Überweisungsbeschluss) zu erhöhen.

a) Zusammenrechnung von Einkünften

74 Dass die Menschen heutzutage mehr als nur einer einkünfteerzielenden Tätigkeit nachgehen oder auch verschiedene Sozial- oder Naturalleistungen von verschiedenen Drittschuldnern beziehen ist fast normal: So suchen sich manche einen Zweitjob, oft als Minijob, um ihr Grundeinkommen zu verbessern; andere erhalten – z.B. weil sie im Niedriglohnsegment beschäftigt sind und Ihren Lebensunterhalt damit nicht finanzieren können – Aufstockungsgelder von Behörden.

75 Bei der Berechnung der Pfändungsfreigrenzen für das Arbeitseinkommen (§ 850c ZPO) wird jedoch grundsätzlich davon ausgegangen, dass der Schuldner nur ein Arbeitseinkommen hat.

76 Werden bei einem Schuldner beispielsweise zwei Einkommen gepfändet, so muss jeder Arbeitgeber die jeweilige Pfändungsfreigrenzen beachten. Die Folge: Der Schuldner erhält den pfändungsfreien Betrag „mehrfach". Eine Zusammenrechnung der Einkommen bewirkt, dass der Schuldner für seine gesamten Bezüge nur einen einzigen Pfändungsfreibetrag in Anspruch nehmen kann, was die Pfändungschancen erhöht, weil der Freibetrag niedriger ist.

77 Der Antrag auf Zusammenrechnung der Einkünfte kann zugleich mit dem Antrag auf Pfändung beider Einkommen, aber auch nachträglich gestellt werden. Ein nachträglicher Antrag auf Zusammenrechnung kann auch z.B. dann gestellt werden, wenn sich Erkenntnisse über ein zweites Einkommen erst nach Pfändung des ersten Einkommens ergeben.

78 Hier gilt: „Wer zuerst kommt, mahlt zuerst!" Selbst wenn Sie nachrangiger Schuldner sind, so werden Sie dann bevorzugt, wenn Sie vor den anderen Gläubigern den Antrag auf Zusammenrechnung gestellt haben.

Beispiel:

Der ledige Schuldner ohne Unterhaltsverpflichtung arbeitet beim

- Arbeitgeber A mit einem Nettoeinkommen von 1.150,00 EUR
- daneben beim Arbeitgeber B mit einem Nettoeinkommen (Minijob) von 450,00 EUR.

Beide Ansprüche werden gepfändet. Jeder Arbeitgeber – Drittschuldner – hat die Pfändungsgrenzen zu beachten und zahlt – da bei einer ledigen Person ohne Unterhaltsverpflichtung 1.179,99 EUR* unpfändbar sind – das Einkommen vollständig an den Schuldner aus:

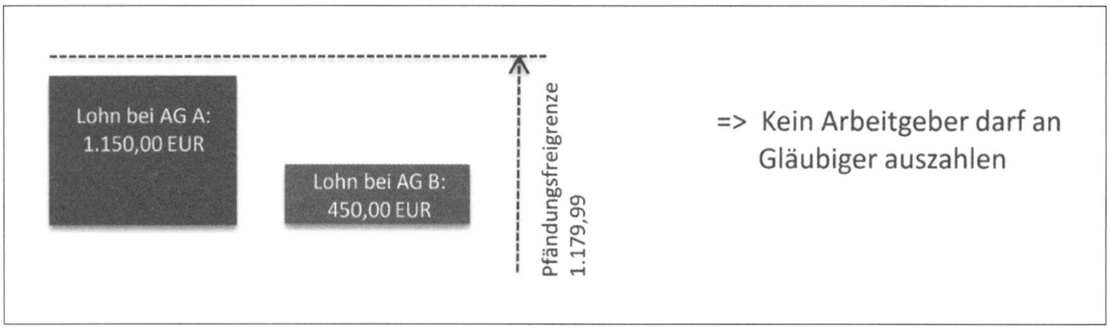

Wird beim Vollstreckungsgericht beantragt, dass die beiden Einkommen zusammengerechnet werden, ergibt sich ein Nettoeinkommen von 1.150,00 EUR + 450,00 EUR = 1.600,00 EUR. Laut Pfändungstabelle sind von diesem Betrag 294,99 EUR pfändbar:

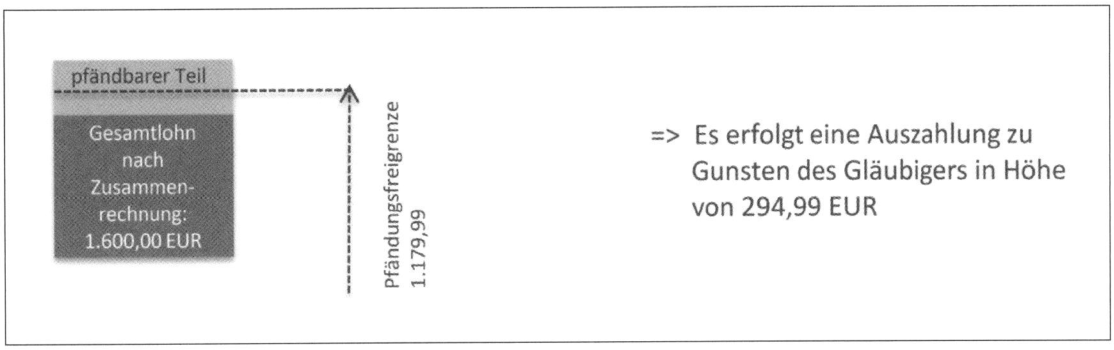

*Die Pfändungsfreigrenzen sind hier beispielhaft und nicht den tatsächlichen Tabellen entsprechend.

b) Nichtberücksichtigung von Unterhaltsberechtigten

Unterhaltsverpflichtungen des Schuldners beeinflussen die Höhe des pfändbaren Betrags, denn der Drittschuldner (in der Regel wird dies der Arbeitgeber sein) muss die Unterhaltsverpflichtungen des Schuldners bei der Berechnung des pfändbaren Einkommens einbeziehen. Dies gilt auch, wenn dem Arbeitgeber bekannt ist, dass Ehepartner oder Kinder des Schuldners über eigene Bezüge verfügen. 79

§ 850c Abs. 4 ZPO ermöglicht aber, dass unterhaltsberechtigte Personen, die über eigenes Einkommen in ausreichender Höhe verfügen, bei der Berechnung des unpfändbaren Einkommens ganz oder teilweise unberücksichtigt bleiben. 80

Als unterhaltsberechtigt sind die Personen bei der Ermittlung der Pfändungsgrenzen einzubeziehen, denen der Schuldner aufgrund einer gesetzlichen Verpflichtung Unterhalt zu gewähren hat (Ehegatte, der frühere Ehegatte, der Lebenspartner bzw. frühere Lebenspartner i.S.d. LPartG, Kinder, Enkel, Eltern, Großeltern, Adoptivkindern, Pflegekindern, Mutter eines nichtehelichen Kindes). 81

Insoweit nicht einzubeziehen sind hingegen freiwillige, moralische bzw. faktische Unterhaltszahlungen (z.B. Naturalunterhalt an im Haushalt lebende Kinder, die weder leibliche Abkömmlinge des Schuldners sind noch adoptiert wurden oder freiwillige Leistungen an nichteheliche Lebenspartner). 82

Beispiel:

Der Gläubiger hat den Arbeitslohn des Schuldners, der einen Netto-Arbeitslohn von 1.750,00 EUR bezieht, gepfändet. Der Drittschuldner, dem bekannt ist, dass der Schuldner gegenüber seiner Ehefrau und seiner Tochter unterhaltsverpflichtet ist, zahlt nach der Tabelle des § 850c ZPO keine pfändbaren Beträge aus. Dem Gläubiger ist jedoch bekannt, dass die 17-jährige Tochter im Ausbildungsverhältnis steht und eine monatliche Ausbildungsvergütung in Höhe von 1.000,00 EUR bezieht; er weiß weiter, dass die Ehefrau des Schuldners einer geringfügigen Beschäftigung mit einem Einkommen von 450,00 EUR nachgeht. Das ändert aber zunächst nichts daran, dass der Arbeitgeber nichts auszahlen kann bzw. darf.*

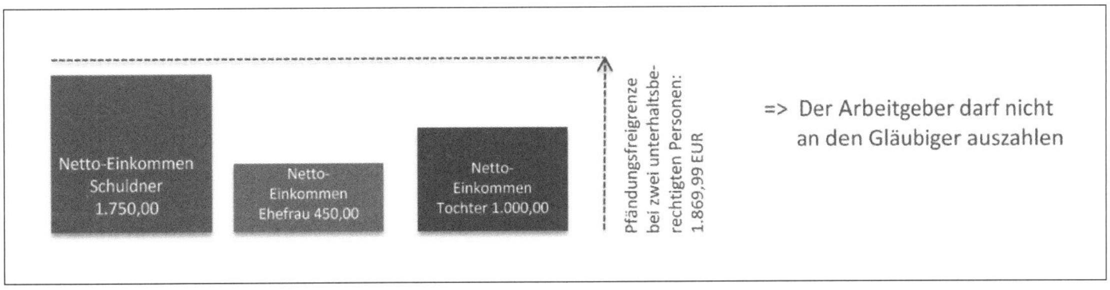

Erwirkt der Schuldner im Beispiel einen Beschluss wegen Nichtberücksichtigung von Ehefrau und Kind, so ist ein Betrag in Höhe von 399,99 EUR pfändbar, der dem die Nichtberücksichtigung zuerst beantragenden Gläubiger sogar dann zusteht, wenn andere Pfändungen vorrangig sind. Denn der Beschluss gilt nur für den Gläubiger, der den Beschluss nach § 850c Abs. 4 ZPO erwirkt hat.

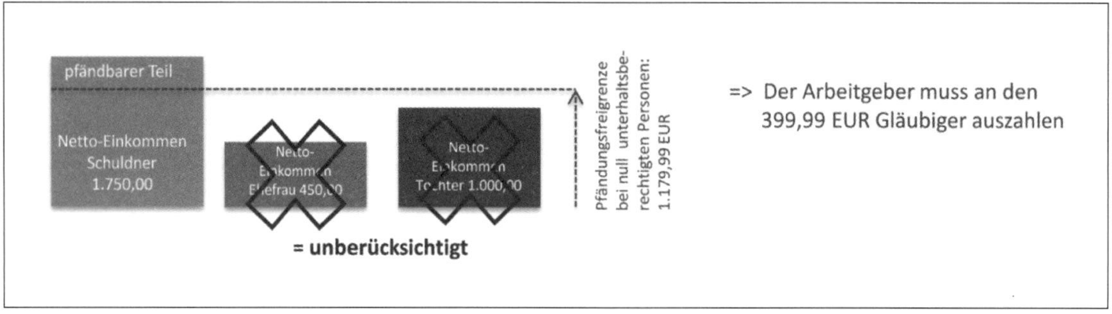

*Die Pfändungsfreigrenzen sind hier beispielhaft und nicht den tatsächlichen Tabellen entsprechend.

c) Herabsetzung der Pfändungsfreigrenzen bei Existenz eines Zahlungstitels wegen einer vorsätzlich begangenen unerlaubten Handlung

83 Wird die Zwangsvollstreckung wegen einer Forderung aus einer vorsätzlich begangenen unerlaubten Handlung betrieben, hat der Gläubiger ebenfalls besondere Möglichkeiten, seine Forderung mit Besserstellung zu befriedigen, also eine Privilegierung zu erreichen: Das Vollstreckungsgericht kann auf Antrag des Gläubigers (§ 850f Abs. 2 ZPO) den pfändbaren Teil des Arbeitseinkommens soweit herabsetzen; dass dem Schuldner nur so viel belassen wird, wie er für seinen notwendigen Unterhalt und zur Erfüllung seiner laufenden gesetzlichen Unterhaltspflichten bedarf (das ist dann fiktiv nach dem SGB II bzw. SGB XII zu bestimmen). Die Pfändungsgrenzen haben dann keine Geltung.

84 Unter Forderungen aus vorsätzlich begangener unerlaubter Handlung fallen zum Beispiel Schmerzensgeldforderungen bei Körperverletzung, aber auch, wenn der Schuldner bereits die Vermögensauskunft abgegeben hat und dennoch Finanzierungskäufe oder auf Rechnung getätigt hat, obwohl ihm vor der Bestellung schon bewusst war, dass er diese Forderung nicht zahlen kann. Es ist also unerheblich, ob die vorsätzlich begangene unerlaubte Handlung eine Person oder das Vermögen einer Person betrifft. Allerdings muss sich aus dem Titel ergeben, dass die Forderung aus einer vorsätzlich begangenen unerlaubten Handlung resultiert (Feststellungsantrag).

85 Der Beschluss auf Herabsetzung hat neben den besseren Realisierungsmöglichkeiten in Anbetracht des höher abzugebenden Betrages für den nachrangig pfändenden Gläubiger den Effekt, dass selbst dann, wenn die Forderung des Schuldners bereits vorrangig von anderen Gläubigern gepfändet wurde, dem nachrangigen Gläubiger, der wegen dieser privilegierten Forderung vollstreckt, der Differenzbetrag zwischen der vom Vollstreckungsgericht festgesetzten Pfändungsgrenze und der normalen Pfändungsfreigrenze zusteht.

Beispiel:

Der Gläubiger G hat einen Titel, in dem neben der Forderung festgestellt ist, dass die Forderung aus einer vorsätzlich begangenen unerlaubten Handlung resultiert. Er beantragt einen Pfändungs- und Überweisungsbeschluss wegen Arbeitslohns des Schuldners. Der Arbeitgeber teilt mit, dass der Schuldner (ledig, keine Unterhaltsverpflichtungen) über ein monatliches Nettoeinkommen in Höhe von 1.800,00 EUR verfügt, vorrangig aber ein Pfändungsgläubiger P mit einer Forderung in Höhe von 20.000,00 EUR bedient wird.

Ergebnis: Der Gläubiger G geht zunächst leer aus; der pfändbare Teil des Einkommens in Höhe von 434,99 EUR* fließt vorrangig dem vorrangigen Pfändungsgläubiger P zu.

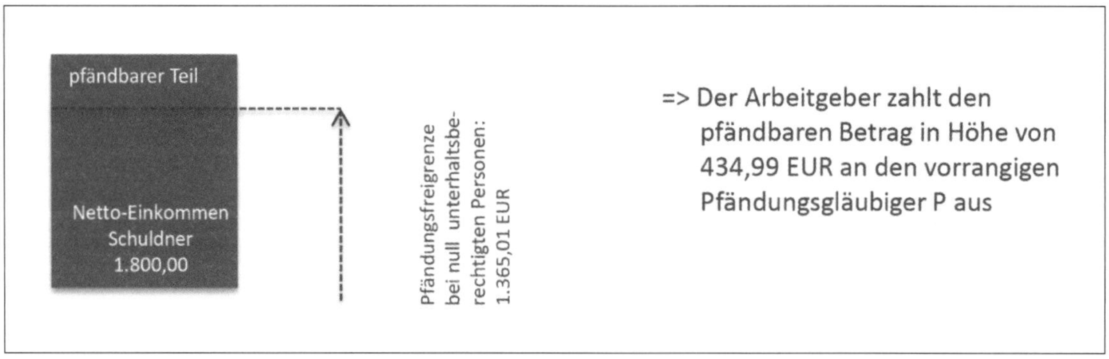

Der Gläubiger G beantragt beim Vollstreckungsgericht die Herabsetzung des pfandfreien Betrages, der mit 930,00 EUR bestimmt wird.

Der vorrangige Pfändungsgläubiger P erhält nach wie vor seine monatliche Ausschüttung in Höhe von 434,99 EUR, der nachrangige Gläubiger G mit dem Deliktstitel erhält die Differenz zwischen den zwei Pfändungsgrenzen.

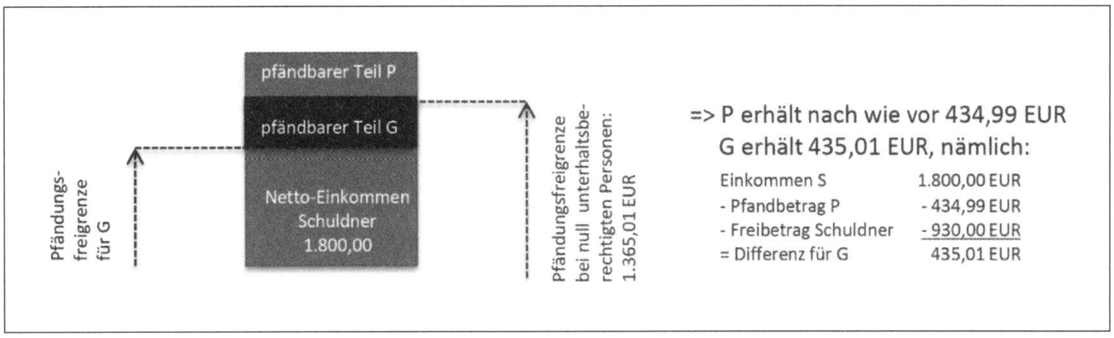

*Die Pfändungsfreigrenzen sind hier beispielhaft und nicht den tatsächlichen Tabellen entsprechend.

d) Privilegierung bei Unterhaltsforderungen/Nichtberücksichtigung weiterer unterhaltsberechtigter Personen

Gläubiger von Unterhaltsforderungen sind stets privilegiert, denn nach § 850d Abs. 1 S. 2 ZPO gelten nicht die üblichen Freibeträge bei der Pfändung des Arbeitseinkommens des Schuldners. Die Pfändungstabelle des § 850c ZPO findet keine Anwendung. Dem Schuldner ist auf Antrag – wie das bei deliktischen Forderungen ebenfalls möglich ist – nur so viel zu belassen, wie er für seinen notwendigen Unterhalt und zur Befriedigung vorrangiger bzw. gleichberechtigter Unterhaltsgläubiger benötigt. 86

Zudem ist es auch insoweit möglich, einen Beschluss zu erreichen, dass weitere unterhaltsberechtigte Personen mit eigenem Einkommen, die die Pfändungsfreigrenze „erhöhen“ auf Antrag unberücksichtigt bleiben. 87

Damit der Gläubiger diese Vorteile nutzen kann, muss sich jedoch aus dem Titel ergeben, dass es sich bei der Forderung um einen Unterhaltsanspruch, der in § 850d Abs. 1 S. 1 ZPO geregelt ist, also um Unterhaltsansprüche kraft Gesetzes – wie zuvor dargestellt – handelt. 88

Aber: 89

Forderungen, die im Zusammenhang mit der Unterhaltsforderung stehen (z.B. Kostenerstattung aus dem Unterhaltsprozess) sind nicht privilegiert, diese Beträge stehen „hinten an“ und der Gläubiger reiht sich in der Rangliste im Rahmen der allgemein gültigen Pfändungsfreigrenzen ein. Das Vollstreckungsprivileg umfasst also nur die direkten Unterhaltsansprüche.

e) Vorratspfändung

Unterhalts- oder Deliktstitel (wegen Personenschädigung) können dem Gläubiger im Rahmen der Vollstreckung einen Vorteil durch die sogenannte Vorratspfändung verschaffen. 90

Bei der Lohnpfändung für Unterhaltsansprüche sowie für Renten wegen Körperverletzung oder Gesundheitsbeschädigung sieht § 850 Abs. 3 ZPO eine Sonderbehandlung der Gläubiger vor: Diese können zugleich mit der Pfändung rückständiger Beträge wegen künftig fällig werdender Ansprüche auch künftig fällig werdendes Arbeitseinkommen pfänden und sich überweisen lassen (Vorratspfändung). Das ist eine Ausnahme gegenüber dem ansonsten geltenden Grundsatz in der Zwangsvollstreckung (§ 751 Abs. 1 ZPO), wonach eine solche nur wegen bereits fälliger Ansprüche betrieben werden darf. 91

Mit der Vorratspfändung können neben den künftigen Ansprüchen auf laufendes Arbeitseinkommen darüber hinaus auch Ansprüche auf einmalige Leistungen des Arbeitgebers sowie gleichgestellte sozialrechtliche Ansprüche gepfändet werden. 92

Da das Gesetz ausdrücklich besagt, dass künftig fällig werdende Ansprüche zugleich mit der Pfändung rückständiger Beträge gepfändet werden können, setzt die Vorratspfändung neben der Titulierung rückständiger Beträge die Tatsache voraus, dass die Vollstreckung in bereits fälligen und somit rückständigen Unterhalt läuft bzw. gleichzeitig eingeleitet wird. Eine Vorratspfändung „auf Verdacht“ ist demnach nicht möglich. 93

5. Formular

a) Wahlmöglichkeiten

94 Bei den seit dem 1.10.2025 verpflichtend zu nutzenden Formularen kommen folgende Wahlmöglichkeiten (s. auch oben) in Betracht:

Forderungspfändung – gewöhnliche Forderungen

Anlage 4 + Anlage 5 + Anlage 7

Antrag auf Erlass eines Pfändungs- (und Überweisungs)beschlusses + Beschlussentwurf + passende Forderungsaufstellung

Forderungspfändung – Unterhaltsforderungen

Anlage 4 + Anlage 5 + Anlage 8

Antrag auf Erlass eines Pfändungs- (und Überweisungs)beschlusses + Beschlussentwurf + passende Forderungsaufstellung

Aus diesen Wahlmöglichkeiten ergibt sich, dass Antrag und Beschlussentwurf – unabhängig davon, welche Forderung gepfändet werden soll – identisch sind, lediglich die beizufügenden Forderungsaufstellungen weichen voneinander ab.

Rahmen, die vom Gericht auszufüllen sind, sind – wie bereits unter Rdn 8 ausgeführt – unverändert zu übermitteln. Eine Ausnahme bilden die Module Q, R und S des Entwurfs des Pfändungs- (und Überweisungs-)beschlusses, in denen auch diese Rahmen einschließlich des darin enthaltenen Textes weggelassen werden dürfen, wenn das jeweils am Anfang des betreffenden Moduls befindliche Kontrollkästchen vom Antragsteller nicht markiert wird.

b) Antrag auf Erlass eines Pfändungs- (und Überweisungs)beschlusses

95 Wie auch bei den in den vorherigen Abschnitten behandelten Formularen sind das zuständige Gericht (Amtsgericht als Vollstreckungsgericht am Wohn-/Geschäftssitz des Schuldners), das Datum des Antrages und die Schuldnerdaten auf Seite 1 Pflicht.

Die nachfolgenden Angaben zur Art der Bezahlung der Gerichtskosten für den (Pfändungs- und) Überweisungsbeschluss – durch elektronische Kostenmarke oder durch Erteilung einer SEPA-Lastschrift – sind optional; nur sofern eine Gerichtskostenbefreiung gilt (z.B. bei Verfahrenskostenhilfe) ist das Kästchen für die Gerichtskostenbefreiung – dann mit Kurzbegründung (hier dann: Prozesskostenhilfebeschluss) – anzukreuzen.

Sofern eine Vorpfändung besteht (ein vorläufiges Zahlungsverbot zugestellt wurde), so kann und sollte auf Seite 1 des Formulars durch Ankreuzen des entsprechenden Kästchens dies vermerkt werden. Damit erkennt der Sachbearbeiter bei Gericht sofort, dass der Beschluss nicht auf die lange Bank geschoben werden darf, da die Zustellung eines Pfändungs- (und Überweisungs)beschlusses innerhalb eines Monats nach Zustellung der Vorpfändungsbenachrichtigung erfolgt sein muss, damit die Vorpfändung nicht ihre Wirkung (Rangsicherung, Sicherung der Forderung) verliert.

Die Kontaktdaten (mit SAFE-ID) sowie die zusätzlichen Anträge (Antrag auf Ausfertigung in Papier, Antrag auf Vermittlung der Zustellung über das Gericht) sind optional, ebenfalls der Antrag auf Prozesskostenhilfe, der parallel auf Seite 1 des Antrages gestellt werden kann. Im Übrigen ist an dieser Stelle darauf hinzuweisen, dass es sinnvoll ist, bereits hier durch Setzen des Kreuzchens zu beantragen, dass zugleich mit der Zustellung die Aufforderung erfolgen soll, dass der Drittschuldner die Erklärung gemäß § 840 ZPO abzugeben hat.

Antrag auf Erlass eines Pfändungsbeschlusses
und eines Pfändungs- und Überweisungsbeschlusses

Vom Gericht auszufüllen:
Raum für Kostenvermerke und Eingangsstempel

An das Amtsgericht

– Vollstreckungsgericht –

Bitte beachten Sie die Ausfüllhinweise zu diesem Formular auf www.bmj.de/Zwangsvollstreckungsformulare.

, den

☐ Elektronische Kostenmarke:
Nummer Wert Datum
, Euro vom

☐ Ein SEPA-Lastschriftmandat wurde erteilt.

☐ Gerichtskostenbefreiung gemäß

Angaben zum Schuldner:
☐ Herr ☐ Frau ☐ Unternehmen ☐

Name/Firma
ggf. Vorname(n)

Straße
Hausnummer

Postleitzahl
Ort

Land (wenn nicht Deutschland)

☐ Es besteht bereits ein vorläufiges Zahlungsverbot nach § 845 ZPO (Vorpfändung).

Kontaktdaten des Antragstellers:
☐ Gläubiger ☐ gesetzlicher Vertreter ☐ Bevollmächtigter

Name/Firma
ggf. Vorname(n)

Telefon
E-Mail
Fax

SAFE-ID

Geschäftszeichen

Es wird beantragt, den beigefügten Entwurf wie ausgefüllt als Beschluss zu erlassen.

Zusätzlich wird beantragt,
☐ anstelle einer beglaubigten Abschrift eine Ausfertigung des Beschlusses zu erteilen.
☐ die Zustellung durch die Geschäftsstelle zu vermitteln (anstatt die Zustellung selbst in Auftrag zu geben).
 ☐ Gleichzeitig ist der Drittschuldner aufzufordern, eine Erklärung nach § 840 Absatz 1 ZPO abzugeben.
☐ Prozesskostenhilfe für den Gläubiger (zu Ziffer ______) zu bewilligen.

96 Auf Seite 2 befinden sich überwiegend freiwillige Angaben und Anträge, wie eine mögliche Beiordnung, die Angabe zum vertretungsbereiten Rechtsanwalt im Rahmen der Prozesskostenhilfe, die Anzahl der beizufügenden Forderungsaufstellungen und Anlagen. Diese decken sich mit den Formularteilen aus dem Gerichtsvollzieherauftrag, so dass an dieser Stelle auf die Ausführungen unter Rdn 28 verwiesen und auf weitere Kommentierung verzichtet wird.

☐ Gleichzeitig wird beantragt, einen Rechtsanwalt beizuordnen.
Begründung:

☐ Die Schuldnerseite wird rechtsanwaltlich vertreten.

☐ Die Vertretung durch einen Rechtsanwalt ist aus den folgenden Gründen erforderlich:

☐ Es wird folgender zur Vertretung bereiter Rechtsanwalt gewählt:

☐ Herr ☐ Frau ☐ Unternehmen ☐

Name/Firma — ggf. Vorname(n)

Straße — Hausnummer

Postleitzahl — Ort

☐

Es werden

- **die in dem Beschlussentwurf bezeichneten Vollstreckungstitel mit den jeweiligen Zustellungsnachweisen**
- **und die Forderungsaufstellung (bei Mehrfachverwendung: ______ Forderungsaufstellungen)**

übermittelt.

Bei elektronisch übermittelten Anträgen:

☐ Die Ausfertigungen der Vollstreckungstitel werden erst nach Mitteilung des Aktenzeichens versandt. Es wird um Mitteilung des Aktenzeichens gebeten.

☐ Die Ausfertigungen der Vollstreckungstitel werden gleichzeitig auf dem Postweg übersandt.

☐ Eine Abschrift des Vollstreckungsbescheides nebst Zustellungsbescheinigung ist als elektronisches Dokument beigefügt.

Es werden folgende weitere Anlagen übermittelt:

☐ Abdruck Gerichtskostenstempler

☐ Elektronische Kostenmarke

☐ Beschluss über bewilligte Prozesskostenhilfe

☐ Im Fall eines Antrags auf Bewilligung von Prozesskostenhilfe: Erklärung über die persönlichen und wirtschaftlichen Verhältnisse des Gläubigers mit Belegen

☐ Vollmacht

☐ Geldempfangsvollmacht

☐ Belege zu Angaben über die persönlichen und wirtschaftlichen Verhältnisse der Schuldner oder Dritter

☐ Aufstellung über die geleisteten Zahlungen

☐ Aufstellung der Inkassokosten

☐ Aufstellung der bisherigen Vollstreckungskosten mit Belegen

☐ Bescheid nach § 9 Absatz 2 UhVorschG

☐

☐

☐

Versicherungen

☐ Es wird gemäß § 753a Satz 1 ZPO die ordnungsgemäße Bevollmächtigung zur Vertretung versichert.

☐ Es wird gemäß § 829a Absatz 1 Satz 1 Nummer 4 ZPO versichert, dass Ausfertigungen der als elektronische Dokumente übermittelten Vollstreckungsbescheide mit den jeweiligen Zustellungsnachweisen vorliegen und die Forderungen in Höhe des Vollstreckungsantrags noch bestehen.

☐

Namen der Antragsteller

Unterschriften der Antragsteller

c) Beschlussentwurf

Wie auch bei den in den vorherigen Abschnitten behandelten Formularen sind das zuständige Gericht (Amtsgericht als 97
Vollstreckungsgericht am Wohn-/Geschäftssitz des Schuldners), das Datum des Antrages und dic Gläubigcr- und Schuldnerdaten Pflicht. Entsprechende Ausfüllhinweise finden Sie zur Vermeidung von Wiederholungen wegen der Einheitlichkeit der Formulare unter Rdn 22 ff., Zwangsvollstreckung. Die entsprechenden Eintragungen haben in den **Modulen A und B** auf den Seiten 1 und 2 (sowie teilweise auf Seite 3) zu erfolgen:

Amtsgericht ____________________

– Vollstreckungsgericht –

Vom Gericht auszufüllen:
Geschäftszeichen: ____________

Beschluss

In der Zwangsvollstreckungssache

des Gläubigers (zu Ziffer ____)

☐ Herrn ☐ Frau ☐ Unternehmen ☐ ____________

Name/Firma | ggf. Vorname(n)

Straße | Hausnummer

Postleitzahl | Ort

Land (wenn nicht Deutschland) | Geschäftszeichen

Registergericht | Registernummer

☐ Der Gläubiger ist nicht vorsteuerabzugsberechtigt.

☐ sowie der weiteren Gläubiger gemäß weiterer Anlage

A

Gläubiger (zu Ziffer ____) vertreten durch

☐ den gesetzlichen Vertreter

☐ Herrn ☐ Frau ☐ ____________
Name

Vorname(n)

Straße

Hausnummer

Postleitzahl

Ort

Land (wenn nicht Deutschland)

☐ den gerichtlich bestellten Betreuer,

☐ der eine Ausschließlichkeitserklärung abgegeben hat (§ 53 Absatz 2 ZPO)

☐ Herrn ☐ Frau ☐ ____________
Firma/Name

ggf. Vorname(n)

Straße

Hausnummer

Postleitzahl

Ort

Land (wenn nicht Deutschland)

Firma oder Funktion
☐ ____________

☐ diese vertreten durch

Funktion

Name

ggf. Vorname(n)

☐ den gesetzlichen Vertreter

☐ Herrn ☐ Frau ☐ ____________
Name

Vorname(n)

Straße | Hausnummer

Postleitzahl | Ort

Land (wenn nicht Deutschland)

A

Gläubiger (zu Ziffer ____) vertreten durch den Bevollmächtigten

☐ Herrn ☐ Frau ☐ Unternehmen ☐ ____

Name/Firma ____ ggf. Vorname(n) ____

Straße ____ Hausnummer ____ Postleitzahl ____ Ort ____

Land (wenn nicht Deutschland) ____ Geschäftszeichen ____

Bankverbindung des

☐ Gläubigers: ☐ gesetzlichen Vertreters: ☐ Bevollmächtigten: ☐ abweichenden Kontoinhabers:

Name des Kontoinhabers

IBAN ____ BIC (Angabe kann entfallen, wenn IBAN mit DE beginnt) ____

Verwendungszweck ____

B

gegen

den Schuldner (zu Ziffer ____)

☐ Herr ☐ Frau ☐ Unternehmen ☐ ____

Name/Firma ____ ggf. Vorname(n) ____

Straße ____ Hausnummer ____

Postleitzahl ____ Ort ____ Land (wenn nicht Deutschland) ____

Geschäftszeichen ____ Geburtsdatum ____ Geburtsort ____

Registergericht ____ Registernummer ____

☐ sowie die weiteren Schuldner gemäß weiterer Anlage

Schuldner (zu Ziffer ____) vertreten durch

☐ den gesetzlichen Vertreter	☐ den gerichtlich bestellten Betreuer, ☐ der eine Ausschließlichkeitserklärung abgegeben hat (§ 53 Absatz 2 ZPO)	☐ Firma oder Funktion
☐ Herrn ☐ Frau ☐ ____	☐ Herrn ☐ Frau ☐ ____	☐ diese vertreten durch
Name	Firma/Name	Funktion
Vorname(n)	ggf. Vorname(n)	Name
Straße	Straße	ggf. Vorname(n)
Hausnummer	Hausnummer	
Postleitzahl	Postleitzahl	
Ort	Ort	
Land (wenn nicht Deutschland)	Land (wenn nicht Deutschland)	

Im nächsten Schritt ist auf Seite 3 – zwischen Modul B und C – der Antrag zu konkretisieren: Entweder beantragen Sie einen Pfändungsbeschluss, oder aber (was die Regel sein wird) einen Pfändungs- und Überweisungsbeschluss: 98

Haben Sie einen ohne Anordnung einer Sicherheitsleistung (vorläufig) vollstreckbaren Titel vorliegen, beantragen Sie einen Pfändungs- und Überweisungsbeschluss. Denn Sie möchten die Forderung zur Einziehung überwiesen haben, also auch verwerten dürfen.

Ist Ihr Titel dagegen nur gegen Sicherheitsleistung vorläufig vollstreckbar (und sind die Beschränkungen der Sicherheitsleistung also insbesondere nicht durch Rechtskraft des Titels entfallen), so dürfen Sie nur gegen Nachweis der entsprechenden Sicherheitsleistung (Überlassung einer selbstschuldnerischen Bankbürgschaft, Hinterlegung) einen Pfändungs- und Überweisungsbeschluss beantragen. Denn die geleistete Sicherheit ermöglicht die Verwertung.

Wird kein Nachweis einer Sicherheitsleistung benötigt (weil keine Sicherheitsleistungsanordnung besteht oder bereits weggefallen ist) oder kann die Leistung der Sicherheit nachgewiesen werden, wählen Sie „Pfändungs- und Überweisungsbeschluss“ aus und kreuzen das zugehörige Kästchen an.

Anders ist es, wenn die Anordnung der Sicherheitsleistung aktuell noch Geltung hat, die Sicherheit aber nicht geleistet werden soll oder kann, demnach die Sicherungsvollstreckung durchgeführt wird: Dann ist gerade die Verwertungsmöglichkeit (Einziehung der Forderung zwecks Überweisung) ausgeschlossen, und nur der Sicherungsanspruch ist durchsetzbar. Sinnvoll kann diese Maßnahme insbesondere in laufenden Berufungsverfahren sein, denn durch diesen raschen – nur sichernden – Vollstreckungszugriff des Gläubigers in das Schuldnervermögen vor Rechtskrafteintritt wird das Risiko minimiert, dass der Schuldner bestehende Forderungen zügig und mit Druck einzieht und so dem Gläubigerzugriff entzieht.

Hinweis:

Bei der Sicherungsvollstreckung ist das Einhalten einer Wartefrist erforderlich: Neben Titel, Klausel und Zustellung ist es notwendig, dass der Titel mit Vollstreckungsklausel zwei Wochen vor Beantragung des Pfändungsbeschlusses zugestellt und die Zustellung dem Vollstreckungsgericht nachgewiesen wird (§ 750 Abs. 3 ZPO). Diese Wartefrist soll dem Schuldner ermöglichen, die Sicherungsvollstreckung durch Sicherheitsleistung noch abzuwenden. Wählen Sie bei einer Sicherungsvollstreckung das Kästchen zum „Pfändungsbeschluss“ aus und kreuzen Sie es an.

Haben Sie Ihre Entscheidung getroffen, geht es weiter mit Modul C.

Modul C 99

Modul C verlangt die Eingabe des oder der Vollstreckungstitel(s); auch insoweit darf an dieser Stelle wiederum auf die Ausführungen unter Rdn 26, Zwangsvollstreckung, verwiesen werden, da die Formulare gleich aufgebaut sind.

Letztlich findet sich unterhalb von Modul C noch ein vom Gericht zu befüllendes Kästchen hinsichtlich der Kosten für diesen Beschluss. Diese fallen dem Schuldner zur Last und werden zugleich mit den sonstigen geltend gemachten Forderungen beigetrieben (§ 788 Abs. 1 S. 1 Hs. 2 ZPO). Es handelt sich hierbei um die Gerichtskosten für diesen Antrag sowie um etwaige Kosten von Rechtsanwälten und Inkassodienstleistern. Zudem werden die Zustellungskosten für diesen Beschluss gleichzeitig beigetrieben. Ist dem Gläubiger Prozesskostenhilfe ohne Ratenzahlung bewilligt worden, ist er von der Zahlung der Kosten für diesen Beschluss befreit und kann diese Kosten nicht gegen den Schuldner geltend machen.

B

☐ den gesetzlichen Vertreter
☐ Herrn ☐ Frau ☐ ____________
Name

Vorname(n)

Straße Hausnummer

Postleitzahl Ort

Land (wenn nicht Deutschland)

Schuldner (zu Ziffer ______) vertreten durch den Bevollmächtigten

☐ Herrn ☐ Frau ☐ Unternehmen ☐ ____________

Name/Firma ggf. Vorname(n)

Straße Hausnummer Postleitzahl Ort

Land (wenn nicht Deutschland) Geschäftszeichen

ergeht folgender

☐ Pfändungs- und Überweisungsbeschluss ☐ Pfändungsbeschluss:

Die Gläubiger können von den Schuldnern

C

aus dem Vollstreckungstitel (zu Ziffer ______)

Art Aussteller

Datum Geschäftszeichen

sowie aus dem Vollstreckungstitel (zu Ziffer ______)

Art Aussteller

Datum Geschäftszeichen

☐ sowie aus den weiteren Vollstreckungstiteln aufgeführt in weiterer Anlage

die sich aus den als Anlagen beigefügten Forderungsaufstellungen ergebenden Beträge beanspruchen.

Wegen dieser Ansprüche

Vom Gericht auszufüllen:

☐ sowie wegen der Kosten für die Zustellung dieses Beschlusses an sämtliche aufgeführte Schuldner und sämtliche aufgeführte Drittschuldner

werden

100 **Modul D**

Bei Modul D geht es um die Eingabe der Drittschuldnerdaten. Wenngleich sämtliche Eingabekästchen umrandet sind, so ist doch zwingend die Eingabe mindestens eines Drittschuldners erforderlich. Denn ohne Drittschuldner kann eine Forderungspfändung naturgemäß nicht erfolgen.

Die Systematik des Ausfüllens folgt der Einheitlichkeit der übrigen Formulare: Hier ist die genaue Bezeichnung des Drittschuldners durch Angabe der Firma oder des Unternehmens bzw. des Namens und der Vornamen des Drittschuldners, jeweils mit Anschrift, erforderlich. Sofern bekannt, kann eine elektronische Zustell-Adresse im Sinne von § 130a Abs. 4 ZPO angegeben werden, zum Beispiel die SAFE-ID zu einem elektronischen Bürger- und Organisationspostfach (eBO), einem besonderen elektronischen Anwaltspostfach (beA) oder einem besonderen elektronischen Behördenpostfach (beBPo).

Sofern Forderungen, Ansprüche und sonstige Rechte gegen mehr als drei Drittschuldner geltend gemacht werden, dürfen die Eingabefelder für den Drittschuldner mehrfach verwendet oder eine weitere Anlage beigefügt werden (bei mehreren Drittschuldnern: auf Nummerierung achten!).

Darüber hinaus ist es erforderlich, zum jeweiligen Drittschuldner das oder die Module einzutragen, die sich auf die zu pfändende Forderung beziehen. Soll also z.B. Arbeitslohn gepfändet werden, ist zum Drittschuldner das Modul E zu vermerken, soll bei einer Bank oder Sparkasse befindliches Guthaben gepfändet werden, ist das Modul H zu diesem Drittschuldner anzugeben (zu den einzelnen Modulen s. nachfolgend). Eine Kombination von mehreren Modulen ist gerade insbesondere mit Modul K möglich.

D

gegenüber dem Drittschuldner (zu Ziffer ______)

☐ Herrn ☐ Frau ☐ Unternehmen ☐ ______

Name/Firma	ggf. Vorname(n)
Straße	Hausnummer
Postleitzahl	Ort
Land (wenn nicht Deutschland)	
Registergericht	Registernummer
Geschäftszeichen	elektronische Zustelladresse

wegen der Forderungen, Ansprüche und sonstigen Rechte des Schuldners (zu Ziffer ______) aus den Modulen ______

sowie dem Drittschuldner (zu Ziffer ______)

☐ Herrn ☐ Frau ☐ Unternehmen ☐ ______

Name/Firma	ggf. Vorname(n)
Straße	Hausnummer
Postleitzahl	Ort
Land (wenn nicht Deutschland)	
Registergericht	Registernummer
Geschäftszeichen	elektronische Zustelladresse

wegen der Forderungen, Ansprüche und sonstigen Rechte des Schuldners (zu Ziffer ______) aus den Modulen ______

sowie dem Drittschuldner (zu Ziffer ______)

☐ Herrn ☐ Frau ☐ Unternehmen ☐ ______

Name/Firma	ggf. Vorname(n)
Straße	Hausnummer
Postleitzahl	Ort
Land (wenn nicht Deutschland)	
Registergericht	Registernummer
Geschäftszeichen	elektronische Zustelladresse

wegen der Forderungen, Ansprüche und sonstigen Rechte des Schuldners (zu Ziffer ______) aus den Modulen ______

☐ sowie den weiteren Drittschuldnern aufgeführt in weiterer Anlage

die angeblichen fälligen und noch künftig fällig werdenden nachfolgend aufgeführten Forderungen, sonstigen Ansprüche und anderen Vermögensrechte der Schuldner so lange gepfändet, bis der Gläubigeranspruch gedeckt ist:

In den folgenden Modulen geht es um die Bestimmung der zu pfändenden Forderung, die bereits auf der vorherigen Seite zum jeweiligen Drittschuldner vermerkt sein muss:

101 **Modul E**

Soll eine Forderung gegen einen Arbeitgeber (Lohn, Gehalt) gepfändet werden, ist Modul E zum Drittschuldner (= Arbeitgeber) zu vermerken. Neben den bereits vorgegebenen Pfändungsmöglichkeiten aus dem Arbeitsverhältnis existiert noch ein noch frei zu befüllendes Textfeld für andere Ansprüche aus dem Arbeitsverhältnis, die dann individuell ausformuliert werden müssen.

102 **Modul F**

Das Modul F ist anzuwählen, wenn der Drittschuldner die Agentur für Arbeit, ein Versicherungsträger oder eine Versorgungseinrichtung ist. Insoweit ist die zu pfändende Geldleistung zu bezeichnen („Arbeitslosengeld", „Altersrente", „Hinterbliebenenrente") und die entsprechende Konto-/Versicherungs- oder Mitgliedsnummer anzugeben.

103 **Modul G**

Handelt es sich bei dem Drittschuldner um ein Finanzamt, weil der Schuldner mit Steuerrückerstattungen zu rechnen hat, ist das Modul G beim Drittschuldner zu vermerken. Darüber hinaus ist im Modul G selbst das Jahr für die Steuererstattung anzugeben, sinnvollerweise ist dies auch für die vorherigen Jahre zu beantragen. Zudem findet sich dort eine Freistelle zur eigenen Formulierung von Ansprüchen.

104 **Modul H**

Sämtliche gegen ein Kreditinstitut gerichteten Ansprüche können durch Angabe des Buchstabens „H" beim Drittschuldner gepfändet werden. Sollen neben den in den Nrn. 1. bis 4. aufgeführten Zahlungsansprüchen auch der Zugang zu Bankschließfächern oder die in Depots und Unterdepots verwahrten Wertpapiere gepfändet werden, so ist dies durch Setzen des entsprechenden Kreuzchens im Modul H zu beantragen.

105 **Modul I**

Forderungen und sonstige Rechte gegenüber Bausparkassen können durch Eintragung des Buchstabens I bei den Drittschuldnerangaben gepfändet werden. Im Modul I selbst ist die (gerundete) Bausparsumme sowie die Vertragsnummer (sofern bekannt) einzutragen; ggf. sind Forderungen oder Rechte im Freifeld einzutragen, sofern diese nicht bereits durch die vorgegebenen Nrn. 1. bis 4. abgedeckt sind.

E

Forderungen gegenüber Arbeitgebern

1. Forderung auf Zahlung des gesamten gegenwärtigen und künftigen Arbeitseinkommens (einschließlich des Geldwertes von Sachbezügen)
2. Forderung auf Auszahlung des als Überzahlung jeweils auszugleichenden Erstattungsbetrages aus dem durchgeführten Lohnsteuer-Jahresausgleich sowie aus dem Kirchenlohnsteuer-Jahresausgleich für das Kalenderjahr ______ und für alle folgenden Kalenderjahre
3. Forderung auf Zahlung des Kurzarbeitergeldes

☐ ______

F

Forderungen gegenüber ☐ Agentur für Arbeit ☐ Versicherungsträger ☐ Versorgungseinrichtung

Forderung auf Zahlung der nachfolgend genannten gegenwärtig und künftig dem Schuldner zustehenden Geldleistungen:

Bezeichnung der Geldleistung ______ Konto-/Versicherungs-/Mitgliedsnummer ______

☐ ______

G

Forderungen gegenüber dem Finanzamt

Forderung auf Auszahlung des als Überzahlung auszugleichenden Erstattungsbetrages bzw. des Überschusses, der sich als Erstattungsanspruch bei Abrechnung der auf die Einkommensteuer (zuzüglich Solidaritätszuschlag) und Kirchensteuer sowie Körperschaftsteuer anzurechnenden Leistungen für das abgelaufene Kalenderjahr ______
☐ und für alle früheren Kalenderjahre
ergibt.

☐ ______

H

Forderungen und sonstige Rechte gegenüber Kreditinstituten

1. Forderung auf Zahlung der zu Gunsten des Schuldners bestehenden Guthaben seiner sämtlichen Zahlungskonten bei diesen Kreditinstituten einschließlich der Ansprüche auf Gutschrift der eingehenden Beträge; mitgepfändet wird die angebliche (gegenwärtige und künftige) Forderung des Schuldners an den Drittschuldner auf Auszahlung eines vereinbarten Dispositionskredits („offene Kreditlinie"), soweit der Schuldner den Kredit in Anspruch nimmt
2. Forderung auf Auszahlung des Guthabens und der bis zum Tag der Auszahlung aufgelaufenen Zinsen sowie das Recht auf fristgerechte bzw. vorzeitige Kündigung der für ihn geführten Sparguthaben und/oder Festgeldkonten
3. Forderung auf Auszahlung der bereitgestellten, noch nicht abgerufenen Darlehensvaluta aus einem Kreditgeschäft, wenn es sich nicht um zweckgebundene Ansprüche handelt
4. Forderung auf Zahlung aus dem zum Wertpapierkonto gehörenden Gegenkonto, auf dem die Zinsgutschriften für die festverzinslichen Wertpapiere gutgeschrieben sind

☐ Anspruch auf Zugang zu Bankschließfächern und auf Mitwirkung des Drittschuldners bei der Öffnung des Bankschließfachs bzw. auf die Öffnung des Bankschließfachs allein durch den Drittschuldner zum Zweck der Entnahme des Inhalts

☐ Anspruch auf Herausgabe der in den Depots und Unterdepots des Schuldners verwahrten Wertpapiere aus Sonder- und Drittverwahrung mitsamt den Eigentumsrechten an den Wertpapieren sowie bei Sammelverwahrung den Anspruch auf Herausgabe einer dem Anteil bzw. dem Wertpapiernennbetrag des Schuldners entsprechenden Anzahl von Einzelstücken aus der Sammelverwahrung mitsamt dem Miteigentumsanteil des Schuldners am Sammelbestand sowie bei Verbriefung von Wertpapieren in Sammelurkunden, insbesondere Globalurkunden, den Anspruch auf Übertragung der Buchforderung bzw. auf Umbuchung von Girosammel-Depotgutschriften mitsamt dem Miteigentumsanteil des Schuldners an solchen Sammelurkunden, jeweils einschließlich des Anspruchs auf Auskehrung von jeglichen Wertpapiererträgen

☐

I

Forderungen und sonstige Rechte gegenüber Bausparkassen

aus dem über eine Bausparsumme von (rund) ______ Euro abgeschlossenen Bausparvertrag Nummer
Vertragsnummer
______ ,
insbesondere

1. Forderung auf Auszahlung des Bausparguthabens nach Zuteilung
2. Forderung auf Auszahlung der Sparbeiträge nach Einzahlung der vollen Bausparsumme
3. Forderung auf Rückzahlung des Sparguthabens nach Kündigung
4. Recht zur Kündigung und Änderung des Vertrags

☐ ______

106 **Modul J**

Durch Angabe des Buchstabens „J“ beim Drittschuldner können Forderungen und sonstige Rechte gegenüber Versicherungsgesellschaften gepfändet werden. Zu beachten sind hierbei die Vorschriften über die unpfändbaren bzw. bedingt pfändbaren Bezüge (§ 850b ZPO) sowie den Pfändungsschutz bei Altersrenten (§ 851c ZPO). Im Modul selbst existiert auch hier ein freies Textfeld zur individuellen Formulierung von mit den Nrn. 1. bis 3. nicht abgedeckten Ansprüchen.

107 **Modul K**

Durch Eintragung des Buchstabens „K“ zum entsprechenden Drittschuldner können Forderungen, sonstige Ansprüche sowie andere Vermögensrechte gegenüber Drittschuldnern eingetragen werden, soweit der Platz in den vorstehenden Formularfeldern nicht ausreichend oder keine Zuordnung zu den entsprechenden Modulen möglich ist. Das könnte z.B. die Pfändung eines Gesellschafteranteils, die Pfändung von Rückgewährsansprüchen oder von Rechten auf Erbauseinandersetzung sein.

108 **Modul L**

Mittels Ankreuzens eines der vorgegebenen Kästchen ist die Wahl zu treffen, ob die Einziehung zur Überweisung oder aber die Überweisung an Zahlungs statt erfolgen soll. Üblich und sinnvoll ist die Überweisung zur Einziehung (deshalb auch im Formular in Fettschrift). Zur Erläuterung bzw. Unterscheidung wird auf vorstehende Rdn 70 ff. verwiesen.

109 **Modul M**

Bei Modul M handelt es sich um ein „forderungsübergreifendes“ Modul, denn unabhängig davon, welche Forderung Sie pfänden wollen (Module E bis K), kann mittels Zuordnung dieses Moduls zum (jeweiligen) Drittschuldner der Anspruch auf Herausgabe bestimmter Urkunden begehrt werden (bei Pfändung beim Arbeitgeber die Herausgabe von z.B. Gehaltsabrechnungen und/oder Lohnunterlagen, bei der Pfändung bei Kreditinstituten die Herausgabe von z.B. Sparbüchern usw.). Die jeweils passenden Kreuzchen und entsprechenden Angaben sind dann im Modul M vorzunehmen.

J

Forderungen und sonstige Rechte gegenüber Versicherungsgesellschaften

1. Forderung auf Zahlung der Versicherungssumme, der Gewinnanteile und des Rückkaufwertes aus den Lebensversicherungen, die mit dem Drittschuldner abgeschlossen sind
2. Recht zur Bestimmung desjenigen, zu dessen Gunsten im Todesfall die Versicherungssumme ausgezahlt wird, bzw. Recht zur Bestimmung einer anderen Person an Stelle der von dem Schuldner vorgesehenen
3. Recht zur Kündigung des Lebens-/Rentenversicherungsvertrages, Recht auf Umwandlung der Lebens-/Rentenversicherung in eine prämienfreie Versicherung sowie Recht zur Aushändigung der Versicherungspolice

☐ ____________________

K

Weitere Forderungen, Ansprüche und Vermögensrechte

L

Es ergehen folgende Anordnungen nach § 829 Absatz 1 und § 835 Absatz 1 ZPO:

Die Drittschuldner dürfen, soweit die Forderungen gepfändet sind, an die Schuldner nicht mehr zahlen; die Schuldner dürfen insoweit nicht über die Forderungen verfügen, sie insbesondere nicht einziehen. Im Anwendungsbereich des § 850c ZPO wird auf die Pfändungsfreigrenzenbekanntmachung in der jeweils geltenden Fassung Bezug genommen (§ 850c Absatz 5 Satz 3 ZPO).

Dem Gläubiger werden die Forderungen in Höhe des gepfändeten Betrages

☐ **zur Einziehung überwiesen**. ☐ an Zahlungs statt überwiesen.

M

Es wird des Weiteren angeordnet, dass:

☐ der Schuldner (zu Ziffer ______) die ihm vom Drittschuldner (zu Ziffer ______) ausgestellten Lohn- oder Gehaltsabrechnungen oder die Verdienstbescheinigungen einschließlich der entsprechenden Bescheinigungen der letzten drei Monate vor Zustellung dieses Beschlusses an die Gläubiger herauszugeben hat.

☐ der Schuldner (zu Ziffer ______) die für ihn vom Drittschuldner (zu Ziffer ______) über das jeweilige Sparguthaben geführten Sparbücher bzw. die Sparurkunden an die Gläubiger herauszugeben hat und diese die Sparbücher bzw. Sparurkunden unverzüglich dem Drittschuldner vorzulegen haben.

☐ der Schuldner (zu Ziffer ______) die ihm vom Drittschuldner (zu Ziffer ______) erteilten Kontoauszüge ab Zustellung dieses Beschlusses an den Drittschuldner im Original oder als Kopie an die Gläubiger herauszugeben hat.

☐ ein von den Gläubigern zu beauftragender Gerichtsvollzieher für die Pfändung des Inhalts Zugang zum Schließfach des Schuldners (zu Ziffer ______) bei Drittschuldner (zu Ziffer ______) zu nehmen hat.

☐ der Drittschuldner (zu Ziffer ______) an einen von den Gläubigern zu beauftragenden Gerichtsvollzieher die Wertpapiere herauszugeben hat.

☐ der Schuldner (zu Ziffer ______) die ihm vom Drittschuldner (zu Ziffer ______) ausgestellten Versicherungspolicen an den Gläubiger herauszugeben hat und dieser sie unverzüglich dem Drittschuldner vorzulegen hat.

☐ der Schuldner eine Abschrift der ihm erteilten Bescheinigung nach § 903 Absatz 1 Satz 2 ZPO an den Gläubiger herauszugeben hat.

☐ ____________________

☐ ____________________

Modul N 110

Modul N bietet die Möglichkeit, zusammen mit der Pfändung mehrerer Einkommen die Zusammenrechnung zu beantragen, wodurch die addierten Beträge dann wie ein einziges Einkommen behandelt werden mit der Folge, dass sich der pfändbare Betrag erhöht. Zur Erläuterung wird auf vorstehende Rdn 73 ff. verwiesen.

Modul O 111

Modul O (Angaben über persönliche und wirtschaftliche Verhältnisse des Schuldners) ist auszufüllen, sofern der Schuldner seinen laufenden gesetzlichen Unterhaltspflichten nicht nachkommt. Damit kann erreicht werden, dass die Pfändungsfreigrenzen herabgesetzt werden, wenn das Kontrollkästchen im Modul Q oder im Modul S angekreuzt wird.

N

Es wird nach § 850e Nummer 2 und 2a ZPO angeordnet, dass zur Berechnung des nach § 850c ZPO pfändbaren Teils des Gesamteinkommens des Schuldners (zu Ziffer ______) zusammenzurechnen sind:

☐ Arbeitseinkommen bei Drittschuldner (zu Ziffer ______) in Höhe von ______ Euro

und

Arbeitseinkommen bei Drittschuldner (zu Ziffer ______) in Höhe von ______ Euro.

Der unpfändbare Grundbetrag ist in erster Linie den Einkünften des Schuldners bei Drittschuldner (zu Ziffer ______) zu entnehmen, weil diese Einkünfte die wesentliche Grundlage der Lebenshaltung des Schuldners bilden.

☐ Folgende laufende Geldleistung nach dem Sozialgesetzbuch: ______
bei Drittschuldner (zu Ziffer ______)

und

Arbeitseinkommen bei Drittschuldner (zu Ziffer ______).

Der unpfändbare Grundbetrag ist in erster Linie

☐ dem Arbeitseinkommen ☐ der genannten laufenden Geldleistung nach dem Sozialgesetzbuch

zu entnehmen.

☐ Folgende laufende Geldleistung nach dem Sozialgesetzbuch: ______
bei Drittschuldner (zu Ziffer ______) in Höhe von ______ Euro

und

folgende laufende Geldleistung nach dem Sozialgesetzbuch: ______
bei Drittschuldner (zu Ziffer ______) in Höhe von ______ Euro.

Der unpfändbare Grundbetrag ist in erster Linie den Einkünften des Schuldners bei Drittschuldner (zu Ziffer ______) zu entnehmen, weil diese Einkünfte die wesentliche Grundlage der Lebenshaltung des Schuldners bilden.

O

Es liegen folgende Angaben über die wirtschaftlichen und persönlichen Verhältnisse des Schuldners (zu Ziffer ______) vor (Angaben für Pfändungen nach § 850d ZPO (**Modul Q**) oder § 850f Absatz 2 ZPO (**Modul S**)):

Der Schuldner kommt laufenden gesetzlichen Unterhaltspflichten gegenüber nachstehend genannten Personen wie folgt nach:

Name ______ Vorname(n) ______

Geburtsdatum ______ Verwandtschaftsverhältnis zum Schuldner: ______

☐ vollständig. ☐ teilweise. ☐ nicht.

Name ______ Vorname(n) ______

Geburtsdatum ______ Verwandtschaftsverhältnis zum Schuldner: ______

☐ vollständig. ☐ teilweise. ☐ nicht.

Name ______ Vorname(n) ______

Geburtsdatum ______ Verwandtschaftsverhältnis zum Schuldner: ______

☐ vollständig. ☐ teilweise. ☐ nicht.

Angaben zur teilweisen Erfüllung von Unterhaltspflichten: ______

Sonstige Angaben: ______

Der Schuldner ist

☐ erwerbstätig. ☐ nicht erwerbstätig.

Der Schuldner ist

☐ ledig. ☐ mit dem Gläubiger verheiratet oder eine eingetragene Lebenspartnerschaft führend. ☐ mit einem Dritten verheiratet oder eine eingetragene Lebenspartnerschaft führend. ☐ geschieden.

Zusätzliche Angaben ausschließlich für Pfändungen nach § 850d ZPO (Modul Q):

☐ Der Schuldner hat sich in Bezug auf Unterhaltsrückstände, die länger als ein Jahr vor Stellung dieses Antrags fällig geworden sind, seiner Zahlungspflicht nicht absichtlich entzogen.

112 **Modul P**

In diesem Modul sind Angaben zu den Einkünften von Personen zu machen, denen der Schuldner aufgrund gesetzlicher Verpflichtung Unterhalt gewährt, die Unterhaltsberechtigten aber bei der Berechnung des pfändbaren Betrages ganz oder teilweise unberücksichtigt bleiben sollen (erforderlich, wenn das Kontrollkästchen in Modul R markiert wird). Insoweit wird auch auf die vorhergehenden Ausführungen unter Rdn 79 ff. verwiesen.

Die Angabe von Art und Höhe des Einkommens von Ehegatten oder eingetragenen Lebenspartnern können durch Markieren des Kontrollkästchens am Ende des Moduls P und Eintragung im Eingabefeld erfolgen. Darüber hinaus können die Angaben im Modul P relevant sein, wenn wegen Unterhaltsansprüchen (Modul Q) oder wegen Forderungen aus einer vorsätzlich begangenen unerlaubten Handlung (Modul S) gepfändet werden soll.

Modul Q 113

Das Kontrollkästchen am Anfang des Moduls Q ist dann zu markieren, wenn wegen Unterhaltsansprüchen nach § 850d ZPO (ohne Geltung der Freigrenzen des § 850c ZPO) gepfändet werden soll. Nur in diesem Falle füllt das Gericht den nachfolgenden Rahmen aus. Damit die Berechnung des Gerichts unproblematisch erfolgen kann, sind die Angaben in den Modulen O und P von Bedeutung (s. vorstehend).

P

Angaben über Einkünfte von Unterhaltsberechtigten (zusätzliche Angaben für Pfändungen nach § 850d ZPO (**Modul Q**) oder § 850f Absatz 2 ZPO (**Modul S**) sowie bei Anträgen nach § 850c Absatz 6 ZPO (**Modul R**)):

Folgende Personen, denen der Schuldner (zu Ziffer ______) aufgrund gesetzlicher Verpflichtung Unterhalt gewährt, haben eigenes Einkommen:

der Ehegatte oder eingetragene Lebenspartner

Name ______ Vorname(n) ______

Art und Höhe des Einkommens ______

die Kinder

Name ______ Vorname(n) ______ Geburtsdatum ______

Art und Höhe des Einkommens ______

Name ______ Vorname(n) ______ Geburtsdatum ______

Art und Höhe des Einkommens ______

Name ______ Vorname(n) ______ Geburtsdatum ______

Art und Höhe des Einkommens ______

☐ ______

Q

☐ **Es wird eine Pfändbarkeit bei Unterhaltsansprüchen gegen den Schuldner (zu Ziffer ______) nach § 850d ZPO angeordnet.**

Vom Gericht auszufüllen:

Es ergehen folgende Anordnungen nach § 850d ZPO:

☐ Für die Pfändung wegen der Rückstände, die länger als ein Jahr vor dem Antrag auf Erlass des Pfändungsbeschlusses, bei Gericht eingegangen am ______, fällig geworden sind, gilt § 850d Absatz 1 Satz 1 bis 3 ZPO nicht.

Dem Schuldner sind bis zur Deckung des Gläubigeranspruchs für seinen eigenen notwendigen Unterhalt ______ Euro als unpfändbarer Betrag monatlich zu belassen.

Darüber hinaus sind ihm bis zur Deckung des Gläubigeranspruchs als unpfändbarer Betrag monatlich zu belassen:

☐ ______ Euro zur Erfüllung seiner laufenden gesetzlichen Unterhaltspflichten gegenüber den Berechtigten, die dem Gläubiger vorgehen.

☐ ______ / ______ des verbleibenden Betrages zur gleichmäßigen Befriedigung der Unterhaltsansprüche der unterhaltsberechtigten Personen, die dem Gläubiger gleichstehen.

Der dem Schuldner danach zu belassende Teil seines Arbeitseinkommens darf den Betrag nicht übersteigen, der ihm nach der Tabelle in der Pfändungsfreigrenzenbekanntmachung in der jeweils geltenden Fassung bei voller Berücksichtigung der genannten unterhaltsberechtigten Person zu verbleiben hätte.

Dieser monatliche unpfändbare Betrag gilt für

☐ das Arbeitseinkommen und die in § 850a Nummer 1, 2 und 4 ZPO genannten Bezüge, jeweils ohne die in § 850c ZPO bezeichneten Pfändungsgrenzen.

Sonstige Anordnungen:

Gründe:

114 **Modul R**

Sollen Unterhaltsberechtigte aufgrund eigenen Einkommens bei der Pfändung wegen gewöhnlicher Geldforderungen unberücksichtigt bleiben, ist das Kontrollkästchen am Anfang des Moduls R anzukreuzen.

Darüber hinaus ist das Modul R vom Gericht auszufüllen, wie dort auch vermerkt. Die Daten entnimmt sich das Gericht aus dem Modul P.

115 **Modul S**

Das Kästchen zu Beginn des Moduls S ist zu markieren, wenn wegen einer oder mehrerer Forderung/en aus einer vorsätzlich begangenen unerlaubten Handlung gepfändet wird. Das sind zum Beispiel Forderungen aus Körperverletzung, Diebstahl, Betrug, Untreue und Unterschlagung. Aus dem Vollstreckungstitel muss sich ergeben, dass der Grund für den Anspruch eine vorsätzlich begangene unerlaubte Handlung ist.

Bei der Eintreibung solcher Forderungen haben die Pfändungsgrenzen des § 850c ZPO keine Geltung (§ 850f Abs. 2 ZPO). Wird der entsprechende Antrag gestellt, also das erste Kreuzchen gesetzt, ist das nachfolgende Feld vom Gericht auszufüllen, wobei es sich die Angaben zu den wirtschaftlichen und persönlichen Verhältnissen sowie den gesetzlichen Unterhaltspflichten des Schuldners aus den Modulen O und P entnehmen kann, soweit ausgefüllt.

116 **Modul T**

Der Rest – das Modul T – ist vom Gericht auszufüllen, ebenso wie – naturgemäß – die Beschlussausfertigung vom Gericht zu erteilen ist.

R

☐ **Es wird die (teilweise) Nichtberücksichtigung von Unterhaltsberechtigten des Schuldners (zu Ziffer ______) nach § 850c Absatz 6 ZPO angeordnet.**

Vom Gericht auszufüllen:

Bei der Berechnung des unpfändbaren Teils des

☐ Arbeitseinkommens des Schuldners

☐ Guthabens auf dem Pfändungsschutzkonto des Schuldners

bleiben nachfolgende Personen, denen der Schuldner auf Grund gesetzlicher Verpflichtung Unterhalt gewährt und die eigene Einkünfte haben, wie folgt unberücksichtigt:

Name ______ Vorname(n) ______ Geburtsdatum ______

☐ ganz ☐ in Höhe von ______ Euro ☐ in Höhe von ______ Prozent.

Name ______ Vorname(n) ______ Geburtsdatum ______

☐ ganz ☐ in Höhe von ______ Euro ☐ in Höhe von ______ Prozent.

Name ______ Vorname(n) ______ Geburtsdatum ______

☐ ganz ☐ in Höhe von ______ Euro ☐ in Höhe von ______ Prozent.

Gründe:

S

☐ **Es wird eine Pfändbarkeit bei Forderungen aus einer vorsätzlich begangenen unerlaubten Handlung des Schuldners (zu Ziffer ______) nach § 850f Absatz 2 ZPO angeordnet.**

Vom Gericht auszufüllen:

Der pfändbare Teil des Arbeitseinkommens wird ohne Rücksicht auf die in § 850c ZPO vorgesehenen Beschränkungen bestimmt.

Dem Schuldner sind

☐ von dem pfändbaren Arbeitseinkommen

☐ von dem Guthaben auf seinem Pfändungsschutzkonto

für seinen eigenen notwendigen Unterhalt ______ Euro

☐ sowie zur Erfüllung seiner laufenden gesetzlichen Unterhaltspflichten ______ Euro monatlich zu belassen.

Gründe:

T

Vom Gericht auszufüllen:

Vom Gericht auszufüllen:

Datum ______ Name Rechtspflegerin/Rechtspfleger ______

______ Unterschrift Rechtspflegerin/Rechtspfleger

☐ Ausgefertigt ☐ Beglaubigt

Datum ______ Name Urkundsbeamtin/Urkundsbeamter ______

______ Unterschrift Urkundsbeamtin/Urkundsbeamter

6. Auswahl der „passenden“ Forderungsaufstellung

a) Auswahlkriterien/Allgemeines

117 Je nachdem, welche Forderung zu pfänden ist, ist die entsprechende Forderungsaufstellung auszuwählen:

Die Forderungsaufstellung, betitelt mit „Aufstellung von Forderungen, die keine gesetzlichen Unterhaltsansprüche sind, für den Antrag auf Erlass eines Pfändungsbeschlusses und eines Pfändungs- und Überweisungsbeschlusses“ (Anlage 7), ist bei sämtlichen titulierten Forderungen zu nutzen, die keine Unterhaltsforderungen sind. Es ist also unerheblich, ob es sich bei dem titulierten Betrag um eine Schadensersatzforderung, eine Darlehensrückzahlung oder eine sonstige Forderung handelt.

Die besonderen Umstände bei der titulierten Unterhaltsforderung machen aber gegenüber den gewöhnlichen Forderungen weitere Formularfelder notwendig, so dass insoweit eine abweichende Forderungsaufstellung zu nutzen ist (betitelt mit „Aufstellung von Forderungen bei der Vollstreckung von gesetzlichen Unterhaltsansprüchen für den Antrag auf Erlass eines Pfändungsbeschlusses und eines Pfändungs- und Überweisungsbeschlusses“, Anlage 8).

Grundsätzlich ist also die Forderungsaufstellung (abgekürzt:) „sonstige Forderungen“ (Anlage 7) zu wählen; nur dann, wenn wegen Unterhaltsansprüchen vollstreckt wird, ist die Forderungsaufstellung (abgekürzt:) „Unterhalt“ (Anlage 8) beizufügen.

118 Vorab, weil für beide Forderungsaufstellungen von Interesse – auch hier wurde versucht, weitgehend Einheitlichkeit zu schaffen, um das Ausfüllen zu erleichtern – Folgendes:

In das jeweilige Formular für die Forderungsaufstellung sind sämtliche Forderungen einzutragen, die der Gläubiger geltend macht. Das schließt Kosten und Zinsen mit ein. Reichen die Eintragungsmöglichkeiten nicht aus, muss das Formular für die Forderungsaufstellung insgesamt oder teilweise mehrfach verwendet werden (dann sind die Forderungsaufstellungen durchlaufend zu nummerieren); eigene Forderungsaufstellungen sind unzulässig.

Bei den Zinsen besteht die Möglichkeit, Zinsen für einen bestimmten Zeitraum einzutragen, die dann vorab auszurechnen und entsprechend einzutragen sind. Darüber hinaus besteht die weitere Möglichkeit, laufende Zinsen einzutragen, also Zinsen, für die kein Enddatum bestimmbar ist. An diesen Stellen ist auch kein ausgerechneter Gesamtbetrag zu ermitteln (und demgemäß auch nicht einzutragen).

Zu beachten ist bei beiden Forderungsaufstellungen, dass hier eine korrekte Eintragung hinsichtlich der Zinshöhe erfolgt, denn in den Formularen existieren Felder für die Angabe von Prozentpunkten (Angabe im Vollstreckungstitel z.B. „fünf Prozentpunkte über dem Basiszinssatz“) und für Prozentsätze ohne Basiszins (Angabe im Vollstreckungstitel z.B. „fünf Prozent“).

119 An dieser Stelle auch gerne noch einmal die Wiederholung des Zinstipps zur Gerichtsvollziehervollstreckung, der auch hier Geltung hat: Da laufende Zinsen ab Rechtskraft eines Titels nach drei Jahren verjähren, bietet es sich an, die Zinsen zu „teilen“. Nutzen Sie eine Spalte, die Zinsen vom Ausspruch bis Rechtskraft ausgerechnet einzutragen und eine weitere, in der Sie die Zinsen ab Rechtskraft aufnehmen. So lassen sich im Falle der Einrede der Verjährung die Zinsen einfacher ermitteln.

Wie vorstehend ausgeführt, sind neben der Hauptforderung auch Kosten und Zinsen zu erfassen. Das gilt aber nicht nur für die für die Titulierung und/oder für etwaige vorherige Zwangsvollstreckungsmaßnahmen angefallenen Kosten, sondern gleichsam für die Kosten eben dieses Auftrages.

Schließlich ist eine Gesamtsumme zu bilden.

b) Forderungsaufstellung „sonstige Forderungen“ („Aufstellung von Forderungen, die keine gesetzlichen Unterhaltsansprüche sind, für den Antrag auf Erlasse eines Pfändungsbeschlusses und eines Pfändungs- und Überweisungsbeschlusses“)

120 Im Großen und Ganzen ist die Forderungsaufstellung aus sich heraus verständlich und deckt sich mit wenigen Abweichungen mit derjenigen, die für die Gerichtsvollzieherzwangsvollstreckung vorgesehen ist: Es sind Forderungen, Nebenforderungen, vorherige Kosten der Zwangsvollstreckung sowie die Kosten der gestellten Anträge aufzunehmen.

Die erste Abweichung zu der schon bekannten Forderungsaufstellung für die Gerichtsvollzieherzwangsvollstreckung befindet sich auf Seite 1/unten, einem optional auszufüllenden Kästchen für die sogenannte „Vorratspfändung“ von Renten aus Anlass einer Verletzung des Körpers oder der Gesundheit: Insoweit besteht die Möglichkeit, zusammen mit der Pfändung wegen der bereits fälligen Ansprüche auch erst künftig fällig werdende Ansprüche des Gläubigers zu pfänden und sich zur Überweisung einziehen zu lassen. Damit der Drittschuldner (da es hier um laufende Entgelte geht, ist dies in der Regel der Arbeitgeber) die Leistungen an den Gläubiger entsprechend abführen kann und muss (ohne dass Monat für Monat ein neuer Beschluss beantragt werden muss), sind sowohl die Höhe des wiederkehrenden Betrages als auch die entsprechenden Intervalle einzutragen.

Aufstellung von Forderungen, die keine gesetzlichen Unterhaltsansprüche sind, für den Antrag auf Erlass eines Pfändungsbeschlusses und eines Pfändungs- und Überweisungsbeschlusses

Lfd. Nr.

Die Gläubiger können von den Schuldnern aus dem Vollstreckungstitel (zu Ziffer ______) die nachfolgend aufgeführten Beträge beanspruchen:

I. Hauptforderungen einschließlich dazugehöriger Zinsen und Säumniszuschläge			
☐ Hauptforderung	☐ Restforderung aus Hauptforderung in Höhe von ______ Euro	☐ Teilforderung aus Hauptforderung in Höhe von ______ Euro	______ Euro
(Teil-/Rest-)Zinsen wie im Vollstreckungstitel ausgerechnet			______ Euro
(Teil-/Rest-)Zinsen in Höhe von			
☐ ______ Prozentpunkten über dem jeweiligen Basiszinssatz ☐ ______ Prozent aus ______ Euro seit dem ______ bis ______			______ Euro
☐ ______ Prozentpunkten über dem jeweiligen Basiszinssatz ☐ ______ Prozent aus ______ Euro seit dem ______ bis ______			______ Euro
☐ ______ Prozentpunkten über dem jeweiligen Basiszinssatz ☐ ______ Prozent aus ______ Euro seit dem ______			
☐ ______ Prozentpunkten über dem jeweiligen Basiszinssatz ☐ ______ Prozent aus ______ Euro seit dem ______			
☐ Hauptforderung	☐ Restforderung aus Hauptforderung in Höhe von ______ Euro	☐ Teilforderung aus Hauptforderung in Höhe von ______ Euro	______ Euro
(Teil-/Rest-)Zinsen wie im Vollstreckungstitel ausgerechnet			______ Euro
(Teil-/Rest-)Zinsen in Höhe von			
☐ ______ Prozentpunkten über dem jeweiligen Basiszinssatz ☐ ______ Prozent aus ______ Euro seit dem ______ bis ______			______ Euro
☐ ______ Prozentpunkten über dem jeweiligen Basiszinssatz ☐ ______ Prozent aus ______ Euro seit dem ______ bis ______			______ Euro
☐ ______ Prozentpunkten über dem jeweiligen Basiszinssatz ☐ ______ Prozent aus ______ Euro seit dem ______			
☐ ______ Prozentpunkten über dem jeweiligen Basiszinssatz ☐ ______ Prozent aus ______ Euro seit dem ______			
☐ Hauptforderung	☐ Restforderung aus Hauptforderung in Höhe von ______ Euro	☐ Teilforderung aus Hauptforderung in Höhe von ______ Euro	______ Euro
Säumniszuschläge gemäß ______ aus ______ Euro seit dem ______ bis ______			______ Euro
Säumniszuschläge gemäß ______ aus ______ Euro seit dem ______			
☐ ______			______ Euro

II. Renten aus Anlass einer Verletzung des Körpers oder der Gesundheit
Die Rente in Höhe von ______ Euro ist zu zahlen:
☐ wöchentlich ☐ monatlich ☐ vierteljährlich
laufend ab ______
zahlbar am ______ (Wochentag bzw. bezifferten Tag des Monats oder des Jahres angeben)
☐ jeder Woche ☐ jeden Monats ☐ jeden Jahres ☐ bis ______

121 Die Forderungsaufstellung ist auch auf Seite 2 fast vollständig identisch mit derjenigen für die Gerichtsvollzieherzwangsvollstreckung: Eine Abweichung ergibt sich lediglich unter IV. „Kosten der Zwangsvollstreckung gemäß § 788 ZPO" insoweit, als dass nur ein Feld für Vollstreckungsgebühren für diesen Antrag vorgesehen ist (in der Gerichtsvollzieherzwangsvollstreckung werden in der Regel mehrere Anträge in Kombination ausgewählt, so die Zwangsvollstreckung und für den Fall der Fruchtlosigkeit bereits die Abnahme der Vermögensauskunft, so dass in der Regel mindestens zwei Gebühren anfallen).

III. Titulierte Kosten einschließlich dazugehöriger Nebenforderungen	
In den Vollstreckungsbescheid aufgenommene Kosten des Mahnverfahrens	
☐ Gesamtkosten ☐ Restkosten aus Gesamtkosten in Höhe von ______ Euro ☐ Teilkosten aus Gesamtkosten in Höhe von ______ Euro	Euro
(Teil-/Rest-)Zinsen wie im Vollstreckungsbescheid ausgerechnet	Euro
(Teil-/Rest-)Zinsen in Höhe von	
☐ ______ Prozentpunkten über dem jeweiligen Basiszinssatz ☐ ______ Prozent aus ______ Euro seit dem ______ bis ______	Euro
☐ ______ Prozentpunkten über dem jeweiligen Basiszinssatz ☐ ______ Prozent aus ______ Euro seit dem ______ bis ______	Euro
☐ ______ Prozentpunkten über dem jeweiligen Basiszinssatz ☐ ______ Prozent aus ______ Euro seit dem ______	
☐ ______ Prozentpunkten über dem jeweiligen Basiszinssatz ☐ ______ Prozent aus ______ Euro seit dem ______	
Titulierte vorgerichtliche Kosten	
☐ Gesamtkosten ☐ Restkosten aus Gesamtkosten in Höhe von ______ Euro ☐ Teilkosten aus Gesamtkosten in Höhe von ______ Euro	Euro
(Teil-/Rest-)Zinsen wie im Vollstreckungstitel ausgerechnet	Euro
(Teil-/Rest-)Zinsen in Höhe von	
☐ ______ Prozentpunkten über dem jeweiligen Basiszinssatz ☐ ______ Prozent aus ______ Euro seit dem ______ bis ______	Euro
☐ ______ Prozentpunkten über dem jeweiligen Basiszinssatz ☐ ______ Prozent aus ______ Euro seit dem ______ bis ______	Euro
☐ ______ Prozentpunkten über dem jeweiligen Basiszinssatz ☐ ______ Prozent aus ______ Euro seit dem ______	
☐ ______ Prozentpunkten über dem jeweiligen Basiszinssatz ☐ ______ Prozent aus ______ Euro seit dem ______	
Festgesetzte Kosten	
☐ Gesamtkosten ☐ Restkosten aus Gesamtkosten in Höhe von ______ Euro ☐ Teilkosten aus Gesamtkosten in Höhe von ______ Euro	Euro
(Teil-/Rest-)Zinsen wie im Kostenfestsetzungsbeschluss ausgerechnet	Euro
(Teil-/Rest-)Zinsen in Höhe von	
☐ ______ Prozentpunkten über dem jeweiligen Basiszinssatz ☐ ______ Prozent aus ______ Euro seit dem ______ bis ______	Euro
☐ ______ Prozentpunkten über dem jeweiligen Basiszinssatz ☐ ______ Prozent aus ______ Euro seit dem ______ bis ______	Euro
☐ ______ Prozentpunkten über dem jeweiligen Basiszinssatz ☐ ______ Prozent aus ______ Euro seit dem ______	
☐ ______ Prozentpunkten über dem jeweiligen Basiszinssatz ☐ ______ Prozent aus ______ Euro seit dem ______	
☐ ______	Euro

IV. Kosten der Zwangsvollstreckung gemäß § 788 Absatz 1 ZPO	
Bisherige Vollstreckungskosten gemäß Aufstellung in weiterer Anlage	Euro
Kosten für dieses Verfahren:	
Gerichtskosten nach GKG (Gebühr nach KV Nr. 2111)	Euro
Rechtsanwaltskosten nach RVG (Gegenstandswert (§ 25 RVG): ______ Euro)	
Verfahrensgebühr (VV Nr. 3309, ggf. i. V. m. VV Nr. 1008)	Euro
Entgelte für Post- und Telekommunikationsdienstleistungen, ggf. Pauschale (VV Nr. 7001 oder 7002)	Euro
weitere Auslagen ______	Euro
Umsatzsteuer (VV Nr. 7008)	Euro
Zwischensumme Rechtsanwaltskosten ______ **Euro**	
Kosten von Inkassodienstleistern nach § 13e RDG gemäß Aufstellung in weiterer Anlage	Euro
☐ ______	Euro

Summe I. bis IV. (Zinsen und Säumniszuschläge nur, soweit nicht laufend)	**Euro**

c) Forderungsaufstellung „Unterhalt" („Aufstellung von Forderungen bei der Vollstreckung von gesetzlichen Unterhaltsansprüchen für den Antrag auf Erlass eines Pfändungsbeschlusses und eines Pfändungs- und Überweisungsbeschlusses")

Die Unterhaltsrente ist eine regelmäßige Zahlung, um die laufenden Kosten der Lebenshaltung zu bestreiten. Ein Anspruch auf eine Unterhaltsrente kann aufgrund einer Unterhaltsverpflichtung (z.B. Unterhaltspflicht unter Verwandten) oder einer Schädigung (z.B. Straßenverkehrshaftung) bestehen. Sofern mehrere Aufstellungen für mehrere Ansprüche zu fertigen sind, so ist in die jeweilige Forderungsaufstellung die fortlaufende Nummer einzutragen; sodann ist der Unterhaltsberechtigte mit Name, Vorname und Geburtsdatum anzugeben. 122

Seite 1 der entsprechenden Forderungsaufstellung ist für den rückständigen Unterhalt auszufüllen und ist aus sich heraus verständlich.

Aufstellung von Forderungen bei der Vollstreckung von gesetzlichen Unterhaltsansprüchen für den Antrag auf Erlass eines Pfändungsbeschlusses und eines Pfändungs- und Überweisungsbeschlusses

Lfd. Nr.

	Name	Vorname(n)	geboren am
Unterhaltsberechtigter:			

Der Gläubiger kann von dem Schuldner (zu Ziffer ____) aus dem Vollstreckungstitel (zu Ziffer ____) die nachfolgend aufgeführten Beträge beanspruchen:

I. Rückständigen Unterhalt einschließlich dazugehöriger Zinsen und Säumniszuschläge	
Unterhaltsrückstand für die Zeit vom ____ bis ____	Euro
(Teil-/Rest-)Zinsen wie im Vollstreckungstitel ausgerechnet	Euro
(Teil-/Rest-)Zinsen in Höhe von	
☐ ____ Prozentpunkten über dem jeweiligen Basiszinssatz ☐ ____ Prozent aus ____ Euro seit dem ____ bis ____	Euro
☐ ____ Prozentpunkten über dem jeweiligen Basiszinssatz ☐ ____ Prozent aus ____ Euro seit dem ____ bis ____	Euro
☐ ____ Prozentpunkten über dem jeweiligen Basiszinssatz ☐ ____ Prozent aus ____ Euro seit dem ____	
☐ ____ Prozentpunkten über dem jeweiligen Basiszinssatz ☐ ____ Prozent aus ____ Euro seit dem ____	
Unterhaltsrückstand für die Zeit von ____ bis ____	Euro
(Teil-/Rest-)Zinsen wie im Vollstreckungstitel ausgerechnet	Euro
(Teil-/Rest-)Zinsen in Höhe von	
☐ ____ Prozentpunkten über dem jeweiligen Basiszinssatz ☐ ____ Prozent aus ____ Euro seit dem ____ bis ____	Euro
☐ ____ Prozentpunkten über dem jeweiligen Basiszinssatz ☐ ____ Prozent aus ____ Euro seit dem ____ bis ____	Euro
☐ ____ Prozentpunkten über dem jeweiligen Basiszinssatz ☐ ____ Prozent aus ____ Euro seit dem ____	
☐ ____ Prozentpunkten über dem jeweiligen Basiszinssatz ☐ ____ Prozent aus ____ Euro seit dem ____	
☐ Hauptforderung ☐ Restforderung aus Hauptforderung in Höhe von ____ Euro ☐ Teilforderung aus Hauptforderung in Höhe von ____ Euro	Euro
Säumniszuschläge gemäß ____ aus ____ Euro seit dem ____ bis ____	Euro
Säumniszuschläge gemäß ____ aus ____ Euro seit dem ____	
☐ ____	Euro

123 Seite 2 – hier geht es um die titulierten Kosten einschließlich dazugehöriger Nebenforderungen (II.) und um die Kosten der Zwangsvollstreckung (III.) – ist mit dem Formular für „sonstige Forderungen" (Rdn 121) identisch und somit mit der Forderungsaufstellung für die Gerichtsvollzieherzwangsvollstreckung (Rdn 42) fast identisch. Eine weitere Erläuterung ist daher hier nicht erforderlich.

II. Titulierte Kosten einschließlich dazugehöriger Nebenforderungen	
In den Vollstreckungsbescheid aufgenommene Kosten des Mahnverfahrens	
☐ Gesamtkosten ☐ Restkosten aus Gesamtkosten in Höhe von Euro ☐ Teilkosten aus Gesamtkosten in Höhe von Euro	Euro
(Teil-/Rest-)Zinsen wie im Vollstreckungsbescheid ausgerechnet	Euro
(Teil-/Rest-)Zinsen in Höhe von	
☐ Prozentpunkten über dem jeweiligen Basiszinssatz ☐ Prozent aus Euro seit dem bis	Euro
☐ Prozentpunkten über dem jeweiligen Basiszinssatz ☐ Prozent aus Euro seit dem bis	Euro
☐ Prozentpunkten über dem jeweiligen Basiszinssatz ☐ Prozent aus Euro seit dem	
☐ Prozentpunkten über dem jeweiligen Basiszinssatz ☐ Prozent aus Euro seit dem	
Titulierte vorgerichtliche Kosten	
☐ Gesamtkosten ☐ Restkosten aus Gesamtkosten in Höhe von Euro ☐ Teilkosten aus Gesamtkosten in Höhe von Euro	Euro
(Teil-/Rest-)Zinsen wie im Vollstreckungstitel ausgerechnet	Euro
(Teil-/Rest-)Zinsen in Höhe von	
☐ Prozentpunkten über dem jeweiligen Basiszinssatz ☐ Prozent aus Euro seit dem bis	Euro
☐ Prozentpunkten über dem jeweiligen Basiszinssatz ☐ Prozent aus Euro seit dem bis	Euro
☐ Prozentpunkten über dem jeweiligen Basiszinssatz ☐ Prozent aus Euro seit dem	
☐ Prozentpunkten über dem jeweiligen Basiszinssatz ☐ Prozent aus Euro seit dem	
Festgesetzte Kosten	
☐ Gesamtkosten ☐ Restkosten aus Gesamtkosten in Höhe von Euro ☐ Teilkosten aus Gesamtkosten in Höhe von Euro	Euro
(Teil-/Rest-)Zinsen wie im Kostenfestsetzungsbeschluss ausgerechnet	Euro
(Teil-/Rest-)Zinsen in Höhe von	
☐ Prozentpunkten über dem jeweiligen Basiszinssatz ☐ Prozent aus Euro seit dem bis	Euro
☐ Prozentpunkten über dem jeweiligen Basiszinssatz ☐ Prozent aus Euro seit dem bis	Euro
☐ Prozentpunkten über dem jeweiligen Basiszinssatz ☐ Prozent aus Euro seit dem	
☐ Prozentpunkten über dem jeweiligen Basiszinssatz ☐ Prozent aus Euro seit dem	
☐	Euro

III. Kosten der Zwangsvollstreckung gemäß § 788 Absatz 1 ZPO	
Bisherige Vollstreckungskosten gemäß Aufstellung in weiterer Anlage	Euro
Kosten für dieses Verfahren:	
Gerichtskosten nach GKG (Gebühr nach KV Nr. 2111)	Euro
Rechtsanwaltskosten nach RVG (Gegenstandswert (§ 25 RVG): Euro)	
Verfahrensgebühr (VV Nr. 3309, ggf. i. V. m. VV Nr. 1008)	Euro
Entgelte für Post- und Telekommunikationsdienstleistungen, ggf. Pauschale (VV Nr. 7001 oder 7002)	Euro
weitere Auslagen	Euro
Umsatzsteuer (VV Nr. 7008)	Euro
Zwischensumme Rechtsanwaltskosten **Euro**	
Kosten von Inkassodienstleistern nach § 13e RDG gemäß Aufstellung in weiterer Anlage	Euro
☐	Euro

Die Forderungsaufstellung zur Pfändung von Unterhalt verfügt allerdings darüber hinaus noch über eine dritte Seite, mittels derer (unter IV.) Angaben zu einer statischen Unterhaltsrente oder (unter V.) zu einer dynamisierten Unterhaltsrente gemacht werden können. 124

Ob es sich um statischen (fester Betrag) oder dynamisierten (eine sich ohne Zutun der Beteiligten ändernde Bezugsgröße, nur bei Minderjährigen möglich) Unterhalt handelt, ergibt sich aus dem Titel selbst.

IV. Statische Unterhaltsrente

Unterhalt für

☐ Kind ☐ Ehegatten/eingetragenen Lebenspartner ☐ Mutter oder Vater nach § 1615l BGB ☐ Eltern ☐ Enkel

Der Unterhalt ist zu zahlen:

☐ wöchentlich ☐ monatlich ☐ vierteljährlich

☐ laufend ab ________

☐ zahlbar am ________ (Wochentag bzw. bezifferten Tag des Monats oder des Jahres angeben)

☐ jeder Woche ☐ jeden Monats ☐ jeden Jahres ☐ bis ________

☐ Unterhalt bis zur Vollendung des **sechsten** Lebensjahres des Kindes ________ Euro

☐ Unterhalt von der Vollendung des **sechsten** Lebensjahres bis zur Vollendung des **zwölften** Lebensjahres des Kindes ________ Euro

☐ Unterhalt von der Vollendung des **zwölften** Lebensjahres bis zur Vollendung des **achtzehnten** Lebensjahres des Kindes ________ Euro

☐ Unterhalt von der Vollendung des **achtzehnten** Lebensjahres des Gläubigers an ________ Euro

☐ Unterhalt für die Zeit von ________ bis ________ ________ Euro

☐ Unterhalt für die Zeit von ________ bis ________ ________ Euro

☐ Unterhalt für die Zeit von ________ bis ________ ________ Euro

☐ Unterhalt für die Zeit ab ________

V. Dynamisierte Unterhaltsrente

Unterhalt, veränderlich gemäß dem Mindestunterhalt nach § 1612a Absatz 1 BGB, zahlbar am Ersten jeden Monats, laufend ab ________ bis ________

________ Prozent des Mindestunterhalts der **ersten Altersstufe**,

☐ abzüglich

☐ des hälftigen Kindergeldes ☐ des vollen Kindergeldes

☐ abzüglich Kindergeld in Höhe von ________ Euro

☐ abzüglich sonstiger kindesbezogener Leistungen in Höhe von ________ Euro (derzeitiger monatlicher Zahlbetrag des Unterhalts: ________ Euro) bis zur Vollendung des **sechsten** Lebensjahres des Kindes (Zeitraum vom ________ bis ________)

________ Prozent des Mindestunterhalts der **zweiten Altersstufe**,

☐ abzüglich

☐ des hälftigen Kindergeldes ☐ des vollen Kindergeldes

☐ abzüglich Kindergeld in Höhe von ________ Euro

☐ abzüglich sonstiger kindesbezogener Leistungen in Höhe von ________ Euro (derzeitiger monatlicher Zahlbetrag des Unterhalts: ________ Euro) vom **siebten** bis zur Vollendung des **zwölften** Lebensjahres des Kindes (Zeitraum vom ________ bis ________)

________ Prozent des Mindestunterhalts der **dritten Altersstufe**,

☐ abzüglich

☐ des hälftigen Kindergeldes ☐ des vollen Kindergeldes

☐ abzüglich Kindergeld in Höhe von ________ Euro

☐ abzüglich sonstiger kindesbezogener Leistungen in Höhe von ________ Euro (derzeitiger monatlicher Zahlbetrag des Unterhalts: ________ Euro) ab dem **dreizehnten** Lebensjahres des Kindes (Zeitraum vom ________ bis ________)

Summe I. bis V. (Zinsen, Säumniszuschläge und Unterhaltsrenten nur, soweit nicht laufend)	________ **Euro**

D. Zwangsvollstreckung in unbewegliches Vermögen (Vollstreckung in das Grundbuch)

I. Differenzierung/Allgemeines

125 Bei der Vollstreckung in das unbewegliche Vermögen bieten sich regelmäßig drei Möglichkeiten:

Zum einen kann eine **Zwangssicherungshypothek** eingetragen werden. Die Zwangssicherungshypothek ist die dingliche Sicherung des titulierten Anspruchs.

Sie bringt insoweit Vorteile, dass die Forderung zum einen auf dem Grundstück gesichert ist, dass bei einer Zwangsversteigerung durch einen Dritten eine Verfahrensbeteiligung von Amts wegen erfolgt und dadurch bei Verwertung ein Zuteilungsvorteil ohne Kostenrisiko entsteht und nicht zuletzt aus dieser dinglichen Sicherheit heraus – sofern gewünscht – die Zwangsversteigerung ohne gesonderten Duldungstitel beantragt werden kann.

126 Zum weiteren besteht die Möglichkeit, die **Zwangsverwaltung** zu beantragen: Bei der Zwangsverwaltung wird der Gläubiger aus den Einnahmen (z.B. Miete, Pacht) befriedigt, ohne dass das Objekt verwertet wird. Die erzielten Einnahmen aus dem Objekt werden nach Abzug der Bewirtschaftungskosten an den oder die Gläubiger verteilt. Mit der Zwangsverwaltung wird darüber hinaus verhindert, dass der Schuldner für eine Wertminderung des Objektes sorgt.

127 Schließlich und letztlich kann die **Zwangsversteigerung** beantragt werden, die zur Verwertung des Grundstücks/des Objektes führt: Durch Beschluss wird das Grundstück beschlagnahmt, dann der Versteigerungstermin bestimmt und die Beteiligten werden aufgefordert, ihre Rechte anzumelden. Sie werden – soweit der Erlös ausreicht – dem Rang nach befriedigt.

II. Eintragung einer Zwangssicherungshypothek

1. Allgemeines

128 Die Sicherungshypothek ist eine Form der Immobiliarvollstreckung. Mit der Zwangssicherungshypothek wird der titulierte Anspruch „dinglich" abgesichert, das Grundstück also mit dem Anspruch belastet. Eine Zwangssicherungshypothek dient zunächst also nicht der Befriedigung des Gläubigers, sondern der Absicherung der Forderung im Grundbuch. Mit einem Antrag auf Eintragung einer Zwangssicherungshypothek verliert der Schuldner daher weder Eigentum noch irgendwelche Verfügungsrechte. Sofern beispielsweise ein weiterer Gläubiger die Zwangsversteigerung beantragt, entstehen für den Inhaber der Zwangssicherungshypothek Vorteile, wie

- Verfahrensbeteiligung von Amts wegen
- Zuteilungsvorteil (ohne Kostenrisiko)
- Zwangsversteigerung ohne gesonderten Duldungstitel

Darüber hinaus ist eine Zwangssicherungshypothek bei Kauf des Objektes zu betrachten und – sofern da ein lastenfreier Übergang vom Käufer begehrt wird – dann über den Kaufpreis an den Schuldner auszukehren.

Mit Eintragung einer Sicherungshypothek wird also die Forderung eines Gläubigers für den Fall auf dem Grundstück abgesichert, dass ein anderer oder aber auch derselbe Gläubiger die Zwangsversteigerung auf dem Grundstück betreibt oder aber der Schuldner dieses Grundstück verkauft. Um eine Sicherungshypothek einzutragen, muss der Forderungsbetrag mindestens 750 EUR übersteigen (nicht Hauptforderung, sondern Gesamtforderung, wobei allerdings die Zinsen nicht zu berücksichtigen sind, soweit sie als Nebenforderung geltend gemacht werden, § 866 ZPO). Hier ist das Grundbuchamt zuständig, bei dem das fragliche Grundstück eingetragen ist. Ist eine Sicherungshypothek im Grundbuch eingetragen, erhält der Gläubiger hierüber eine Eintragungsnachricht.

Es ist nicht immer sinnvoll, aus der Sicherungshypothek, die eine rangwahrende Wirkung hat, die Zwangsversteigerung zu betreiben, da vorrangige Grundschulden eventuell aus dem Grundstückserlös befriedigt würden und der Inhaber der Sicherungshypothek möglicherweise „leer ausginge".

Die Vollstreckungsmaßnahme „Eintragung einer Sicherungshypothek" wird häufig auch nur genutzt, um dem Schuldner zu zeigen, dass es mit der Forderungseintreibung ernst gemeint ist:

Die Schuldner haben häufig die Befürchtung, ihr „Hab und Gut" zu verlieren und bieten nach Eintragung einer Sicherungshypothek Ratenzahlungen an, die man in aller Regel sodann auch bewilligen sollte. Es ist daher sinnvoll, vor Einleitung weiterer Maßnahmen, wie etwa der Zwangsversteigerung, dem Schuldner unter Hinweis auf die bestehende Sicherungshypothek Ratenzahlungen anzubieten.

Außerdem sichert – wie der Name schon sagt – die Zwangssicherungshypothek die Forderung für den Fall des Verkaufs der Immobilie oder des Grundstücks ab: Grundstücks- oder Immobilienerwerber wünschen in der Regel einen lastenfreien Übergang des Grundeigentums, deshalb wird im Zuge der Verkaufsverhandlungen in der Regel die Forderung bezahlt, damit die Zwangssicherungshypothek vor Verkauf gelöscht wird. Auch wenn ein paar Jahre vergehen:

Es könnte durchaus sein, dass Erben ein Interesse an einem lastenfreien Grundstück haben, so dass eine Sicherungshypothek – immerhin hat der vollstreckbare Titel 30 Jahre Gültigkeit – das eine oder andere Mal durchaus empfohlen werden kann.

Die Eintragung einer Zwangssicherungshypothek ist nach § 18 Nr. 13 RVG ein besonderer Akt der Zwangsvollstreckung; demnach erhält der Rechtsanwalt hierfür eine 0,3 Gebühr gem. Nr. 3309 VV RVG. Als Gegenstandswert ist die einzutragende Forderung zugrunde zu legen.

2. Antrag

▼

Formulierungsbeispiel 6.2: Antrag auf Eintragung einer Sicherungshypothek 129

An das Amtsgericht

– Grundbuchamt –

(…) *(Adresse des Gerichts; Gericht am Ort des belegenen Grundstücks)*

Antrag auf Eintragung einer Sicherungshypothek

(…) *(volles Rubrum)*

Dem Gläubiger steht gegen den Schuldner gemäß des anliegenden (…) *(Vollstreckungstitel mit Datum, Aktenzeichen und ausstellendem Gericht angeben)* die sich aus der anliegenden detaillierten Forderungsaufstellung ergebende Forderung zu.

Der Schuldner ist Eigentümer des nachstehend genauer bezeichneten Grundstücks:

Grundbuch von (…) *(Ort eintragen)*, Blatt (…) *(Nr. eintragen)*, Flur (…) *(Nr. eintragen)*, Flurstück (…) *(Nr. eintragen)*, Gegebenheit (…) *(z.B. Grundstück mit aufstehendem Gebäude eintragen)*, Adresse *(Straße und Hausnummer eintragen)*.

Aufgrund des vollstreckbaren Titels beantragen wir:

Die Eintragung einer Sicherungshypothek auf dem vorgenannten Grundstück des Schuldners wegen der in der anliegenden Forderungsaufstellung errechneten Forderung nebst den weiterlaufenden Zinsen sowie den hierfür entstehenden Kosten.

(…) *(Ort)*, den (…) *(Datum)*

(…) *(Unterschrift des Rechtsanwalts)*

Anlagen: Vollstreckungstitel; Vollstreckungsbelege; Forderungsaufstellung

▲

III. Zwangsversteigerung

1. Allgemeines

Eine weitere Maßnahme der Immobiliarvollstreckung ist die Zwangsversteigerung. Im Wege der Zwangsversteigerung wird die Veräußerung (Versteigerung) des Grundstücks bzw. der Immobilie beantragt, damit der Gläubiger aus dem Erlös befriedigt werden kann. Durch Beschluss wird das Grundstück beschlagnahmt, der Versteigerungstermin bestimmt und die Beteiligten werden aufgefordert, ihre Rechte anzumelden. Sie werden – soweit der Erlös ausreicht – dem Rang nach befriedigt. Hier ist die Zuständigkeit des Amtsgerichts (Vollstreckungsgericht) gegeben, in dessen Bezirk sich das Grundstück befindet. Mit dem Zeitpunkt der Zustellung des Zwangsversteigerungsbeschlusses an den Schuldner werden alle Verfügungen, betreffend das Grundstück, die durch den Schuldner veranlasst werden, dem Gläubiger gegenüber unwirksam. Sofern das Grundstück letztendlich versteigert wird, wird der Verkaufserlös benutzt, um die Forderungen der Gläubiger (nach entsprechendem Rang) zu befriedigen. 130

In der Regel haben die finanzierenden Banken an erster bzw. zweiter Rangstelle ihre Grundschulden zur Sicherung des Darlehensbetrags eingetragen; sie gehen immer allen anderen Ansprüchen im Rahmen der Zwangsversteigerung vor. Ob in der eingetragenen Höhe allerdings noch die Forderungen der Banken tatsächlich bestehen, ist nicht erkennbar und hierfür existiert auch kein gesetzlicher Auskunftsanspruch. Und sofern die Schulden nicht mehr in gleicher Höhe existieren, wandelt sich die Grundschuld in eine Eigentümergrundschuld um, was bedeutet, dass im Falle der Versteigerung ein etwaiger Übererlös von der Bank an den Schuldner ausgezahlt wird, während die Pfändung des Gläubigers 131 nachrangiger Forderungen möglicherweise ins Leere geht. Deshalb sollte stets überlegt werden, ob bei laufender bzw. beantragter Zwangsversteigerung (auch beim Betritt zur Zwangsversteigerung) nicht auch die Pfändung der Rückgewährsansprüche gegenüber den finanzierenden Banken erwirkt werden sollte. Damit wird verhindert, dass der Schuldner an Geld kommt, das „eigentlich" an den Gläubiger gehen sollte.

2. Antrag

▼

132 **Formulierungsbeispiel 6.3: Zwangsversteigerungsantrag**

An das

Amtsgericht (...)

(...) *(Adresse des Gerichts; Gericht am Ort des belegenen Grundstücks)*

(...) *(volles Rubrum)*

Dem Gläubiger steht gegen den Schuldner die Forderung gemäß den beiliegenden Titel- und Vollstreckungsunterlagen sowie der Forderungsaufstellung per (...) *(Datum eintragen)*, die Bestandteil dieses Antrags ist, zu. Der Schuldner ist Eigentümer des im Grundbuch von (...) *(Bezeichnung mit Blatt, Flur/Flurstück, Anschrift)* eingetragenen Grundstücks (Gebäude- und Freifläche).

Wegen der vorstehenden Forderung sowie der für diesen Antrag entstandenen und unten berechneten Gebühren und Kosten beantragen wir,

die Zwangsversteigerung des oben bezeichneten Grundstücks anzuordnen.

Zugleich beantragen wir, Ermittlungen nach eventuellen Pächtern oder Mietern anzustellen und den Anordnungsbeschluss diesen zuzustellen.

Nachweise sind im Original beigefügt mit der Bitte um spätere Rückgabe. Die Gebühren für diesen Auftrag errechnen sich wie folgt:

(...) *(Aufstellung der Gebühren für diesen Antrag)*

0,4 Verfahrensgebühr gem. Nr. 3311 VV RVG.

(...) *(Ort)*, den (...) *(Datum)*

(...) *(Unterschrift des Rechtsanwalts)*

Anlagen: Vollstreckungstitel; Vollstreckungsbelege; Forderungsaufstellung

▲

IV. Zwangsverwaltung

1. Allgemeines

133 Im Wege der Zwangsverwaltung wird die Verwaltung des Objektes durch (regelmäßig) einen Dritten angeordnet, damit zum einen der Gläubiger aus den Einnahmen (z.B. Miete oder Pacht) befriedigt wird, ohne dass der Eigentümer sein Eigentum verliert. Mit der Zwangsverwaltung kann zudem eine Wertminderung des Objektes durch den (ungeeigneten) Eigentümer/Schuldner verhindert werden. Die erzielten Einnahmen aus dem Objekt werden nach Abzug der Bewirtschaftungskosten an den oder die Gläubiger verteilt. Die Zwangsverwaltung ermöglicht also dem Gläubiger eine Befriedigung aus den Erträgen eines Grundstücks ohne Verwertung/Zerschlagung oder Wegnahme des Objekts. Dies ist natürlich nur dann sinnvoll, wenn die erwarteten Erträge in einem angemessenen Verhältnis zur Höhe der vollstreckbaren Forderung stehen und wenn ohnehin überhaupt davon auszugehen ist, dass Erträge im Rahmen einer Zwangsverwaltung einzuziehen sind. Beispielhaft kann hier ein schlecht geführtes Hotelgewerbe oder aber eine vermietete Wohnanlage aufgeführt werden. Die örtliche Zuständigkeit für einen Antrag auf Zwangsverwaltung liegt bei dem Vollstreckungsgericht, in dessen Bezirk das Grundstück liegt. Dem Antrag müssen Vollstreckungstitel nebst Klausel und Vollstreckungsunterlagen beigefügt werden; das Gericht ordnet ggf. durch Beschluss die Zwangsverwaltung an und bestellt einen Zwangsverwalter. Der Schuldner verliert somit die Verfügungsmacht über die Nutzungsmöglichkeiten seines Grundstücks.

2. Antrag

▼

Formulierungsbeispiel 6.4: Zwangsverwaltungsantrag 134

An das

Amtsgericht (…)

(…) *(Adresse des Gerichts; Ort des belegenen Grundstücks)*

Zwangsverwaltungsantrag

(…) *(volles Rubrum)*

Dem Gläubiger steht gegen den Schuldner die Forderung gemäß der beiliegenden Titel- und Vollstreckungsunterlagen sowie der Forderungsaufstellung per (…) *(Datum eintragen)*, die Bestandteil dieses Antrags ist, zu. Der Schuldner ist Eigentümer des im Grundbuch von (…) *(Bezeichnung mit Blatt, Flur/Flurstück, Anschrift)* eingetragenen Grundstücks (Gebäude- und Freifläche).

Wegen der vorstehenden Forderung sowie der für diesen Antrag entstandenen und unten berechneten Gebühren und Kosten beantragen wir,

die Zwangsverwaltung des oben bezeichneten Grundstücks anzuordnen und einen Zwangsverwalter zu bestellen.

Nachweise sind im Original beigefügt mit der Bitte um spätere Rückgabe. Die Gebühren für diesen Auftrag errechnen sich wie folgt:

(…) *(Aufstellung der Gebühren für diesen Antrag)*

0,4 Verfahrensgebühr gem. Nr. 3311 VV RVG.

(…) *(Ort)*, den (…) *(Datum)*

(…) *(Unterschrift des Rechtsanwalts)*

Anlagen: Vollstreckungstitel; Vollstreckungsbelege; Forderungsaufstellung

▲

E. Sicherungsvollstreckung

I. Allgemeines

In aller Regel sind Urteile, die einen Streitwert über 1.250 EUR haben, nur gegen **Sicherheitsleistung** vorläufig vollstreckbar (§ 708 ZPO). Dies bedeutet, dass nicht ohne Weiteres vollstreckt werden kann, sondern vorher eine Sicherheit geleistet werden muss, entweder durch Bankbürgschaft oder durch Hinterlegung eines Barbetrags bei der Hinterlegungsstelle des entsprechenden Amtsgerichts. 135

Die Sicherheitsleistung hat den Hintergrund, dass derjenige, gegen den die Zwangsvollstreckung betrieben werden soll, für den Fall abgesichert ist, dass ein nächsthöheres Gericht eine anders lautende Entscheidung trifft. 136

Ist ein Gläubiger nicht in der Lage, eine Sicherheitsleistung zu erbringen, müsste er an und für sich die Rechtskraft des Urteils abwarten, was aber im Falle der Durchführung des Berufungs- oder Revisionsverfahrens mehrere Jahre dauern kann. 137

Will oder kann der Gläubiger die Rechtskraft nicht abwarten, etwa weil er befürchten muss, dass sich sein Schuldner in die Insolvenz flüchtet, betreibt er die Sicherungsvollstreckung nach § 720a ZPO.

Bei der Vollstreckung in bewegliches Vermögen bedeutet dies, bei der 138

- Sachpfändung: Hinterlegung bei der Wegnahme von Geld, Pfandsiegel auf gepfändete Gegenstände ohne Verwertung
- Forderungspfändung: Die Forderungen dürfen nur gepfändet, aber nicht zur Einziehung überwiesen werden (nur reiner Pfändungsbeschluss möglich)

Bei der Vollstreckung in unbewegliches Vermögen besteht somit nur die Möglichkeit der Eintragung einer Zwangssicherungshypothek, mit der die Forderung durch dingliches Recht abgesichert und zugleich ein Rangvorteil gegenüber „reinen Forderungsgläubigern" erreicht wird. 139

140 Zur Wirksamkeit der Sicherungsvollstreckung bedarf es neben der allgemeinen Voraussetzungen der Zwangsvollstreckung noch der Zustellung von Titel und Vollstreckungsklausel zwei Wochen vor der Sicherungsvollstreckung, § 750 Abs. 3 ZPO. Diese Wartefrist soll dem Schuldner ermöglichen, die Sicherungsvollstreckung durch Sicherheitsleistung abzuwenden.

Der Gläubiger kann sich aus dem belasteten Gegenstand nur nach Leistung der Sicherheit oder nach formeller Rechtskraft des Titels befriedigen. Bis dahin besteht nur ein Pfandrecht!

Ausnahmsweise sind Verwertungsmaßnahmen möglich, wenn ansonsten die Gefahr einer erheblichen Wertminderung (z.B. bei Wertpapieren) oder unverhältnismäßig hoher Kosten bei der Aufbewahrung einer Sache (laufende Miete von Unterstellbehältnissen) besteht. Auf Antrag kann dann das Vollstreckungsgericht in diesen Fällen anordnen, dass die Sache versteigert und der Erlös hinterlegt wird.

II. Antrag

141 Es gibt keinen besonderen Antrag: Der Gerichtsvollzieher wird bei der Sachpfändung mit Pflichtformular beauftragt, wobei im Modul O oder auch im Modul Q der Hinweis auf die Sicherungsvollstreckung erfolgen muss, somit der Hinweis darauf, dass eine Verwertung des gepfändeten Gegenstands bzw. Überweisung des gepfändeten Betrags nicht erfolgen darf, vielmehr eine Hinterlegung zu erfolgen hat.

142 Soll im Rahmen der Sicherungsvollstreckung keine Sache, sondern eine Forderung gepfändet werden, so ist im entsprechenden Beschlussentwurf (Pflichtformular) darauf zu achten, dass zwischen Modul B und C nur „Pfändungsbeschluss" anzukreuzen ist, da ja gerade die Überweisung nicht erfolgen darf.

III. Weitere Zwangsmaßnahmen ohne Leistung der notwendigen Sicherheit

143 Daneben können zwei Maßnahmen ohne Sicherheitsleistung durchgeführt werden, die oft unbeachtet werden: Die Abgabe der Vermögensauskunft und die Zustellung einer Vorpfändungsbenachrichtigung: Beide Maßnahmen können ohne Sicherheitsleistung auch bei einem nur vorläufig gegen Sicherheitsleistung vollstreckbaren Titel ergriffen werden:

144 Die **Abgabe der Vermögensauskunft** dient der Sicherung (bzw. der Aufdeckung) möglicher Vermögenswerte. Insofern erfolgt keine Verwertung sondern nur die Vorbereitung der (Sicherungs-) Vollstreckung. Der Schuldner ist daher auch im Falle der Anordnung einer Sicherheitsleistung zur Abgabe der Vermögensauskunft verpflichtet, selbst wenn die Sicherheit vom Gläubiger nicht geleistet wurde (und keine formelle Rechtskraft eingetreten ist).

145 Eine **Vorpfändung** (auch: vorläufiges Zahlungsverbot) dient ebenfalls der Sicherung des Anspruchs und wird in der Regel einem Pfändungsbeschluss vorgeschoben, um eine Rangsicherung zu erreichen. Sie kann daher ohne Sicherheitsleistung und ohne vorherige Zustellung von Titel und Klausel (nebst Wartefrist) betrieben werden. Die Zustellung ist binnen der Monatsfrist zwischen Vorpfändung und Pfändung nachzuholen. Die Sicherheitsleistung ist nachzuholen, wenn die zu pfändende Forderung verwertet werden soll.

F. Verbraucherinsolvenzverfahren

I. Ablauf des Verfahrens

146 In der Praxis stellt sich verhäuft das Problem, dass die eingeleiteten Zwangsvollstreckungsmaßnahmen durch das Insolvenzrecht blockiert werden.

Um die Angriffspunkte, die dazu führen, dass die Zwangsvollstreckung wieder betrieben werden kann, aufzuzeigen, ist es notwendig, die vier Phasen der Verbraucherinsolvenz darzustellen.

1. Erste Phase

147 Zunächst muss versucht werden, eine außergerichtliche Schuldenbereinigung zu betreiben. Hierzu ist es notwendig, dass der Schuldner eine Aufstellung sämtlicher Gläubiger mit ihren Forderungen fertigt und die Gläubiger anschreibt und ihnen eine gewisse Quote auf ihre Forderung anbietet. Sollten sämtliche angeschriebenen Gläubiger sich mit dem Vorschlag des Schuldners einverstanden erklären, ist das Verfahren beendet; eines gerichtlichen Insolvenzantrags bedarf es nicht mehr.

Anmerkung:
Viele Schuldner bieten gerade Centbeträge oder auch „Nullbeträge“ an, damit die außergerichtliche Schuldenbereinigung scheitert. Dies deshalb, weil mit einer außergerichtlichen Schuldenbereinigung nicht sämtliche Gläubiger erfasst sind, sondern nur diejenigen, die auch tatsächlich bekannt sind und angeschrieben wurden. Sollte sich ein Jahr später ein anderer Gläubiger melden und für den gleichen Zeitraum oder davor eine Forderung haben, so ist diese von der außergerichtlichen Schuldenbereinigung nicht erfasst!

Scheitert die außergerichtliche Schuldenbereinigung, so geht es in die zweite Phase.

2. Zweite Phase

Es wird ein gerichtlicher Antrag gestellt, das Insolvenzverfahren zu eröffnen. Hierzu ist es notwendig, dass eine **Bescheinigung über das Scheitern** der Phase 1 durch eine geeignete Person (z.B. Rechtsanwalt, Schuldnerberatung) beigefügt wird. Beigefügt werden muss ein **Schuldenbereinigungsplan**. Hier wird in aller Regel auf das außergerichtliche Angebot zurückgegriffen. Zudem ist es notwendig, dass diesem gerichtlichen Antrag ein **Gläubiger-, Forderungs- und Vermögensverzeichnis** beigefügt wird. Nicht vergessen werden darf der zusätzliche **Antrag auf Restschuldbefreiung gem. § 300 InsO**. Sodann fordert das Gericht die im Vermögensverzeichnis erfassten Gläubiger auf, binnen einer Notfrist von einem Monat ihre Forderung auf Vollständigkeit zu prüfen und die Zustimmung oder Ablehnung des Schuldenbereinigungsplanes abzugeben. Ein Gläubiger, der sich binnen dieser Notfrist beim Gericht nicht meldet, gibt automatisch seine Zustimmung zu dem Schuldenbereinigungsplan! 148

Stimmen mehr als 50 % der Gläubiger mit mehr als 50 % des Forderungsbetrags zu, werden die anderen Gläubiger überstimmt.

Kommt keine Übereinstimmung zustande, geht es in die dritte Phase.

3. Dritte Phase

Der Insolvenzantrag wird von Amts wegen aufgenommen. Es erfolgt eine öffentliche Bekanntmachung mit Fristsetzung zur Anmeldung der Forderung und ein Treuhänder wird bestimmt. Es wird geprüft, ob Versagungsgründe gem. § 290 InsO vorliegen. 149

Die Restschuldbefreiung ist durch Beschluss zu versagen, wenn dies von einem Insolvenzgläubiger, der seine Forderung angemeldet hat, beantragt worden ist und wenn

(1) der Schuldner in den letzten fünf Jahren vor dem Antrag auf Eröffnung des Insolvenzverfahrens oder nach diesem Antrag wegen einer Straftat nach den §§ 283 bis 283c StGB (Bankrott, Verletzung der Buchhaltungspflicht, Gläubigerbegünstigung), rechtskräftig zu einer Geldstrafe von mehr als 90 Tagessätzen oder einer Freiheitsstrafe von mehr als drei Monaten verurteilt worden ist,
(2) der Schuldner in den letzten drei Jahren vor dem Antrag auf Eröffnung des Insolvenzverfahrens oder nach diesem Antrag vorsätzlich oder grob fahrlässig schriftlich unrichtige oder unvollständige Angaben über seine wirtschaftlichen Verhältnisse gemacht hat, um einen Kredit zu erhalten, Leistungen aus öffentlichen Mitteln zu beziehen oder Leistungen an öffentliche Kassen zu vermeiden,
(3) der Schuldner in den letzten drei Jahren vor dem Antrag auf Eröffnung des Insolvenzverfahrens oder nach diesem Antrag vorsätzlich oder grob fahrlässig die Befriedigung der Insolvenzgläubiger dadurch beeinträchtigt hat, indem er unangemessene Verbindlichkeiten begründet oder Vermögen verschwendet oder ohne Aussicht auf eine Besserung seiner wirtschaftlichen Lage die Eröffnung des Insolvenzverfahrens verzögert hat,
(4) der Schuldner erforderliche Auskunfts- oder Mitwirkungspflichten vorsätzlich oder grob fahrlässig verletzt hat,
(5) der Schuldner in den vorzulegenden Verzeichnissen seines Vermögens und seines Einkommens, seiner Gläubiger und der gegen ihn gerichteten Forderungen vorsätzlich oder grob fahrlässig unrichtige oder unvollständige Angaben gemacht hat,
(6) der Schuldner seine Erwerbsobliegenheit verletzt hat und dadurch die Befriedigung der Insolvenzgläubiger beeinträchtigt; dies gilt nicht, wenn den Schuldner kein Verschulden trifft.

Trifft keiner dieser vorgenannten Gründe zu, kommt der Schuldner in die vierte Phase.

4. Vierte Phase

Diese vierte Phase ist die sog. Wohlverhaltensperiode. 150

Dies bedeutet, dass die pfändbaren Beträge aus dem Lohn des Schuldners an den Treuhänder abgeführt werden. Die Wohlverhaltensperiode beginnt bereits mit Eröffnung des Insolvenzverfahrens und beträgt regelmäßig drei Jahre, dann folgt die Restschuldbefreiung.

151 Im Rahmen der Wohlverhaltensperiode hat der Schuldner folgende **Obliegenheitsverpflichtungen** zu erfüllen:

(1) Hat der Schuldner keine Arbeit, so muss er sich um solche intensiv bemühen. Der Schuldner muss einer angemessenen Arbeit nachgehen, darf zumutbare Arbeit nicht ablehnen. Er muss dem Treuhänder auf Verlangen Auskunft über seine Erwerbstätigkeiten oder seine Bemühungen um eine solche, sowie über seine Bezüge und sein Vermögen erteilen.

(2) Sollte der Schuldner etwas erben, so muss er die Hälfte davon an den Treuhänder abgeben (nicht das gesamte ererbte Vermögen).

(3) Der Schuldner muss jeden Wohnungs- und Arbeitsplatzwechsel seinem Treuhänder mitteilen und

(4) Zahlungen zur Befriedigung der Insolvenzgläubiger dürfen nur an den Treuhänder geleistet werden (keine Gläubigerbevorzugung) und

(5) Der Schuldner darf keine unangemessenen Verbindlichkeiten neu begründen.

Übersteht der Schuldner diese Wohlverhaltensperiode, so hat er die Restschuldbefreiung gem. § 300 InsO „verdient“.

II. Angriffspunkte

152 Wenn für einen Schuldner das Verbraucherinsolvenzverfahren eingeleitet wurde, liegen die besten Angriffsmöglichkeiten in der vierten und letzten Phase. Insbesondere das intensive Bemühen um Arbeit und die Auflage, einer zumutbaren Arbeit nachzugehen, sind Möglichkeiten für Gläubiger, die Wohlverhaltensperiode zu stören und damit das Verfahren zunichtezumachen. Deshalb muss der Schuldner hier besonders sorgfältig vorgehen.

Um mit seiner Forderung nicht zur Insolvenzmasse zu gehören, kann sich der Gläubiger – unter bestimmten Voraussetzungen – aber bereits schon bei Erwirkung des Titels Vorteile „sichern“.

Keine Insolvenzgläubiger sind:

(1) Deliktsgläubiger,

(2) Absonderungsberechtigte (durch dingliche Sicherung, Grundpfandrechte, Hypotheken),

(3) Aussonderungsberechtigte (Lieferung unter Eigentumsvorbehalt).

Einzugehen ist hier auf die Deliktsgläubiger und die Aussonderungsberechtigten.

1. Deliktsgläubiger

153 Sobald ein Forderungsmandat in der Kanzlei eintrifft, sollte versucht werden, über das zuständige Gericht in Erfahrung zu bringen, **ob** und **wann** der Schuldner die eidesstattliche Versicherung/Vermögensauskunft abgegeben hat.

Hat der Schuldner die eidesstattliche Versicherung/Vermögensauskunft abgegeben und ist das Datum der Abgabe bekannt, so ist das Datum der Auftragserteilung und Rechnungsstellung hiermit abzuprüfen. Liegt die Auftragserteilung unmittelbar vor oder sogar nach dem Zeitpunkt der Abgabe der eidesstattlichen Versicherung, so erfüllt die Handlung des Schuldners den Straftatbestand des Betruges.

In einer Klageschrift sollte sodann als Feststellungsantrag mit aufgenommen werden, dass es sich um eine Forderung aus beispielsweise Warenlieferung handelt in Verbindung mit einer **vorsätzlichen unerlaubten** Handlung. Mit einem Antrag auf Erlass eines Mahnbescheids kann diese Feststellung nach aktueller BGH-Rechtsprechung nicht mehr getroffen werden (denn ein Mahnbescheid kann nur auf Geldforderungen gerichtet werden – somit scheidet „natürlich“ ein Feststellungsanspruch aus).

Der Vorteil bei der Klage ist, dass später tituliert ist, dass der Gläubiger kein Insolvenzgläubiger ist; seine Forderung ist besonders zu behandeln und wird nicht von der Restschuldbefreiung erfasst. Im Übrigen sind die Deliktsgläubiger auch bei den Pfändungsgrenzen bei Arbeitseinkommen bevorzugt: Hier können auf Antrag beim Vollstreckungsgericht die Pfändungsgrenzen erheblich ausgeweitet werden.

2. Aussonderungsberechtigte

154 Bei den Aussonderungsberechtigten (Lieferung unter Eigentumsvorbehalt) ist zunächst bei der Titulierung nichts Besonderes zu beachten, es sei denn, der Aussonderungsberechtigte ist zugleich ein Deliktsgläubiger, was man ebenfalls abprüfen sollte.

Die Vollstreckung bei Lieferung unter Eigentumsvorbehalt ist wesentlich erleichtert worden: Heutzutage ist es nunmehr möglich, auch **unpfändbare Mobilien** zu **pfänden**, sofern sie unter Eigentumsvorbehalt geliefert wurden.

Wenn sich ein Schuldner auf Kosten eines Möbelhauses komplett einrichtet und die vereinbarten Raten nicht zahlt, kann der Möbelhändler jederzeit Tisch, Bett und Couchgarnitur durch die Herausgabevollstreckung zurückholen lassen. Im Übrigen war es in der Vergangenheit so, dass es notwendig war, einen Zahlungs- und Herausgabetitel zu erlangen, was aktuell im Vollstreckungsrecht nicht mehr vorgesehen ist. Es reicht hier ein „normaler" Zahlungstitel. Natürlich muss die Lieferung unter Eigentumsvorbehalt anhand des Kaufvertrags nachgewiesen werden.

Aber nicht sämtliche unpfändbare Mobilien im Falle von Eigentumsvorbehalt können gepfändet werden. Hier sind ein paar **Ausnahmen** zu nennen: Sehhilfen, Prothesen, Gebisse und Ähnliches.

Platz für Notizen

§ 7 Kosten und Gebühren

A. Anforderungen an die Gebührenrechnung

Die Gebührenrechnung nach § 10 RVG ist die Grundlage für die Durchsetzung anwaltlicher Vergütungsansprüche. 1
Eine fehlerhafte oder unvollständige Rechnung kann nicht nur zu Zahlungsverzögerungen führen, sondern zur Unbegründetheit einer Klage über die Vergütung.

Eine wirksame und verbindliche Gebührenrechnung muss nach § 10 RVG folgende Inhalte aufweisen: 2

- **Angabe der Beträge:** Jede einzelne Gebühr und jede Auslage muss mit dem konkreten Betrag aufgeführt sein. Pauschalangaben genügen nicht.
- **Bezeichnung der Gebührentatbestände:** Die Gebühren sind konkret zu benennen, z.B. *„Verfahrensgebühr gem. Nr. 3100 VV RVG"* oder *„Terminsgebühr gem. Nr. 3104 VV RVG"*.
- **Auslagen mit Vorschriftennachweis:** Auslagen (z.B. Fahrtkosten, Kopierkosten) müssen bezeichnet werden, einschließlich der jeweils angewandten Vorschriften aus dem VV RVG.
- **Gegenstandswert:** Bei gegenstandswertabhängigen Gebühren ist der zugrunde gelegte Gegenstandswert anzugeben.
- **Post- und Telekommunikationspauschale:** Für Entgelte nach Nr. 7002 VV RVG (Post- und Telekommunikationsdienstleistungen) genügt die Angabe des Gesamtbetrags. Ein Nachweis ist nur auf Anforderung zu führen.
- **Textform ausreichend:** Die Gebührenrechnung bedarf lediglich der Textform. Eine Unterschrift des Rechtsanwalts ist nicht erforderlich.

Die Rechnung muss dem Auftraggeber zugehen – sei es durch persönliche Übergabe, postalisch oder auf elektronischem Weg. Ein bloßes Erstellen ohne Zugang bewirkt keine Fälligkeit des Anspruchs. 3

Neben den Anforderungen nach dem RVG sind auch steuerrechtliche Vorgaben zu beachten: 4

- Name und Anschrift des leistenden Unternehmers (i.d.R. der Briefkopf) und des Leistungsempfängers (i.d.R. der Adressat der Rechnung)
- Ausstellungsdatum der Rechnung
- Fortlaufende Rechnungsnummer
- Finanzamts-Steuernummer oder Umsatzsteuer-Identifikationsnummer (USt-ID) (sofern vorhanden bzw. beantragt).

Wird die Kostenrechnung nicht ordnungsgemäß erstellt oder dem Mandanten nicht nachweislich übermittelt, ist der Anspruch ggf. prozessual nicht durchsetzbar. 5

Merke!
Ohne ordnungsgemäße Rechnung – kein fälliger Honoraranspruch!

B. Außergerichtliche Gebühren

I. Rat, Auskunft, Erstberatung

1. Erläuterung

Ein großer Bereich der außergerichtlichen Tätigkeiten steht im freien Wettbewerb, da gesetzliche Gebühren insoweit nicht vorgesehen sind. Der Anwalt ist hier gefordert, seinen eigenen Wert festzustellen und zu erlangen, sprich mit dem Mandanten eine Vergütungsabrede in Form einer wirksamen Vergütungsvereinbarung zu treffen, damit er nicht in eine Gebührenfalle tappt und er sein Honorar nicht nur bis zur Kappungsgrenze geltend machen kann. 6

Vorstehendes gilt insbesondere bei Rat, Auskunft, Ausarbeitung von schriftlichen Gutachten und auch dann, wenn der Anwalt als Mediator tätig ist. Diesbezüglich wird auf die Ausführungen unter § 1 Rdn 7 „Vergütungsvereinbarung" verwiesen.

2. Abgrenzung

Abgrenzungskriterien, ob eine Beratung im Allgemeinen oder eine Erstberatung mit der Konsequenz der begrenzten Abrechnungsmöglichkeit stattgefunden hat, sind, wenn 7

- nicht nur ein Beratungsgespräch stattfindet, sondern mehrere;
- der Rechtsanwalt im Anschluss an das Gespräch „nach außen hin auftritt";

- auf Wunsch des Beratenen das Ergebnis des Beratungsgespräches in Form einer gutachterlichen Stellungnahme noch einmal zusammengefasst wird oder
- zunächst eine telefonische „Erstberatung" stattfand und im Anschluss hieran noch ein Beratungstermin (persönliches Gespräch).

Die Erstberatungsgrenze des § 34 RVG ist eine „Verbraucherschutzgebühr": Die nach den üblichen Kriterien ermittelte Gebühr ist auf den Maximalsatz von 190 EUR (netto) zu kappen, wenn der Beratene „Verbraucher", also kein Unternehmer, ist.

Es sollte die aktuelle Rechtsprechung beachtet werden; derzeit gilt ein Existenzgründer ebenfalls als Verbraucher, so dass in diesen Fällen die Kappungsvorschrift greift.

Die Gebühr für die erste Beratung des Verbrauchers darf also **maximal** 190 EUR (netto) betragen, wobei die Auslagen für Post- und Telekommunikationsentgelte regelmäßig nicht abzurechnen sind. Ist der Gegenstandswert der anwaltlichen Tätigkeit so niedrig, dass eine angemessene Beratungsgebühr unter diesem Betrag liegen würde, so ist der geringere Betrag in Ansatz zu bringen.

II. Außergerichtliche Vertretung

8 Für die außergerichtliche Vertretung erhält der Rechtsanwalt die Gebühren des 2. Teils Abschnitt 3 des Vergütungsverzeichnisses. Diese Gebühren decken gleichermaßen die Tätigkeit des Rechtsanwalts im Verwaltungsverfahren ab.

1. Geschäftsgebühr

9 Die Geschäftsgebühr hat gem. Nr. 2300 VV RVG einen Gebührensatz von 0,5–2,5. Die Mittelgebühr beträgt daher 1,5; die sog. **Regel- oder Schwellengebühr** soll 1,3 betragen; eine Gebühr ab 1,3 kann der Rechtsanwalt nämlich nur fordern, wenn die Angelegenheit schwierig oder umfangreich ist.

Die Gebühr bestimmt der Rechtsanwalt im Einzelfall unter Berücksichtigung aller Umstände, vor allem unter Berücksichtigung des Umfangs und der Schwierigkeit der anwaltlichen Tätigkeit. Darüber hinaus sind die Bedeutung der Angelegenheit sowie die Einkommens- und Vermögensverhältnisse des Auftraggebers zu berücksichtigen.

Sofern ein besonderes Haftungsrisiko für den Rechtsanwalt gegeben ist, so kann er bei der Bemessung des Gebührensatzes dies ebenfalls berücksichtigen. Dies bestimmt § 14 RVG.

Geht es bei dem Geschäftsauftrag um Forderungsmandate (Inkassomandate), also um die Eintreibung unbestrittener Forderungen, beträgt der Gebührensatz regelmäßig 0,9; nur dann, wenn die Inkassodienstleistung besonders umfangreich oder schwierig ist/war, sind maximal 1,3 anzusetzen. Einfach gelagerte Fälle – wenn der Schuldner auf die erste Zahlungsaufforderung hin zahlt – sind mit einem Gebührensatz von 0,5 abzurechnen.

Bei reinen „Inkassodienstleistungen" – also bei der Eintreibung einer unbestrittenen Forderung – ist damit ein abweichender Gebührenrahmen von 0,5–1,3 mit einem Regelwert von 0,9 für die anwaltliche Tätigkeit zugrunde zu legen.

Die Geschäftsgebühren der Nr. 2300 bis 2303 VV RVG unterliegen einer Anrechnungsvorschrift: Nach Vorbemerkung 3 Absatz 4 des Teil 3 des VV RVG sind diese Gebühren zur Hälfte, jedoch **höchstens** mit einem **Gebührensatz von 0,75**, nach dem Wert des Gegenstandes auf die Verfahrensgebühr des gerichtlichen Verfahrens anzurechnen, unabhängig davon, welche Gebühr zuerst entstanden ist.

Will der Rechtsanwalt bzw. der Mandant vom Gegner den nicht anrechnungsfähigen Teil der Geschäftsgebühr erstattet erhalten, so ist er aufgefordert, die gesamte Gebühr (mit späterer Anrechnung im Kostenfestsetzungsverfahren) im Rahmen des Mahn- oder Klageverfahrens geltend zu machen. Der Grund liegt darin, dass diese außergerichtliche Rahmengebühr (die keinen festen Satz hat) nicht im Kostenfestsetzungsverfahren geltend gemacht werden kann.

2. Terminsgebühr bei außergerichtlicher Vertretung

10 Die außergerichtliche Terminsgebühr bestimmt sich nach Vorbemerkung 3 Absatz 3 zu Teil 3 des VV RVG: Die Terminsgebühr der Nr. 3104 VV RVG entsteht für die Teilnahme an Besprechungen zur Vermeidung oder Erledigung eines Verfahrens, die ohne Beteiligung des Gerichts stattfinden. Für das Entstehen der Gebühr ist nach herrschender Meinung maßgebliches weiteres Kriterium, dass der Rechtsanwalt zumindest einen Prozessauftrag haben muss, da ansonsten ein Verfahren nicht in Auftrag gegeben ist und somit nicht vermieden werden kann.

Somit kann man sich zur Regel machen: Eine Terminsgebühr für eine außergerichtlich stattgefundene Besprechung kann immer nur dann abgerechnet werden, wenn daneben eine gerichtliche Verfahrensgebühr (entweder in voller

Höhe oder auch durch vorzeitige Erledigung gekürzt) steht; eine gerichtliche Verfahrensgebühr kann z.B. auch eine Mahnverfahrensgebühr sein.

3. Einigungsgebühr, Nr. 1000 VV RVG

Voraussetzung für das Entstehen der Einigungsgebühr ist die Mitwirkung beim Abschluss eines Vertrags, durch den ein Streit beigelegt wird. Die Einigungsgebühr hat den Gebührensatz 1,5; der Gebührensatz reduziert sich, wenn ein (anderes als ein selbstständiges Beweisverfahren) gerichtliches Verfahren anhängig ist. 11

Sofern es bei einer Einigung nur um eine reine Zahlungsvereinbarung geht, hat die Einigungsgebühr der Nr. 1000 RVG gemäß Nr. 2 einen eigenständigen (ermäßigten) Gebührensatz von 0,7 EUR.

Darüber hinaus ist zu beachten, dass der Gegenstandswert für entsprechende Einigungen (Zahlungsvereinbarung i.S.v. Nr. 1000 Nr. 2) auf 50 % des tatsächlichen Gegenstandswertes gedeckelt ist (§ 31b RVG).

4. Gebühr für ein „einfaches Schreiben", Nr. 2301 VV RVG

Beschränkt sich die Tätigkeit des Rechtsanwalts auf ein Schreiben einfacher Art ohne schwierige rechtliche Ausführungen, so hat die Geschäftsgebühr nach Nr. 2302 VV RVG einen Gebührensatz von 0,3. Hierzu gehört beispielsweise ein einfaches, vom Anwalt vorgefertigtes Kündigungsschreiben an den Vermieter. 12

C. Gerichtliche Gebühren

I. Prozessverfahren allgemein

1. Verfahrensgebühren

a) Definition

Der Rechtsanwalt erhält für das Betreiben des Geschäfts einschließlich der Information (vgl. insoweit Vorbemerkung 3 zu Teil 3 Absatz 2 VV RVG), also beispielsweise für die Erhebung der Klage bzw. für die Tätigkeit im erstinstanzlichen Verfahren, eine Verfahrensgebühr Nr. 3100 VV RVG in Höhe eines Satzes von 1,3. Dies gilt nicht für Verfahren vor dem Finanzgericht. 13

In Berufungsverfahren, bestimmten Beschwerden und in Verfahren vor dem Finanzgericht beträgt die Verfahrensgebühr gem. Nr. 3200 VV RVG 1,6.

In Revisionsverfahren hat die Verfahrensgebühr ebenfalls einen Satz von 1,6 und zwar nach Nr. 3206 VV RVG.

Die Verfahrensgebühr im Revisionsverfahren vor dem Bundesgerichtshof durch einen am Bundesgerichtshof zugelassenen Anwalt beträgt gem. Nr. 3208 VV RVG i.V.m. Nr. 3206 VV RVG 2,3.

Zu beachten sind hier die gebührenverändernden Tatbestände, so z.B. die Erhöhung durch den Mehrvertretungszuschlag (vgl. nachfolgend Rdn 48) als auch die Reduktion im Falle der vorzeitigen Beendigung (vgl. nachfolgend Rdn 60).

b) Berechnungsbeispiele

(1) Der Anwalt wird beauftragt, Klage einzureichen. Der Mandant entscheidet sich aber später anders und bittet den Anwalt sodann, die Klage wieder zurückzunehmen. 14
Für den Prozessauftrag, also die Entgegennahme der Informationen und Fertigung und Einreichung der Klageschrift erhält der Rechtsanwalt die 1,3 Verfahrensgebühr gem. Nr. 3100 VV RVG.

(2) Der Rechtsanwalt wird beauftragt, gegen das Urteil Berufung einzulegen; weisungsgemäß nimmt er einige Zeit später die Berufung wieder zurück.
Da es sich um ein Berufungsverfahren handelt, erhält der Rechtsanwalt die 1,6 Verfahrensgebühr gem. Nr. 3200 VV RVG.

(3) Der Mandant beauftragt den Rechtsanwalt mit der Einlegung der Revision. Der Anwalt fertigt die Revisionsschrift und reicht sie ein.
Im Revisionsverfahren erhält der Rechtsanwalt die 1,6 Verfahrensgebühr gem. Nr. 3206 VV RVG.

(4) Der Mandant beauftragt den Rechtsanwalt mit der Einlegung der Revision; die Vertretung erfolgt durch einen am Bundesgerichtshof zugelassenen Anwalt, da nur dieser postulationsbefugt ist. Der Anwalt fertigt die Revisionsschrift und reicht sie ein.
Da die Vertretung nur durch einen am Bundesgerichtshof zugelassenen Rechtsanwalt erfolgen kann und auch erfolgt, verdient dieser eine 2,3 Verfahrensgebühr gem. Nr. 3208 VV RVG.

2. Terminsgebühr

a) Definition

15 Für die Vertretung in einem Verhandlungs-, Erörterungs- oder Beweisaufnahmetermin oder für die Wahrnehmung eines von einem gerichtlich bestellten Sachverständigen anberaumten Termins erhält der Rechtsanwalt eine Terminsgebühr (vgl. insoweit Vorbemerkung 3 zu Teil 3 Absatz 3 des VV RVG).

Im RVG findet sich demgemäß keine Unterscheidung zwischen Verhandlungs- und Erörterungsgebühr; auch eine Beweisaufnahme **wird nicht gesondert** vergütet. Die **Tätigkeit des Rechtsanwalts im Termin** wird durch die **„allgemeine" Terminsgebühr** abgedeckt. Es ist also nicht zu unterscheiden, ob verhandelt oder erörtert wurde oder ob ein Beweisaufnahmetermin stattgefunden hat oder nicht.

Die Terminsgebühr hat nach Nr. 3104 VV RVG im erstinstanzlichen Verfahren einen Gebührensatz von 1,2. Im Berufungsverfahren beträgt die Terminsgebühr ebenfalls **1,2**, und zwar gem. Nr. 3202 VV RVG. Im Revisionsverfahren – unabhängig davon, ob sich die Parteien nur durch einen am Bundesgerichtshof zugelassenen Rechtsanwalt vertreten lassen können oder nicht –, hat die Terminsgebühr einen Satz von 1,5, und zwar nach Nr. 3210 VV RVG.

Auch für das sog. **Anerkenntnis** erhält der Rechtsanwalt die ungekürzte Terminsgebühr. Eine gesonderte Gebühr für das Anerkenntnis gibt es nicht (mehr); deshalb gibt es auch keine komplizierten Berechnungen, wenn ein Teil der Forderung anerkannt, über den Rest streitig verhandelt wird.

Eine Terminsgebühr entsteht auch, wenn in einem **Verfahren, für das die mündliche Verhandlung vorgeschrieben** ist, im Einverständnis mit den Parteien **ohne mündliche Verhandlung** entschieden wird; ferner erhält der Anwalt nach Nr. 3104 VV RVG Anmerkung 1 Nr. 1 eine Terminsgebühr, wenn in einem Verfahren, für das eine mündliche Verhandlung vorgesehen ist, ein **schriftlicher Vergleich** geschlossen wird.

Sofern nur ein Termin stattgefunden hat, in dem ein Versäumnisurteil erwirkt wurde, beträgt der Satz der Terminsgebühr im erstinstanzlichen Verfahren nach Nr. 3105 VV RVG i.V.m. § 13 RVG 0,5; dies gilt auch, wenn das Versäumnisurteil im schriftlichen Vorverfahren nach § 331 Abs. 3 ZPO ergeht.

Im **zweitinstanzlichen Verfahren** erhält der Vertreter des **Berufungsbeklagten** für den Antrag auf Erlass eines Versäumnisurteils gegen den nicht ordnungsgemäß vertretenen Berufungskläger eine Gebühr mit einem Satz **von 0,5** nach Nr. 3203 VV RVG; der Vertreter des **Revisionsbeklagten erhält in diesem Falle eine 0,8 Gebühr** nach Nr. 3211 VV RVG. Dies bedeutet im Umkehrschluss, dass der **Berufungskläger** bzw. der **Revisionskläger**, der ein Versäumnisurteil beantragt und erhält, **die volle Terminsgebühr der Nr. 3202 VV RVG, nämlich 1,2**, bzw. die volle Terminsgebühr der Nr. 3210 VV RVG mit **1,5**, beanspruchen kann.

Sobald – unabhängig, in welchem Rechtszug – **„mehr" als ein Termin** stattfindet, in dem ein Versäumnisurteil ergangen ist, erwächst dem Rechtsanwalt die **ungekürzte (volle) Terminsgebühr**. Als Beispiel kann hier der Fall genannt werden, dass zunächst ein Versäumnisurteil ergeht, gegen das Einspruch eingelegt wird. Findet dann ein Termin statt, in dem – egal, ob über den Einspruch oder zur Hauptsache – verhandelt wird, ist die volle Terminsgebühr in Ansatz zu bringen.

Gleiches gilt bei der **„Flucht in die Säumnis"**: Ist die Partei ordnungsgemäß vertreten und stellt der Vertreter bewusst keinen Antrag – „flüchtet sich also in die Säumnis" –, so erwächst dem anderen Parteivertreter die **volle Gebühr** der Nr. 3104 VV RVG: Denn hier greift ja weder das Tatbestandsmerkmal „eine Partei ist nicht erschienen" bzw. „nicht ordnungsgemäß vertreten" (so auch OLG Koblenz, Beschl. v. 11.4.2005 – 14 W 211/05, JurBüro 7/2005).

b) Berechnungsbeispiele

16 (1) Der Anwalt wird beauftragt, Klage einzureichen: Nach streitiger Verhandlung wird ein stattgebendes Urteil verkündet.
Neben der Verfahrensgebühr erhält der Rechtsanwalt für die Teilnahme an der streitigen Verhandlung die 1,2 Terminsgebühr gem. Nr. 3104 VV RVG.

(2) Der Anwalt wird beauftragt, Berufung einzureichen: Nach Erörterung der Sache nimmt er die Berufung wieder zurück.
Neben der Verfahrensgebühr erhält der Rechtsanwalt für die Erörterung die 1,2 Terminsgebühr, in diesem Falle nach Nr. 3202 VV RVG, da es sich um ein Berufungsverfahren handelt.

(3) Der Anwalt wird beauftragt, Klage einzureichen: Nach streitiger Verhandlung und Beweisaufnahmetermin wird ein stattgebendes Urteil verkündet.
Zur Abgeltung der Termine (egal, ob Verhandlungs- und/oder Beweisaufnahmetermin) erhält der Rechtsanwalt einmalig die Terminsgebühr gem. Nr. 3104 VV RVG.

(4) Der Rechtsanwalt ist beauftragt, Klage auf Erteilung einer Löschungsbewilligung einzureichen, denn mehrere außergerichtliche Aufforderungen hierzu wurden vom Beklagten ignoriert. Nach Zustellung der Klageschrift an den Beklagten erkennt dieser an.
Neben der Verfahrensgebühr erhält der Rechtsanwalt die 1,2 Terminsgebühr gem. Nr. 3104 VV RVG.

(5) In einer auf Zahlung gerichteten Klage erkennt der Beklagte im Termin ⅓ der Forderung an, über den Rest wird streitig verhandelt. Nach durchgeführter Beweisaufnahme ergeht ein Urteil.
Für die Teilnahme am Termin ist die 1,2 Terminsgebühr gem. Nr. 3104 VV RVG in Ansatz zu bringen. Es gibt die Unterscheidung zwischen teilweiser streitiger und nicht streitiger Verhandlung nicht. Die Beweisaufnahme wird zudem ebenfalls von der Terminsgebühr abgedeckt.

(6) In einem Zivilprozess wird aufgrund des niedrigen Streitwertes (unter 600 EUR) nach § 495a ZPO verfahren, also im schriftlichen Verfahren ohne Verhandlungstermin entschieden. Nach entsprechenden Einlassungen ergeht ein Urteil.
Der Rechtsanwalt verdient, obwohl kein Termin stattgefunden hat, die 1,2 Terminsgebühr gem. Nr. 3104 Abs. 1 Nr. 1 VV RVG, weil die mündliche Verhandlung an und für sich vorgeschrieben ist, im Einvernehmen der Parteien aber die schriftliche Entscheidung der Sache erfolge.

(7) Der Anwalt hat Klage eingereicht und entsprechend begründet. Die Gegenseite legt ihre Klageerwiderung vor. Da auf beiden Seiten Unsicherheiten bestehen, telefonieren die Rechtsanwälte, stimmen einen Vergleich ab, der sodann dem Gericht mitgeteilt wird. Das Gericht erlässt über die Einigung einen entsprechenden Beschluss.
Bereits das Telefonat mit der Absicht, die gerichtlich anhängige Angelegenheit gütlich zu erledigen, löst bereits die Terminsgebühr der Nr. 3104 VV RVG i.V.m. Vorbemerkung 3 Absatz 3 Nr. 2 VV RVG aus. Aber selbst, wenn diese nicht angefallen wäre: Aufgrund der Nr. 3104 VV RVG Anmerkung 1 Nr. 1 VV RVG – Beschlussfassung eines Vergleichs – ist ohnehin die 1,2 Terminsgebühr gem. Nr. 3104 VV RVG abzurechnen.

(8) Der Rechtsanwalt reicht für seinen Mandanten Klage ein, im Termin ergeht gegen den Beklagten ein Versäumnisurteil, da niemand auftritt.
Für das Erwirken des Versäumnisurteils erhält der Rechtsanwalt die Terminsgebühr der Nr. 3104 VV RVG, die allerdings gem. Nr. 3105 VV RVG auf 0,5 zu reduzieren ist.

(9) Der Anwalt beantragt in seiner Klageschrift zum einen die Einleitung des schriftlichen Vorverfahrens und zum anderen, Versäumnisurteil gegen den Beklagten zu erlassen, sofern dieser seine Verteidigungsabsicht nicht rechtzeitig anzeigt. Der Beklagte reagiert nach Zustellung der Klageschrift nicht, so dass das Gericht antragsgemäß ein Versäumnisurteil erlässt.
Der Rechtsanwalt erhält die gem. Nr. 3105 VV RVG auf 0,5 reduzierte Terminsgebühr der Nr. 3104 VV RVG.

(10) Der Rechtsanwalt der Berufungsbeklagten beantragt im Termin vor dem Oberlandesgericht ein Versäumnisurteil gegen den Berufungskläger, da dieser nicht ordnungsgemäß erschienen ist.
Der Rechtsanwalt erhält die auf 0,5 reduzierte Terminsgebühr nach Nr. 3202, 3203 VV RVG.

(11) Der Rechtsanwalt des Berufungsklägers beantragt im Termin vor dem Oberlandesgericht ein Versäumnisurteil gegen den nicht erschienenen Berufungsbeklagten.
Der Rechtsanwalt verdient die 1,2 Terminsgebühr der Nr. 3202 VV RVG.

(12) Der Anwalt erwirkt für seinen Mandanten ein Versäumnisurteil; der Beklagte greift das Urteil mit dem Einspruch an; über den Einspruch wird streitig verhandelt und dieser sodann als unzulässig – weil verspätet – verworfen.
Der Rechtsanwalt erhält die volle Terminsgebühr gem. Nr. 3104 VV RVG. Diese Gebühr deckt sowohl das Versäumnisurteil als auch die Verhandlung über den Einspruch ab. Die Einschränkung der Höhe der Gebühr für das Erwirken des Versäumnisurteils und damit die Reduktion der Terminsgebühr auf 0,5 hat keine Geltung, da Nr. 3105 VV RVG nur greift, wenn nur ein Termin stattgefunden hat, in dem ein Versäumnisurteil erwirkt wurde. Vorliegend hat mehr als ein Termin stattgefunden; in einem „weiteren" Termin wurde über den Einspruch verhandelt. Da das Verfahren über den Einspruch keine „besondere Angelegenheit" ist, gibt es auch keine weiteren – besonderen – Gebühren.

(13) In einem anberaumten Verhandlungstermin vor dem Landgericht erscheinen beide am Landgericht zugelassenen Parteivertreter; nach entsprechenden Hinweisen des Gerichts erklärt der Beklagtenvertreter, dass er nicht auftritt (= Flucht in die Säumnis). Der Klägervertreter beantragt den Erlass eines Versäumnisurteils. Dieses ergeht entsprechend.
Der Rechtsanwalt verdient die 1,2 Terminsgebühr der Nr. 3104 VV RVG; denn die Parteien waren ordnungsgemäß erschienen bzw. ordnungsgemäß vertreten. Die Tatbestandsmerkmale der Gebührenreduktionsvorschrift der Nr. 3105 VV RVG sind vorliegend nicht erfüllt.

3. Einigungsgebühr

a) Definition

Die **Einigungsgebühr** der Nr. 1000 VV RVG hat **grundsätzlich einen Satz von 1,5**. Sie **reduziert sich gem. Nr. 1003 VV RVG auf 1,0,** wenn ein (anderes als ein selbstständiges Beweisverfahren) **gerichtliches Verfahren im ersten Rechtszug** anhängig ist. Das bedeutet: Wird ein Vergleich über Ansprüche geschlossen, die bereits rechtshängig sind, erwächst dem Rechtsanwalt aus dem rechtshängigen Streitwert eine Einigungsgebühr i.H.v. 1,0. 17

Es ist unerheblich, ob der Vergleich mit oder ohne Mitwirkung des Gerichts geschlossen wird; maßgeblich ist das Kriterium der Rechtshängigkeit.

Die Einigungsgebühr erfährt allerdings **keine Reduktion**, wenn es sich bei dem rechtshängigen Verfahren um ein **selbstständiges Beweisverfahren** handelt. Der Grund liegt hierin, dass im Falle einer Einigung auch während eines rechtshängigen selbstständigen Beweisverfahrens ein weiterer Rechtsstreit (die Werklohn- bzw. Zahlungsklage) vermieden wird.

Sofern sich das gerichtliche Verfahren in der **Berufung oder der Revision** befindet, reduziert sich die Einigungsgebühr gem. **Nr. 1004 VV RVG auf den Gebührensatz von 1,3**.

Auch für das gerichtliche Verfahren gilt: Sofern es bei einer Einigung nur um **eine reine Zahlungsvereinbarung** geht, hat die Einigungsgebühr der Nr. 1000 VV RVG gemäß Abs. 1 Nr. 2 einen eigenständigen (ermäßigten) Gebührensatz von 0,7 EUR.

Darüber hinaus ist zu beachten, dass der Gegenstandswert für entsprechende Einigungen (Zahlungsvereinbarung i.S.v. Nr. 1000 Nr. 2) auf **50 % des tatsächlichen Gegenstandeswertes gedeckelt** ist (§ 31b RVG).

b) Berechnungsbeispiele

18 (1) Während einer bereits rechtshängigen Zahlungsklage über 10.000 EUR setzen sich die Rechtsanwälte und Parteien außergerichtlich zusammen und einigen sich dahingehend, dass der Beklagte zum Ausgleich der rechtshängigen Ansprüche 8.000 EUR zahlt.
Der Rechtsanwalt verdient neben der Verfahrens- und Terminsgebühr die 1,0 Einigungsgebühr nach Nr. 1003 VV RVG aus 10.000 EUR (nicht: aus 8.000 EUR; denn es kommt darauf an, welche Ansprüche erledigt wurden, nicht, wie hoch der Ausgleichsbetrag ist).

(2) Im Verfahren unter Beispiel (1) wird der Vergleich gerichtlich protokolliert.
Der Rechtsanwalt erhält dieselben Gebühren wie unter Beispiel (1), nämlich neben der Verfahrens- und Terminsgebühr eine 1,0 Einigungsgebühr.

(3) Es ist ein selbstständiges Beweisverfahren rechtshängig; im Rahmen eines Ortstermins werden erhebliche Mängel festgestellt. Die Parteien vergleichen sich auf eine reduzierte Werklohnforderung.
Der Rechtsanwalt erhält neben der Verfahrens- und Terminsgebühr der Nrn. 3100 VV RVG und 3104 VV RVG die ungekürzte 1,5 Einigungsgebühr nach Nr. 1000 VV RVG, da ein selbstständiges Beweisverfahren und kein „anderes“ gerichtliches Verfahren anhängig ist.

(4) Die Parteien vergleichen sich durch ursächliche Mitwirkung ihrer Rechtsanwälte während eines laufenden Berufungsverfahrens.
Beide Rechtsanwälte erhalten jeweils eine auf 1,3 reduzierte Einigungsgebühr gem. Nr. 1004 VV RVG neben der Verfahrensgebühr Nr. 3200 VV RVG und der Terminsgebühr Nr. 3202 VV RVG.

4. Gebühr für „einfaches Schreiben“ mit Prozessauftrag

19 Beschränkt sich die Tätigkeit des Rechtsanwalts auf ein Schreiben einfacher Art ohne schwierige rechtliche Ausführungen, so hat die Geschäftsgebühr nach Nr. 3404 VV RVG einen Gebührensatz von 0,3.

II. Verfahren vor der Verwaltungs- und Finanzgerichtsbarkeit

1. Verfahren vor den Verwaltungsgerichten

20 In Verfahren vor den **Verwaltungsgerichten** gelten die gleichen Vorschriften, die für bürgerliche Rechtsstreitigkeiten Anwendung finden. Es sind demgemäß die Verfahrens- und Terminsgebühren des 3. Teils, Abschnitt 1 und 2 in Ansatz zu bringen.

Der Rechtsanwalt erhält für das Betreiben des Geschäfts einschließlich der Information (vgl. insoweit Vorbemerkung 3 zu Teil 3, Nr. 2), also beispielsweise für die Erhebung der Klage bzw. für die Tätigkeit im erstinstanzlichen Verfahren eine Verfahrensgebühr Nr. 3100 VV RVG in Höhe eines Satzes von 1,3. Für die Wahrnehmung von Terminen erwächst ihm eine Terminsgebühr nach Nr. 3104 VV RVG i.H.v. 1,2.

In zweitinstanzlichen Verfahren erhält der Rechtsanwalt die Gebühren des 2. Abschnittes des 3. Teils des VV RVG („Berufungsverfahren“), also nach den Vorschriften der Nr. 3200 ff. VV RVG.

2. Verfahren vor den Finanzgerichten

21 In Verfahren vor den **Finanzgerichten** erhält der Rechtsanwalt die erhöhten Gebühren des 2. Abschnittes aus Teil 3 des Vergütungsverzeichnisses. Die Tätigkeit in diesen Rechtsstreiten soll demgemäß **mit den Tätigkeiten eines Berufungsanwalts vergleichbar** vergütet werden:

Der Rechtsanwalt erhält für die Erhebung der Klage bzw. für die Tätigkeit im Finanzgerichtsverfahren die Verfahrensgebühr gem. Nr. 3200 VV RVG i.H.v. 1,6. Die Terminsgebühr beträgt gem. Nr. 3202 VV RVG 1,2. Sie entsteht auch dann, wenn ohne mündliche Verhandlung durch Gerichtsbescheid entschieden wurde.

III. Verfahren vor der Sozialgerichtsbarkeit

Die Verfahrensgebühr in sozialrechtlichen Angelegenheiten, die nach Gegenstandswerten berechnet werden, beträgt 22
im ersten Rechtszug nach Nr. 3100 VV RVG 1,3. Im zweiten Rechtszug beträgt die Verfahrensgebühr gem. Nr. 3200 VV RVG 1,6. Entsprechend betragen die Terminsgebühren jeweils 1,2, und zwar nach Nr. 3104 VV RVG bzw. Nr. 3202 VV RVG.

Wenn der Rechtsanwalt Betragsrahmengebühren in sozialrechtlichen Angelegenheiten erhält, beträgt die Verfahrensgebühr für Verfahren vor den Sozialgerichten gem. Nr. 3102 VV RVG 65 EUR bis 719 EUR.

Die Terminsgebühr in diesen Verfahren beträgt gem. Nr. 3106 VV RVG 65 EUR bis 665 EUR.

Vor dem Landessozialgericht beträgt der Rahmen der Verfahrensgebühr gem. Nr. 3204 VV RVG 78 EUR bis 889 EUR und der Gebührenrahmen der Terminsgebühr gem. Nr. 3205 VV RVG 65 EUR bis 665 EUR.

Vor dem Bundessozialgericht beträgt der Rahmen der Verfahrensgebühr gem. Nr. 3212 VV RVG 105 EUR bis 1.151 EUR; die Terminsgebühr in Verfahren vor dem Bundessozialgericht beträgt nach Nr. 3213 VV RVG 105 EUR bis 1.079 EUR.

Die Höhe der jeweiligen Gebühr bestimmt sich jeweils nach **Art, Umfang, Schwierigkeit und Bedeutung der Angelegenheit**. 23

Schwierigkeiten ergeben sich in der Regel schon im Vorfeld, nämlich bei der Entscheidung, ob die vorliegende sozialrechtliche Angelegenheit unter Zugrundelegung von Gegenstandswerten oder aber über Betragsrahmengebühren abzurechnen ist: Nach § 3 RVG ist vorgesehen, dass in Verfahren vor den Gerichten der Sozialgerichtsbarkeit, in denen das Gerichtskostengesetz nicht anzuwenden ist, Betragsrahmengebühren entstehen. In sonstigen Verfahren werden die Gebühren nach dem Gegenstandswert berechnet, wenn der Auftraggeber nicht zu den in § 183 SGG genannten Personen gehört. Dies gilt auch für die Tätigkeit außerhalb eines gerichtlichen Verfahrens. Diese Vorschrift ist wie folgt zu verstehen:

Das Gerichtskostengesetz ist nur dann anwendbar, wenn keine **Partei zu dem Personenkreis, der in § 183 SGG genannt** ist, gehört. Dies sind:

(1) Versicherte,
(2) Leistungsempfänger einschließlich Hinterbliebenenleistungs-Empfänger,
(3) Behinderte oder deren Sonderrechtsnachfolger.

Gehört mithin keine der Parteien zu diesem Personenkreis, ist das GKG anwendbar mit der Konsequenz, dass folgende Kosten und Gebühren entstehen:

(1) Gerichtskosten: Nach § 184 SGG fallen für das Verfahren Pauschalen an i.H.v. 150 EUR beim Sozialgericht, 225 EUR beim Landessozialgericht und 300 EUR beim Bundessozialgericht.
(2) Anwaltsgebühren: Es fallen die Verfahrensgebühr nach Nr. 3100 VV RVG i.H.v. 1,3 sowie die Terminsgebühr nach Nr. 3104 VV RVG i.H.v. 1,2 an.

Das wird aber nicht die Regel sein, denn in der **Vielzahl der sozialrechtlichen Angelegenheiten gehört eine der beteiligten Parteien zu dem in § 183 SGG genannten Personenkreis**, also zu den Versicherten, zu den Leistungsempfängern oder zu den Behinderten oder deren Sonderrechtsnachfolger.

Dann entstehen folgende Kosten und Gebühren:

(1) Gerichtskosten: Das Verfahren ist für die in § 183 SGG genannten Personen gerichtskostenfrei.
(2) Anwaltsgebühren: Betragsrahmengebühren entsprechend der vorstehenden Gebührenziffern.

Im Hinblick auf den in § 183 SGG genannten Personenkreis dürfte davon auszugehen sein, dass in vielen sozialrechtlichen Fällen das **GKG nicht anwendbar** ist und daher die **Betragsrahmengebühren abzurechnen** sind.

IV. Mahnverfahren

1. Gebühren

a) Mahnbescheid

Für die Beantragung des Mahnbescheids erhält der Rechtsanwalt eine Verfahrensgebühr nach Nr. 3305 VV RVG in 24
Höhe eines Satzes von 1,0. Diese Gebühr wird auf die Verfahrensgebühr, die der Anwalt in einem nachfolgenden Rechtsstreit erhält, angerechnet.

Eine Ermäßigung der Gebühr für den Mahnbescheid für den Fall der vorzeitigen Erledigung ergibt sich aus Nr. 3306 VV RVG; der ermäßigte Satz beträgt 0,5.

b) Vollstreckungsbescheid

25 Für den Antrag auf Erlass eines Vollstreckungsbescheids erhält der Rechtsanwalt eine 0,5 Verfahrensgebühr nach Nr. 3308 VV RVG. Diese Gebühr entsteht nur, wenn bei entsprechendem Antrag innerhalb der Widerspruchsfrist kein Widerspruch erhoben oder der Widerspruch beschränkt worden ist. Der Erlass des begehrten Vollstreckungsbescheides ist nicht erforderlich, also kein Kriterium für den Anfall der Gebühr. Eine Anrechnungspflicht auf eine etwa später anfallende Verfahrensgebühr besteht nicht.

c) Widerspruch

26 Der Rechtsanwalt, der im Mahnverfahren den Antragsgegner vertritt, erhält eine 0,5 Verfahrensgebühr nach Nr. 3307 VV RVG für die Einlegung des Widerspruchs. Diese Verfahrensgebühr findet Anrechnung auf die in einem nachfolgenden Rechtsstreit abzurechnende Verfahrensgebühr.

d) Terminsgebühr im Mahnverfahren

27 Gemäß Vorbemerkung 3.3.2 VV RVG (vor Nr. 3305 VV RVG) kann im Rahmen des Mahnverfahrens eine Terminsgebühr entstehen; sie bestimmt sich nach Abschnitt 1.

Demnach erwächst dem Rechtsanwalt, der den Auftrag zum Tätigwerden über den Mahnbescheid (auch: über den Vollstreckungsbescheid) erhalten hat, eine Terminsgebühr der Nr. 3104 VV RVG, wenn Besprechungen mit der Gegenseite stattfinden, die auf die Vermeidung oder die Erledigung des bereits laufenden Mahnverfahrens gerichtet sind. Gleiches gilt natürlich für den Vertreter des Antragsgegners, der Widerspruch einlegt oder dies beabsichtigt: Auch er kann, wenn er mit dem Antragsteller bzw. dessen Vertreter eine Besprechung, die auf die Erledigung bzw. Vermeidung des Rechtsstreits ausgerichtet ist, eine Terminsgebühr verdienen.

2. Berechnungshinweise

a) Berücksichtigung der Auslagenpauschale – eine Angelegenheit

28 Das Mahnverfahren, also der Antrag auf Erlass eines Mahnbescheids und der anschließende Antrag auf Erlass eines Vollstreckungsbescheids, stellt insgesamt **eine Angelegenheit** dar; daher darf die **Auslagenpauschale** gem. Teil 7 des VV RVG, Nr. 7002 VV RVG auf beide Gebühren berechnet **maximal 20 EUR betragen.**

Wurde beispielsweise auf die Verfahrensgebühr für die Beantragung des Mahnbescheids eine Auslagenpauschale i.H.v. 19,80 EUR berechnet, darf auf die dann später abzurechnende Verfahrensgebühr für den Antrag auf Erlass des Vollstreckungsbescheids lediglich eine restliche Auslagenpauschale von 0,20 EUR berechnet werden.

Gleiches gilt für die **Erhöhung gem. Nr. 1008 VV RVG**: Sie entsteht **im Rahmen des Mahnverfahrens nur einmal:** War der Anwalt im Verfahren über den Mahnantrag tätig, wird die Gebühr Nr. 3305 VV RVG nach Nr. 1008 VV RVG um 0,3 erhöht; war er sowohl im Verfahren über den Mahnbescheid als auch im Verfahren über den Vollstreckungsbescheid tätig, verbleibt es dabei: Lediglich eine Erhöhung.

Ist der Anwalt allerdings erst im Verfahren über den Antrag auf Erlass eines Vollstreckungsbescheids beauftragt worden, z.B. weil der Mandant den Mahnbescheid selbst beantragt hat, so erhöht sich die Verfahrensgebühr der Nr. 3308 VV RVG nach Nr. 1008 VV RVG um 0,3; eine Verfahrensgebühr der Nr. 3305 VV RVG steht ihm in diesem Fall nicht zu.

b) Anrechnungspflichten

29 Wehrt sich der Gegner gegen das eingeleitete Mahnverfahren mit dem Widerspruch, so geht das Mahnverfahren in das streitige (ordentliche) Verfahren über. Es erwachsen dann die Verfahrensgebühren der Nr. 3100 ff. VV RVG. Wie bereits zu den Gebühren vermerkt, findet sowohl die Verfahrensgebühr für den Mahnbescheid (Nr. 3305 VV RVG) als auch die Verfahrensgebühr für die Einlegung des Widerspruchs (Nr. 3307 VV RVG) auf die Verfahrensgebühr im ordentlichen Verfahren (Nr. 3100 VV RVG) Anrechnung. Die Gebühr für den Vollstreckungsbescheid hingegen unterliegt nicht der Anrechnungspflicht. Die Gebühr kann nebenher bestehen bleiben, wenn der Vollstreckungsbescheid nicht zur Unzeit, also nicht vor Ablauf der für den Antragsgegner laufenden zweiwöchigen Widerspruchsfrist und ohne Kenntnis von einem (verspäteten) Widerspruch eingelegt wurde.

c) Berechnungsbeispiele

30 **Beispiel 1:**

Gegen den vom Rechtsanwalt erwirkten Mahnbescheid legt der Antragsgegner bzw. sein Bevollmächtigter rechtzeitig Widerspruch ein. Nach Einzahlung der zweiten Gerichtskostenhälfte geht das Verfahren in das ordentliche

Verfahren über und der Rechtsanwalt fertigt die Anspruchsbegründung in Form einer Klageschrift. Der Gegenstandswert beträgt hier 1.200 EUR.

Lösung zu Beispiel 1:

Nach Anmerkung zu Nr. 3305 VV RVG findet die Gebühr für den Antrag auf Erlass eines Mahnbescheids Anrechnung auf die im nachfolgenden Verfahren anfallende Verfahrensgebühr.

1,0 Verfahrensgebühr gem. Nr. 3305 VV RVG (Mahnbescheid) i.V.m. § 13 RVG	134,50 EUR
Auslagenpauschale, Nr. 7002 VV RVG (für das Mahnverfahren)	20,00 EUR
1,3 Verfahrensgebühr gem. Nr. 3100 VV RVG (Prozess) i.V.m. § 13 RVG	174,85 EUR
./. 1,0 Verfahrensgebühr gem. Nr. 3305 VV RVG (Mahnbescheid) i.V.m. § 13 RVG	– 134,50 EUR
Auslagenpauschale, Nr. 7002 VV RVG (für das ordentliche Verfahren)	20,00 EUR
Zwischensumme:	*214,85 EUR*
19 % Mehrwertsteuer, Nr. 7008 VV RVG	40,82 EUR
Gesamtbetrag:	**255,67 EUR**

Beispiel 2: 31

Der Rechtsanwalt beantragt am 19. des Monats den Erlass eines Vollstreckungsbescheids, weil dem Antragsgegner der Mahnbescheid am 4. desselben Monats zugestellt wurde. Noch bevor der Vollstreckungsbescheid erlassen wird, erhält das Gericht den Widerspruch des Gegners, so dass es den Vollstreckungsbescheid nicht mehr erlassen darf. Nach Zahlung der zweiten Gerichtskostenhälfte wird der Anspruch begründet. Der Gegenstandswert beträgt 3.000 EUR.

Lösung zu Beispiel 2:

Der Rechtsanwalt erhält neben der Verfahrensgebühr, in der die Gebühr des Mahnbescheids untergegangen ist, die Gebühr für die Beantragung des Vollstreckungsbescheids:

1,0 Verfahrensgebühr gem. Nr. 3305 VV RVG (Mahnbescheid) i.V.m. § 13 RVG	235,50 EUR
0,5 Verfahrensgebühr gem. Nr. 3308 VV RVG (Vollstreckungsbescheid) i.V.m. § 13 RVG	117,75 EUR
Auslagenpauschale, Nr. 7002 VV RVG (für das Mahnverfahren)	20,00 EUR
1,3 Verfahrensgebühr gem. Nr. 3100 VV RVG (Prozess) i.V.m. § 13 RVG	306,15 EUR
./. 1,0 Verfahrensgebühr gem. Nr. 3305 VV RVG (Mahnbescheid) i.V.m. § 13 RVG	– 235,50 EUR
Auslagenpauschale, Nr. 7002 VV RVG (für das ordentliche Verfahren)	20,00 EUR
Zwischensumme:	*463,90 EUR*
19 % Mehrwertsteuer, Nr. 7008 VV RVG	88,14 EUR
Gesamtbetrag:	**552,04 EUR**

Beispiel 3: 32

Der Rechtsanwalt wird beauftragt, gegen einen Mahnbescheid Widerspruch einzulegen. Er tut dies; die Gegenseite beantragt Durchführung des streitigen Verfahrens, in dem sich der Rechtsanwalt auch bestellt. Der Gegenstandswert beträgt 5.000 EUR.

Lösung zu Beispiel 3:

Nach Anmerkung zu Nr. 3307 VV RVG findet die Gebühr für die Einlegung des Widerspruchs Anrechnung auf die im nachfolgenden Verfahren anfallende Verfahrensgebühr.

0,5 Verfahrensgebühr gem. Nr. 3307 VV RVG (Widerspruch) i.V.m. § 13 RVG	177,25 EUR
Auslagenpauschale, Nr. 7002 VV RVG (für das Mahnverfahren)	20,00 EUR
1,3 Verfahrensgebühr gem. Nr. 3100 VV RVG (Prozess) i.V.m. § 13 RVG	460,85 EUR
./. 0,5 Verfahrensgebühr gem. Nr. 3307 VV RVG (Widerspruch) i.V.m. § 13 RVG	– 177,25 EUR
Auslagenpauschale, Nr. 7002 VV RVG (für das ordentliche Verfahren)	20,00 EUR
Zwischensumme:	*500,85 EUR*
19 % Mehrwertsteuer, Nr. 7008 VV RVG	95,16 EUR
Gesamtbetrag:	**596,01 EUR**

V. Gebühren in der Zwangsvollstreckung

33 Die Gebühren in der Zwangsvollstreckung und der Vollziehung einer im Wege des einstweiligen Rechtsschutzes ergangenen Entscheidung bestimmen sich nach Abschnitt 3 Unterabschnitt 2 des 3. Teils des VV RVG. Für die Tätigkeit im Zwangsvollstreckungsverfahren erhält der Rechtsanwalt eine 0,3 Verfahrensgebühr gem. Nr. 3309 VV RVG. Diese Gebühr deckt Tätigkeiten wie Zwangsvollstreckungsaufträge, Pfändungs- und Überweisungsbeschlüsse oder Anträge auf Bestimmung eines Termins zur Abgabe der eidesstattlichen Versicherung/Vermögensauskunft ab. Der Gegenstandswert bestimmt sich nach § 25 RVG: Es ist der Betrag der zur vollstreckenden Geldforderung einschließlich Nebenforderungen maßgeblich. Soll ein bestimmter Gegenstand gepfändet werden, so bestimmt sich der Gegenstandswert nach dem Wert des Pfandgegenstands, sofern dieser einen geringeren Wert als die zu vollstreckende Geldforderung hat. Der Gegenstandswert kann sich auch bestimmen nach dem Wert der herauszugebenden oder zu leistenden Sachen; der Gegenstandswert darf jedoch auch den Wert nicht übersteigen, mit dem der Herausgabe- oder Räumungsanspruch nach den für die Berechnung von Gerichtskosten maßgeblichen Vorschriften zu bewerten ist.

Wird die Zwangsvollstreckung wegen einer zu erwirkenden Handlung, Duldung oder Unterlassung betrieben, so ist der Gegenstandswert der Wert, den die Handlung, Duldung oder Unterlassung für den Gläubiger hat.

Für den Antrag auf Bestimmung eines Termins zur Abgabe der eidesstattlichen Versicherung/Vermögensauskunft existiert eine Streitwertgrenze von maximal 2.000 EUR nach § 25 Abs. 1 Nr. 4 RVG.

Für die Teilnahme an einem gerichtlichen Termin in Vollstreckungssachen oder auch für die Teilnahme am Termin zur Abgabe der eidesstattlichen Versicherung/Vermögensauskunft erhält der Rechtsanwalt eine 0,3 Terminsgebühr nach Nr. 3310 VV RVG.

Nach § 18 Nr. 3 RVG bildet **jede Maßnahme der Zwangsvollstreckung bis zur Befriedigung des Gläubigers eine besondere Angelegenheit**.

34 Folgt auf einen Vollstreckungsauftrag – der nicht oder nur teilweise zum Erfolg führte – die weitere Vollstreckung durch Antrag auf Abgabe der Vermögensauskunft und im Anschluss hieran z.B. ein Antrag auf Erlass eines Pfändungs- und Überweisungsbeschlusses, so liegen drei einzelne, jeweils erledigte Vollstreckungsakte vor mit der Folge, dass in diesem Beispielsfall 3 × 0,3 Gebühren gemäß Nr. 3309 VV RVG (1 x für die Gerichtsvollzieherzwangsvollstreckung, 1 × für den Antrag auf Abgabe der Vermögensauskunft und 1 x für den Antrag auf Erlass eines Pfändungs- und Überweisungsbeschlusses) aus dem jeweiligen Gegenstandswert angefallen sind und zur Abrechnung kommen dürfen.

35 Ein **nicht erledigter Vollstreckungsakt** hingegen liegt z.B. vor, wenn im Zuge der Vollstreckung der **Schuldner unbekannt verzogen** ist. Sofern also ein Zwangsvollstreckungsauftrag an den Gerichtsvollzieher erteilt worden ist (ohne Wohnortermittlung), und dieser sendet die Unterlagen mit dem Vermerk, der Schuldner sei unbekannt verzogen, zurück, und muss im Anschluss an die Wohnortermittlung ein neuer Zwangsvollstreckungsauftrag erteilt werden, handelt es sich um **einen Vollstreckungsakt**. **Die Gebühr Nr. 3309 VV RVG fällt nur einmal an** (für den zweiten Auftrag, denn dann ist der Gegenstandswert wegen weiter aufgelaufener Zinsen und Kosten für die Ermittlung des Wohnortes höher).

36 **Beispiel:**

Es wird die Zwangsvollstreckung wegen einer Forderung (Hauptforderung, Zinsen und Kosten) in Höhe von 3.975,23 EUR beantragt. Der Auftrag enthält kein Ermittlungsersuchen für den Fall, dass der Schuldner unbekannt verzogen ist.

Der Gerichtsvollzieher schickt die Unterlagen zurück mit dem Hinweis, dass der Schuldner unbekannt verzogen ist, und berechnet 12,90 EUR an Gebühren. Nachdem im Anschluss an die Einholung einer Einwohnermeldeamtsauskunft (Kosten 30,00 EUR zzgl. 19 % Mehrwertsteuer 5,70 EUR = 35,70 EUR) die aktuelle Anschrift bekannt ist, wird ein neuer Zwangsvollstreckungsauftrag erteilt. Die Zinsen sind um 5,90 EUR weiter aufgelaufen.

Die Vollstreckung verläuft fruchtlos, es wird die Abnahme der Vermögensauskunft beantragt. Der Gerichtsvollzieher übersendet das Protokoll, und berechnet 47,80 EUR an Gerichtsvollziehergebühren.

Da sich aus dem Protokoll ergibt, dass der Schuldner einer regelmäßigen Erwerbstätigkeit nachgeht, folgt dem jetzt ein Antrag auf Erlass eines Pfändungs- und Überweisungsbeschlusses. Die Zinsen sind zwischenzeitlich um weitere 3,70 EUR gestiegen.

Die Vollstreckungsmaßnahmen sind jetzt abzurechnen.

Lösung:

Dem ersten Zwangsvollstreckungsauftrag liegt ein Gegenstandswert von 3.945,23 EUR zu Grunde. Hierdurch wurden an und für sich folgende Gebühren ausgelöst:

Aufstellung

0,3 Verfahrensgebühr gem. Nr. 3309 VV RVG i.V.m. § 13 RVG Gegenstandswert: 3.975,23 EUR	88,50 EUR
Auslagenpauschale, Nr. 7002 VV RVG	17,70 EUR
Zwischensumme:	*106,20 EUR*
19 % Mehrwertsteuer, Nr. 7008 VV RVG	20,18 EUR
Gesamtbetrag:	**126,38 EUR**

Diese Gebühren wären jedoch nur anzusetzen, wenn der Auftrag des Anwalts jetzt erledigt wäre. Da aber der weitere Auftrag lautete, die Anschrift zu ermitteln und dann erneut zu vollstrecken, liegt ein **nicht erledigter Vollstreckungsakt** vor, der nur einmal die Gebühren auslöst. Daher werden diese Gebühren nicht abgerechnet

Da die weitere Tätigkeit auf Basis des zwischenzeitlich um die Kosten und Zinsen erhöhten Gegenstandswertes zur Fortsetzung erfolgte, ist auf Basis des erhöhten Gegenstandswertes abzurechnen.

Ermittlung des Gegenstandswertes

Ursprünglicher Wert	3.975,23 EUR
zzgl. Gerichtsvollziehergebühren	12,90 EUR
Kosten Einwohnermeldeamtsanfrage	35,70 EUR
Weitere Zinsen	5,90 EUR
Gegenstandswert:	**4.029,73 EUR**

Die Berechnung sieht demnach wie folgt aus:

0,3 Verfahrensgebühr gem. Nr. 3309 VV RVG i.V.m. § 13 RVG Gegenstandswert: 4.029,73 EUR	106,35 EUR
Auslagenpauschale, Nr. 7002 VV RVG	20,00 EUR
Kosten der Einwohnermeldeamtsanfrage	30,00 EUR
Zwischensumme:	*156,35 EUR*
19 % Mehrwertsteuer, Nr. 7008 VV RVG	29,71 EUR
Zwischensumme:	*186,06 EUR*
Gerichtsvollziehergebühren	12,90 EUR
Gesamtbetrag:	**198,96 EUR**

Die Abnahme der Vermögensauskunft ist ein weiterer Vollstreckungsakt, der vergütet wird.

Zwar ist der Gegenstandswert um die Gebühren des ersten Vollstreckungsaktes und um weitere Zinsen gestiegen, das spielt hier jedoch keine Rolle, weil der Gegenstandswert für die Abnahme der Vermögensauskunft auf 2.000,00 EUR beschränkt ist. Für den weiteren Vollstreckungsakt rechnet der Rechtsanwalt wie folgt ab:

0,3 Verfahrensgebühr gem. Nr. 3309 VV RVG i.V.m. § 13 RVG Gegenstandswert: 2.000,00 EUR	52,80 EUR
Auslagenpauschale, Nr. 7002 VV RVG	10,56 EUR
Zwischensumme:	*63,36 EUR*
19 % Mehrwertsteuer, Nr. 7008 VV RVG	12,04 EUR
Zwischensumme:	*75,40 EUR*
Gerichtsvollziehergebühren	47,80 EUR
Gesamtbetrag:	**123,20 EUR**

Auch der nachfolgende Antrag auf Erlass eines Pfändungs- und Überweisungsbeschlusses ist eine neue Vollstreckungsmaßnahme, die dementsprechend separat zu vergüten ist. Hierbei ist zu beachten, dass sich der Gegenstandswert um die weiteren Kosten und Gebühren erhöht hat.

Ermittlung des Gegenstandswertes

Wert bei Fortsetzung der Zwangsvollstreckung	4.029,73 EUR
Kosten und Gebühren der Zwangsvollstreckung, s.o.	198,96 EUR
Kosten und Gebühren der Abnahme der Vermögensauskunft	123,19 EUR
Weitere Zinsen	3,70 EUR
Gegenstandswert:	**4.355,58 EUR**

0,3 Verfahrensgebühr gem. Nr. 3309 VV RVG i.V.m. § 13 RVG Gegenstandswert: 4.355,58 EUR	106, 35 EUR
Auslagenpauschale, Nr. 7002 VV RVG	20,00 EUR
Zwischensumme:	*126,35 EUR*
19 % Mehrwertsteuer, Nr. 7008 VV RVG	24,01 EUR
Zwischensumme:	*150,36 EUR*
Gerichtskosten für den Pfändungs- und Überweisungsbeschluss	24,00 EUR
Gesamtbetrag:	**174,36 EUR**

37 Tätigkeiten, die zum Rechtszug gehören und keine besonderen Gebühren auslösen, finden sich in § 19 Abs. 2 RVG wieder.

VI. Gebühren in der Zwangsversteigerung

38 Die Gebühren in Verfahren der Zwangsversteigerung bestimmen sich nach Abschnitt 3 Unterabschnitt 4 des 3. Teils des VV RVG.

Der Rechtsanwalt erhält für seine Tätigkeit im Zwangsversteigerungsverfahren eine Verfahrensgebühr mit einem Satz von 0,4 nach Nr. 3311 VV RVG. Diese Gebühr entsteht jeweils gesondert für die Tätigkeit in Zwangsversteigerungsverfahren bis zur Einleitung des Verteilungsverfahrens und erneut für die Tätigkeit in Verteilungsverfahren, auch wenn eine außergerichtliche Verteilung stattfindet.

Der Gegenstandswert in der Zwangsversteigerung bestimmt sich nach § 26 RVG. Zu Grunde zu legen ist je nach Fallgestaltung der Wert des dem Gläubiger oder dem Beteiligten zustehenden Rechts einschließlich der Nebenforderungen, bei der Vertretung eines anderen Beteiligten, insbesondere des Schuldners, nach dem Wert des Gegenstands der Zwangsversteigerung.

Bei der Vertretung eines Bieters, der nicht Beteiligter ist, ist der Gegenstandswert der Betrag des höchsten für den Auftraggeber aufgegebenen Gebots bzw., wenn ein solches nicht abgegeben wurde, der Wert des Gegenstands der Zwangsversteigerung. Für das Verteilungsverfahren sind weitere Hinweise in § 26 RVG gegeben.

Beispiel:

Der Rechtsanwalt betreibt im Auftrag seines Mandanten die Zwangsversteigerung in das Wohnhaus des Schuldners. Die Zwangsversteigerung in das Wohnhaus, das einen Verkehrswert von 350.000 EUR hat, wird wegen einer Gesamtforderung (Hauptanspruch + Kosten + Zinsen) i.H.v. 137.040 EUR betrieben.

Lösung:

Gemäß § 26 RVG bestimmt sich der Gegenstandswert nach dem Wert des dem Gläubiger zustehenden Rechts. Kosten und Zinsen sind dem Hauptanspruch hinzuzurechnen. Demnach ist als Gegenstandswert 137.040 EUR anzusetzen.

0,4 Verfahrensgebühr gem. Nr. 3311 VV RVG i.V.m. § 13 RVG aus Gegenstandswert nach § 26 RVG (Gegenstandswert = 137.040 EUR)	781,60 EUR
Auslagenpauschale, Nr. 7002 VV RVG	20,00 EUR
Zwischensumme:	*801,60 EUR*
19 % Mehrwertsteuer, Nr. 7008 VV RVG	152,30 EUR
Gesamtbetrag:	**953,90 EUR**

In Zwangsversteigerungsverfahren kann der Rechtsanwalt eine Terminsgebühr nach Nr. 3312 VV RVG in Höhe eines Satzes von 0,4 verdienen. Sie entsteht nur dann, wenn der Rechtsanwalt für einen Beteiligten einen Versteigerungstermin wahrnimmt.

Beispiel:

Der Rechtsanwalt ist beauftragt, einen Interessenten zu einem Versteigerungstermin im Zwangsversteigerungsverfahren zu begleiten und für ihn zu bieten, was er auch tut. Sein höchstes Gebot beträgt 184.000 EUR.

Lösung:

Der Rechtsanwalt verdient neben der Verfahrensgebühr die Terminsgebühr nach Nr. 3312 VV RVG. Als Gegenstandswert zugrunde zu legen ist das höchste Gebot gem. § 26 RVG.

0,4 Verfahrensgebühr gem. Nr. 3311 VV RVG i.V.m. § 13 RVG aus Gegenstandswert nach § 26 RVG (Gegenstandswert: 184.000 EUR)	901,00 EUR
0,4 Terminsgebühr gem. Nr. 3312 VV RVG i.V.m. § 13 RVG aus Gegenstandswert nach § 26 RVG (Gegenstandswert: 184.000 EUR)	901,00 EUR
Auslagenpauschale, Nr. 7002 VV RVG	20,00 EUR
Zwischensumme:	*1.822,00 EUR*
19 % Mehrwertsteuer, Nr. 7008 VV RVG	346,18 EUR
Gesamtbetrag:	**2.168,18 EUR**

VII. Gebühren in der Zwangsverwaltung

Die Gebühren in Verfahren der Zwangsverwaltung bestimmen sich ebenfalls nach Abschnitt 3 Unterabschnitt 4 des 3. Teils des VV RVG. 39

Der Rechtsanwalt erhält eine Verfahrensgebühr der Nr. 3311 VV RVG in Höhe eines Satzes von 0,4 in Verfahren der Zwangsverwaltung, und zwar für die Vertretung des Antragstellers in Verfahren über den Antrag auf Anordnung der Zwangsvollstreckung oder auf Zulassung des Beitritts. Die Verfahrensgebühr entsteht dem Anwalt gesondert für die Vertretung des Antragstellers im weiteren Verteilungsverfahren und für die Vertretung eines sonstigen Beteiligten im ganzen Verfahren einschließlich des Verteilungsverfahrens.

Der Gegenstandswert in der Zwangsverwaltung bestimmt sich nach § 27 RVG: Bei der Vertretung des Antragstellers richtet sich der Gegenstandswert nach dem Anspruch, wegen dessen das Verfahren beantragt worden ist, wobei Nebenforderungen mitzurechnen sind. Ist das Verfahren wegen Ansprüchen auf wiederkehrende Leistungen beantragt, so ist der Wert der Leistungen eines Jahres maßgebend.

Vertritt der Rechtsanwalt den Schuldner, so bestimmt sich der Gegenstandswert nach den zusammengerechneten Ansprüchen, wegen derer das Verfahren beantragt ist.

Vertritt der Rechtsanwalt im Rahmen der Zwangsverwaltung einen sonstigen Beteiligten, so richtet sich der Gegenstandswert nach § 23 Abs. 3 S. 2 RVG.

Beispiel:

Der Rechtsanwalt hat durch das Vermögensprotokoll des Schuldners in Erfahrung gebracht, dass dieser ein Hotel – allerdings ohne große Erträge – führt. Da er sich von dem Objekt einiges verspricht, beantragt er für den Gläubiger beim zuständigen Gericht die Anordnung der Zwangsverwaltung. Nachdem der Schuldner zu dem Antrag keine Stellungnahme abgibt, ergeht ein Beschluss, nach dem X zum Verwalter des Objektes bestimmt wird. Die Forderung des Gläubigers beträgt 54.000 EUR zuzüglich Kosten und Zinsen i.H.v. insgesamt 13.500 EUR.

Lösung:

Für die Tätigkeit im Zwangsverwaltungsverfahren erhält der Rechtsanwalt eine 0,4 Verfahrensgebühr nach Nr. 3311 VV RVG. Gemäß § 27 RVG bestimmt sich der Gegenstandswert nach dem Anspruch, wegen dem die Zwangsverwaltung beantragt wurde. Kosten und Zinsen sind dem Hauptanspruch hinzuzurechnen. Demnach beträgt der Gegenstandswert (54.000 EUR + 13.500 EUR =) 67.500 EUR.

0,4 Verfahrensgebühr gem. Nr. 3311 VV RVG i.V.m. § 13 RVG aus Gegenstandswert nach § 27 RVG (Gegenstandswert: 67.500 EUR)	622,40 EUR
Auslagenpauschale, Nr. 7002 VV RVG	20,00 EUR
Zwischensumme:	*642,40 EUR*
19 % Mehrwertsteuer, Nr. 7008 VV RVG	122,06 EUR
Gesamtbetrag:	**764,46 EUR**

Die Verfahrensgebühr kann vom Rechtsanwalt für die Tätigkeit in Verfahren über Anträge auf einstweilige Einstellung oder Beschränkung der Zwangsvollstreckung und einstweilige Einstellung des Verfahrens sowie für Verhandlungen zwischen Gläubigern und Schuldnern mit dem Ziel der Aufhebung des Verfahrens gesondert verdient werden.

Im Verfahren der Zwangsverwaltung kann eine Terminsgebühr nicht entstehen (vgl. Anmerkung zu Nr. 3312 VV RVG).

VIII. Gebühren des Terminsvertreters

40 Bei einer Terminsvertretung beauftragt ein prozess- bzw. verfahrensbevollmächtigter Rechtsanwalt (Verfahrensbevollmächtigter) im Namen seines oder seiner Mandanten einen anderen Rechtsanwalt, einen gerichtlichen Termin als Terminsvertreter (oder auch: Unterbevollmächtigter) wahrzunehmen. In der Regel wird ein Terminsvertreter eingeschaltet, wenn der Gerichtsort vom Kanzleisitz des Hauptbevollmächtigten weit entfernt ist; damit entfallen weite Fahrten zum Gerichtstermin und lange Abwesenheitszeiten. Die Beauftragung eines Terminsvertreters kommt aber z.B. auch in Betracht, um einen zweiten Anwalt bei einvernehmlichen Scheidungen hinzuzuziehen. Der im Namen der Mandanten beauftragende Rechtsanwalt ist und bleibt Prozessbevollmächtigter/Verfahrensbevollmächtigter (auch: Hauptbevollmächtigter) und „hält insoweit die Zügel" in der Hand.

Beschränkt sich die Vertretung auf die Wahrnehmung eines Termins erhält der Rechtsanwalt eine Gebühr in Höhe der Hälfte der dem Verfahrensbevollmächtigten zustehenden Verfahrensgebühr nach Nr. 3401 VV RVG neben der durch die Terminswahrnehmung anfallenden Terminsgebühr (z.B. diejenige der Nr. 3104 VV RVG oder der Nr. 3202 VV RVG).

41 **Beispiel:**

Der Anwalt im entfernten Bezirk wird mit der Terminsvertretung beauftragt; den anberaumten Gerichtstermin nimmt er wahr, es werden dort die Anträge gestellt und verhandelt. Der Gegenstandswert beträgt 13.700,00 EUR.

Lösung:

Der Terminsvertreter verdient die Hälfte der Verfahrensgebühr, die der Hauptbevollmächtigte verdient (= 1,3 : 2 = 0,65); daneben verdient er für die Teilnahme an der Verhandlung die volle Terminsgebühr.

0,65	Verfahrensgebühr bei Vertretung in einem Termin aus 13.700,00 EUR, Nr. 3401 VV RVG	495,30 EUR
1,2	Terminsgebühr aus 13.700,00 EUR, Nr. 3104 VV RVG	914,40 EUR
	Auslagenpauschale, Nr. 7002 VV RVG	20,00 EUR
	Zwischensumme	*1.429,70 EUR*
	19,00 % Umsatzsteuer, Nr. 7008 VV RVG	271,64 EUR
	Gesamtbetrag:	**1.701,34 EUR**

42 Die Verfahrensgebühr ermittelt sich anhand der Verfahrensgebühr für den Verfahrensbevollmächtigten, der erstinstanzlich eine 1,3 Verfahrensgebühr gemäß Nr. 3100 VV RVG verdient; die Hälfte hiervon (0,65) steht somit dem Terminsvertreter als Verfahrensgebühr zu.

43 Erledigt sich der Auftrag vorzeitig, bevor der Termin begonnen hat, reduziert sich die Verfahrensgebühr gem. Nr. 3404 VV RVG auf einen Satz von 0,5; die Terminsgebühr verdient der Rechtsanwalt dann natürlich auch nicht.

Beispiel:

Der Anwalt im entfernten Bezirk wird mit der Terminsvertretung beauftragt; der anberaumte Gerichtstermin wird allerdings aufgehoben, weil sich der Kläger entschieden hat, die Klage zurückzunehmen. Der Gegenstandswert beträgt auch hier 13.700,00 EUR.

Lösung:

Da sich die Angelegenheit für den Terminsvertreter vorzeitig erledigt, reduziert sich die Verfahrensgebühr auf einen Satz von 0,5; eine Terminsgebühr fällt mangels Wahrnehmung eines Termins nicht an:

0,5	Verfahrensgebühr, vorzeitige Beendigung des Auftrages aus 13.700,00 EUR, Nr. 3405 VV RVG	381,00 EUR
	Auslagenpauschale, Nr. 7002 VV RVG	20,00 EUR
	Zwischensumme	*401,00 EUR*
	19,00 % Umsatzsteuer, Nr. 7008 VV RVG	76,19 EUR
	Gesamtbetrag:	**477,19 EUR**

44 Natürlich verdient der Terminsvertreter nicht immer **nur** die Verfahrens- und Terminsgebühr. Er kann zusätzlich auch die Einigungsgebühr verdienen. Genauso verdient der Verfahrensbevollmächtigte (der das Verfahren für die Mandanten federführend führt) nicht nur die Verfahrensgebühr der Nr. 3100 VV RVG; auch er kann – je nach Fallgestaltung – weitere Gebühren verdienen.

Beispiel 1:

Der Verfahrensbevollmächtigte A aus München beauftragt B aus Hamburg in Untervollmacht. Der Unterbevollmächtigte nimmt den Verhandlungstermin wahr; später wird im Wege der Amtshilfe ein Beweisaufnahmetermin zur Zeugeneinvernehmung vor Ort (wegen Krankheit) in der Nähe von München durch den Hauptbevollmächtigten wahrgenommen.

Lösung zu Beispiel 1:

Beide Anwälte verdienen neben ihrer – jeweils unterschiedlich hohen – Verfahrensgebühr je eine Terminsgebühr: Der Hauptbevollmächtigte nach Nr. 3104 VV RVG, der Unterbevollmächtigte nach Nr. 3402 VV RVG.

Beispiel 2:

Der Verfahrensbevollmächtigte A aus München beauftragt B aus Hamburg in Untervollmacht. Anwalt B nimmt den Termin für die gemeinsame Partei wahr und schließt vor Gericht einen Widerrufsvergleich. Anschließend informiert dieser den Anwalt A aus München, der sich daraufhin mit dem Mandanten kurzschließt und diesem empfiehlt, den Vergleich nicht zu widerrufen. Der Vergleich wird bestandskräftig.

Lösung zu Beispiel 2:

Der Hauptbevollmächtigte A hat am Termin nicht teilgenommen, somit auch keine Terminsgebühr verdient. Für den Bestand des Vergleichs war aber (durch die Empfehlung, den Vergleich nicht zu widerrufen) seine Mitwirkung ursächlich, so dass ihm neben der Verfahrensgebühr die Einigungsgebühr der Nr. 1003 VV RVG erwächst. Der Unterbevollmächtigte hingegen hat neben der hälftigen Verfahrensgebühr eine Terminsgebühr und eine Einigungsgebühr verdient: Er war vor Ort und hat dort am Termin teilgenommen, womit er die Terminsgebühr der Nr. 3402 i.V.m. Nr. 3104 VV RVG verdient; zudem hat er den Widerrufsvergleich geschlossen. Dieser hatte Bestand, so dass damit die Einigungsgebühr begründet wurde.

IX. Gebühren des Verkehrsanwalts (Korrespondenzanwalt)

Der Verkehrsanwalt (auch: Korrespondenzanwalt) steht im unmittelbaren Kontakt mit dem Mandanten; er führt in einem gerichtlichen Verfahren den „Verkehr" zwischen dem Mandanten und dem Prozess- bzw. Verfahrensbevollmächtigten (Schriftverkehr, Besprechungen, Telefonate pp.). 45

Bis zum Jahr 2000 war die Berufsausübung der Rechtsanwälte eingeschränkt; der Anwalt war lediglich in einem bestimmten Landgerichtsbezirk zugelassen, teilweise überhaupt nicht beim Oberlandesgericht. Deshalb mussten die Rechtsanwälte, die einen Rechtsstreit vor einem Landgericht außerhalb ihres Bezirks für den Mandanten führen sollten oder aber vor dem Landgericht einen Rechtsstreit für ihren Mandanten verloren hatten, dort zugelassene Rechtsanwälte mit der Durchführung des jeweiligen Verfahrens beauftragen. Der Verfahrensbevollmächtigte im zweitinstanzlichen Verfahren wurde der entsprechend am Oberlandesgericht zugelassene Anwalt, der erstinstanzlich tätige Anwalt übernahm insoweit die Stellung als Verkehrsanwalt – er hielt (und hält in manchen Fällen heute noch) quasi durch die Hintertür das Zepter in der Hand, indem er den Informationsaustausch durchführt(e) und insbesondere die Schriftsätze für den Verfahrensbevollmächtigten fertigt(e).

In der Praxis hat der Verkehrsanwalt zwar in den letzten Jahren durch Wegfall der Singularzulassung (die jetzt nur noch für Verhandlungen vor dem Bundesgerichtshof Geltung hat) abgenommen, ist aber nicht vollständig wegzudenken. Denkbar ist die Konstellation Verfahrensbevollmächtigter – Verkehrsanwalt bei weit entfernten (Land-)Gerichtsorten, wird aber vielerorts durch den Terminsvertreter ersetzt.

Gemäß Nr. 3400 VV RVG erhält der Verkehrs-/Korrespondenzanwalt der Partei eine Gebühr in Höhe der dem Verfahrensbevollmächtigten zustehenden Verfahrensgebühr; maximal jedoch 1,0. Die Gebühr entsteht auch, wenn der Rechtsanwalt im Einverständnis mit dem Auftraggeber die Übersendung der Akten an den Rechtsanwalt des höheren Rechtzugs mit gutachterlichen Äußerungen verbindet.

Beispiel:

Der erstinstanzlich tätige Verfahrensbevollmächtigte ist beauftragt, mit dem zweitinstanzlich tätigen Rechtsanwalt den Schriftverkehr zu führen (hier beispielhaft mit einem Gegenstandswert von 12.500,00 EUR).

Lösung:

Der Verkehrsanwalt verdient eine Verfahrensgebühr der Nr. 3400 VV RVG in Höhe von 1,0 (der Verfahrensbevollmächtigte des Berufungsverfahrens verdient eine 1,6 Gebühr gemäß Nr. 3200 VV RVG).

1,0	Verfahrensgebühr bei Führung des Verkehrs der Partei mit dem Verfahrensbevollmächtigen aus 12.500,00 EUR, Nr. 3400 VV RVG	707,00 EUR
	Auslagenpauschale, Nr. 7002 VV RVG	20,00 EUR
	Zwischensumme	*727,00 EUR*
	19,00 % Umsatzsteuer, Nr. 7008 VV RVG	138,13 EUR
	Gesamtbetrag:	**865,13 EUR**

46 Erledigt sich der Auftrag vorzeitig, bevor der Rechtsanwalt tätig geworden ist, reduziert sich die Verfahrensgebühr gem. Nr. 3405 VV RVG auf einen Satz von 0,5.

Beispiel:

Der erstinstanzlich tätige Verfahrensbevollmächtigte ist zunächst beauftragt, mit dem zweitinstanzlich tätigen Rechtsanwalt den Schriftverkehr zu führen; bevor er die Akten an den zweitinstanzlich tätigen Kollegen übergibt, überlegt der Mandant es sich anders (hier beispielhaft mit einem Gegenstandswert von 12.500,00 EUR)

Lösung:

Die Verfahrensgebühr des erstinstanzliche tätigen Verfahrensbevollmächtigten wird für seine (insoweit nicht mehr erforderliche) Mitwirkung im Rahmen des zweitinstanzlichen Verfahrens auf 0,5 gekürzt.

0,5	Verfahrensgebühr bei Führung des Verkehrs der Partei mit dem Verfahrensbevollmächtigen, vorzeitige Beendigung des Auftrages aus 12.500,00 EUR, Nr. 3405 VV RVG	353,50 EUR
	Auslagenpauschale, Nr. 7002 VV RVG	20,00 EUR
	Zwischensumme	*373,50 EUR*
	19,00 % Umsatzsteuer, Nr. 7008 VV RVG	70,97 EUR
	Gesamtbetrag	**444,47 EUR**

47 Natürlich verdient der Verkehrsanwalt nicht immer **nur** die Verfahrensgebühr; er kann zusätzlich natürlich auch weitere Gebühren verdienen, so z.B., wenn er einen Termin wahrnimmt oder bei einem Vergleich mitwirkt.

Beispiel 1:

Der Verkehrsanwalt A aus München beauftragt namens seiner Mandantin den B aus Hamburg zum Verfahrensbevollmächtigten. Da die Angelegenheit vom Sachverhalt her schwierig ist, ist seitens der Mandantin die Terminswahrnehmung vor dem Landgericht Hamburg durch beide Anwälte gewünscht.

Lösung zu Beispiel 1:

Beide Anwälte verdienen neben ihrer – jeweils unterschiedlich hohen – Verfahrensgebühr je eine Terminsgebühr der Nr. 3104 VV RVG.

Beispiel 2:

Der Verkehrsanwalt A aus München beauftragt namens seiner Mandantin den B aus Hamburg zum Verfahrensbevollmächtigten. Da die Angelegenheit vom Sachverhalt her schwierig ist, ist seitens der Mandantin die Terminswahrnehmung vor dem Landgericht Hamburg durch beide Anwälte gewünscht. Im Termin vergleichen sich die Parteien unter Mitwirkung sämtlicher Anwälte.

Lösung zu Beispiel 2:

Beide Anwälte verdienen neben ihrer – jeweils unterschiedlich hohen – Verfahrensgebühr je eine Terminsgebühr der Nr. 3104 VV RVG und eine Einigungsgebühr der Nr. 1003 VV RVG.

Beispiel 3:

Der Verkehrsanwalt A aus München beauftragt namens seiner Mandantin den B aus Hamburg zum Verfahrensbevollmächtigten. Anwalt B nimmt den Termin für die gemeinsame Partei wahr und schließt vor Gericht einen Widerrufsvergleich. Anschließend informiert dieser den Anwalt A aus München, der sich daraufhin mit der Mandantin kurzschließt und dieser empfiehlt, den Vergleich nicht zu widerrufen. Der Vergleich wird bestandskräftig.

Lösung zu Beispiel 3:

Der Verkehrsanwalt A hat am Termin nicht teilgenommen, somit auch keine Terminsgebühr verdient. Für den Bestand des Vergleichs war aber (durch die Empfehlung, den Vergleich nicht zu widerrufen) seine Mitwirkung ursächlich, so dass ihm neben der 1,0 Verfahrensgebühr Nr. 3400 VV RVG die 1,0 Einigungsgebühr Nr. 1003 VV RVG erwächst. Der Verfahrensbevollmächtigte hingegen hat neben der 1,3 Verfahrensgebühr Nr. 3100 VV RVG eine 1,2 Terminsgebühr Nr. 3104 VV RVG und eine 1,0 Einigungsgebühr Nr. 1003 VV RVG verdient.

D. Erhöhungen, Ermäßigungen und Anrechnungsvorschriften

I. Mehrvertretungszuschlag

1. Erläuterung

Wird der Anwalt in derselben Angelegenheit für mehrere Auftraggeber tätig, so erhält er die Gebühren nur einmal. Für den Mehraufwand erhält der Rechtsanwalt eine Erhöhung (Mehrvertretungszuschlag), die sich nach Nr. 1008 VV RVG bemisst. Bei Wertgebühren ist die Erhöhung nur zu berechnen, soweit der Gegenstand der anwaltlichen Tätigkeit derselbe ist. 48

Gemäß Nr. 1008 des VV RVG errechnet sich für jeden weiteren Auftraggeber eine Erhöhung der Geschäfts- bzw. Verfahrensgebühr um 0,3 bzw. 30 % bei Betragsrahmengebühren; die maximale Erhöhung beträgt 2,0; bei Festgebühren das Doppelte der Festgebühr und bei Betragsrahmengebühren das Doppelte des Mindest- und Höchstbetrags.

Die Erhöhung/der Mehrvertretungszuschlag ist nicht nur auf die außergerichtlichen Geschäftsgebühren der Nr. 2300 ff. VV RVG und die gerichtlichen Verfahrensgebühren der Nr. 3100 VV RVG und 3200 ff. VV RVG in Ansatz zu bringen, sondern – wie auch die Vorbemerkung zum Ausdruck bringt – auf alle „Betriebsgebühren," da diese Gebühren „neben allen in anderen Teilen (des VV RVG) bestimmten Gebühren" erwachsen können.

Insbesondere wird die Anwendungsmöglichkeit der Erhöhung deutlich durch die Strukturierung des Vergütungsverzeichnisses: Alleine schon die Ausdrucksweise „Die Gebühr 3100 beträgt (…)" belegt, dass die Erhöhung ebenso auf die durch die vorzeitige Beendigung reduzierte Gebühr der Nr. 3101 VV RVG berechnet wird.

Die Erhöhung ist auch bei den Gebühren der Nr. 2300 bis 2303 VV RVG zu berechnen, ferner auf die Verfahrensgebühren im Mahnverfahren und der Zwangsvollstreckung, Zwangsverwaltung, Zwangsversteigerung und bei Verfahrensgebühren für einzelne Tätigkeiten. Gleichermaßen ist die Erhöhung bei mehreren Auftraggebern in Ansatz zu bringen auf Betragsrahmengebühren, die Betriebs-, Geschäfts- oder Verfahrensgebühren sind, wobei hier der Mindestbetrag und der Höchstbetrag jeweils um 30 % zu erhöhen ist und dann aus den erhöhten Beträgen der in Ansatz zu bringende Wert zu bestimmen ist.

Ob auch die Beratungsgebühr (bis 30.6.2006) erhöht werden konnte, war stets umstritten. Die Frage stellt sich aber bereits seit dem 1.7.2006 nicht mehr, da die Beratung in den freien Wettbewerb gestellt wurde. Dennoch könnte man insoweit überlegen, ob die sog. Erstberatungsgebühr bzw. die „maximale Gutachtengebühr" bei Verbrauchern (gem. § 34 RVG) eine Erhöhung erfahren kann (30 %). Denn auch bei einer ersten Beratung oder bei einem Gutachtenauftrag ohne Gebührenvereinbarung könnten mehrere Personen Auftraggeber sein.

Meines Erachtens muss sowohl hier als auch bei den Beratungshilfegebühren die Erhöhung verneint werden: Die Erhöhung nach Nr. 1008 VV RVG soll den Mehraufwand des Rechtsanwalts bei der Vertretung mehrerer Auftraggeber vergüten. Gerade bei einer Beratung aber kann ein Mehraufwand (eben durch Information und Absprache mit mehreren Personen) nicht begründet werden.

Gleiches gilt für die Hebegebühr: Auch sie kann m.E. nicht durch die Vorschrift der Nr. 1008 VV RVG erhöht werden: Die Gebühr berechnet sich nach dem Wert der auszuzahlenden bzw. rückzuzahlenden Sache; wenn das Konto mehreren Personen und nicht nur einer gehört, löst dies keinen Mehraufwand aus. Außerdem ist die Hebegebühr auch keine Betriebsgebühr wie die Geschäfts- oder Verfahrensgebühr.

2. Differenziere: Mehrvertretungszuschlag ja oder nein?

(1) Die Eheleute A und B klagen gegen den C auf Rückzahlung eines gemeinschaftlich hingegebenen Darlehens. Der Gegenstand der anwaltlichen Tätigkeit ist für beide Personen derselbe, so dass der Mehrvertretungszuschlag zu berechnen ist. 49

(2) Die Gesellschafter A und B werden aus der Gesellschaft ausgeschlossen. Sie klagen auf Auszahlung des ihnen zustehenden Kapitals. Der Gesellschafter A verlangt eine Summe i.H.v. 10.000 EUR und der Gesellschafter B verlangt eine Summe i.H.v. 15.000 EUR. Der Rechtsanwalt reicht Klage mit folgenden Anträgen ein:
(a) Die Beklagte wird verurteilt, an den Kläger zu 1) 10.000 EUR nebst X % Zinsen seit dem (…) zu zahlen.
(b) Die Beklagte wird verurteilt, an den Kläger zu 2) 15.000 EUR nebst X % Zinsen seit dem (…) zu zahlen.
(c) Die Beklagte trägt die Kosten des Rechtsstreits.
Vorliegend ist der Gegenstand der anwaltlichen Tätigkeit nicht derselbe: Jeder Kläger hat vorliegend einen eigenen, ihm persönlichen zustehenden Anspruch, den er selbst geltend macht. Somit kommt eine Erhöhung der Gebühren nicht in Betracht kommt. Vielmehr sind hier die Gegenstandswerte zu addieren.

3. Berechnungsbeispiele

50 **Beispiel 1:**

Die Eheleute A und B bitten den Rechtsanwalt um die Geltendmachung einer Darlehensschuld; der RA prüft den Sachverhalt und fordert den Schuldner unter rechtlicher Darstellung des Sachverhaltes zur Zahlung auf. Der Gegenstandswert beträgt 1.500 EUR.

Lösung zu Beispiel 1:

Nach vorliegendem Sachverhalt kann vom Ansatz einer 1,5 Gebühr ausgegangen werden. Neben der Geschäftsgebühr erhält der Rechtsanwalt den Mehrvertretungszuschlag gem. Nr. 1008 VV RVG:

1,5 Geschäftsgebühr, Nr. 2300 VV RVG i.V.m. §§ 13, 14 RVG aus Gegenstandswert (§ 23 RVG) = 1.500,00 EUR	201,75 EUR
Mehrvertretungszuschlag: 0,3 Erhöhung gem. Nr. 1008 VV RVG i.V.m. § 7 RVG	40,35 EUR
Auslagenpauschale, Nr. 7002 VV RVG	20,00 EUR
Zwischensumme:	*262,10 EUR*
19 % Mehrwertsteuer, Nr. 7008 VV RVG	49,80 EUR
Gesamtbetrag:	**311,90 EUR**

Beispiel 2:

Der Rechtsanwalt erhebt im Auftrag der Eheleute A und B als Gesamtgläubiger Klage gegen den C. Nach streitiger Verhandlung ergeht ein Urteil. Der Gegenstandswert beträgt 4.000 EUR.

Lösung zu Beispiel 2:

Für die zweite von ihm vertretene Person erhält der Rechtsanwalt einen Mehrvertretungszuschlag i.H.v. 0,3 gemäß Nr. 1008 VV RVG.

1,3 Verfahrensgebühr gem. Nr. 3100 VV RVG i.V.m. § 13 RVG aus Gegenstandswert (§ 23 RVG) = 4.000,00 EUR	383,50 EUR
Mehrvertretungszuschlag: 0,3 Erhöhung gem. Nr. 1008 VV RVG i.V.m. § 7 RVG	88,50 EUR
1,2 Terminsgebühr gem. Nr. 3104 VV RVG i.V.m. § 13 RVG aus Gegenstandswert (§ 23 RVG) = 4.000,00 EUR	354,00 EUR
Auslagenpauschale, Nr. 7002 VV RVG	20,00 EUR
Zwischensumme:	*846,00 EUR*
19 % Mehrwertsteuer, Nr. 7008 VV RVG	160,74 EUR
Gesamtbetrag:	**1.006,74 EUR**

Beispiel 3:

Der Rechtsanwalt vertritt die Eheleute A und B, die Eheleute C und D sowie die Eheleute E und F (Gesamtgläubiger) gegen den H im Berufungsverfahren. Nach Durchführung eines Verhandlungstermins wird das erstinstanzliche Urteil abgeändert. Der Gegenstandswert beträgt 8.000 EUR.

Lösung zu Beispiel 3:

Der Rechtsanwalt handelt im Auftrag von insgesamt sechs Personen, so dass ihm für die fünf weiteren Personen jeweils ein Mehrvertretungszuschlag i.H.v. 0,3, insgesamt also ein Mehrvertretungszuschlag i.H.v. 1,5 neben der eigentlichen Verfahrensgebühr zusteht.

1,6 Verfahrensgebühr gem. Nr. 3200 VV RVG i.V.m. § 13 RVG aus Gegenstandswert (§ 23 RVG) = 8.000,00 EUR	852,80 EUR
Mehrvertretungszuschlag: 1,5 Erhöhung gem. Nr. 1008 VV RVG i.V.m. § 7 RVG	799,50 EUR
1,2 Terminsgebühr gem. Nr. 3202 VV RVG i.V.m. § 13 RVG aus Gegenstandswert (§ 23 RVG) = 8.000,00 EUR	639,60 EUR
Auslagenpauschale, Nr. 7002 VV RVG	20,00 EUR
Zwischensumme:	*2.311,90 EUR*
19 % Mehrwertsteuer, Nr. 7008 VV RVG	439,26 EUR
Gesamtbetrag:	**2.751,16 EUR**

Beachte!
Maximale Erhöhung Nr. 1008 VV RVG: 2,0! Ab dem 8. Auftraggeber (7. weitere Auftraggeber) bleibt es bei maximal 2,0.

Beispiel 4: 51

Die Aktienanleger A, B, C, D, E, F, G, H fordern gemeinsam vom Vorstand die Rückzahlung von Geldern (250.000,00 EUR), weil der Vorstand die Gesellschaft finanziell geschädigt hat.

Lösung zu Beispiel 4:

Nach vorliegendem Sachverhalt kann vom Ansatz einer 1,5 Gebühr ausgegangen werden. Neben der Geschäftsgebühr erhält der Rechtsanwalt den Mehrvertretungszuschlag gem. Nr. 1008 VV RVG. Hier vertritt der Rechtsanwalt insgesamt 8 Auftraggeber, also 7 Auftraggeber zusätzlich. 7 x 0,3 ergibt 2,1; wegen der Begrenzung der Erhöhung kann der Anwalt jedoch „nur“, 2,0 an Erhöhungen im Gesamten abrechnen.

1,5 Geschäftsgebühr, Nr. 2300 VV RVG i.V.m. §§ 13, 14 RVG aus Gegenstandswert (§ 23 RVG) = 250.000,00 EUR	3.948,00 EUR
Mehrvertretungszuschlag: 0,3 Erhöhung gem. Nr. 1008 VV RVG i.V.m. § 7 RVG, maximal 2,0 aus 250.000,00 EUR	5.264,00 EUR
Auslagenpauschale, Nr. 7002 VV RVG	20,00 EUR
Zwischensumme:	*9.232,00 EUR*
19 % Mehrwertsteuer, Nr. 7008 VV RVG	1.754,08 EUR
Gesamtbetrag:	**10.986,08 EUR**

II. Anrechnungsvorschriften des § 15 RVG

§ 15 RVG bestimmt, dass die jeweiligen Gebühren die gesamte Tätigkeit des Anwalts vom Auftrag bis zur Erledigung abdecken und dass die Gebühren in derselben Angelegenheit nur einmal gefordert werden können bzw. in gerichtlichen Verfahren in jedem Rechtszug nur einmal gefordert werden können. 52

Ferner ist in § 15 RVG bestimmt, dass eine Maximalgrenze zu berücksichtigen ist, wenn für Teile des Gegenstandes verschiedene Gebührensätze anzuwenden sind.

Die wohl gängigste Form ist die Einbeziehung nicht rechtshängiger Forderungen in die Beendigung eines Rechtsstreites durch eine Einigung, dem sog. Überhangvergleich (vgl. dazu nachfolgend Rdn 62 ff.).

§ 15 RVG regelt weiter, dass der Anwalt, der in einer Angelegenheit „weiter“ tätig wird, insgesamt nicht mehr an Gebühren erhält, als wenn er von vornherein mit der Angelegenheit beauftragt wurde.

Gleichzeitig wurde an dieser Stelle jedoch im Gesetz eine Einschränkung vorgenommen: Liegt nämlich der Auftrag, der „vor dem weiteren Auftrag“ erteilt wurde, mehr als zwei Kalenderjahre zurück, so gilt die „weitere Tätigkeit“ als neue Angelegenheit und ist entsprechend separat abzurechnen.

Beispiel 1:

Der Rechtsanwalt ist beauftragt, eine Forderung, die die Gegenseite an den Mandanten gestellt hat, zurückzuweisen. Der Gegner meldet sich daraufhin zunächst nicht mehr, so dass der Rechtsanwalt die Geschäftsgebühr der Nr. 2300 VV RVG in Höhe eines Gebührensatzes von 1,3 abrechnet.

Drei Monate später erscheint der Mandant erneut und legt dem Anwalt die von der Gegenseite eingereichte Klageschrift vor.

Lösung zu Beispiel 1:

Die Verfahrensgebühr des nachfolgenden Prozesses kann nicht zusätzlich verdient werden, da kein „neuer“ Auftrag vorliegt. Hätte der Gegner im Anschluss an das außergerichtliche Aufforderungsschreiben die Klage angekündigt oder kurzfristig eingereicht, wäre die Sache nicht abgeschlossen worden. Dann hätte sich der Anwalt seine außergerichtliche Tätigkeit entsprechend der Vorbemerkung 3 Absatz 4 zu Teil 3 des VV RVG ebenso anrechnen lassen müssen, so wie im vorstehenden Fall also auch. Die 2-Kalenderjahresfrist war noch nicht abgelaufen.

Beispiel 2:

Der Rechtsanwalt ist beauftragt, eine Forderung, die die Gegenseite an den Mandanten gestellt hat, zurückzuweisen. Der Gegner meldet sich daraufhin nicht mehr, so dass der Rechtsanwalt die Geschäftsgebühr der Nr. 2300 VV RVG in Höhe eines Gebührensatzes von 1,3 abrechnet und die Akte am 27.10.2022 schließt.

Am 24.4.2025 erscheint der Mandant erneut und legt dem Anwalt die von der Gegenseite nunmehr eingereichte Klage mit der Bitte um Übernahme des weiteren Mandates vor. Der Anwalt vertritt den Mandanten im Rechtsstreit.

Lösung zu Beispiel 2:

Das auf den Abschluss der Akte folgende 1. Kalenderjahr war das Jahr 2023, das zweite Kalenderjahr das Jahr 2024. Mit Ablauf des 31.12.2024 ist eine „weitere" Tätigkeit, in diesem Falle eine neue Angelegenheit, entstanden, so dass sich der Anwalt die seinerzeit berechnete Geschäftsgebühr nicht anrechnen lassen muss.

Er berechnet also ungeachtet der früheren Kostennote die Verfahrensgebühr **ohne Anrechnung**.

53 **Aber:**

Wird ein Verfahren zum Ruhen gebracht oder unterbrochen, greift § 15 Abs. 5 S. 2 RVG nicht. Die Angelegenheit bleibt dieselbe Angelegenheit und ist als einheitlicher Auftrag abzurechnen; so insbesondere das Thüringer Oberverwaltungsgericht (Thüringer OVG, Beschl. v. 17.12.2018 – 4 VO 812/18). Denn bei Ruhen oder Unterbrechung des Verfahrens liegen die Voraussetzungen des § 15 Abs. 5 S. 2 RVG nicht vor, weil der frühere Auftrag nicht mehr als zwei Kalenderjahre erledigt ist. Eine Erledigung setze nämlich die vollständige Erfüllung des Anwaltsdienstvertrages aus, die gerade beim Ruhen des Verfahrens – einer vorübergehenden Unterbrechung – nicht eingetreten ist. Schon bei Beantragung des Ruhens des Verfahrens ist den Parteien bewusst, dass das Verfahren bei Eintreten der Voraussetzungen – hier die Rechtskraft der parallelen Entscheidung – fortgeführt werden wird, was im Übrigen zugleich bedeutet, dass ein neuer Auftrag für die Angelegenheit nicht erforderlich ist. Dass sich der Anwalt nach langer Zeit wieder neu einarbeiten muss, führe nicht zur analogen Anwendung des § 15 Abs. 5 S. 2 RVG.

54 Absatz 6 des § 15 RVG hält fest, dass der Anwalt, der nur mit einzelnen Handlungen beauftragt ist, nicht mehr an Gebühren erhält als der mit der Gesamtangelegenheit beauftragte Rechtsanwalt.

Soweit also die Summe der Gebühren für die Einzeltätigkeiten höher ausfällt als die Summe der Gebühren ausfallen würde, die der Verfahrensbevollmächtigte für dieselben Tätigkeiten erhält, so ist eine entsprechende Kürzung vorzunehmen.

III. Anrechnungsvorschriften der §§ 16–21 RVG

55 Die Vorschriften des 3. Abschnittes des RVG, nämlich die §§ 16–21 RVG beinhalten durch die Festlegung, ob es sich bei den einzelnen Aufgaben des Rechtsanwalts um „dieselbe Angelegenheit", „verschiedene Angelegenheiten", „besondere Angelegenheit" oder „Angelegenheiten des Rechtszugs" handelt, Regelungen zur Anrechnung bzw. „Nichtanrechnung". Die vorgenannten Vorschriften sollten immer genau eingelesen werden, um Anrechnungsfehler zu vermeiden.

Die §§ 16 ff. RVG enthalten keine abschließenden Regelungen im Hinblick auf bestehende Anrechnungspflichten; weitere Anrechnungspflichten ergeben sich unmittelbar aus den Vorbemerkungen der jeweiligen Abschnitte des Vergütungsverzeichnisses.

IV. Anrechnungsvorschriften aus dem VV RVG

56 Das VV RVG enthält als Anmerkungen zu diversen Gebühren ebenfalls Anrechnungsvorschriften, die zu beachten sind. Folgende – in der Praxis häufig auftauchende Fälle – sollen nachfolgend dargestellt werden:

1. Beweissicherungsverfahren

57 Das **Beweissicherungsverfahren** ist weder unter der Rubrik „dieselbe Angelegenheit" noch im Bereich „verschiedene Angelegenheit" oder „besondere Angelegenheit" der §§ 16 ff. RVG aufgenommen worden. Besondere Regelungen hierzu finden sich zum einen in der Vorbemerkung zu Teil 3 des VV RVG (betreffend die Verfahrensgebühr), zum anderen als Anmerkung zu Nr. 1003 VV RVG (betreffend die Einigungsgebühr) wieder.

Wird der Gegenstand eines selbstständigen Beweisverfahrens auch Gegenstand eines Rechtsstreites oder ist er dies bereits, wird die Verfahrensgebühr des selbstständigen Beweisverfahrens auf die Verfahrensgebühr des Rechtszugs angerechnet. Dies bestimmt Vorbemerkung 3 Absatz 5 zu Teil 3 des VV RVG.

Beispiel:

Der Rechtsanwalt nimmt im gerichtlichen Beweissicherungsverfahren einen vom Gericht angeordneten Ortstermin wahr. Nach Abschluss des für den Antragsteller positiv verlaufenen Beweissicherungsverfahrens wird Zahlungsklage mit gleichem Wert des Beweissicherungsverfahrens erhoben. Nach Erörterung der Sache vergleichen sich die Parteien wegen der drohenden Insolvenz des Beklagten auf die Hälfte der Forderung.

Lösung:

Nach Vorbemerkung 3 Absatz 5 zu Teil 3 VV RVG ist die Verfahrensgebühr des Beweissicherungsverfahrens auf die Verfahrensgebühr des gerichtlichen Verfahrens anzurechnen, und zwar in voller Höhe auf den identischen Gegenstand. Der Gegenstandswert beträgt 10.000 EUR.

1. Beweissicherungsverfahren

1,3 Verfahrensgebühr gem. Nr. 3100 VV RVG i.V.m. § 13 RVG aus Gegenstandswert (§ 23 RVG) = 10.000,00 EUR	847,60 EUR
1,2 Terminsgebühr gem. Nr. 3104 VV RVG i.V.m. § 13 RVG aus Gegenstandswert (§ 23 RVG) = 10.000,00 EUR	782,40 EUR
Auslagenpauschale, Nr. 7002 VV RVG	20,00 EUR
Zwischensumme:	*1.650,00 EUR*
19 % Mehrwertsteuer, Nr. 7008 VV RVG	313,50 EUR
Gesamtbetrag:	**1.963,50 EUR**

2. Zahlungsklage

1,3 Verfahrensgebühr gem. Nr. 3100 VV RVG i.V.m. § 13 RVG aus Gegenstandswert (§ 23 RVG) = 10.000,00 EUR	847,60 EUR
./. 1,3 Verfahrensgebühr gem. Vorbemerkung Teil 3 Nr. 5 des VV RVG aus Gegenstandswert (§ 23 RVG) = 10.000,00 EUR	– 847,60 EUR
1,2 Terminsgebühr gem. Nr. 3104 VV RVG i.V.m. § 13 RVG aus Gegenstandswert (§ 23 RVG) = 10.000,00 EUR	782,40 EUR
1,0 Einigungsgebühr gem. Nr. 1000, 1003 VV RVG i.V.m. § 13 RVG aus Gegenstandswert (§ 23 RVG) = 10.000,00 EUR	652,00 EUR
Auslagenpauschale, Nr. 7002 VV RVG	20,00 EUR
Zwischensumme:	*1.454,40 EUR*
19 % Mehrwertsteuer, Nr. 7008 VV RVG	276,34 EUR
Gesamtbetrag:	**1.730,74 EUR**

Letztlich berechnet der Anwalt also eine Verfahrensgebühr, zwei Terminsgebühren und eine Einigungsgebühr (sowie je Verfahren die Auslagenpauschale).

2. Urkunden- oder Wechselverfahren

Das **Urkunden- oder Wechselverfahren** bildet nicht dieselbe Angelegenheit mit dem ordentlichen Verfahren, das nach Abstandnahme oder nach einem Vorbehaltsurteil anhängig ist. Dies regelt § 17 Nr. 5 RVG. 58

Allerdings besteht nach Vorbemerkung 3 Abs. 7 zu Teil 3 eine Anrechnungspflicht hinsichtlich der im Urkunden- oder Wechselprozess entstandenen Verfahrensgebühr auf die Verfahrensgebühr des ordentlichen Verfahrens nach Abstandnahme vom Urkunden- und Wechselprozess.

Beispiel:

Der Rechtsanwalt führt einen Urkundenprozess für seinen Mandanten; es wird Beweis über die Echtheit der Urkunde erhoben und sodann ergeht ein Vorbehaltsurteil zugunsten seines Mandanten. Die Gegenseite strengt das Nachverfahren an; in dem Termin wird zunächst streitig verhandelt und dann werden mehrere Zeugen verhört. Der Gegenstandswert beträgt 3.000 EUR.

Lösung:

Im Urkundenprozess verdient der Rechtsanwalt die Verfahrens- und Terminsgebühr; im Nachverfahren verdient er dieselben Gebühren nochmals, muss sich aber die Verfahrensgebühr aus dem Urkundenprozess dort anrechnen lassen.

1. Wechselprozess

1,3 Verfahrensgebühr gem. Nr. 3100 VV RVG i.V.m. § 13 RVG aus Gegenstandswert = 3.000,00 EUR	306,15 EUR
1,2 Terminsgebühr gem. Nr. 3104 VV RVG i.V.m. § 13 RVG aus Gegenstandswert = 3.000,00 EUR	282,60 EUR
Auslagenpauschale, Nr. 7002 VV RVG	20,00 EUR
Zwischensumme:	*608,75 EUR*
19 % Mehrwertsteuer, Nr. 7008 VV RVG	115,66 EUR
Gesamtbetrag:	**724,41 EUR**

2. Nachverfahren

1,3 Verfahrensgebühr gem. Nr. 3100 VV RVG i.V.m. § 13 RVG aus Gegenstandswert = 3.000,00 EUR	306,15 EUR
./. 1,3 Verfahrensgebühr Anmerkung 2 zu Nr. 3100 VV RVG aus Gegenstandswert = 3.000,00 EUR	– 306,15 EUR
1,2 Terminsgebühr gem. Nr. 3104 VV RVG i.V.m. § 13 RVG aus Gegenstandswert = 3.000,00 EUR	282,60 EUR
Auslagenpauschale, Nr. 7002 VV RVG	20,00 EUR
Zwischensumme:	*302,60 EUR*
19 % Mehrwertsteuer, Nr. 7008 VV RVG	57,49 EUR
Gesamtbetrag:	**360,09 EUR**

3. Zurückverweisung

59 Die Zurückverweisung ist in § 21 RVG geregelt. Dort ist bestimmt, dass das weitere Verfahren vor dem untergeordneten Gericht, an dem zurückverwiesen wurde, als neuer Rechtszug gilt. Dies bedeutet zunächst, dass die Gebühren vor dem untergeordneten Gericht in voller Höhe neu entstehen können. Dies gilt jedoch nur insoweit, als dass die Zurückverweisung an ein Gericht erfolgt, das mit der Sache noch nicht befasst war.

Anders sieht dies aus, wenn der Rechtsstreit im Anschluss an das Berufungsverfahren an **dieselbe Kammer** zurückverwiesen wird, die die erste Entscheidung getroffen hat: § 21 RVG findet durch Vorbemerkung 3 Nr. 6 zu Teil 3 des VV RVG insoweit eine Einschränkung, als dass die Verfahrensgebühr aus dem Verfahren des ersten Rechtszugs auf die Verfahrensgebühr nach Zurückverweisung an dieselbe Kammer Anrechnung findet.

Beispiel:

Der Rechtsanwalt hat gegen das erstinstanzliche Urteil, das nach streitiger Verhandlung ergangen ist, Berufung eingelegt. Das Berufungsgericht beendet nach Erörterung der Sache den Rechtszug durch ein Urteil dahingehend, dass der Rechtsstreit zur abschließenden Entscheidung an das Gericht des ersten Rechtszugs verwiesen wird. Zuständig für die Neuentscheidung ist **dieselbe Kammer,** die das Urteil gefällt hat. Nach streitiger Verhandlung und Beweisaufnahme wird ein neues Urteil verkündet. Der Gegenstandswert beträgt 6.000 EUR.

Lösung:

Nach § 21 RVG ist das Verfahren vor dem untergeordneten Gericht, an das zurückverwiesen wurde, ein neuer Rechtszug. Die Verfahrensgebühr im Verfahren des ersten Rechtszugs vor Zurückverweisung findet jedoch gem. Vorbemerkung 3 Abs. 6 zu Teil 3 des VV RVG Anrechnung, weil der Rechtsstreit von einer Kammer übernommen wurde, die mit der Sache bereits befasst war. Die Terminsgebühr kann jedoch dort „erneut“ verdient werden.

1. Gebühren des ersten Rechtszugs

1,3 Verfahrensgebühr gem. Nr. 3100 VV RVG i.V.m. § 13 RVG aus Gegenstandswert (§ 23 RVG) = 6.000,00 EUR	538,20 EUR
1,2 Terminsgebühr gem. Nr. 3104 VV RVG i.V.m. § 13 RVG aus Gegenstandswert (§ 23 RVG) = 6.000,00 EUR	496,80 EUR
Auslagenpauschale, Nr. 7002 VV RVG	20,00 EUR
Zwischensumme:	*1.055,00 EUR*
19 % Mehrwertsteuer, Nr. 7008 VV RVG	200,45 EUR
Gesamtbetrag:	**1.255,45 EUR**

2. Gebühren des Berufungsverfahrens

1,6 Verfahrensgebühr gem. Nr. 3200 VV RVG i.V.m. § 13 RVG aus Gegenstandswert (§ 23 RVG) = 6.000,00 EUR	662,40 EUR
1,2 Terminsgebühr gem. Nr. 3202 VV RVG i.V.m. § 13 RVG aus Gegenstandswert (§ 23 RVG) = 6.000,00 EUR	496,80 EUR
Auslagenpauschale, Nr. 7002 VV RVG	20,00 EUR
Zwischensumme:	*1.179,20 EUR*
19 % Mehrwertsteuer, Nr. 7008 VV RVG	224,05 EUR
Gesamtbetrag:	**1.403,25 EUR**

3. Gebühren nach Zurückverweisung

1,3 Verfahrensgebühr gem. Nr. 3100 VV RVG i.V.m. § 13 RVG aus Gegenstandswert (§ 23 RVG) = 6.000,00 EUR	538,20 EUR
./. 1,3 Verfahrensgebühr des ersten Rechtszugs vor Zurückverweisung	– 538,20 EUR
1,2 Terminsgebühr gem. Nr. 3104 VV RVG i.V.m. § 13 RVG aus Gegenstandswert (§ 23 RVG) = 6.000,00 EUR	496,80 EUR
Auslagenpauschale, Nr. 7002 VV RVG	20,00 EUR
Zwischensumme:	*516,80 EUR*
19 % Mehrwertsteuer, Nr. 7008 VV RVG	98,19 EUR
Gesamtbetrag:	**614,99 EUR**

Wenn aber – wie vorstehend bereits erwähnt – eine **andere Kammer** den Rechtsstreit nach Zurückverweisung übernimmt, erfolgt eine Anrechnung der zunächst erstinstanzlich verdienten Verfahrensgebühr nicht, sie bleibt bestehen.

Beispiel:

Der Rechtsanwalt hat gegen das Urteil, das nach streitiger Verhandlung ergangen ist, Berufung eingelegt. Das Berufungsgericht beendet nach Erörterung der Sache den zweiten Rechtszug durch ein Urteil dahingehend, dass der Rechtsstreit zur abschließenden Entscheidung an das erstinstanzliche Gericht zurückverwiesen wird. Zuständig für die Neuentscheidung ist **nicht dieselbe Kammer,** die das erstinstanzliche Urteil gefällt hat. Nach streitiger Verhandlung und Beweisaufnahme wird ein neues Urteil verkündet. Der Gegenstandswert beträgt 6.000 EUR.

Lösung:

Nach § 21 RVG ist das Verfahren vor dem untergeordneten Gericht, an das zurückverwiesen wurde, ein neuer Rechtszug. Daher können die Verfahrensgebühr und die Terminsgebühr nach Zurückverweisung in voller Höhe neu entstehen.

1. Gebühren des ersten Rechtszugs

1,3 Verfahrensgebühr gem. Nr. 3100 VV RVG i.V.m. § 13 RVG aus Gegenstandswert (§ 23 RVG) = 6.000,00 EUR	538,20 EUR
1,2 Terminsgebühr gem. Nr. 3104 VV RVG i.V.m. § 13 RVG aus Gegenstandswert (§ 23 RVG) = 6.000,00 EUR	496,80 EUR
Auslagenpauschale, Nr. 7002 VV RVG	20,00 EUR
Zwischensumme:	*1.055,00 EUR*
19 % Mehrwertsteuer, Nr. 7008 VV RVG	200,45 EUR
Gesamtbetrag:	**1.255,45 EUR**

2. Gebühren des Berufungsverfahrens

1,6 Verfahrensgebühr gem. Nr. 3200 VV RVG i.V.m. § 13 RVG aus Gegenstandswert (§ 23 RVG) = 6.000,00 EUR	662,40 EUR
1,2 Terminsgebühr gem. Nr. 3202 VV RVG i.V.m. § 13 RVG aus Gegenstandswert (§ 23 RVG) = 6.000,00 EUR	496,80 EUR
Auslagenpauschale, Nr. 7002 VV RVG	20,00 EUR
Zwischensumme:	*1.179,20 EUR*
19 % Mehrwertsteuer, Nr. 7008 VV RVG	224,05 EUR
Gesamtbetrag:	**1.403,25 EUR**

3. Gebühren nach Zurückverweisung

1,3 Verfahrensgebühr gem. Nr. 3100 VV RVG i.V.m. § 13 RVG aus Gegenstandswert (§ 23 RVG) = 6.000,00 EUR	538,20 EUR
1,2 Terminsgebühr gem. Nr. 3104 VV RVG i.V.m. § 13 RVG aus Gegenstandswert (§ 23 RVG) = 6.000,00 EUR	496,80 EUR
Auslagenpauschale, Nr. 7002 VV RVG	20,00 EUR
Zwischensumme:	*1.055,00 EUR*
19 % Mehrwertsteuer, Nr. 7008 VV RVG	200,45 EUR
Gesamtbetrag:	**1.255,45 EUR**

V. Vorzeitige Erledigung eines Auftrags

60 Nach Nr. 3101 Anmerkung 1 Nr. 1 VV RVG reduziert sich die Verfahrensgebühr der Nr. 3100 VV RVG auf 0,8 im Falle der vorzeitigen Beendigung des Verfahrens. Eine vorzeitige Beendigung oder Erledigung liegt vor, wenn es – aus welchen Gründen auch immer – nicht zur Durchführung des Auftrags kommt.

Gemäß Nr. 3201 VV RVG ermäßigt sich die Verfahrensgebühr der Nr. 3200 VV RVG (vorzeitige Beendigung) im zweiten Rechtszug auf 1,1.

Für den Fall der vorzeitigen Beendigung im Revisionsverfahren reduziert sich die Verfahrensgebühr der Nr. 3206 VV RVG auf einen Satz von 1,1. Dies regelt Nr. 3207 VV RVG.

Nach Nr. 3209 VV RVG beträgt der Gebührensatz für die vorzeitige Beendigung eines Auftrages, wenn sich die Parteien nur durch einen beim Bundesgerichtshof zugelassenen Anwalt vertreten lassen können 1,8.

Die Gebühren für die vorzeitige Erledigung können beispielsweise wie folgt entstehen:

- Der Anwalt ist beauftragt, Klage einzureichen, hat die Klageschrift bereits gefertigt, aber noch nicht bei Gericht eingereicht, als der Mandant bittet, die Angelegenheit doch nicht gerichtlich zu verfolgen und um Einstellung der Sache bittet (Nr. 3101 VV RVG).
- Der Anwalt ist beauftragt, gegen das ergangene Urteil Berufung einzulegen; nach Fertigung der Berufungsschrift, die allerdings beim nächst höheren Gericht noch nicht eingereicht wurde, überlegt sich der Mandant die Sache anders und akzeptiert das Urteil (Nr. 3201 VV RVG).
- Dem Anwalt wird die Berufungsschrift der Gegenseite zugestellt. Diese enthält weder Anträge noch eine Begründung. Der Anwalt bestellt sich; die Gegenseite nimmt nach ein paar Tagen die Berufung wieder zurück (Nr. 3201 VV RVG).
- Dem Anwalt wird die Berufungsschrift der Gegenseite zugestellt. Diese enthält weder Anträge noch Begründung; zugleich erhält er ein Schreiben der Gegenseite, dass noch nicht sicher ist, dass das Berufungsverfahren durchgeführt wird, so dass er gebeten wird, sich noch nicht zu bestellen. Der Anwalt prüft die Formalien der eingelegten Berufung (er hatte insoweit auch Auftrag für das Berufungsverfahren) und leitet die Berufungsschrift an seinen Mandanten weiter. Die Gegenseite nimmt ein paar Tage später die Berufung zurück (Nr. 3201 VV RVG).
- Der beim Bundesgerichtshof zugelassene Anwalt hat im Auftrag des Mandanten die Nichtzulassungsbeschwerde vorbereitet, reicht diese jedoch dann nach entsprechender Weisung des Mandanten nicht ein (Nr. 3209 VV RVG).

Zu beachten war bislang: Eine zuvor außergerichtlich entstandene Geschäftsgebühr der Nr. 2300 ff. VV RVG fand zunächst keine **Anrechnung** auf die reduzierte Verfahrensgebühr der vorzeitigen Erledigung. Dies ergibt sich unmittelbar aus dem Wortlaut des Gesetzes, denn eine Anrechnung erfolgt nur auf die Gebühren **eines nachfolgenden gerichtlichen Verfahrens**. Ein solches wird bei der vorzeitigen Erledigung aber regelmäßig nicht anhängig; es besteht „lediglich" Prozessauftrag.

Der Bundesgerichtshof hat jedoch mit Urt. v. 25.9.2008[1] meines Erachtens dem genauen Wortlaut nach fehlinterpretiert und hält an dieser Auffassung auch nach mehreren Jahren fest: Man kommt also um die Anrechnung nicht herum, auch wenn es letztlich nicht im Sinne des Gesetzgebers gewesen sein kann, da der Wortlaut der Vorbemerkung 3 Absatz 4 („auf die Verfahrensgebühr **des gerichtlichen Verfahrens**") eindeutig ist.

Der Hintergedanke dieser Entscheidung ist aber sehr wohl nachvollziehbar, denn bei genauer Überlegung wird man feststellen, dass der Gesetzeswortlaut insoweit fehlerhaft sein muss: Denn würde man die Anrechnungspflicht auf die Gebühr der 3101 VV RVG verneinen, würde der Anwalt, der zunächst außergerichtlich (ohne Prozessauftrag) tätig ist und dann an dem nachfolgenden gerichtlichen Verfahren teilnimmt, letztlich weniger verdienen, als derjenige, der zunächst außergerichtlich ohne Prozessauftrag tätig wird, dem dann aber Prozessauftrag erteilt würde, der sich jedoch vorzeitig erledigt:

> **Beispiel:**
>
> **Gegenüberstellung der Gebühren, wenn keine Anrechnung auf die Gebühr Nr. 3101 VV RVG erfolgen müsste**:
>
> Der Rechtsanwalt wird mit dem Einzug einer Forderung i.H.v. 3.000 EUR beauftragt, zunächst außergerichtlich. Nachdem das Aufforderungsschreiben nicht den gewünschten Erfolg bringt, wird der Anwalt mit der Erhebung der Klage beauftragt.
>
> ***Möglichkeit 1:*** *Der Anwalt reicht Klage ein.*

1 BGH, Urt. v. 25.9.2008 – IX ZR 133/07, NJW 50/2008, 3641 f.

Lösung zu Möglichkeit 1:

1,3 Geschäftsgebühr gem. Nr. 2300 VV RVG i.V.m. § 13 RVG aus Gegenstandswert = 3.000,00 EUR	306,15 EUR
Auslagenpauschale, Nr. 7002 VV RVG (für das außergerichtliche Verfahren)	20,00 EUR
1,3 Verfahrensgebühr gem. Nr. 3100 VV RVG i.V.m. § 13 RVG aus Gegenstandswert = 3.000,00 EUR	306,15 EUR
./. 0,65 Anrechnung der Geschäftsgebühr	– 153,08 EUR
Auslagenpauschale, Nr. 7002 VV RVG (für das gerichtliche Verfahren)	20,00 EUR
Zwischensumme:	*499,22 EUR*
19 % Mehrwertsteuer, Nr. 7008 VV RVG	94,85 EUR
Gesamtbetrag:	**594,07 EUR**

Möglichkeit 2: *Der Anwalt fertigt die Klageschrift, reicht diese aber nicht ein (wenn – nach dem Gesetzeswortlaut ausgelegt – keine Anrechnung zu erfolgen hätte).*

Lösung zu Möglichkeit 2:

1,3 Geschäftsgebühr gem. Nr. 2300 VV RVG i.V.m. § 13 RVG aus Gegenstandswert = 3.000,00 EUR	306,15 EUR
Auslagenpauschale, Nr. 7002 VV RVG (für das außergerichtliche Verfahren)	20,00 EUR
0,8 Verfahrensgebühr gem. Nr. 3100, 3101 VV RVG i.V.m. § 13 RVG aus Gegenstandswert = 3.000,00 EUR	188,40 EUR
Auslagenpauschale, Nr. 7002 VV RVG (für das gerichtliche Verfahren)	20,00 EUR
Zwischensumme:	*534,55 EUR*
19 % Mehrwertsteuer, Nr. 7008 VV RVG	101,56 EUR
Gesamtbetrag:	**636,11 EUR**

Im Vergleich hätte der Rechtsanwalt, der weniger Aufwand gehabt hätte, hier mehr verdient, was so nicht richtig sein kann.

Lösung:

Die Rechtsprechung, die die Anrechnung der Geschäftsgebühr auch auf die Verfahrensgebühr der Nr. 3101 VV RVG (vorzeitige Erledigung) vorgibt, ist sachgerecht und fair. Die Berechnung sieht daher korrekt wie folgt aus:

1,3 Geschäftsgebühr gem. Nr. 2300 VV RVG i.V.m. § 13 RVG aus Gegenstandswert = 3.000,00 EUR	306,15 EUR
Auslagenpauschale, Nr. 7002 VV RVG (für das außergerichtliche Verfahren)	20,00 EUR
0,8 Verfahrensgebühr gem. Nr. 3100, 3101 VV RVG i.V.m. § 13 RVG aus Gegenstandswert = 3.000,00 EUR	188,40 EUR
./. 0,65 Anrechnung der Geschäftsgebühr	– 153,08 EUR
Auslagenpauschale, Nr. 7002 VV RVG (für das gerichtliche Verfahren)	20,00 EUR
Zwischensumme:	*381,47 EUR*
19 % Mehrwertsteuer, Nr. 7008 VV RVG	72,48 EUR
Gesamtbetrag:	**453,95 EUR**

VI. Vergleich über nicht rechtshängige Ansprüche

1. Verfahrensdifferenzgebühr

In einem rechtshängigen Verfahren können die Parteien im Rahmen einer gütlichen Einigung auch Ansprüche „mitvergleichen", die noch nicht rechtshängig sind. Der Rechtsanwalt beantragt dann insoweit, eine Einigung über den nicht rechtshängigen Teil zu Protokoll zu nehmen. Hierfür verdient der Rechtsanwalt eine ergänzende Gebühr, die „Verfahrensdifferenzgebühr" gem. Nr. 3101 Anmerkung 2 i.V.m. Nr. 3100 VV RVG mit einem Satz von 0,8. Im zweiten Rechtszug hat die „Verfahrensdifferenzgebühr" gem. Nr. 3201 Anmerkung 2 i.V.m. Nr. 3200 VV RVG einen Gebührensatz von 1,1. Im Revisionsverfahren hat die „Verfahrensdifferenzgebühr" gem. Nr. 3206 i.V.m. Nr. 3207 VV RVG einen Satz von 1,1; die „Verfahrensdifferenzgebühr" beträgt, wenn sich die Parteien nur durch einen beim Bundesgerichtshof zugelassenen Anwalt vertreten lassen können, gem. Nr. 3209 VV RVG 1,8. 61

Die vorstehende Gebühr hängt nicht vom letztendlichen Erfolg bzw. Zustandekommen des Vergleiches ab: Schließt der Rechtsanwalt beispielsweise einen Widerrufsvergleich und der Widerruf erfolgt, bleibt die „Verfahrensdifferenzgebühr“ – im Gegensatz zur Einigungsgebühr – bestehen.

Nach § 15 Abs. 3 RVG ist aber zu beachten, dass die für das Verfahren entstandene Verfahrensgebühr in Addition mit der Verfahrensdifferenzgebühr nicht mehr ergeben darf, als der höchste Satz aus dem Gesamtgegenstandswert.

Beispiel:

In einem Rechtsstreit ist eine Forderung i.H.v. 5.000 EUR rechtshängig. Nach Erörterung der Sache wird ein Widerrufsvergleich dahingehend protokolliert, dass der Beklagte zum Ausgleich aller Ansprüche, seien sie bekannt oder nicht bekannt, die Summe 8.000 EUR zahlt. Der Vergleich kommt nicht zustande; er wird widerrufen, so dass das Gericht nach Beweisaufnahme durch Urteil entscheidet. Es wurden also neben den gerichtlichen 5.000 EUR zusätzliche – bis dahin nicht rechtshängige – 3.000 EUR zur Einigung protokolliert.

Lösung zum Beispiel:

Neben der Verfahrensgebühr erhält der Rechtsanwalt die „Verfahrensdifferenzgebühr“ über den nicht rechtshängigen Betrag für den Antrag auf Protokollierung dieser Forderung.

Da verschiedene Gegenstandswerte aufeinander treffen, muss die Abgleichung der Gebühren nach § 15 Abs. 3 RVG erfolgen; maximal darf die Verfahrensgebühr den höchsten Gebührensatz aus dem Gesamtstreitwert nicht übersteigen.

1,3 Verfahrensgebühr gem. Nr. 3100 VV RVG i.V.m. § 13 RVG aus 5.0000,00 EUR (§ 23 RVG)	460,85 EUR	
0,8 Verfahrensgebühr gem. Nr. 3101 VV RVG i.V.m. § 13 RVG aus 3.000,00 EUR (§ 23 RVG)	188,40 EUR	
Zwischensumme:	*649,25 EUR*	
Abgleich gem. § 15 Abs. 3 RV: maximal 1,3 Verfahrensgebühr aus 8.000,00 EUR = 692,90 EUR/Maximalgrenze nicht erreicht		649,25 EUR
1,2 Terminsgebühr gem. Nr. 3104 VV RVG i.V.m. § 13 RVG aus 8.000,00 EUR*		639,60 EUR
Auslagenpauschale, Nr. 7002 VV RVG		20,00 EUR
Zwischensumme:		*1.308,85 EUR*
19 % Mehrwertsteuer, Nr. 7008 VV RVG		248,68 EUR
Gesamtbetrag:		**1.557,53 EUR**

* Die Terminsgebühr erwächst dem Anwalt aus dem Wert der addierten Gegenstände. Das liegt daran, dass die gerichtlich anhängige Forderung (Gegenstandswert 5.000 EUR) vor Gericht erörtert wird und damit aufgrund der Rechtshängigkeit der Forderung aus diesem Gegenstandswert eine Terminsgebühr der Nr. 3104 VV RVG anfällt. Da aber im Termin die Angelegenheit erörtert und natürlich im Rahmen der Erörterung auch der nicht rechtshängige Teil der Forderung zur Sprache kam – andernfalls hätte man sich hierüber nicht (widerruflich) vergleichen können –, erwächst aus dem Gegenstandswert der nicht rechtshängigen Forderung auch eine Terminsgebühr, und zwar nach Vorbemerkung 3 Teil 3 des Vergütungsverzeichnisses. Denn die Einbringung des nicht rechtshängigen Teils der Forderung diente ja gerade dazu, hierüber ebenfalls einen Prozess oder aber die Erweiterung des Prozesses zu vermeiden. Daher verdient der Anwalt:

- 1,2 Terminsgebühr aus rechtshängigem Gegenstandswert X nach Nr. 3104 VV RVG
- 1,2 Terminsgebühr aus nicht rechtshängigem Gegenstandswert Y nach Vorbemerkung 3 Absatz 3 Nr. 2 i.V.m. Nr. 3104 VV RVG.

Da vorliegend Gebühren gleicher Sätze (je 1,2) aus verschiedenen Gegenstandswerten aufeinandertreffen, sind die Gegenstandswerte zu addieren und hierauf die 1,2 Terminsgebühr zu berechnen.

Anders sieht dies natürlich aus, wenn nicht rechtshängige Ansprüche im Rahmen schriftlicher Verhandlungen mit eingebracht werden und sodann ein Vergleich im Beschlusswege geschlossen wird. Dann ist ja gerade nicht über den nicht rechtshängigen Teil zur Vermeidung eines weiteren Prozesses oder einer Klageerweiterung gesprochen worden, so dass hier die Vorbemerkung 3 Absatz 3 Nr. 2 VV RVG gerade nicht greift. Dann erhält der Rechtsanwalt nur die 1,2 Terminsgebühr aus dem rechtshängigen Gegenstandswert – im vorstehenden Beispiel aus 5.000 EUR, da diese Gebühr bei einem Vergleich im Beschlusswege stets anfällt.

Wissen sollte man, dass der Anfall vorstehender Gebühren nicht gleichzusetzen ist mit der Erstattungsfähigkeit der Gebühren: Unzweifelhaft können die dargestellten Gebühren (Verfahrensdifferenzgebühr und Terminsgebühr auch aus nicht rechtshängigem Gegenstandswert) gegenüber der Partei abgerechnet werden; ob sie vom Gegner zu erstatten sind, hängt von der Kostenentscheidung bzw. -regelung ab: Grundsätzlich gehören die Kosten des Vergleichs nicht zu den Kosten des Rechtsstreits:

Bei dem Ausspruch „*Die Kosten des Rechtstreits übernimmt der Beklagte*“ sind nach überwiegender Meinung die Kosten des Vergleichs **nicht** enthalten, so dass weder die Verfahrensdifferenzgebühr, noch die Terminsgebühr aus dem nicht rechtshängigen Gegenstandswert noch die Einigungsgebühr hiervon erfasst sind. Anders sieht dies aus, wenn die Vereinbarung lautet: „*Die Kosten des Rechtsstreits und des Vergleichs trägt der Beklagte*“. Dann sind sämtliche Gebühren erfasst.

2. Einigungsgebühr

In dem Fall, dass im Rahmen eines rechtshängigen Verfahrens außergerichtliche Ansprüche mitverglichen werden, 62
erwachsen dem Rechtsanwalt jeweils eine volle als auch eine reduzierte Einigungsgebühr, einmal aus dem nichtrechtshängigen Streitwert, einmal aus dem rechtshängigen Gegenstandswert.

Es ist insoweit unerheblich, ob die Parteien sich an einem „runden Tisch“ einigen und das Verfahren beispielsweise durch Klagerücknahme erledigen oder ob die Einigung gerichtlich protokolliert wird (dies hat lediglich Auswirkungen auf eine etwa entstehende „Verfahrensdifferenzgebühr“).

Die Einigungsgebühren unterliegen jedoch ebenfalls der Abgleichungspflicht des § 15 Abs. 3 RVG: Beide Gebühren addiert dürfen nicht mehr ergeben, als der höchste Satz der Gebühren aus dem Gesamtstreitwert.

Beispiel 1:

Überhangvergleich im ersten Rechtszug

In einem Rechtsstreit über die Summe 4.000 EUR wird nach Erörterung der Sache eine Einigung erzielt, wonach die Beklagte an den Kläger zum Ausgleich auch nicht rechtshängiger Ansprüche (seien sie bekannt oder unbekannt) eine Summe von 10.000 EUR zahlt; der Vergleich wird gerichtlich protokolliert. Der außergerichtliche Teil, über den sich geeinigt wird, beträgt daher 6.000 EUR

Vorliegend müssen sowohl die Verfahrensgebühr in Verbindung mit der „Verfahrensdifferenzgebühr“ als auch beide Einigungsgebühren der Abgleichung unterliegen. Die Maximalgrenze ist jeweils der höhere Gebührensatz der „gleichen“ Gebühren auf den addierten Streitwert.

Lösung zu Beispiel 1:

1,3 Verfahrensgebühr gem. Nr. 3100 VV RVG i.V.m. § 13 RVG aus Gegenstandswert 4.000,00 EUR	383,50 EUR	
0,8 Verfahrensgebühr gem. Nr. 3101 Anmerkung 2 i.V.m. Nr. 3100 VV RVG aus Überhang 6.000,00 EUR	331,20 EUR	
Zwischensumme:	*714,70 EUR*	
Abgleich gem. § 15 Abs. 3 RVG maximal 1,3 Gebühr aus 10.000,00 EUR = 847,60 EUR/Maximalgrenze nicht erreicht:		714,70 EUR
1,2 Terminsgebühr gem. Nr. 3104 VV RVG i.V.m. § 13 RVG aus Gegenstandswert 10.000,00 EUR		782,40 EUR
1,0 Einigungsgebühr gem. Nr. 1003, 1000 VV RVG i.V.m. § 13 RVG aus Wert 4.000,00 EUR	295,00 EUR	
1,5 Einigungsgebühr gem. Nr. 1000 VV RVG i.V.m. § 13 RVG aus Überhang 6.000,00 EUR	621,00 EUR	
Zwischensumme:	*916,00 EUR*	
Abgleich gem. § 15 Abs. 3 RVG maximal 1,5 Gebühr aus 10.000,00 EUR = 978,00 EUR/Maximalgrenze nicht erreicht:		916,00 EUR
Auslagenpauschale, Nr. 7002 VV RVG		20,00 EUR
Zwischensumme:		*2.433,10 EUR*
19 % Mehrwertsteuer, Nr. 7008 VV RVG		462,29 EUR
Gesamtbetrag:		**2.895,39 EUR**

Beispiel 2:

Überhangvergleich im zweiten Rechtszug

In einem Berufungsverfahren ist eine Forderung i.H.v. 7.000 EUR rechtshängig. Nach Erörterung der Sache wird ein Widerrufsvergleich dahingehend protokolliert, dass der Beklagte zum Ausgleich aller Ansprüche, seien sie bekannt oder nicht bekannt, die Summe 12.000 EUR zahlt. Der Vergleich wird nicht widerrufen. Es wurde demnach eine außergerichtliche Forderung i.H.v. 5.000 EUR mitverglichen.

Neben der Verfahrensgebühr erhält der Rechtsanwalt die sog. Verfahrensdifferenzgebühr über den nicht rechtshängigen Betrag für den Antrag auf Protokollierung dieser Forderung. Da verschiedene Gegenstandswerte aufeinander treffen, muss die Abgleichung der Gebühren nach § 15 Abs. 3 RVG erfolgen; maximal darf die Verfahrensgebühr den höchsten Gebührensatz aus dem Gesamtstreitwert nicht übersteigen; die Abgleichung muss sodann ebenfalls auf die beiden Einigungsgebühren erfolgen.

Lösung zu Beispiel 2:

1,6 Verfahrensgebühr gem. Nr. 3200 VV RVG i.V.m. § 13 RVG aus 7.000,00 EUR (§ 23 RVG)	757,60 EUR	
1,1 Verfahrensgebühr gem. Nr. 3201 VV RVG i.V.m. § 13 RVG aus 5.000,00 EUR (§ 23 RVG)	389,95 EUR	
Zwischensumme:	*1.147,55 EUR*	
gem. § 15 Abs. 3 RVG maximal 1,6 Verfahrensgebühr aus 12.000,00 EUR = 1.131,20 EUR = Maximalgrenze erreicht		1.131,20 EUR
1,2 Terminsgebühr gem. Nr. 3202 VV RVG i.V.m. § 13 RVG aus 12.000,00 EUR		848,40 EUR
1,3 Einigungsgebühr gem. Nr. 1004, 1000 VV RVG i.V.m. § 13 RVG aus Wert 7.000,00 EUR	615,55 EUR	
1,5 Einigungsgebühr gem. Nr. 1000 VV RVG i.V.m. § 13 RVG aus Überhang 5.000,00 EUR	531,75 EUR	
Summe:	**1.147,30 EUR**	
gem. § 15 Abs. 3 RVG maximal 1,5 Gebühr aus 12.000,00 EUR = 1.060,50 EUR = Maximalgrenze erreicht		1.060,50 EUR
Auslagenpauschale, Nr. 7002 VV RVG		20,00 EUR
Zwischensumme:		*3.060,10 EUR*
19 % Mehrwertsteuer, Nr. 7008 VV RVG		581,42 EUR
Gesamtbetrag:		**3.641,52 EUR**

Wenn in den beiden vorangegangenen Beispielen die nicht rechtshängige Forderung auch erörtert wurde – wovon im vorliegenden Beispiel ausgegangen wird –, so entsteht auch aus diesem Gegenstandswert eine Terminsgebühr (Besprechung zwecks Streitbelegung). Vergleiche insoweit auch die Anmerkung zum vorangegangenen Beispiel Nr. 20 zur Verfahrensdifferenzgebühr. Wird allerdings ein entsprechender Vergleich schriftlich vorbereitet und dann anschließend im Beschlusswege gefasst, findet also keine Besprechung statt, erwächst dem Rechtsanwalt die Terminsgebühr nur in Höhe der rechtshängigen Forderung, weil eine Besprechung über die nicht rechtshängige Forderung gerade nicht stattgefunden hat. Findet keine Besprechung statt (also schriftliche Vorbereitung) und wird der Vergleich ohne Mitwirkung des Gerichts (keine Protokollierung) geschlossen, erwächst überhaupt keine Terminsgebühr.

E. Gebührenteilung in Korrespondenzmandaten/Untervollmachtssachen

I. Definition

63 Die Tatsache, dass ein Anwalt, der die ganze Arbeit mit den Schriftsätzen hat, also den gesamten Prozess federführend bearbeitet, nur eine Gebühr verdient, erschien in der Praxis nicht fair. Deshalb hat es sich eingebürgert und ist im Gebührenrecht und den entsprechenden Kommentaren auch anerkannt, die Gebühren zu teilen.

Es wird also der Kollege beauftragt, das Mandat auf Basis der üblichen Gebührenteilung unter Einschluss der Korrespondenzanwaltsgebühr oder eben auf Basis der Gebührenteilung unter Ausschluss der Nr. 3400 VV RVG zu übernehmen.

Im Grundsatz heißt dies: Die zur Teilung anstehenden Gebühren werden „in einen Topf geworfen" und sodann hälftig geteilt.

Auch in Untervollmachtssachen hat sich die interne Gebührenteilung eingebürgert. Auch hier werden die Verfahrensgebühr des Hauptbevollmächtigten, die (niedrigere) Verfahrensgebühr des Unterbevollmächtigten sowie die Terminsgebühr, ggf. aber auch (die) Einigungsgebühr(en), addiert und sodann hälftig geteilt (dazu sogleich).

II. Berechnung

1. Teilung aller Gebühren

Beispiel: 64

Anwalt Schlau aus München beauftragt eine Koblenzer Kanzlei, für seinen Mandanten einen Rechtsstreit vor dem Landgericht Koblenz zu führen. Er erteilt das Mandat als „Korrespondenzanwalt“ und bittet so die Koblenzer Kanzlei um Prozessvertretung. Die Koblenzer Kanzlei bestellt sich, verhandelt, es wird Beweis erhoben; sodann ergeht ein Urteil. Der Gegenstandswert beträgt 5.500 EUR.

Lösung:

Die bei der Koblenzer Kanzlei entstandenen Gebühren werden in einer externen Rechnung über den Korrespondenzanwalt an den Mandanten geschickt. Hierin sind enthalten die Verfahrensgebühr der Nr. 3100 VV RVG sowie die Terminsgebühr der Nr. 3104 VV RVG, die Auslagen(-pauschale) sowie etwaige Kopien und vorverauslagte Kosten. Diese Rechnung ist nur für die Buchhaltung des Mandanten, denn dies ist nicht das Honorar, das letztlich auf das Konto der Koblenzer Kanzlei fließt (aufgrund der Teilungsabrede). Zusätzlich wird der gemeinsame Mandant von seinem Anwalt Schlau aus München eine Kostenrechnung erhalten, die die Korrespondenzgebühr ausweist.

Gleichzeitig stellt die Koblenzer Kanzlei eine Rechnung an den Münchener Anwalt. Hierin sind sämtliche angefallenen Gebühren, also auch die Korrespondenzanwaltsgebühr nebst einer eigenen Auslagenpauschale, aufzunehmen und sodann hälftig zu teilen.

Diese Rechnung würde wie folgt aussehen:

1,3 Verfahrensgebühr gem. Nr. 3100 VV RVG i.V.m. § 13 RVG aus 5.500,00 EUR (§ 23 RVG)	538,20 EUR
1,2 Terminsgebühr gem. Nr. 3104 VV RVG i.V.m. § 13 RVG aus 5.500,00 EUR (§ 23 RVG)	496,80 EUR
Auslagenpauschale des Prozessbevollmächtigten, Nr. 7002 VV RVG	20,00 EUR
1,0 Verfahrensgebühr gem. Nr. 3400 VV RVG i.V.m. Nr. 3100 VV RVG i.V.m. § 13 RVG aus 5.500,00 EUR (§ 23 RVG)	414,00 EUR
Auslagenpauschale des Korrespondenzanwalts, Nr. 7002 VV RVG	20,00 EUR
Summe:	**1.489,00 EUR**
hiervon die Hälfte gem. Absprache	744,50 EUR
19 % Mehrwertsteuer, Nr. 7008 VV RVG	141,46 EUR
Gesamtbetrag:	**885,96 EUR**

(Gegebenenfalls kommen noch Gerichtskosten hinzu.)

Diese Rechnung weist den Betrag aus, der tatsächlich auf das Konto der Koblenzer Kanzlei fließen soll: Daher muss die Rechnung auch in die Offene-Posten-Liste aufgenommen werden.

Diese Rechnung funktioniert auf dieselbe Art und Weise, wenn die Koblenzer Kanzlei als Korrespondenzanwalt den beim Landgericht München zugelassenen Rechtsanwalt Schlau als Prozessbevollmächtigten beauftragt, die Interessen des Mandanten in München wahrzunehmen.

Systematisch gleichartig funktioniert dies auch, wenn in einem **Untervollmachtsmandat** die **Teilung sämtlich anfallender Gebühren** vereinbart wird.

Beispiel:

Wenn der Anwalt Schlau aus München der Koblenzer Kanzlei das Untervollmachtsmandat erteilt mit der Maßgabe, dass sämtliche Gebühren geteilt werden, werden in der Regel folgende Gebühren anfallen:

1. Hauptbevollmächtigter (München)

1,3 Verfahrensgebühr gem. Nr. 3100 VV RVG i.V.m. § 13 RVG aus 5.500,00 EUR (§ 23 RVG)	538,20 EUR
Auslagenpauschale, Nr. 7002 VV RVG	20,00 EUR
Zwischensumme:	*558,20 EUR*
19 % Mehrwertsteuer, Nr. 7008 VV RVG	106,06 EUR
Gesamtbetrag:	**664,26 EUR**

2. Unterbevollmächtigter (Koblenz)

0,65 Verfahrensgebühr, Nr. 3401, 3100 VV RVG i.V.m. § 13 RVG aus 5.500,00 EUR (§ 23 RVG)	269,10 EUR
1,2 Terminsgebühr, Nr. 3402, 3104 VV RVG i.V.m. § 13 RVG aus 5.500,00 EUR (§ 23 RVG)	496,80 EUR
Auslagenpauschale, Nr. 7002 VV RVG	20,00 EUR
Zwischensumme:	*785,90 EUR*
19 % Mehrwertsteuer, Nr. 7008 VV RVG	149,32 EUR
Gesamtbetrag:	**935,22 EUR**

Entsprechend der vorstehenden Aufstellungen erhält der Mandant von den jeweiligen Anwälten eine Rechnung; intern werden die Gebühren wie folgt geteilt (und fließen auch über die Buchhaltung):

1,3 Verfahrensgebühr gem. Nr. 3100 VV RVG i.V.m. § 13 RVG aus 5.500,00 EUR (§ 23 RVG)	538,20 EUR
Auslagenpauschale des Hauptbevollmächtigten, Nr. 7002 VV RVG	20,00 EUR
0,65 Verfahrensgebühr, Nr. 3401, 3100 VV RVG i.V.m. § 13 RVG aus 5.500,00 EUR (§ 23 RVG)	269,10 EUR
1,2 Terminsgebühr, Nr. 3402, 3104 VV RVG i.V.m. § 13 RVG aus 5.500,00 EUR (§ 23 RVG)	496,80 EUR
Auslagenpauschale des Unterbevollmächtigten, Nr. 7002 VV RVG	20,00 EUR
Summe:	**1.344,10 EUR**
Hälfteanteil, 50 %	672,05 EUR
19 % Mehrwertsteuer, Nr. 7008 VV RVG	127,69 EUR
Gesamtbetrag:	**799,74 EUR**

2. Teilung unter Ausklammerung der Korrespondenzgebühr/Untervollmachtsgebühr

65 **Beispiel:**

Anwalt Schlau aus München beauftragt als Korrespondenzanwalt die Koblenzer Kanzlei erneut, für seinen Mandanten einen Rechtsstreit vor dem Landgericht Koblenz als Prozessbevollmächtigter zu führen. Diesmal allerdings schließt er die Korrespondenzanwaltsgebühr von der Gebührenteilung aus; er möchte diese für sich alleine verbuchen. Die Koblenzer Kanzlei bestellt sich, verhandelt, es wird Beweis erhoben; sodann ergeht ein Urteil.

Lösung:

Die bei der Koblenzer Kanzlei entstandenen Gebühren werden in einer externen Rechnung an den Mandanten geschickt. Hierin sind enthalten die Verfahrensgebühr der Nr. 3100 VV RVG sowie die Terminsgebühr der Nr. 3104 VV RVG, die Auslagen(pauschale) sowie etwaige Kopien und vorverauslagte Kosten. Diese Rechnung ist nur für die Buchhaltung des Mandanten; dieses Geld wird nicht fließen. Der Münchener Anwalt wiederum richtet seine Kostennote, ausweisend die Korrespondenzgebühr, unmittelbar an den Mandanten.

Gleichzeitig wird die Koblenzer Kanzlei eine Rechnung an den Korrespondenzanwalt schicken. Hierin sind sämtliche dort angefallenen Gebühren, also eigentlich dieselben Gebühren, wie sie an den Mandanten ausgewiesen werden, aufzunehmen und hälftig zu teilen.

Die Korrespondenzanwaltsgebühr sowie die weitere Auslagenpauschale sind aufgrund der Vereinbarung nicht zu berücksichtigen. Diese Beträge verbleiben voll beim Münchener Anwalt (Korrespondenzanwalt).

Diese Rechnung würde wie folgt aussehen:

1,3 Verfahrensgebühr gem. Nr. 3100 VV RVG i.V.m. § 13 RVG aus 5.500,00 EUR (§ 23 RVG)	538,20 EUR
1,2 Terminsgebühr gem. Nr. 3104 VV RVG i.V.m. § 13 RVG aus 5.500,00 EUR (§ 23 RVG)	496,80 EUR
Auslagenpauschale, Nr. 7002 VV RVG	20,00 EUR
Summe:	**1.055,00 EUR**
hiervon die Hälfte gem. Absprache	527,50 EUR
19 % Mehrwertsteuer, Nr. 7008 VV RVG	100,23 EUR
Gesamtbetrag:	**627,73 EUR**

(Gegebenenfalls kommen noch Gerichtskosten hinzu.)

Diese Rechnung weist den Betrag aus, der tatsächlich auf das Konto fließen wird; daher muss die Rechnung auch in die Offene-Posten-Liste aufgenommen werden.

Die Rechnung funktioniert auf dieselbe Art und Weise, wenn die Koblenzer Kanzlei unter denselben Bedingungen den beim Landgericht München zugelassenen Rechtsanwalt Schlau beauftragt, die Interessen des Mandanten in München wahrzunehmen.

Natürlich kann der Anwalt Schlau aus München die Koblenzer Kanzlei auch in **Untervollmacht** auf Basis der Modalitäten beauftragen, dass nur die **Teilung der Gebühren eines Anwalts** erfolgt.

In Rechnung stellen die Anwälte der Partei die jeweils entstandenen Kosten ebenfalls, im Beispiel zuvor bei Teilung sämtlicher Gebühren, also:

1. Hauptbevollmächtigter (München)

1,3 Verfahrensgebühr gem. Nr. 3100 VV RVG i.V.m. § 13 RVG aus 5.500,00 EUR (§ 23 RVG)	538,20 EUR
Auslagenpauschale, Nr. 7002 VV RVG	20,00 EUR
Zwischensumme:	*558,20 EUR*
19 % Mehrwertsteuer, Nr. 7008 VV RVG	106,06 EUR
Gesamtbetrag:	**664,26 EUR**

2. Unterbevollmächtigter (Koblenz)

0,65 Verfahrensgebühr, Nr. 3401, 3100 VV RVG i.V.m. § 13 RVG aus 5.500,00 EUR (§ 23 RVG)	269,10 EUR
1,2 Terminsgebühr, Nr. 3402, 3104 VV RVG i.V.m. § 13 RVG aus 5.500,00 EUR (§ 23 RVG)	496,80 EUR
Auslagenpauschale, Nr. 7002 VV RVG	20,00 EUR
Zwischensumme:	*785,90 EUR*
19 % Mehrwertsteuer, Nr. 7008 VV RVG	149,32 EUR
Gesamtbetrag:	**935,22 EUR**

Intern erhält der Koblenzer Unterbevollmächtigte allerdings einen wesentlich geringeren Teil an Gebühren als der Münchener Hauptbevollmächtigte:[2]

1. Unterbevollmächtigter (Koblenz)

1,3 Verfahrensgebühr gem. Nr. 3100 VV RVG i.V.m. § 13 RVG aus 5.500,00 EUR (§ 23 RVG)	538,20 EUR
1,2 Terminsgebühr gem. Nr. 3104 VV RVG i.V.m. § 13 RVG aus 5.500,00 EUR (§ 23 RVG)	496,80 EUR
Auslagenpauschale, Nr. 7002 VV RVG	20,00 EUR
Summe:	**1.055,00 EUR**
hiervon die Hälfte gemäß Absprache	527,50 EUR
19 % Mehrwertsteuer, Nr. 7008 VV RVG	100,23 EUR
Gesamtbetrag:	**627,73 EUR**

2. Hauptbevollmächtigter (München)

1,3 Verfahrensgebühr gem. Nr. 3100 VV RVG i.V.m. § 13 RVG aus 5.500,00 EUR (§ 23 RVG)	538,20 EUR
1,2 Terminsgebühr gem. Nr. 3104 VV RVG i.V.m. § 13 RVG aus 5.500,00 EUR (§ 23 RVG)	496,80 EUR
Auslagenpauschale, Nr. 7002 VV RVG	20,00 EUR
Summe:	**1.055,00 EUR**
hiervon die Hälfte gemäß Absprache	527,50 EUR
+ 0,65 Verfahrensgebühr, Nr. 3401, 3100 VV RVG i.V.m. § 13 RVG aus 5.500,00 EUR (§ 23 RVG)	269,10 EUR
Auslagenpauschale, Nr. 7002 VV RVG	20,00 EUR
Zwischensumme:	*816,60 EUR*
19 % Mehrwertsteuer, Nr. 7008 VV RVG	155,15 EUR
Gesamtbetrag:	**971,75 EUR**

F. Festsetzung der Erstattungsansprüche

I. Grundsätzliches/Vor der Einleitung

In § 91 ZPO ist geregelt, dass die unterlegene Partei die Kosten des Rechtsstreits zu tragen hat, insbesondere die dem Gegner erwachsenen Kosten, soweit sie zur zweckentsprechenden Rechtsverfolgung oder Rechtsverteidigung notwendig waren. 66

2 Wenn in diesem Fall dann noch ein Widerrufsvergleich geschlossen worden wäre, der in Bestandskraft erwächst, und beide Anwälte hätten mitgewirkt, würde sich die Rechnung des Koblenzer Unterbevollmächtigten um eine halbe Einigungsgebühr (0,5) erhöhen; die des Hauptbevollmächtigten Münchners würde sich um 1,5 Gebühren erhöhen (Hälfteanteil der Einigungsgebühr eines Anwalts + die volle Einigungsgebühr, die eigentlich beim Unterbevollmächtigten entstanden ist, weil diese von der Teilung ausgeklammert ist).

Der Grundsatz lautet also: Die Kosten folgen der Hauptsache. Obsiegt der Kläger, muss der Beklagte die Kosten tragen, obsiegt der Beklagte, muss der Kläger die Kosten tragen (§ 91 ZPO).

Beispiel:
Klageantrag:
Der Beklagte wird verurteilt, an den Kläger 1.500 EUR zu zahlen.
Volles Obsiegen
Urteilstenor (identisch):
Der Beklagte wird verurteilt, an den Kläger 1.500 EUR zu zahlen.
Der Beklagte trägt die Kosten des Rechtsstreits.
Beispiel: Unterliegen
Urteilstenor:
Die Klage wird abgewiesen.
Der Kläger trägt die Kosten des Rechtsstreits.

67 Gibt es ein teilweises Obsiegen, werden die Kosten im Verhältnis der zugesprochenen bzw. abgewiesenen Teile nach Quoten verteilt (§ 92 ZPO):

Beispiel:
Klageantrag:
Der Beklagte wird verurteilt, an den Kläger 1.500 EUR zu zahlen.
Urteilstenor oder Vereinbarung im Vergleich:
Der Beklagte wird verurteilt, an den Kläger 1.000 EUR zu zahlen.
Von den Kosten des Rechtsstreits trägt der Beklagte 2/3, der Kläger 1/3.
(eine Angabe in % ist ebenfalls möglich und üblich)

Wie kommt es zu der Kostenentscheidung? 1.500 EUR wurden eingeklagt, davon nur 1.000 EUR zugesprochen. Das ist ein Anteil von 2/3. Zu 1/3 – nämlich in Höhe von 500 EUR – ist der Kläger unterlegen. Daher hat er auch 1/3 der Kosten zu erstatten; den anderen Teil muss der Beklagte – weil er insoweit unterlegen ist – erstatten.

68 Voraussetzung für die Einleitung des Kostenfestsetzungs-/Kostenausgleichungs- bzw. Gerichtskostenausgleichungsverfahren ist die Existenz einer Kostengrundentscheidung (§ 103 ZPO).

Eine Kostengrundentscheidung könnte in einem **Urteil** (so auch z.B. Anerkenntnisurteil, Versäumnisurteil) oder in einem **Vergleich** enthalten sein und z.B. lauten:

- „Der Beklagte trägt die Kosten des Rechtsstreits".
- „Die Klägerin trägt die Kosten des Rechtsstreits zu 25 %; der Beklagte trägt die Kosten des Rechtsstreits i.H.v. 75 %".
- „Der Kläger trägt die Kosten des Rechtsstreits".
- „Die Kosten werden gegeneinander aufgehoben".

Während die **Kostengrundentscheidung** in der Regel **im Urteil enthalten** ist; sollten in einem Vergleich Vereinbarungen über die Kosten getroffen werden. In diesen Fällen ist daher ein **Antrag auf Erlass einer Kostengrundentscheidung nicht mehr erforderlich**.

Werden Verfahren „anders" als vorstehend beendet, z.B.

- durch Klagerücknahme bzw. Rücknahme des Einspruchs gegen den Vollstreckungsbescheid oder Rücknahme des Widerspruchs gegen den Mahnbescheid, wenn das ordentliche Verfahren bereits rechtshängig ist,
- durch Erledigungserklärung,
- durch Berufungsrücknahme,
- durch Anerkenntnis unter Protest gegen die Kostenlast,
- wenn im Vergleich z.B. die Kostenregelung „vergessen wurde",

muss eine Kostengrundentscheidung im **Beschlusswege** beantragt werden.

Wird kein Antrag gestellt, z.B.

- „dem Kläger nach erfolgter Klagerücknahme die Kosten des Verfahrens aufzuerlegen",
- „dem Beklagten nach erfolgter Einspruchsrücknahme die Kosten des weiteren Verfahrens aufzuerlegen",
- „dem Berufungskläger nach erfolgter Berufungsrücknahme die Kosten des Verfahrens aufzuerlegen",
- „eine Entscheidung über die Kosten im schriftlichen Verfahren zu treffen",

werden Sie auch keine Kostengrundentscheidung erhalten, die jedoch Voraussetzung für das Kostenfestsetzungs-, Kostenausgleichungs- oder Gerichtskostenausgleichungsverfahren ist.

Werden Verfahren durch z.B.

- Teil-Urteil oder
- Zwischenurteil oder
- Grundurteil,

in dem die „Entscheidung über die Kosten dem Schlussurteil vorbehalten" bleibt, „vorläufig" beendet, können Sie das Kostenfestsetzungsverfahren/-ausgleichungsverfahren nicht betreiben, weil Sie das Schlussurteil abwarten müssen. Ein separater Antrag, über die Kosten im Beschlusswege zu entscheiden, scheidet hier aus.

Bevor ein entsprechender Antrag auf Erstattung/Ausgleichung von Gebühren bzw. Gerichtskosten gestellt wird, ist daher die Akte auf die Existenz einer – wie auch immer gearteten – Kostengrundentscheidung zu prüfen.

II. Eine Kostengrundentscheidung existiert

1. Antragsart und Anspruchsberechtigter: Wer stellt welchen Antrag?

Den Antrag stellt stets die Partei, die einen Anspruch auf Erstattung hat. Welchen Antrag die Partei stellt, kommt auf 69
den Inhalt der Kostengrundentscheidung an:

„Die Kosten des Verfahrens trägt der/die Beklagte."

Antragsberechtigt ist hier der/die Kläger/in, und zwar hinsichtlich der Kosten in vollem Umfang. Hierin eingeschlossen sind die beim Klägervertreter entstandenen (notwendigen) Kosten der Rechtsverfolgung sowie die vorverauslagten Gerichtskosten. Er sollte schnellstmöglich die **Festsetzung seiner Kosten** beantragen.

„Die Kosten des Verfahrens trägt der/die Kläger/in."

Antragsberechtigt ist hier der/die Beklagte, und zwar hinsichtlich der Kosten in vollem Umfang. Hierin eingeschlossen sind die beim Beklagtenvertreter entstandenen (notwendigen) Kosten der Rechtsverfolgung sowie etwa vorverauslagte Zeugen- oder Sachverständigenvorschüsse (den Gerichtskostenvorschuss hat der Klägervertreter eingezahlt). Der Beklagtenvertreter sollte schnellstmöglich die **Festsetzung seiner Kosten** beantragen.

„Die Kosten des Verfahrens trägt der/die Kläger/in zu 75 %; der Beklagte zu 25 %."

Vorliegend sind die Kosten im Verhältnis 75 % zu 25 % gequotelt; das bedeutet, dass der/die Kläger/in 75 % der gesamten Verfahrenskosten (= eigene Kosten + Kosten des Gegenanwalt + Gerichtskosten) zu tragen hat; der/die Beklagte muss von den gesamten Kosten nur 25 % tragen. Damit hat der/die Beklagte einen Erstattungsanspruch zu erwarten, so dass er/sie den **Antrag auf Ausgleichung und Festsetzung des sich nach Ausgleichung ergebenden Betrags** (Kostenausgleichungsantrag) stellen wird. Der/die Kläger/in ist gleichwohl antragsberechtigt; allerdings hat er/sie keinen Erstattungsanspruch zu erwarten, so dass er/sie – wenn überhaupt – nur Antrag auf Ausgleichung stellen wird oder die entstandenen Verfahren zur Ausgleichung nur anmeldet. Eine Festsetzung kommt insoweit nicht in Betracht (Ausnahme: Der/die Kläger/in ist neben den Gerichtskosten noch mit sehr hohen Sachverständigen- und/oder Zeugengebühren belastet worden, die die anzumeldenden Gebühren übersteigen, dann erwächst dem/der Kläger/in ein Erstattungsanspruch).

„Die Kosten des Verfahrens werden gegeneinander aufgehoben."

Diese Kostenregelung hat zum Inhalt, dass jede der beiden Parteien ihre eigenen Anwaltskosten zu tragen hat und dass die Gerichtskosten hälftig geteilt werden (§ 92 Abs. 1 S. 2 ZPO). Dementsprechend ist ein **Gerichtskostenausgleichungsantrag** zu stellen. In der Regel wird der/die Kläger/in den Antrag stellen, weil er/sie mit den Gerichtskosten bei Einreichung der Klage in Vorlage getreten ist.

Ist der Beklagte in Vorleistung getreten, etwa mit Sachverständigen- und/oder Zeugengebühren, die betragsmäßig über den Gerichtskosten für das Verfahren liegen, so wird der Beklagte den Antrag auf Ausgleichung der Gerichtskosten stellen.

Schaubild: Wer stellt welchen Antrag?

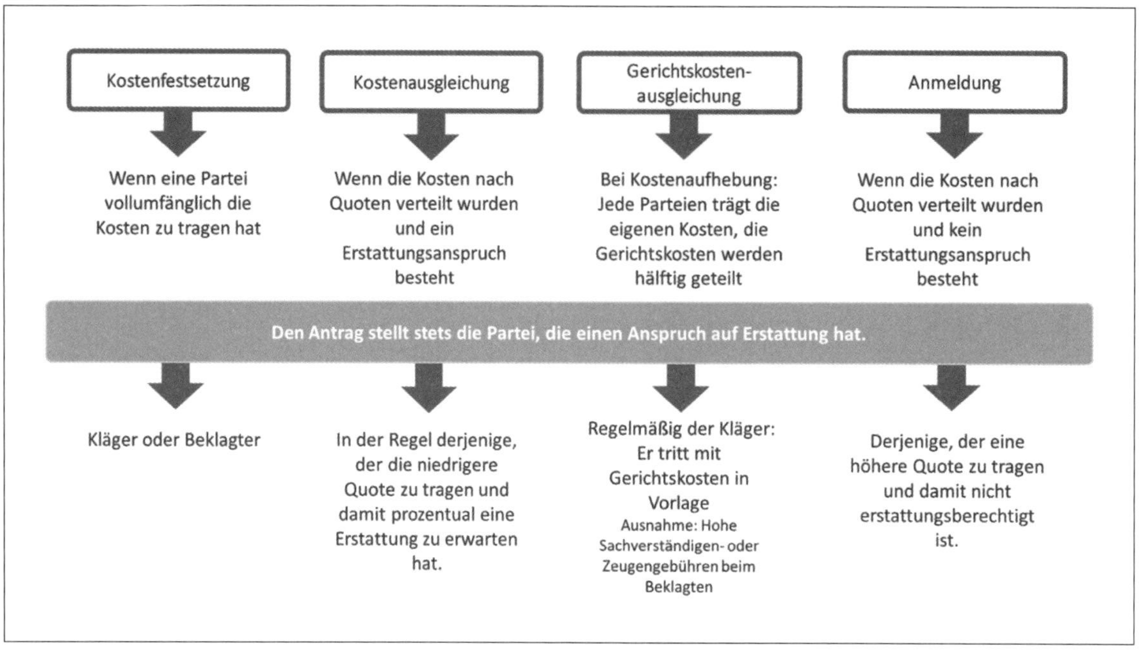

Wichtig!
Gegebenenfalls ist noch ein Antrag auf Rückerstattung nicht verbrauchter Gerichtskosten zu stellen (s. Rdn 76).

2. Zeitpunkt der Antragstellung

70 Ab dem Zeitpunkt der Antragstellung (maßgeblich ist der Eingang des entsprechenden Antrags bei Gericht) ist der Erstattungsanspruch (wenn es so beantragt ist) mit 5 Prozentpunkten über dem jeweils gültigen Basiszinssatz zu verzinsen. Aber nicht nur die Verzinsung sollte ein Grund zur schnellen Reaktion sein, sondern vielmehr die Tatsache, dass man schneller an einen (weiteren) Titel – nämlich den Kostentitel – gelangt, wenn man so zeitig wie möglich beantragt. Im Übrigen zeigen Sie mit sofortiger Antragstellung Ihrer Partei, dass auch die weiteren Formalien wie Kostenerstattung Ihre Aufmerksamkeit haben und Sie somit Ihre Partei mit deren Anliegen ernst nehmen.

Merke!
Die **Vorlage einer Kostengrundentscheidung** ist **nicht notwendig; die Existenz reicht aus**!

In der Vielzahl der Kanzleien wird Kostenfestsetzung/Kostenausgleichung/Gerichtskostenausgleichung erst bei Eingang beispielsweise des Urteils oder des Vergleichs beantragt. Zwischen Eingang der schriftlich abgefassten Entscheidung oder auch des Vergleichsprotokolls können aber mehrere Wochen verstreichen. Womöglich wird dann sogar der entsprechende Antrag vergessen.

Wenn **bekannt ist, dass eine Kostengrundentscheidung** (zugunsten Ihrer Partei) **existiert**, kann der Antrag hinsichtlich der Gebühren **sofort** gestellt werden:

- **Der Anwalt diktiert einen Terminsbericht an die Partei, dem Sie entnehmen können, dass die beklagte Partei nicht erschienen ist, so dass im Termin antragsgemäß Versäumnisurteil ergangen ist.**
  Im antragsgemäß erlassenen Versäumnisurteil folgen die Kosten der Hauptsache (§ 95 ZPO); die Kostengrundentscheidung ist also Bestandteil des Urteils.
  Wenn es also keine Probleme mit dem Gegenstandswert gibt (der in der Regel bezifferbar oder schon wegen der Gerichtskosten im Vorfeld festgesetzt wurde), ist bereits jetzt – auch ohne Vorliegen des Urteils – der richtige Zeitpunkt, die Kostenfestsetzung zu beantragen.
- **Der Anwalt diktiert einen Terminsbericht an die Partei, dem Sie entnehmen können, dass der/die Beklagte vollumfänglich anerkannt hat, so dass im Termin antragsgemäß Anerkenntnisurteil ergangen ist.**
  Im antragsgemäß erlassenen Anerkenntnisurteil folgen die Kosten der Hauptsache; die Kostengrundentscheidung ist also Bestandteil des Urteils.

Anmerkung!
Jeder Grundsatz hat auch Ausnahmen, vgl. z.B. § 93 ZPO: Hat der Beklagte nicht durch sein Verhalten zur Erhebung der Klage Veranlassung gegeben – und das ergäbe sich aus dem Terminbericht –, so fallen dem Kläger die Prozesskosten zur Last, wenn der Beklagte den Anspruch sofort anerkennt („Anerkenntnis unter Protest gegen die Kostenlast").

Wenn es also auch hier keine Probleme mit dem Gegenstandswert gibt (der in der Regel bezifferbar ist oder schon wegen der Gerichtskosten im Vorfeld festgesetzt wurde), ist bereits jetzt – auch ohne Vorliegen des Urteils – der richtige Zeitpunkt, die Kostenfestsetzung zu beantragen.

- **Sie fragen telefonisch den Spruch bei Gericht ab und erfahren dort den vollständigen Tenor (der eine wie auch immer geartete Kostengrundentscheidung enthält).**
  Stellen Sie sofort den entsprechenden Antrag (Kostenfestsetzung, Kostenausgleichung, Gerichtskostenausgleichung).

Wie zuvor erwähnt, können Sie sich um die Erstattungsansprüche im Anschluss an die Beendigung des Erkenntnisverfahrens hinsichtlich des Hauptanspruchs **nicht sofort** kümmern, bei

- Klagerücknahme,
- Berufungsrücknahme,
- Erledigungserklärung mit streitiger Kostenentscheidung,
- den oben bereits erwähnten Teil- und Zwischenurteilen, Anerkenntnis unter Protest gegen die Kostenlast,
- **kurzum**: wenn die Kostengrundentscheidung fehlt und im Nachhinein beantragt oder beschieden wird.

Nur in diesen wenigen Fällen bleibt der tatsächliche Eingang der Kostengrundentscheidung abzuwarten.

Es ist also in den vorerwähnten Verfahren darauf zu achten, dass unmittelbar nach Eingang des entsprechenden Schriftstücks (also Klagerücknahme, Berufungsrücknahme pp.) sofort beantragt wird, *„die Kosten des Verfahrens der/dem Beklagten/Kläger aufzuerlegen"*, sofern dies nicht vielleicht im Termin bereits mündlich beantragt wurde. Denn ohne Kostengrundentscheidung ist keine Kostenfestsetzung bzw. -ausgleichung möglich!

3. Zuständiges Gericht

Über den Festsetzungsantrag entscheidet das **Gericht des ersten Rechtszugs** (§ 104 ZPO). Das bedeutet, dass das Ge- 71
richt, bei dem der Rechtsstreit in erster Instanz anhängig war, für die Entscheidung über die Kosten zuständig ist, selbst wenn die Kostengrundentscheidung durch das nächst höhere Gericht (z.B. das Berufungsgericht) erlassen wurde: Der Kostenfestsetzungsantrag ist zum erstinstanzlichen Gericht unter Angabe des erstinstanzlichen Aktenzeichens (besser noch: mit Zusatz auch des zweitinstanzlichen Aktenzeichens) einzureichen.

Haben Sie eine Kostengrundentscheidung z.B. des Berufungsgerichts mit dem Inhalt *„die Kosten des Verfahrens werden der Berufungsklägerin auferlegt"* und vertreten Sie den Berufungsbeklagten, so ist es Ihre Aufgabe, sich die erstinstanzliche Akte zu ziehen und bei dem Gericht, bei dem das Verfahren in erster Instanz anhängig war (z.B. Amtsgericht oder Landgericht) die Gebühren (auch) der zweiten Instanz dort zur Festsetzung anzumelden.

Hinweis:
Abweichend von den „üblichen" Prozesskosten gibt es noch die Möglichkeit, die Kosten der notwendigen Zwangsvollstreckung festsetzen zu lassen (z.B. um die Vollstreckungsunterlagen „abzuspecken"), und zwar gem. § 788 Abs. 2 ZPO. Hier ist dann jeweils das Gericht zuständig, bei dem zum Zeitpunkt der Antragstellung eine Vollstreckungshandlung anhängig ist oder, wenn dies nicht der Fall ist, das Gericht, bei dem die letzte Vollstreckungshandlung anhängig war. Nur für Vollstreckungsanträge der §§ 887, 888 und 890 ZPO, die ja gleichfalls beim Prozessgericht anzubringen sind, ist auch für die Festsetzung der Vollstreckungskosten wiederum das Prozessgericht zuständig. Bei Avalprovisionen für eine Bürgschaftsgestellung ist grundsätzlich das Vollstreckungsgericht, falls keine Zwangsvollstreckung stattfindet, das Prozessgericht zuständig (vgl. BGH, Beschl. v. 3.12.2007 – II ZB 8/07, JurBüro 7/2008 S. 214).

4. Formulierungsvorschläge

a) Antrag auf Erlass einer Kostengrundentscheidung

▼

72 **Formulierungsbeispiel 7.1: Antrag auf Erlass einer Kostengrundentscheidung bei Klagerücknahme**

„Wir beantragen, der Klägerin nach erfolgter Klagerücknahme die Kosten des Verfahrens aufzuerlegen."

▲

▼

Formulierungsbeispiel 7.2: Antrag auf Erlass einer Kostengrundentscheidung bei Berufungsrücknahme

„Wir beantragen, die Berufungsklägerin aufgrund erfolgter Berufungsrücknahme des Rechtsmittels der Berufung für verlustig zu erklären und ihr die Kosten des Verfahrens aufzuerlegen."

▲

▼

Formulierungsbeispiel 7.3: Antrag auf Erlass einer Kostengrundentscheidung bei unterbliebener Kostenregelung im Vergleich

„Wir beantragen auszusprechen, dass die Kosten des Verfahrens und des Vergleichs im Verhältnis zum Hauptanspruch geteilt werden, und zwar mit (...) zu Lasten der/der Klägerin/Beklagten."

▲

b) Kostenfestsetzungsantrag

▼

73 **Formulierungsbeispiel 7.4: Kostenfestsetzungsantrag**

An das Gericht des 1. Rechtszugs

(...) *(Adresse des Gerichts einfügen)*

Kostenfestsetzungsantrag gem. § 104 ZPO

In Sachen (...) *(Aktenzeichen des erstinstanzlichen Verfahrens)*

beantragen wir, nachstehende Kosten gem. § 104 ZPO vollstreckbar festzusetzen sowie die notwendige Zustellungsklausel für den Beschluss zu erteilen. Wir bitten außerdem um Verzinsung des festgesetzten Betrags mit dem in § 104 Abs. 1 S. 2 ZPO festgelegten Zinssatz seit Antragstellung. Alle (weiter) gezahlten Gerichtskosten sollen hinzugesetzt werden.

Die Mandantschaft ist (nicht) vorsteuerabzugsberechtigt; es wird anwaltlich versichert, dass eine außergerichtliche Geschäftsgebühr der Nr. 2300 ff. VV RVG nicht entstanden ist (bzw.: eine außergerichtlich entstandene Geschäftsgebühr der Nr. 2300 ff. RVG ist in der nachfolgenden Aufstellung berücksichtigt).

Die zur Kostenfestsetzung angemeldeten Kosten werden wie folgt spezifiziert:

(...) *(Aufstellung der Gebühren und Auslagen)*

Von hier eingezahlte und nicht verbrauchte Gerichtskosten bitten wir zurückzuerstatten.

Beglaubigte und einfache Abschrift anbei.

(...) *(Ort)*, den *(...)* *(Datum)*

(...) *(Unterschrift des Rechtsanwalts)*

▲

c) Kostenausgleichungsantrag

aa) Antrag der Partei, die einen Erstattungsanspruch hat

▼

74 **Formulierungsbeispiel 7.5: Kostenausgleichungsantrag**

An das Gericht des 1. Rechtszugs

(...) *(Adresse des Gerichts einfügen)*

Kostenausgleichungsantrag gem. § 106 ZPO

In Sachen (...) *(Aktenzeichen des erstinstanzlichen Verfahrens)*

beantragen wir die Ausgleichung gem. § 106 ZPO über die nachstehenden Kosten und die vollstreckbare Festsetzung des Erstattungsbetrags sowie die Erteilung der Zustellungsbescheinigung. Wir bitten außerdem um Verzinsung des festgesetzten Betrags mit dem in § 104 Abs. 1 S. 2 ZPO festgelegten Zinssatz seit Antragstellung. Alle (weiter) gezahlten Gerichtskosten sollen hinzugesetzt werden.

Die Mandantschaft ist (nicht) vorsteuerabzugsberechtigt; es wird anwaltlich versichert, dass eine außergerichtliche Geschäftsgebühr der Nr. 2300 ff. VV RVG nicht entstanden ist (bzw.: eine außergerichtlich entstandene Geschäftsgebühr der Nr. 2300 ff. RVG ist in der nachfolgenden Aufstellung berücksichtigt).

Die zur Kostenfestsetzung angemeldeten Kosten werden wie folgt spezifiziert:

(...) *(Aufstellung der Gebühren und Auslagen)*

Von hier eingezahlte und nicht verbrauchte Gerichtskosten bitten wir zurückzuerstatten.

Beglaubigte und einfache Abschrift anbei.

(...) *(Ort)*, den (...) *(Datum)*

(...) *(Unterschrift des Rechtsanwalts)*

▲

bb) Antrag der Partei, die erstattungspflichtig ist, aber eigene Gebühren anmelden kann

▼

Formulierungsbeispiel 7.6: Kostenanmeldung 75

An das Gericht des 1. Rechtszugs

(...) *(Adresse des Gerichts einfügen)*

Kostenanmeldung

In Sachen (...) *(Aktenzeichen des erstinstanzlichen Verfahrens)*

melden wir die hier entstandene Gebühren und Auslagen zum Zwecke der Ausgleichung wie nachstehend an. Alle (weiter) gezahlten Gerichtskosten sollen hinzugesetzt werden.

Die Mandantschaft ist (nicht) vorsteuerabzugsberechtigt; es wird anwaltlich versichert, dass eine außergerichtliche Geschäftsgebühr der Nr. 2300 ff. VV RVG nicht entstanden ist (bzw.: eine außergerichtlich entstandene Geschäftsgebühr der Nr. 2300 ff. RVG ist in der nachfolgenden Aufstellung berücksichtigt).

Die bei Ausgleichung zu berücksichtigenden Kosten werden wie folgt spezifiziert:

(...) *(Aufstellung der Gebühren und Auslagen)*

Beglaubigte und einfache Abschrift anbei.

(...) *(Ort)*, den (...) *(Datum)*

(...) *(Unterschrift des Rechtsanwalts)*

▲

Beachte!
Sind die Prozesskosten ganz oder teilweise nach Quoten verteilt, so hat das Gericht den Gegner aufzufordern, die Berechnung seiner Kosten binnen Wochenfrist einzureichen. Wird die Frist nicht eingehalten, so entscheidet das Gericht ohne Rücksicht auf diese Kosten. Das Recht zur nachträglichen Geltendmachung bleibt aber bestehen; etwaige Mehrkosten gehen aber zu Lasten der säumigen Partei (§ 106 Abs. 2 ZPO).

cc) Antrag auf Ausgleichung (und Rückerstattung nicht verbrauchter) Gerichtskosten

▼

76 **Formulierungsbeispiel 7.7: Gerichtskostenausgleichungsantrag**

An das Gericht des 1. Rechtszugs

(…) *(Adresse des Gerichts einfügen)*

Gerichtskostenausgleichungsantrag gem. § 106 ZPO

In Sachen (…) (Aktenzeichen des erstinstanzlichen Verfahrens) beantragen wir

Gerichtskostenausgleichung sowie die vollstreckbare Festsetzung des Erstattungsbetrags und Erteilung der Zustellungsklausel.

Des Weiteren wird beantragt,

den festzusetzenden Betrag ab Antragstellung mit dem in § 104 Abs. 1 S. 2 ZPO festgelegten Zinssatz zu verzinsen.

Weiterhin bitten wir um

Rückerstattung der nicht verbrauchten Gerichtskosten

auf eines unserer Konten.

Beglaubigte und einfache Abschrift anbei.

(…) (Ort), den (…) *(Datum)*

(…) *(Unterschrift des Rechtsanwalts)*

▲

III. Erstattungsfähige Gebühren contra abrechenbare Gebühren

1. Umfang der Erstattung bestimmter Gebühren bestimmt sich durch Kostenausspruch

77 Grundsätzlich erstattungsfähig bzw. berücksichtigungsfähig sind die notwendigen Kosten der Rechtsverfolgung (§ 91 ZPO). Das bedeutet aber nicht gleichzeitig, dass tatsächlich auch alle von Ihnen als notwendige erachtete Kosten Berücksichtigung finden. Zunächst muss anhand der vorliegenden Kostengrundentscheidung nämlich überprüft werden, **welche** Gebühren überhaupt zu erstatten sind.

Nicht immer lautet der Tenor: „*Die Kosten des Rechtsstreits werden dem Beklagten/Kläger auferlegt.*"

Mit vorliegendem Ausspruch sind sämtliche Kosten des Verfahrens, also auch z.B. Kosten zweitinstanzlicher Verfahren umfasst. Erstinstanzlich vorher erlassene Kostenfestsetzungsbeschlüsse verlieren automatisch ihre Wirkung und – wenn dieser Ausspruch vom Berufungsgericht kommt – auch die erstinstanzlichen Gebühren und Auslagen sind zu berücksichtigen.

Andere Möglichkeiten könnten sein:

- **Die Kosten des Rechtsstreites mit Ausnahme der Kosten des Vergleichs trägt der/die Beklagte.**
  In diesem Fall muss darauf geachtet werden, dass nur die Verfahrens- und Terminsgebühr nebst Auslagen zur Festsetzung angemeldet werden, keinesfalls eine Einigungsgebühr. Die Einigungsgebühr sowie eine ggf. angefallene reduzierte Verfahrensgebühr der Nr. 3101 VV RVG (Antrag auf Protokollierung einer nicht rechtshängigen Forderung) dürfen demnach im Antrag keine Berücksichtigung finden.[3]
- **Die Kosten des Berufungsverfahrens trägt der/die Berufungskläger/in.**
  Hier verbleibt es für das erstinstanzliche Verfahren bei der dort getroffenen Kostenentscheidung (also bei einer eventuell anders lautenden Entscheidung, z.B. einer Quotelung). Der Festsetzungsantrag darf daher nur die zweitinstanzlich entstandenen Kosten umfassen.

3 Treffen die Parteien in einem Vergleich unterschiedliche Kostenregelungen für die Kosten des Verfahrens und die Kosten des Vergleichs, so zählt eine entstandene 0,8 Verfahrensgebühr nach Nr. 3101 Nr. 2 VV RVG – nach dem Mehrwert mitverglichener, nicht rechtshängiger Ansprüche – zu den Kosten des Vergleichs. Dies gilt auch für den Mehrbetrag der Terminsgebühr, der nach dem Wert der nicht anhängigen Ansprüche ausgelöst wurde; so z.B. OLG München, Beschl. v. 17.5.2006 – 11 WF 1030/06, JurBüro 11/2006, 598 f.

2. Minderung der Verfahrensgebühr durch eine außergerichtliche Geschäftsgebühr

§ 15a RVG regelt die Anrechnung der anrechnungspflichtigen Gebühren auf die gerichtlichen Verfahrensgebühren im Verhältnis „Anwalt – Mandant", und insbesondere auch im Verhältnis „Mandant – Erstattungspflichtiger". 78

Absatz 1 der Vorschrift regelt, dass der Anwalt bei Bestehen einer Anrechnungsvorschrift stets beide Gebühren einfordern kann, insgesamt jedoch nicht mehr als den um den Anrechnungsbetrag geminderten Gesamtbetrag. Wie und in welcher Reihenfolge der Anwalt die Gebühren einfordert und letztlich verrechnet, bleibt damit ihm selbst überlassen. Diese Regelung stellt somit eine Obergrenze dar.

Absatz 2 stellt dann weiter klar, dass ein Dritter (also der Erstattungspflichtige) sich nur auf die Anrechnung berufen kann, „soweit er den Anspruch auf eine der beiden Gebühren erfüllt hat, wegen eines dieser Ansprüche gegen ihn ein Vollstreckungstitel besteht oder beide Gebühren gegen ihn geltend gemacht werden."

Der Kostenbeamte **muss die volle Verfahrensgebühr** stets festsetzen, **es sei denn**

- die **anrechnungsfähige Gebühr** ist im selben Verfahren gegen den Erstattungspflichtigen **geltend gemacht** worden oder
- der Erstattungspflichtige legt einen **Vollstreckungstitel über die anrechnungspflichtige Gebühr vor** oder
- der Erstattungspflichtige wendet **Erfüllung** ein.

Der **Antragsteller muss** hingegen im Kostenfestsetzungsantrag die außergerichtliche Geschäftsgebühr **zur Anrechnung** bringen, wenn sie im selben Verfahren zur **Erstattung beantragt** und soweit hierüber entschieden wurde, eine solche bereits **beglichen** ist oder aber **anderweitig tituliert** wurde.

3. (Bedingt) festsetzungsfähige Kosten

a) Reisekosten des „Hausanwalts"

Zur zweckentsprechenden Rechtsverfolgung bzw. -verteidigung als regelmäßig notwendig und somit in vollem Umfang erstattungsfähig werden die Kosten der Zuziehung eines am Wohn- oder Geschäftsort der auswärtigen Partei ansässigen Rechtsanwalts qualifiziert.[4] Eine Ausnahme von diesem Grundsatz kann nur greifen, wenn schon im Zeitpunkt der Beauftragung feststeht, dass ein eingehendes Mandantengespräch für die Prozessführung nicht erforderlich sein wird, z.B. beim gewerblichen Unternehmen mit eigener Rechtsabteilung.[5] 79

Auch dann, wenn die Kosten des Terminsvertreters (nachfolgend unter Rdn 82) in der Regel günstiger sind, als diejenigen des „Hausanwalts" (= Verfahrensbevollmächtigten), kommt die volle Erstattungspflicht insoweit in Betracht: Der III. Senat des BGH hat nämlich mit Beschluss v. 28.1.2010 die Rechte des Mandanten gestärkt und klargestellt, dass auch dann volle Erstattungspflicht besteht, wenn die Beauftragung eines unterbevollmächtigten Terminsvertreters (deutlich) kostengünstiger ausfällt als die Terminswahrnehmung durch den beauftragten Rechtsanwalt: Denn wenn die Hinzuziehung eines am Wohn- oder Geschäftsort der Partei ansässigen Rechtsanwaltes als notwendig und damit erstattungsfähig qualifiziert wird, muss der Partei ebenfalls regelmäßig zugebilligt werden – so der BGH in seiner Begründung –, sich auch in der mündlichen Verhandlung durch den Anwalt seines Vertrauens vertreten zu lassen. Der BGH bringt mit diesem Beschluss mehr als deutlich zum Ausdruck, dass das Interesse der Partei, sich vom Anwalt des Vertrauens auch in der mündlichen Verhandlung vertreten zu lassen, vorrangig ist gegenüber dem Interesse der Gegenseite an einer Kostenersparnis. 80

Die Reisekosten des beauftragten Rechtsanwaltes am Wohnort bzw. Geschäftssitz der Partei (Inland) sind (von wenigen Ausnahmen abgesehen) in voller Höhe zu erstatten. Sie sind nicht etwa auf die fiktiven Kosten eines unterbevollmächtigten Terminsvertreters beschränkt. 81

b) Kosten des Unterbevollmächtigten

Grundsätzlich ist eine Partei berechtigt, die Kosten ihres Prozessbevollmächtigten auch dann erstattet zu verlangen, wenn dieser bei dem Prozessgericht nicht zugelassen und am Gerichtsort auch nicht ansässig („Hausanwalt") ist. 82

Entstehen zusätzliche Kosten für die Beauftragung eines Unterbevollmächtigten, sind diese zur zweckentsprechenden Rechtsverfolgung oder Rechtsverteidigung notwendig und erstattungsfähig, soweit sie die durch die Tätigkeit des Unterbevollmächtigten ersparten Reisekosten des Hauptbevollmächtigten nicht wesentlich (regelmäßig werden 10 % anerkannt) übersteigen.[6] War jedoch die Einschaltung eines Unterbevollmächtigten nicht erforderlich (z.B. wenn absehbar ist, dass die Angelegenheit mit einem Termin erledigt ist und die Reisekosten erheblich niedriger

4 BGH, Beschl. v. 16.10.2002 – VIII ZB 30/02, NJW 2003, 898 ff.; BGH, Beschl. v. 10.4.2003 – I ZB 36/02, NJW 2003, 2027 ff.; BGH, Beschl. v. 9.10.2003 – VII 10/02, BGHReport 2004, 639 f.

5 BGH, Beschl. v. 16.10.2002 – VIII ZB 30/02, NJW 2003, 898 ff.

6 BGH, Beschl. v. 28.6.2006 – IV ZB 44/05, NJW 2006, 3008 f.

sind als die Kosten eines Unterbevollmächtigten), ist die Erstattungsfähigkeit auf 100 % der fiktiven Reisekosten beschränkt.[7]

c) Kosten des Verkehrsanwalts

83 Mit Wegfall der Postulationsbeschränkungen (vor dem OLG) ist die Einschaltung eines Terminsvertreters günstiger und daher die vorzugswürdigere und erstattungsfähige Alternative.

Sofern keine Postulationsbeschränkungen gelten, kann dann eine Erstattungspflicht hinsichtlich der Verkehrsanwaltsgebühren vorliegen, wenn der Verkehrsanwalt eine besondere Spezialisierung hat; hat der Verkehrsanwalt darüber hinaus seinen Kanzleisitz weder am Wohn-/Geschäftssitz der Partei noch am Gericht, kann eine Erstattungsfähigkeit nur vorliegen, wenn eine Spezialisierung vorliegt und am Terminsort ein Anwalt mit entsprechender Spezialisierung nicht existiert.

Bei Bestehen von Postulationsbeschränkungen (BGH) kann zwar, allerdings nur in Ausnahmefällen (z.B. eine besondere Spezialisierung des Rechtsanwalts), volle Erstattungspflicht vorliegen. Grundsätzlich ist aber eine Erstattungspflicht ausgeschlossen, da ein vorhandenes Urteil nur auf Rechtsfehler überprüft wird und daher eine Sachstandsmitteilung eines Rechtsanwalts (Verkehrsanwalts) nicht erforderlich ist.

d) Kosten des Anwalts am „dritten Ort“

84 Was allerdings in der täglichen Praxis Probleme macht, ist die Erstattungsfähigkeit von Reisekosten des Anwaltes am dritten Ort außerhalb des Gerichtsbezirks, also des Anwaltes, der weder im Gerichtsbezirk noch am Wohnsitz der Partei seinen Kanzleisitz hat. In diesen Fällen hat eine Notwendigkeitsprüfung zu erfolgen (z.B. außergewöhnliche Spezialkenntnisse des Rechtsanwaltes, die in der Nähe kein anderer Anwalt vorhält).

Gibt es keine besondere Begründung für die Notwendigkeit, sind die Kosten nur in der Höhe erstattungsfähig, wie sie angefallen wären, wenn die Partei einen Rechtsanwalt im Gerichts**bezirk** oder an ihrem Wohn- bzw. Geschäftssitz mandatiert hätte. Den Anwalt insoweit nur auf den Gerichtsort zu beschränken, wäre eine nicht zu rechtfertigende Ungleichbehandlung.

85 Abzustellen ist damit auf die höchstmögliche Entfernung innerhalb des Gerichtsbezirks.

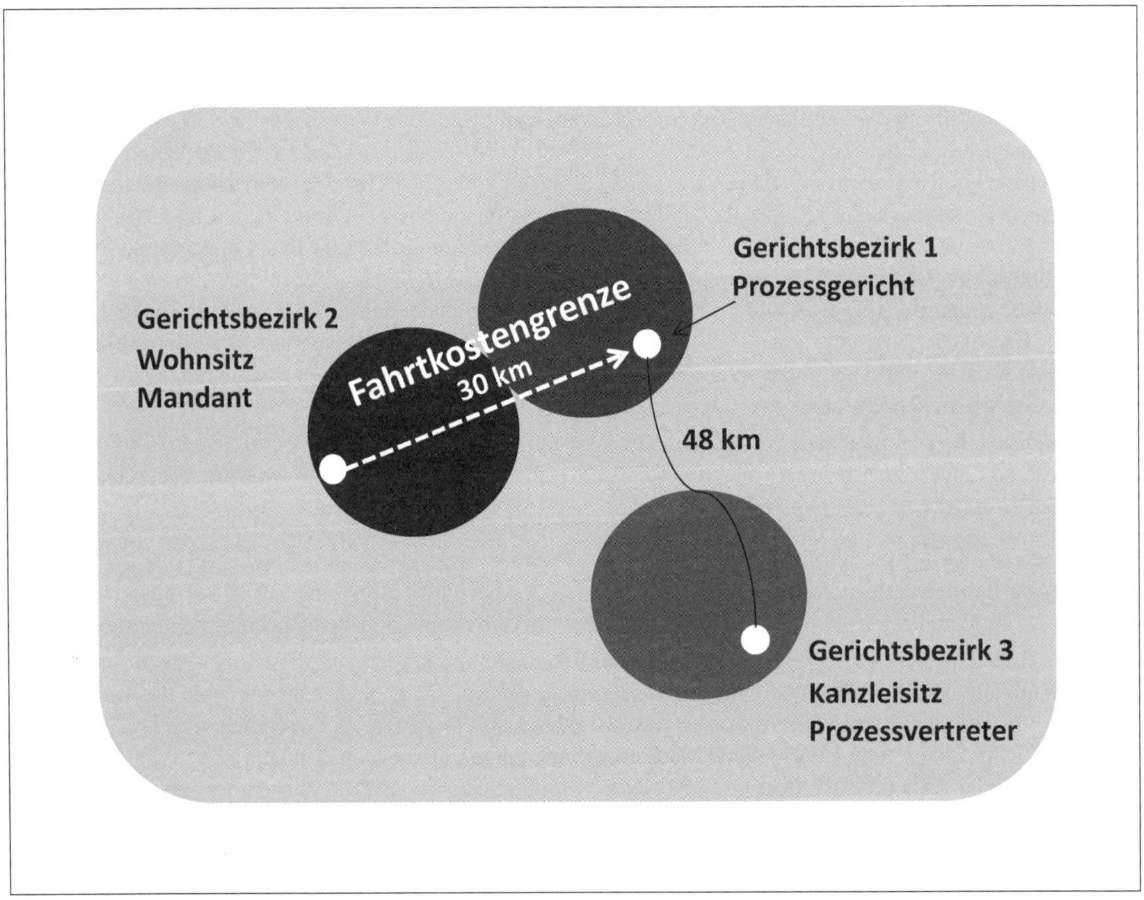

7 OLG Oldenburg, Beschl. v. 18.2.2008 – 5 W 8/08, JurBüro 6/2008, 321.

Zunächst ist zu ermitteln, welche Reisekosten tatsächlich angefallen sind. Diesen Kosten ist gegenüberzustellen, welche Kosten angefallen wären, wenn der Anwalt von der höchstmöglichen Entfernung innerhalb des Gerichtsbezirks zum Gerichtsort gefahren wäre (hierzu gibt es Tabellen im Internet). 86

Beispiel:

Rechtsanwalt A hat seinen Kanzleisitz in Koblenz, sein Mandant ist in Bad Breisig geschäftsansässig.

Der gegnerische Kollege B hat seinen Kanzleisitz in Köln, sein Mandant seinen Wohnsitz in Remagen. Zuständig ist das Amtsgericht in Sinzig.

Die Parteien wohnen mit Bad Breisig und Remagen jeweils im Amtsgerichtsbezirk Sinzig; Anwalt A hat seinen Kanzleisitz im Gerichtsbezirk Koblenz – also am dritten Ort außerhalb des Gerichtsbezirks; Anwalt B hat seinen Kanzleisitz in Köln – also ebenfalls am dritten Ort außerhalb des Gerichtsbezirks.

Tatsächlich (und gegenüber der Mandantschaft auch abrechenbar) sind hier für einen Gerichtstermin an Reisekosten **angefallen**:

Bei RA A:

2 x 35 km x 0,42 EUR	29,40 EUR
Abwesenheitsgeld, bis 4 Std	30,00 EUR
Summe netto	**59,40 EUR**

Bei RA B

2 x 73 km x 0,42 EUR	61,32 EUR
Abwesenheitsgeld, bis 4 Std	30,00 EUR
Summe netto	**91,32 EUR**

Bei der Festsetzung/Ausgleichung gegenüber der unterlegenen Partei sind jedoch **maximal die fiktiven Reisekosten**, begrenzt auf den Gerichtsbezirk, zu berücksichtigen.

Laut Tabelle „Gerichtsbezirke 2025" von *Norbert Schneider* ist die weiteste Entfernung zum Gericht innerhalb des Gerichtsbezirks der Ort Hohenleimbach mit einer einfachen Fahrtstrecke von 39 km.

Demnach betragen die **fiktiven Reisekosten**:

2 x 39 km x 0,42 EUR	32,76 EUR
Abwesenheitsgeld, bis 4 Std	30,00 EUR
Summe netto	**62,76 EUR**

Der Vergleich zeigt:

RA A aus Koblenz kann im Rahmen der Kostenerstattung (nur) seine tatsächlichen Fahrtkosten geltend machen, da diese niedriger sind als die fiktiven Reisekosten.

RA B hingegen muss im Kostenfestsetzungs-/-ausgleichungsantrag seine Kosten auf die fiktiven Reisekosten begrenzt anmelden.

Letztlich bleibt noch zu klären, welche Reisekosten zu erstatten sind, wenn sowohl der Kanzleisitz des Rechtsanwaltes als auch der Gerichtssitz und der Wohnort/Geschäftssitz des Mandanten in unterschiedlichen Bezirken sind, also die bei einem auswärtigen Gericht klagende Partei einen Rechtsanwalt beauftragt, der weder am Gerichtsort noch am Wohn- oder Geschäftsort der Partei ansässig ist. 87

In diesen Fällen wird (da der Mandantschaft, die am auswärtigen Gericht klagt oder auch verklagt wird, stets zugebilligt wird, einen Rechtsanwalt an ihrem Wohnort/bzw. Geschäftssitz zu beauftragen) auf den Vergleich zwischen den tatsächlichen Fahrtkosten und denjenigen, die entstanden wären, wenn der Anwalt am dritten Ort doch seinen Sitz am Wohnort der Partei gehabt hätte, abgestellt: Die Kosten sind also (maximal) bis zur Höhe der fiktiven Reisekosten am Wohn-/Geschäftssitz der Partei ansässigen Rechtsanwalts zu erstatten.

e) Kosten des ausländischen Anwalts der ausländischen Partei

Nach herrschender Meinung bis Anfang 2005 umfasste der Erstattungsanspruch gegen die unterlegene Partei der Höhe nach sämtliche Kosten, die der ausländische Verkehrsanwalt seiner Partei gemäß des Rechts seines Heimatstaats berechnet hat.[8] 88

8 Z.B.: OLG Bremen OLGR 2001, 363; LG Münster v. 6.7.2001 – 12 O 444/00; LG Essen v. 19.5.2000 – 44 O 182/98; AG Stuttgart v. 9.6.1998 – 7 C 5584/97; OLG Hamburg JurBüro 1988, 1186; OLG Celle JurBüro 1986, 281.

Mit Beschl. v. 8.3.2005[9] hat der Bundesgerichtshof jedoch unmissverständlich klargestellt, dass die Kosten eines ausländischen Verkehrsanwalts, dessen Hinzuziehung zur zweckentsprechenden Rechtsverfolgung oder Rechtsverteidigung geboten war, **nur in Höhe der Gebühren eines deutschen Verkehrsanwalts erstattungsfähig** sind. Unter anderem wird dies damit begründet, dass das deutsche Recht für die generelle Erstattungsfähigkeit der Kosten des ausländischen Rechtsanwalts Anwendung findet und damit einhergehend muss das deutsche Recht auch für die Höhe der Kosten maßgeblich sein. Demzufolge können die Kosten eines ausländischen Rechtsanwalts maximal bis zur Höhe der Kosten eines deutschen Verkehrsanwalts (nach RVG) im Rahmen der Kostenfestsetzung Berücksichtigung finden.

f) Parteireisekosten

89 Weitgehend unbekannt – obwohl in Rechtsprechung und Literatur seit vielen Jahren anerkannt – ist die Möglichkeit, die Parteireisekosten im Falle des Obsiegens erstattet zu verlangen (bzw. bei teilweisem Obsiegen bei der Kostenausgleichung zu berücksichtigen). Während noch vor der Jahrhundertwende die Erstattungsfähigkeit der Parteireisekosten an die Anordnung des persönlichen Erscheinens gebunden war, steht heute einer Partei in der Regel auch unter Erstattungsgesichtspunkten das Recht zu, der Verhandlung ihres eigenen Rechtsstreites beizuwohnen. Dies hat zur Folge, dass die Kosten, die die anwaltlich vertretene Partei für die Teilnahme an einem Gerichtstermin aufwendet, unabhängig davon zu erstatten sind, ob das Gericht das persönliche Erscheinen angeordnet hat oder nicht. Dies allerdings nur, sofern die Kosten nicht außer Verhältnis zu den mit der Klage oder der Rechtsverteidigung verfolgten wirtschaftlichen Interessen stehen und die Anwesenheit der Parteien nicht ausnahmsweise wegen ganz besonderer Umstände von vornherein als greifbar überflüssig angesehen werden muss.[10]

g) Inkassokosten

90 Zu den erstattungsfähigen Kosten gehören regelmäßig auch Inkassokosten (so z.B. OLG Stuttgart, Urt. v. 8.12.2009 – 6 U 99/09, nach herrschender Rechtsprechung begrenzt auf eine 1,3 Geschäftsgebühr). Die Inkassokosten sind damit aber **keine notwendigen Kosten i.S.v. § 91 ZPO**, sondern hier besteht die Möglichkeit, diese Ersatzansprüche als **Nebenforderung im Klageverfahren** oder im separaten Mahnverfahren geltend zu machen. Eine **Berücksichtigung im Kostenfestsetzungsverfahren scheidet insoweit aus**.

Früher war es in Rechtsprechung und Literatur umstritten, ob die Kosten eines zugelassenen Inkassobüros regelmäßig einen vom Schuldner zu ersetzenden Verzugsschaden darstellen oder nicht. Häufig wurde die Erstattbarkeit der Inkassogebühren mit der Begründung verneint, dass der Gläubiger unter dem Gesichtspunkt der Schadensminderung unmittelbar einen Rechtsanwalt hätte beauftragen können: Dann nämlich wären keine zusätzlichen Gebühren entstanden, da die außergerichtlichen Gebühren nach BRAGO in den Gebühren für das sich anschließende gerichtliche Verfahren voll untergegangen sind.

Die Gerichte haben in der Regel die Erstattungsfähigkeit der Inkassokosten nur dann bejaht, wenn der Schuldner zum Zeitpunkt der Beauftragung des Inkassobüros keine Einwendungen gegen die Forderung hervorgebracht hat. Denn in diesen Fällen konnte davon ausgegangen werden, dass die Titulierung der Forderung durch das Inkassobüro ohne weitere Zuhilfenahme eines Anwalts vorgenommen werden könnte.[11]

Dann aber – insbesondere seit Einführung des seit dem 1.7.2004 geltenden Rechtsanwaltsvergütungsgesetzes (RVG) – wurden viele Stimmen laut, dass Inkassokosten – nicht zuletzt auch wegen der Wahlmöglichkeit des Mandanten, die Titulierung durch einen Anwalt oder ein Inkassobüro vornehmen zu lassen – grundsätzlich unter dem Gesichtspunkt des Schadensersatzes zu erstatten seien. Zweifelhaft seien allerdings die (zu den Anwaltsgebühren oft nach oben abweichenden) Gebühren.

Dann wurde im Oktober 2021 im RVG für die Geltendmachung unbestrittener Forderungen ein eigener Gebührenrahmen festgelegt (Nr. 2300 Abs. 2 VV RVG mit einem Gebührenrahmen von 0,5–1,3 und einem Schwellenwert von 0,9). In dieser Höhe sind nunmehr auch die Gebühren von Inkassobüros regelmäßig erstattungsfähig.

h) Avalkosten für die Gestellung von Bürgschaften

91 Die Erstattungsfähigkeit der Kosten für die Gestellung von Bürgschaften („Avalprovisionen") wird heute überwiegend bejaht; diese Kosten dienen der Vorbereitung des Prozesserfolgs und sind somit notwendige Kosten der zweckentsprechenden Rechtsverfolgung i.S.v. § 91 ZPO. Der Erstattungsanspruch begründet sich mit der im Berufungsverfahren ergehenden Kostenentscheidung.[12] Das bedeutet, dass der Berufungskläger, der zur Abwendung der Zwangsvollstreckung gegen ihn Sicherheit leistet, im zweitinstanzlichen Verfahren obsiegt, der Berufung also stattgegeben wird, die Gebühren für die Gestellung der Sicherheit erstattet verlangen kann.

9 BGH, Beschl. v. 8.3.2005 – VIII ZB 55/04.

10 OLG Köln, Beschl. v. 19.4.2006 – 17 W 63/06, JurBüro 11/2006, 599; aber auch schon: OLG Celle, Beschl. v. 8.8.2003 – 8 W 271/03 und OLG München, Beschl. v. 18.7.2003 – 11 W 1732, JurBüro 12/2003, 645.

11 Z.B.: AG Garmisch-Patenkirchen, Urt. v. 8.12.2005 – 5 C 457/05, JurBüro 2/2007, 90.

12 *Gerold/Schmidt*, Rechtsanwaltsvergütungsgesetz, Kommentar, 22. Auflage 2015, Nr. 3309 VV RVG, Anm. 348.

Gleichermaßen kann der Berufungsbeklagte, der während des laufenden Berufungsverfahrens nur gegen Sicherheitsleistung vollstrecken kann, die Gebühren für die Gestellung der Sicherheit dann erstattet verlangen, wenn das Berufungsgericht das erstinstanzliche Urteil bestätigt.

Kosten für Sicherheitsleistungen (Bürgschaften) **zum Zwecke der Zwangsvollstreckung** gehören **nicht zu den Kosten des Rechtsstreites** i.S.v. § 91 ZPO, sondern zu den notwendigen Kosten der Zwangsvollstreckung nach § 788 ZPO und sind entsprechend dieser Vorschrift zur Festsetzung anzumelden.

4. Nicht festsetzungsfähige Kosten

Wie das Gesetz bereits ausführt, umfasst die Kostenerstattungspflicht lediglich die Kosten, „die zur zweckentsprechenden Rechtsverfolgung notwendig sind". Das bedeutet, dass die unterlegene Partei nicht etwa die Kosten mehrerer Anwälte tragen muss, wenn die obsiegende Partei der Meinung war, dass sie durch vier, fünf oder mehr Anwälte besser vertreten sei. Hier sind in aller Regel lediglich die Gebühren **eines Anwalts** zu berücksichtigen, auch, wenn die Partei sich entscheidet, im Verlauf des Verfahrens ihren Anwalt zu wechseln und somit doppelte Gebühren auslöst. Oder aber beispielsweise unnötige hohe Kosten, wie zum Beispiel ein verlängertes Wochenende im Luxushotel aus Anlass der Terminswahrnehmung. 92

Ein häufig vorkommender Fall nicht erstattungsfähiger Kosten kommt in der Konstellation vor, dass in einem Termin nach Erörterung der Sache auch nicht rechtshängige Ansprüche mitverglichen werden, wobei der Vergleich als Widerrufsvergleich geschlossen wird. Wenn und soweit dann der Vergleich widerrufen wird und das Verfahren letztlich durch Urteil (oder auch z.B. durch Rücknahme) erledigt wird, weichen die erstattungsfähigen Gebühren von den Gebühren, die der Anwalt von seiner eigenen Partei verlangen kann, erheblich voneinander ab.

Beispiel:

Rechtshängig ist eine Forderung i.H.v. 5.000 EUR; im Termin wird nach Erörterung ein widerruflicher Überhangvergleich dahingehend geschlossen, dass zum Ausgleich auch nicht rechtshängiger Ansprüche von 3.000 EUR eine Vergleichszahlung erfolgt. Der Vergleich wird durch eine Partei widerrufen; im Anschluss ergeht ein die Klage stattgebendes Urteil.

Lösung:

Der Anwalt kann seiner Partei folgende Gebühren in Rechnung stellen:

1,3 Verfahrensgebühr gem. Nr. 3100 VV i.V.m. § 13 RVG aus 5.000,00 EUR	460,85 EUR	
0,8 Verfahrensgebühr gem. Nr. 3101 Anmerkung 2 i.V.m. Nr. 3100 VV RVG aus Überhang (3.000,00 EUR)	188,40 EUR	
Zwischensumme:	*649,25 EUR*	
gem. § 15 Abs. 3 RVG maximal 1,3 Gebühr aus 8.000,00 EUR = 692,90 EUR		
da Maximalgrenze nicht erreicht: →		649,25 EUR
1,2 Terminsgebühr gem. Nr. 3104 VV i.V.m. § 13 RVG aus 8.000,00 EUR		639,60 EUR
Auslagenpauschale, Nr. 7002 VV RVG		20,00 EUR
Zwischensumme:		*1.308,85 EUR*
19 % Mehrwertsteuer, Nr. 7008 VV RVG		248,68 EUR
Gesamtbetrag:		**1.557,53 EUR**

Festsetzen lassen kann er gegen die unterlegene Partei jedoch nur:

1,3 Verfahrensgebühr gem. Nr. 3100 VV i.V.m. § 13 RVG aus 5.000,00 EUR	460,85 EUR
1,2 Terminsgebühr gem. Nr. 3104 VV i.V.m. § 13 RVG aus 5.000,00 EUR	425,40 EUR
Auslagenpauschale, Nr. 7002 VV RVG	20,00 EUR
Zwischensumme:	*906,25 EUR*
19 % Mehrwertsteuer, Nr. 7008 VV RVG	172,19 EUR
Gesamtbetrag	**1.078,44 EUR**

Die Kosten für den Versuch, gleichzeitig auch noch eine nicht rechtshängige Forderung mitzuerledigen, sind keine Kosten der notwendigen Rechtsverfolgung. Also ist die Antragsgebühr für die Protokollierung der Forderung im Kostenfestsetzungsverfahren nicht zu berücksichtigen; ebenso nicht die Terminsgebühr aus dem Teil der nicht rechtshängigen Forderung nach Nr. 3104 VV RVG i.V.m. Vorbemerkung 3 Abs. 3 VV RVG.

5. Besonderheiten bei der Kostenfestsetzung

a) Berücksichtigung der Umsatzsteuer

93 Bei der Festsetzung der Kosten muss beachtet werden, ob die Partei vorsteuerabzugsberechtigt ist oder nicht: Sofern die Partei vorsteuerabzugsberechtigt ist, kann sie die an den Anwalt gezahlte Umsatzsteuer beim Finanzamt abziehen (sie hat eine Rechnung erhalten, die die Umsatzsteuer ausweist). In diesem Fall dürfen die Gebühren im Rahmen der Kostenfestsetzung bzw. Ausgleichung nur netto angemeldet werden, da die Partei – würde die Umsatzsteuer festgesetzt werden – einen wirtschaftlichen Vorteil erlangen würde, der ihr nicht zusteht. Wenn ein Mandant vertreten wird, der seinen gewöhnlichen Aufenthalt im Ausland hat, muss überprüft werden, ob er (hier im Inland) überhaupt Steuern zu zahlen hat:

Wenn der Mandant Unternehmer ist und seinen Sitz in der Europäischen Union hat, wird keine Umsatzsteuer erhoben; dementsprechend hat sie auch im Kostenfestsetzungs-/ausgleichungsverfahren nichts zu suchen.

Wenn der Mandant kein Unternehmer ist und seinen Sitz in der Europäischen Union hat, wird Umsatzsteuer erhoben, so dass er im Falle des Obsiegens insoweit auch Anspruch auf Ersatz hat.

Wenn der Mandant im Ausland, aber außerhalb der Europäischen Union seinen Sitz hat, wird keine Umsatzsteuer berechnet. Es ist insoweit unerheblich, ob der Mandant Unternehmer ist oder nicht. Auch hier gilt: Keine Umsatzsteuer auf die Gebühren auch im Kostenfestsetzungs-/ausgleichungsverfahren.

Wenn und soweit Sie eine eigene Honorarforderung gegen einen Schuldner eingeklagt haben, darf in dem von Ihnen beantragten Kostenfestsetzungsantrag keine Umsatzsteuer enthalten sein, denn bei dem für das Erkenntnisverfahren angefallenen Honorar handelt es sich um „Kosten der Kanzlei“ und nicht um steuerbaren Umsatz.[13]

94 Selbstverständlich sollte im Rahmen der Kostenfestsetzung auch der Antrag der gegnerischen Partei dahingehend überprüft werden, ob nicht eventuell trotz bestehender Vorsteuerabzugsberechtigung die Umsatzsteuer berücksichtigt wurde: Grundsätzlich ist das Gericht zur Festsetzung der in der Kostenaufstellung enthaltenen Umsatzsteuer verpflichtet, wenn der antragstellende Anwalt erklärt, dass seine Partei nicht zum Vorsteuerabzug berechtigt ist (§ 104 Abs. 2 S. 3 ZPO). Die in der Praxis oft geforderte Glaubhaftmachung dieser Angaben ist indes nach dem Gesetz nicht geschuldet. Das hat auch das OLG Brandenburg in seinem Beschl. v. 12.2.2019 – 6 W 16/19 verdeutlicht. Das Gericht hat nicht zu prüfen, ob die von der antragstellenden Partei abgegebene Erklärung der Richtigkeit entspricht, um das im Grunde „einfache Kostenfestsetzungsverfahren“ nicht mit schwierigen Fragen des Umsatzsteuerrechts zu belasten. Liegt die Erklärung also vor, wird der Kostenbeamte regelmäßig die Umsatzsteuer zur Erstattung mitfestsetzen.

95 Ausnahmen – so das OLG Brandenburg weiter – sollen nur gelten, wenn die Richtigkeit der Erklärung durch entsprechenden, vom Antragsgegner zu erbringenden Beweis bereits entkräftet ist oder sich die offensichtliche Unrichtigkeit der Erklärung aus anderen, dem Gericht bekannten Umständen zweifelsfrei ergibt (so zum Beispiel: die Gegenpartei übt eine gewerbliche oder berufliche Tätigkeit selbstständig aus und weist in ihren eigenen Rechnungen selbst Umsatzsteuer aus).

Die unterlegene Partei sollte daher stets – auch bei Vorliegen einer entsprechenden Erklärung – prüfen, ob die im Antrag gemachte Angabe zur Nichtabzugsfähigkeit der Vorsteuer nicht aus den Akten heraus widerlegt werden kann. Oftmals reicht eine kleine Rüge aus, um die antragstellende Partei zur Korrektur zu bewegen.

b) Kostenfestsetzung gegen die unterlegene Partei bei Prozesskostenhilfe

96 Obsiegt die Partei, die ihren Anwalt im Prozesskostenhilfeverfahren beigeordnet bekam, bedeutet dies aber nicht gleichzeitig, dass im Rahmen des Kostenfestsetzungsverfahrens gegen die unterlegene Partei auch nur die Vergütung auf Basis der Tabelle des § 49 RVG angemeldet wird.

Der Gegner hat die vollen Wahlanwaltsgebühren zu erstatten, so dass im Antrag auf Festsetzung der Kosten gegen die andere Partei die Gebührentabelle des § 13 RVG zugrunde zu legen ist.

Hierbei muss beachtet werden, dass die Festsetzung dann aber nicht im Namen des Mandanten erfolgt, sondern der Erstattungsanspruch im Namen der Kanzlei geltend gemacht wird. In Höhe der bereits aus der Landesjustizkasse gezahlten Gelder geht sodann der Erstattungsanspruch auf die Landesjustizkasse über.

IV. Welche Gerichtskosten gehören in welchen Antrag? Wann hat der Anwalt Anspruch auf Rückerstattung der Gerichtskosten?

1. Grundsätzliches

97 Die Höhe der Gerichtskosten bestimmt sich nach dem Wert des Streitgegenstandes (Streitwert), soweit nichts anderes bestimmt ist (§ 3 GKG). Sie wird in bürgerlichen Rechtsstreitigkeiten im Allgemeinen fällig mit der Einreichung von

13 Z.B. OLG Düsseldorf, Beschl. v. 12.11.2007 – I-24 W 93/07, JurBüro 3/2008, 152.

Klage, Antrags-, Einspruchs- oder Rechtsmittelschrift oder mit der Abgabe der entsprechenden Erklärung zu Protokoll (§ 6 GKG).

Insbesondere folgende Handlungen sollen vor Zahlung der Gebühren vom Gericht nicht vorgenommen werden (§ 12 GKG):

- Zustellung der Klageschrift,
- Zustellung der Klageerweiterung,
- im maschinell gerichtlichen Verfahren der Erlass des Vollstreckungsbescheids,
- Erteilung einer Abschrift des Vermögensverzeichnisses,
- diverse Vollstreckungsakte.

Ausnahmen gelten insoweit nur bei Gebührenfreiheit (z.B. Bund und Länder) und in Fällen der finanziellen Not (z.B. Prozesskostenhilfe); vgl. § 14 GKG.

Nicht vorschusspflichtig sind insbesondere die Widerklage, einstweilige Verfügungssachen und Berufungsverfahren.

Vorschusspflichtig ist stets derjenige, der die Handlung beantragt hat.

2. Gerichtskosten im erstinstanzlichen Verfahren

a) Einzuzahlende Gerichtskosten

Für das Prozessverfahren in erster Instanz fallen im Allgemeinen Gerichtskosten in Höhe eines Gebührensatzes 98
von 3,0 an. Mit diesem Betrag hat der Kläger (wenn er nicht zu den oben aufgeführten Ausnahmefällen gehört) mit den Gerichtskosten bei Klageeinreichung in Vorlage zu treten. Ist ein Mahnverfahren vorausgegangen, für das der den Mahnbescheid beantragende Gläubiger eine Gerichtsgebühr von 0,5 (mindestens 38 EUR) bereits eingezahlt ist, so muss er – um auf den Satz von 3,0 zu kommen, die weitere „Gerichtskostenhälfte" von 2,5 einzahlen, bevor das Verfahren an das ordentliche Gericht abgegeben wird.

Beispiel 1:

Der Rechtsanwalt hat für seinen Mandanten einen Mahnbescheid über 3.500,00 EUR beantragt und dementsprechend die Gerichtskosten an das zentrale Mahngericht gezahlt. Nach Widerspruch hat er die „zweite Gerichtskostenhälfte" einzuzahlen.

Lösung zu Beispiel 1:

Eingezahlt wurden für den Mahnbescheid 0,5 Gerichtsgebühren =	74,00 EUR
Die weiteren Gerichtskosten betragen 2,5 =	370,00 EUR
Summe = 3,0 Gerichtsgebühren =	**444,00 EUR**

Beispiel 2:

Der Rechtsanwalt hat für seinen Mandanten einen Mahnbescheid über 430,00 EUR beantragt und hierfür die Gerichtskosten (Mindestbetrag 38,00 EUR) eingezahlt. Nach Widerspruch hat er die weiteren Gerichtskosten einzuzahlen, damit das Verfahren seinen Fortgang findet.

Lösung zu Beispiel 2:

Eingezahlt wurden für den Mahnbescheid mehr als 0,5 Gerichtsgebühren, nämlich der Mindestbetrag für den Mahnbescheid		38,00 EUR
Die weiteren Gerichtskosten betragen daher:		
3,0 Gerichtsgebühren	120,00 EUR	
abzüglich gezahlte Gerichtskosten	– 38,00 EUR	
Einzuzahlen nach Widerspruch mithin	*82,00 EUR*	82,00 EUR
≠ 2,5 Gerichtsgebühren = 100,00 EUR		

Wird eine Klage erweitert, müssen auch die weiteren Gerichtskosten auf den Differenzwert eingezahlt werden. 99

Beispiel:

Der Anwalt reicht für den Mandanten Klage über 5.000 EUR ein und zahlt hierfür die anfallenden 3,0 Gerichtskosten mit einem Betrag von 511,50 EUR. Der Mandant bittet später um Klageerweiterung um 3.000 EUR auf insgesamt 8.000 EUR; es sind die weiteren Gerichtskosten einzuzahlen.

Lösung:

Klage eingereicht (Gegenstandswert: 5.000,00 EUR): 3,0 Gerichtskosten		511,50 EUR
Klage erweitert um 3.000,00 auf 8.000,00 EUR:		
3,0 Gerichtskosten aus 8.000,00 EUR	714,00 EUR	
./. bereits entrichteter Gebühren	– 511,50 EUR	
Summe:	**202,50 EUR**	
bei Klageerweiterung zu zahlen		
(≠ 3,0) aus 3.000,00 EUR (376,50 EUR)		**202,50 EUR**

b) Klagerücknahme

100 Die Gerichtskosten für das Verfahren im Allgemeinen reduzieren sich bei **rechtzeitiger** Klagerücknahme, und zwar

- vor dem Schluss der mündlichen Verhandlung,
- im schriftlichen Verfahren mit Zustimmung der Parteien vor dem Zeitpunkt, der dem Schluss der mündlichen Verhandlung entspricht (Schriftsatzschluss),
- in Verfahren nach § 495a ZPO vor Zustellung der Ladung zum Verkündungstermin oder Übermittlung des schriftlichen Urteils an die Geschäftsstelle,
- im Falle der Säumnis vor Ablauf des Tages, an dem das Urteil der Geschäftsstelle übermittelt wird

und kein Kostenantrag gestellt wird, auf einen Satz von **1,0**.

Eine Festsetzungsmöglichkeit gibt es in vorliegenden Fällen nicht; die Berechnung der tatsächlich angefallenen Gerichtskosten ist jedoch wichtig zur Überprüfung der ergehenden Gerichtskostenabrechnung. Im Übrigen sind in den in der Praxis häufig vorkommenden Fällen, in denen eine Einigung dergestalt erfolgt, dass der Beklagte Forderung und Kosten voll bezahlt und der Kläger im Gegenzug die Klage zurücknimmt, die 1,0 Gerichtskosten in die Aufstellung der vom Gegner aus der übernommenen Verpflichtung zu zahlenden Gebühren und Kosten mit aufzunehmen.

Der Zurücknahme der Klage steht die Zurücknahme des Antrags auf Durchführung des streitigen Verfahrens, des Widerspruchs gegen den Mahnbescheid oder des Einspruchs gegen den Vollstreckungsbescheid gleich.

c) Anerkenntnisurteil/Verzichtsurteil/Urteil ohne Tatbestand und Entscheidungsgründe (§ 313a Abs. 2 ZPO)

101 Die Gebühren für das Verfahren im Allgemeinen reduzieren sich beim Erlass eines Anerkenntnisurteils, Verzichtsurteils oder eines Urteils, das weder Tatbestand noch Entscheidungsgründe enthält, weil es im Termin verkündet wurde und die Parteien bzw. die belastete Partei auf die Urteilsbegründung verzichtet hat, auf einen Satz von **1,0** (Nr. 1211, S. 2 GKG-KV).

Das bedeutet, dass unabhängig davon, dass die klägerische Partei 3,0 Gerichtskosten vorgelegt hat, in den Kostenfestsetzungsantrag auch nur 1,0 einzubringen sind. Auf Antrag werden die überschüssigen Gerichtskosten i.H.v. 2,0 zurückerstattet, so dass die klägerische Partei letztlich nur mit einem Satz von 1,0 belastet ist. Und auch nur über diesen Betrag kann sie eine quotale Erstattung verlangen.

d) Einigung/Vergleich über nur rechtshängige Ansprüche

102 Auch im Falle des gerichtlichen Vergleichs (hierbei ist es irrelevant, ob durch Protokollierung, im Termin oder im Beschlusswege) reduzieren sich die allgemeinen Gerichtskosten auf einen Satz von **1,0**.

Das bedeutet, dass unabhängig davon, dass die klägerische Partei 3,0 Gerichtskosten vorgelegt hat, in den Kostenausgleichungsantrag auch nur 1,0 einzubringen sind. Auf Antrag werden die überschüssigen Gerichtskosten i.H.v. 2,0 zurückerstattet, so dass die klägerische Partei letztlich nur mit einem Satz von 1,0 belastet ist. Und auch nur in Höhe dieses Betrags kann sie in Höhe der vereinbarten Quotelung von der Gegenseite Erstattung beantragen.

e) Einigung/Vergleich über auch nicht rechtshängige Ansprüche

103 Vom Grundsatz her gilt für die rechtshängige Forderung Gleiches wie vorstehend unter Rdn 102: Die i.H.v. 3,0 eingezahlten Gerichtskosten reduzieren sich auf einen Satz von **1,0**. Allerdings möchte das Gericht im Hinblick auf den Antrag auf Protokollierung der nicht rechtshängigen Forderung „auch bezahlt" werden. Für die Protokollierung der nicht rechtshängigen Forderung sind **weitere Gerichtskosten** in Höhe eines Satzes von **0,25** zu zahlen (Nr. 1900 GKG-KV).

Beispiel:

Rechtshängig ist eine Forderung i.H.v. 5.000 EUR; im Termin wird nach Erörterung ein unwiderruflicher Überhangvergleich dahingehend geschlossen, dass zum Ausgleich auch nicht rechtshängiger Ansprüche von 3.000 EUR eine Vergleichszahlung erfolgt.

Lösung:

1,0 Gerichtskosten aus 5.000,00 EUR	170,50 EUR
0,25 Gerichtskosten aus 3.000,00 EUR	31,38 EUR
Gesamte Gerichtskosten mithin	**201,88 EUR**

Damit keine Ungerechtigkeiten entstehen, insbesondere dann, wenn die Streitgegenstände weit auseinanderklaffen, gibt es auch hier eine Abgleichungsregel: Die Summe der beiden Gerichtskostenbeträge darf (zugunsten des Gerichtskostenschuldners) nicht höher sein, als der höchste Satz der Gebühr aus dem addierten Gegenstandswert. Der höchste Satz wäre hier 1,0, der addierte Gegenstandswert 8.000 EUR. Eine 1,0 Gerichtsgebühr aus 8.000 EUR beträgt derzeit 238 EUR, so dass die Grenze in dem obigen Beispiel eingehalten wäre. Andernfalls wäre der Gerichtskostenbetrag entsprechend zu begrenzen.

f) „Normales Urteil" (= Richterspruch) und Versäumnisurteil

Da es sich bei einem „normalen" Richterspruch, also bei einem Urteil mit Tatbestand und Begründung, um ein Verfahren „im Allgemeinen" handelt, verbleibt es bei den **3,0** Gerichtskosten. Diese 3,0 Gerichtskosten sind dann auch im Rahmen der Kostenfestsetzung oder Kostenausgleichung ungekürzt zu berücksichtigen. 104

Gleiches gilt für das Versäumnisurteil: Da es hierfür keine Vorschriften über eine etwaige Reduzierung gibt, verbleibt es bei 3,0, die auch entsprechend anzusetzen sind.

3. Gerichtskosten im Berufungsverfahren

a) Einzuzahlende Gerichtskosten

Das Berufungsverfahren ist ein Verfahren, für das grundsätzlich kein Vorschuss gefordert wird. In der Regel geht die Gerichtskostenabrechnung auch „an der Kanzlei vorbei," weil die Justizkasse die Gebühren für das Berufungsverfahren im Anschluss an Berufungsverfahren und unter Berücksichtigung der gefällten Kostenentscheidung unmittelbar bei den Parteien einfordert. 105

Für das Verfahren allgemein werden Gerichtskosten in Höhe eines Satzes von **4,0** berechnet. Greift also keine der nachfolgenden Reduzierungstatbestände, ist der Ansatz von 4,0 Gerichtskosten gerechtfertigt.

b) Berufungsrücknahme

aa) Vor Begründung des Rechtsmittels

Die Gerichtskosten für das Verfahren im Allgemeinen reduzieren sich bei **rechtzeitiger** Berufungsrücknahme, **bevor die Begründung des Rechtsmittels** eingegangen ist, auf einen Satz von **1,0**. 106

Dies gilt auch bei der Erledigungserklärung, wenn keine Entscheidung über die Kosten zu fällen ist.

Eine Festsetzungsmöglichkeit gibt es in vorliegenden Fällen nicht; dennoch ist es wichtig, die anfallenden Gerichtskosten zu kennen, damit die ggf. von der Partei hereingegebene Gerichtskostenrechnung überprüft werden kann oder aber im Rahmen einer Einigung ohne Beteiligung des Gerichts die eventuell von einer Partei zu tragenden Kosten korrekt aufgestellt werden können.

bb) Nach Begründung des Rechtsmittels

Wird das Rechtsmittel **vor dem Schluss** der mündlichen Verhandlung bzw. vor dem Zeitpunkt, der dem Schluss der mündlichen Verhandlung entspricht, **aber nach Begründung** zurückgenommen, so reduzieren sich die allgemeinen Gerichtskosten auf einen Satz von **2,0**. 107

c) Anerkenntnisurteil/Verzichtsurteil/Urteil ohne Tatbestand und Entscheidungsgründe (§ 313a Abs. 2 ZPO)

Die Gerichtskosten für das Verfahren im Allgemeinen reduzieren sich beim Erlass eines Anerkenntnisurteils, Verzichtsurteils oder eines Urteils, das weder Tatbestand noch Entscheidungsgründe enthält, weil es im Termin verkündet wurde und die Parteien bzw. die belastete Partei auf die Urteilsbegründung verzichtet, auf einen Satz von **2,0** (Nr. 1222 S. 2 GKG-KV). 108

d) Einigung/Vergleich über nur rechtshängige Ansprüche

Auch im Falle des gerichtlichen Vergleichs (hierbei ist es irrelevant, ob durch Protokollierung, im Termin oder im Beschlusswege) reduzieren sich die allgemeinen Gerichtskosten auf einen Satz von **2,0**. 109

Da im Berufungsverfahren in der Regel die Gerichtskosten nach Abschluss des Verfahrens jeweils bei der belasteten Partei unmittelbar eingefordert werden, ist in der Abrechnung dann auch die getroffene Kostenregelung berücksichtigt.

Einigen sich die Parteien beispielsweise hinsichtlich der Gerichtskosten (für das Berufungsverfahren) dahingehend, dass der/die Berufungskläger/in ⅔ der Kosten trägt und der/die Berufungsbeklagte ⅓ der Kosten, so wird die zuständige Gerichtskasse von sich aus dem/der Berufungskläger/in ⅔ von den insgesamt 2,0 anfallenden Gerichtskosten in Rechnung stellen und dem/der Berufungsbeklagten ⅓ von 2,0.

e) Einigung/Vergleich über auch nicht rechtshängige Ansprüche

110 Vom Grundsatz her gilt für die rechtshängige Forderung Gleiches wie vorstehend unter Rdn 109: Die Gerichtskosten für das Verfahren im Allgemeinen reduzieren sich auf einen Satz von **2,0**. Allerdings möchte das Gericht im Hinblick auf den Antrag auf Protokollierung der nicht rechtshängigen Forderung „auch bezahlt" werden. Für die Protokollierung der nicht rechtshängigen Forderung sind **weitere** Gerichtskosten in Höhe eines Satzes von **0,25** zu zahlen (Nr. 1900 GKG-KV).

Beispiel:

Im Berufungsverfahren steht eine Forderung i.H.v. 5.000 EUR zur Überprüfung an; im Termin wird nach Erörterung ein unwiderruflicher Überhangvergleich dahingehend geschlossen, dass zum Ausgleich auch nicht rechtshängiger Ansprüche von 3.000 EUR eine Vergleichszahlung erfolgt.

Lösung zu Beispiel:

2,0 Gerichtskosten aus 5.000,00 EUR	341,00 EUR
0,25 Gerichtskosten aus 3.000,00 EUR	31,38 EUR
Gesamte Gerichtskosten mithin	**372,38 EUR**

Damit keine Ungerechtigkeiten entstehen, insbesondere dann, wenn die Streitgegenstände weit auseinanderklaffen, gibt es auch hier eine Abgleichungsregel: Die Summe der beiden Gebühren darf (zugunsten des Gerichtskostenschuldners) nicht höher sein, als der höchste Satz der Gebühr aus dem addierten Gegenstandswert. Der höchste Satz wäre hier 2,0, der addierte Gegenstandswert 8.000 EUR. Eine 2,0 Gerichtsgebühr aus 8.000 EUR beträgt derzeit 476 EUR, so dass die Grenze in dem obigen Beispiel eingehalten wäre. Andernfalls wäre der Gerichtskostenbetrag entsprechend zu begrenzen.

f) Urteil mit Verzicht auf schriftliche Begründung nach § 313a Abs. 1 S. 2 ZPO

111 Wird das Berufungsverfahren durch ein **nicht rechtsmittelfähiges Urteil** beendet, das wegen **eines Verzichts** der Parteien bzw. der belasteten Partei keine Entscheidungsgründe enthält, so reduziert sich die Verfahrensgebühr auf einen Satz von **3,0**. Dies aber auch nur dann, wenn **nicht vorher ein anderes Urteil** (z.B. ein Anerkenntnisurteil, Verzichtsurteil oder Urteil ohne Tatbestand und Entscheidungsgründe nach § 313a Abs. 2 ZPO) bereits ergangen ist.

G. Überprüfung des ergangenen Kostenfestsetzungsbeschlusses

112 Bei den Gerichten arbeiten auch „nur Menschen", so dass es auch bei dem Erlass der begehrten Beschlüsse zu Fehlern kommen kann. Deshalb sollte es zu Ihren Aufgaben gehören, erlassene Kostenfestsetzungsbeschlüsse nicht einfach als solche hinzunehmen und den Mandanten zu bitten, diese zu begleichen, oder den Gegner aufzufordern, die festgesetzten Kosten zu bezahlen, sondern vorher sollten Sie den ergangenen Beschluss auf seine Richtigkeit hin prüfen.

Erste Prüfung sollte stets sein, ob der Kostenfestsetzungsbeschluss auch richtig auf Basis der Kostengrundentscheidung ergangen ist. Es ist schon einige Male vorgekommen, dass z.B. der Kläger die Kosten laut Kostengrundentscheidung zu tragen hat, im Kostenfestsetzungsbeschluss die (vielleicht sogar richtig errechneten Beträge) aber zu Lasten des Beklagten festgesetzt wurden. Oder die in der Kostengrundentscheidung enthaltene Quotelung wurde vielleicht zu Ungunsten Ihrer Partei verdreht.

Sodann sollte geprüft werden, ob etwa vom Gericht vorgenommene Absetzungen der gängigen Rechtsprechung folgen.

Das Nachrechnen sollte dann bei der Festsetzung kein Problem sein; bei einer Kostenausgleichung ist die Errechnung der richtigen Quote schon eher etwas schwieriger.

Beispiel:

1/9 der Kosten trägt die Klägerin, 8/9 der Kosten die Beklagte.

Lösung:

Die Kosten werden angemeldet, wie sie bei der Partei bzw. dem Rechtsanwalt entstanden sind; die Berechnung der Quoten wird vom Gericht vorgenommen. Dennoch ist es wichtig zu wissen, wie die Berechnung funktioniert, weil eingehende Kostenfestsetzungsbeschlüsse vom Büro auf ihre Richtigkeit hin überprüft werden müssen.

Die festsetzungsfähigen Gebühren des Klägervertreters werden mit den festsetzungsfähigen Gebühren des Beklagtenvertreters addiert. Hinzu kommen etwa vorgelegte Gerichts- und Zustellungskosten, sofern diese nicht gesondert vorab ausgeglichen werden.

Dann werden die Kosten entsprechend der Quotelung aufgeteilt und überprüft, wer schon welche Zahlungen geleistet hat und zugunsten welcher Partei sich ein Erstattungsanspruch ergibt:

(Hinweis: Die Zahlen in den nachfolgenden Rechnungen sind nur beispielhaft.)

Gebühren des Klägervertreters	728,23 EUR
Gebühren des Beklagtenvertreters	945,67 EUR
Gerichts- und Zustellungskosten	52,00 EUR
Gebühren und Kosten gesamt	**1.725,90 EUR**
hiervon hat die Klägerin 1/9 zu tragen	191,77 EUR
8/9 hat die Beklagte zu tragen	1.534,13 EUR

Die Klägerin hat Gerichtskosten i.H.v. 52 EUR vorgelegt.

Somit hat die Klägerin insgesamt an Kosten gehabt:

Gebühren	728,23 EUR
Gerichtskosten	52,00 EUR
Gesamtkosten der Klägerin:	**780,23 EUR**
von der obigen Gesamtsumme 1.725,90 EUR braucht sie aber nur 1/9 tragen	– 191,77 EUR
Erstattung der Beklagten an die Klägerin	**588,46 EUR**

Die Gegenrechnung zeigt:

8/9 der Gesamtkosten, diese entsprechen 1.534,13 EUR, hat die Beklagte zu tragen. Ihre eigenen Kosten und die an die Gegenseite zu erstattenden Kosten müssen nunmehr diese Summe ergeben:

eigene Rechtsanwaltskosten der Beklagten	945,67 EUR
zu erstattende Kosten	588,46 EUR
insgesamt zu tragende Kosten:	**1.534,13 EUR**

H. Titulierung der eigenen Gebührenansprüche/Vergütungsfestsetzung

Zahlt der Mandant das Honorar des Anwalts nicht, ist der Anwalt gehalten, seine Vergütungsansprüche gerichtlich durchzusetzen. Dann muss entschieden werden, welchen Weg er einzuschlagen hat: Das Vergütungsfestsetzungsverfahren gegen die eigene Partei oder aber das Mahn- oder Klageverfahren. Der richtige Weg entscheidet sich anhand der einzufordernden Gebühren. **113**

Vorab: Sowohl zur Festsetzung der Vergütung gegen die eigene Partei als auch zur Einleitung eines Mahn- oder Klageverfahrens ist es erforderlich, dass der Anwalt der Partei zuvor eine **Berechnung nach § 10 RVG übersandt** hat; die **Vergütung** muss demnach **fällig** sein (vgl. § 7 Rdn 3). Auch sollte sich der Honorarschuldner in Verzug befinden, damit der Anwalt im Verfahren und bei einem sofortigen Anerkenntnis des Honorarschuldners nicht auf seinen Kosten „sitzen bleibt".

Hat der Rechtsanwalt seine Partei **im gerichtlichen Verfahren vertreten**, so hat er – sofern die Partei die Vergütung nicht ausgleicht – durch das **Vergütungsfestsetzungsverfahren** gegen die eigene Partei die einfache und schnelle Möglichkeit, ohne großen Kostenaufwand (nur Zustellungskosten, die vom Gericht ebenfalls in den Beschluss aufzunehmen sind) an einen Vollstreckungstitel gegen seinen eigenen Auftraggeber zu gelangen. Sofern die Möglichkeit der Festsetzung nach § 11 RVG besteht, fehlt das Rechtsschutzbedürfnis, die Vergütung im Wege des Mahn- oder Klageverfahrens geltend zu machen. **114**

Handelt es sich bei den gesetzlichen Gebühren um Rahmengebühren (Betragsrahmen oder Satzrahmen), so kann eine Festsetzung nur erfolgen, wenn lediglich die Mindestgebühr geltend gemacht wird, oder der Kostenschuldner (nachweislich ausdrücklich = in Textform; die erhöhten Anforderungen des § 4 RVG gelten nicht – z.B. reicht der Ausdruck einer E-Mail aus) der höheren Gebühr zugestimmt hat (§ 11 Abs. 8 S. 2 RVG). **115**

Festgesetzt werden können die gerichtlichen Vergütungen in allen gerichtlichen Verfahren jeglicher Gerichtsbarkeit; hierzu gehören neben den Gebühren auch die Dokumentenpauschale, auch für elektronisch überlassenen Dateien, die Entgelte für Post- und Telekommunikationsdienstleistungen, Fahrt- und Abwesenheitsgelder, sonstige Auslagen wie Park- und Übernachtungskosten, Haftpflichtversicherungsprämien, insbesondere auch die Umsatzsteuer sowie verauslagte kanzleifremde Kosten (Kosten Dritter).

Die festzusetzende Vergütung muss nicht zwingend durch eine Tätigkeit vor dem Gericht ausgelöst werden, sondern nur zum gerichtlichen Verfahren gehören.

116 Die Festsetzung erfolgt nur auf Antrag. Er ist nach § 11 RVG von dem Anwalt zu stellen, dem die Vergütung zusteht; er muss in dem gerichtlichen Verfahren beauftragt gewesen sein.

Daraus folgt, dass nicht nur der Verfahrensbevollmächtigte des Auftraggebers, sondern gleichermaßen ein Unterbevollmächtigter/Terminsvertreter, Korrespondenzanwalt, Einzeltätigkeitsanwalt, Anwaltsvertreter oder Kanzleiabwickler usw. antragsberechtigt ist.

Aber auch „Nichtanwälte" haben die Möglichkeit, die Festsetzung der Vergütung zu verlangen, soweit ihnen die Erlaubnis erteilt wurde, fremde Rechtsangelegenheiten zu besorgen, wie etwa Steuerberater, Rechtsbeistände oder Rechtsschutzversicherer.

Zuständig ist das erstinstanzliche Gericht (das Verfahren muss nicht rechtshängig gewesen sein, Anhängigkeit genügt).

Beachtet werden sollte noch Folgendes: Die festzusetzende Vergütung ist nicht gleichzusetzen mit der (etwa vom Gegner) zu erstattenden Vergütung; denn es ist durchaus möglich, dass der Auftraggeber Tätigkeiten verlangt hat, die nicht notwendige Kosten im Sinne der Erstattungsfähigkeit sind, die aber dennoch gesetzliche Gebühren ausgelöst haben, die er an seinen Rechtsanwalt zu zahlen hat und demgemäß im Vergütungsfestsetzungsverfahren nach § 11 RVG Berücksichtigung finden können. Dem steht nicht entgegen, dass der Rechtsanwalt grundsätzlich verpflichtet ist, keine unnötigen Kosten zu produzieren.

In den Fällen, in denen (gerichtliche) Rahmengebühren betragsmäßig über dem Mindestsatz tituliert werden sollen und der Auftraggeber der Höhe der geltend gemachten Gebühr nicht ausdrücklich zugestimmt hat, sowie in den Fällen, in denen der Mandant Einwendungen hervorbringt, die nicht gebührenrechtlicher Art sind, eröffnet sich der Weg des **Mahn- bzw. Klageverfahrens**.

117 Auch ist das Mahn- oder Klageverfahren geboten für die Geltendmachung von Gebühren, die **außergerichtlich** entstanden sind, also für **Geschäftsgebühren, Beratungsgebühren**, aber auch für **vereinbartes Honorar.** Dieses kann gerade nicht im Rahmen eines Vergütungsfestsetzungsverfahrens (mangels anhängigem Rechtsstreit) geltend gemacht werden, auch nicht zusammen mit etwa gerichtlichen Gebühren, für die der entsprechende Weg offen ist.

Bei Klagen von Anwälten oder sonstigen Bevollmächtigten gegen den Mandanten auf Zahlung von Gebühren und Auslagen ist das Gericht am Wohnsitz des Schuldners anhängig; war ein Rechtsstreit anhängig (und können die Gebühren – weil Einwendungen erhoben wurden oder aber die Rahmengebühren oberhalb des Mindestsatzes liegen – nicht im Rahmen eines Vergütungsfestsetzungsverfahrens tituliert werden), ist das Gericht zuständig, bei dem die Mandanten vertreten wurden.

I. Streitwertvorschriften nach dem RVG

I. Differenzierung Streitwert – Gegenstandswert

118 In der anwaltlichen Vergütungspraxis sind die Begriffe „Gegenstandswert" und „Streitwert" von besonderer Bedeutung, z.B. – aber nicht nur –, wenn es um die Berechnung bestimmter Gebühren nach dem Rechtsanwaltsvergütungsgesetz geht.

Aber wann spricht man vom „Gegenstandswert", wann vom „Streitwert"?

Beide Begriffe haben gemeinsam, dass sie sich auf den Wert eines rechtlichen Anspruchs oder eines Verfahrens beziehen, doch sie werden in unterschiedlichen Zusammenhängen verwendet und haben auch unterschiedliche Bedeutungen.

Wertvorschriften finden sich im Rechtsanwaltsvergütungsgesetzt (RVG), dem Gerichtkostengesetz (GKG), der Zivilprozessordnung (ZPO) und dem Gesetz über Gerichtskosten in Familiensachen (FamGKG) und nicht zuletzt dem Gesetz über Kosten der freiwilligen Gerichtsbarkeit für Gerichte und Notare (GNotKG). Insofern muss unterschieden werden, was mit „Wert" gemeint ist.

1. Gegenstandswert

119 Der Gegenstandswert bezieht sich ganz allgemein auf den wirtschaftlichen Wert eines Gegenstands oder einer Angelegenheit, die inhaltlich Auftrag einer rechtlichen Beratung oder Vertretung ist. Der Begriff wird insbesondere in außergerichtlichen Angelegenheiten herangezogen, zum Beispiel bei der Berechnung der Anwaltsgebühren nach den Gebührenziffern 2300 ff. VV RVG. Der Gegenstandswert ist insoweit maßgeblich für die Berechnung der anwalt-

lichen Gebühren in zivilrechtlichen Streitigkeiten, aber auch in anderen Bereichen, wie etwa in Verwaltungsangelegenheiten oder bei notariellen Tätigkeiten.

> **Beispiel:**
> Der Anwalt unterstützt seinen Mandanten außergerichtlich bei Gestaltung eines Vertrags über einen Grundstückskaufvertrag. Der Kaufpreis – und somit der Gegenstandswert – beträgt 500.000,00 EUR.

2. Streitwert

Der Begriff „Streitwert" wird demgegenüber im Rahmen gerichtlicher Verfahren verwendet, insbesondere in Zivilprozessen. **120**

Der **Streitwert** ist zum einen **zur Verfahrenseinleitung** zu ermitteln. Er kann **121**

- Zuständigkeitsstreitwert (§ 2 ZPO, §§ 23 und 71 GVG – welches Gericht ist sachlich zuständig?),
- Rechtsmittelstreitwert (§§ 2, 511, 567 ZPO – kann ein Rechtsmittel eingelegt werden?),
- Bagatellstreitwert (§ 495a ZPO – Verfahren nach billigem Ermessen, schriftliches Verfahren),
- Vollstreckungsstreitwert (§ 866 ZPO – Mindestwert zur Eintragung einer Sicherungshypothek) oder
- Verurteilungsstreitwert (§§ 2, 708 Nr. 11 ZPO – vorläufige Vollstreckbarkeit ohne Sicherheitsleistung)

sein.

Zum anderen kann es sich beim Streitwert um den **Gebührenstreitwert** handeln, **122**

- für Anwaltsgebühren (§ 2 RVG)
- für Gerichtsgebühren (§ 3 GKG, § 3 FamGKG – „Verfahrenswert")

Der Gebührenstreitwert richtet sich (insbesondere in gerichtlichen Verfahren, gilt aber auch für außergerichtliche Tätigkeiten über Sachverhalte, die Inhalt eines Verfahrens sein könnten) nur dann nach dem Zuständigkeitsstreitwert (ZPO), sofern das GKG keine eigenen Wertvorschriften enthält (§ 48 GKG). Das FamGKG bestimmt die Verfahrenswerte besonders.

Der Gebührenstreitwert bezeichnet den Wert des Streitgegenstands, also den wirtschaftlichen Wert, über den die Parteien vor Gericht streiten. Der Streitwert spielt nicht nur im Gebührenrecht eine zentrale Rolle für die Berechnung, sondern ist insbesondere auch für Gerichtsgebühren im Zivilprozess maßgeblich.

Da die „Streitwerte" unterschiedlichen Zwecken dienen – sachliche Zuständigkeit: ZPO, Gebührenstreitwert: RVG, GKG, FamGKG, GNotKG –, kommt es im „direkten Vergleich" der jeweiligen Regelungen zum Teil zu erheblichen Abweichungen in den Zahlen. **123**

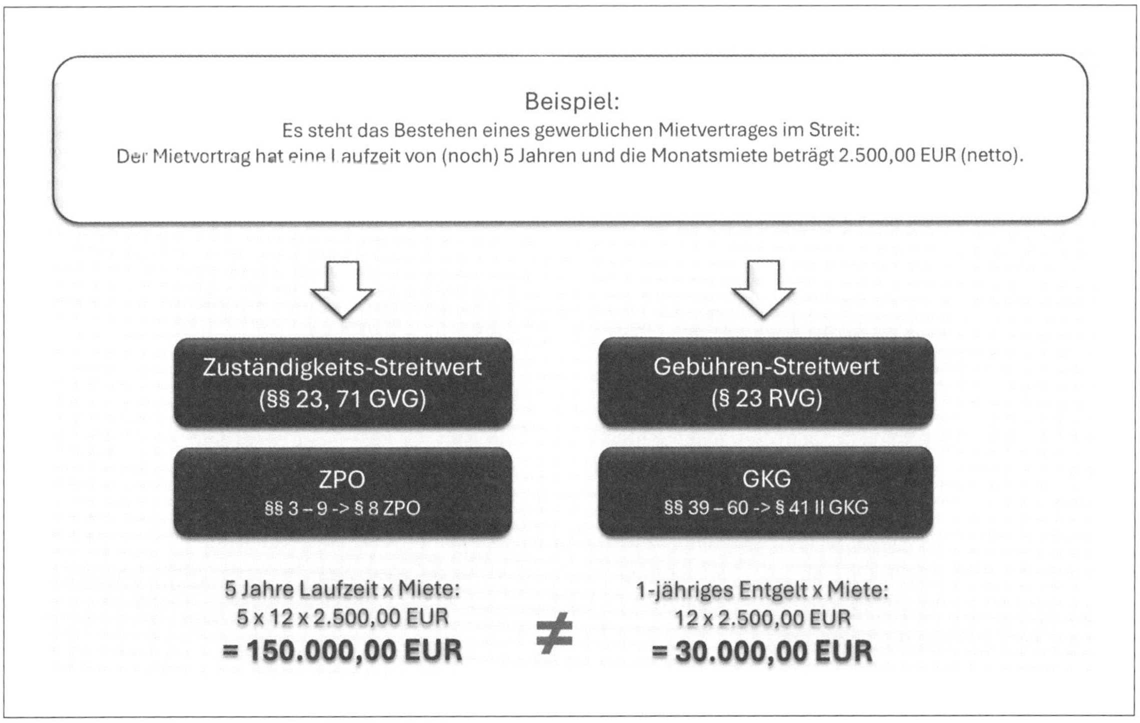

II. Hinweise zur Streitwertberechnung

124 § 2 Abs. 1 RVG regelt, dass die Gebühren des Rechtsanwalts in der Regel nach dem Wert berechnet werden, den der Gegenstand der anwaltlichen Tätigkeit hat.

125 In Abschnitt 4 des RVG wird in § 22 zunächst darauf hingewiesen, dass die Werte mehrerer Gegenstände zusammenzurechnen sind.

> **Beispiel:**
>
> Der Rechtsanwalt fertigt eine Klageschrift und beantragt unter Ziffer 1, den Beklagten zur Zahlung von 1.000,00 EUR zu verurteilen. Ferner beantragt er unter Ziffer 2, den Beklagten zu verurteilen, weitere 350,00 EUR an den Kläger zu zahlen.
>
> *Lösung:*
>
> Gemäß § 22 Abs. 1 RVG sind die Gegenstandswerte zu addieren, so dass der Gegenstandswert in dieser Angelegenheit 1.350,00 EUR beträgt.

126 Darüber hinaus regelt § 22 RVG eine Höchstwertgrenze: Bei der Vertretung eines Auftraggebers beträgt diese 30 Mio. EUR, bei der Vertretung weiterer Personen (für die ebenfalls die 30 Mio. EUR-Grenze gilt) beträgt der Gesamt-Höchstwert 100 Mio. EUR.

127 Die Wertvorschriften für die Zugrundelegung des **richtigen Gegenstandswertes** bei der Berechnung der Rechtsanwaltsgebühren sind in § 23 RVG geregelt.

Demnach richtet sich der Gegenstandswert in gerichtlichen Verfahren nach den für die Gerichtsgebühren geltenden Wertvorschriften. Diese Wertvorschriften finden gleichermaßen für außergerichtliche Tätigkeiten Anwendung, wenn die Angelegenheit in ein gerichtliches Verfahren übergehen könnte.

128 Der Wert, der für die Berechnung der Gerichtskosten in einem gerichtlichen Verfahren Geltung hat (Gerichtskostenstreitwert), wird auch für die Rechtsanwaltsgebühren zugrunde gelegt. Gleiches gilt, wenn ein gerichtliches Verfahren nicht anhängig ist, das außergerichtliche Verfahren jedoch Gegenstand des gerichtlichen Verfahrens sein könnte. Auch dann wird auf die für die Gerichtskosten geltenden Vorschriften verwiesen.

129 § 39 GKG regelt die Grundsätze zur Bestimmung des Streitwerts, insbesondere in Zivilprozessen. Der Streitwert bemisst sich nach dem wirtschaftlichen Interesse, das die Parteien im jeweiligen Verfahren verfolgen. Dies kann bei einem zivilrechtlichen Streit zum Beispiel der Wert der eingeklagten Geldforderung oder der Marktwert eines streitigen Gegenstands sein. Im Verwaltungsrecht geht es oft um den wirtschaftlichen Vorteil, den ein Kläger durch einen bestimmten Verwaltungsakt erreichen möchte, während es im Sozialrecht häufig um Ansprüche auf Sozialleistungen oder Rentenansprüche geht.

Dabei ist nach vorerwähnter Vorschrift zu beachten, dass die Werte mehrerer Streitgegenstände im selben Verfahren und im selben Rechtszug zusammengerechnet werden, soweit nichts anderes bestimmt ist und der Streitwert maximal 30 Mio. EUR betragen darf.

1. Häufig benötigte Wertvorschriften aus dem GKG

130

- **§ 41 – GKG – Miet-, Pacht- und ähnliche Nutzungsverhältnisse**

Bei Miet- und Pachtverhältnissen richtet sich der Streitwert in der Regel nach dem einjährigen Nutzungsentgelt (z.B. Miete oder Pacht), sofern der Betrag des auf die streitige Zeit entfallenden Entgelts nicht ohnehin niedriger ist. Bei Räumungsklagen ist das Jahresentgelt maßgeblich; eingeforderte Rückstände werden hinzuaddiert. Bei Ansprüchen auf Erhöhung oder Minderung der Miete ist der Jahresbetrag der jeweiligen Differenz maßgeblich.

- **§ 42 GKG – Wiederkehrende Leistungen**

Der Wert von Ansprüchen auf wiederkehrende Leistungen (öffentlich-rechtliches Dienst- oder Amtsverhält, Dienstpflicht u.a.) wird in der Regel mit dem dreifachen Jahresbetrag der Leistungen berechnet, es sei denn, der Gesamtbetrag der geforderten Leistungen ist geringer; die bei Einreichung der Klage fälligen Beträge werden dem Streitwert hinzugerechnet.

Bei Rechtstreitigkeiten vor den Arbeitsgerichten über das Bestehen, Nichtbestehen oder die Kündigung eines Arbeitsverhältnisses ist höchstens der 3-fache Betrag des monatlich zu leistenden Arbeitsentgelts maßgeblich; weder eine Abfindung noch bei Klage fällige Beträge erhöhen den Streitwert.

- **§ 43 GKG – Nebenforderungen**

Nebenforderungen (z.B. Zinsen oder Kosten) bleiben bei der Berechnung des Streitwerts unberücksichtigt, es sei denn, sie sind der Hauptgegenstand des Verfahrens.

- **§ 44 GKG – Stufenklage**

Die Werte von Rechnungslegung oder Vorlage eines Vermögensverzeichnisses oder Abgabe einer eidesstattlichen Versicherung und die hierauf gerichtete Herausgabe werden nicht zusammengerechnet: Der höhere Wert ist maßgeblich.

- **§ 45 GKG – Klage und Widerklage, Hilfsanspruch, wechselseitige Rechtsmittel, Aufrechnung**

Bei einer Klage und Widerklage wird der Streitwert für beide Forderungen getrennt ermittelt und zusammengerechnet; betreffen die Ansprüche jedoch denselben Gegenstand, wird nur der höhere Wert berücksichtigt. Gleiches gilt für wechselseitig eingelegte Rechtsmittel, die nicht in getrennten Prozessen verhandelt werden. Bei einer hilfsweisen Aufrechnung erhöht sich der Streitwert um den Wert der Gegenforderung, soweit eine Entscheidung darüber ergeht. Ein Vergleich steht einer Entscheidung gleich.

- **§ 47 GKG – Rechtsmittelverfahren**

Im Rechtsmittelverfahren richtet sich der Streitwert nach dem Wert der angefochtenen Entscheidung, wobei der Wert der Beschwer des Rechtsmittelführers ausschlaggebend ist.

- **§ 48 GKG – Bürgerliche Rechtsstreitigkeiten**

In bürgerlichen Rechtsstreitigkeiten richten sich die Gebühren zum einen nach den für die Zuständigkeit des Prozessgerichts geltenden Vorschriften. Die Amtsgerichte sind (mit Ausnahmen) regelmäßig in bürgerlichen Rechtsstreitigkeiten zuständig, in denen der Gegenstand die Summe von 5.000,00 EUR nicht übersteigt (Wertänderung auf bis zu 8.000,00 EUR in Diskussion), darüber hinaus insbesondere in Angelegenheiten über Ansprühe aus einem Mietverhältnis, betreffend Wohnraum (vgl. § 23 GVG). Die Geltendmachung von Forderungen im Mahnverfahren sind – unabhängig vom Gegenstandswert – den Amtsgerichten (zentralisierten Mahngerichten) zugewiesen. Die Landgerichte sind zuständig, soweit die Angelegenheiten nicht den Amtsgerichten zugewiesen sind (Gegenstandswert ab 5.000,01 EUR, aber auch besondere Zuständigkeiten, vgl. § 71 GVG). In nicht vermögensrechtlichen Streitigkeiten ist der Wert unter Berücksichtigung aller Umstände des Einzelfalls (Umfang, Bedeutung, Vermögens- und Einkommensverhältnisse) nach Ermessen zu bestimmen; die Höchstgrenze ist 1 Mio. EUR.

In Familiensachen wird der Wert nach dem Gesetz über Gerichtskosten in Familiensachen (FamGKG) festgelegt. 131

Anders als im allgemeinen Zivilrecht gelten im Familienrecht spezielle Regelungen, die vor allem im Gesetz über das Verfahren in Familiensachen und in den Angelegenheiten der freiwilligen Gerichtsbarkeit (FamFG) sowie im Gesetz über Gerichtskosten in Familiensachen (FamGKG) festgelegt sind. Besonders bei Scheidungsverfahren, Unterhaltsstreitigkeiten sowie Sorgerechts- und Umgangsregelungen gibt es spezifische Vorschriften zur Festsetzung des Streitwerts, die auf die besondere Sensibilität und Bedeutung familiärer Angelegenheiten Rücksicht nehmen.

Das FamFG legt in seinen Vorschriften den rechtlichen Rahmen für die Verfahren vor den Familiengerichten fest. Es umfasst Regelungen zu Scheidungen, elterlicher Sorge, Umgangsregelungen, Unterhaltsstreitigkeiten und weiterer familiärer Konflikte. Bei der Bestimmung des Gegenstandswerts greifen Gerichte auf die Vorgaben des FamFG zurück, um ein faires und angemessenes Kosten-Nutzen-Verhältnis zu gewährleisten.

Das FamGKG enthält spezifische Regelungen zur Festsetzung des Streitwerts und der Gerichtskosten (§§ 33–52 FamGKG).

2. Streitwert in Scheidungsverfahren

Scheidungsverfahren (Auflösung von Ehen) gehören zu den häufigsten familienrechtlichen Auseinandersetzungen 132
und bringen erhebliche finanzielle und persönliche Konsequenzen mit sich: Die (korrekte) Bestimmung des Streitwerts hat daher eine besondere Bedeutung.

§ 43 FamGKG ist hierbei eine zentrale Norm, die die Streitwertberechnung in Scheidungsverfahren regelt. Der Streitwert (ganz allgemein: Gegenstandswert) des Scheidungsverfahrens ermittelt sich danach in der Regel mit dem dreifachen monatlichen Nettoeinkommen beider Ehepartner. Ein höheres Einkommen führt somit zu einem höheren Streitwert, was wiederum die Gerichtskosten und die Anwaltsgebühren beeinflusst.

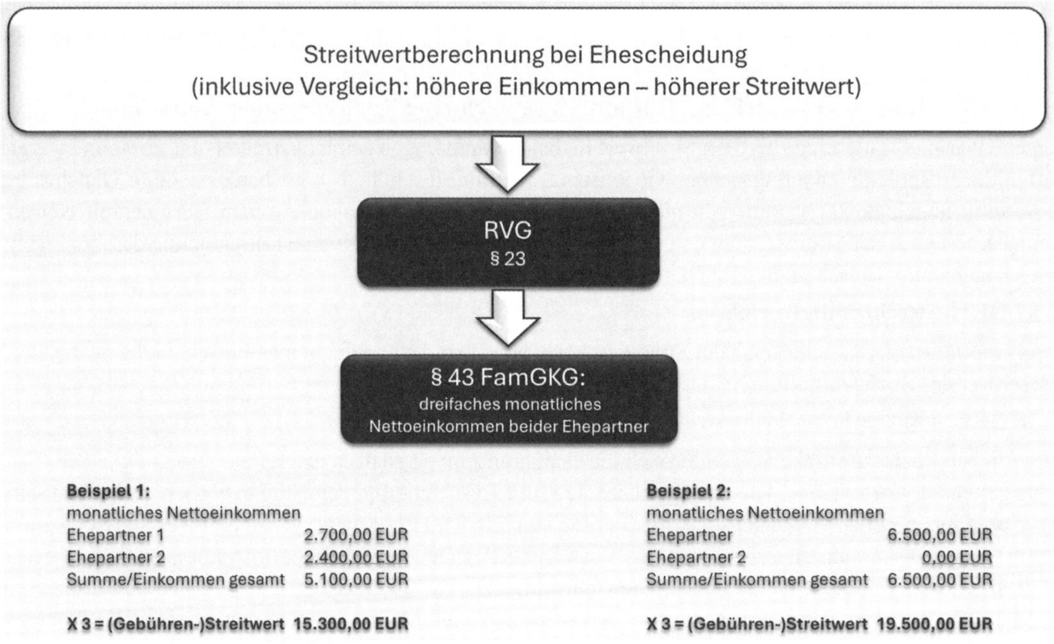

Je nach Verfahrenskonstellation können weitere Faktoren den Streitwert beeinflussen, beispielsweise wenn zusätzlich Unterhalts- oder Versorgungsausgleichsfragen (s.u.) geklärt werden müssen. Solche zusätzlichen Regelungen erhöhen den Gegenstandswert (Streitwertaddition, § 33 FamGKG), da sie den finanziellen Umfang der Auseinandersetzung erweitern.

3. Unterhaltsstreitigkeiten

133 Neben der Scheidung sind Unterhaltsstreitigkeiten ein häufiger Streitpunkt in familienrechtlichen Verfahren. Hierbei geht es oft um die finanzielle Regelung von Unterhaltsansprüchen für Ehegatten und/oder Kinder. Die Berechnung des Streitwerts orientiert sich bei (Kindes-) Unterhaltsfragen im Regelfall am Jahresbetrag der geforderten Unterhaltszahlungen. Vor gerichtlicher Geltendmachung bestehende Rückstände (nicht solche, die erst im Laufe des Verfahrens entstehen, § 34 FamGKG) erhöhen den Streitwert.

Da es in vielen Unterhaltsverfahren um das Existenzminimum der Kinder geht, legen die Gerichte besonderen Wert auf eine angemessene Streitwertfestsetzung, die den tatsächlichen finanziellen Bedarf widerspiegelt.

4. Sorgerechtsstreitigkeiten und Umgangsregelungen

134 In Sorgerechtsstreitigkeiten und in Verfahren zur Umgangsregelung spielt hingegen die emotionale und soziale Bedeutung der Entscheidung eine größere Rolle als der finanzielle Aspekt. Der Streitwert wird daher häufig pauschal festgelegt, um zu verhindern, dass emotionale und persönlich belastende Verfahren unnötig verteuert werden. Gleichzeitig gewährleistet die Pauschalisierung des Streitwerts eine angemessene Bewertung der familiären Konflikte, die weit über rein finanzielle Aspekte hinausgehen.

In Sorgerechtsstreitigkeiten wird der Gegenstandswert regelmäßig auf 3.000,00 EUR bis 5.000,00 EUR festgesetzt, je nach Komplexität und Intensität des Konflikts.

In Angelegenheiten von Umgangsregelungen bewegt sich der Streitwert regelmäßig zwischen 2.000,00 EUR und 3.000,00 EUR. Bei der endgültigen Festsetzung spielt die Frage, wie schwerwiegend der Eingriff in das Familienleben ist und welche Auswirkungen die Entscheidung auf das Kind hat, eine bedeutende Rolle.

5. Übersicht häufiger Streitwertvorschriften

135
- § 35 FamGKG – Geldforderungen
  Höhe der geltend gemachten Forderung
- § 41 FamGKG – einstweilige Anordnung/vorläufiger Rechtsschutz
  geminderter Gegenstandswert gegenüber dem Wert des Hauptanspruchs (50 %)

- § 45 FamGKG – bestimmte Kindschaftssachen wie elterliche Sorge, Umgangsrecht, Kindesherausgabe u.a. (Wert 5.000,00 EUR)
- § 44 FamGKG – Verbund und Folgesachen
  Streitwerte von Verbundverfahren werden addiert; bei Kindschaftssachen erfolgt eine Erhöhung von 20 % (maximale Erhöhung um 4.000,00 EUR, wobei „ein Kind für alle" gilt)
- § 47 FamGKG – Abstammungssachen
  a) Wert 3.000,00 EUR
  b) Wert 1.000,00 EUR
- § 48 FamGKG – Ehewohnungs- und Haushaltssachen
  a) Wert 4.000,00 EUR
  b) Wert 5.000,00 EUR
- § 49 FamGKG – Gewaltschutzsachen
  a) Wert 3.000,00 EUR
  b) Wert 4.000,00 EUR
- § 50 FamGKG – Versorgungsausgleich
  a) je Anrecht 10 % des dreifachen Monatsgehalts beider Eheleute, mindestens 1.000,0 EUR
  b) je Anrecht 20 % des dreifachen Monatsgehalts beider Eheleute nach Ehescheidung

Da der Streitwert regelmäßig (im Sozialrecht ist dies eher seltener der Fall) auch als Grundlage zur Berechnung der Anwaltsgebühren hinzuzuziehen ist, haben sowohl Kläger als auch Beklagte ein Interesse daran, den Streitwert realistisch festsetzen zu lassen, da höhere Streitwerte auch höhere Prozesskosten nach sich ziehen. Die Parteien können in vielen Fällen auch eine eigene Streitwertfestsetzung vorschlagen, die jedoch vom Gericht überprüft wird. Hierzu müssen die einschlägigen Vorschriften bekannt sein (§§ 39 bis 60 GKG, Spezialvorschriften des FamGKG).

Kann der Gegenstandswert nicht nach den Vorschriften des GKG (bzw. FamGKG) bestimmt werden, verweist § 48 **136**
GKG auf den Zuständigkeitsstreitwert gemäß §§ 3–9 der Zivilprozessordnung (ZPO). Dieser Wert bestimmt die Zuständigkeit in vermögensrechtlichen Angelegenheiten: Amtsgericht bis einschließlich 5.000,00 EUR, Landgericht ab 5.000,01 EUR (Erhöhung auf 10.000,00 EUR bzw. 10.000,01 EUR in Diskussion). Außerdem entscheidet der Zuständigkeitswert, ob ein Rechtsmittel zulässig ist oder nicht. Es ist unbedingt darauf zu achten, dass der Zuständigkeitsstreitwert der §§ 3–9 ZPO für die Ermittlung des Gegenstandswerts für Anwaltsgebühren nur Anwendung findet, wenn in den §§ 39 ff. GKG nichts anderes bestimmt ist.

Gemäß § 3 ZPO richtet sich der Streitwert nach dem Interesse der Parteien, was bedeutet, dass dieser sich anhand des ideellen oder wirtschaftlichen Wertes, den die Partei im Verfahren verfolgt, bemisst. Es gibt hier keine „starren" Vorschriften, so dass eine flexible Streitwertbestimmung möglich ist. Das ist insbesondere notwendig, da in Fällen von beispielsweise Unterlassungs- oder Feststellungsklagen der wirtschaftliche Wert der Sache eher eine untergeordnete Rolle spielt. Letztlich geht es nämlich um die Bedeutung der Angelegenheit für die Parteien.

Durch die Regelung des § 3 ZPO sorgt die Zivilprozessordnung dafür, dass auch in Fällen, in denen keine Geldforderung Grundlage des Rechtsstreits ist, ein angemessener Streitwert ermittelt wird, der der Bedeutung des Streitgegenstandes für die beteiligten Parteien gerecht wird – durch Schätzung des Gerichts, gegebenenfalls auf Vorschlag oder vorläufiger Angabe des Klägers im Antrag.

Neben § 3 ZPO existieren weitere Streitwertvorschriften in der ZPO, die von Bedeutung sind.

6. Wichtige Streitwertvorschriften der ZPO

- **§ 4 ZPO – Wertberechnung; Nebenforderung** **137**

Diese Norm regelt, wie der Streitwert zu ermitteln ist, wenn mehrere Ansprüche in einem Verfahren zusammen behandelt werden. Grundsätzlich werden die einzelnen Ansprüche zusammengerechnet, es sei denn, sie hängen eng zusammen oder stehen in einem Abhängigkeitsverhältnis zueinander.

- **§ 5 ZPO – Mehrere Ansprüche**

§ 5 behandelt die Bemessung des Streitwerts bei der Geltendmachung von Ansprüchen auf wiederkehrende Leistungen (z.B. Renten oder regelmäßige Zahlungen). In solchen Fällen wird der Wert auf Grundlage der einjährigen Leistung berechnet.

- **§ 6 ZPO – Besitz; Sicherstellung; Pfandrecht**

Für Streitigkeiten über den Bestand oder die Höhe eines Mietverhältnisses ist in § 6 festgelegt, dass der Streitwert auf den Betrag der jährlichen Miete festgesetzt wird.

- **§ 8 ZPO – Pacht- oder Mietverhältnis**

Bei Streitigkeiten über das Bestehen oder die Dauer eines Pacht- oder Mitverhältnisses ist auf den gesamten Betrag der im Streit stehenden Dauer der Pacht abzustellen, maximal begrenzt auf 25 Jahre.

- **§ 9 ZPO – Wiederkehrende Nutzungen oder Leistungen**

Diese Vorschrift ist für Ansprüche auf Herausgabe von Sachen oder auf Erfüllung von Verträgen relevant. Hier wird der Wert der herauszugebenden Sache als Streitwert angesetzt.

138 Sollte sich der Gegenstandswert auch aus diesen Vorschriften nicht bestimmen und auch anderweitig nicht feststellen lassen, so ist er nach billigem Ermessen zugrunde zu legen. In Ermangelung genügender tatsächlicher Anhaltspunkte für eine Schätzung und bei nicht vermögensrechtlichen Gegenstandswerten ist der Gegenstandswert regelmäßig mit 5.000 EUR anzunehmen, nach Lage des Falles niedriger oder höher. Bei der Bestimmung nach billigem Ermessen ist zu beachten, dass der Gegenstandswert 500.000 EUR nicht übersteigen darf (§ 23 Abs. 3 RVG).

139 In Beschwerdeverfahren, in denen Gerichtskosten nicht erhoben werden oder die Gerichtskosten sich nicht nach dem Wert richten, ist der Wert unter Berücksichtigung des Interesses des Beschwerdeführers zu bestimmen, soweit keine besonderen Regelungen in diesem Gesetz getroffen wurden (§ 23 Abs. 2 RVG).

140 Darüber hinaus enthält das RVG spezifische Vorschriften, unter anderem für:

- Verfahren der Prozesskostenhilfe (§ 23a RVG)
- Musterverfahren nach dem Kapitalanleger-Musterverfahrensgesetz (§ 23b RVG)
- Gegenstandswert im Umsetzungsverfahren nach dem Verbraucherrechtedurchsetzungsgesetz (§ 24 RVG n.F.)
- Vollstreckung und Vollziehung (§ 25 RVG)
- Zwangsversteigerung (§ 26 RVG)
- Zwangsverwaltung (§ 27 RVG)
- Insolvenzverfahren (§ 28 RVG)
- Verteilungsverfahren nach der Schifffahrtsrechtlichen Verteilungsordnung (§ 29 RVG)
- Verfahren nach dem Unternehmensstabilisierungs- und -restrukturierungsgesetz (§ 29a RVG)
- gerichtliche Verfahren nach dem Asylverfahrensgesetz (§ 30 RVG)
- gerichtliche Verfahren nach dem Spruchverfahrensgesetz (§ 31 RVG)
- Ausschlussverfahren nach dem Wertpapiererwerbs- und Übernahmegesetz (§ 31a RVG)
- bei Zahlungsvereinbarungen (§ 31b RVG)

141 Für Vollstreckungsverfahren, wie die Zwangsvollstreckung oder die Sicherungsvollziehung, ist § 25 RVG maßgeblich. Der Gegenstandswert wird danach mit dem Betrag bestimmt, der Gegenstand des Vollstreckungsverfahrens ist. Und das ist – anders als im Erkenntnisverfahren – gerade nicht nur die Hauptforderung, sondern die gesamte zu vollstreckende Forderung. Das bedeutet, dass auch Nebenforderungen, wie Zinsen oder Vollstreckungskosten, in die Berechnung des Gegenstandswertes mit einfließen.

> **Beispiel:**
>
> Der Anwalt beabsichtigt heute die Zwangsvollstreckung aus einem Vollstreckungsbescheid. Tituliert sind:
>
> | | |
> |---|---|
> | Hauptforderung | 600,00 EUR |
> | 5 Prozentpunkte über dem Basiszinssatz aus HF seit dem 3.5.2024 | .EUR |
> | Kosten des Mahnverfahrens | 127,50 EUR |
> | 5 Prozentpunkte über dem Basiszinssatz aus Kosten seit dem 7.8.2024 | .EUR |
>
> *Lösung:*
>
> Um den Gegenstandswert des Vollstreckungsverfahrens korrekt auszurechnen, sind die Zinsen bis zum vorherigen Tag (bei „heutiger Antragstellung“ also „gestern“) auszurechnen (rein theoretisch hätte der Schuldner „heute“ noch Zeit, die Zahlung vorzunehmen) und der Summe aus Hauptforderung (600,00 EUR) und Kosten (127,50 EUR) hinzuzuaddieren.

Wird nicht in die volle Forderung gepfändet, sondern beschränkt sich die Pfändung auf einen bestimmten Gegenstand, der einen geringeren Wert hat, so ist der geringere Wert als Gegenstandswert maßgeblich.

> **Beispiel:**
>
> Der Anwalt betreibt die Zwangsvollstreckung aus einem Titel mit einer Hauptforderung von 15.000,00 EUR; es sind erhebliche Zinsen aufgelaufen und bereits Vollstreckungskosten ausgelöst worden, so dass die Gesamtforderung per heute 18.345,67 EUR beträgt.
>
> Der Auftrag zur Vollstreckung hat die Pfändung des Wohnwagens des Schuldners zum Inhalt, der mit einem aktuellen Verkehrswert von 17.000,00 EUR bewertet wurde.

Lösung:
Der Streitwert beschränkt sich in diesem Fall auf den Verkehrswert des Wohnwagens, weil nur dieser gepfändet werden soll. Der Gegenstand, also der Wohnwagen, hat einen geringeren Wert als die zu vollstreckende Gesamtforderung.

Bei der Vollstreckung in einen Herausgabeanspruch bestimmt sich der Wert nach dem Wert der herauszugebenden oder zu leistenden Sache. Hierbei ist zusätzlich zu beachten, dass der Gegenstandswert den Wert nicht übersteigen darf, mit dem der Herausgabe- oder Räumungsanspruch nach den für die Berechnung von Gerichtskosten maßgeblichen Vorschriften zu bewerten ist.

Wird die Vollstreckung in eine zu erwirkende Handlung, Duldung oder Unterlassung betrieben, so ist der Wert als Streitwert zu bestimmen, der den Wert für den Gläubiger dieses Verfahrens darstellt.

Geht es im Rahmen der Vollstreckung um die Abnahme der Vermögensauskunft (§ 802c der Zivilprozessordnung) oder um die Einholung von Auskünften Dritter über das Vermögen des Schuldners (§ 802l der Zivilprozessordnung) ist ebenfalls die Gesamtforderung (Hauptforderung zuzüglich Kosten zuzüglich Zinsen) anzusetzen; übersteigt der Wert die Wertgrenze von 2.000,00 EUR, sind 2.000,00 EUR als maximaler Gegenstandswert zugrunde zu legen.

In Fällen, in denen kein bezifferbarer Betrag oder ein bezifferbarer Gegenstand vollstreckt wird, wie etwa der Durchsetzung von einstweiligen Verfügungen oder Arrestbefehlen, wird der Streitwert anhand des wirtschaftlichen Interesses des Gläubigers festgesetzt. Das bedeutet, dass der Wert des Begehrens – also der zu vollstreckende Anspruch – das wesentliche Kriterium für die Streitwertbemessung bleibt.

7. Zwangsversteigerung

In Zwangsversteigerungsverfahren gilt nach § 26 RVG eine spezifische Streitwertberechnung. Maßgeblich für den 142
Streitwert ist hier der Verkehrswert der Immobilie, die versteigert werden soll. Der Verkehrswert wird in der Regel durch ein Gutachten festgesetzt, das im Rahmen des Verfahrens von einem gerichtlich bestellten Sachverständigen erstellt wird. Die Festsetzung des Gegenstandswertes auf Grundlage des jeweiligen Gutachtens bildet damit die Grundlage, die auch für die Ermittlung der Anwaltsgebühren gilt.

Bei der Vertretung des Gläubigers ist auf das ihm insoweit zustehende Recht (Gesamtforderung, also Hauptforderung einschließlich Kosten und Zinsen) abzustellen, soweit das Recht den Verkehrswert nicht übersteigt.

Bei der Beteiligung eines Dritten – etwa demjenigen, der das Objekt zu ersteigern versucht – ist für die Berechnung der Anwaltsgebühren als Gegenstandswert das jeweils höchste Gebot entscheidend.

8. Zwangsverwaltung

Für Verfahren der Zwangsverwaltung sieht § 27 RVG eine abweichende Regelung vor. Der Streitwert richtet sich in 143
diesen Fällen nicht nach dem Verkehrswert der Immobilie, denn diese steht nicht wirklich im Streit und soll auch nicht im Sinne eines Eigentumsübergangs verwertet werden.

Bei der Vertretung des Antragstellers richtet sich der Gegenstandswert nach dem Anspruch, der Grundlage der Durchführung des Verfahrens ist. Kosten und Zinsen sind dem Hauptanspruch hinzuzuaddieren (= Gesamtforderung). Bei Ansprüchen auf wiederkehrende Leistungen ist der Wert der Leistungen eines Jahres maßgebend.

Bei der Vertretung des Schuldners bestimmt sich der Gegenstandswert nach dem zusammengerechneten Wert aller Ansprüche, wegen derer das Verfahren beantragt ist, bei der Vertretung eines sonstigen Beteiligten ist der Wert nach billigem Ermessen zu bestimmen.

Schaubild:

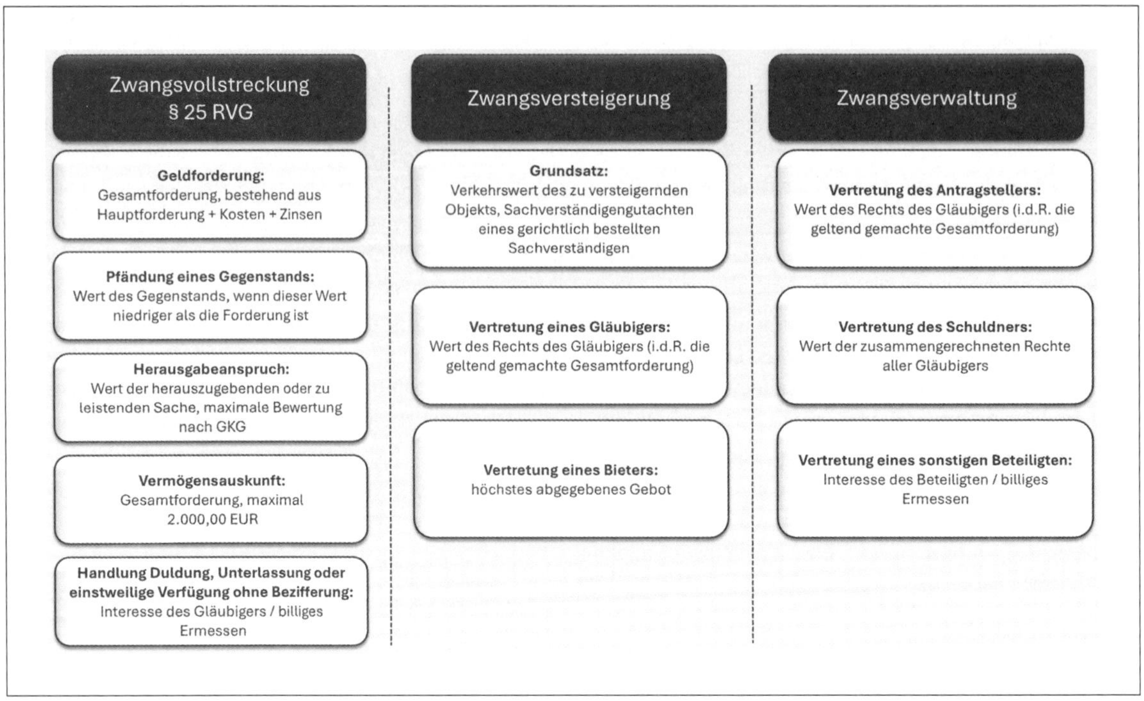

144 Aber nicht nur im RVG, sondern auch in diversen Anmerkungen zu den einzelnen Gebührenvorschriften im **Vergütungsverzeichnis** sind Gegenstandswertregelungen getroffen worden:

Gemäß Anmerkung zu Nr. 3408 VV RVG bestimmt sich der Gegenstandswert für die Berechnung der Verfahrensgebühr in einem **Verteilungsverfahren außerhalb der Zwangsversteigerung und der Zwangsverwaltung** nach den Vorschriften des § 26 Nr. 1 und Nr. 2 RVG.

Die Anmerkung zu Nr. 3410 des VV RVG bestimmt, dass zur Berechnung der Verfahrensgebühr im **Verfahren über die Prozesskostenhilfe** der Gegenstandswert zugrunde gelegt wird, der der Hauptsache entspricht. Im Übrigen ist er nach dem Kosteninteresse nach billigem Ermessen zu bestimmen.

Die Anmerkung zu Nr. 3411 VV RVG hält fest, dass sich der Gegenstandswert für die Verfahrensgebühr im Verfahren über einen Antrag auf **Abänderung eines Vollstreckungstitels** nach § 17 GKG bestimmt.

Die Anmerkung Nr. 2 zu Nr. 4142 des VV RVG bestimmt, dass eine Gebühr bei **Einziehung und verwandten Maßnahmen** nicht zu berechnen ist, wenn der Gegenstandswert weniger als 30 EUR beträgt.

Die gleiche Regelung findet sich in Nr. 5116 des VV RVG wieder.

Zusammengefast lässt sich der Weg der Wertermittlung wie folgt darstellen: 145
Schaubild:

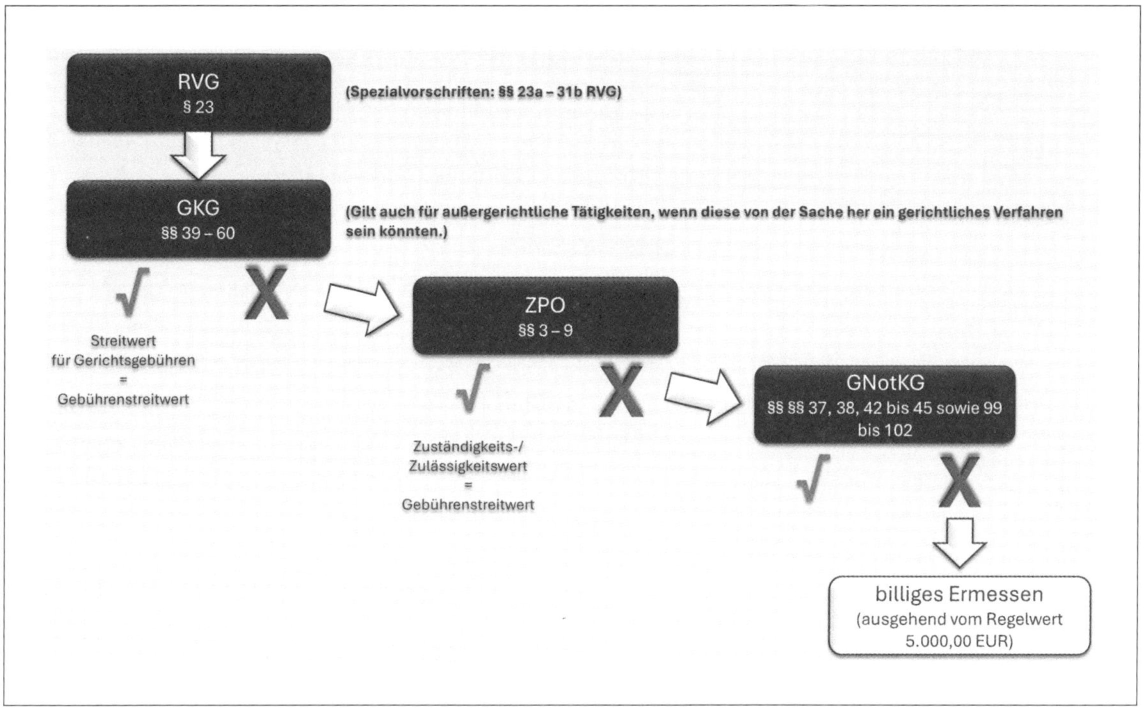

III. Additionsvorschriften

In § 22 Abs. 1 RVG ist geregelt, dass die Gegenstandswerte in ein und derselben Angelegenheit zusammengerechnet werden. Das bedeutet, dass bei einer klageweisen Geltendmachung einer Darlehensforderung i.H.v. 3.000 EUR und einer Kaufpreisforderung i.H.v. 7.000 EUR im Rahmen **einer Klage** nicht zwei Verfahrensgebühren aus dem jeweiligen Gegenstandswert zu berechnen sind, sondern lediglich eine Verfahrensgebühr aus dem addierten Gegenstandswert. 146

Unter Umständen kann es also für den Rechtsanwalt vorteilhafter sein (wenn er nicht gerade einen einheitlichen Auftrag erhalten hat), zwei Klagen gerichtsanhängig zu machen.

Beispiel:

Der Rechtsanwalt fertigt eine Klageschrift und beantragt unter Ziffer 1, den Beklagten zur Zahlung von 1.000,00 EUR zu verurteilen. Ferner beantragt er unter Ziffer 2, den Beklagten zu verurteilen, weitere 350,00 EUR (ebenfalls eine Hauptforderung, keine Nebenforderung) an den Kläger zu zahlen.

Lösung:

Auf Grund der Vorschrift des § 22 Abs. 1 RVG sind die Gegenstandswerte zu addieren, so dass der Gegenstandswert der anwaltlichen Tätigkeit in dieser Angelegenheit 1.350,00 EUR beträgt.

In Familiensachen gilt für den Verbund nach wie vor der Additionsgrundsatz, jetzt nach § 33 FamGKG: In demselben Verfahren und demselben Rechtszug werden die Werte mehrerer Gegenstände zusammengerechnet und die entstandenen Gebühren aus diesem Gesamtgegenstandswert berechnet.

Platz für Notizen

§ 8 „Formalien"

A. Vollstreckungsklausel

I. Allgemeines

Zu den allgemeinen Voraussetzungen der Zwangsvollstreckung gehört die vollstreckbare Ausfertigung des Titels, was bedeutet, dass die Ausfertigung mit einer Vollstreckungsklausel versehen sein muss. Die Vollstreckungsklausel ist ein amtliches Zeugnis über das Bestehen der Vollstreckungsreife des Titels. Sie bestimmt Gegenstand und Umfang der Vollstreckung sowie die Person des betreibenden Gläubigers und des Vollstreckungsschuldners. Die **einfache** Vollstreckungsklausel lautet (§ 725 ZPO): 1

„Vorstehende Ausfertigung wird dem Kläger zum Zwecke der Zwangsvollstreckung erteilt."

Die Vollstreckungsklausel wird aber nur auf Urteile oder Beschlüsse gesetzt, die einen vollstreckungsfähigen Inhalt haben.

Ein vollstreckungsfähiger Inhalt bedeutet, dass ein Anspruch wie etwa eine Geldforderung besteht und die tenorierte Geldleistung durch einen festen Betrag sowie Zinsen nach Höhe und Laufzeit bezeichnet ist. Oder aber ein Anspruch auf Vornahme einer Handlung, die dann genau bezeichnet werden muss.

Ein **vollstreckungsfähiger Inhalt** könnte demnach sein:

(1) Der Beklagte wird verurteilt, an den Kläger 1.000 EUR nebst 5 % Zinsen über dem jeweils gültigen Basiszinssatz seit dem 26.2.2016 zu zahlen.
(2) Der Beklagte trägt die Kosten des Rechtsstreites.

Oder:

(1) Der Beklagte wird verurteilt, an den Kläger den Pkw Mazda MX 5, Baujahr 1992, Fahrgestell-Nummer 1234/567/098, herauszugeben.
(2) Im Übrigen wird die Klage abgewiesen
(3) Der Beklagte trägt die Kosten des Rechtsstreites mit 92 %; der Kläger hat 8 % der Verfahrenskosten zu tragen.

Oder:

(1) Der Beklagte wird verurteilt, die Hecke zum Nachbargrundstück des Klägers, eingetragen im Grundbuch von Offenbach, Blatt 371, Flurstück 3/17, zu entfernen.
(2) Der Beklagte trägt die Kosten des Rechtsstreites.

Nicht vollstreckungsfähig sind z.B. Tenorierungen wie:

(1) Die Klage wird abgewiesen.
(2) Die Kosten des Rechtsstreits trägt der Kläger.
(3) Das Urteil ist hinsichtlich des beizutreibenden Betrags gegen eine Sicherheitsleistung i.H.v. 120 % vorläufig vollstreckbar.

> **Anmerkung!**
> Hier „tappen" viele in die „Klauselfalle", weil der Kostenausspruch das Wort „vollstreckbar" enthält. Der Ausspruch bezieht sich aber nicht auf den Urteilsspruch, sondern auf die noch festzusetzenden Kosten.

Ebenfalls nicht vollstreckungsfähig wäre der folgende Urteilsspruch:

„Es wird festgestellt, dass das Arbeitsverhältnis zum 31.11.2007 wirksam beendet wurde."

Als „Merkregel" sollte man sich einfach die Frage stellen, ob mit dem Urteil irgendetwas tituliert wurde, das ich nachher auch einfordern möchte bzw. kann.

Neben der einfachen Klausel gibt es auch die sog. **qualifizierte Klausel**. Diese Klausel ist notwendig, wenn beispielsweise die Klausel gegen einen Dritten als Erben und damit als Rechtsnachfolger erteilt werden soll (§ 727 ZPO). In diesem Fall soll die Klausel mehr als nur die Vollstreckungsreife des Titels bestätigen. Sie könnte etwa lauten:

„Vorstehende Ausfertigung wird dem Kläger zum Zwecke der Zwangsvollstreckung gegen die Firma XY als Rechtsnachfolgerin der Schuldnerin erteilt."

II. Antrag auf Erteilung der Klausel

1. Beim Gericht

a) Allgemeines

2 Die Vollstreckungsklausel wird beim Gericht des ersten Rechtszugs beantragt, sofern es sich um ein Urteil oder einen Beschluss des gerichtlichen Verfahrens handelt. Zuständig für die Klauselerteilung ist der Urkundsbeamte der Geschäftsstelle oder der Rechtspfleger.

Sollte die Klauselerteilung beantragt werden, während der Rechtsstreit beim nächsthöheren Gericht anhängig ist, so ist der Antrag auf Erteilung der Klausel beim höheren Gericht anzubringen (§ 724 Abs. 2 ZPO).

Rein elektronische Vollstreckungstitel gibt es (mit Ausnahme des Vollstreckungsbescheids noch) nicht. Damit der Titel also zum vollstreckbaren Titel mit Klausel wird, ist es unumgänglich, den Titel an das Gericht zu übermitteln. Das ist aber aufgrund der bestehenden Verpflichtung für Anwälte, Anträge beim Gericht digital einzureichen, nur auf einem Umweg erreichbar: Der Antrag selbst muss also via beA eingereicht werden, zugleich ist anzukündigen, dass der Titel auf dem Postweg nachgesandt wird. Das funktioniert aber auch nur dann, wenn die Ausfertigung bereits vorliegt. Ist das Urteil, der Vergleich o.Ä. vom Gericht lediglich via beA übermittelt worden, handelt es sich regelmäßig um eine (beglaubigte) Abschrift, und so muss eine Ausfertigung nebst Vollstreckungsklausel (und dann, sofern das Gericht eine solche erteilen kann/muss, bestenfalls auch mit Zustellungsbescheinigung) beantragt werden.

b) Antrag

▼

3 **Formulierungsbeispiel 8.1: Antrag auf Erteilung der Vollstreckungsklausel bei Vorliegen eines Titels**

An (…) *(Adresse des Gerichts des ersten Rechtszugs einfügen)*

In Sachen (…) *(abgekürztes Rubrum)*

Aktenzeichen (…) *(Aktenzeichen angeben)*

bitten wir um Erteilung

der Vollstreckungsklausel.

Die Ausfertigung des (…) *(Urteils: Versäumnisurteils, Anerkenntnisurteils, usw.; Vergleichs etc.)* vom (…) *(Datum des Titels)* wird zu diesem Zwecke postalisch nachgereicht.

(…) *(Ort)*, den (…) *(Datum)*

(…) *(Unterschrift des Rechtsanwalts)*

▲

▼

Formulierungsbeispiel 8.2: Antrag auf Erteilung einer Ausfertigung mit Vollstreckungsklausel

An (…) *(Adresse des Gerichts des ersten Rechtszugs einfügen)*

In Sachen (…) *(abgekürztes Rubrum)*

Aktenzeichen (…) *(Aktenzeichen angeben)*

beantragen wir die Erteilung einer Ausfertigung des (…) *(Urteils: Versäumnisurteils, Anerkenntnisurteils, usw.; Vergleichs etc.)* vom (…) *(Datum des Titels),* zugleich versehen mit der

Vollstreckungsklausel.

(…) *(Ort)*, den (…) *(Datum)*

(…) *(Unterschrift des Rechtsanwalts)*

▲

2. Beim Notar

a) Allgemeines

4 Sofern die Vollstreckungsklausel für eine Notarurkunde mit vollstreckungsfähigem Inhalt beantragt werden soll, so ist hierfür der die Notarurkunde ausstellende Notar zuständig, ersatzweise dessen Nachfolger.

b) Antrag

▼

Formulierungsbeispiel 8.3: Antrag auf Erteilung einer notariellen Vollstreckungsklausel 5

An (...) *(den die Notarurkunde seinerzeit ausstellenden Notar)*

(...) *(Ort)*, den (...) *(Datum)*

In der Angelegenheit (...) *(kurze Bezeichnung der Sache)*

Urkunden-Rolle-Nr. (...) *(Nummer angeben)*

Sehr geehrte/r Frau/Herr Kollegin/e (...),

in der Anlage überreichen wir Ihnen eine Ausfertigung Ihrer Urkunde vom (...) *(Datum angeben)*, Urkunden-Rolle-Nr. wie oben, mit der Bitte um Erteilung

der Vollstreckungsklausel.

Mit bestem Dank und freundlichen kollegialen Grüßen

(...) *(Unterschrift des Rechtsanwalts)*

▲

III. Besondere Zustellungsvorschriften der Klausel

Für den Fall, dass die Zwangsvollstreckung aus einer Notarurkunde betrieben werden soll, ist nach Einholung der Vollstreckungsklausel die Notarurkunde „zusammen" mit der Vollstreckungsklausel dem Schuldner zuzustellen. Erfolgt eine Zustellung des mit Klausel versehenen Titels nicht, kann die Zwangsvollstreckung erfolgreich angegriffen werden. 6

Auch die sog. qualifizierte Klausel muss zugestellt werden: Wird der Titel beispielsweise auf den Rechtsnachfolger des Schuldners umgeschrieben, so wird diesem gegenüber mit Zustellung die Absicht der Durchführung der Zwangsvollstreckung angekündigt.

Nicht unerwähnt bleiben sollte an dieser Stelle, dass auch dann eine Zustellung der Klausel selbst zu erfolgen hat, wenn beabsichtigt ist, die Sicherungsvollstreckung durchzuführen.

In den vorgenannten Fällen ist zudem anschließend eine Wartefrist von **zwei Wochen** einzuhalten.

B. Zustellung

Das Zustellungsverfahren erfüllt den Zweck der Gewährleistung, dass dem Zustellungsadressaten in angemessener Frist Kenntnis vom Inhalt eines Schriftstückes ermöglicht wird. Aufgrund der förmlichen Beurkundung durch Erstellung einer Zustellungsurkunde ist dieser Vorgang (Möglichkeit der Kenntnisnahme) zudem beweisbar. Der Gegenstand einer Zustellung ist nicht die Urschrift eines Schriftstückes, sondern nur deren Ausfertigung oder beglaubigte Abschrift. Vorgeschrieben ist die Zustellung einer Ausfertigung auch nur ausnahmsweise in hier nicht näher zu untersuchenden Fällen; in aller Regel reicht die Zustellung einer beglaubigten Abschrift aus, und zwar ohne dass die Klausel bereits erteilt sein muss (beachte aber oben unter Rdn 6). 7

Es gibt zwei Zustellungsarten, auf die im Nachfolgenden einzugehen sein wird: Zustellung von Amts wegen und Zustellung im Parteibetrieb.

I. Zustellung von Amts wegen

1. Allgemeines

Bei der Zustellung von Amts wegen ist das Zustellungsorgan die Geschäftsstelle des Gerichts. Zur Durchführung der Zustellung bedient sich das Gericht in aller Regel der Post. 8

Der Ort der Zustellung ist überall dort, wo der Zustellungsadressat angetroffen werden kann.

Von Amts wegen zugestellt werden insbesondere Urteile und Verfügungen, die (Not-)Fristen in Gang setzen, aber auch Terminsladungen oder etwaige Vergleiche in Beschlussverfahren. In der Praxis ist es so, dass die Zustellung von Amts wegen große Bedeutung für das Erkenntnisverfahren hat, wohingegen die Zustellung im Parteibetrieb (dazu sogleich) hauptsächlich in der Zwangsvollstreckung und im vorläufigen Rechtsschutzverfahren Anwendung findet.

Da – anders als bei der Vollstreckungsklausel – die Zustellungsbescheinigung nicht auf dem Titel selbst anzubringen ist, ist die Übersendung des Titels im Rahmen des Antrages auf Erteilung der Zustellungsbescheinigung nicht notwendig. Die separat erteilte Zustellungsbescheinigung wird dann später (z.B. zum Zwecke der Zwangsvollstreckung) mit dem Titel verbunden.

2. Antrag auf Erteilung der Zustellungsbescheinigung

9 Der Antrag auf Erteilung der Zustellungsbescheinigung könnte wie folgt lauten:

▼

Formulierungsbeispiel 8.4: Antrag auf Erteilung der Zustellungsbescheinigung

An (…) *(das Gericht des ersten Rechtszugs)*

In Sachen (…) *(abgekürztes Rubrum)*

Aktenzeichen: (…) *(Az. angeben)*

beantragen wir zum (…) *(Urteil: Versäumnisurteil, Anerkenntnisurteil, usw.; Vergleich etc.)* vom (…) *(Datum des Titels)* die Erteilung einer

Zustellungsbescheinigung.

(…) *(Ort)*, den (…) *(Datum)*

(…) *(Unterschrift des Rechtsanwalts)*

▲

II. Zustellung im Parteibetrieb

1. Zustellung durch den Gerichtsvollzieher

a) Wann und wie?

10 Für die Zustellung beispielsweise von Pfändungs- und Überweisungsbeschlüssen, Arrestbefehlen und einstweiligen Verfügungen, Bürgschaften sowie auch Kündigungen, bedient sich die Partei des Gerichtsvollziehers. Dieser erhält das Original des Zustellungsstückes sowie je Empfänger eine beglaubigte Abschrift oder Ausfertigung; die Abschriften stellt er dem oder den Zustellungsempfänger(n) zu und verbindet die von ihm zu erstellende Zustellungsurkunde mit dem Original-Schriftstück.

Zu empfehlen ist die Gerichtsvollzieherzustellung neben Akten in der Zwangsvollstreckung immer, wenn ein empfangsbedürftiges Schriftstück zugestellt werden soll (z.B. bei Kündigungen), die zudem innerhalb einer Frist zugehen müssen: Mit der Urkunde wird zum einen die Übergabe eben dieses Schriftstücks beurkundet, weiterhin das Datum des Zuganges dokumentiert.

Wenn eine Kündigung mit Einschreiben/Rückschein versandt würde, bestünde für den Empfänger im Rahmen eines Prozesses rein theoretisch die Einwandmöglichkeit, zwar sei ein Schreiben am entsprechenden Tage zugestellt worden (man wisse nicht mehr welches), nicht aber die Kündigung. Diese Einwandmöglichkeit ist durch die Urkunde bei einer Gerichtsvollzieherzustellung nicht mehr gegeben.

Ist man sich nicht sicher, dass der Mandatsumfang der Gegenseite auch Zustellungen umfasst, ist es ratsam, den Gerichtsvollzieher zu beauftragen, wobei gleichzeitig aus berufsrechtlichen Gründen der Gegenanwalt hiervon in Kenntnis gesetzt werden sollte (vgl. nachfolgend Rdn 12).

b) Beispiel

11 Ein Auftrag an den Gerichtsvollzieher, ein Schriftstück zuzustellen, könnte wie folgt aussehen:

▼

Formulierungsbeispiel 8.5: Auftrag an den Gerichtsvollzieher

Herrn Obergerichtsvollzieher

c/o Verteilungsstelle des

Amtsgerichts (…) *(am Wohnort des Zustellungsempfängers)*

(…) *(Ort)*, den (…) *(Datum)*

Sehr geehrter Herr Obergerichtsvollzieher,

anbei empfangen Sie (...) *(Bezeichnung des Schriftstücks nebst Anzahl der beglaubigten Abschriften)* mit dem Ersuchen, Letztere zuzustellen an:

(...) *(Vorname, Name, genaue Anschrift des Zustellungsempfängers).*

Die mit der Zustellungsurkunde zu versehende Urschrift wird umgehend zurückerbeten.

Mit freundlichen Grüßen,

(...) *(Unterschrift des Rechtsanwalts)*

▲

2. Zustellung „von Anwalt zu Anwalt"

a) Wann und wie?

§ 195 ZPO ermöglicht die unmittelbare Zustellung „von Anwalt zu Anwalt". Die Zustellung – also das „Zur-Kennt-nis-Bringen" – ist somit, wenn beide Parteien anwaltlich vertreten sind, grundsätzlich ohne die Inanspruchnahme des Gerichts oder eines Gerichtsvollziehers möglich. 12

Bei der Zustellung „von Anwalt zu Anwalt" gem. § 195 ZPO wird das zuzustellende Schriftstück (per Post: in der Regel in beglaubigter Abschrift) unter Beifügung eines vom Empfänger zu quittierenden und zurückzusendenden Empfangsbekenntnisses an den gegnerischen Kollegen übermittelt. Wird die gegengezeichnete Quittung – das „Empfangsbekenntnis" – zurückgesandt, ist der Zustellungsnachweis erbracht; der Nachweis sollte sodann an dem Original des zugestellten Schriftstückes befestigt werden.

Im Allgemeinen funktionieren diese Zustellungen auch, zumindest soweit es um das laufende Verfahren, dazugehörige Schriftsätze oder auch die Übermittlung von irgendwelchen Urkunden geht. Die Zustellung von Anwalt zu Anwalt wird in aller Regel bei Prozessvergleichen und Bürgschaften, die beispielsweise der Abwendung von Zwangsvollstreckungsmaßnahmen dienen sollen, vorgenommen.

Jedoch darf der empfangende Rechtsanwalt die Erteilung der Zustellungsbescheinigung (also das Ausfüllen und Zurücksenden des vorbereiteten Empfangsbekenntnisses) verweigern, wenn er die Auffassung vertritt, dass die von der Gegenseite in Auftrag gegebene Zustellung nicht zum Umfang seiner Mandatierung gehört oder gar der Mandant die Anweisung erteilt, die Zustellung nicht zu bestätigen.

Denn nach der ständigen Rechtsprechung des Bundesgerichtshofs **verpflichtet die Vorschrift des § 195 ZPO den empfangenden Anwalt nicht an der Mitwirkung der Zustellung**; er kann als Vertreter seiner Partei die Annahme der Urkunde und die Ausstellung des Empfangsbekenntnisses verweigern, ohne dass ihm insoweit prozessuale Nachteile entstehen (BGH, Beschl. v. 26.10.2015 – AnwSt (R) 4/15).

Das kann gefährlich werden: Insbesondere im einstweiligen Verfügungsverfahren ist der Antragsteller im Anschluss an den Erhalt des begehrten Beschlusses gehalten, die einstweilige Verfügung gem. § 929 Abs. 2 ZPO binnen Monatsfrist zu vollziehen. Das kann „eng" werden, wie nachfolgendes **Beispiel** zeigt:

> *Die Zustellung der einstweiligen Verfügung wird einige Tage nach Erhalt wird in die Wege geleitet, das Empfangsbekenntnis kommt nicht direkt zurück, die Akte wird weitergelegt und kurz vor knapp (wenn überhaupt, dann vielleicht zur Vorfrist?) wird festgestellt, dass die Frist in Kürze abläuft und die einstweilige Verfügung noch nicht vollzogen wurde. Man telefoniert hinterher und erhält dann die Auskunft, dass die Annahme verweigert wird bzw. das Empfangsbekenntnis nicht ausgestellt würde.*

Die – jetzt zwingend notwendig gewordene – Zustellung durch den Gerichtsvollzieher könnte zeitlich zu knapp sein – die Wirkung der einstweiligen Verfügung bei nicht fristgerecht erfolgter (nachzuweisender) Zustellung ist verloren – das Verfahren war „umsonst"!

Zu Verzögerungen mit Folgen kann das zum Beispiel auch bei der notwendigen (und dann von der Gegenseite abgelehnten) Zustellung im Rahmen der Sicherungsvollstreckung kommen, die von der vorherigen Zustellung des Titels mit Klausel (in beglaubigter Kopie!) abhängig ist: Man verliert viel kostbare Zeit; Zeit, in der der Schuldner vielleicht seine Vermögenswerte „beiseite" schafft.

Deshalb sei angeraten, die Mandatsvollmacht einzusehen (sofern sie vorliegt); im Zweifelsfall sollte von der Zustellung „von Anwalt zu Anwalt" Abstand genommen und der Gerichtsvollzieher mit der Zustellung unmittelbar gegenüber dem Gegner beauftragt werden, wobei hier dann angeraten sei, den Prozessbevollmächtigten aus standesrechtlichen Gründen zu informieren, dass – und warum – die Zustellung unmittelbar per Gerichtsvollzieher in Auftrag gegeben wurde.

b) Beispiel

13 Die Zustellungsbescheinigung für eine Anwaltszustellung könnte wie folgt aussehen:

▼

Formulierungsbeispiel 8.6: Zustellungsbescheinigung

Zustellungsbescheinigung

Die anliegende (digitale) Kopie/Abschrift des vollständigen (...) *(Art des Titels)* vom (...) *(Datum des Titels)* in Sachen (...) *(abgekürztes Rubrum)*, Aktenzeichen: (...) *(Aktenzeichen des Gerichts)*

wird hiermit (beglaubigt und) gem. § 195 ZPO den Prozessbevollmächtigten (...) *(des Klägers/der Klägerin/des Beklagten/der Beklagten)*

(...) *(Bezeichnung und Anschrift des Prozessbevollmächtigten, der die Zustellung empfangen soll)*

zugestellt.

Die Prozessbevollmächtigten (...) *(des Klägers/der Klägerin/des Beklagten/der Beklagten)*

(...) *(Bezeichnung und Anschrift des Prozessbevollmächtigten, der die Zustellung veranlasst*

(...) *(Ort)*, den (...) *(Datum)*

(...) *(Unterschrift des Rechtsanwalts)*

Hinweis: Der Zustellungsempfänger wird gebeten, das eingeforderte Empfangsbekenntnis abzutrennen und mit Datum und Unterschrift versehen umgehend an unsere oben genannte Kanzleianschrift zurückzusenden.

▲

▼

Formulierungsbeispiel 8.7: Empfangsbekenntnis (Papier)

Empfangsbekenntnis

Eine beglaubigte Kopie/Abschrift des vollständigen (...) *(Art des Titels)* vom (...) *(Datum des Titels)* in Sachen (...) *(abgekürztes Rubrum)*, Aktenzeichen: (...) *(Aktenzeichen des Gerichts)*

haben wir, die Prozessbevollmächtigten (...) *(des Klägers/der Klägerin/des Beklagten/der Beklagten)* (...) (...) *(Bezeichnung und Anschrift des Prozessbevollmächtigten, der die Zustellung empfangen soll)* am (...) *(Datum)* erhalten.

(...) *(Ort)*, den (...) *(Datum)*

(...) *(Unterschrift des Rechtsanwalts und Stempel)*

▲

c) Alternative beA-Zustellung von Anwalt zu Anwalt über das besondere elektronische Anwaltspostfach

14 Der mittlerweile übliche und auch schnelle Übertragungsweg ist das beA. Das gilt nicht nur bei der Korrespondenz mit den Gerichten, sondern auch und insbesondere zwischen den Anwälten untereinander. § 195 ZPO eröffnet mit Verweis auf §§ 173, 175 ZPO die Möglichkeit, die Zustellungen von Anwalt zu Anwalt auch „digital“ inklusive Erteilung eines Empfangsbekenntnisses vorzunehmen, sofern ein sicherer Übertragungsweg (wie das beA) gewählt wird.

Ist also der gegnerische Kollege zustellungsbevollmächtigt, kann er die Zustellung anstoßen und ein digitales Empfangsbekenntnis vom Adressaten einfordern. Aber Achtung, eine (fehlerlose) Übermittlungsbestätigung reicht insoweit nicht aus. Es muss tatsächlich auch das elektronische Empfangsbekenntnis angefordert werden. Gibt der Empfänger dies ab, hat man den notwendigen Nachweis.

C. Feststellung der Endgültigkeit eines Urteils

I. Erläuterung

15 Das Rechtskraftzeugnis bescheinigt die Unanfechtbarkeit einer ergangenen Entscheidung. Die unterlegene Partei hat im Anschluss an das erstinstanzliche Verfahren in vielen Fällen die Möglichkeit, diese für sie ungünstige Entscheidung des Gerichts durch den nächsten Rechtszug überprüfen zu lassen, z.B. beim Urteil mit entsprechender Beschwer mit der Berufung. Wird ein Rechtmittel eingelegt, geht das Verfahren weiter und das zunächst ergangene Urteil ist nicht endgültig.

Wird kein Rechtsmittel eingelegt, erwächst die Entscheidung in Rechtskraft, sie wird demnach unanfechtbar und damit endgültig. Damit entfallen sodann auch alle Beschränkungen um die vorläufige Vollstreckbarkeit eines Titels, etwa die Anordnung der Sicherheitsleistung für die Zwangsvollstreckung. Das muss aber (gegebenenfalls) nachgewiesen werden. Dies geschieht mit dem Rechtskraftzeugnis, einer offiziellen Bestätigung des Gerichts über die Unangreifbarkeit der Entscheidung.

Rechtskraftzeugnisse werden auf Antrag von der Geschäftsstelle des Gerichts des ersten Rechtszugs und, solange der Rechtsstreit in einem höheren Rechtszug anhängig ist, von der Geschäftsstelle des Gerichts dieses Rechtszugs erteilt.

Der entsprechende Bestätigungsvermerk auf der rechtskräftigen Entscheidung lautet etwa wie folgt:

Das Urteil ist rechtskräftig.

(...) (Ort), den (...) *(Datum)*

(...) (Unterschrift des Urkundsbeamten der Geschäftsstelle

Damit das Gericht dieses Zeugnis jedoch ausstellen darf, bedarf es zuvor des sog. **Notfristattests**, also einer Bescheinigung des nächst höheren Gerichts, dass ein Rechtsmittel gegen die ergangene Entscheidung des vorherigen Rechtszugs nicht eingelegt wurde. Diese Bescheinigung ist notwendig, da das erstinstanzliche Gericht nicht wissen kann, ob Rechtsmittel gegen die Entscheidung eingelegt wurde.

Gemäß § 706 Abs. 2 ZPO hat das erstinstanzliche Gericht bei eingehendem Antrag auf Erteilung des Rechtskraftzeugnisses durch den Anwalt/die Partei bei der Geschäftsstelle des für das Rechtsmittel zuständigen Gerichts eine Mitteilung in Textform einzuholen, dass bis zum Ablauf der Notfrist eine Rechtsmittelschrift nicht eingereicht wurde. Nur dann, wenn diese Mitteilung vorliegt, darf das erstinstanzliche Gericht das Rechtskraftzeugnis erteilen und damit bescheinigen, dass die Entscheidung unanfechtbar geworden ist.

Beispiel 1:

Das Urteil wurde dem Gegnervertreter am 25.8.2025 zugestellt. Der Gegner kann bis zum 25.9.2025 Berufung einlegen. Sie beantragen am 26.9.2025 – also nach Ablauf der für die Gegenseite laufenden Berufungsfrist – das Rechtskraftzeugnis, so dass die Geschäftsstelle des ersten Rechtszugs gehalten ist, beim für das Rechtsmittel zuständigen Gericht das Notfristattest einzuholen, das wie folgt lauten sollte:

„Rechtsmittel wurde bis zum 25.9.2025 nicht eingelegt."

Geht diese Mitteilung dann in Textform beim erstinstanzlichen Gericht ein, wird dieses umgehend das Rechtskraftzeugnis (s. vorstehend) erteilen.

Anmerkung!

Der Anwalt/die Partei selbst muss einen entsprechenden Antrag nicht (mehr) stellen (Das war in der Vergangenheit anders: Da musste zunächst selbst ein Antrag auf Erteilung des Notfristattestes beim nächst höheren Gericht gestellt werden, § 706 Abs. 2 ZPO i.d.F. bis zum 31.12.2001), was aber heute in vielen Kanzleien noch so gehandhabt wird.

Gerichte (gibt es auch heute noch), die die Erteilung des Rechtskraftzeugnisses mit Hinweis auf das fehlende Notfristattest verweigern, sollten auf § 706 Abs. 2 ZPO hingewiesen werden.

Auch insoweit ist hier der Medienbruch zu beachten: Das Urteil liegt ja möglicherweise in Ausfertigung vor, so dass der Antrag selbst via beA einzureichen und das Urteil dann auf dem Postweg nachzureichen ist. Wurde das Urteil bislang nur digital übersandt, ist die Erteilung einer Ausfertigung mit entsprechendem Rechtskraftzeugnis zu beantragen.

II. Antrag

▼

Formulierungsbeispiel 8.8: Antrag auf Erteilung eines Rechtskraftzeugnisses 16

An (...) *(das Gericht des ersten Rechtszugs)*

In Sachen (...) *(abgekürztes Rubrum)*

Aktenzeichen: (...) *(Aktenzeichen angeben)*

bitten wir um Erteilung

des Rechtskraftzeugnisses.

Die Ausfertigung des (…) *(Urteils: Versäumnisurteils, Anerkenntnisurteils, usw.)* vom (…) *(Datum des Titels)* wird zu diesem Zwecke postalisch nachgereicht.

(…) *(Ort)*, den (…) *(Datum)*

(…) *(Unterschrift des Rechtsanwalts)*

▲

D. Nicht endgültige (nicht rechtskräftige), aber dennoch zu vollstreckende Titel

17 Nicht nur aus rechtskräftigen Urteilen, sondern auch aus vorläufig vollstreckbaren Urteilen kann vollstreckt werden. Man kann also aus vorläufig vollstreckbar erklärten Titeln schon vollstrecken, obwohl zum Beispiel ein Berufungsverfahren läuft. Hier ist zu unterscheiden, ob ein Urteil ohne Sicherheitsleistung oder mit Sicherheitsleistung für vorläufig vollstreckbar erklärt wurde.

Ist ein Urteil ohne Sicherheitsleistung vollstreckbar, kann sofort (wenn die weiteren Voraussetzungen – Klausel, Zustellung, Identität – gegeben sind) ohne Einschränkungen vollstreckt werden.

Ist ein Urteil nur gegen Sicherheitsleistung vorläufig vollstreckbar, muss der die Zwangsvollstreckung beantragende Gläubiger vor Beginn der Zwangsvollstreckung „dafür Sicherheit leisten“, dass – wenn die Entscheidung im zweitinstanzlichen Verfahren umgekehrt ausgehen sollte – er auch in der Lage ist, die vollstreckten Beträge zurückzuführen. Sonst würde dem in erster Instanz Unterlegenen, dem das Gericht zunächst kein Recht gegeben hat, trotz Sieges in der zweiten Instanz ein Schaden entstehen. Sicherheitsleistung ist auf verschiedene Art und Weise möglich, z.B. durch Hinterlegung des Betrags bei Gericht oder Gestellung einer Bankbürgschaft.

Kann oder will der Gläubiger keine Sicherheit leisten, so kann er dennoch – beschränkt – die Zwangsvollstreckung betreiben, und zwar die Sicherungsvollstreckung (vgl. § 6 Rdn 137).

E. Besondere Wartefristen

18 In der Zwangsvollstreckung gelten zum Teil besondere Wartefristen, die den Gläubiger daran hindern, unverzüglich die Zwangsvollstreckung zu betreiben: So ist es natürlich selbstverständlich, dass, wenn in einem Urteil im Tenor steht: *„Der Beklagte hat an den Kläger spätestens am 19.5.2023 50.000 EUR zu zahlen“*, die Zwangsvollstreckung nicht vor Ablauf dieses Datums eingeleitet werden darf.

Des Weiteren ist zu beachten, dass die Zwangsvollstreckung aus einem ergangenen **Kostenfestsetzungsbeschluss** frühestens **zwei Wochen** ab Zustellung des Kostenfestsetzungsbeschlusses an den Gegner bzw. dessen Vertreter eingeleitet werden darf, um dem Schuldner die Möglichkeit zu bieten, die Schuldsumme „freiwillig“ zu entrichten.

Ebenso ist es bei der Sicherungsvollstreckung: Ist ein Urteil nur gegen Sicherheitsleistung vorläufig vollstreckbar, so kann – solange die Beschränkungen der Sicherheitsleistung bestehen – ohne Sicherheit zu leisten nur vollstreckt werden, wenn

- bewegliches Vermögen gepfändet wird,
- im Wege der Zwangsvollstreckung in das unbewegliche Vermögen eine Sicherungshypothek oder Schiffshypothek eingetragen wird,

wobei eine Befriedigung aus dem belasteten Gegenstand erst nach Sicherheitsleistung oder aber nach Wegfall der Sicherungsbeschränkungen (mit Rechtskraft) erfolgen darf.

Eine Sicherungsvollstreckung darf aber ebenfalls nicht unmittelbar nach Vorliegen des Urteils betrieben werden: Hier greift ebenfalls eine besondere Wartefrist, nämlich die nach § 750 Abs. 3 ZPO: Das **Urteil mit Vollstreckungsklausel muss mindestens zwei Wochen vor Einleitung der Sicherungsvollstreckung zugestellt** werden.

§ 9 Begriffe und Erläuterungen/Glossar

A. Allgemeinsprachliche Wörter

Abschrift	Kopien, Abdrucke oder sonstige mit der Urschrift übereinstimmende Wiedergaben des Wortlautes auf einem Schrift-, Bild- oder anderen Datenträger.	1
Aktenzeichen	Registernummer, die auch in einem Register geführt wird, um die Zuordnung von Schriftstücken zu erleichtern.	
Angeklagte/r	Jemand, der eine Straftat verrichtet haben soll und gegen den die Eröffnung des Hauptverfahrens beschlossen wurde (unschuldig, bis die Schuld bewiesen ist).	
Angelegenheit	In einer Anwaltskanzlei ist es die „Sache" bzw. der Rechtsfall, ein Verfahren oder auch einfach nur das Mandat.	
Anspruch	Recht, das jemand auf etwas hat bzw. zu haben glaubt.	
Antragsgegner	Das ist das Gegenteil zum Antragsteller; gegen den Antragsgegner ist ein Antrag gerichtet.	
Antragsteller	Eine Person, die beispielsweise bei Gericht (z.B. ein Gläubiger, der seine Forderung gerichtlich geltend macht) oder bei einer Behörde etwas beantragt.	
Auslagen	Das sind die „Nebenkosten", die einem Anwalt im Rahmen der Bearbeitung des Mandates entstehen, z.B. Porto- und Telefonkosten, Reisekosten u.a.	
beA	Besonderes elektronisches Anwaltspostfach/ein sicherer Übertragungsweg zum Austausch digitaler Dokumente mit Gerichten und andere Beteiligten – für Anwälte beim Schriftwechsel mit Gerichten verpflichtend.	
beglaubigt	Die Bestätigung, dass eine Abschrift/Kopie mit dem Original übereinstimmt.	
Beklagte/r	Die Person, gegen die eine Klage gerichtet ist.	
Erfüllungsort	Ort, an dem die Schuld/der Anspruch zu erfüllen ist.	
Forderung	Ein Verlangen, gerichtet auf Geld oder auch auf Herausgabe einer Sache, die eine Person von der anderen Person verlangt (s. Anspruch, Schuldverhältnis)	
Frist	Ein Zeitraum bis zu einem bestimmten Zeitpunkt, innerhalb dessen etwas erledigt werden muss.	
Gegner	Derjenige, den wir nicht vertreten, also der „Feind" des Mandanten.	
Gericht	Das Gericht ist das Organ der „dritten Staatsgewalt", dem die Rechtsprechung obliegt, d.h., es entscheidet darüber, was bei bestimmten konkretisierten Sachverhalten rechtens ist. Gerichte sind staatliche Institutionen (mit Ausnahme privater Gerichte wie Schiedsgerichte). Zum Aufbau und den Zuständigkeiten s. § 1 Rdn 15 ff.	
gezeichnet	Vermerk/Stempel unter Schriftstücken, dass man es in der Ursprungsfassung (Original) selbst unterschrieben hat (überwiegend veraltet, stammt aus der „Papierwelt").	
Gläubiger	Der Gläubiger ist derjenige, der eine Forderung hat (bzw. glaubt zu haben); ohne Gläubiger gibt es keinen Schuldner. Gläubiger ist außerdem die Parteibezeichnung in der Zwangsvollstreckung für denjenigen, der einen vollstreckbaren Anspruch geltend macht.	
Honorar	Die Bezahlung des Rechtsanwalts für seine Tätigkeit/„Lohn".	
Honorarvereinbarung	Bei einer Honorarvereinbarung (auch: Vergütungsvereinbarung) handelt es sich um einen Vertrag zwischen dem Anwalt und seinem Mandanten (gegebenenfalls auch einem Dritten), mit dem eine vertraglich vereinbarte Bezahlung für die Tätigkeit des Anwalts festgehalten wird. Diese vereinbarte Vergütung tritt an Stelle der gesetzlichen Vergütung. Möglich ist beispielsweise Vergütungsvereinbarung auf Stundenbasis zu einem bestimmten Stundensatz oder die Vereinbarung einer pauschalen Vergütung für eine bestimmte Tätigkeit.	
Klage	So nennt man die Prozesshandlung, durch die der Kläger (s.u.) bei Gericht um Rechtsschutz nachsucht.	
Kläger	Die Person, die bei Gericht Klage erhebt, um Rechtsschutz zu erhalten.	
Klausel	Amtliche Bescheinigung über die Vollstreckbarkeit eines Schriftstücks/Bestätigung, dass man mit diesem Schriftstück Zwangsvollstreckungsmaßnahmen einleiten kann.	
Mandant	Das ist unser „Patient" oder auch „Kunde", also der Auftraggeber des Rechtsanwalts.	

Mandat — Auftrag oder Vollmacht, die man einem Rechtsanwalt erteilt; in der Kanzlei wird damit auch allgemein „die Sache" bezeichnet.

Original — Urschrift/ein echtes, nicht nachgemachtes oder kopiertes Dokument.

Rechtsanwalt — Er ist ein unabhängiges Organ der Rechtspflege, der einen freien Beruf ausübt. Er ist Berater und Vertreter in allen Rechtsangelegenheiten und muss sich an Gesetze halten.

Rubrum — Das ist die Bezeichnung der Parteien; das Wort ist der Gerichtsentscheidung entnommen, denn eigentlich bedeutet es „Urteilskopf". Das Rubrum wird aber nicht nur in Urteilen, sondern in sämtlichem Schriftverkehr mit dem Gericht (und heute auch bei Schriftwechsel mit Anwälten und Dritten) verwandt. Es gibt das sog. volle (ausführliche) Rubrum und auch das „abgekürzte" Rubrum:

▼

Formulierungsbeispiel 9.1: Rubrum

Wir vertreten Frau/Herrn (...) *(Vorname, Nachname)*; Gegner ist Frau/Herr (...) *(Vorname, Nachname)*.

Abgekürztes Rubrum: (...) ./. (...)

Volles Rubrum: Frau/Herr (...), (...) *(Adresse)* gegen Frau/Herrn (...), (...) *(Adresse)*.

▲

Schriftsatz — Anderes Wort für Schreiben oder Brief an Gerichte oder Behörden; „eng ausgelegt" bedeutet es, dass das Schreiben einen Vortrag oder Antrag ankündigt. „Schriftsatz" wird aber heute ganz allgemein verwandt.

Schuldner — Der Schuldner ist derjenige, gegen den die Forderung gerichtet ist: also derjenige, der etwas schuldet. Gibt es keinen Gläubiger, so gibt es auch keinen Schuldner. Das Wort Schuldner wird auch in der Zwangsvollstreckung als Parteibezeichnung verwandt für denjenigen, gegen den der vollstreckbare Anspruch geltend gemacht wird.

Schuldverhältnis — Rechtsverhältnis zwischen mindestens zwei Personen, aufgrund dessen der eine (Gläubiger) von dem anderen (Schuldner) eine Leistung fordern kann.

Streitwert/ Gegenstandswert — Das ist der in Geld bemessene Wert des Streitgegenstandes. Er kann für die sachliche Zuständigkeit des Amts- bzw. Landgerichts in bürgerlichen Rechtsstreitigkeiten maßgeblich sein; er ist in aller Regel Grundlage der zu berechnenden Gebühren des Anwalts und ist häufig zur Prüfung der Zulässigkeit von Beschwerden als Maßgabe heranzuziehen.

Termin — Ein festgesetzter Zeitpunkt, an dem etwas geschehen soll.

Titel — Eine öffentliche Urkunde zum Beweis eines Anspruchs (vgl. auch Rdn 10).

Vergütung — Die Bezahlung, die der Anwalt für seine Tätigkeit erwartet bzw. nach den gesetzlichen Vorschriften einfordern kann.

Vergütungsvereinbarung — Bei einer Vergütungsvereinbarung (auch: Honorarvereinbarung) handelt es sich um einen Vertrag zwischen dem Anwalt und seinem Mandanten (gegebenenfalls auch einem Dritten), mit dem eine vertraglich vereinbarte Bezahlung für die Tätigkeit des Anwalts niedergelegt wird. Diese vereinbarte Leistung tritt an Stelle der gesetzlichen Vorschriften zur Vergütung der Tätigkeit. Möglich ist beispielsweise Vergütungsvereinbarung auf Stundenbasis zu einem bestimmten Stundensatz oder die Vereinbarung eines pauschalen Betrages für eine bestimmte Tätigkeit.

Vollstreckbarkeit — Eignung eines Titels als Grundlage zur Durchführung von Zwangsvollstreckungsmaßnahmen.

Zustellung — Bekanntgabe eines Schriftstücks an eine bestimmte Person in einer gesetzlich vorgeschriebenen Form zur Sicherung des Nachweises von Zeit und Art der Übergabe.

B. Handlungsfähigkeit/Rechtsfähigkeit

I. Allgemeine Geschäftsfähigkeit

- **Geschäftsunfähig:** 2
  - ist jede Person bis zur Vollendung des 7. Lebensjahres, § 104 Abs. 1 BGB,
  - sind dauernd Geistesgestörte, § 104 Abs. 2 BGB.
  - **Rechtsfolge**: Nichtigkeit des Rechtsgeschäfts, § 105 BGB.
- **Beschränkt geschäftsfähig:**
  - sind Personen ab der Vollendung des 7. bis zur Vollendung des 18. Lebensjahres, § 106 BGB,
  - sind vorübergehend Gestörte, § 104 Abs. 2 BGB.
  - **Rechtsfolge**: Das Rechtsgeschäft ist schwebend unwirksam.
  - **Ausnahme**: Das während einer vorübergehenden Bewusstseinsstörung geschlossene Rechtsgeschäft ist nichtig (§ 105 Abs. 2 BGB)!
- **Voll geschäftsfähig sind** alle oben nicht aufgezählten Personen.

II. Ehefähigkeit

Ehefähig ist eine Person mit Vollendung des 18. Lebensjahres (§ 1303 BGB). 3

Ausnahme:
Mit Zustimmung des Familiengerichts kann eine Ehe schon ab 16 Jahren eingegangen werden, sofern der andere Partner das 18. Lebensjahr vollendet hat § 1303 Abs. 2 BGB.

III. Testierfähigkeit

Mit Vollendung des 16. Lebensjahres ist eine Person testierfähig. Es bedarf keiner Zustimmung der Sorgeberechtigten (§ 2229 BGB). 4

IV. Deliktsfähigkeit

- **Deliktsunfähig** ist jede Person bis zur Vollendung des 7. Lebensjahres, §§ 827, 828 Abs. 1 BGB. 5
  - **Rechtsfolge**: keine Verantwortlichkeit.
  - **Ausnahme**: Billigkeitshaftung (z.B. der Täter ist reicher Erbe und kann den Schaden regulieren, ohne dass ihm dadurch ein finanzieller Nachteil entsteht, durch den sein Unterhalt gefährdet würde), § 828 BGB.
- **Beschränkt deliktsfähig** ist jede Person ab der Vollendung des 7. bis zur Vollendung des 18. Lebensjahres.
  - **Rechtsfolge**: keine Verantwortlichkeit.
  - **Ausnahme**: Haftung bei Einsichtsfähigkeit, § 828 Abs. 2 BGB.
- **Voll deliktsfähig** sind alle oben nicht aufgeführten Personen.

V. Rechtsfähigkeit

- **Natürliche Person**: Rechtsfähigkeit von der Geburt bis zum Tod, §§ 1 ff. BGB 6
- **Juristische Person**: Rechtsfähigkeit von der Entstehung/Registereintragung bis zur Auflösung/Löschung, §§ 21 ff. BGB.
- **Nichtjuristische Person**: Gesellschaft bürgerlichen Rechts, §§ 705 ff. BGB; die Gesellschaft bürgerlichen Rechts (GbR) galt bis Ende 2001 nicht als rechtsfähig, wurde aber durch richtungsweisende Entscheidung des Bundesgerichtshofs (BGH vom 29.11.2001 – II ZR 331/00) als rechtsfähig qualifiziert. Die Rechtsfähigkeit – nicht gesetzlich geregelt – beginnt damit mit Beginn der Gesellschaft (Vertrag) und endet mit Aufhebung der Gesellschaft.
- **Nicht rechtsfähiger Verein**: §§ 54 ff. BGB. Auf Vereine, die nicht rechtsfähig sind, finden die Vorschriften über die Gesellschaft Anwendung; die Rechtsfähigkeit beginnt daher mit Gründung und endet mit Auflösung.

C. Forderung: Hauptforderung/Gesamtforderung

7 **Beispiel 1:**
Herr Blau hat bei Herrn Gelb offene Rechnungen über einen Betrag von 1.500 EUR.

Die **Hauptforderung** beträgt in diesem Fall **1.500 EUR**; sie ist also der reine Schuldbetrag ohne Kosten (Nebenforderungen) und Zinsen (Früchte).

Beispiel 2:
Im Auftrag von Herrn Blau wird Herr Gelb am 24.3.2025 angemahnt, die offenstehende Rechnung zu begleichen und ihm wird auch eine Kostenrechnung über 75 EUR zugesandt.

Die **Summe,** die sich nun **aus allen Beträgen** (Forderung = 1.500 EUR + Kosten 75 EUR + Zinsen) ergibt, ist die Forderungssumme bzw. die **Gesamtforderung.**

Die Gebühren des Mahnbescheids und des Vollstreckungsbescheids werden, ebenso wie (meistens) die Gebühren einer Klage, aus der Hauptforderung errechnet.

Im Gegensatz dazu werden die Gebühren des Zwangsvollstreckungsauftrages aus der Gesamtforderung berechnet. Die Gesamtforderung besteht also aus der Forderung, den Zinsen und allen Kosten, die in diesem Verfahren entstanden sind.

D. Zinsanspruch/Zinsberechnung

8 Wenn ein Schuldner in Verzug gerät, hat er dem Gläubiger Verzugszinsen zu zahlen. Diese betrugen nach BGB bis zum 31.4.2000 für natürliche Personen 4 %; nach HGB für Kaufleute 5 %. Seit dem 1.5.2000 betragen die Zinsen für nach diesem Zeitpunkt fällig gewordene Forderungen aufgrund des „Gesetzes zur Beschleunigung fälliger Zahlungen" **5 % über dem Basiszinssatz**. Ist an dem Rechtsgeschäft kein Verbraucher beteiligt, so beträgt der gesetzliche Zinssatz nach § 288 Abs. 2 BGB heute **9 % über dem jeweils gültigen Basiszinssatz**. Der Basiszinssatz ist ein variabler Zinssatz, der von Zentralbanken, wie der Europäischen Zentralbank (EZB), festgelegt wird. Der Basiszins spiegelt insoweit den Zinssatz, der für Transaktionen zwischen den nationalen Geschäftsbanken und der EZB erhoben wird. Er ändert sich in der Regel zum. 1.1. sowie zum 1.7. eines jeden Jahres. Beträgt der Basiszinssatz 1,62 %, so beträgt der gesetzliche Verzugszins mit Beteiligung eines Verbrauchers (5 + 1,62 =) 6,62 %, ohne Beteiligung eines Verbrauchers (9 + 1,62 =) 10,62 %.

Abweichende Zinsen (nach oben) können verlangt werden, wenn man den Nachweis erbringt, dass man einen Kredit oder ein Darlehen in Anspruch nimmt, das mit höheren Zinsen belastet ist.

Grundsätzlich gerät ein Schuldner in Verzug, „wenn die fällige Leistung angemahnt wurde" (§ 286 Abs. 1 BGB) bzw. „die Fälligkeit nach dem Kalendertag bestimmt" war (§ 286 Abs. 2 BGB) oder die Fälligkeit aufgrund eines Ereignisses korrekt bestimmbar war oder der Schuldner die Leistung abschließend ablehnt. Damit ist der Schuldner mit seiner Zahlung verspätet. Aufgrund des „Gesetzes zur Beschleunigung fälliger Zahlungen" geraten Geldforderungen (seit dem 1.5.2000) darüber hinaus grundsätzlich 30 Tage nach Fälligkeit und Zugang einer Rechnung in Verzug (problematisch: Zugangsnachweis), sofern der Schuldner kein Verbraucher ist oder aber der Verbraucher auf diese Folgen in der Rechnung oder Zahlungsaufstellung besonders hingewiesen wurde (vgl. insoweit auch die Ausführungen zum Verzug unter § 5 Rdn 16).

Um eine Vereinfachung herzustellen, wird bei der Berechnung von Zinsen auf Forderungen und Kosten, insbesondere auch in der Zwangsvollstreckung, davon ausgegangen, dass jeder Monat 30 Tage hat (im Beispiel zur leichteren Ermittlung: fester Zinssatz).

Beispiel:
Die Forderung beträgt 2.000 EUR zzgl. 6 % Zinsen vom 6.1.2025 bis zum 13.6.2025.
Lösung:
Die Forderung ist für 158 Tage zu verzinsen:

25 Tage für den Januar 2025	25
30 Tage für den Februar 2025	30
30 Tage für den März 2025	30
30 Tage für den April 2025	30
30 Tage für den Mai 2025	30
13 Tage für den Juni 2025	13
Gesamt:	**158**

Berechnung:

$$\frac{2.000\ \text{EUR} \times 158\ \text{Tage} \times 6}{36.000} = 52{,}67\ \text{EUR}$$

Der Zinsanspruch beträgt 52,67 EUR.

E. Begriff der „Angelegenheit“ im Gebührenrecht

§ 15 RVG bestimmt, dass die jeweiligen Gebühren die gesamte Tätigkeit des Anwalts vom Auftrag bis zur Erledigung abdecken und dass die Gebühren in derselben Angelegenheit nur einmal gefordert werden können. 9

Zu untersuchen ist daher zunächst, ob es sich bei der bearbeiteten Sache um **eine Angelegenheit** handelt.

Die Kriterien sind wie folgt zu prüfen:

- einheitlicher Auftrag,
- gleicher Rahmen,
- innerer Zusammenhang.

Wenn alle drei Kriterien erfüllt werden, handelt es sich um eine Angelegenheit mit der Folge, dass die Gebühren nur einmal abgerechnet werden.

Wenn der Mandant den Anwalt zum Beispiel „pauschal“ beauftragt, einen Schaden geltend zu machen und der Anwalt den Schädiger und die Haftpflichtversicherung (sind in der Regel Gesamtschuldner) anschreibt, dann handelt es sich um einen **einheitlichen Auftrag** (selbst wenn der Anwalt zwei Schreiben fertigt, und das vielleicht sogar an zwei verschiedenen Tagen). Dann liegt ein einheitlicher Auftrag vor.

Anders ist dies zum Beispiel, wenn der Mandant ausdrücklich fordert, nur gegen den Schädiger vorzugehen und später, wenn dies erfolglos ist, einen neuen Auftrag erteilt, um gegen den Haftpflichtversicherer vorzugehen. Dann ist gerade das Kriterium „einheitlicher Auftrag“ nicht erfüllt.

Der „**gleiche Rahmen**“ bedeutet, dass sich die Tätigkeit im gleichen Rahmen abspielt. Das ist dann der Fall, wenn der Anwalt etwa verschiedene Ansprüche in einem Brief an den Gegner behandelt oder aber in einer Klage geltend macht.

Wenn der Rechtsanwalt zum Beispiel in einer Unfallsache für seine Mandanten (Eheleute) Ansprüche an den Haftpflichtversicherer in einem Brief geltend macht, liegt eine Angelegenheit vor, weil es sich um einen gemeinsamen Rahmen handelt. Wenn der Anwalt die Ansprüche der Eheleute in zwei getrennten Schreiben geltend macht, liegen zwei Angelegenheiten vor, denn es ist kein gleicher Rahmen.

Drittes und letztes Kriterium ist der „**innere Zusammenhang**“: Der innere Zusammenhang klärt sich über die Frage, ob die verschiedenen Gegenstände in einem Verfahren verfolgt werden können. So zum Beispiel, ob ein Geschädigter aus dem Unfall verschiedene Ansprüche wie Sachschaden und Schmerzensgeld geltend macht.

Gelangt man anhand der obigen Kriterien zu dem Schluss, dass eine Angelegenheit vorliegt, dann sind die Gegenstände zu addieren und die Gebühren auf den Gesamtgegenstandswert zu berechnen.

Beispiel 1:

Der in einen Unfall verwickelte Fahrer macht gegenüber dem Haftpflichtversicherer den Sachschaden sowie ein Schmerzensgeld geltend. Seinen Anwalt hat er insoweit allgemein mit der Unfallabwicklung beauftragt; dieser fertigt ein Schreiben an die Versicherung.

Lösung zu Beispiel 1:

Es liegt ein einheitlicher Auftrag vor; es ist der gleiche Rahmen und es gibt einen inneren Zusammenhang. Die Gegenstandswerte von Sachschaden und Schmerzensgeld werden addiert, hierauf einmal die Gebühren berechnet.

Beispiel 2:

Der in den Unfall verwickelte Fahrer beauftragt den Anwalt mit der Schadenregulierung; sein Beifahrer wurde verletzt und möchte Schmerzensgeld geltend machen. Er beauftragt ein paar Tage später denselben Anwalt.

Lösung zu Beispiel 2:

Es liegt kein einheitlicher Auftrag vor; es wird wohl auch nicht derselbe Rahmen sein, da der Anwalt sicherlich eine separate Akte anlegen und für den Beifahrer das Schmerzensgeld gesondert einfordern wird (muss aber nicht zwingend). Der innere Zusammenhang ist natürlich gegeben, denn beide Ansprüche könnten durchaus im Rahmen derselben Klage geltend gemacht werden:

„Die Beklagte wird verurteilt, aus dem Verkehrsunfall vom (...) an den Kläger zu 1) Schadensersatz i.H.v. (...) EUR und an den Kläger zu 2) Schmerzensgeld i.H.v. (...) EUR zu zahlen.

Da aber ein Kriterium nicht erfüllt ist („einheitlicher Auftrag“), liegt nicht dieselbe Angelegenheit vor, so dass einmal die Gebühren auf Basis der Forderung des Fahrers berechnet werden und einmal die gleichen Gebühren auf Basis der Forderung des Beifahrers.

F. Erläuterungen zum Begriff „Titel“

10 Ein Titel ist eine zur Zwangsvollstreckung geeignete Urkunde, versehen mit Vollstreckungsklausel und Zustellungsnachweis. „Zur Zwangsvollstreckung geeignet“ bedeutet, dass die Urkunde einen vollstreckungsfähigen Inhalt haben muss: Aus einem Urteilsspruch: „Die Klage wird abgewiesen“ kann keine Zwangsvollstreckung betrieben werden. Hier ist später lediglich die Zwangsvollstreckung aus dem zu ergehenden Kostenfestsetzungsbeschluss möglich.

Eine zur Zwangsvollstreckung geeignete Urkunde kann insbesondere ein Urteil sein. Folgende Urteile gibt es:

- Endurteil,
- Teilurteil,
- Versäumnisurteil,
- Anerkenntnisurteil,
- Verzichtsurteil,
- Grundurteil,
- Vorbehaltsurteil.

Weitere Vollstreckungstitel sind Kostenfestsetzungsbeschlüsse, Vollstreckungsbescheide sowie auch Notarurkunden mit vollstreckungsfähigem Inhalt.

§ 10 Checklisten

A. Checkliste: Fristenkontrolle

I. Überprüfung des eingehenden Schriftstücks

☐ Wurde eine Erledigungsfrist gesetzt, die im freien Ermessen des Richters steht (z.B. Stellungnahmefrist, Aufforderung zu Einzahlung von Gerichtskosten)? 1
☐ Kann man das eingegangene Schriftstück mit Hilfe eines Rechtsmittels angreifen?
☐ Gibt es gegen das eingegangene Schriftstück einen Rechtsbehelf?

Bejahendenfalls: Welche Maßnahme greift innerhalb welcher Frist?

Eingehendes Schriftstück	Maßnahme	Frist
Klage	Verteidigungsanzeige Klageerwiderung	zwei Wochen unterschiedlich bestimmt
Vergleich	Widerrufsfrist	unterschiedlich bestimmt
Versäumnisurteil	Einspruch	zwei Wochen
Urteil, berufungsfähig (weil Beschwer über 600,00 EUR)	Berufung Berufungsbegründung	ein Monat zwei Monate
Urteil, nicht berufungsfähig (weil Beschwer bis 600,00 EUR)	Rüge wegen Verletzung des rechtlichen Gehörs	zwei Wochen
Urteil	Tatbestandsberichtigungsantrag	zwei Wochen
Kostenfestsetzungsbeschluss	Erinnerung/sofortige Beschwerde/ Zahlungsfrist	zwei Wochen
Mahnbescheid	Widerspruch	zwei Wochen
Vollstreckungsbescheid	Einspruch	zwei Wochen
Verfügung zur Begründung des Anspruchs nach Mahnverfahren/ Widerspruch	Begründung des Anspruchs in Form einer Klageschrift	zwei Wochen

II. Überprüfung des Fristbeginns zur Fristberechnung

Maßgeblich ist immer die **Möglichkeit der Kenntnisnahme**: 2

☐ Möglichkeit der Kenntnisnahme durch Teilnahme am **Verhandlungstermin** (Frist wird mündlich gesetzt und im Protokoll wiedergegeben): Berechnung der Frist ab dem **Tag der mündlichen Verhandlung**.
☐ Möglichkeit der Kenntnisnahme durch **Zustellung** des Schriftstücks, beispielsweise durch Zustellung von
- Urteilen,
- Beschlüssen,
- Ladungen, die Fristen zur Erwiderung, Stellungnahme o.Ä. enthalten,
- sonstigen Verfügungen des Gerichts,
- Berechnung der Frist ab dem **Tage der Zustellung**.

Merke!
Passen Sie insbesondere bei einer Postzustellungsurkunde auf: Holen Sie am Montagmorgen einen Brief mit Postzustellungsurkunde aus dem Briefkasten, prüfen Sie unbedingt das dort vermerkte Zustelldatum, das maßgeblich für den Fristbeginn ist! Die Zustellung könnte auch an einem Samstag erfolgt sein. Die Berechnung der Frist erst ab Montag (z.B. bei einer Monatsfrist) könnte zu einem Fristversäumnis führen und damit fatale Folgen haben!

III. Ablauf der Fristnotierung

1. Digital

☐ Speichern des entsprechenden Dokuments (sinnvollerweise mir farblicher Markierung „Frist“, soweit im System möglich) 3
☐ Ermittlung der Frist mit Vorfrist (üblicherweise eine Woche vor Fristablauf)

- ☐ Erfassung der Frist mit Vorfrist im elektronischen Fristenkalender
- ☐ Überprüfung der notierten Daten anhand des Kontrollausdrucks
- ☐ Vermerk der entsprechenden Fristnotierung (mit Daten) auf dem elektronischen Dokument
- ☐ Bestenfalls: Gegenprüfung (Vier-Augen-Prinzip)

2. Mit „Papier"

- ☐ Ermittlung der Frist mit Vorfrist (üblicherweise eine Woche vor Fristablauf)
- ☐ Notierung der Frist mit Vorfrist im Papierkalender
- ☐ Notiz auf dem eingegangenen Dokument, dass und welche Frist(en) notiert wurden

IV. Fristenausgangskontrolle

1. Via beA

4 ☐ Einholung einer korrekten Eingangsbestätigung nach § 130a Abs. 5 S. 2 ZPO:
- Einloggen im beA
- Aufrufen der entsprechenden Datei unter „Gesendet"
- Exportieren der Datei über die Menüleiste oben rechts

☐ Überprüfung der heruntergeladenen Dateien im ZIP-Ordner:
- Prüfung der _export.html-Datei (Meldungstext: „Request executed, dialog closed", Status: „kein Fehler")
- Schriftsatz (auf Vollständigkeit, Richtigkeit und einfache Signatur)
- Prüfung der Anlagen
- bestenfalls- Prüfung der Visitenkarte „BusinessCard.html", aus welchem (richtigen?) Postfach versandt wurde
- Prüfung des VerificationReport.html, ob die Signatur korrekt ist (grün)

2. Auf Papier (bei Gerichten nicht möglich)

☐ bei Postversendung
- Sicherheitsabgleich von Anschrift
- Prüfung, ob der Schriftsatz die Frist erledigt und unterzeichnet wurde
- Prüfung Postausgangsbuch
- ggf. Überprüfung des Rücklaufs einer vorbereiteten Eingangsbestätigung
- im Zweifel: Anruf beim Empfänger

☐ bei Telefaxversendung
- Sicherheitsabgleich von Anschrift
- Prüfung, ob der Schriftsatz die Frist erledigt und unterzeichnet wurde
- Abgleich, ob die korrekte aktuelle Telefax-Nummer genutzt wurde
- Prüfung der Akte, ob ein abgeglichener (positiver) Faxbericht vorliegt

V. Tagesendkontrolle

5 ☐ Prüfung sämtlicher (auch bereits gestrichener) Fristen, die am Tag ablaufen durch
- Einsicht in die (digitale) Akte, ob Absendung erfolgte (bei Gerichten/beA: automatische Eingangsbestätigung, sonst: Faxbericht, Notiz im Postausgangsbuch etc.)
- Prüfung, ob der eingereichte Schriftsatz auch inhaltlich die Frist erledigt

B. Checkliste: beA-Prüfungen vor Absendung

6 ☐ Prüfung und Abgleich des Empfängergerichts mit den Daten in der (e-)Akte sowohl im Schriftsatz als auch im Empfängerfeld des beA,

☐ Abgleich des Gerichtsaktenzeichens,

☐ Prüfung des Schriftsatzes auf Vollständigkeit und Richtigkeit und etwaige Anlagen,

☐ Prüfung, ob der Schriftsatz eine einfache Signatur (lesbare Unterschrift im Schriftsatz – maschinengeschriebener Name reicht aus) enthält,

☐ Signatur bei Versand über Mitarbeiterkarte zwingend erforderlich.

C. Checkliste: Formalien

I. Urteil, obsiegend

- ☐ Tatbestandsberichtigungsfrist von zwei Wochen notieren. 7
- ☐ Zustellungsklausel einholen, um den Lauf der Rechtsmittelfrist für Gegenseite zu überwachen und um (ggf.) die Vollstreckungsvoraussetzungen zu schaffen.
- ☐ Wenn vollstreckungsfähiger Inhalt: Vollstreckungsklausel einholen.
- ☐ Wenn Vollstreckung von Sicherheitsleistung abhängt: Mit Mandanten die Möglichkeiten der Sicherungsvollstreckung besprechen und durch Zustellung des Titels mit Klausel diese vorbereiten (Wartefrist) bzw. Bürgschaft anfordern.
- ☐ Kostenfestsetzungsverfahren durch Antrag einleiten.
- ☐ Im Falle eines (für den Gegner) berufungsfähigen Urteils: Eintrag einer Wiedervorlage für etwa einen Monat, also nach Ablauf der für den Gegner ablaufenden Berufungsfrist (errechenbar anhand der zwischenzeitlich vorliegenden Zustellungsklausel): Rechtskraftzeugnis beantragen, wenn bis dahin keine Berufungsschrift vorliegt bzw. man keine Kenntnis von einer Berufungsschrift hat.
- ☐ Im Falle eines (für den Gegner) nicht berufungsfähigen Urteils: Eintrag einer Wiedervorlage für zwei Wochen, also nach Ablauf der für den Gegner ablaufenden Einspruchsfrist/Gehörsrügenfrist (errechenbar anhand der zwischenzeitlich vorliegenden Zustellungsklausel), um sodann unmittelbar das Rechtskraftzeugnis beim Prozessgericht zu beantragen.

II. Urteil, teilweise obsiegend

- ☐ Berufungs- und Berufungsbegründungsfrist sowie Frist zur Tatbestandsberichtigung notieren. 8
- ☐ Vermerk in (digitaler) Handakte, der folgenden Inhalt haben sollte:

  Am (...) wurde das teilweise obsiegende Urteil zugestellt. Berufungs- und Berufungsbegründungsfrist sind auf (...) notiert.

  Falls diesseits keine selbstständige Berufung eingelegt wird, so ist darauf zu achten, dass eine mögliche Anschlussberufung bis spätestens zur gesetzten Frist zur Berufungserwiderung zu erfolgen hat. Es ist also nicht nur die Frist zur Berufungserwiderung auf die Begründung der einlegenden Partei zu notieren, sondern zusätzlich auf dasselbe Datum die Frist zur Einlegung der Anschlussberufung.

- ☐ Zustellungsklausel einholen, um den Lauf der Rechtsmittelfrist für Gegenseite zu überwachen und um die (ggf.) Vollstreckungsvoraussetzungen zu schaffen.
- ☐ Wenn vollstreckungsfähiger Inhalt: Vollstreckungsklausel einholen.
- ☐ Wenn Vollstreckung von Sicherheitsleistung abhängt: Mit Mandanten die Möglichkeiten der Sicherungsvollstreckung besprechen und durch Zustellung des Titels mit Klausel diese vorbereiten (Wartefrist) bzw. Bürgschaft anfordern.
- ☐ Überprüfung des Kostenausspruchs:
  - im Falle der Kostenquotelung: Kostenausgleichungsantrag/Kostenanmeldung;
  - im (für ein Urteil eher seltenen) Fall, dass die Kosten gegeneinander aufgehoben werden: Gerichtskostenausgleichung, wenn Gerichtskosten gezahlt wurden (Gerichtsgebühren für Klage, Zeugen- oder Sachverständigenvorschüsse).
- ☐ Wenn selbst keine Berufung beabsichtigt ist:
  - nach einmonatiger Wiedervorlage, wenn keine Rechtsmittelschrift eingelegt wurde: Rechtskraftzeugnis beantragen.

III. Vergleich mit vollstreckungsfähigem Inhalt

- ☐ Vollstreckungsklausel einholen. 9
- ☐ Zustellung
  - Anders als beim Urteil muss man bei der Zustellungsklausel differenzieren: Handelt es sich um einen Vergleich, der im Beschlusswege ergangen ist, hat das Gericht in der Regel die Zustellung veranlasst, so dass dieses auch die Zustellungsklausel erteilt. Wurde der Vergleich hingegen in der mündlichen Verhandlung protokolliert, so ist die Ausfertigung des Vergleichs Anwalt zu Anwalt bzw. wenn Gegenpartei nicht anwaltlich vertreten ist: durch den Gerichtsvollzieher, zuzustellen.

☐ **Je nach Kostenausspruch**:
- im Falle der Kostenquotelung: Kostenausgleichungsantrag/Kostenanmeldung;
- im Fall, dass die Kosten gegeneinander aufgehoben werden: Gerichtskostenausgleichung, wenn Gerichtskosten gezahlt wurden (Gerichtsgebühren für Klage, Zeugen- oder Sachverständigenvorschüsse), zusätzlich um Rückerstattung nicht verbrauchter Gerichtskosten bitten;
- in dem Fall, dass die Gegenpartei Kosten- und Gebührenschuldner ist: Kostenfestsetzungsantrag.

IV. Antragsgemäß erlassene einstweilige Verfügung

10 ☐ Vollziehungsfrist (1 Monat) notieren;
☐ Zustellung durch den Gerichtsvollzieher zwecks Vollzug;
☐ Kostenfestsetzungsantrag nach Kenntnis der für die Zustellung angefallenen Gerichtsvollziehergebühren.

V. Notarurkunde, aus der vollstreckt werden soll

11 ☐ Klausel beim Notar einholen, falls nicht schon vorliegend;
☐ Zustellung der Urkunde (die mit einer Klausel versehen ist) durch den Gerichtsvollzieher an den Schuldner als Vollstreckungsankündigung.

VI. Kostenfestsetzungsbeschluss

12 ☐ Fristen notieren (Erinnerung, sofortige Beschwerde, ggf. Zahlungsfrist);
☐ Erstattungsanspruch nachrechnen, insbesondere den Ansatz der Quoten prüfen;
☐ Einhaltung der Wartefrist vor Einleitung von Vollstreckungsmaßnahmen von zwei Wochen ab Zustellung an den Schuldner.

D. Checkliste: Titulierung eines Anspruchs im Mahnverfahren

I. Mahnbescheid

13 ☐ Anspruch gerichtet auf Leistung einer Geldforderung?
☐ Leistung darf nicht (mehr) von einer Gegenleistung abhängen.
☐ Forderung muss fällig sein.
☐ Schuldner muss sich mit der Leistung in Verzug befinden (seit wann?).
☐ Anschriften, Rechtsform und Vertretungsverhältnisse der Parteien bekannt bzw. überprüft?
☐ Besteht die Möglichkeit, einen „besonderen Titel" (Deliktstitel) zu erhalten? (Vorherige Prüfung, ob eventuell eidesstattliche Versicherung vor Warenbestellung abgeleistet wurde oder ein Insolvenzantrag vorlag.) **Dann Abstandnahme vom Mahnverfahren**.
☐ Zuständigkeit des angerufenen Gerichts:
- am Wohnsitz des Antragstellers;
- Prüfung, welches besondere Gericht für maschinelles Mahnverfahren.

☐ **Zuständigkeit nach Verfahrensabgabe**:
- örtlich:
  - ausschließlicher Gerichtsstand
  - Wahlgerichtsstand
  - besonderer Gerichtsstand
- sachlich:
  - bis einschließlich 5.000,00 EUR = Amtsgericht
  - ab 5.000,01 EUR = Landgericht
    (Rechtsprechung beobachten, Änderung der Zuständigkeitsstreitwerte steht an)
- Berücksichtigung etwa außergerichtlich angefallener Gebühren einschließlich Anrechnungsbetrag.

☐ Formvorschriften beachten (vgl. § 5 Rdn 1 ff.); Versendung als EDA-Datei
☐ 6-Monatsfrist für Antrag auf Erlass eines Vollstreckungsbescheides notieren (da anderenfalls der Mahnbescheid seine Wirkung verliert)

II. Vollstreckungsbescheid

☐ Wartefrist von zwei Wochen ab Zustellung an den Antragsgegner eingehalten? 14

☐ Berücksichtigung eventuell erfolgter Zahlungen.

☐ Zustellungsangabe:
- über das Gericht (von Amts wegen),
  - wenn die Gerichtsvollziehervollstreckung nicht unmittelbar beabsichtigt ist, sondern das Gericht als Vollstreckungsorgan tätig werden soll (z.B. beim Pfändungs- und Überweisungsbeschluss), die Rechtsmittelfrist aber in Gang gesetzt werden soll,
  - weil es sich beim Schuldner um einen „Mietnomaden" handelt, oder aber
  - weil Ratenzahlungen unter der Bedingung der rechtskräftigen Titulierung des Anspruchs gewährt wurden;
- durch den Gerichtsvollzieher (im Parteibetrieb), wenn Zeit gespart und der Überraschungseffekt genutzt werden soll (z.B. Mobiliarvollstreckung, Kassen- oder Taschenpfändung usw.).

☐ Aufnahme nachträglich entstandener Kosten (Auskunftskosten durch Einwohnermeldeamtsanfrage oder andere Auslagen).

☐ Angabe, dass Kosten des Verfahrens verzinslich gestellt werden sollen.

☐ Änderungen von Anschriften, Name oder Ergänzungen von Vertretern notwendig?

E. Checkliste: Widerspruch im Mahnverfahren

I. Gegen den Anspruch insgesamt

☐ Forderung nicht gerechtfertigt oder 15

☐ Forderung noch nicht fällig.

II. Teilwiderspruch

☐ gegen einen Teil der Hauptforderung (eventuell wegen Gutschrift oder Minderungsbetrag): 16

☐ wegen der Zinsen (weil noch kein Verzug eingetreten ist oder die Zinsen zu hoch sind);

☐ wegen der Kosten (weil noch kein Verzug eingetreten ist oder die Kosten zu hoch/falsch sind);

☐ wegen anderer Nebenforderungen.

III. Änderungen von Angaben/Ergänzende Angaben

☐ Anschrift hat sich geändert oder beinhaltete einen Schreibfehler; 17

☐ Antragsgegner hat Vertreter (auch Prozessbevollmächtigten).

F. Checkliste: Vollstreckungsvoraussetzungen

☐ **Titel** mit vollstreckungsfähigem Urteil. 18

☐ **Keine Vollstreckungshindernisse** (z.B. Vollstreckung kann erst an einem bestimmten Kalendertag eingeleitet werden; bei Zug-um-Zug-Vollstreckung ist noch kein Annahmeverzug nachgewiesen).

☐ **Vollstreckungsklausel** und **Zustellungsnachweis** (Zustellungsnachweis nicht unbedingt erforderlich, wenn die Gerichtsvollziehervollstreckung beabsichtigt ist, dann aber: gleichzeitiger Zustellungsauftrag an den Gerichtsvollzieher).

☐ **Parteienidentität** prüfen (stimmen Gläubiger und Schuldner des jetzt einzuleitenden Vollstreckungsverfahrens mit Gläubiger und Schuldner im Titel überein? Gegebenenfalls qualifizierte Klausel beantragen und zustellen).

☐ **Titel nur gegen Sicherheitsleistung vollstreckbar?**
- Sicherheit leisten und nachweisen (wenn Sicherheitsleistung wegen Rechtskraft wegfällt, Sicherheitsleistung unbedingt zurückverlangen) oder
- Sicherungsvollstreckung unter Beachtung der zweiwöchigen Wartefrist nach gesonderter Zustellung auch der Vollstreckungsklausel.

G. Checkliste: Vollstreckungsmaßnahmen

19 Vollstreckungsmaßnahmen sind nur zu ergreifen, wenn die Vollstreckungsvoraussetzungen vorliegen und zudem gegen den Schuldner ein Insolvenzverfahren nicht eröffnet wurde (bei Letzterem Angriffsmöglichkeiten prüfen, insbesondere die Wohlverhaltensperiode beobachten).

Vor Vollstreckungsbeginn kann (und sollte) unter Vorlage eines Titels beim Vollstreckungsgericht des letzten bekannten Wohnsitzes des Schuldners nachgefragt werden, **ob** und ggf. **wann** eine Vermögensauskunft abgegeben wurde. Wenn eine solche vorliegt, aus der sich etwaige Pfändungsmöglichkeiten ergeben könnten, ist dies oft schon veraltet, nicht zuletzt wegen der zweijährigen Schuldnerschonfrist. Ein z.B. mehr als sechs Monate altes Vermögensverzeichnis lohnt in der Regel nicht anzufordern. Dann lohnt aber meist auch nicht die Investition in einen Vollstreckungsauftrag, denn der Schuldner wird den Gerichtsvollzieher auf die abgegebene Vermögensauskunft verweisen. Sie sollten am besten eine Wiedervorlage eintragen für einen kurzen Zeitpunkt nach Ablauf der zweijährigen Schonfrist.

☐ Wenn keine Vermögensauskunft abgegeben wurde:
- Wenn Sie wissen, dass beim Schuldner im Wege der Mobiliarvollstreckung nichts zu holen ist, weil er nie Geld hat und auch keine besonderen Werte in der Wohnung hat: Abgabe der Vermögensauskunft beantragen, um direkt Pfändungsmöglichkeiten zu erfahren;
- Haben Sie gar keine Anhaltspunkte: Mobiliarvollstreckung durch Gerichtsvollzieherauftrag, sinnvollerweise kombiniert mit Antrag auf Abgabe der Vermögensauskunft, um im Falle der fruchtlosen Vollstreckung entsprechende Kenntnisse zu erlangen.

☐ **Einzelne Vermögenswerte sind bekannt**: Richtige Maßnahme erkennen und ergreifen, z.B.:
- Konto/Bank bekannt: Kontenpfändung;
- Arbeitgeber bekannt: Lohn-/Gehalts-/Provisionspfändung;
  - bei mehreren Einkommen zusätzlich die Zusammenrechnung der Einkünfte beantragen, weiterhin beantragen, dass der pfändbare Betrag dem sichereren Anspruch X entnommen werden kann;
  - sofern Unterhaltsberechtigte (z.B. Ehefrau) selbst Verdiener ist, Antrag auf Außerachtlassung dieses Unterhaltsberechtigten bei der Berechnung der Pfändungsgrenze stellen;
  - bei Delikts- oder Unterhaltstiteln Pfändungsgrenzen herabsetzen lassen.
- Vermächtnisse, Erbeinsetzung bekannt: Erbteil bzw. Anspruch pfänden;
- bei **allen vorstehenden Pfändungsmaßnahmen wichtig**: Vorherige Sicherung des bekannt gewordenen Anspruchs durch Beantragung eines vorläufigen Zahlungsverbots;

☐ **Informationen über Grundstückseigentum** liegen vor (Nachfrage beim Grundbuchamt):
- Zwangssicherungshypothek (zur Sicherung und Rangwahrung);
- Zwangsversteigerung (wenn unbelastet oder gering belastet);
- Zwangsverwaltung (wenn ertragreiches Grundstück, z.B. Hotel, Gaststätte).

H. Checkliste: Gebührenrechnung erstellen

I. Anforderungen an eine wirksame Gebührenrechnung

20 ☐ **Gebühren und Auslagen**:
- Angabe der Beträge je Gebühr und Auslage bei (Entgelten für Post- und Telekommunikationsdienstleistungen genügt die Angabe des Gesamtbetrags/Nachweis auf Anforderung);
- Bezeichnung des Gebührentatbestands („Verfahrensgebühr", „Terminsgebühr", o.Ä.);
- die Bezeichnung der jeweiligen Auslagen und der angewandten Kostenvorschriften;
- bei gegenstandswertabhängigen Gebühren: die Angabe des Gegenstandswertes.

☐ **Sonstige Anforderungen**:
- fortlaufende Rechnungsnummer;
- Steuernummer des Betriebsstättenfinanzamts;
- Textform (Unterschrift des Rechtsanwalts nicht mehr erforderlich).

II. Besondere Mandatsart – Mandatsbedingungen

21 ☐ **Korrespondenzmandat**:
- Gebührenteilung vereinbart?
  - Unter Einschluss der Korrespondenzgebühr?
  - Unter Ausklammerung der Korrespondenzgebühr?

- Teilung der festsetzungsfähigen Gebühren? Prüfen Sie, ob die Festsetzung der Korrespondenzgebühr in Frage käme.
- Keine Gebührenteilung vereinbart?
  - Jeder vereinnahmt die tatsächlich dort angefallenen Gebühren?

☐ **Mandat in Untervollmacht**:
- Gebührenteilung vereinbart?
  - Einschluss sämtlicher angefallener Gebühren?
  - Teilung der Gebühren nur eines Anwalts?
  - Teilung der festsetzungsfähigen Gebühren?
- Keine Gebührenteilung vereinbart?
  - Jeder vereinnahmt die tatsächlichen Gebühren?

☐ **Mandat mit Beauftragung eines Unterbevollmächtigten**:
- Gebührenteilung vereinbart?
  - Einschluss sämtlicher angefallener Gebühren?
  - Teilung der Gebühren nur eines Anwalts?
  - Teilung der festsetzungsfähigen Gebühren?
- Keine Gebührenteilung vereinbart?
  - Jeder vereinnahmt die tatsächlichen Gebühren?

III. Anzusetzender Streitwert

☐ Nach RVG/GKG/GNotKG; **22**
☐ nach ZPO;
☐ nach besonderen Streitwertvorschriften (z.B. ArbGG);
☐ nach billigem Ermessen;
☐ nach Regelstreitwert;
☐ im gerichtlichen Verfahren ggf. Streitwertfestsetzung beantragen.

IV. Zu berechnende Gebühren

1. Außergerichtliche Gebühren

☐ Mehrere Auftraggeber? Erhöhung beachten! **23**
☐ Gegenstand „nur" eine erste Beratung? Gebührengrenze beim Verbraucher!
☐ Gebührenrahmen ausgeschöpft? Art, Umfang, Schwierigkeit und Bedeutung der Sache für den Mandanten berücksichtigt?
☐ Besprechungen mit Gegner bzw. Gegnervertreter geführt, um einen Rechtsstreit zu vermeiden bzw. zu erledigen?
☐ Bei außergerichtlich geschlossenen Vergleichen über nicht rechtshängige Ansprüche: erhöhte Vergleichsgebühr.

2. Gerichtliche Gebühren

☐ Welcher Rechtszug? **24**
☐ Mehrere Auftraggeber? Erhöhung beachten!
☐ Anrechnungsvorschriften beachten (auch vorausgegangene außergerichtliche Tätigkeit, vorzeitige Erledigung)!
☐ Wurde eine außergerichtliche Besprechung oder auch ein Telefonat mit Gegnern oder Gegnervertretern zur Streitbeilegung/Streitvermeidung geführt? Dann auch hier an eine Terminsgebühr denken!
☐ Antrag auf Protokollierung, betreffend nicht rechtshängige Ansprüche: Verfahrensdifferenzgebühr.
☐ Vergleich auch über nicht rechtshängige Ansprüche? Dann „gespaltene" Vergleichsgebühr von 1,0 und 1,5 (aber nicht in selbstständigen Beweisverfahren, dann immer 1,5) und ggf. eine Terminsgebühr aus dem addierten Gegenstandswert.

V. Sonstige Kosten und Auslagen

☐ Vorverauslagte Kosten (Auskünfte wie Einwohnermeldeamtsanfragen, Handels- oder Gewerberegisterauszüge) weiterberechnen; **25**
☐ Gerichtskosten (sowie Zeugengebühren, Sachverständigenauslagen) abrechnen;
☐ Kopiekosten;

- ☐ Porto- und Telefonkosten gemäß Einzelnachweis oder pauschal nach Nr. 7001, 7002 VV RVG;
- ☐ Auswärtiger Termin: Reisekosten und Abwesenheitsgelder, ggf. Übernachtungskosten (in bestimmten Fällen auch Flugtickets);
- ☐ Weiterberechnung besonderer Haftpflichtprämien;
- ☐ Prüfung, ob Umsatzsteuer auf die Gebühren und Auslagen zu berechnen sind oder nicht.

Gesetz über die Vergütung der Rechtsanwältinnen und Rechtsanwälte (Rechtsanwaltsvergütungsgesetz – RVG)

Vom 5.5.2004, BGBl. I S. 718, 788

BGBl. III 368–3

Neufassung durch Bekanntmachung vom 15.3.2022, BGBl. I S. 610

Gesetz zur Neuregelung der Vormünder- und Betreuervergütung und zur Entlastung von Betreuungsgerichten und Betreuern sowie zur Änderung des Rechtsanwaltsvergütungsgesetzes und des Justizkostenrechts

(Kosten- und Betreuervergütungsrechtsänderungsgesetz 2025 – KostBRÄG 2025)

vom 7.4.2025, BGBl. 2025 I Nr. 109

Abschnitt 1: Allgemeine Vorschriften

Abschnitt 2: Gebührenvorschriften

Abschnitt 3: Angelegenheit

Abschnitt 4: Gegenstandswert

Abschnitt 1: Allgemeine Vorschriften

§ 1 Geltungsbereich

(1)[1]Die Vergütung (Gebühren und Auslagen) für anwaltliche Tätigkeiten der Rechtsanwältinnen und Rechtsanwälte bemisst sich nach diesem Gesetz. [2]Dies gilt auch für eine Tätigkeit als besonderer Vertreter nach den §§ 57 und 58 der Zivilprozessordnung, nach § 118e der Bundesrechtsanwaltsordnung, nach § 103b der Patentanwaltsordnung oder nach § 111c des Steuerberatungsgesetzes. [3]Andere Mitglieder einer Rechtsanwaltskammer, Partnerschaftsgesellschaften und sonstige Gesellschaften stehen einem Rechtsanwalt im Sinne dieses Gesetzes gleich.

(2)[1]Dieses Gesetz gilt nicht für eine Tätigkeit als Syndikusrechtsanwalt (§ 46 Absatz 2 der Bundesrechtsanwaltsordnung). [2]Es gilt ferner nicht für eine Tätigkeit als Vormund, Betreuer, Pfleger, Verfahrenspfleger, Verfahrensbeistand, Testamentsvollstrecker, Insolvenzverwalter, Sachwalter, Mitglied des Gläubigerausschusses, Restrukturierungsbeauftragter, Sanierungsmoderator, Mitglied des Gläubigerbeirats, Nachlassverwalter, Zwangsverwalter, Treuhänder oder Schiedsrichter oder für eine ähnliche Tätigkeit. [3]§ 1877 Absatz 3 des Bürgerlichen Gesetzbuchs und § 4 Absatz 2 des Vormünder- und Betreuervergütungsgesetzes bleiben unberührt.

(3)Die Vorschriften dieses Gesetzes über die Erinnerung und die Beschwerde gehen den Regelungen der für das zugrunde liegende Verfahren geltenden Verfahrensvorschriften vor.

§ 2 Höhe der Vergütung

(1) Die Gebühren werden, soweit dieses Gesetz nichts anderes bestimmt, nach dem Wert berechnet, den der Gegenstand der anwaltlichen Tätigkeit hat (Gegenstandswert).

(2) [1]Die Höhe der Vergütung bestimmt sich nach dem Vergütungsverzeichnis der Anlage 1 zu diesem Gesetz. [2]Gebühren werden auf den nächstliegenden Cent auf- oder abgerundet; 0,5 Cent werden aufgerundet.

§ 3 Gebühren in sozialrechtlichen Angelegenheiten

(1) [1]In Verfahren vor den Gerichten der Sozialgerichtsbarkeit, in denen das Gerichtskostengesetz nicht anzuwenden ist, entstehen Betragsrahmengebühren. [2]In sonstigen Verfahren werden die Gebühren nach dem Gegenstandswert berechnet, wenn der Auftraggeber nicht zu den in § 183 des Sozialgerichtsgesetzes genannten Personen gehört; im Verfahren nach § 201 Absatz 1 des Sozialgerichtsgesetzes werden die Gebühren immer nach dem Gegenstandswert berechnet. [3]In Verfahren wegen überlanger Gerichtsverfahren (§ 202 Satz 2 des Sozialgerichtsgesetzes) werden die Gebühren nach dem Gegenstandswert berechnet.

(2) Absatz 1 gilt entsprechend für eine Tätigkeit außerhalb eines gerichtlichen Verfahrens.

§ 3a Vergütungsvereinbarung

(1) [1]Eine Vereinbarung über die Vergütung bedarf der Textform. [2]Sie muss als Vergütungsvereinbarung oder in vergleichbarer Weise bezeichnet werden, von anderen Vereinbarungen mit Ausnahme der Auftragserteilung deutlich abgesetzt sein und darf nicht in der Vollmacht enthalten sein. [3]Sie hat einen Hinweis darauf zu enthalten, dass die gegnerische Partei, ein Verfahrensbeteiligter oder die Staatskasse im Falle der Kostenerstattung regelmäßig nicht mehr als die gesetzliche Vergütung erstatten muss. [4]Die Sätze 1 und 2 gelten nicht für eine Gebührenvereinbarung nach § 34.

(2) [1]In der Vereinbarung kann es dem Vorstand der Rechtsanwaltskammer überlassen werden, die Vergütung nach billigem Ermessen festzusetzen. [2]Ist die Festsetzung der Vergütung dem Ermessen eines Vertragsteils überlassen, so gilt die gesetzliche Vergütung als vereinbart.

(3) [1]Ist eine vereinbarte, eine nach Absatz 2 Satz 1 von dem Vorstand der Rechtsanwaltskammer festgesetzte oder eine nach § 4a für den Erfolgsfall vereinbarte Vergütung unter Berücksichtigung aller Umstände unangemessen hoch, kann sie im Rechtsstreit auf den angemessenen Betrag bis zur Höhe der gesetzlichen Vergütung herabgesetzt werden. [2]Vor der Herabsetzung hat das Gericht ein Gutachten des Vorstands der Rechtsanwaltskammer einzuholen; dies gilt nicht, wenn der Vorstand der Rechtsanwaltskammer die Vergütung nach Absatz 2 Satz 1 festgesetzt hat. [3]Das Gutachten ist kostenlos zu erstatten.

(4) [1]Eine Vereinbarung, nach der ein im Wege der Prozesskostenhilfe beigeordneter Rechtsanwalt für die von der Beiordnung erfasste Tätigkeit eine höhere als die gesetzliche Vergütung erhalten soll, ist nichtig. [2]Die Vorschriften des bürgerlichen Rechts über die ungerechtfertigte Bereicherung bleiben unberührt.

§ 4 Unterschreitung der gesetzlichen Vergütung

(1) [1]In außergerichtlichen Angelegenheiten kann eine niedrigere als die gesetzliche Vergütung vereinbart werden. [2]Sie muss in einem angemessenen Verhältnis zu Leistung, Verantwortung und Haftungsrisiko des Rechtsanwalts stehen. [3]Ist Gegenstand der außergerichtlichen Angelegenheit eine Inkassodienstleistung (§ 2 Absatz 2 Satz 1 des Rechtsdienstleistungsgesetzes) oder liegen die Voraussetzungen für die Bewilligung von Beratungshilfe vor, gilt Satz 2 nicht und kann der Rechtsanwalt ganz auf eine Vergütung verzichten. [4]§ 9 des Beratungshilfegesetzes bleibt unberührt.

(2) Ist Gegenstand der Angelegenheit eine Inkassodienstleistung in einem der in § 79 Absatz 2 Satz 2 Nummer 4 der Zivilprozessordnung genannten Verfahren, kann eine niedrigere als die gesetzliche Vergütung vereinbart werden oder kann der Rechtsanwalt ganz auf eine Vergütung verzichten.

§ 4a Erfolgshonorar

(1) [1]Ein Erfolgshonorar (§ 49b Absatz 2 Satz 1 der Bundesrechtsanwaltsordnung) darf nur vereinbart werden, wenn

1. sich der Auftrag auf eine Geldforderung von höchstens 2 000 Euro bezieht,
2. eine Inkassodienstleistung außergerichtlich oder in einem der in § 79 Absatz 2 Satz 2 Nummer 4 der Zivilprozessordnung genannten Verfahren erbracht wird oder
3. der Auftraggeber im Einzelfall bei verständiger Betrachtung ohne die Vereinbarung eines Erfolgshonorars von der Rechtsverfolgung abgehalten würde.

[2]Eine Vereinbarung nach Satz 1 Nummer 1 oder 2 ist unzulässig, soweit sich der Auftrag auf eine Forderung bezieht, die der Pfändung nicht unterworfen ist. [3]Für die Beurteilung nach Satz 1 Nummer 3 bleibt die Möglichkeit, Beratungs- oder Prozesskostenhilfe in Anspruch zu nehmen, außer Betracht.

(2) In anderen als den in Absatz 1 Satz 1 Nummer 2 genannten Angelegenheiten darf nur dann vereinbart werden, dass für den Fall des Misserfolgs keine oder eine geringere als die gesetzliche Vergütung zu zahlen ist, wenn für den Erfolgsfall ein angemessener Zuschlag auf die gesetzliche Vergütung vereinbart wird.

(3) In eine Vereinbarung über ein Erfolgshonorar sind aufzunehmen:

1. die Angabe, welche Vergütung bei Eintritt welcher Bedingungen verdient sein soll,
2. die Angabe, ob und gegebenenfalls welchen Einfluss die Vereinbarung auf die gegebenenfalls vom Auftraggeber zu zahlenden Gerichtskosten, Verwaltungskosten und die von diesem zu erstattenden Kosten anderer Beteiligter haben soll,
3. die wesentlichen Gründe, die für die Bemessung des Erfolgshonorars bestimmend sind, und
4. im Fall des Absatzes 1 Satz 1 Nummer 3 die voraussichtliche gesetzliche Vergütung und gegebenenfalls die erfolgsunabhängige vertragliche Vergütung, zu der der Rechtsanwalt bereit wäre, den Auftrag zu übernehmen.

§ 4b Fehlerhafte Vergütungsvereinbarung

[1]Aus einer Vergütungsvereinbarung, die nicht den Anforderungen des § 3a Abs. 1 Satz 1 und 2 oder des § 4a Absatz 1 und 3 Nummer 1 und 4 entspricht, kann der Rechtsanwalt keine höhere als die gesetzliche Vergütung fordern. [2]Die Vorschriften des bürgerlichen Rechts über die ungerechtfertigte Bereicherung bleiben unberührt.

§ 5 Vergütung für Tätigkeiten von Vertretern des Rechtsanwalts

Die Vergütung für eine Tätigkeit, die der Rechtsanwalt nicht persönlich vornimmt, wird nach diesem Gesetz bemessen, wenn der Rechtsanwalt durch einen Rechtsanwalt, den allgemeinen Vertreter, einen Assessor bei einem Rechtsanwalt oder einen zur Ausbildung zugewiesenen Referendar vertreten wird.

§ 6 Mehrere Rechtsanwälte

Ist der Auftrag mehreren Rechtsanwälten zur gemeinschaftlichen Erledigung übertragen, erhält jeder Rechtsanwalt für seine Tätigkeit die volle Vergütung.

§ 7 Mehrere Auftraggeber

(1) Wird der Rechtsanwalt in derselben Angelegenheit für mehrere Auftraggeber tätig, erhält er die Gebühren nur einmal.

(2) [1]Jeder der Auftraggeber schuldet die Gebühren und Auslagen, die er schulden würde, wenn der Rechtsanwalt nur in seinem Auftrag tätig geworden wäre; die Dokumentenpauschale nach Nummer 7000 des Vergütungsverzeichnisses schuldet er auch insoweit, wie diese nur durch die Unterrichtung mehrerer Auftraggeber entstanden ist. [2]Der Rechtsanwalt kann aber insgesamt nicht mehr als die nach Absatz 1 berechneten Gebühren und die insgesamt entstandenen Auslagen fordern.

§ 8 Fälligkeit, Hemmung der Verjährung

(1) [1]Die Vergütung wird fällig, wenn der Auftrag erledigt oder die Angelegenheit beendet ist. [2]Ist der Rechtsanwalt in einem gerichtlichen Verfahren tätig, wird die Vergütung auch fällig, wenn eine Kostenentscheidung ergangen oder der Rechtszug beendet ist oder wenn das Verfahren länger als drei Monate ruht.

(2) [1]Die Verjährung der Vergütung für eine Tätigkeit in einem gerichtlichen Verfahren wird gehemmt, solange das Verfahren anhängig ist. [2]Die Hemmung endet mit der rechtskräftigen Entscheidung oder anderweitigen Beendigung des Verfahrens. [3]Ruht das Verfahren, endet die Hemmung drei Monate nach Eintritt der Fälligkeit. [4]Die Hemmung beginnt erneut, wenn das Verfahren weiter betrieben wird.

§ 9 Vorschuss

Der Rechtsanwalt kann von seinem Auftraggeber für die entstandenen und die voraussichtlich entstehenden Gebühren und Auslagen einen angemessenen Vorschuss fordern.

§ 10 Berechnung

(1) [1]Der Rechtsanwalt kann die Vergütung nur aufgrund einer von ihm oder auf seine Veranlassung dem Auftraggeber mitgeteilten Berechnung fordern; die Berechnung bedarf der Textform. [2]Der Lauf der Verjährungsfrist ist von der Mitteilung der Berechnung nicht abhängig.

(2) [1]In der Berechnung sind die Beträge der einzelnen Gebühren und Auslagen, Vorschüsse, eine kurze Bezeichnung des jeweiligen Gebührentatbestands, die Bezeichnung der Auslagen sowie die angewandten Nummern des Vergütungsverzeichnisses und bei Gebühren, die nach dem Gegenstandswert berechnet sind, auch dieser anzugeben. [2]Bei Entgelten für Post- und Telekommunikationsdienstleistungen genügt die Angabe des Gesamtbetrags.

(3) Hat der Auftraggeber die Vergütung gezahlt, ohne die Berechnung erhalten zu haben, kann er die Mitteilung der Berechnung noch fordern, solange der Rechtsanwalt zur Aufbewahrung der Handakten verpflichtet ist.

§ 11 Festsetzung der Vergütung

(1) [1]Soweit die gesetzliche Vergütung, eine nach § 42 festgestellte Pauschgebühr und die zu ersetzenden Aufwendungen (§ 670 des Bürgerlichen Gesetzbuchs) zu den Kosten des gerichtlichen Verfahrens gehören, werden sie auf Antrag des Rechtsanwalts oder des Auftraggebers durch das Gericht des ersten Rechtszugs festgesetzt. [2]Getilgte Beträge sind abzusetzen.

(2) [1]Der Antrag ist erst zulässig, wenn die Vergütung fällig ist. [2]Vor der Festsetzung sind die Beteiligten zu hören. [3]Die Vorschriften der jeweiligen Verfahrensordnung über das Kostenfestsetzungsverfahren mit Ausnahme des § 104 Abs. 2 Satz 3 der Zivilprozessordnung und die Vorschriften der Zivilprozessordnung über die Zwangsvollstreckung aus Kostenfestsetzungsbeschlüssen gelten entsprechend. [4]Das Verfahren vor dem Gericht des ersten Rechtszugs ist gebührenfrei. [5]In den Vergütungsfestsetzungsbeschluss sind die von dem Rechtsanwalt gezahlten Auslagen für die Zustellung des Beschlusses aufzunehmen. [6]Im Übrigen findet eine Kostenerstattung nicht statt; dies gilt auch im Verfahren über Beschwerden.

(3) [1]Im Verfahren vor den Gerichten der Verwaltungsgerichtsbarkeit, der Finanzgerichtsbarkeit und der Sozialgerichtsbarkeit wird die Vergütung vom Urkundsbeamten der Geschäftsstelle festgesetzt. [2]Die für die jeweilige Gerichtsbarkeit geltenden Vorschriften über die Erinnerung im Kostenfestsetzungsverfahren gelten entsprechend.

(4) Wird der vom Rechtsanwalt angegebene Gegenstandswert von einem Beteiligten bestritten, ist das Verfahren auszusetzen, bis das Gericht hierüber entschieden hat (§§ 32, 33 und 38 Abs. 1).

(5) [1]Die Festsetzung ist abzulehnen, soweit der Antragsgegner Einwendungen oder Einreden erhebt, die nicht im Gebührenrecht ihren Grund haben. [2]Hat der Auftraggeber bereits dem Rechtsanwalt gegenüber derartige Einwendungen oder Einreden erhoben, ist die Erhebung der Klage nicht von der vorherigen Einleitung des Festsetzungsverfahrens abhängig.

(6) [1]Anträge und Erklärungen können ohne Mitwirkung eines Bevollmächtigten schriftlich eingereicht oder zu Protokoll der Geschäftsstelle abgegeben werden. [2]§ 129a der Zivilprozessordnung gilt entsprechend. [3]Für die Bevollmächtigung gelten die Regelungen der für das zugrunde liegende Verfahren geltenden Verfahrensordnung entsprechend.

(7) Durch den Antrag auf Festsetzung der Vergütung wird die Verjährung wie durch Klageerhebung gehemmt.

(8) [1]Die Absätze 1 bis 7 gelten bei Rahmengebühren nur, wenn die Mindestgebühren geltend gemacht werden oder der Auftraggeber der Höhe der Gebühren ausdrücklich zugestimmt hat. [2]Die Festsetzung auf Antrag des Rechtsanwalts ist abzulehnen, wenn er die Zustimmungserklärung des Auftraggebers nicht mit dem Antrag vorlegt.

§ 12 Anwendung von Vorschriften über die Prozesskostenhilfe

[1]Die Vorschriften dieses Gesetzes für im Wege der Prozesskostenhilfe beigeordnete Rechtsanwälte und für Verfahren über die Prozesskostenhilfe sind bei Verfahrenskostenhilfe und im Fall des § 4a der Insolvenzordnung entsprechend anzuwenden. [2]Der Bewilligung von Prozesskostenhilfe steht die Stundung nach § 4a der Insolvenzordnung gleich.

§ 12a Abhilfe bei Verletzung des Anspruchs auf rechtliches Gehör

(1) Auf die Rüge eines durch die Entscheidung nach diesem Gesetz beschwerten Beteiligten ist das Verfahren fortzuführen, wenn

1. ein Rechtsmittel oder ein anderer Rechtsbehelf gegen die Entscheidung nicht gegeben ist und
2. das Gericht den Anspruch dieses Beteiligten auf rechtliches Gehör in entscheidungserheblicher Weise verletzt hat.

(2) [1]Die Rüge ist innerhalb von zwei Wochen nach Kenntnis von der Verletzung des rechtlichen Gehörs zu erheben; der Zeitpunkt der Kenntniserlangung ist glaubhaft zu machen. [2]Nach Ablauf eines Jahres seit Bekanntmachung der angegriffenen Entscheidung kann die Rüge nicht mehr erhoben werden. [3]Formlos mitgeteilte Entscheidungen gelten mit dem vierten Tag nach Aufgabe zur Post als bekannt gemacht. [4]Die Rüge ist bei dem Gericht zu erheben, dessen Entscheidung angegriffen wird; § 33 Abs. 7 Satz 1 und 2 gilt entsprechend. [5]Die Rüge muss die angegriffene Entscheidung bezeichnen und das Vorliegen der in Absatz 1 Nr. 2 genannten Voraussetzungen darlegen.

(3) Den übrigen Beteiligten ist, soweit erforderlich, Gelegenheit zur Stellungnahme zu geben.

(4) [1]Das Gericht hat von Amts wegen zu prüfen, ob die Rüge an sich statthaft und ob sie in der gesetzlichen Form und Frist erhoben ist. [2]Mangelt es an einem dieser Erfordernisse, so ist die Rüge als unzulässig zu verwerfen. [3]Ist die Rüge unbegründet, weist das Gericht sie zurück. [4]Die Entscheidung ergeht durch unanfechtbaren Beschluss. [5]Der Beschluss soll kurz begründet werden.

(5) Ist die Rüge begründet, so hilft ihr das Gericht ab, indem es das Verfahren fortführt, soweit dies aufgrund der Rüge geboten ist.

(6) Kosten werden nicht erstattet.

§ 12b Elektronische Akte, elektronisches Dokument

[1]In Verfahren nach diesem Gesetz sind die verfahrensrechtlichen Vorschriften über die elektronische Akte und über das elektronische Dokument für das Verfahren anzuwenden, in dem der Rechtsanwalt die Vergütung erhält. [2]Im Fall der Beratungshilfe sind die entsprechenden Vorschriften des Gesetzes über das Verfahren in Familiensachen und in den Angelegenheiten der freiwilligen Gerichtsbarkeit anzuwenden.

§ 12c Rechtsbehelfsbelehrung

Jede anfechtbare Entscheidung hat eine Belehrung über den statthaften Rechtsbehelf sowie über das Gericht, bei dem dieser Rechtsbehelf einzulegen ist, über dessen Sitz und über die einzuhaltende Form und Frist zu enthalten.

Abschnitt 2: Gebührenvorschriften

§ 13 Wertgebühren

(1) [1]Wenn sich die Gebühren nach dem Gegenstandswert richten, beträgt bei einem Gegenstandswert bis 500 Euro die Gebühr 51,50 Euro. [2]Die Gebühr erhöht sich bei einem

Gegenstandswert bis … Euro	für jeden angefangenen Betrag von weiteren … Euro	um … Euro
2 000	500	41,50
10 000	1 000	59,50
25 000	3 000	55,00
50 000	5 000	86,00
200 000	15 000	99,50
500 000	30 000	140,00
über 500 000	50 000	175,00

[3]Eine Gebührentabelle für Gegenstandswerte bis 500 000 Euro ist diesem Gesetz als Anlage 2 beigefügt.

(2) Bei der Geschäftsgebühr für eine außergerichtliche Inkassodienstleistung, die eine unbestrittene Forderung betrifft (Absatz 2 der Anmerkung zu Nummer 2300 des Vergütungsverzeichnisses), beträgt bei einem Gegenstandswert bis 50 Euro die Gebühr abweichend von Absatz 1 Satz 1 31,50 Euro.

(3) Der Mindestbetrag einer Gebühr ist 15 Euro.

§ 14 Rahmengebühren

(1) [1]Bei Rahmengebühren bestimmt der Rechtsanwalt die Gebühr im Einzelfall unter Berücksichtigung aller Umstände, vor allem des Umfangs und der Schwierigkeit der anwaltlichen Tätigkeit, der Bedeutung der Angelegenheit sowie der Einkommens- und Vermögensverhältnisse des Auftraggebers, nach billigem Ermessen. [2]Ein besonderes Haftungsrisiko des Rechtsanwalts kann bei der Bemessung herangezogen werden. [3]Bei Rahmengebühren, die sich nicht nach dem Gegenstandswert richten, ist das Haftungsrisiko zu berücksichtigen. [4]Ist die Gebühr von einem Dritten zu ersetzen, ist die von dem Rechtsanwalt getroffene Bestimmung nicht verbindlich, wenn sie unbillig ist.

(2) Ist eine Rahmengebühr auf eine andere Rahmengebühr anzurechnen, ist die Gebühr, auf die angerechnet wird, so zu bestimmen, als sei der Rechtsanwalt zuvor nicht tätig gewesen.

(3) [1]Im Rechtsstreit hat das Gericht ein Gutachten des Vorstands der Rechtsanwaltskammer einzuholen, soweit die Höhe der Gebühr streitig ist; dies gilt auch im Verfahren nach § 495a der Zivilprozessordnung. [2]Das Gutachten ist kostenlos zu erstatten.

§ 15 Abgeltungsbereich der Gebühren

(1) Die Gebühren entgelten, soweit dieses Gesetz nichts anderes bestimmt, die gesamte Tätigkeit des Rechtsanwalts vom Auftrag bis zur Erledigung der Angelegenheit.

(2) Der Rechtsanwalt kann die Gebühren in derselben Angelegenheit nur einmal fordern.

(3) Sind für Teile des Gegenstands verschiedene Gebührensätze anzuwenden, entstehen für die Teile gesondert berechnete Gebühren, jedoch nicht mehr als die aus dem Gesamtbetrag der Wertteile nach dem höchsten Gebührensatz berechnete Gebühr.

(4) Auf bereits entstandene Gebühren ist es, soweit dieses Gesetz nichts anderes bestimmt, ohne Einfluss, wenn sich die Angelegenheit vorzeitig erledigt oder der Auftrag endigt, bevor die Angelegenheit erledigt ist.

(5) [1]Wird der Rechtsanwalt, nachdem er in einer Angelegenheit tätig geworden ist, beauftragt, in derselben Angelegenheit weiter tätig zu werden, erhält er nicht mehr an Gebühren, als er erhalten würde, wenn er von vornherein hiermit beauftragt worden wäre. [2]Ist der frühere Auftrag seit mehr als zwei Kalenderjahren erledigt, gilt die weitere Tätigkeit als neue Angelegenheit und in diesem Gesetz bestimmte Anrechnungen von Gebühren entfallen. [3]Satz 2 gilt entsprechend, wenn ein Vergleich mehr als zwei Kalenderjahre nach seinem Abschluss angefochten wird oder wenn mehr als zwei Kalenderjahre nach Zustellung eines Beschlusses nach § 26 Absatz 3 Satz 1 des Kapitalanleger-Musterverfahrensgesetzes der Kläger einen Antrag nach § 26 Absatz 4 des Kapitalanleger-Musterverfahrensgesetzes auf Wiedereröffnung des Verfahrens stellt.

(6) Ist der Rechtsanwalt nur mit einzelnen Handlungen oder mit Tätigkeiten, die nach § 19 zum Rechtszug oder zum Verfahren gehören, beauftragt, erhält er nicht mehr an Gebühren als der mit der gesamten Angelegenheit beauftragte Rechtsanwalt für die gleiche Tätigkeit erhalten würde.

§ 15a Anrechnung einer Gebühr

(1) Sieht dieses Gesetz die Anrechnung einer Gebühr auf eine andere Gebühr vor, kann der Rechtsanwalt beide Gebühren fordern, jedoch nicht mehr als den um den Anrechnungsbetrag verminderten Gesamtbetrag der beiden Gebühren.

(2) [1]Sind mehrere Gebühren ganz oder teilweise auf dieselbe Gebühr anzurechnen, so ist der anzurechnende Betrag für jede anzurechnende Gebühr gesondert zu ermitteln. [2]Bei Wertgebühren darf der Gesamtbetrag der Anrechnung jedoch denjenigen Anrechnungsbetrag nicht übersteigen, der sich ergeben würde, wenn eine Gebühr anzurechnen wäre, die sich aus dem Gesamtbetrag der betroffenen Wertteile nach dem höchsten für die Anrechnungen einschlägigen Gebührensatz berechnet. [3]Bei Betragsrahmengebühren darf der Gesamtbetrag der Anrechnung den für die Anrechnung bestimmten Höchstbetrag nicht übersteigen.

(3) Ein Dritter kann sich auf die Anrechnung nur berufen, soweit er den Anspruch auf eine der beiden Gebühren erfüllt hat, wegen eines dieser Ansprüche gegen ihn ein Vollstreckungstitel besteht oder beide Gebühren in demselben Verfahren gegen ihn geltend gemacht werden.

Abschnitt 3: Angelegenheit

§ 16 Dieselbe Angelegenheit

Dieselbe Angelegenheit sind

1. das Verwaltungsverfahren auf Aussetzung oder Anordnung der sofortigen Vollziehung sowie über einstweilige Maßnahmen zur Sicherung der Rechte Dritter und jedes Verwaltungsverfahren auf Abänderung oder Aufhebung in den genannten Fällen;
2. das Verfahren über die Prozesskostenhilfe und das Verfahren, für das die Prozesskostenhilfe beantragt worden ist;
3. mehrere Verfahren über die Prozesskostenhilfe in demselben Rechtszug;

3a. das Verfahren zur Bestimmung des zuständigen Gerichts und das Verfahren, für das der Gerichtsstand bestimmt werden soll; dies gilt auch dann, wenn das Verfahren zur Bestimmung des zuständigen Gerichts vor Klageerhebung oder Antragstellung endet, ohne dass das zuständige Gericht bestimmt worden ist;

4. eine Scheidungssache oder ein Verfahren über die Aufhebung einer Lebenspartnerschaft und die Folgesachen;
5. das Verfahren über die Anordnung eines Arrests, zur Erwirkung eines Europäischen Beschlusses zur vorläufigen Kontenpfändung, über den Erlass einer einstweiligen Verfügung oder einstweiligen Anordnung, über die Anordnung oder Wiederherstellung der aufschiebenden Wirkung, über die Aufhebung der Vollziehung oder die Anordnung der sofortigen Vollziehung eines Verwaltungsakts und jedes Verfahren über deren Abänderung, Aufhebung oder Widerruf;
6. das Verfahren nach § 3 Abs. 1 des Gesetzes zur Ausführung des Vertrages zwischen der Bundesrepublik Deutschland und der Republik Österreich vom 6. Juni 1959 über die gegenseitige Anerkennung und Vollstreckung von gerichtlichen Entscheidungen, Vergleichen und öffentlichen Urkunden in Zivil- und Handelssachen in der im Bundesgesetzblatt Teil III, Gliederungsnummer 319–12, veröffentlichten bereinigten Fassung, das zuletzt durch Artikel 23 des Gesetzes vom 27. Juli 2001 (BGBl. I S. 1887) geändert worden ist, und das Verfahren nach § 3 Abs. 2 des genannten Gesetzes;
7. das Verfahren über die Zulassung der Vollziehung einer vorläufigen oder sichernden Maßnahme und das Verfahren über einen Antrag auf Aufhebung oder Änderung einer Entscheidung über die Zulassung der Vollziehung (§ 1041 der Zivilprozessordnung);
8. das schiedsrichterliche Verfahren und das gerichtliche Verfahren bei der Bestellung eines Schiedsrichters oder Ersatzschiedsrichters, über die Ablehnung eines Schiedsrichters oder über die Beendigung des Schiedsrichteramts, zur Unterstützung bei der Beweisaufnahme oder bei der Vornahme sonstiger richterlicher Handlungen;
9. das Verfahren vor dem Schiedsgericht und die gerichtlichen Verfahren über die Bestimmung einer Frist (§ 102 Abs. 3 des Arbeitsgerichtsgesetzes), die Ablehnung eines Schiedsrichters (§ 103 Abs. 3 des Arbeitsgerichtsgesetzes) oder die Vornahme einer Beweisaufnahme oder einer Vereidigung (§ 106 Abs. 2 des Arbeitsgerichtsgesetzes);
10. im Kostenfestsetzungsverfahren und im Verfahren über den Antrag auf gerichtliche Entscheidung gegen einen Kostenfestsetzungsbescheid (§ 108 des Gesetzes über Ordnungswidrigkeiten) einerseits und im Kostenansatzverfahren sowie im Verfahren über den Antrag auf gerichtliche Entscheidung gegen den Ansatz der Gebühren und Auslagen (§ 108 des Gesetzes über Ordnungswidrigkeiten) andererseits jeweils mehrere Verfahren über
    a) die Erinnerung,
    b) den Antrag auf gerichtliche Entscheidung,
    c) die Beschwerde in demselben Beschwerderechtszug;

11. das Rechtsmittelverfahren und das Verfahren über die Zulassung des Rechtsmittels; dies gilt nicht für das Verfahren über die Beschwerde gegen die Nichtzulassung eines Rechtsmittels;
12. das Verfahren über die Privatklage und die Widerklage und zwar auch im Fall des § 388 Abs. 2 der Strafprozessordnung und
13. das erstinstanzliche Prozessverfahren und der erste Rechtszug des Musterverfahrens nach dem Kapitalanleger-Musterverfahrensgesetz.

§ 17 Verschiedene Angelegenheiten

Verschiedene Angelegenheiten sind

1. das Verfahren über ein Rechtsmittel und der vorausgegangene Rechtszug, soweit sich aus § 19 Absatz 1 Satz 2 Nummer 10a nichts anderes ergibt,

1a. jeweils das Verwaltungsverfahren, das einem gerichtlichen Verfahren vorausgehende und der Nachprüfung des Verwaltungsakts dienende weitere Verwaltungsverfahren (Vorverfahren, Einspruchsverfahren, Beschwerdeverfahren, Abhilfeverfahren), das Verfahren über die Beschwerde und die weitere Beschwerde nach der Wehrbeschwerdeordnung, das Verwaltungsverfahren auf Aussetzung oder Anordnung der sofortigen Vollziehung sowie über einstweilige Maßnahmen zur Sicherung der Rechte Dritter und ein gerichtliches Verfahren,

2. das Mahnverfahren und das streitige Verfahren,
3. das vereinfachte Verfahren über den Unterhalt Minderjähriger und das streitige Verfahren,
4. das Verfahren in der Hauptsache und ein Verfahren
   a) auf Anordnung eines Arrests oder zur Erwirkung eines Europäischen Beschlusses zur vorläufigen Kontenpfändung,
   b) auf Erlass einer einstweiligen Verfügung oder einer einstweiligen Anordnung,
   c) über die Anordnung oder Wiederherstellung der aufschiebenden Wirkung, über die Aufhebung der Vollziehung oder über die Anordnung der sofortigen Vollziehung eines Verwaltungsakts sowie
   d) über die Abänderung, die Aufhebung oder den Widerruf einer in einem Verfahren nach den Buchstaben a bis c ergangenen Entscheidung,
5. der Urkunden- oder Wechselprozess und das ordentliche Verfahren, das nach Abstandnahme vom Urkunden- oder Wechselprozess oder nach einem Vorbehaltsurteil anhängig bleibt (§§ 596, 600 der Zivilprozessordnung),

5a. jeweils das Abhilfeverfahren, das Verfahren über die Erhöhung des kollektiven Gesamtbetrags und das Umsetzungsverfahren nach dem Verbraucherrechtedurchsetzungsgesetz,

6. das Schiedsverfahren und das Verfahren über die Zulassung der Vollziehung einer vorläufigen oder sichernden Maßnahme sowie das Verfahren über einen Antrag auf Aufhebung oder Änderung einer Entscheidung über die Zulassung der Vollziehung (§ 1041 der Zivilprozessordnung),
7. das gerichtliche Verfahren und ein vorausgegangenes
   a) Güteverfahren vor einer durch die Landesjustizverwaltung eingerichteten oder anerkannten Gütestelle (§ 794 Abs. 1 Nr. 1 der Zivilprozessordnung) oder, wenn die Parteien den Einigungsversuch einvernehmlich unternehmen, vor einer Gütestelle, die Streitbeilegung betreibt (§ 15a Abs. 3 des Einführungsgesetzes zur Zivilprozessordnung),
   b) Verfahren vor einem Ausschuss der in § 111 Abs. 2 des Arbeitsgerichtsgesetzes bezeichneten Art und
   c) Verfahren vor sonstigen gesetzlich eingerichteten Einigungsstellen, Gütestellen oder Schiedsstellen,
8. das Vermittlungsverfahren nach § 165 des Gesetzes über das Verfahren in Familiensachen und in den Angelegenheiten der freiwilligen Gerichtsbarkeit und ein sich anschließendes gerichtliches Verfahren,
9. das Verfahren über ein Rechtsmittel und das Verfahren über die Beschwerde gegen die Nichtzulassung des Rechtsmittels,
10. das strafrechtliche Ermittlungsverfahren und
    a) ein nachfolgendes gerichtliches Verfahren und
    b) ein sich nach Einstellung des Ermittlungsverfahrens anschließendes Bußgeldverfahren,
11. das Bußgeldverfahren vor der Verwaltungsbehörde und das nachfolgende gerichtliche Verfahren,
12. das Strafverfahren und das Verfahren über die im Urteil vorbehaltene Sicherungsverwahrung und
13. das Wiederaufnahmeverfahren und das wiederaufgenommene Verfahren, wenn sich die Gebühren nach Teil 4 oder 5 des Vergütungsverzeichnisses richten.

§ 18 Besondere Angelegenheiten

(1) Besondere Angelegenheiten sind

1. jede Vollstreckungsmaßnahme zusammen mit den durch diese vorbereiteten weiteren Vollstreckungshandlungen bis zur Befriedigung des Gläubigers; dies gilt entsprechend im Verwaltungszwangsverfahren (Verwaltungsvollstreckungsverfahren);
2. jede Vollziehungsmaßnahme bei der Vollziehung eines Arrests oder einer einstweiligen Verfügung (§§ 928 bis 934 und 936 der Zivilprozessordnung), die sich nicht auf die Zustellung beschränkt;
3. solche Angelegenheiten, in denen sich die Gebühren nach Teil 3 des Vergütungsverzeichnisses richten, jedes Beschwerdeverfahren, jedes Verfahren über eine Erinnerung gegen einen Kostenfestsetzungsbeschluss und jedes sonstige Verfahren über eine Erinnerung gegen eine Entscheidung des Rechtspflegers, soweit sich aus § 16 Nummer 10 nichts anderes ergibt;
4. das Verfahren über Einwendungen gegen die Erteilung der Vollstreckungsklausel, auf das § 732 der Zivilprozessordnung anzuwenden ist;
5. das Verfahren auf Erteilung einer weiteren vollstreckbaren Ausfertigung;
6. jedes Verfahren über Anträge nach den §§ 765a, 851a oder 851b der Zivilprozessordnung und jedes Verfahren über Anträge auf Änderung oder Aufhebung der getroffenen Anordnungen, jedes Verfahren über Anträge nach § 1084 Absatz 1, § 1096 oder § 1109 der Zivilprozessordnung, jedes Verfahren über Anträge auf Aussetzung der Vollstreckung nach § 44f des Internationalen Familienrechtsverfahrensgesetzes und über Anträge nach § 31 des Auslandsunterhaltsgesetzes;
7. das Verfahren auf Zulassung der Austauschpfändung (§ 811a der Zivilprozessordnung);
8. das Verfahren über einen Antrag nach § 825 der Zivilprozessordnung;
9. die Ausführung der Zwangsvollstreckung in ein gepfändetes Vermögensrecht durch Verwaltung (§ 857 Abs. 4 der Zivilprozessordnung);

10. das Verteilungsverfahren (§ 858 Abs. 5, §§ 872 bis 877, 882 der Zivilprozessordnung);
11. das Verfahren auf Eintragung einer Zwangshypothek (§§ 867, 870a der Zivilprozessordnung);
12. die Vollstreckung der Entscheidung, durch die der Schuldner zur Vorauszahlung der Kosten, die durch die Vornahme einer Handlung entstehen, verurteilt wird (§ 887 Abs. 2 der Zivilprozessordnung);
13. das Verfahren zur Ausführung der Zwangsvollstreckung auf Vornahme einer Handlung durch Zwangsmittel (§ 888 der Zivilprozessordnung);
14. jede Verurteilung zu einem Ordnungsgeld gemäß § 890 Abs. 1 der Zivilprozessordnung;
15. die Verurteilung zur Bestellung einer Sicherheit im Fall des § 890 Abs. 3 der Zivilprozessordnung;
16. das Verfahren zur Abnahme der Vermögensauskunft (§§ 802f und 802g der Zivilprozessordnung);
17. das Verfahren auf Löschung der Eintragung im Schuldnerverzeichnis (§ 882e der Zivilprozessordnung);
18. das Ausüben der Veröffentlichungsbefugnis;
19. das Verfahren über Anträge auf Zulassung der Zwangsvollstreckung nach § 17 Abs. 4 der Schifffahrtsrechtlichen Verteilungsordnung;
20. das Verfahren über Anträge auf Aufhebung von Vollstreckungsmaßregeln (§ 8 Abs. 5 und § 41 der Schifffahrtsrechtlichen Verteilungsordnung) und
21. das Verfahren zur Anordnung von Zwangsmaßnahmen durch Beschluss nach § 35 des Gesetzes über das Verfahren in Familiensachen und in den Angelegenheiten der freiwilligen Gerichtsbarkeit.

(2) Absatz 1 gilt entsprechend für

1. die Vollziehung eines Arrestes und
2. die Vollstreckung

nach den Vorschriften des Gesetzes über das Verfahren in Familiensachen und in den Angelegenheiten der freiwilligen Gerichtsbarkeit.

§ 19 Rechtszug; Tätigkeiten, die mit dem Verfahren zusammenhängen

(1) [1]Zu dem Rechtszug oder dem Verfahren gehören auch alle Vorbereitungs-, Neben- und Abwicklungstätigkeiten und solche Verfahren, die mit dem Rechtszug oder Verfahren zusammenhängen, wenn die Tätigkeit nicht nach § 18 eine besondere Angelegenheit ist. [2]Hierzu gehören insbesondere

1. die Vorbereitung der Klage, des Antrags oder der Rechtsverteidigung, soweit kein besonderes gerichtliches oder behördliches Verfahren stattfindet;

1a. die Einreichung von Schutzschriften und die Anmeldung von Ansprüchen oder Rechtsverhältnissen zum Verbandsklageregister sowie die Rücknahme der Anmeldung;

1b. die Verkündung des Streits (§ 72 der Zivilprozessordnung);

2. außergerichtliche Verhandlungen;
3. Zwischenstreite, die Bestellung von Vertretern durch das in der Hauptsache zuständige Gericht, die Ablehnung von Richtern, Rechtspflegern, Urkundsbeamten der Geschäftsstelle oder Sachverständigen, die Entscheidung über einen Antrag betreffend eine Sicherungsanordnung, die Wertfestsetzung, das Leitentscheidungsverfahren nach der Zivilprozessordnung, die Beschleunigungsrüge nach § 155b des Gesetzes über das Verfahren in Familiensachen und in den Angelegenheiten der freiwilligen Gerichtsbarkeit;
4. das Verfahren vor dem beauftragten oder ersuchten Richter;
5. das Verfahren
   a) über die Erinnerung (§ 573 der Zivilprozessordnung),
   b) über die Rüge wegen Verletzung des Anspruchs auf rechtliches Gehör,
   c) nach Artikel 18 der Verordnung (EG) Nr. 861/2007 des Europäischen Parlaments und des Rates vom 13. Juni 2007 zur Einführung eines europäischen Verfahrens für geringfügige Forderungen,
   d) nach Artikel 20 der Verordnung (EG) Nr. 1896/2006 des Europäischen Parlaments und des Rates vom 12. Dezember 2006 zur Einführung eines Europäischen Mahnverfahrens und
   e) nach Artikel 19 der Verordnung (EG) Nr. 4/2009 über die Zuständigkeit, das anwendbare Recht, die Anerkennung und Vollstreckung von Entscheidungen und die Zusammenarbeit in Unterhaltssachen;
6. die Berichtigung und Ergänzung der Entscheidung oder ihres Tatbestands;
7. die Mitwirkung bei der Erbringung der Sicherheitsleistung und das Verfahren wegen deren Rückgabe;
8. die für die Geltendmachung im Ausland vorgesehene Vervollständigung der Entscheidung und die Bezifferung eines dynamisierten Unterhaltstitels;
9. die Zustellung oder Empfangnahme von Entscheidungen oder Rechtsmittelschriften und ihre Mitteilung an den Auftraggeber, die Einwilligung zur Einlegung der Sprungrevision oder Sprungrechtsbeschwerde, der Antrag auf Entscheidung über die Verpflichtung, die Kosten zu tragen, die nachträgliche Vollstreckbarerklärung eines Urteils auf besonderen Antrag, die Erteilung des Notfrist- und des Rechtskraftzeugnisses;

9a. die Ausstellung von Bescheinigungen, Bestätigungen oder Formblättern einschließlich deren Berichtigung, Aufhebung oder Widerruf nach
   a) § 1079 oder § 1110 der Zivilprozessordnung,
   b) § 39 Absatz 1 und § 48 des Internationalen Familienrechtsverfahrensgesetzes,
   c) § 57, § 58 oder § 59 des Anerkennungs- und Vollstreckungsausführungsgesetzes,
   d) § 14 des EU-Gewaltschutzverfahrensgesetzes,
   e) § 71 Absatz 1 des Auslandsunterhaltsgesetzes,
   f) § 27 des Internationalen Erbrechtsverfahrensgesetzes und
   g) § 27 des Internationalen Güterrechtsverfahrensgesetzes;

10. die Einlegung von Rechtsmitteln bei dem Gericht desselben Rechtszugs in Verfahren, in denen sich die Gebühren nach Teil 4, 5 oder 6 des Vergütungsverzeichnisses richten; die Einlegung des Rechtsmittels durch einen neuen Verteidiger gehört zum Rechtszug des Rechtsmittels;

10a. Beschwerdeverfahren, wenn sich die Gebühren nach Teil 4, 5 oder 6 des Vergütungsverzeichnisses richten und dort nichts anderes bestimmt ist oder keine besonderen Gebührentatbestände vorgesehen sind;

11. die vorläufige Einstellung, Beschränkung oder Aufhebung der Zwangsvollstreckung, wenn nicht eine abgesonderte mündliche Verhandlung hierüber stattfindet;
12. die einstweilige Einstellung oder Beschränkung der Vollstreckung und die Anordnung, dass Vollstreckungsmaßnahmen aufzuheben sind (§ 93 Abs. 1 des Gesetzes über das Verfahren in Familiensachen und in den Angelegenheiten der freiwilligen Gerichtsbarkeit), wenn nicht ein besonderer gerichtlicher Termin hierüber stattfindet;
13. die erstmalige Erteilung der Vollstreckungsklausel, wenn deswegen keine Klage erhoben wird;
14. die Kostenfestsetzung und die Einforderung der Vergütung;
15. (aufgehoben)
16. die Zustellung eines Vollstreckungstitels, der Vollstreckungsklausel und der sonstigen in § 750 der Zivilprozessordnung genannten Urkunden und
17. die Herausgabe der Handakten oder ihre Übersendung an einen anderen Rechtsanwalt.

(2) Zu den in § 18 Abs. 1 Nr. 1 und 2 genannten Verfahren gehören ferner insbesondere

1. gerichtliche Anordnungen nach § 758a der Zivilprozessordnung sowie Beschlüsse nach §§ 90 und 91 Absatz 1 des Gesetzes über das Verfahren in Familiensachen und in den Angelegenheiten der freiwilligen Gerichtsbarkeit,
2. die Erinnerung nach § 766 der Zivilprozessordnung,
3. die Bestimmung eines Gerichtsvollziehers (§ 827 Abs. 1 und § 854 Abs. 1 der Zivilprozessordnung) oder eines Sequesters (§§ 848 und 855 der Zivilprozessordnung),
4. die Anzeige der Absicht, die Zwangsvollstreckung gegen eine juristische Person des öffentlichen Rechts zu betreiben,
5. die einer Verurteilung vorausgehende Androhung von Ordnungsgeld und
6. die Aufhebung einer Vollstreckungsmaßnahme.

§ 20 Verweisung, Abgabe

[1]Soweit eine Sache an ein anderes Gericht verwiesen oder abgegeben wird, sind die Verfahren vor dem verweisenden oder abgebenden und vor dem übernehmenden Gericht ein Rechtszug. [2]Wird eine Sache an ein Gericht eines niedrigeren Rechtszugs verwiesen oder abgegeben, ist das weitere Verfahren vor diesem Gericht ein neuer Rechtszug.

§ 21 Zurückverweisung, Fortführung einer Folgesache als selbständige Familiensache

(1) Soweit eine Sache an ein untergeordnetes Gericht zurückverwiesen wird, ist das weitere Verfahren vor diesem Gericht ein neuer Rechtszug.

(2) In den Fällen des § 146 des Gesetzes über das Verfahren in Familiensachen und in den Angelegenheiten der freiwilligen Gerichtsbarkeit, auch in Verbindung mit § 270 des Gesetzes über das Verfahren in Familiensachen und in den Angelegenheiten der freiwilligen Gerichtsbarkeit, bildet das weitere Verfahren vor dem Familiengericht mit dem früheren einen Rechtszug.

(3) Wird eine Folgesache als selbständige Familiensache fortgeführt, sind das fortgeführte Verfahren und das frühere Verfahren dieselbe Angelegenheit.

Abschnitt 4: Gegenstandswert

§ 22 Grundsatz

(1) In derselben Angelegenheit werden die Werte mehrerer Gegenstände zusammengerechnet.

(2) [1]Der Wert beträgt in derselben Angelegenheit höchstens 30 Millionen Euro, soweit durch Gesetz kein niedrigerer Höchstwert bestimmt ist. [2]Sind in derselben Angelegenheit mehrere Personen wegen verschiedener Gegenstände Auftraggeber, beträgt der Wert für jede Person höchstens 30 Millionen Euro, insgesamt jedoch nicht mehr als 100 Millionen Euro.

§ 23 Allgemeine Wertvorschrift

(1) [1]Soweit sich die Gerichtsgebühren nach dem Wert richten, bestimmt sich der Gegenstandswert im gerichtlichen Verfahren nach den für die Gerichtsgebühren geltenden Wertvorschriften. [2]In Verfahren, in denen Kosten nach dem Gerichtskostengesetz oder dem Gesetz über Gerichtskosten in Familiensachen erhoben werden, sind die Wertvorschriften des jeweiligen Kostengesetzes entsprechend anzuwenden, wenn für das Verfahren keine Gerichtsgebühr oder eine Festgebühr bestimmt ist. [3]Diese Wertvorschriften gelten auch entsprechend für die Tätigkeit außerhalb eines gerichtlichen Verfahrens, wenn der Gegenstand der Tätigkeit auch Gegenstand eines gerichtlichen Verfahrens sein könnte. [4]§ 22 Abs. 2 Satz 2 bleibt unberührt.

(2) [1]In Beschwerdeverfahren, in denen Gerichtsgebühren unabhängig vom Ausgang des Verfahrens nicht erhoben werden oder sich nicht nach dem Wert richten, ist der Wert unter Berücksichtigung des Interesses des Beschwerdeführers nach Absatz 3 Satz 2 zu bestimmen, soweit sich aus diesem Gesetz nichts anderes ergibt. [2]Der Gegenstandswert ist durch den Wert des zugrunde liegenden Verfahrens begrenzt. [3]In Verfahren über eine Erinnerung oder eine Rüge wegen Verletzung des rechtlichen Gehörs richtet sich der Wert nach den für Beschwerdeverfahren geltenden Vorschriften.

(3) [1]Soweit sich aus diesem Gesetz nichts anderes ergibt, gelten in anderen Angelegenheiten für den Gegenstandswert die Bewertungsvorschriften des Gerichts- und Notarkostengesetzes und die §§ 37, 38, 42 bis 45 sowie 99 bis 102 des Gerichts- und Notarkostengesetzes entsprechend. [2]Soweit sich der Gegenstandswert aus diesen Vorschriften nicht ergibt und auch sonst nicht feststeht, ist er nach billigem Ermessen zu bestimmen; in Ermangelung genügender tatsächlicher Anhaltspunkte für eine Schätzung und bei nichtvermögensrechtlichen Gegenständen ist der Gegenstandswert mit 5 000 Euro, nach Lage des Falles niedriger oder höher, jedoch nicht über 500 000 Euro anzunehmen.

§ 23a Gegenstandswert im Verfahren über die Prozesskostenhilfe

(1) Im Verfahren über die Bewilligung der Prozesskostenhilfe oder die Aufhebung der Bewilligung nach § 124 Absatz 1 Nummer 1 der Zivilprozessordnung bestimmt sich der Gegenstandswert nach dem für die Hauptsache maßgebenden Wert; im Übrigen ist er nach dem Kosteninteresse nach billigem Ermessen zu bestimmen.

(2) Der Wert nach Absatz 1 und der Wert für das Verfahren, für das die Prozesskostenhilfe beantragt worden ist, werden nicht zusammengerechnet.

§ 23b Gegenstandswert im Musterverfahren nach dem Kapitalanleger-Musterverfahrensgesetz

Im Musterverfahren nach dem Kapitalanleger-Musterverfahrensgesetz bestimmt sich der Gegenstandswert nach der Höhe des von dem Auftraggeber oder gegen diesen im Ausgangsverfahren geltend gemachten Anspruchs, soweit dieser Gegenstand des Musterverfahrens ist.

§ 24 Gegenstandswert im Umsetzungsverfahren nach dem Verbraucherrechtedurchsetzungsgesetz

Der Gegenstandswert im Umsetzungsverfahren nach dem Verbraucherrechtedurchsetzungsgesetz ist unter Berücksichtigung des wirtschaftlichen Interesses, das der Auftraggeber im Verfahren verfolgt, nach § 23 Absatz 3 Satz 2 zu bestimmen.

§ 25 Gegenstandswert in der Vollstreckung und bei der Vollziehung

(1) In der Zwangsvollstreckung, in der Vollstreckung, in Verfahren des Verwaltungszwangs und bei der Vollziehung eines Arrests oder einer einstweiligen Verfügung bestimmt sich der Gegenstandswert

1. nach dem Betrag der zu vollstreckenden Geldforderung einschließlich der Nebenforderungen; soll ein bestimmter Gegenstand gepfändet werden und hat dieser einen geringeren Wert, ist der geringere Wert maßgebend; wird künftig fällig werdendes Arbeitseinkommen nach § 850d Abs. 3 der Zivilprozessordnung gepfändet, sind die noch nicht fälligen Ansprüche nach § 51 Abs. 1 Satz 1 des Gesetzes über Gerichtskosten in Familiensachen und § 9 der Zivilprozessordnung zu bewerten; im Verteilungsverfahren (§ 858 Abs. 5, §§ 872 bis 877 und 882 der Zivilprozessordnung) ist höchstens der zu verteilende Geldbetrag maßgebend;
2. nach dem Wert der herauszugebenden oder zu leistenden Sachen; der Gegenstandswert darf jedoch den Wert nicht übersteigen, mit dem der Herausgabe- oder Räumungsanspruch nach den für die Berechnung von Gerichtskosten maßgeblichen Vorschriften zu bewerten ist;
3. nach dem Wert, den die zu erwirkende Handlung, Duldung oder Unterlassung für den Gläubiger hat, und
4. in Verfahren über die Erteilung der Vermögensauskunft (§ 802c der Zivilprozessordnung) sowie in Verfahren über die Einholung von Auskünften Dritter über das Vermögen des Schuldners (§ 802l der Zivilprozessordnung) nach dem Betrag, der einschließlich der Nebenforderungen aus dem Vollstreckungstitel noch geschuldet wird; der Wert beträgt jedoch höchstens 2 000 Euro.

(2) In Verfahren über Anträge des Schuldners ist der Wert nach dem Interesse des Antragstellers nach billigem Ermessen zu bestimmen.

§ 26 Gegenstandswert in der Zwangsversteigerung

In der Zwangsversteigerung bestimmt sich der Gegenstandswert

1. bei der Vertretung des Gläubigers oder eines anderen nach § 9 Nr. 1 und 2 des Gesetzes über die Zwangsversteigerung und die Zwangsverwaltung Beteiligten nach dem Wert des dem Gläubiger oder dem Beteiligten zustehenden Rechts; wird das Verfahren wegen einer Teilforderung betrieben, ist der Teilbetrag nur maßgebend, wenn es sich um einen nach § 10 Abs. 1 Nr. 5 des Gesetzes über die Zwangsversteigerung und die Zwangsverwaltung zu befriedigenden Anspruch handelt; Nebenforderungen sind mitzurechnen; der Wert des Gegenstands der Zwangsversteigerung (§ 66 Abs. 1, § 74a Abs. 5 des Gesetzes über die Zwangsversteigerung und die Zwangsverwaltung), im Verteilungsverfahren der zur Verteilung kommende Erlös, sind maßgebend, wenn sie geringer sind;
2. bei der Vertretung eines anderen Beteiligten, insbesondere des Schuldners, nach dem Wert des Gegenstands der Zwangsversteigerung, im Verteilungsverfahren nach dem zur Verteilung kommenden Erlös; bei Miteigentümern oder sonstigen Mitberechtigten ist der Anteil maßgebend;
3. bei der Vertretung eines Bieters, der nicht Beteiligter ist, nach dem Betrag des höchsten für den Auftraggeber abgegebenen Gebots, wenn ein solches Gebot nicht abgegeben ist, nach dem Wert des Gegenstands der Zwangsversteigerung.

§ 27 Gegenstandswert in der Zwangsverwaltung

[1]In der Zwangsverwaltung bestimmt sich der Gegenstandswert bei der Vertretung des Antragstellers nach dem Anspruch, wegen dessen das Verfahren beantragt ist; Nebenforderungen sind mitzurechnen; bei Ansprüchen auf wiederkehrende Leistungen ist der Wert der Leistungen eines Jahres maßgebend. [2]Bei der Vertretung des Schuldners bestimmt sich der Gegenstandswert nach dem zusammengerechneten Wert aller Ansprüche, wegen derer das Verfahren beantragt ist, bei der Vertretung eines sonstigen Beteiligten nach § 23 Abs. 3 Satz 2.

§ 28 Gegenstandswert im Insolvenzverfahren

(1) [1]Die Gebühren der Nummern 3313, 3317 sowie im Fall der Beschwerde gegen den Beschluss über die Eröffnung des Insolvenzverfahrens der Nummern 3500 und 3513 des Vergütungsverzeichnisses werden, wenn der Auftrag vom Schuldner erteilt ist, nach dem Wert der Insolvenzmasse (§ 58 des Gerichtskostengesetzes) berechnet. [2]Im Fall der Nummer 3313 des Vergütungsverzeichnisses beträgt der Gegenstandswert jedoch mindestens 4 000 Euro.

(2) [1]Ist der Auftrag von einem Insolvenzgläubiger erteilt, werden die in Absatz 1 genannten Gebühren und die Gebühr nach Nummer 3314 nach dem Nennwert der Forderung berechnet. [2]Nebenforderungen sind mitzurechnen.

(3) Im Übrigen ist der Gegenstandswert im Insolvenzverfahren unter Berücksichtigung des wirtschaftlichen Interesses, das der Auftraggeber im Verfahren verfolgt, nach § 23 Abs. 3 Satz 2 zu bestimmen.

§ 29 Gegenstandswert im Verteilungsverfahren nach der Schifffahrtsrechtlichen Verteilungsordnung

Im Verfahren nach der Schifffahrtsrechtlichen Verteilungsordnung gilt § 28 entsprechend mit der Maßgabe, dass an die Stelle des Werts der Insolvenzmasse die festgesetzte Haftungssumme tritt.

§ 29a Gegenstandswert in Verfahren nach dem Unternehmensstabilisierungs- und -restrukturierungsgesetz

Der Gegenstandswert in Verfahren nach dem Unternehmensstabilisierungs- und -restrukturierungsgesetz ist unter Berücksichtigung des wirtschaftlichen Interesses, das der Auftraggeber im Verfahren verfolgt, nach § 23 Absatz 3 Satz 2 zu bestimmen.

§ 30 Gegenstandswert in gerichtlichen Verfahren nach dem Asylgesetz

(1) [1]In Klageverfahren nach dem Asylgesetz beträgt der Gegenstandswert 5 000 Euro, in den Fällen des § 77 Absatz 4 Satz 1 des Asylgesetzes 10 000 Euro, in Verfahren des vorläufigen Rechtsschutzes 2 500 Euro. [2]Sind mehrere natürliche Personen an demselben Verfahren beteiligt, erhöht sich der Wert für jede weitere Person in Klageverfahren um 1 000 Euro und in Verfahren des vorläufigen Rechtsschutzes um 500 Euro.

(2) Ist der nach Absatz 1 bestimmte Wert nach den besonderen Umständen des Einzelfalls unbillig, kann das Gericht einen höheren oder einen niedrigeren Wert festsetzen.

§ 31 Gegenstandswert in gerichtlichen Verfahren nach dem Spruchverfahrensgesetz

(1) [1]Vertritt der Rechtsanwalt im Verfahren nach dem Spruchverfahrensgesetz einen von mehreren Antragstellern, bestimmt sich der Gegenstandswert nach dem Bruchteil des für die Gerichtsgebühren geltenden Geschäftswerts, der sich aus dem Verhältnis der Anzahl der Anteile des Auftraggebers zu der Gesamtzahl der Anteile aller Antragsteller ergibt. [2]Maßgeblicher Zeitpunkt für die Bestimmung der auf die einzelnen Antragsteller entfallenden Anzahl der Anteile ist der jeweilige Zeitpunkt der Antragstellung. [3]Ist die Anzahl der auf einen Antragsteller entfallenden Anteile nicht gerichtsbekannt, wird vermutet, dass er lediglich einen Anteil hält. [4]Der Wert beträgt mindestens 5 000 Euro.

(2) Wird der Rechtsanwalt von mehreren Antragstellern beauftragt, sind die auf die einzelnen Antragsteller entfallenden Werte zusammenzurechnen; Nummer 1008 des Vergütungsverzeichnisses ist insoweit nicht anzuwenden.

§ 31a Ausschlussverfahren nach dem Wertpapiererwerbs- und Übernahmegesetz

[1]Vertritt der Rechtsanwalt im Ausschlussverfahren nach § 39b des Wertpapiererwerbs- und Übernahmegesetzes einen Antragsgegner, bestimmt sich der Gegenstandswert nach dem Wert der Aktien, die dem Auftraggeber im Zeitpunkt der Antragstellung gehören. [2]§ 31 Abs. 1 Satz 2 bis 4 und Abs. 2 gilt entsprechend.

§ 31b Gegenstandswert bei Zahlungsvereinbarungen

Ist Gegenstand der Einigung eine Zahlungsvereinbarung (Gebühr 1000 Nummer 2 des Vergütungsverzeichnisses), beträgt der Gegenstandswert 50 Prozent des Anspruchs.

§ 32 Wertfestsetzung für die Gerichtsgebühren

(1) Wird der für die Gerichtsgebühren maßgebende Wert gerichtlich festgesetzt, ist die Festsetzung auch für die Gebühren des Rechtsanwalts maßgebend.

(2) [1]Der Rechtsanwalt kann aus eigenem Recht die Festsetzung des Werts beantragen und Rechtsmittel gegen die Festsetzung einlegen. [2]Rechtsbehelfe, die gegeben sind, wenn die Wertfestsetzung unterblieben ist, kann er aus eigenem Recht einlegen.

§ 33 Wertfestsetzung für die Rechtsanwaltsgebühren

(1) Berechnen sich die Gebühren in einem gerichtlichen Verfahren nicht nach dem für die Gerichtsgebühren maßgebenden Wert oder fehlt es an einem solchen Wert, setzt das Gericht des Rechtszugs den Wert des Gegenstands der anwaltlichen Tätigkeit auf Antrag durch Beschluss selbstständig fest.

(2) [1]Der Antrag ist erst zulässig, wenn die Vergütung fällig ist. [2]Antragsberechtigt sind der Rechtsanwalt, der Auftraggeber, ein erstattungspflichtiger Gegner und in den Fällen des § 45 die Staatskasse.

(3) [1]Gegen den Beschluss nach Absatz 1 können die Antragsberechtigten Beschwerde einlegen, wenn der Wert des Beschwerdegegenstands 200 Euro übersteigt. [2]Die Beschwerde ist auch zulässig, wenn sie das Gericht, das die angefochtene Entscheidung erlassen hat, wegen der grundsätzlichen Bedeutung der zur Entscheidung stehenden Frage in dem Beschluss zulässt. [3]Die Beschwerde ist nur zulässig, wenn sie innerhalb von zwei Wochen nach Zustellung der Entscheidung eingelegt wird.

(4) [1]Soweit das Gericht die Beschwerde für zulässig und begründet hält, hat es ihr abzuhelfen; im Übrigen ist die Beschwerde unverzüglich dem Beschwerdegericht vorzulegen. [2]Beschwerdegericht ist das nächsthöhere Gericht, in Zivilsachen der in § 119 Abs. 1 Nr. 1 des Gerichtsverfassungsgesetzes bezeichneten Art jedoch das Oberlandesgericht. [3]Eine Beschwerde an einen obersten Gerichtshof des Bundes findet nicht statt. [4]Das Beschwerdegericht ist an die Zulassung der Beschwerde gebunden; die Nichtzulassung ist unanfechtbar.

(5) [1]War der Beschwerdeführer ohne sein Verschulden verhindert, die Frist einzuhalten, ist ihm auf Antrag von dem Gericht, das über die Beschwerde zu entscheiden hat, Wiedereinsetzung in den vorigen Stand zu gewähren, wenn er die Beschwerde binnen zwei Wochen nach der Beseitigung des Hindernisses einlegt und die Tatsachen, welche die Wiedereinsetzung begründen, glaubhaft macht. [2]Ein Fehlen des Verschuldens wird vermutet, wenn eine Rechtsbehelfsbelehrung unterblieben oder fehlerhaft ist. [3]Nach Ablauf eines Jahres, von dem Ende der versäumten Frist an gerechnet, kann die Wiedereinsetzung nicht mehr beantragt werden. [4]Gegen die Ablehnung der Wiedereinsetzung findet die Beschwerde statt. [5]Sie ist nur zulässig, wenn sie innerhalb von zwei Wochen eingelegt wird. [6]Die Frist beginnt mit der Zustellung der Entscheidung. [7]Absatz 4 Satz 1 bis 3 gilt entsprechend.

(6) [1]Die weitere Beschwerde ist nur zulässig, wenn das Landgericht als Beschwerdegericht entschieden und sie wegen der grundsätzlichen Bedeutung der zur Entscheidung stehenden Frage in dem Beschluss zugelassen hat. [2]Sie kann nur darauf gestützt werden, dass die Entscheidung auf einer Verletzung des Rechts beruht; die §§ 546 und 547 der Zivilprozessordnung gelten entsprechend. [3]Über die weitere Beschwerde entscheidet das Oberlandesgericht. [4]Absatz 3 Satz 3, Absatz 4 Satz 1 und 4 und Absatz 5 gelten entsprechend.

(7) [1]Anträge und Erklärungen können ohne Mitwirkung eines Bevollmächtigten schriftlich eingereicht oder zu Protokoll der Geschäftsstelle abgegeben werden; § 129a der Zivilprozessordnung gilt entsprechend. [2]Für die Bevollmächtigung gelten die Regelungen der für das zugrunde liegende Verfahren geltenden Verfahrensordnung entsprechend. [3]Die Beschwerde ist bei dem Gericht einzulegen, dessen Entscheidung angefochten wird.

(8) [1]Das Gericht entscheidet über den Antrag durch eines seiner Mitglieder als Einzelrichter; dies gilt auch für die Beschwerde, wenn die angefochtene Entscheidung von einem Einzelrichter oder einem Rechtspfleger erlassen wurde. [2]Der Einzelrichter überträgt das Verfahren der Kammer oder dem Senat, wenn die Sache besondere Schwierigkeiten tatsächlicher oder rechtlicher Art aufweist oder die Rechtssache grund-

sätzliche Bedeutung hat. [3]Das Gericht entscheidet jedoch immer ohne Mitwirkung ehrenamtlicher Richter. [4]Auf eine erfolgte oder unterlassene Übertragung kann ein Rechtsmittel nicht gestützt werden.

(9) [1]Das Verfahren über den Antrag ist gebührenfrei. [2]Kosten werden nicht erstattet; dies gilt auch im Verfahren über die Beschwerde.

Abschnitt 5: Außergerichtliche Beratung und Vertretung

§ 34 Beratung, Gutachten und Mediation

(1) [1]Für einen mündlichen oder schriftlichen Rat oder eine Auskunft (Beratung), die nicht mit einer anderen gebührenpflichtigen Tätigkeit zusammenhängen, für die Ausarbeitung eines schriftlichen Gutachtens und für die Tätigkeit als Mediator soll der Rechtsanwalt auf eine Gebührenvereinbarung hinwirken, soweit in Teil 2 Abschnitt 1 des Vergütungsverzeichnisses keine Gebühren bestimmt sind. [2]Wenn keine Vereinbarung getroffen worden ist, erhält der Rechtsanwalt Gebühren nach den Vorschriften des bürgerlichen Rechts. [3]Ist im Fall des Satzes 2 der Auftraggeber Verbraucher, beträgt die Gebühr für die Beratung oder für die Ausarbeitung eines schriftlichen Gutachtens jeweils höchstens 250 Euro; § 14 Abs. 1 gilt entsprechend; für ein erstes Beratungsgespräch beträgt die Gebühr jedoch höchstens 190 Euro.

(2) Wenn nichts anderes vereinbart ist, ist die Gebühr für die Beratung auf eine Gebühr für eine sonstige Tätigkeit, die mit der Beratung zusammenhängt, anzurechnen.

§ 35 Hilfeleistung in Steuersachen

(1) Für die Hilfeleistung bei der Erfüllung allgemeiner Steuerpflichten und bei der Erfüllung steuerlicher Buchführungs- und Aufzeichnungspflichten gelten die §§ 23 bis 39 der Steuerberatervergütungsverordnung in Verbindung mit den §§ 10 und 13 der Steuerberatervergütungsverordnung entsprechend.

(2) [1]Sieht dieses Gesetz die Anrechnung einer Geschäftsgebühr auf eine andere Gebühr vor, stehen die Gebühren nach den §§ 23, 24 und 31 der Steuerberatervergütungsverordnung, bei mehreren Gebühren deren Summe, einer Geschäftsgebühr nach Teil 2 des Vergütungsverzeichnisses gleich. [2]Bei der Ermittlung des Höchstbetrags des anzurechnenden Teils der Geschäftsgebühr ist der Gegenstandswert derjenigen Gebühr zugrunde zu legen, auf die angerechnet wird.

§ 36 Schiedsrichterliche Verfahren und Verfahren vor dem Schiedsgericht

(1) Teil 3 Abschnitt 1, 2 und 4 des Vergütungsverzeichnisses ist auf die folgenden außergerichtlichen Verfahren entsprechend anzuwenden:

1. schiedsrichterliche Verfahren nach Buch 10 der Zivilprozessordnung und
2. Verfahren vor dem Schiedsgericht (§ 104 des Arbeitsgerichtsgesetzes).

(2) Im Verfahren nach Absatz 1 Nr. 1 erhält der Rechtsanwalt die Terminsgebühr auch, wenn der Schiedsspruch ohne mündliche Verhandlung erlassen wird.

Abschnitt 6: Gerichtliche Verfahren

§ 37 Verfahren vor den Verfassungsgerichten

(1) Die Vorschriften für die Revision in Teil 4 Abschnitt 1 Unterabschnitt 3 des Vergütungsverzeichnisses gelten entsprechend in folgenden Verfahren vor dem Bundesverfassungsgericht oder dem Verfassungsgericht (Verfassungsgerichtshof, Staatsgerichtshof) eines Landes:

1. Verfahren über die Verwirkung von Grundrechten, den Verlust des Stimmrechts, den Ausschluss von Wahlen und Abstimmungen,
2. Verfahren über die Verfassungswidrigkeit von Parteien,
3. Verfahren über Anklagen gegen den Bundespräsidenten, gegen ein Regierungsmitglied eines Landes oder gegen einen Abgeordneten oder Richter und
4. Verfahren über sonstige Gegenstände, die in einem dem Strafprozess ähnlichen Verfahren behandelt werden.

(2) [1]In sonstigen Verfahren vor dem Bundesverfassungsgericht oder dem Verfassungsgericht eines Landes gelten die Vorschriften in Teil 3 Abschnitt 2 Unterabschnitt 2 des Vergütungsverzeichnisses entsprechend. [2]Der Gegenstandswert ist unter Berücksichtigung der in § 14 Abs. 1 genannten Umstände nach billigem Ermessen zu bestimmen; er beträgt mindestens 5 000 Euro.

§ 38 Verfahren vor dem Gerichtshof der Europäischen Gemeinschaften

(1) [1]In Vorabentscheidungsverfahren vor dem Gerichtshof der Europäischen Gemeinschaften gelten die Vorschriften in Teil 3 Abschnitt 2 Unterabschnitt 2 des Vergütungsverzeichnisses entsprechend. [2]Der Gegenstandswert bestimmt sich nach den Wertvorschriften, die für die Gerichtsgebühren des Verfahrens gelten, in dem vorgelegt wird. [3]Das vorlegende Gericht setzt den Gegenstandswert auf Antrag durch Beschluss fest. [4]§ 33 Abs. 2 bis 9 gilt entsprechend.

(2) Ist in einem Verfahren, in dem sich die Gebühren nach Teil 4, 5 oder 6 des Vergütungsverzeichnisses richten, vorgelegt worden, sind in dem Vorabentscheidungsverfahren die Nummern 4130 und 4132 des Vergütungsverzeichnisses entsprechend anzuwenden.

(3) Die Verfahrensgebühr des Verfahrens, in dem vorgelegt worden ist, wird auf die Verfahrensgebühr des Verfahrens vor dem Gerichtshof der Europäischen Gemeinschaften angerechnet, wenn nicht eine im Verfahrensrecht vorgesehene schriftliche Stellungnahme gegenüber dem Gerichtshof der Europäischen Gemeinschaften abgegeben wird.

§ 38a Verfahren vor dem Europäischen Gerichtshof für Menschenrechte

[1]In Verfahren vor dem Europäischen Gerichtshof für Menschenrechte gelten die Vorschriften in Teil 3 Abschnitt 2 Unterabschnitt 2 des Vergütungsverzeichnisses entsprechend. [2]Der Gegenstandswert ist unter Berücksichtigung der in § 14 Absatz 1 genannten Umstände nach billigem Ermessen zu bestimmen; er beträgt mindestens 5 000 Euro.

§ 39 Von Amts wegen beigeordneter Rechtsanwalt

(1) Der Rechtsanwalt, der nach § 138 des Gesetzes über das Verfahren in Familiensachen und in den Angelegenheiten der freiwilligen Gerichtsbarkeit, auch in Verbindung mit § 270 des Gesetzes über das Verfahren in Familiensachen und in den Angelegenheiten der freiwil-

ligen Gerichtsbarkeit, dem Antragsgegner beigeordnet ist, kann von diesem die Vergütung eines zum Prozessbevollmächtigten bestellten Rechtsanwalts und einen Vorschuss verlangen.

(2) Der Rechtsanwalt, der nach § 109 Absatz 3 oder § 119a Absatz 6 des Strafvollzugsgesetzes einer Person beigeordnet ist, kann von dieser die Vergütung eines zum Verfahrensbevollmächtigten bestellten Rechtsanwalts und einen Vorschuss verlangen.

§ 40 Als gemeinsamer Vertreter bestellter Rechtsanwalt

Der Rechtsanwalt kann von den Personen, für die er nach § 67a Abs. 1 Satz 2 der Verwaltungsgerichtsordnung bestellt ist, die Vergütung eines von mehreren Auftraggebern zum Prozessbevollmächtigten bestellten Rechtsanwalts und einen Vorschuss verlangen.

§ 41 Besonderer Vertreter

[1]Der Rechtsanwalt, der nach § 57 oder § 58 der Zivilprozessordnung, § 118e der Bundesrechtsanwaltsordnung, § 103b der Patentanwaltsordnung oder § 111c des Steuerberatungsgesetzes als besonderer Vertreter bestellt ist, kann von dem Vertretenen die Vergütung eines zum Prozessbevollmächtigten oder zum Verteidiger gewählten Rechtsanwalts verlangen. [2]Er kann von diesem keinen Vorschuss fordern. [3]§ 126 der Zivilprozessordnung ist entsprechend anzuwenden.

§ 41a Vertreter des Musterklägers

(1) [1]Für das erstinstanzliche Musterverfahren nach dem Kapitalanleger-Musterverfahrensgesetz kann das Oberlandesgericht dem Rechtsanwalt, der den Musterkläger vertritt, auf Antrag eine besondere Gebühr bewilligen, wenn sein Aufwand im Vergleich zu dem Aufwand der Vertreter der beigeladenen Kläger höher ist. [2]Bei der Bemessung der Gebühr sind der Mehraufwand sowie der Vorteil und die Bedeutung für die beigeladenen Kläger zu berücksichtigen. [3]Die Gebühr darf eine Gebühr mit einem Gebührensatz von 0,3 nach § 13 Absatz 1 nicht überschreiten. [4]Hierbei ist als Wert die Summe der in sämtlichen nach § 10 des Kapitalanleger-Musterverfahrensgesetzes ausgesetzten Verfahren geltend gemachten Ansprüche zugrunde zu legen, soweit diese Ansprüche von den Feststellungszielen des Musterverfahrens betroffen sind, höchstens jedoch 30 Millionen Euro. [5]Der Vergütungsanspruch gegen den Auftraggeber bleibt unberührt.

(2) [1]Der Antrag ist spätestens vor dem Schluss der mündlichen Verhandlung zu stellen. [2]Der Antrag und ergänzende Schriftsätze werden entsprechend § 16 Absatz 2 des Kapitalanleger-Musterverfahrensgesetzes bekannt gegeben. [3]Mit der Bekanntmachung ist eine Frist zur Erklärung zu setzen. [4]Die Landeskasse ist nicht zu hören.

(3) [1]Die Entscheidung kann mit dem Musterentscheid getroffen werden. [2]Die Entscheidung ist dem Musterkläger, den Musterbeklagten, den Beigeladenen sowie dem Rechtsanwalt mitzuteilen. [3]Die Mitteilung kann durch öffentliche Bekanntmachung im Musterverfahrensregister ersetzt werden. [4]Die Entscheidung ist unanfechtbar.

(4) [1]Die Gebühr ist einschließlich der anfallenden Umsatzsteuer aus der Landeskasse zu zahlen. [2]Ein Vorschuss kann nicht gefordert werden.

Abschnitt 7: Straf- und Bußgeldsachen sowie bestimmte sonstige Verfahren

§ 42 Feststellung einer Pauschgebühr

(1) [1]In Strafsachen, gerichtlichen Bußgeldsachen, Verfahren nach dem Gesetz über die internationale Rechtshilfe in Strafsachen, in Verfahren nach dem Deutsch-Schweizerischer-Polizeivertrag-Umsetzungsgesetz, in Verfahren nach dem IStGH-Gesetz, in Freiheitsentziehungs- und Unterbringungssachen sowie in Verfahren nach § 151 Nummer 6 und 7 des Gesetzes über das Verfahren in Familiensachen und in den Angelegenheiten der freiwilligen Gerichtsbarkeit stellt das Oberlandesgericht, zu dessen Bezirk das Gericht des ersten Rechtszugs gehört, auf Antrag des Rechtsanwalts eine Pauschgebühr für das ganze Verfahren oder für einzelne Verfahrensabschnitte durch unanfechtbaren Beschluss fest, wenn die in den Teilen 4 bis 6 des Vergütungsverzeichnisses bestimmten Gebühren eines Wahlanwalts wegen des besonderen Umfangs oder der besonderen Schwierigkeit nicht zumutbar sind. [2]Dies gilt nicht, soweit Wertgebühren entstehen. [3]Beschränkt sich die Feststellung auf einzelne Verfahrensabschnitte, sind die Gebühren nach dem Vergütungsverzeichnis, an deren Stelle die Pauschgebühr treten soll, zu bezeichnen. [4]Die Pauschgebühr darf das Doppelte der für die Gebühren eines Wahlanwalts geltenden Höchstbeträge nach den Teilen 4 bis 6 des Vergütungsverzeichnisses nicht übersteigen. [5]Für den Rechtszug, in dem der Bundesgerichtshof für das Verfahren zuständig ist, ist er auch für die Entscheidung über den Antrag zuständig.

(2) [1]Der Antrag ist zulässig, wenn die Entscheidung über die Kosten des Verfahrens rechtskräftig ist. [2]Der gerichtlich bestellte oder beigeordnete Rechtsanwalt kann den Antrag nur unter den Voraussetzungen des § 52 Abs. 1 Satz 1, Abs. 2, auch in Verbindung mit § 53 Abs. 1, stellen. [3]Der Auftraggeber, in den Fällen des § 52 Abs. 1 Satz 1 der Beschuldigte, ferner die Staatskasse und andere Beteiligte, wenn ihnen die Kosten des Verfahrens ganz oder zum Teil auferlegt worden sind, sind zu hören.

(3) [1]Der Senat des Oberlandesgerichts ist mit einem Richter besetzt. [2]Der Richter überträgt die Sache dem Senat in der Besetzung mit drei Richtern, wenn es zur Sicherung einer einheitlichen Rechtsprechung geboten ist.

(4) Die Feststellung ist für das Kostenfestsetzungsverfahren, das Vergütungsfestsetzungsverfahren (§ 11) und für einen Rechtsstreit des Rechtsanwalts auf Zahlung der Vergütung bindend.

(5) [1]Die Absätze 1 bis 4 gelten im Bußgeldverfahren vor der Verwaltungsbehörde entsprechend. [2]Über den Antrag entscheidet die Verwaltungsbehörde. [3]Gegen die Entscheidung kann gerichtliche Entscheidung beantragt werden. [4]Für das Verfahren gilt § 62 des Gesetzes über Ordnungswidrigkeiten.

§ 43 Abtretung des Kostenerstattungsanspruchs

[1]Tritt der Beschuldigte oder der Betroffene den Anspruch gegen die Staatskasse auf Erstattung von Anwaltskosten als notwendige Auslagen an den Rechtsanwalt ab, ist eine von der Staatskasse gegenüber dem Beschuldigten oder dem Betroffenen erklärte Aufrechnung insoweit unwirksam, als sie den Anspruch des Rechtsanwalts vereiteln oder beeinträchtigen würde. [2]Dies gilt jedoch nur, wenn zum Zeitpunkt der Aufrechnung eine Urkunde über die Abtretung oder eine Anzeige des Beschuldigten oder des Betroffenen über die Abtretung in den Akten vorliegt.

Abschnitt 8: Beigeordneter oder bestellter Rechtsanwalt, Beratungshilfe

§ 44 Vergütungsanspruch bei Beratungshilfe

[1]Für die Tätigkeit im Rahmen der Beratungshilfe erhält der Rechtsanwalt eine Vergütung nach diesem Gesetz aus der Landeskasse, soweit nicht für die Tätigkeit in Beratungsstellen nach § 3 Abs. 1 des Beratungshilfegesetzes besondere Vereinbarungen getroffen sind. [2]Die Beratungshilfegebühr (Nummer 2500 des Vergütungsverzeichnisses) schuldet nur der Rechtsuchende.

§ 45 Vergütungsanspruch des beigeordneten oder bestellten Rechtsanwalts

(1) Der im Wege der Prozesskostenhilfe beigeordnete oder zum besonderen Vertreter im Sinne des § 41 bestellte Rechtsanwalt erhält, soweit in diesem Abschnitt nichts anderes bestimmt ist, die gesetzliche Vergütung in Verfahren vor Gerichten des Bundes aus der Bundeskasse, in Verfahren vor Gerichten eines Landes aus der Landeskasse.

(2) Der Rechtsanwalt, der nach § 138 des Gesetzes über das Verfahren in Familiensachen und in den Angelegenheiten der freiwilligen Gerichtsbarkeit, auch in Verbindung mit § 270 des Gesetzes über das Verfahren in Familiensachen und in den Angelegenheiten der freiwilligen Gerichtsbarkeit, nach § 109 Absatz 3 oder § 119a Absatz 6 des Strafvollzugsgesetzes beigeordnet oder nach § 67a Abs. 1 Satz 2 der Verwaltungsgerichtsordnung bestellt ist, kann eine Vergütung aus der Landeskasse verlangen, wenn der zur Zahlung Verpflichtete (§ 39 oder § 40) mit der Zahlung der Vergütung im Verzug ist.

(3) [1]Ist der Rechtsanwalt sonst gerichtlich bestellt oder beigeordnet worden, erhält er die Vergütung aus der Landeskasse, wenn ein Gericht des Landes den Rechtsanwalt bestellt oder beigeordnet hat, im Übrigen aus der Bundeskasse. [2]Hat zuerst ein Gericht des Bundes und sodann ein Gericht des Landes den Rechtsanwalt bestellt oder beigeordnet, zahlt die Bundeskasse die Vergütung, die der Rechtsanwalt während der Dauer der Bestellung oder Beiordnung durch das Gericht des Bundes verdient hat, die Landeskasse die dem Rechtsanwalt darüber hinaus zustehende Vergütung. [3]Dies gilt entsprechend, wenn zuerst ein Gericht des Landes und sodann ein Gericht des Bundes den Rechtsanwalt bestellt oder beigeordnet hat.

(4) [1]Wenn der Verteidiger von der Stellung eines Wiederaufnahmeantrags abrät, hat er einen Anspruch gegen die Staatskasse nur dann, wenn er nach § 364b Abs. 1 Satz 1 der Strafprozessordnung bestellt worden ist oder das Gericht die Feststellung nach § 364b Abs. 1 Satz 2 der Strafprozessordnung getroffen hat. [2]Dies gilt auch im gerichtlichen Bußgeldverfahren (§ 85 Abs. 1 des Gesetzes über Ordnungswidrigkeiten).

(5) [1]Absatz 3 ist im Bußgeldverfahren vor der Verwaltungsbehörde entsprechend anzuwenden. [2]An die Stelle des Gerichts tritt die Verwaltungsbehörde.

§ 46 Auslagen und Aufwendungen

(1) Auslagen, insbesondere Reisekosten, werden nicht vergütet, wenn sie zur sachgemäßen Durchführung der Angelegenheit nicht erforderlich waren.

(2) [1]Wenn das Gericht des Rechtszugs auf Antrag des Rechtsanwalts vor Antritt der Reise feststellt, dass eine Reise erforderlich ist, ist diese Feststellung für das Festsetzungsverfahren (§ 55) bindend. [2]Im Bußgeldverfahren vor der Verwaltungsbehörde tritt an die Stelle des Gerichts die Verwaltungsbehörde. [3]Für Aufwendungen (§ 670 des Bürgerlichen Gesetzbuchs) gelten Absatz 1 und die Sätze 1 und 2 entsprechend; die Höhe zu ersetzender Kosten für die Zuziehung eines Dolmetschers oder Übersetzers ist auf die nach dem Justizvergütungs- und -entschädigungsgesetz zu zahlenden Beträge beschränkt.

(3) [1]Auslagen, die durch Nachforschungen zur Vorbereitung eines Wiederaufnahmeverfahrens entstehen, für das die Vorschriften der Strafprozessordnung gelten, werden nur vergütet, wenn der Rechtsanwalt nach § 364b Abs. 1 Satz 1 der Strafprozessordnung bestellt worden ist oder wenn das Gericht die Feststellung nach § 364b Abs. 1 Satz 2 der Strafprozessordnung getroffen hat. [2]Dies gilt auch im gerichtlichen Bußgeldverfahren (§ 85 Abs. 1 des Gesetzes über Ordnungswidrigkeiten).

§ 47 Vorschuss

(1) [1]Wenn dem Rechtsanwalt wegen seiner Vergütung ein Anspruch gegen die Staatskasse zusteht, kann er für die entstandenen Gebühren und die entstandenen und voraussichtlich entstehenden Auslagen aus der Staatskasse einen angemessenen Vorschuss fordern. [2]Der Rechtsanwalt, der nach § 138 des Gesetzes über das Verfahren in Familiensachen und in den Angelegenheiten der freiwilligen Gerichtsbarkeit, auch in Verbindung mit § 270 des Gesetzes über das Verfahren in Familiensachen und in den Angelegenheiten der freiwilligen Gerichtsbarkeit, nach § 109 Absatz 3 oder § 119a Absatz 6 des Strafvollzugsgesetzes beigeordnet oder nach § 67a Abs. 1 Satz 2 der Verwaltungsgerichtsordnung bestellt ist, kann einen Vorschuss nur verlangen, wenn der zur Zahlung Verpflichtete (§ 39 oder § 40) mit der Zahlung des Vorschusses im Verzug ist.

(2) Bei Beratungshilfe kann der Rechtsanwalt aus der Staatskasse keinen Vorschuss fordern.

§ 48 Umfang des Anspruchs und der Beiordnung

(1) [1]Der Vergütungsanspruch gegen die Staatskasse ist auf die gesetzliche Vergütung gerichtet und bestimmt sich nach den Beschlüssen, durch die die Prozesskostenhilfe bewilligt und der Rechtsanwalt beigeordnet oder bestellt worden ist, soweit nichts anderes bestimmt ist. [2]Erstreckt sich die Beiordnung auf den Abschluss eines Vertrags im Sinne der Nummer 1000 des Vergütungsverzeichnisses oder ist die Beiordnung oder die Bewilligung der Prozesskostenhilfe hierauf beschränkt, so umfasst der Anspruch alle gesetzlichen Gebühren und Auslagen, die durch die Tätigkeiten entstehen, die zur Herbeiführung der Einigung erforderlich sind.

(2) [1]In Angelegenheiten, in denen sich die Gebühren nach Teil 3 des Vergütungsverzeichnisses bestimmen und die Beiordnung eine Berufung, eine Beschwerde wegen des Hauptgegenstands, eine Revision oder eine Rechtsbeschwerde wegen des Hauptgegenstands betrifft, wird eine Vergütung aus der Staatskasse auch für die Rechtsverteidigung gegen ein Anschlussrechtsmittel und, wenn der Rechtsanwalt für die Erwirkung eines Arrests, einer einstweiligen Verfügung oder einer einstweiligen Anordnung beigeordnet ist, auch für deren Vollziehung oder Vollstreckung gewährt. [2]Dies gilt nicht, wenn der Beiordnungsbeschluss ausdrücklich etwas anderes bestimmt.

(3) [1]Die Beiordnung in einer Ehesache erstreckt sich im Fall des Abschlusses eines Vertrags im Sinne der Nummer 1000 des Vergütungsverzeichnisses auf alle mit der Herbeiführung der Einigung erforderlichen Tätigkeiten, soweit der Vertrag

1. den gegenseitigen Unterhalt der Ehegatten,
2. den Unterhalt gegenüber den Kindern im Verhältnis der Ehegatten zueinander,

3. die Sorge für die Person der gemeinschaftlichen minderjährigen Kinder,
4. die Regelung des Umgangs mit einem Kind,
5. die Rechtsverhältnisse an der Ehewohnung und den Haushaltsgegenständen,
6. die Ansprüche aus dem ehelichen Güterrecht oder
7. den Versorgungsausgleich

betrifft. [2]Satz 1 gilt im Fall der Beiordnung in Lebenspartnerschaftssachen nach § 269 Abs. 1 Nr. 1 und 2 des Gesetzes über das Verfahren in Familiensachen und in den Angelegenheiten der freiwilligen Gerichtsbarkeit entsprechend.

(4) [1]Die Beiordnung in Angelegenheiten, in denen nach § 3 Absatz 1 Betragsrahmengebühren entstehen, erstreckt sich auf Tätigkeiten ab dem Zeitpunkt der Beantragung der Prozesskostenhilfe, wenn vom Gericht nichts anderes bestimmt ist. [2]Die Beiordnung erstreckt sich ferner auf die gesamte Tätigkeit im Verfahren über die Prozesskostenhilfe einschließlich der vorbereitenden Tätigkeit.

(5) [1]In anderen Angelegenheiten, die mit dem Hauptverfahren nur zusammenhängen, erhält der für das Hauptverfahren beigeordnete Rechtsanwalt eine Vergütung aus der Staatskasse nur dann, wenn er ausdrücklich auch hierfür beigeordnet ist. [2]Dies gilt insbesondere für

1. die Zwangsvollstreckung, die Vollstreckung und den Verwaltungszwang;
2. das Verfahren über den Arrest, den Europäischen Beschluss zur vorläufigen Kontenpfändung, die einstweilige Verfügung und die einstweilige Anordnung;
3. das selbstständige Beweisverfahren;
4. das Verfahren über die Widerklage oder den Widerantrag, ausgenommen die Rechtsverteidigung gegen den Widerantrag in Ehesachen und in Lebenspartnerschaftssachen nach § 269 Abs. 1 Nr. 1 und 2 des Gesetzes über das Verfahren in Familiensachen und in den Angelegenheiten der freiwilligen Gerichtsbarkeit.

(6) [1]Wird der Rechtsanwalt in Angelegenheiten nach den Teilen 4 bis 6 des Vergütungsverzeichnisses im ersten Rechtszug bestellt oder beigeordnet, erhält er die Vergütung auch für seine Tätigkeit vor dem Zeitpunkt seiner Bestellung, in Strafsachen einschließlich seiner Tätigkeit vor Erhebung der öffentlichen Klage und in Bußgeldsachen einschließlich der Tätigkeit vor der Verwaltungsbehörde. [2]Wird der Rechtsanwalt in einem späteren Rechtszug beigeordnet, erhält er seine Vergütung in diesem Rechtszug auch für seine Tätigkeit vor dem Zeitpunkt seiner Bestellung. [3]Werden Verfahren verbunden und ist der Rechtsanwalt nicht in allen Verfahren bestellt oder beigeordnet, kann das Gericht die Wirkungen des Satzes 1 auch auf diejenigen Verfahren erstrecken, in denen vor der Verbindung keine Beiordnung oder Bestellung erfolgt war.

§ 49 Wertgebühren aus der Staatskasse

Bestimmen sich die Gebühren nach dem Gegenstandswert, werden bei einem Gegenstandswert von mehr als 4 000 Euro anstelle der Gebühr nach § 13 Absatz 1 die folgenden Gebühren vergütet:

Gegenstandswert bis … Euro	Gebühr … Euro
5 000	319,00
6 000	330,00
7 000	341,00
8 000	352,00
9 000	363,00
10 000	374,00
13 000	389,00
16 000	404,00
19 000	419,00
22 000	434,00

Gegenstandswert bis … Euro	Gebühr … Euro
25 000	449,00
30 000	488,00
35 000	527,00
40 000	566,00
45 000	605,00
50 000	644,00
65 000	692,00
80 000	739,00
über 80 000	786,00

§ 50 Weitere Vergütung bei Prozesskostenhilfe

(1) [1]Nach Deckung der in § 122 Absatz 1 Nummer 1 der Zivilprozessordnung bezeichneten Kosten und Ansprüche hat die Staatskasse über die auf sie übergegangenen Ansprüche des Rechtsanwalts hinaus weitere Beträge bis zur Höhe der Regelvergütung einzuziehen, wenn dies nach den Vorschriften der Zivilprozessordnung und nach den Bestimmungen, die das Gericht getroffen hat, zulässig ist. [2]Die weitere Vergütung ist festzusetzen, wenn das Verfahren durch rechtskräftige Entscheidung oder in sonstiger Weise beendet ist und die von der Partei zu zahlenden Beträge beglichen sind oder wegen dieser Beträge eine Zwangsvollstreckung in das bewegliche Vermögen der Partei erfolglos geblieben ist oder aussichtslos erscheint.

(2) Der beigeordnete Rechtsanwalt soll eine Berechnung seiner Regelvergütung unverzüglich zu den Prozessakten mitteilen.

(3) Waren mehrere Rechtsanwälte beigeordnet, bemessen sich die auf die einzelnen Rechtsanwälte entfallenden Beträge nach dem Verhältnis der jeweiligen Unterschiedsbeträge zwischen den Gebühren nach § 49 und den Regelgebühren; dabei sind Zahlungen, die nach § 58 auf den Unterschiedsbetrag anzurechnen sind, von diesem abzuziehen.

§ 51 Festsetzung einer Pauschgebühr

(1) [1]In Strafsachen, gerichtlichen Bußgeldsachen, Verfahren nach dem Gesetz über die internationale Rechtshilfe in Strafsachen, in Verfahren nach dem Deutsch-Schweizerischer-Polizeivertrag-Umsetzungsgesetz, in Verfahren nach dem IStGH-Gesetz, in Freiheitsentziehungs- und Unterbringungssachen sowie in Verfahren nach § 151 Nummer 6 und 7 des Gesetzes über das Verfahren in Familiensachen und in den Angelegenheiten der freiwilligen Gerichtsbarkeit ist dem gerichtlich bestellten oder beigeordneten Rechtsanwalt für das ganze Verfahren oder für einzelne Verfahrensabschnitte auf Antrag eine Pauschgebühr zu bewilligen, die über die Gebühren nach dem Vergütungsverzeichnis

hinausgeht, wenn die in den Teilen 4 bis 6 des Vergütungsverzeichnisses bestimmten Gebühren wegen des besonderen Umfangs oder der besonderen Schwierigkeit nicht zumutbar sind. [2]Dies gilt nicht, soweit Wertgebühren entstehen. [3]Beschränkt sich die Bewilligung auf einzelne Verfahrensabschnitte, sind die Gebühren nach dem Vergütungsverzeichnis, an deren Stelle die Pauschgebühr treten soll, zu bezeichnen. [4]Eine Pauschgebühr kann auch für solche Tätigkeiten gewährt werden, für die ein Anspruch nach § 48 Absatz 6 besteht. [5]Auf Antrag ist dem Rechtsanwalt ein angemessener Vorschuss zu bewilligen, wenn ihm insbesondere wegen der langen Dauer des Verfahrens und der Höhe der zu erwartenden Pauschgebühr nicht zugemutet werden kann, die Festsetzung der Pauschgebühr abzuwarten.

(2) [1]Über die Anträge entscheidet das Oberlandesgericht, zu dessen Bezirk das Gericht des ersten Rechtszugs gehört, und im Fall der Beiordnung einer Kontaktperson (§ 34a des Einführungsgesetzes zum Gerichtsverfassungsgesetz) das Oberlandesgericht, in dessen Bezirk die Justizvollzugsanstalt liegt, durch unanfechtbaren Beschluss. [2]Der Bundesgerichtshof ist für die Entscheidung zuständig, soweit er den Rechtsanwalt bestellt hat. [3]In dem Verfahren ist die Staatskasse zu hören. [4]§ 42 Abs. 3 ist entsprechend anzuwenden.

(3) [1]Absatz 1 gilt im Bußgeldverfahren vor der Verwaltungsbehörde entsprechend. [2]Über den Antrag nach Absatz 1 Satz 1 bis 3 entscheidet die Verwaltungsbehörde gleichzeitig mit der Festsetzung der Vergütung.

§ 52 Anspruch gegen den Beschuldigten oder den Betroffenen

(1) [1]Der gerichtlich bestellte Rechtsanwalt kann von dem Beschuldigten die Zahlung der Gebühren eines gewählten Verteidigers verlangen; er kann jedoch keinen Vorschuss fordern. [2]Der Anspruch gegen den Beschuldigten entfällt insoweit, als die Staatskasse Gebühren gezahlt hat.

(2) [1]Der Anspruch kann nur insoweit geltend gemacht werden, als dem Beschuldigten ein Erstattungsanspruch gegen die Staatskasse zusteht oder das Gericht des ersten Rechtszugs auf Antrag des Verteidigers feststellt, dass der Beschuldigte ohne Beeinträchtigung des für ihn und seine Familie notwendigen Unterhalts zur Zahlung oder zur Leistung von Raten in der Lage ist. [2]Ist das Verfahren nicht gerichtlich anhängig geworden, entscheidet das Gericht, das den Verteidiger bestellt hat.

(3) [1]Wird ein Antrag nach Absatz 2 Satz 1 gestellt, setzt das Gericht dem Beschuldigten eine Frist zur Darlegung seiner persönlichen und wirtschaftlichen Verhältnisse; § 117 Abs. 2 bis 4 der Zivilprozessordnung gilt entsprechend. [2]Gibt der Beschuldigte innerhalb der Frist keine Erklärung ab, wird vermutet, dass er leistungsfähig im Sinne des Absatzes 2 Satz 1 ist.

(4) [1]Gegen den Beschluss nach Absatz 2 ist die sofortige Beschwerde nach den Vorschriften der §§ 304 bis 311a der Strafprozessordnung zulässig. [2]Dabei steht im Rahmen des § 44 Satz 2 der Strafprozessordnung die Rechtsbehelfsbelehrung des § 12c der Belehrung nach § 35a Satz 1 der Strafprozessordnung gleich.

(5) [1]Der für den Beginn der Verjährung maßgebende Zeitpunkt tritt mit der Rechtskraft der das Verfahren abschließenden gerichtlichen Entscheidung, in Ermangelung einer solchen mit der Beendigung des Verfahrens ein. [2]Ein Antrag des Verteidigers hemmt den Lauf der Verjährungsfrist. [3]Die Hemmung endet sechs Monate nach der Rechtskraft der Entscheidung des Gerichts über den Antrag.

(6) [1]Die Absätze 1 bis 3 und 5 gelten im Bußgeldverfahren entsprechend. [2]Im Bußgeldverfahren vor der Verwaltungsbehörde tritt an die Stelle des Gerichts die Verwaltungsbehörde.

§ 53 Anspruch gegen den Auftraggeber, Anspruch des zum Beistand bestellten Rechtsanwalts gegen den Verurteilten

(1) Für den Anspruch des dem Privatkläger, dem Nebenkläger, dem Antragsteller im Klageerzwingungsverfahren oder des sonst in Angelegenheiten, in denen sich die Gebühren nach Teil 4, 5 oder 6 des Vergütungsverzeichnisses bestimmen, beigeordneten Rechtsanwalts gegen seinen Auftraggeber gilt § 52 entsprechend.

(2) [1]Der dem Nebenkläger, dem nebenklageberechtigten Verletzten oder dem Zeugen als Beistand bestellte Rechtsanwalt kann die Gebühren eines gewählten Beistands aufgrund seiner Bestellung nur von dem Verurteilten verlangen. [2]Der Anspruch entfällt insoweit, als die Staatskasse die Gebühren bezahlt hat.

(3) [1]Der in Absatz 2 Satz 1 genannte Rechtsanwalt kann einen Anspruch aus einer Vergütungsvereinbarung nur geltend machen, wenn das Gericht des ersten Rechtszugs auf seinen Antrag feststellt, dass der Nebenkläger, der nebenklageberechtigte Verletzte oder der Zeuge zum Zeitpunkt des Abschlusses der Vereinbarung allein auf Grund seiner persönlichen und wirtschaftlichen Verhältnisse die Voraussetzungen für die Bewilligung von Prozesskostenhilfe in bürgerlichen Rechtsstreitigkeiten nicht erfüllt hätte. [2]Ist das Verfahren nicht gerichtlich anhängig geworden, entscheidet das Gericht, das den Rechtsanwalt als Beistand bestellt hat. [3]§ 52 Absatz 3 bis 5 gilt entsprechend.

§ 53a Vergütungsanspruch bei gemeinschaftlicher Nebenklagevertretung

[1]Stellt ein Gericht gemäß § 397b Absatz 3 der Strafprozessordnung fest, dass für einen nicht als Beistand bestellten oder beigeordneten Rechtsanwalt die Voraussetzungen einer Bestellung oder Beiordnung vorgelegen haben, so steht der Rechtsanwalt hinsichtlich der von ihm bis zu dem Zeitpunkt der Bestellung oder Beiordnung eines anderen Rechtsanwalts erbrachten Tätigkeiten einem bestellten oder beigeordneten Rechtsanwalt gleich. [2]Der Rechtsanwalt erhält die Vergütung aus der Landeskasse, wenn die Feststellung von einem Gericht des Landes getroffen wird, im Übrigen aus der Bundeskasse.

§ 54 Verschulden eines beigeordneten oder bestellten Rechtsanwalts

Hat der beigeordnete oder bestellte Rechtsanwalt durch schuldhaftes Verhalten die Beiordnung oder Bestellung eines anderen Rechtsanwalts veranlasst, kann er Gebühren, die auch für den anderen Rechtsanwalt entstehen, nicht fordern.

§ 55 Festsetzung der aus der Staatskasse zu zahlenden Vergütungen und Vorschüsse

(1) [1]Die aus der Staatskasse zu gewährende Vergütung und der Vorschuss hierauf werden auf Antrag des Rechtsanwalts von dem Urkundsbeamten der Geschäftsstelle des Gerichts des ersten Rechtszugs festgesetzt. [2]Ist das Verfahren nicht gerichtlich anhängig geworden, erfolgt die Festsetzung durch den Urkundsbeamten der Geschäftsstelle des Gerichts, das den Verteidiger bestellt hat.

(2) In Angelegenheiten, in denen sich die Gebühren nach Teil 3 des Vergütungsverzeichnisses bestimmen, erfolgt die Festsetzung durch den Urkundsbeamten des Gerichts des Rechtszugs, solange das Verfahren nicht durch rechtskräftige Entscheidung oder in sonstiger Weise beendet ist.

(3) Im Fall der Beiordnung einer Kontaktperson (§ 34a des Einführungsgesetzes zum Gerichtsverfassungsgesetz) erfolgt die Festsetzung durch den Urkundsbeamten der Geschäftsstelle des Landgerichts, in dessen Bezirk die Justizvollzugsanstalt liegt.

(4) Im Fall der Beratungshilfe wird die Vergütung von dem Urkundsbeamten der Geschäftsstelle des in § 4 Abs. 1 des Beratungshilfegesetzes bestimmten Gerichts festgesetzt.

(5) [1]§ 104 Absatz 2 Satz 1 und 2 der Zivilprozessordnung gilt entsprechend. [2]Der Antrag hat die Erklärung zu enthalten, ob und welche Zahlungen der Rechtsanwalt bis zum Tag der Antragstellung erhalten hat. [3]Bei Zahlungen auf eine anzurechnende Gebühr sind diese Zahlungen, der Satz oder der Betrag der Gebühr und bei Wertgebühren auch der zugrunde gelegte Wert anzugeben. [4]Zahlungen, die der Rechtsanwalt nach der Antragstellung erhalten hat, hat er unverzüglich anzuzeigen.

(6) [1]Der Urkundsbeamte kann vor einer Festsetzung der weiteren Vergütung (§ 50) den Rechtsanwalt auffordern, innerhalb einer Frist von einem Monat bei der Geschäftsstelle des Gerichts, dem der Urkundsbeamte angehört, Anträge auf Festsetzung der Vergütungen, für die ihm noch Ansprüche gegen die Staatskasse zustehen, einzureichen oder sich zu den empfangenen Zahlungen (Absatz 5 Satz 2) zu erklären. [2]Kommt der Rechtsanwalt der Aufforderung nicht nach, erlöschen seine Ansprüche gegen die Staatskasse.

(7) [1]Die Absätze 1 und 5 gelten im Bußgeldverfahren vor der Verwaltungsbehörde entsprechend. [2]An die Stelle des Urkundsbeamten der Geschäftsstelle tritt die Verwaltungsbehörde.

§ 56 Erinnerung und Beschwerde

(1) [1]Über Erinnerungen des Rechtsanwalts und der Staatskasse gegen die Festsetzung nach § 55 entscheidet das Gericht des Rechtszugs, bei dem die Festsetzung erfolgt ist, durch Beschluss. [2]Im Fall des § 55 Abs. 3 entscheidet die Strafkammer des Landgerichts. [3]Im Fall der Beratungshilfe entscheidet das nach § 4 Abs. 1 des Beratungshilfegesetzes zuständige Gericht.

(2) [1]Im Verfahren über die Erinnerung gilt § 33 Abs. 4 Satz 1, Abs. 7 und 8 und im Verfahren über die Beschwerde gegen die Entscheidung über die Erinnerung § 33 Abs. 3 bis 8 entsprechend. [2]Das Verfahren über die Erinnerung und über die Beschwerde ist gebührenfrei. [3]Kosten werden nicht erstattet.

§ 57 Rechtsbehelf in Bußgeldsachen vor der Verwaltungsbehörde

[1]Gegen Entscheidungen der Verwaltungsbehörde im Bußgeldverfahren nach den Vorschriften dieses Abschnitts kann gerichtliche Entscheidung beantragt werden. [2]Für das Verfahren gilt § 62 des Gesetzes über Ordnungswidrigkeiten.

§ 58 Anrechnung von Vorschüssen und Zahlungen

(1) Zahlungen, die der Rechtsanwalt nach § 9 des Beratungshilfegesetzes erhalten hat, werden auf die aus der Landeskasse zu zahlende Vergütung angerechnet.

(2) [1]In Angelegenheiten, in denen sich die Gebühren nach Teil 3 des Vergütungsverzeichnisses bestimmen, sind Vorschüsse und Zahlungen, die der Rechtsanwalt vor oder nach der Beiordnung erhalten hat, zunächst auf die Vergütungen anzurechnen, für die ein Anspruch gegen die Staatskasse nicht oder nur unter den Voraussetzungen des § 50 besteht. [2]Ist eine Gebühr, für die kein Anspruch gegen die Staatskasse besteht, auf eine Gebühr anzurechnen, für die ein Anspruch gegen die Staatskasse besteht, so vermindert sich der Anspruch gegen die Staatskasse nur insoweit, als der Rechtsanwalt durch eine Zahlung auf die anzurechnende Gebühr und den Anspruch auf die ohne Anrechnung ermittelte andere Gebühr insgesamt mehr als den sich aus § 15a Absatz 1 ergebenden Gesamtbetrag erhalten würde.

(3) [1]In Angelegenheiten, in denen sich die Gebühren nach den Teilen 4 bis 6 des Vergütungsverzeichnisses bestimmen, sind Vorschüsse und Zahlungen, die der Rechtsanwalt vor oder nach der gerichtlichen Bestellung oder Beiordnung für seine Tätigkeit in einer gebührenrechtlichen Angelegenheit erhalten hat, auf die von der Staatskasse für diese Angelegenheit zu zahlenden Gebühren anzurechnen. [2]Hat der Rechtsanwalt Zahlungen empfangen, nachdem er Gebühren aus der Staatskasse erhalten hat, ist er zur Rückzahlung an die Staatskasse verpflichtet. [3]Die Anrechnung oder Rückzahlung erfolgt nur, soweit der Rechtsanwalt durch die Zahlungen insgesamt mehr als den doppelten Betrag der ihm ohne Berücksichtigung des § 51 aus der Staatskasse zustehenden Gebühren erhalten würde. [4]Sind die dem Rechtsanwalt nach Satz 3 verbleibenden Gebühren höher als die im Vergütungsverzeichnis vorgesehenen Höchstgebühren eines Wahlanwalts, ist auch der die Höchstgebühren übersteigende Betrag anzurechnen oder zurückzuzahlen.

§ 59 Übergang von Ansprüchen auf die Staatskasse

(1) [1]Soweit dem im Wege der Prozesskostenhilfe oder nach § 138 des Gesetzes über das Verfahren in Familiensachen und in den Angelegenheiten der freiwilligen Gerichtsbarkeit, auch in Verbindung mit § 270 des Gesetzes über das Verfahren in Familiensachen und in den Angelegenheiten der freiwilligen Gerichtsbarkeit, beigeordneten oder nach § 67a Abs. 1 Satz 2 der Verwaltungsgerichtsordnung bestellten Rechtsanwalt wegen seiner Vergütung ein Anspruch gegen die Partei oder einen ersatzpflichtigen Gegner zusteht, geht der Anspruch mit der Befriedigung des Rechtsanwalts durch die Staatskasse auf diese über. [2]Der Übergang kann nicht zum Nachteil des Rechtsanwalts geltend gemacht werden.

(2) [1]Für die Geltendmachung des Anspruchs sowie für die Erinnerung und die Beschwerde gelten die Vorschriften über die Kosten des gerichtlichen Verfahrens entsprechend. [2]Ansprüche der Staatskasse werden bei dem Gericht des ersten Rechtszugs angesetzt. [3]Ist das Gericht des ersten Rechtszugs ein Gericht des Landes und ist der Anspruch auf die Bundeskasse übergegangen, wird er insoweit bei dem jeweiligen obersten Gerichtshof des Bundes angesetzt.

(3) Absatz 1 gilt entsprechend bei Beratungshilfe.

§ 59a Beiordnung und Bestellung durch Justizbehörden

(1) [1]Für den durch die Staatsanwaltschaft bestellten Rechtsanwalt gelten die Vorschriften über den gerichtlich bestellten Rechtsanwalt entsprechend. [2]Ist das Verfahren nicht gerichtlich anhängig geworden, tritt an die Stelle des Gerichts des ersten Rechtszugs das Gericht, das für die gerichtliche Bestätigung der Bestellung zuständig ist.

(2) [1]Für den durch die Staatsanwaltschaft beigeordneten Zeugenbeistand gelten die Vorschriften über den gerichtlich beigeordneten Zeugenbeistand entsprechend. [2]Über Anträge nach § 51 Absatz 1 entscheidet das Oberlandesgericht, in dessen Bezirk die Staatsanwaltschaft ihren Sitz hat. [3]Hat der Generalbundesanwalt einen Zeugenbeistand beigeordnet, entscheidet der Bundesgerichtshof.

(3) [1]Für den nach § 87e des Gesetzes über die internationale Rechtshilfe in Strafsachen in Verbindung mit § 53 des Gesetzes über die internationale Rechtshilfe in Strafsachen und den nach § 5 des Deutsch-Schweizerischer-Polizeivertrag-Umsetzungsgesetzes durch das Bundesamt für Justiz bestellten Beistand gelten die Vorschriften über den gerichtlich bestellten Rechtsanwalt entsprechend. [2]An die Stelle des Urkundsbeamten der Geschäftsstelle tritt das Bundesamt. [3]Über Anträge nach § 51 Absatz 1 entscheidet das Bundesamt gleichzeitig mit der Festsetzung der Vergütung.

(4) [1]Gegen Entscheidungen der Staatsanwaltschaft und des Bundesamts für Justiz nach den Vorschriften dieses Abschnitts kann gerichtliche Entscheidung beantragt werden. [2]Zuständig ist das Landgericht, in dessen Bezirk die Justizbehörde ihren Sitz hat. [3]Bei Entscheidungen des Generalbundesanwalts entscheidet der Bundesgerichtshof.

Abschnitt 9: Übergangs- und Schlussvorschriften

§ 59b Bekanntmachung von Neufassungen

[1]Das Bundesministerium der Justiz und für Verbraucherschutz kann nach Änderungen den Wortlaut des Gesetzes feststellen und als Neufassung im Bundesgesetzblatt bekannt machen. [2]Die Bekanntmachung muss auf diese Vorschrift Bezug nehmen und angeben

1. den Stichtag, zu dem der Wortlaut festgestellt wird,
2. die Änderungen seit der letzten Veröffentlichung des vollständigen Wortlauts im Bundesgesetzblatt sowie
3. das Inkrafttreten der Änderungen.

§ 60 Übergangsvorschrift

(1) [1]Für die Vergütung ist das bisherige Recht anzuwenden, wenn der unbedingte Auftrag zur Erledigung derselben Angelegenheit vor dem Inkrafttreten einer Gesetzesänderung erteilt worden ist. [2]Dies gilt auch für einen Vergütungsanspruch gegen die Staatskasse (§ 45, auch in Verbindung mit § 59a). [3]Steht dem Rechtsanwalt ein Vergütungsanspruch zu, ohne dass ihm zum Zeitpunkt der Beiordnung oder Bestellung ein unbedingter Auftrag desjenigen erteilt worden ist, dem er beigeordnet oder für den er bestellt wurde, so ist für diese Vergütung in derselben Angelegenheit bisheriges Recht anzuwenden, wenn die Beiordnung oder Bestellung des Rechtsanwalts vor dem Inkrafttreten einer Gesetzesänderung wirksam geworden ist. [4]Erfasst die Beiordnung oder Bestellung auch eine Angelegenheit, in der der Rechtsanwalt erst nach dem Inkrafttreten einer Gesetzesänderung erstmalig beauftragt oder tätig wird, so ist insoweit für die Vergütung neues Recht anzuwenden. [5]Das nach den Sätzen 2 bis 4 anzuwendende Recht findet auch auf Ansprüche des beigeordneten oder bestellten Rechtsanwalts Anwendung, die sich nicht gegen die Staatskasse richten. [6]Die Sätze 1 bis 5 gelten auch, wenn Vorschriften geändert werden, auf die dieses Gesetz verweist.

(2) Sind Gebühren nach dem zusammengerechneten Wert mehrerer Gegenstände zu bemessen, gilt für die gesamte Vergütung das bisherige Recht auch dann, wenn dies nach Absatz 1 nur für einen der Gegenstände gelten würde.

(3) In Angelegenheiten nach dem Pflegeberufegesetz ist bei der Bestimmung des Gegenstandswerts § 52 Absatz 4 Nummer 4 des Gerichtskostengesetzes nicht anzuwenden, wenn der unbedingte Auftrag zur Erledigung derselben Angelegenheit vor dem 15. August 2019 erteilt worden ist.

§ 61 Übergangsvorschrift aus Anlass des Inkrafttretens dieses Gesetzes

(1) [1]Die Bundesgebührenordnung für Rechtsanwälte in der im Bundesgesetzblatt Teil III, Gliederungsnummer 368–1, veröffentlichten bereinigten Fassung, zuletzt geändert durch Artikel 2 Abs. 6 des Gesetzes vom 12. März 2004 (BGBl. I S. 390), und Verweisungen hierauf sind weiter anzuwenden, wenn der unbedingte Auftrag zur Erledigung derselben Angelegenheit im Sinne des § 15 vor dem 1. Juli 2004 erteilt oder der Rechtsanwalt vor diesem Zeitpunkt gerichtlich bestellt oder beigeordnet worden ist. [2]Ist der Rechtsanwalt am 1. Juli 2004 in derselben Angelegenheit und, wenn ein gerichtliches Verfahren anhängig ist, in demselben Rechtszug bereits tätig, gilt für das Verfahren über ein Rechtsmittel, das nach diesem Zeitpunkt eingelegt worden ist, dieses Gesetz. [3]§ 60 Abs. 2 ist entsprechend anzuwenden.

(2) Auf die Vereinbarung der Vergütung sind die Vorschriften dieses Gesetzes auch dann anzuwenden, wenn nach Absatz 1 die Vorschriften der Bundesgebührenordnung für Rechtsanwälte weiterhin anzuwenden und die Willenserklärungen beider Parteien nach dem 1. Juli 2004 abgegeben worden sind.

§ 62 Verfahren nach dem Therapieunterbringungsgesetz

Die Regelungen des Therapieunterbringungsgesetzes zur Rechtsanwaltsvergütung bleiben unberührt.

Anlage 1
(zu § 2 Abs. 2)

Vergütungsverzeichnis

Gliederung

Teil 1: Allgemeine Gebühren

Nr.	Gebührentatbestand	Gebühr oder Satz der Gebühr nach § 13 RVG
Vorbemerkung 1: Die Gebühren dieses Teils entstehen neben den in anderen Teilen bestimmten Gebühren oder einer Gebühr für die Beratung nach § 34 RVG.		
1000	Einigungsgebühr für die Mitwirkung beim Abschluss eines Vertrags	
	1. durch den der Streit oder die Ungewissheit über ein Rechtsverhältnis beseitigt wird	1,5
	2. durch den die Erfüllung des Anspruchs geregelt wird bei gleichzeitigem vorläufigem Verzicht auf seine gerichtliche Geltendmachung oder, wenn bereits ein zur Zwangsvollstreckung geeigneter Titel vorliegt, bei gleichzeitigem vorläufigem Verzicht auf Vollstreckungsmaßnahmen (Zahlungsvereinbarung)	0,7
	(1) Die Gebühr nach Nummer 1 entsteht nicht, wenn der Hauptanspruch anerkannt oder wenn auf ihn verzichtet wird. Im Privatklageverfahren ist Nummer 4147 anzuwenden. (2) Die Gebühr entsteht auch für die Mitwirkung bei Vertragsverhandlungen, es sei denn, dass diese für den Abschluss des Vertrags im Sinne dieser Vorschrift nicht ursächlich war. (3) Für die Mitwirkung bei einem unter einer aufschiebenden Bedingung oder unter dem Vorbehalt des Widerrufs geschlossenen Vertrag entsteht die Gebühr, wenn die Bedingung eingetreten ist oder der Vertrag nicht mehr widerrufen werden kann. (4) Bei Rechtsverhältnissen des öffentlichen Rechts entsteht die Gebühr, soweit über die Ansprüche vertraglich verfügt werden kann. Absatz 1 Satz 1 und Absatz 2 sind anzuwenden. (5) Die Gebühr entsteht nicht in Ehesachen und in Lebenspartnerschaftssachen (§ 269 Abs. 1 Nr. 1 und 2 FamFG). Wird ein Vertrag, insbesondere über den Unterhalt, im Hinblick auf die in Satz 1 genannten Verfahren geschlossen, bleibt der Wert dieser Verfahren bei der Berechnung der Gebühr außer Betracht. In Kindschaftssachen entsteht die Gebühr auch für die Mitwirkung an einer Vereinbarung, über deren Gegenstand nicht vertraglich verfügt werden kann. Absatz 1 Satz 1 ist entsprechend anzuwenden.	
1001	Aussöhnungsgebühr	1,5
	Die Gebühr entsteht für die Mitwirkung bei der Aussöhnung, wenn der ernstliche Wille eines Ehegatten, eine Scheidungssache oder ein Verfahren auf Aufhebung der Ehe anhängig zu machen, hervorgetreten ist und die Ehegatten die eheliche Lebensgemeinschaft fortsetzen oder die eheliche Lebensgemeinschaft wieder aufnehmen. Dies gilt entsprechend bei Lebenspartnerschaften.	
1002	Erledigungsgebühr, soweit nicht Nummer 1005 gilt	1,5
	Die Gebühr entsteht, wenn sich eine Rechtssache ganz oder teilweise nach Aufhebung oder Änderung des mit einem Rechtsbehelf angefochtenen Verwaltungsakts durch die anwaltliche Mitwirkung erledigt. Das Gleiche gilt, wenn sich eine Rechtssache ganz oder teilweise durch Erlass eines bisher abgelehnten Verwaltungsakts erledigt.	
1003	Über den Gegenstand ist ein anderes gerichtliches Verfahren als ein selbstständiges Beweisverfahren anhängig:	
	Die Gebühr 1000 Nr. 1 sowie die Gebühren 1001 und 1002 betragen	1,0
	(1) Dies gilt auch, wenn ein Verfahren über die Prozesskostenhilfe anhängig ist, soweit nicht lediglich Prozesskostenhilfe für ein selbständiges Beweisverfahren oder die gerichtliche Protokollierung des Vergleichs beantragt wird oder sich die Beiordnung auf den Abschluss eines Vertrags im Sinne der Nummer 1000 erstreckt (§ 48 Abs. 1 und 3 RVG). Die Anmeldung eines Anspruchs zum Musterverfahren nach dem KapMuG steht einem anhängigen gerichtlichen Verfahren gleich. Das Verfahren vor dem Gerichtsvollzieher steht einem gerichtlichen Verfahren gleich. (2) In Kindschaftssachen entsteht die Gebühr auch für die Mitwirkung am Abschluss eines gerichtlich gebilligten Vergleichs (§ 156 Abs. 2 FamFG) und an einer Vereinbarung, über deren Gegenstand nicht vertraglich verfügt werden kann, wenn hierdurch eine gerichtliche Entscheidung entbehrlich wird oder wenn die Entscheidung der getroffenen Vereinbarung folgt.	
1004	Über den Gegenstand ist ein Berufungs- oder Revisionsverfahren, ein Verfahren über die Beschwerde gegen die Nichtzulassung eines dieser Rechtsmittel oder ein Verfahren vor dem Rechtsmittelgericht über die Zulassung des Rechtsmittels anhängig:	
	Die Gebühr 1000 Nr. 1 sowie die Gebühren 1001 und 1002 betragen	1,3
	(1) Dies gilt auch in den in den Vorbemerkungen 3.2.1 und 3.2.2 genannten Beschwerde- und Rechtsbeschwerdeverfahren. (2) Absatz 2 der Anmerkung zu Nummer 1003 ist anzuwenden.	
1005	Einigung oder Erledigung in einem Verwaltungsverfahren in sozialrechtlichen Angelegenheiten, in denen im gerichtlichen Verfahren Betragsrahmengebühren entstehen (§ 3 RVG):	
	Die Gebühren 1000 und 1002 entstehen	in Höhe der Geschäftsgebühr
	(1) Die Gebühr bestimmt sich einheitlich nach dieser Vorschrift, wenn in die Einigung Ansprüche aus anderen Verwaltungsverfahren einbezogen werden. Ist über einen Gegenstand ein gerichtliches Verfahren anhängig, bestimmt sich die Gebühr nach Nummer 1006. Maßgebend für die Höhe der Gebühr ist die höchste entstandene Geschäftsgebühr ohne Berücksichtigung einer Erhöhung nach Nummer 1008. Steht dem Rechtsanwalt ausschließlich eine Gebühr nach § 34 RVG zu, beträgt die Gebühr die Hälfte des in der Anmerkung zu Nummer 2302 genannten Betrags. (2) Betrifft die Einigung oder Erledigung nur einen Teil der Angelegenheit, ist der auf diesen Teil der Angelegenheit entfallende Anteil an der Geschäftsgebühr unter Berücksichtigung der in § 14 Abs. 1 RVG genannten Umstände zu schätzen.	

Nr.	Gebührentatbestand	Gebühr oder Satz der Gebühr nach § 13 RVG
1006	Über den Gegenstand ist ein gerichtliches Verfahren anhängig: Die Gebühr 1005 entsteht . . . . . (1) Die Gebühr bestimmt sich auch dann einheitlich nach dieser Vorschrift, wenn in die Einigung Ansprüche einbezogen werden, die nicht in diesem Verfahren rechtshängig sind. Maßgebend für die Höhe der Gebühr ist die im Einzelfall bestimmte Verfahrensgebühr in der Angelegenheit, in der die Einigung erfolgt. Eine Erhöhung nach Nummer 1008 ist nicht zu berücksichtigen. (2) Betrifft die Einigung oder Erledigung nur einen Teil der Angelegenheit, ist der auf diesen Teil der Angelegenheit entfallende Anteil an der Verfahrensgebühr unter Berücksichtigung der in § 14 Abs. 1 RVG genannten Umstände zu schätzen.	in Höhe der Verfahrensgebühr
1007	*(aufgehoben)*	
1008	Auftraggeber sind in derselben Angelegenheit mehrere Personen: Die Verfahrens- oder Geschäftsgebühr erhöht sich für jede weitere Person um . . . . . (1) Dies gilt bei Wertgebühren nur, soweit der Gegenstand der anwaltlichen Tätigkeit derselbe ist. (2) Die Erhöhung wird nach dem Betrag berechnet, an dem die Personen gemeinschaftlich beteiligt sind. (3) Mehrere Erhöhungen dürfen einen Gebührensatz von 2,0 nicht übersteigen; bei Festgebühren dürfen die Erhöhungen das Doppelte der Festgebühr und bei Betragsrahmengebühren das Doppelte des Mindest- und Höchstbetrags nicht übersteigen. (4) Im Fall der Anmerkung zu den Gebühren 2300 und 2302 erhöht sich der Gebührensatz oder Betrag dieser Gebühren entsprechend.	0,3 oder 30 % bei Festgebühren, bei Betragsrahmengebühren erhöhen sich der Mindest- und Höchstbetrag um 30 %
1009	Hebegebühr 1. bis einschließlich 2 500,00 € . . . . . 2. von dem Mehrbetrag bis einschließlich 10 000,00 € . . . . . 3. von dem Mehrbetrag über 10 000,00 € . . . . . (1) Die Gebühr wird für die Auszahlung oder Rückzahlung von entgegengenommenen Geldbeträgen erhoben. (2) Unbare Zahlungen stehen baren Zahlungen gleich. Die Gebühr kann bei der Ablieferung an den Auftraggeber entnommen werden. (3) Ist das Geld in mehreren Beträgen gesondert ausgezahlt oder zurückgezahlt, wird die Gebühr von jedem Betrag besonders erhoben. (4) Für die Ablieferung oder Rücklieferung von Wertpapieren und Kostbarkeiten entsteht die in den Absätzen 1 bis 3 bestimmte Gebühr nach dem Wert. (5) Die Hebegebühr entsteht nicht, soweit Kosten an ein Gericht oder eine Behörde weitergeleitet oder eingezogene Kosten an den Auftraggeber abgeführt oder eingezogene Beträge auf die Vergütung verrechnet werden.	 1,0 % 0,5 % 0,25 % des aus- oder zurückgezahlten Betrags – mindestens 1,00 €
1010	Zusatzgebühr für besonders umfangreiche Beweisaufnahmen in Angelegenheiten, in denen sich die Gebühren nach Teil 3 richten und mindestens drei gerichtliche Termine stattfinden, in denen Sachverständige oder Zeugen vernommen werden . . . . . Die Gebühr entsteht für den durch besonders umfangreiche Beweisaufnahmen anfallenden Mehraufwand.	0,3 oder bei Betragsrahmengebühren erhöhen sich der Mindest- und Höchstbetrag der Terminsgebühr um 30 %

Teil 2: Außergerichtliche Tätigkeiten einschließlich der Vertretung im Verwaltungsverfahren

Nr.	Gebührentatbestand	Gebühr oder Satz der Gebühr nach § 13 RVG
Vorbemerkung 2: (1) Die Vorschriften dieses Teils sind nur anzuwenden, soweit nicht die §§ 34 bis 36 RVG etwas anderes bestimmen. (2) Für die Tätigkeit als Beistand für einen Zeugen oder Sachverständigen in einem Verwaltungsverfahren, für das sich die Gebühren nach diesem Teil bestimmen, entstehen die gleichen Gebühren wie für einen Bevollmächtigten in diesem Verfahren. Für die Tätigkeit als Beistand eines Zeugen oder Sachverständigen vor einem parlamentarischen Untersuchungsausschuss entstehen die gleichen Gebühren wie für die entsprechende Beistandsleistung in einem Strafverfahren des ersten Rechtszugs vor dem Oberlandesgericht.		
	Abschnitt 1 **Prüfung der Erfolgsaussicht eines Rechtsmittels**	
2100	Gebühr für die Prüfung der Erfolgsaussicht eines Rechtsmittels, soweit in Nummer 2102 nichts anderes bestimmt ist . . . . . Die Gebühr ist auf eine Gebühr für das Rechtsmittelverfahren anzurechnen.	0,5 bis 1,0
2101	Die Prüfung der Erfolgsaussicht eines Rechtsmittels ist mit der Ausarbeitung eines schriftlichen Gutachtens verbunden: Die Gebühr 2100 beträgt	1,3
2102	Gebühr für die Prüfung der Erfolgsaussicht eines Rechtsmittels in sozialrechtlichen Angelegenheiten, in denen im gerichtlichen Verfahren Betragsrahmengebühren entstehen (§ 3 RVG), und in den Angelegenheiten, für die nach den Teilen 4 bis 6 Betragsrahmengebühren entstehen Die Gebühr ist auf eine Gebühr für das Rechtsmittelverfahren anzurechnen.	39,00 bis 419,00 €

Nr.	Gebührentatbestand	Gebühr oder Satz der Gebühr nach § 13 RVG
2103	Die Prüfung der Erfolgsaussicht eines Rechtsmittels ist mit der Ausarbeitung eines schriftlichen Gutachtens verbunden: Die Gebühr 2102 beträgt	65,00 bis 719,00 €
	Abschnitt 2 **Herstellung des Einvernehmens**	
2200	Geschäftsgebühr für die Herstellung des Einvernehmens nach § 28 EuRAG	in Höhe der einem Bevollmächtigten oder Verteidiger zustehenden Verfahrensgebühr
2201	Das Einvernehmen wird nicht hergestellt: Die Gebühr 2200 beträgt	0,1 bis 0,5 oder Mindestbetrag der einem Bevollmächtigten oder Verteidiger zustehenden Verfahrensgebühr
	Abschnitt 3 **Vertretung**	
	Vorbemerkung 2.3: (1) Im Verwaltungszwangsverfahren ist Teil 3 Abschnitt 3 Unterabschnitt 3 entsprechend anzuwenden. (2) Dieser Abschnitt gilt nicht für die in den Teilen 4 bis 6 geregelten Angelegenheiten. (3) Die Geschäftsgebühr entsteht für das Betreiben des Geschäfts einschließlich der Information und für die Mitwirkung bei der Gestaltung eines Vertrags. (4) Soweit wegen desselben Gegenstands eine Geschäftsgebühr für eine Tätigkeit im Verwaltungsverfahren entstanden ist, wird diese Gebühr zur Hälfte, bei Wertgebühren jedoch höchstens mit einem Gebührensatz von 0,75, auf eine Geschäftsgebühr für eine Tätigkeit im weiteren Verwaltungsverfahren, das der Nachprüfung des Verwaltungsakts dient, angerechnet. Bei einer Betragsrahmengebühr beträgt der Anrechnungsbetrag höchstens 225,00 €. Bei einer Wertgebühr erfolgt die Anrechnung nach dem Wert des Gegenstands, der auch Gegenstand des weiteren Verfahrens ist. (5) Absatz 4 gilt entsprechend bei einer Tätigkeit im Verfahren nach der Wehrbeschwerdeordnung, wenn darauf eine Tätigkeit im Beschwerdeverfahren oder wenn der Tätigkeit im Beschwerdeverfahren eine Tätigkeit im Verfahren der weiteren Beschwerde vor den Disziplinarvorgesetzten folgt. (6) Soweit wegen desselben Gegenstands eine Geschäftsgebühr nach Nummer 2300 entstanden ist, wird diese Gebühr zur Hälfte, jedoch höchstens mit einem Gebührensatz von 0,75, auf eine Geschäftsgebühr nach Nummer 2303 angerechnet. Absatz 4 Satz 3 gilt entsprechend.	
2300	Geschäftsgebühr, soweit in den Nummern 2302 und 2303 nichts anderes bestimmt ist ...... (1) Eine Gebühr von mehr als 1,3 kann nur gefordert werden, wenn die Tätigkeit umfangreich oder schwierig war. (2) Ist Gegenstand der Tätigkeit eine Inkassodienstleistung, die eine unbestrittene Forderung betrifft, kann eine Gebühr von mehr als 0,9 nur gefordert werden, wenn die Inkassodienstleistung besonders umfangreich oder besonders schwierig war. In einfachen Fällen darf nur eine Gebühr von 0,5 gefordert werden; ein einfacher Fall liegt in der Regel vor, wenn die Forderung innerhalb von zwei Wochen nach der ersten Zahlungsaufforderung beglichen wird. Der Gebührensatz beträgt höchstens 1,3.	0,5 bis 2,5
2301	Der Auftrag beschränkt sich auf ein Schreiben einfacher Art: Die Gebühr 2300 beträgt .... Es handelt sich um ein Schreiben einfacher Art, wenn dieses weder schwierige rechtliche Ausführungen noch größere sachliche Auseinandersetzungen enthält.	0,3
2302	Geschäftsgebühr in 1. sozialrechtlichen Angelegenheiten, in denen im gerichtlichen Verfahren Betragsrahmengebühren entstehen (§ 3 RVG), und 2. Verfahren nach der Wehrbeschwerdeordnung, wenn im gerichtlichen Verfahren das Verfahren vor dem Truppendienstgericht oder vor dem Bundesverwaltungsgericht an die Stelle des Verwaltungsrechtswegs gemäß § 82 SG tritt .... Eine Gebühr von mehr als 391,00 € kann nur gefordert werden, wenn die Tätigkeit umfangreich oder schwierig war.	65,00 bis 837,00 €
2303	Geschäftsgebühr für 1. Güteverfahren vor einer durch die Landesjustizverwaltung eingerichteten oder anerkannten Gütestelle (§ 794 Abs. 1 Nr. 1 ZPO) oder, wenn die Parteien den Einigungsversuch einvernehmlich unternehmen, vor einer Gütestelle, die Streitbeilegung betreibt (§ 15a Abs. 3 EGZPO), 2. Verfahren vor einem Ausschuss der in § 111 Abs. 2 des Arbeitsgerichtsgesetzes bezeichneten Art und 3. Verfahren vor sonstigen gesetzlich eingerichteten Einigungsstellen, Gütestellen oder Schiedsstellen	1,5

Nr.	Gebührentatbestand	Gebühr oder Satz der Gebühr nach § 13 RVG
	Abschnitt 4 *(aufgehoben)* **Abschnitt 5** **Beratungshilfe**	
	Vorbemerkung 2.5: Im Rahmen der Beratungshilfe entstehen Gebühren ausschließlich nach diesem Abschnitt.	
2500	Beratungshilfegebühr .... Neben der Gebühr werden keine Auslagen erhoben. Die Gebühr kann erlassen werden.	15,00 €
2501	Beratungsgebühr .... (1) Die Gebühr entsteht für eine Beratung, wenn die Beratung nicht mit einer anderen gebührenpflichtigen Tätigkeit zusammenhängt. (2) Die Gebühr ist auf eine Gebühr für eine sonstige Tätigkeit anzurechnen, die mit der Beratung zusammenhängt.	42,00 €
2502	Beratungstätigkeit mit dem Ziel einer außergerichtlichen Einigung mit den Gläubigern über die Schuldenbereinigung auf der Grundlage eines Plans (§ 305 Abs. 1 Nr. 1 InsO): Die Gebühr 2501 beträgt	84,00 €
2503	Geschäftsgebühr .... (1) Die Gebühr entsteht für das Betreiben des Geschäfts einschließlich der Information oder die Mitwirkung bei der Gestaltung eines Vertrags. (2) Auf die Gebühren für ein anschließendes gerichtliches oder behördliches Verfahren ist diese Gebühr zur Hälfte anzurechnen. Auf die Gebühren für ein Verfahren auf Vollstreckbarerklärung eines Vergleichs nach den §§ 796a, 796b und 796c Abs. 2 Satz 2 ZPO ist die Gebühr zu einem Viertel anzurechnen.	102,00 €
2504	Tätigkeit mit dem Ziel einer außergerichtlichen Einigung mit den Gläubigern über die Schuldenbereinigung auf der Grundlage eines Plans (§ 305 Abs. 1 Nr. 1 InsO): Die Gebühr 2503 beträgt bei bis zu 5 Gläubigern	324,00 €
2505	Es sind 6 bis 10 Gläubiger vorhanden: Die Gebühr 2503 beträgt	486,00 €
2506	Es sind 11 bis 15 Gläubiger vorhanden: Die Gebühr 2503 beträgt	647,00 €
2507	Es sind mehr als 15 Gläubiger vorhanden: Die Gebühr 2503 beträgt	810,00 €
2508	Einigungs- und Erledigungsgebühr .... (1) Die Anmerkungen zu Nummern 1000 und 1002 sind anzuwenden. (2) Die Gebühr entsteht auch für die Mitwirkung bei einer außergerichtlichen Einigung mit den Gläubigern über die Schuldenbereinigung auf der Grundlage eines Plans (§ 305 Abs. 1 Nr. 1 InsO).	180,00 €

Teil 3: Zivilsachen, Verfahren der öffentlich-rechtlichen Gerichtsbarkeiten, Verfahren nach dem Strafvollzugsgesetz, auch in Verbindung mit § 92 des Jugendgerichtsgesetzes, und ähnliche Verfahren

Nr.	Gebührentatbestand	Gebühr oder Satz der Gebühr nach § 13 RVG
	Vorbemerkung 3: (1) Gebühren nach diesem Teil erhält der Rechtsanwalt, dem ein unbedingter Auftrag als Prozess- oder Verfahrensbevollmächtigter, als Beistand für einen Zeugen oder Sachverständigen oder für eine sonstige Tätigkeit in einem gerichtlichen Verfahren erteilt worden ist. Der Beistand für einen Zeugen oder Sachverständigen erhält die gleichen Gebühren wie ein Verfahrensbevollmächtigter. (2) Die Verfahrensgebühr entsteht für das Betreiben des Geschäfts einschließlich der Information. (3) Die Terminsgebühr entsteht sowohl für die Wahrnehmung von gerichtlichen Terminen als auch für die Wahrnehmung von außergerichtlichen Terminen und Besprechungen, wenn nichts anderes bestimmt ist. Sie entsteht jedoch nicht für die Wahrnehmung eines gerichtlichen Termins nur zur Verkündung einer Entscheidung. Die Gebühr für außergerichtliche Termine und Besprechungen entsteht für 1. die Wahrnehmung eines von einem gerichtlich bestellten Sachverständigen anberaumten Termins und 2. die Mitwirkung an Besprechungen, die auf die Vermeidung oder Erledigung des Verfahrens gerichtet sind; dies gilt nicht für Besprechungen mit dem Auftraggeber. (4) Soweit wegen desselben Gegenstands eine Geschäftsgebühr nach Teil 2 entsteht, wird diese Gebühr zur Hälfte, bei Wertgebühren jedoch höchstens mit einem Gebührensatz von 0,75, auf die Verfahrensgebühr des gerichtlichen Verfahrens angerechnet. Bei Betragsrahmengebühren beträgt der Anrechnungsbetrag höchstens 225,00 €. Sind mehrere Gebühren entstanden, ist für die Anrechnung die zuletzt entstandene Gebühr maßgebend. Bei einer wertabhängigen Gebühr erfolgt die Anrechnung nach dem Wert des Gegenstands, der auch Gegenstand des gerichtlichen Verfahrens ist. (5) Soweit der Gegenstand eines selbstständigen Beweisverfahrens auch Gegenstand eines Rechtsstreits ist oder wird, wird die Verfahrensgebühr des selbstständigen Beweisverfahrens auf die Verfahrensgebühr des Rechtszugs angerechnet. (6) Soweit eine Sache an ein untergeordnetes Gericht zurückverwiesen wird, das mit der Sache bereits befasst war, ist die vor diesem Gericht bereits entstandene Verfahrensgebühr auf die Verfahrensgebühr für das erneute Verfahren anzurechnen. (7) Die Verfahrensgebühr für einen Urkunden- oder Wechselprozess wird auf die Verfahrensgebühr für das ordentliche Verfahren angerechnet, wenn dieses nach Abstandnahme vom Urkunden- oder Wechselprozess oder nach einem Vorbehaltsurteil anhängig bleibt (§§ 596 und 600 ZPO). (8) Die Vorschriften dieses Teils sind nicht anzuwenden, soweit Teil 6 besondere Vorschriften enthält.	

Nr.	Gebührentatbestand	Gebühr oder Satz der Gebühr nach § 13 RVG
	Abschnitt 1 **Erster Rechtszug**	
Vorbemerkung 3.1: Die Gebühren dieses Abschnitts entstehen in allen Verfahren, für die in den folgenden Abschnitten dieses Teils keine Gebühren bestimmt sind.		
3100	Verfahrensgebühr, soweit in Nummer 3102 nichts anderes bestimmt ist . . . . (1) Die Verfahrensgebühr für ein vereinfachtes Verfahren über den Unterhalt Minderjähriger wird auf die Verfahrensgebühr angerechnet, die in dem nachfolgenden Rechtsstreit entsteht (§ 255 FamFG). (2) Die Verfahrensgebühr für ein Vermittlungsverfahren nach § 165 FamFG wird auf die Verfahrensgebühr für ein sich anschließendes Verfahren angerechnet.	1,3
3101	1. Endigt der Auftrag, bevor der Rechtsanwalt die Klage, den ein Verfahren einleitenden Antrag oder einen Schriftsatz, der Sachanträge, Sachvortrag, die Zurücknahme der Klage oder die Zurücknahme des Antrags enthält, eingereicht oder bevor er einen gerichtlichen Termin wahrgenommen hat; 2. soweit Verhandlungen vor Gericht zur Einigung der Parteien oder der Beteiligten oder mit Dritten über in diesem Verfahren nicht rechtshängige Ansprüche geführt werden; der Verhandlung über solche Ansprüche steht es gleich, wenn beantragt ist, eine Einigung zu Protokoll zu nehmen oder das Zustandekommen einer Einigung festzustellen (§ 278 Abs. 6 ZPO), oder wenn eine Einigung dadurch erfolgt, dass die Beteiligten einen in der Form eines Beschlusses ergangenen Vorschlag schriftlich oder durch Erklärung zu Protokoll in der mündlichen Verhandlung gegenüber dem Gericht annehmen (§ 101 Abs. 1 Satz 2 SGG, § 106 Satz 2 VwGO); oder 3. soweit in einer Familiensache, die nur die Erteilung einer Genehmigung oder die Zustimmung des Familiengerichts zum Gegenstand hat, oder in einem Verfahren der freiwilligen Gerichtsbarkeit lediglich ein Antrag gestellt und eine Entscheidung entgegengenommen wird, beträgt die Gebühr 3100 . . . . (1) Soweit in den Fällen der Nummer 2 der sich nach § 15 Abs. 3 RVG ergebende Gesamtbetrag der Verfahrensgebühren die Gebühr 3100 übersteigt, wird der übersteigende Betrag auf eine Verfahrensgebühr angerechnet, die wegen desselben Gegenstands in einer anderen Angelegenheit entsteht. (2) Nummer 3 ist in streitigen Verfahren der freiwilligen Gerichtsbarkeit, insbesondere in Verfahren nach dem Gesetz über das gerichtliche Verfahren in Landwirtschaftssachen, nicht anzuwenden.	0,8
3102	Verfahrensgebühr für Verfahren vor den Sozialgerichten, in denen Betragsrahmengebühren entstehen (§ 3 RVG)	65,00 bis 719,00 €
3103	*(aufgehoben)*	
3104	Terminsgebühr, soweit in Nummer 3106 nichts anderes bestimmt ist . . . . (1) Die Gebühr entsteht auch, wenn 1. in einem Verfahren, für das mündliche Verhandlung oder ein Erörterungstermin vorgeschrieben ist, im Einverständnis mit den Parteien oder Beteiligten oder gemäß § 307 oder § 495a ZPO oder § 77 Abs. 2 AsylG ohne mündliche Verhandlung oder Erörterung entschieden oder in einem solchen Verfahren mit oder ohne Mitwirkung des Gerichts ein Vertrag im Sinne der Nummer 1000 geschlossen wird oder eine Erledigung der Rechtssache im Sinne der Nummer 1002 eingetreten ist, 2. nach § 84 Abs. 1 Satz 1 VwGO oder § 105 Abs. 1 Satz 1 SGG durch Gerichtsbescheid entschieden wird und eine mündliche Verhandlung beantragt werden kann oder 3. das Verfahren vor dem Sozialgericht, für das mündliche Verhandlung vorgeschrieben ist, nach angenommenem Anerkenntnis ohne mündliche Verhandlung endet. (2) Sind in dem Termin auch Verhandlungen zur Einigung über in diesem Verfahren nicht rechtshängige Ansprüche geführt worden, wird die Terminsgebühr, soweit sie den sich ohne Berücksichtigung der nicht rechtshängigen Ansprüche ergebenden Gebührenbetrag übersteigt, auf eine Terminsgebühr angerechnet, die wegen desselben Gegenstands in einer anderen Angelegenheit entsteht. (3) Die Gebühr entsteht nicht, soweit lediglich beantragt ist, eine Einigung der Parteien oder der Beteiligten oder mit Dritten über nicht rechtshängige Ansprüche zu Protokoll zu nehmen. (4) Eine in einem vorausgegangenen Mahnverfahren oder vereinfachten Verfahren über den Unterhalt Minderjähriger entstandene Terminsgebühr wird auf die Terminsgebühr des nachfolgenden Rechtsstreits angerechnet.	1,2
3105	Wahrnehmung nur eines Termins, in dem eine Partei oder ein Beteiligter nicht erschienen oder nicht ordnungsgemäß vertreten ist und lediglich ein Antrag auf Versäumnisurteil, Versäumnisentscheidung oder zur Prozess-, Verfahrens- oder Sachleitung gestellt wird: Die Gebühr 3104 beträgt . . . . (1) Die Gebühr entsteht auch, wenn 1. das Gericht bei Säumnis lediglich Entscheidungen zur Prozess-, Verfahrens- oder Sachleitung von Amts wegen trifft oder 2. eine Entscheidung gemäß § 331 Abs. 3 ZPO ergeht. (2) § 333 ZPO ist nicht entsprechend anzuwenden.	0,5

Nr.	Gebührentatbestand	Gebühr oder Satz der Gebühr nach § 13 RVG
3106	Terminsgebühr in Verfahren vor den Sozialgerichten, in denen Betragsrahmengebühren entstehen (§ 3 RVG) .... Die Gebühr entsteht auch, wenn 1. in einem Verfahren, für das mündliche Verhandlung vorgeschrieben ist, im Einverständnis mit den Parteien ohne mündliche Verhandlung entschieden oder in einem solchen Verfahren mit oder ohne Mitwirkung des Gerichts ein Vertrag im Sinne der Nummer 1000 geschlossen wird oder eine Erledigung der Rechtssache im Sinne der Nummer 1002 eingetreten ist, 2. nach § 105 Abs. 1 Satz 1 SGG durch Gerichtsbescheid entschieden wird und eine mündliche Verhandlung beantragt werden kann oder 3. das Verfahren, für das mündliche Verhandlung vorgeschrieben ist, nach angenommenem Anerkenntnis ohne mündliche Verhandlung endet. In den Fällen des Satzes 1 beträgt die Gebühr 90 % der in derselben Angelegenheit dem Rechtsanwalt zustehenden Verfahrensgebühr ohne Berücksichtigung einer Erhöhung nach Nummer 1008.	65,00 bis 665,00 €

Abschnitt 2

Berufung, Revision, bestimmte Beschwerden und Verfahren vor dem Finanzgericht

Vorbemerkung 3.2:

(1) Dieser Abschnitt ist auch in Verfahren vor dem Rechtsmittelgericht über die Zulassung des Rechtsmittels anzuwenden.

(2) Wenn im Verfahren auf Anordnung eines Arrests, zur Erwirkung eines Europäischen Beschlusses zur vorläufigen Kontenpfändung oder auf Erlass einer einstweiligen Verfügung sowie im Verfahren über die Aufhebung, den Widerruf oder die Abänderung der genannten Entscheidungen das Rechtsmittelgericht als Gericht der Hauptsache anzusehen ist (§ 943, auch i.V.m. § 946 Abs. 1 Satz 2 ZPO), bestimmen sich die Gebühren nach den für die erste Instanz geltenden Vorschriften. Dies gilt entsprechend im Verfahren der einstweiligen Anordnung und im Verfahren auf Anordnung oder Wiederherstellung der aufschiebenden Wirkung, auf Aussetzung oder Aufhebung der Vollziehung oder Anordnung der sofortigen Vollziehung eines Verwaltungsakts. Satz 1 gilt ferner entsprechend in Verfahren über einen Antrag nach § 169 Abs. 2 Satz 6 und 7, § 173 Abs. 1 Satz 3 oder nach § 176 GWB.

Unterabschnitt 1

Berufung, bestimmte Beschwerden und Verfahren vor dem Finanzgericht

Vorbemerkung 3.2.1:

Dieser Unterabschnitt ist auch anzuwenden in Verfahren

1. vor dem Finanzgericht,
2. über Beschwerden
   a) gegen die den Rechtszug beendenden Entscheidungen in Verfahren über Anträge auf Vollstreckbarerklärung ausländischer Titel oder auf Erteilung der Vollstreckungsklausel zu ausländischen Titeln sowie über Anträge auf Aufhebung oder Abänderung der Vollstreckbarerklärung oder der Vollstreckungsklausel,
   b) gegen die Endentscheidung wegen des Hauptgegenstands in Familiensachen und in den Angelegenheiten der freiwilligen Gerichtsbarkeit,
   c) gegen die den Rechtszug beendenden Entscheidungen im Beschlussverfahren vor den Gerichten für Arbeitssachen,
   d) gegen die den Rechtszug beendenden Entscheidungen im personalvertretungsrechtlichen Beschlussverfahren vor den Gerichten der Verwaltungsgerichtsbarkeit,
   e) nach dem GWB,
   f) nach dem EnWG,
   g) nach dem KSpG,
   h) nach dem EU-VSchDG,
   i) nach dem SpruchG,
   j) nach dem WpÜG,
   k) nach dem WRegG,
3. über Beschwerden
   a) gegen die Entscheidung des Verwaltungs- oder Sozialgerichts wegen des Hauptgegenstands in Verfahren des vorläufigen oder einstweiligen Rechtsschutzes,
   b) nach dem WpHG,
   c) gegen die Entscheidung über den Widerspruch des Schuldners (§ 954 Abs. 1 Satz 1 ZPO) im Fall des Artikels 5 Buchstabe a der Verordnung (EU) Nr. 655/2014,
4. über Rechtsbeschwerden nach dem StVollzG, auch i.V.m. § 92 JGG.

3200	Verfahrensgebühr, soweit in Nummer 3204 nichts anderes bestimmt ist	1,6
3201	Vorzeitige Beendigung des Auftrags oder eingeschränkte Tätigkeit des Anwalts: Die Gebühr 3200 beträgt .... (1) Eine vorzeitige Beendigung liegt vor, 1. wenn der Auftrag endigt, bevor der Rechtsanwalt das Rechtsmittel eingelegt oder einen Schriftsatz, der Sachanträge, Sachvortrag, die Zurücknahme der Klage oder die Zurücknahme des Rechtsmittels enthält, eingereicht oder bevor er einen gerichtlichen Termin wahrgenommen hat, oder 2. soweit Verhandlungen vor Gericht zur Einigung der Parteien oder der Beteiligten oder mit Dritten über in diesem Verfahren nicht rechtshängige Ansprüche geführt werden; der Verhandlung über solche Ansprüche steht es gleich, wenn beantragt ist, eine Einigung zu Protokoll zu nehmen oder das Zustandekommen einer Einigung festzustellen (§ 278 Abs. 6 ZPO). Soweit in den Fällen der Nummer 2 der sich nach § 15 Abs. 3 RVG ergebende Gesamtbetrag der Verfahrensgebühren die Gebühr 3200 übersteigt, wird der übersteigende Betrag auf eine Verfahrensgebühr angerechnet, die wegen desselben Gegenstands in einer anderen Angelegenheit entsteht.	1,1

Nr.	Gebührentatbestand	Gebühr oder Satz der Gebühr nach § 13 RVG
	(2) Eine eingeschränkte Tätigkeit des Anwalts liegt vor, wenn sich seine Tätigkeit 1. in einer Familiensache, die nur die Erteilung einer Genehmigung oder die Zustimmung des Familiengerichts zum Gegenstand hat, oder 2. in einer Angelegenheit der freiwilligen Gerichtsbarkeit auf die Einlegung und Begründung des Rechtsmittels und die Entgegennahme der Rechtsmittelentscheidung beschränkt.	
3202	Terminsgebühr, soweit in Nummer 3205 nichts anderes bestimmt ist	1,2
	(1) Absatz 1 Nr. 1 und 3 sowie die Absätze 2 und 3 der Anmerkung zu Nummer 3104 gelten entsprechend. (2) Die Gebühr entsteht auch, wenn nach § 79a Abs. 2, § 90a oder § 94a FGO ohne mündliche Verhandlung durch Gerichtsbescheid entschieden wird.	
3203	Wahrnehmung nur eines Termins, in dem eine Partei oder ein Beteiligter, im Berufungsverfahren der Berufungskläger, im Beschwerdeverfahren der Beschwerdeführer, nicht erschienen oder nicht ordnungsgemäß vertreten ist und lediglich ein Antrag auf Versäumnisurteil, Versäumnisentscheidung oder zur Prozess-, Verfahrens- oder Sachleitung gestellt wird:	
	Die Gebühr 3202 beträgt	0,5
	Die Anmerkung zu Nummer 3105 und Absatz 2 der Anmerkung zu Nummer 3202 gelten entsprechend.	
3204	Verfahrensgebühr für Verfahren vor den Landessozialgerichten, in denen Betragsrahmengebühren entstehen (§ 3 RVG)	78,00 bis 889,00 €
3205	Terminsgebühr in Verfahren vor den Landessozialgerichten, in denen Betragsrahmengebühren entstehen (§ 3 RVG)	65,00 bis 665,00 €
	Satz 1 Nr. 1 und 3 der Anmerkung zu Nummer 3106 gilt entsprechend. In den Fällen des Satzes 1 beträgt die Gebühr 75 % der in derselben Angelegenheit dem Rechtsanwalt zustehenden Verfahrensgebühr ohne Berücksichtigung einer Erhöhung nach Nummer 1008.	

Unterabschnitt 2

Revision, bestimmte Beschwerden und Rechtsbeschwerden

Vorbemerkung 3.2.2:

Dieser Unterabschnitt ist auch anzuwenden in Verfahren

1. über Rechtsbeschwerden
   a) in den in der Vorbemerkung 3.2.1 Nr. 2 genannten Fällen,
   b) nach § 23 KapMuG und
   c) nach § 1065 ZPO,
2. vor dem Bundesgerichtshof über Berufungen, Beschwerden oder Rechtsbeschwerden gegen Entscheidungen des Bundespatentgerichts und
3. vor dem Bundesfinanzhof über Beschwerden nach § 128 Abs. 3 FGO.

Nr.	Gebührentatbestand	Gebühr oder Satz der Gebühr nach § 13 RVG
3206	Verfahrensgebühr, soweit in Nummer 3212 nichts anderes bestimmt ist	1,6
3207	Vorzeitige Beendigung des Auftrags oder eingeschränkte Tätigkeit des Anwalts:	
	Die Gebühr 3206 beträgt	1,1
	Die Anmerkung zu Nummer 3201 gilt entsprechend.	
3208	Im Verfahren können sich die Parteien oder die Beteiligten nur durch einen beim Bundesgerichtshof zugelassenen Rechtsanwalt vertreten lassen:	
	Die Gebühr 3206 beträgt	2,3
3209	Vorzeitige Beendigung des Auftrags, wenn sich die Parteien oder die Beteiligten nur durch einen beim Bundesgerichtshof zugelassenen Rechtsanwalt vertreten lassen können:	
	Die Gebühr 3206 beträgt	1,8
	Die Anmerkung zu Nummer 3201 gilt entsprechend.	
3210	Terminsgebühr, soweit in Nummer 3213 nichts anderes bestimmt ist	1,5
	Absatz 1 Nr. 1 und 3 sowie die Absätze 2 und 3 der Anmerkung zu Nummer 3104 und Absatz 2 der Anmerkung zu Nummer 3202 gelten entsprechend.	
3211	Wahrnehmung nur eines Termins, in dem der Revisionskläger oder Beschwerdeführer nicht ordnungsgemäß vertreten ist und lediglich ein Antrag auf Versäumnisurteil, Versäumnisentscheidung oder zur Prozess-, Verfahrens- oder Sachleitung gestellt wird:	
	Die Gebühr 3210 beträgt	0,8
	Die Anmerkung zu Nummer 3105 und Absatz 2 der Anmerkung zu Nummer 3202 gelten entsprechend.	
3212	Verfahrensgebühr für Verfahren vor dem Bundessozialgericht, in denen Betragsrahmengebühren entstehen (§ 3 RVG)	105,00 bis 1 151,00 €
3213	Terminsgebühr in Verfahren vor dem Bundessozialgericht, in denen Betragsrahmengebühren entstehen (§ 3 RVG)	105,00 bis 1 079,00 €
	Satz 1 Nr. 1 und 3 sowie Satz 2 der Anmerkung zu Nummer 3106 gelten entsprechend.	

Nr.	Gebührentatbestand	Gebühr oder Satz der Gebühr nach § 13 RVG
	Abschnitt 3 **Gebühren für besondere Verfahren** Unterabschnitt 1 Besondere erstinstanzliche Verfahren	
	Vorbemerkung 3.3.1: Die Terminsgebühr bestimmt sich nach Abschnitt 1.	
3300	Verfahrensgebühr 1. für das Verfahren vor dem Oberlandesgericht nach § 129 VGG oder § 32 AgrarOLkG, 2. für das erstinstanzliche Verfahren vor dem Bundesverwaltungsgericht, dem Bundessozialgericht, dem Oberverwaltungsgericht (Verwaltungsgerichtshof) und dem Landessozialgericht sowie 3. für das Verfahren bei überlangen Gerichtsverfahren und strafrechtlichen Ermittlungsverfahren vor den Oberlandesgerichten, den Landessozialgerichten, den Oberverwaltungsgerichten, den Landesarbeitsgerichten oder einem obersten Gerichtshof des Bundes	1,6
3301	Vorzeitige Beendigung des Auftrags: Die Gebühr 3300 beträgt ...... Die Anmerkung zu Nummer 3201 gilt entsprechend.	1,0
	Unterabschnitt 2 Mahnverfahren	
	Vorbemerkung 3.3.2: Die Terminsgebühr bestimmt sich nach Abschnitt 1.	
3305	Verfahrensgebühr für die Vertretung des Antragstellers ...... Die Gebühr wird auf die Verfahrensgebühr für einen nachfolgenden Rechtsstreit angerechnet.	1,0
3306	Beendigung des Auftrags, bevor der Rechtsanwalt den verfahrenseinleitenden Antrag oder einen Schriftsatz, der Sachanträge, Sachvortrag oder die Zurücknahme des Antrags enthält, eingereicht hat: Die Gebühr 3305 beträgt	0,5
3307	Verfahrensgebühr für die Vertretung des Antragsgegners ...... Die Gebühr wird auf die Verfahrensgebühr für einen nachfolgenden Rechtsstreit angerechnet.	0,5
3308	Verfahrensgebühr für die Vertretung des Antragstellers im Verfahren über den Antrag auf Erlass eines Vollstreckungsbescheids ...... Die Gebühr entsteht neben der Gebühr 3305 nur, wenn innerhalb der Widerspruchsfrist kein Widerspruch erhoben oder der Widerspruch gemäß § 703a Abs. 2 Nr. 4 ZPO beschränkt worden ist. Nummer 1008 ist nicht anzuwenden, wenn sich bereits die Gebühr 3305 erhöht.	0,5
	Unterabschnitt 3 Vollstreckung und Vollziehung	
	Vorbemerkung 3.3.3: (1) Dieser Unterabschnitt gilt für 1. die Zwangsvollstreckung, 2. die Vollstreckung, 3. Verfahren des Verwaltungszwangs und 4. die Vollziehung eines Arrestes oder einstweiligen Verfügung, soweit nachfolgend keine besonderen Gebühren bestimmt sind. Er gilt auch für Verfahren auf Eintragung einer Zwangshypothek (§§ 867 und 870a ZPO). (2) Im Verfahren nach der Verordnung (EU) Nr. 655/2014 werden Gebühren nach diesem Unterabschnitt nur im Fall des Artikels 5 Buchstabe b der Verordnung (EU) Nr. 655/2014 erhoben. In den Fällen des Artikels 5 Buchstabe a der Verordnung (EU) Nr. 655/2014 bestimmen sich die Gebühren nach den für Arrestverfahren geltenden Vorschriften.	
3309	Verfahrensgebühr	0,3
3310	Terminsgebühr ...... Die Gebühr entsteht für die Teilnahme an einem gerichtlichen Termin, einem Termin zur Abgabe der Vermögensauskunft oder zur Abnahme der eidesstattlichen Versicherung.	0,3
	Unterabschnitt 4 Zwangsversteigerung und Zwangsverwaltung	
3311	Verfahrensgebühr ...... Die Gebühr entsteht jeweils gesondert 1. für die Tätigkeit im Zwangsversteigerungsverfahren bis zur Einleitung des Verteilungsverfahrens; 2. im Zwangsversteigerungsverfahren für die Tätigkeit im Verteilungsverfahren, und zwar auch für eine Mitwirkung an einer außergerichtlichen Verteilung; 3. im Verfahren der Zwangsverwaltung für die Vertretung des Antragstellers im Verfahren über den Antrag auf Anordnung der Zwangsverwaltung oder auf Zulassung des Beitritts;	0,4

Nr.	Gebührentatbestand	Gebühr oder Satz der Gebühr nach § 13 RVG
	4. im Verfahren der Zwangsverwaltung für die Vertretung des Antragstellers im weiteren Verfahren einschließlich des Verteilungsverfahrens; 5. im Verfahren der Zwangsverwaltung für die Vertretung eines sonstigen Beteiligten im ganzen Verfahren einschließlich des Verteilungsverfahrens und 6. für die Tätigkeit im Verfahren über Anträge auf einstweilige Einstellung oder Beschränkung der Zwangsvollstreckung und einstweilige Einstellung des Verfahrens sowie für Verhandlungen zwischen Gläubiger und Schuldner mit dem Ziel der Aufhebung des Verfahrens.	
3312	Terminsgebühr .... Die Gebühr entsteht nur für die Wahrnehmung eines Versteigerungstermins für einen Beteiligten. Im Übrigen entsteht im Verfahren der Zwangsversteigerung und der Zwangsverwaltung keine Terminsgebühr.	0,4

Unterabschnitt 5

Insolvenzverfahren, Verteilungsverfahren nach der Schifffahrtsrechtlichen Verteilungsordnung, Verfahren nach dem Unternehmensstabilisierungs- und -restrukturierungsgesetz

Vorbemerkung 3.3.5:

(1) Die Gebührenvorschriften gelten für die Verteilungsverfahren nach der SVertO und Verfahren nach dem StaRUG, soweit dies ausdrücklich angeordnet ist.

(2) Bei der Vertretung mehrerer Gläubiger, die verschiedene Forderungen geltend machen, entstehen die Gebühren jeweils besonders. Das Gleiche gilt in Verfahren nach dem StaRUG, wenn mehrere Gläubiger verschiedene Rechte oder wenn mehrere am Schuldner beteiligte Personen Ansprüche aus ihren jeweiligen Beteiligungen geltend machen.

(3) Für die Vertretung des ausländischen Insolvenzverwalters entstehen die gleichen Gebühren wie für die Vertretung des Schuldners.

Nr.	Gebührentatbestand	Gebühr oder Satz der Gebühr nach § 13 RVG
3313	Verfahrensgebühr für die Vertretung des Schuldners im Eröffnungsverfahren .... Die Gebühr entsteht auch im Verteilungsverfahren nach der SVertO.	1,0
3314	Verfahrensgebühr für die Vertretung des Gläubigers im Eröffnungsverfahren .... Die Gebühr entsteht auch im Verteilungsverfahren nach der SVertO.	0,5
3315	Tätigkeit auch im Verfahren über den Schuldenbereinigungsplan: Die Verfahrensgebühr 3313 beträgt	1,5
3316	Tätigkeit auch im Verfahren über den Schuldenbereinigungsplan: Die Verfahrensgebühr 3314 beträgt	1,0
3317	Verfahrensgebühr für das Insolvenzverfahren .... Die Gebühr entsteht auch im Verteilungsverfahren nach der SVertO, in einem Verfahren nach dem StaRUG und im Verfahren über Anträge nach Artikel 36 Abs. 9 der Verordnung (EU) 2015/848.	1,0
3318	Verfahrensgebühr für das Verfahren über einen Insolvenzplan	1,0
3319	Vertretung des Schuldners, der den Plan vorgelegt hat: Die Verfahrensgebühr 3318 beträgt	3,0
3320	Die Tätigkeit beschränkt sich auf die Anmeldung einer Insolvenzforderung: Die Verfahrensgebühr 3317 beträgt .... Die Gebühr entsteht auch im Verteilungsverfahren nach der SVertO.	0,5
3321	Verfahrensgebühr für das Verfahren über einen Antrag auf Versagung oder Widerruf der Restschuldbefreiung .... (1) Das Verfahren über mehrere gleichzeitig anhängige Anträge ist eine Angelegenheit. (2) Die Gebühr entsteht auch gesondert, wenn der Antrag bereits vor Aufhebung des Insolvenzverfahrens gestellt wird.	0,5
3322	Verfahrensgebühr für das Verfahren über Anträge auf Zulassung der Zwangsvollstreckung nach § 17 Abs. 4 SVertO	0,5
3323	Verfahrensgebühr für das Verfahren über Anträge auf Aufhebung von Vollstreckungsmaßregeln (§ 8 Abs. 5 und § 41 SVertO)	0,5

Unterabschnitt 6

Sonstige besondere Verfahren

Vorbemerkung 3.3.6:

Die Terminsgebühr bestimmt sich nach Abschnitt 1, soweit in diesem Unterabschnitt nichts anderes bestimmt ist. Im Verfahren über die Prozesskostenhilfe bestimmt sich die Terminsgebühr nach den für dasjenige Verfahren geltenden Vorschriften, für das die Prozesskostenhilfe beantragt wird.

Nr.	Gebührentatbestand	Gebühr oder Satz der Gebühr nach § 13 RVG
3324	Verfahrensgebühr für das Aufgebotsverfahren	1,0
3325	Verfahrensgebühr für Verfahren nach § 148 Abs. 1 und 2, nach § 246a des Aktiengesetzes (auch i.V.m. § 20 Abs. 3 Satz 4 SchVG), nach § 319 Abs. 6 des Aktiengesetzes (auch i.V.m. § 327e Abs. 2 des Aktiengesetzes) oder nach § 16 Abs. 3 UmwG	0,75
3326	Verfahrensgebühr für Verfahren vor den Gerichten für Arbeitssachen, wenn sich die Tätigkeit auf eine gerichtliche Entscheidung über die Bestimmung einer Frist (§ 102 Abs. 3 des Arbeitsgerichtsgesetzes), die Ablehnung eines Schiedsrichters (§ 103 Abs. 3 des Arbeitsgerichtsgesetzes) oder die Vornahme einer Beweisaufnahme oder einer Vereidigung (§ 106 Abs. 2 des Arbeitsgerichtsgesetzes) beschränkt	0,75

Nr.	Gebührentatbestand	Gebühr oder Satz der Gebühr nach § 13 RVG
3327	Verfahrensgebühr für gerichtliche Verfahren über die Bestellung eines Schiedsrichters oder Ersatzschiedsrichters, über die Ablehnung eines Schiedsrichters oder über die Beendigung des Schiedsrichteramts, zur Unterstützung bei der Beweisaufnahme oder bei der Vornahme sonstiger richterlicher Handlungen anlässlich eines schiedsrichterlichen Verfahrens	0,75
3328	Verfahrensgebühr für Verfahren über die vorläufige Einstellung, Beschränkung, Aussetzung oder Aufhebung der Zwangsvollstreckung oder die einstweilige Einstellung oder Beschränkung der Vollstreckung und die Anordnung, dass Vollstreckungsmaßnahmen aufzuheben sind .... Die Gebühr entsteht nicht, wenn die Tätigkeit zum Rechtszug gehört (§ 19 Abs. 1 Satz 2 Nr. 12 RVG). Wird der Antrag beim Vollstreckungsgericht und beim Prozessgericht gestellt, entsteht die Gebühr nur einmal.	0,5
3329	Verfahrensgebühr für Verfahren auf Vollstreckbarerklärung der durch Rechtsmittelanträge nicht angefochtenen Teile eines Urteils (§§ 537, 558 ZPO)	0,5
3330	Verfahrensgebühr für Verfahren über eine Rüge wegen Verletzung des Anspruchs auf rechtliches Gehör	in Höhe der Verfahrensgebühr für das Verfahren, in dem die Rüge erhoben wird, höchstens 0,5, bei Betragsrahmengebühren höchstens 280,00 €
3331	Terminsgebühr in Verfahren über eine Rüge wegen Verletzung des Anspruchs auf rechtliches Gehör	in Höhe der Terminsgebühr für das Verfahren, in dem die Rüge erhoben wird, höchstens 0,5, bei Betragsrahmengebühren höchstens 280,00 €
3332	Terminsgebühr in den in Nummern 3324 bis 3329 genannten Verfahren	0,5
3333	Verfahrensgebühr für ein Verteilungsverfahren außerhalb der Zwangsversteigerung und der Zwangsverwaltung .... Der Wert bestimmt sich nach § 26 Nr. 1 und 2 RVG. Eine Terminsgebühr entsteht nicht.	0,4
3334	Verfahrensgebühr für Verfahren vor dem Prozessgericht oder dem Amtsgericht auf Bewilligung, Verlängerung oder Verkürzung einer Räumungsfrist (§§ 721, 794a ZPO), wenn das Verfahren mit dem Verfahren über die Hauptsache nicht verbunden ist	1,0
3335	Verfahrensgebühr für das Verfahren über die Prozesskostenhilfe	in Höhe der Verfahrensgebühr für das Verfahren, für das die Prozesskostenhilfe beantragt wird, höchstens 1,0, bei Betragsrahmengebühren höchstens 550,00 €
3336	*(aufgehoben)*	
3337	Vorzeitige Beendigung des Auftrags im Fall der Nummern 3324 bis 3327, 3334 und 3335: Die Gebühren 3324 bis 3327, 3334 und 3335 betragen höchstens .... Eine vorzeitige Beendigung liegt vor, 1. wenn der Auftrag endigt, bevor der Rechtsanwalt den das Verfahren einleitenden Antrag oder einen Schriftsatz, der Sachanträge, Sachvortrag oder die Zurücknahme des Antrags enthält, eingereicht oder bevor er einen gerichtlichen Termin wahrgenommen hat, oder 2. soweit lediglich beantragt ist, eine Einigung der Parteien oder der Beteiligten zu Protokoll zu nehmen oder soweit lediglich Verhandlungen vor Gericht zur Einigung geführt werden.	0,5
3338	Verfahrensgebühr für die Tätigkeit als Vertreter des Anmelders eines Anspruchs zum Musterverfahren (§ 13 KapMuG)	0,8
3339	Verfahrensgebühr für das Umsetzungsverfahren nach dem VDuG .... Bei der Vertretung mehrerer Verbraucher, die verschiedene Ansprüche geltend machen, entsteht die Gebühr jeweils besonders.	0,5

Nr.	Gebührentatbestand	Gebühr oder Satz der Gebühr nach § 13 RVG
	Abschnitt 4 **Einzeltätigkeiten**	
	Vorbemerkung 3.4: Für in diesem Abschnitt genannte Tätigkeiten entsteht eine Terminsgebühr nur, wenn dies ausdrücklich bestimmt ist.	
3400	Der Auftrag beschränkt sich auf die Führung des Verkehrs der Partei oder des Beteiligten mit dem Verfahrensbevollmächtigten: Verfahrensgebühr . . . . Die gleiche Gebühr entsteht auch, wenn im Einverständnis mit dem Auftraggeber mit der Übersendung der Akten an den Rechtsanwalt des höheren Rechtszugs gutachterliche Äußerungen verbunden sind.	in Höhe der dem Verfahrensbevollmächtigten zustehenden Verfahrensgebühr, höchstens 1,0, bei Betragsrahmengebühren höchstens 550,00 €
3401	Der Auftrag beschränkt sich auf die Vertretung in einem Termin im Sinne der Vorbemerkung 3 Abs. 3: Verfahrensgebühr	in Höhe der Hälfte der dem Verfahrensbevollmächtigten zustehenden Verfahrensgebühr
3402	Terminsgebühr in dem in Nummer 3401 genannten Fall	in Höhe der einem Verfahrensbevollmächtigten zustehenden Terminsgebühr
3403	Verfahrensgebühr für sonstige Einzeltätigkeiten, soweit in Nummer 3406 nichts anderes bestimmt ist . . . . Die Gebühr entsteht für sonstige Tätigkeiten in einem gerichtlichen Verfahren, wenn der Rechtsanwalt nicht zum Prozess- oder Verfahrensbevollmächtigten bestellt ist, soweit in diesem Abschnitt nichts anderes bestimmt ist.	0,8
3404	Der Auftrag beschränkt sich auf ein Schreiben einfacher Art: Die Gebühr 3403 beträgt . . . . Die Gebühr entsteht insbesondere, wenn das Schreiben weder schwierige rechtliche Ausführungen noch größere sachliche Auseinandersetzungen enthält.	0,3
3405	Endet der Auftrag 1. im Fall der Nummer 3400, bevor der Verfahrensbevollmächtigte beauftragt oder der Rechtsanwalt gegenüber dem Verfahrensbevollmächtigten tätig geworden ist, 2. im Fall der Nummer 3401, bevor der Termin begonnen hat: Die Gebühren 3400 und 3401 betragen . . . . Im Fall der Nummer 3403 gilt die Vorschrift entsprechend.	höchstens 0,5, bei Betragsrahmengebühren höchstens 275,00 €
3406	Verfahrensgebühr für sonstige Einzeltätigkeiten in Verfahren vor Gerichten der Sozialgerichtsbarkeit, wenn Betragsrahmengebühren entstehen (§ 3 RVG) . . . . Die Anmerkung zu Nummer 3403 gilt entsprechend.	39,00 bis 445,00 €
	Abschnitt 5 **Beschwerde, Nichtzulassungsbeschwerde und Erinnerung**	
	Vorbemerkung 3.5: Die Gebühren nach diesem Abschnitt entstehen nicht in den in den Vorbemerkungen 3.2.1 und 3.2.2 genannten Beschwerdeverfahren.	
3500	Verfahrensgebühr für Verfahren über die Beschwerde und die Erinnerung, soweit in diesem Abschnitt keine besonderen Gebühren bestimmt sind	0,5
3501	Verfahrensgebühr für Verfahren vor den Gerichten der Sozialgerichtsbarkeit über die Beschwerde und die Erinnerung, wenn in den Verfahren Betragsrahmengebühren entstehen (§ 3 RVG), soweit in diesem Abschnitt keine besonderen Gebühren bestimmt sind	26,00 bis 275,00 €
3502	Verfahrensgebühr für das Verfahren über die Rechtsbeschwerde	1,0
3503	Vorzeitige Beendigung des Auftrags: Die Gebühr 3502 beträgt . . . . Die Anmerkung zu Nummer 3201 ist entsprechend anzuwenden.	0,5
3504	Verfahrensgebühr für das Verfahren über die Beschwerde gegen die Nichtzulassung der Berufung, soweit in Nummer 3511 nichts anderes bestimmt ist . . . . Die Gebühr wird auf die Verfahrensgebühr für ein nachfolgendes Berufungsverfahren angerechnet.	1,6
3505	Vorzeitige Beendigung des Auftrags: Die Gebühr 3504 beträgt . . . . Die Anmerkung zu Nummer 3201 ist entsprechend anzuwenden.	1,0

Nr.	Gebührentatbestand	Gebühr oder Satz der Gebühr nach § 13 RVG
3506	Verfahrensgebühr für das Verfahren über die Beschwerde gegen die Nichtzulassung der Revision oder über die Beschwerde gegen die Nichtzulassung einer der in der Vorbemerkung 3.2.2 genannten Rechtsbeschwerden, soweit in Nummer 3512 nichts anderes bestimmt ist .... Die Gebühr wird auf die Verfahrensgebühr für ein nachfolgendes Revisions- oder Rechtsbeschwerdeverfahren angerechnet.	1,6
3507	Vorzeitige Beendigung des Auftrags: Die Gebühr 3506 beträgt ...... Die Anmerkung zu Nummer 3201 ist entsprechend anzuwenden.	1,1
3508	In dem Verfahren über die Beschwerde gegen die Nichtzulassung der Revision können sich die Parteien nur durch einen beim Bundesgerichtshof zugelassenen Rechtsanwalt vertreten lassen: Die Gebühr 3506 beträgt	2,3
3509	Vorzeitige Beendigung des Auftrags, wenn sich die Parteien nur durch einen beim Bundesgerichtshof zugelassenen Rechtsanwalt vertreten lassen können: Die Gebühr 3506 beträgt ...... Die Anmerkung zu Nummer 3201 ist entsprechend anzuwenden.	1,8
3510	Verfahrensgebühr für Beschwerdeverfahren vor dem Bundespatentgericht 1. nach dem Patentgesetz, wenn sich die Beschwerde gegen einen Beschluss richtet, a) durch den die Vergütung bei Lizenzbereitschaftserklärung festgesetzt wird oder Zahlung der Vergütung an das Deutsche Patent- und Markenamt angeordnet wird, b) durch den eine Anordnung nach § 50 Abs. 1 PatG oder die Aufhebung dieser Anordnung erlassen wird, c) durch den die Anmeldung zurückgewiesen oder über die Aufrechterhaltung, den Widerruf oder die Beschränkung des Patents entschieden wird, 2. nach dem Gebrauchsmustergesetz, wenn sich die Beschwerde gegen einen Beschluss richtet, a) durch den die Anmeldung zurückgewiesen wird, b) durch den über den Löschungsantrag entschieden wird, 3. nach dem Markengesetz, wenn sich die Beschwerde gegen einen Beschluss richtet, a) durch den über die Anmeldung einer Marke, einen Widerspruch oder einen Antrag auf Löschung oder über die Erinnerung gegen einen solchen Beschluss entschieden worden ist oder b) durch den ein Antrag auf Eintragung einer geographischen Angabe oder einer Ursprungsbezeichnung zurückgewiesen worden ist, 4. nach dem Halbleiterschutzgesetz, wenn sich die Beschwerde gegen einen Beschluss richtet, a) durch den die Anmeldung zurückgewiesen wird, b) durch den über den Löschungsantrag entschieden wird, 5. nach dem Designgesetz, wenn sich die Beschwerde gegen einen Beschluss richtet, a) durch den die Anmeldung eines Designs zurückgewiesen worden ist, b) durch den über den Löschungsantrag gemäß § 36 DesignG entschieden worden ist, c) durch den über den Antrag auf Feststellung oder Erklärung der Nichtigkeit gemäß § 34a DesignG entschieden worden ist, 6. nach dem Sortenschutzgesetz, wenn sich die Beschwerde gegen einen Beschluss des Widerspruchsausschusses richtet	1,3
3511	Verfahrensgebühr für das Verfahren über die Beschwerde gegen die Nichtzulassung der Berufung vor dem Landessozialgericht, wenn Betragsrahmengebühren entstehen (§ 3 RVG) ..... Die Gebühr wird auf die Verfahrensgebühr für ein nachfolgendes Berufungsverfahren angerechnet.	78,00 bis 889,00 €
3512	Verfahrensgebühr für das Verfahren über die Beschwerde gegen die Nichtzulassung der Revision vor dem Bundessozialgericht, wenn Betragsrahmengebühren entstehen (§ 3 RVG) .... Die Gebühr wird auf die Verfahrensgebühr für ein nachfolgendes Revisionsverfahren angerechnet.	105,00 bis 1 151,00 €
3513	Terminsgebühr in den in Nummer 3500 genannten Verfahren	0,5
3514	In dem Verfahren über die Beschwerde gegen die Zurückweisung des Antrags auf Anordnung eines Arrests, des Antrags auf Erlass eines Europäischen Beschlusses zur vorläufigen Kontenpfändung oder des Antrags auf Erlass einer einstweiligen Verfügung bestimmt das Beschwerdegericht Termin zur mündlichen Verhandlung: Die Gebühr 3513 beträgt	1,2
3515	Terminsgebühr in den in Nummer 3501 genannten Verfahren	26,00 bis 275,00 €
3516	Terminsgebühr in den in Nummern 3502, 3504, 3506 und 3510 genannten Verfahren	1,2
3517	Terminsgebühr in den in Nummer 3511 genannten Verfahren	65,00 bis 665,00 €
3518	Terminsgebühr in den in Nummer 3512 genannten Verfahren	78,00 bis 863,00 €

Teil 4: Strafsachen

Nr.	Gebührentatbestand	Gebühr oder Satz der Gebühr nach § 13 oder § 49 RVG	
		Wahlanwalt	gerichtlich bestellter oder beigeordneter Rechtsanwalt

Vorbemerkung 4:

(1) Für die Tätigkeit als Beistand oder Vertreter eines Privatklägers, eines Nebenklägers, eines Einziehungs- oder Nebenbeteiligten, eines Verletzten, eines Zeugen oder Sachverständigen und im Verfahren nach dem Strafrechtlichen Rehabilitierungsgesetz sind die Vorschriften dieses Teils entsprechend anzuwenden.

(2) Die Verfahrensgebühr entsteht für das Betreiben des Geschäfts einschließlich der Information.

(3) Die Terminsgebühr entsteht für die Teilnahme an gerichtlichen Terminen, soweit nichts anderes bestimmt ist. Der Rechtsanwalt erhält die Terminsgebühr auch, wenn er zu einem anberaumten Termin erscheint, dieser aber aus Gründen, die er nicht zu vertreten hat, nicht stattfindet. Dies gilt nicht, wenn er rechtzeitig von der Aufhebung oder Verlegung des Termins in Kenntnis gesetzt worden ist.

(4) Befindet sich der Beschuldigte nicht auf freiem Fuß, entsteht die Gebühr mit Zuschlag.

(5) Für folgende Tätigkeiten entstehen Gebühren nach den Vorschriften des Teils 3:

1. im Verfahren über die Erinnerung oder die Beschwerde gegen einen Kostenfestsetzungsbeschluss (§ 464b StPO) und im Verfahren über die Erinnerung gegen den Kostenansatz und im Verfahren über die Beschwerde gegen die Entscheidung über diese Erinnerung,
2. in der Zwangsvollstreckung aus Entscheidungen, die über einen aus der Straftat erwachsenen vermögensrechtlichen Anspruch oder die Erstattung von Kosten ergangen sind (§§ 406b, 464b StPO), für die Mitwirkung bei der Ausübung der Veröffentlichungsbefugnis und im Beschwerdeverfahren gegen eine dieser Entscheidungen.

Abschnitt 1
Gebühren des Verteidigers

Vorbemerkung 4.1:

(1) Dieser Abschnitt ist auch anzuwenden auf die Tätigkeit im Verfahren über die im Urteil vorbehaltene Sicherungsverwahrung und im Verfahren über die nachträgliche Anordnung der Sicherungsverwahrung.

(2) Durch die Gebühren wird die gesamte Tätigkeit als Verteidiger entgolten. Hierzu gehören auch Tätigkeiten im Rahmen des Täter-Opfer-Ausgleichs, soweit der Gegenstand nicht vermögensrechtlich ist.

(3) Kommt es für eine Gebühr auf die Dauer der Teilnahme an der Hauptverhandlung an, so sind auch Wartezeiten und Unterbrechungen an einem Hauptverhandlungstag als Teilnahme zu berücksichtigen. Dies gilt nicht für Wartezeiten und Unterbrechungen, die der Rechtsanwalt zu vertreten hat, sowie für Unterbrechungen von jeweils mindestens einer Stunde, soweit diese unter Angabe einer konkreten Dauer der Unterbrechung oder eines Zeitpunkts der Fortsetzung der Hauptverhandlung angeordnet wurden.

Unterabschnitt 1
Allgemeine Gebühren

Nr.	Gebührentatbestand	Wahlanwalt	gerichtlich bestellter oder beigeordneter Rechtsanwalt
4100	Grundgebühr (1) Die Gebühr entsteht neben der Verfahrensgebühr für die erstmalige Einarbeitung in den Rechtsfall nur einmal, unabhängig davon, in welchem Verfahrensabschnitt sie erfolgt. (2) Eine wegen derselben Tat oder Handlung bereits entstandene Gebühr 5100 ist anzurechnen.	48,00 bis 432,00 €	192,00 €
4101	Gebühr 4100 mit Zuschlag	48,00 bis 540,00 €	235,00 €
4102	Terminsgebühr für die Teilnahme an 1. richterlichen Vernehmungen und Augenscheinseinnahmen, 2. Vernehmungen durch die Staatsanwaltschaft oder eine andere Strafverfolgungsbehörde, 3. Terminen außerhalb der Hauptverhandlung, in denen über die Anordnung oder Fortdauer der Untersuchungshaft oder der einstweiligen Unterbringung verhandelt wird, 4. Verhandlungen im Rahmen des Täter-Opfer-Ausgleichs sowie 5. Sühneterminen nach § 380 StPO Mehrere Termine an einem Tag gelten als ein Termin. Die Gebühr entsteht im vorbereitenden Verfahren und in jedem Rechtszug für die Teilnahme an jeweils bis zu drei Terminen einmal.	48,00 bis 360,00 €	163,00 €
4103	Gebühr 4102 mit Zuschlag	48,00 bis 450,00 €	199,00 €

Unterabschnitt 2
Vorbereitendes Verfahren

Vorbemerkung 4.1.2:

Die Vorbereitung der Privatklage steht der Tätigkeit im vorbereitenden Verfahren gleich.

Nr.	Gebührentatbestand	Wahlanwalt	gerichtlich bestellter oder beigeordneter Rechtsanwalt
4104	Verfahrensgebühr Die Gebühr entsteht für eine Tätigkeit in dem Verfahren bis zum Eingang der Anklageschrift, des Antrags auf Erlass eines Strafbefehls bei Gericht oder im beschleunigten Verfahren bis zum Vortrag der Anklage, wenn diese nur mündlich erhoben wird.	48,00 bis 348,00 €	158,00 €
4105	Gebühr 4104 mit Zuschlag	48,00 bis 435,00 €	193,00 €

Nr.	Gebührentatbestand	Gebühr oder Satz der Gebühr nach § 13 oder § 49 RVG – Wahlanwalt	Gebühr oder Satz der Gebühr nach § 13 oder § 49 RVG – gerichtlich bestellter oder beigeordneter Rechtsanwalt
	Unterabschnitt 3 Gerichtliches Verfahren *Erster Rechtszug*		
4106	Verfahrensgebühr für den ersten Rechtszug vor dem Amtsgericht	48,00 bis 348,00 €	158,00 €
4107	Gebühr 4106 mit Zuschlag	48,00 bis 435,00 €	193,00 €
4108	Terminsgebühr je Hauptverhandlungstag in den in Nummer 4106 genannten Verfahren	84,00 bis 576,00 €	264,00 €
4109	Gebühr 4108 mit Zuschlag	84,00 bis 719,00 €	321,00 €
4110	Der gerichtlich bestellte oder beigeordnete Rechtsanwalt nimmt mehr als 5 und bis 8 Stunden an der Hauptverhandlung teil: Zusätzliche Gebühr neben der Gebühr 4108 oder 4109		132,00 €
4111	Der gerichtlich bestellte oder beigeordnete Rechtsanwalt nimmt mehr als 8 Stunden an der Hauptverhandlung teil: Zusätzliche Gebühr neben der Gebühr 4108 oder 4109		264,00 €
4112	Verfahrensgebühr für den ersten Rechtszug vor der Strafkammer Die Gebühr entsteht auch für Verfahren 1. vor der Jugendkammer, soweit sich die Gebühr nicht nach Nummer 4118 bestimmt, 2. im Rehabilitierungsverfahren nach Abschnitt 2 StrRehaG.	60,00 bis 384,00 €	178,00 €
4113	Gebühr 4112 mit Zuschlag	60,00 bis 480,00 €	216,00 €
4114	Terminsgebühr je Hauptverhandlungstag in den in Nummer 4112 genannten Verfahren	96,00 bis 671,00 €	307,00 €
4115	Gebühr 4114 mit Zuschlag	96,00 bis 839,00 €	374,00 €
4116	Der gerichtlich bestellte oder beigeordnete Rechtsanwalt nimmt mehr als 5 und bis 8 Stunden an der Hauptverhandlung teil: Zusätzliche Gebühr neben der Gebühr 4114 oder 4115		154,00 €
4117	Der gerichtlich bestellte oder beigeordnete Rechtsanwalt nimmt mehr als 8 Stunden an der Hauptverhandlung teil: Zusätzliche Gebühr neben der Gebühr 4114 oder 4115		307,00 €
4118	Verfahrensgebühr für den ersten Rechtszug vor dem Oberlandesgericht, dem Schwurgericht oder der Strafkammer nach den §§ 74a und 74c GVG Die Gebühr entsteht auch für Verfahren vor der Jugendkammer, soweit diese in Sachen entscheidet, die nach den allgemeinen Vorschriften zur Zuständigkeit des Schwurgerichts gehören.	120,00 bis 827,00 €	379,00 €
4119	Gebühr 4118 mit Zuschlag	120,00 bis 1 034,00 €	462,00 €
4120	Terminsgebühr je Hauptverhandlungstag in den in Nummer 4118 genannten Verfahren	156,00 bis 1 115,00 €	508,00 €
4121	Gebühr 4120 mit Zuschlag	156,00 bis 1 394,00 €	620,00 €
4122	Der gerichtlich bestellte oder beigeordnete Rechtsanwalt nimmt mehr als 5 und bis 8 Stunden an der Hauptverhandlung teil: Zusätzliche Gebühr neben der Gebühr 4120 oder 4121		254,00 €
4123	Der gerichtlich bestellte oder beigeordnete Rechtsanwalt nimmt mehr als 8 Stunden an der Hauptverhandlung teil: Zusätzliche Gebühr neben der Gebühr 4120 oder 4121		508,00 €
	Berufung		
4124	Verfahrensgebühr für das Berufungsverfahren Die Gebühr entsteht auch für Beschwerdeverfahren nach § 13 StrRehaG.	96,00 bis 671,00 €	307,00 €
4125	Gebühr 4124 mit Zuschlag	96,00 bis 839,00 €	374,00 €
4126	Terminsgebühr je Hauptverhandlungstag im Berufungsverfahren Die Gebühr entsteht auch für Beschwerdeverfahren nach § 13 StrRehaG.	96,00 bis 671,00 €	307,00 €
4127	Gebühr 4126 mit Zuschlag	96,00 bis 839,00 €	374,00 €
4128	Der gerichtlich bestellte oder beigeordnete Rechtsanwalt nimmt mehr als 5 und bis 8 Stunden an der Hauptverhandlung teil: Zusätzliche Gebühr neben der Gebühr 4126 oder 4127		154,00 €

Nr.	Gebührentatbestand	Gebühr oder Satz der Gebühr nach § 13 oder § 49 RVG – Wahlanwalt	Gebühr oder Satz der Gebühr nach § 13 oder § 49 RVG – gerichtlich bestellter oder beigeordneter Rechtsanwalt
4129	Der gerichtlich bestellte oder beigeordnete Rechtsanwalt nimmt mehr als 8 Stunden an der Hauptverhandlung teil: Zusätzliche Gebühr neben der Gebühr 4126 oder 4127		307,00 €
	Revision		
4130	Verfahrensgebühr für das Revisionsverfahren	144,00 bis 1 331,00 €	590,00 €
4131	Gebühr 4130 mit Zuschlag	144,00 bis 1 664,00 €	723,00 €
4132	Terminsgebühr je Hauptverhandlungstag im Revisionsverfahren	144,00 bis 671,00 €	326,00 €
4133	Gebühr 4132 mit Zuschlag	144,00 bis 839,00 €	393,00 €
4134	Der gerichtlich bestellte oder beigeordnete Rechtsanwalt nimmt mehr als 5 und bis 8 Stunden an der Hauptverhandlung teil: Zusätzliche Gebühr neben der Gebühr 4132 oder 4133		163,00 €
4135	Der gerichtlich bestellte oder beigeordnete Rechtsanwalt nimmt mehr als 8 Stunden an der Hauptverhandlung teil: Zusätzliche Gebühr neben der Gebühr 4132 oder 4133		326,00 €
	Unterabschnitt 4 Wiederaufnahmeverfahren		
	Vorbemerkung 4.1.4: Eine Grundgebühr entsteht nicht.		
4136	Geschäftsgebühr für die Vorbereitung eines Antrags .... Die Gebühr entsteht auch, wenn von der Stellung eines Antrags abgeraten wird.	in Höhe der Verfahrensgebühr für den ersten Rechtszug	
4137	Verfahrensgebühr für das Verfahren über die Zulässigkeit des Antrags	in Höhe der Verfahrensgebühr für den ersten Rechtszug	
4138	Verfahrensgebühr für das weitere Verfahren	in Höhe der Verfahrensgebühr für den ersten Rechtszug	
4139	Verfahrensgebühr für das Beschwerdeverfahren (§ 372 StPO)	in Höhe der Verfahrensgebühr für den ersten Rechtszug	
4140	Terminsgebühr für jeden Verhandlungstag	in Höhe der Terminsgebühr für den ersten Rechtszug	
	Unterabschnitt 5 Zusätzliche Gebühren		
4141	Durch die anwaltliche Mitwirkung wird die Hauptverhandlung entbehrlich: Zusätzliche Gebühr .... (1) Die Gebühr entsteht, wenn 1. das Strafverfahren nicht nur vorläufig eingestellt wird oder 2. das Gericht beschließt, das Hauptverfahren nicht zu eröffnen oder 3. sich das gerichtliche Verfahren durch Rücknahme des Einspruchs gegen den Strafbefehl, der Berufung oder der Revision des Angeklagten oder eines anderen Verfahrensbeteiligten erledigt; ist bereits ein Termin zur Hauptverhandlung bestimmt, entsteht die Gebühr nur, wenn der Einspruch, die Berufung oder die Revision früher als zwei Wochen vor Beginn des Tages, der für die Hauptverhandlung vorgesehen war, zurückgenommen wird; oder 4. das Verfahren durch Beschluss nach § 411 Abs. 1 Satz 3 StPO endet. Nummer 3 ist auf den Beistand oder Vertreter eines Privatklägers entsprechend anzuwenden, wenn die Privatklage zurückgenommen wird. (2) Die Gebühr entsteht nicht, wenn eine auf die Förderung des Verfahrens gerichtete Tätigkeit nicht ersichtlich ist. Sie entsteht nicht neben der Gebühr 4147. (3) Die Höhe der Gebühr richtet sich nach dem Rechtszug, in dem die Hauptverhandlung vermieden wurde. Für den Wahlanwalt bemisst sich die Gebühr nach der Rahmenmitte. Eine Erhöhung nach Nummer 1008 und der Zuschlag (Vorbemerkung 4 Abs. 4) sind nicht zu berücksichtigen.	in Höhe der Verfahrensgebühr	
4142	Verfahrensgebühr bei Einziehung und verwandten Maßnahmen .... (1) Die Gebühr entsteht für eine Tätigkeit für den Beschuldigten, die sich auf die Einziehung, dieser gleichstehende Rechtsfolgen (§ 439 StPO), die Abführung des Mehrerlöses oder auf eine diesen Zwecken dienende Beschlagnahme bezieht. (2) Die Gebühr entsteht nicht, wenn der Gegenstandswert niedriger als 30,00 € ist. (3) Die Gebühr entsteht für das Verfahren des ersten Rechtszugs einschließlich des vorbereitenden Verfahrens und für jeden weiteren Rechtszug.	1,0	1,0

Nr.	Gebührentatbestand	Gebühr oder Satz der Gebühr nach § 13 oder § 49 RVG – Wahlanwalt	gerichtlich bestellter oder beigeordneter Rechtsanwalt
4143	Verfahrensgebühr für das erstinstanzliche Verfahren über vermögensrechtliche Ansprüche (§ 403 StPO) .... (1) Die Gebühr entsteht auch, wenn der Anspruch erstmalig im Berufungsverfahren geltend gemacht wird. (2) Die Gebühr wird zu einem Drittel auf die Verfahrensgebühr, die für einen bürgerlichen Rechtsstreit wegen desselben Anspruchs entsteht, angerechnet.	2,0	2,0
4144	Verfahrensgebühr im Berufungs- und Revisionsverfahren über vermögensrechtliche Ansprüche (§ 403 StPO)	2,5	2,5
4145	Verfahrensgebühr für das Verfahren über die Beschwerde gegen den Beschluss, mit dem nach § 406 Abs. 5 Satz 2 StPO von einer Entscheidung abgesehen wird	0,5	0,5
4146	Verfahrensgebühr für das Verfahren über einen Antrag auf gerichtliche Entscheidung oder über die Beschwerde gegen eine den Rechtszug beendende Entscheidung nach § 25 Abs. 1 Satz 3 bis 5, § 13 StrRehaG	1,5	1,5
4147	Einigungsgebühr im Privatklageverfahren bezüglich des Strafanspruchs und des Kostenerstattungsanspruchs: Die Gebühr 1000 entsteht .... Für einen Vertrag über sonstige Ansprüche entsteht eine weitere Einigungsgebühr nach Teil 1. Maßgebend für die Höhe der Gebühr ist die im Einzelfall bestimmte Verfahrensgebühr in der Angelegenheit, in der die Einigung erfolgt. Eine Erhöhung nach Nummer 1008 und der Zuschlag (Vorbemerkung 4 Abs. 4) sind nicht zu berücksichtigen.	in Höhe der Verfahrensgebühr	

Abschnitt 2

Gebühren in der Strafvollstreckung

Vorbemerkung 4.2:

Im Verfahren über die Beschwerde gegen die Entscheidung in der Hauptsache entstehen die Gebühren besonders.

Nr.	Gebührentatbestand	Wahlanwalt	gerichtlich bestellter oder beigeordneter Rechtsanwalt
4200	Verfahrensgebühr als Verteidiger für ein Verfahren über 1. die Erledigung oder Aussetzung der Maßregel der Unterbringung a) in der Sicherungsverwahrung, b) in einem psychiatrischen Krankenhaus oder c) in einer Entziehungsanstalt, 2. die Aussetzung des Restes einer zeitigen Freiheitsstrafe oder einer lebenslangen Freiheitsstrafe oder 3. den Widerruf einer Strafaussetzung zur Bewährung oder den Widerruf der Aussetzung einer Maßregel der Besserung und Sicherung zur Bewährung	72,00 bis 803,00 €	350,00 €
4201	Gebühr 4200 mit Zuschlag	72,00 bis 1 004,00 €	430,00 €
4202	Terminsgebühr in den in Nummer 4200 genannten Verfahren	72,00 bis 360,00 €	173,00 €
4203	Gebühr 4202 mit Zuschlag	72,00 bis 450,00 €	209,00 €
4204	Verfahrensgebühr für sonstige Verfahren in der Strafvollstreckung	36,00 bis 360,00 €	158,00 €
4205	Gebühr 4204 mit Zuschlag	36,00 bis 450,00 €	194,00 €
4206	Terminsgebühr für sonstige Verfahren	36,00 bis 360,00 €	158,00 €
4207	Gebühr 4206 mit Zuschlag	36,00 bis 450,00 €	194,00 €

Abschnitt 3

Einzeltätigkeiten

Vorbemerkung 4.3:

(1) Die Gebühren entstehen für einzelne Tätigkeiten, ohne dass dem Rechtsanwalt sonst die Verteidigung oder Vertretung übertragen ist.

(2) Beschränkt sich die Tätigkeit des Rechtsanwalts auf die Geltendmachung oder Abwehr eines aus der Straftat erwachsenen vermögensrechtlichen Anspruchs im Strafverfahren, so erhält er die Gebühren nach den Nummern 4143 bis 4145.

(3) Die Gebühr entsteht für jede der genannten Tätigkeiten gesondert, soweit nichts anderes bestimmt ist. § 15 RVG bleibt unberührt. Das Beschwerdeverfahren gilt als besondere Angelegenheit.

(4) Wird dem Rechtsanwalt die Verteidigung oder die Vertretung für das Verfahren übertragen, werden die nach diesem Abschnitt entstandenen Gebühren auf die für die Verteidigung oder Vertretung entstehenden Gebühren angerechnet.

Nr.	Gebührentatbestand	Wahlanwalt	gerichtlich bestellter oder beigeordneter Rechtsanwalt
4300	Verfahrensgebühr für die Anfertigung oder Unterzeichnung einer Schrift 1. zur Begründung der Revision, 2. zur Erklärung auf die von dem Staatsanwalt, Privatkläger oder Nebenkläger eingelegte Revision oder 3. in Verfahren nach den §§ 57a und 67e StGB .... Neben der Gebühr für die Begründung der Revision entsteht für die Einlegung der Revision keine besondere Gebühr.	72,00 bis 803,00 €	350,00 €

Nr.	Gebührentatbestand	Gebühr oder Satz der Gebühr nach § 13 oder § 49 RVG	
		Wahlanwalt	gerichtlich bestellter oder beigeordneter Rechtsanwalt
4301	Verfahrensgebühr für 1. die Anfertigung oder Unterzeichnung einer Privatklage, 2. die Anfertigung oder Unterzeichnung einer Schrift zur Rechtfertigung der Berufung oder zur Beantwortung der von dem Staatsanwalt, Privatkläger oder Nebenkläger eingelegten Berufung, 3. die Führung des Verkehrs mit dem Verteidiger, 4. die Beistandsleistung für den Beschuldigten bei einer richterlichen Vernehmung, einer Vernehmung durch die Staatsanwaltschaft oder eine andere Strafverfolgungsbehörde oder in einer Hauptverhandlung, einer mündlichen Anhörung oder bei einer Augenscheinseinnahme, 5. die Beistandsleistung im Verfahren zur gerichtlichen Erzwingung der Anklage (§ 172 Abs. 2 bis 4, § 173 StPO) oder 6. sonstige Tätigkeiten in der Strafvollstreckung .... Neben der Gebühr für die Rechtfertigung der Berufung entsteht für die Einlegung der Berufung keine besondere Gebühr.	48,00 bis 552,00 €	240,00 €
4302	Verfahrensgebühr für 1. die Einlegung eines Rechtsmittels, 2. die Anfertigung oder Unterzeichnung anderer Anträge, Gesuche oder Erklärungen oder 3. eine andere nicht in Nummer 4300 oder 4301 erwähnte Beistandsleistung	36,00 bis 348,00 €	154,00 €
4303	Verfahrensgebühr für die Vertretung in einer Gnadensache .... Der Rechtsanwalt erhält die Gebühr auch, wenn ihm die Verteidigung übertragen war.	36,00 bis 360,00 €	
4304	Gebühr für den als Kontaktperson beigeordneten Rechtsanwalt (§ 34a EGGVG)		4 197,00 €

Teil 5: Bußgeldsachen

Nr.	Gebührentatbestand	Gebühr oder Satz der Gebühr nach § 13 oder § 49 RVG	
		Wahlanwalt	gerichtlich bestellter oder beigeordneter Rechtsanwalt
	Vorbemerkung 5: (1) Für die Tätigkeit als Beistand oder Vertreter eines Einziehungs- oder Nebenbeteiligten, eines Zeugen oder eines Sachverständigen sind die Vorschriften dieses Teils entsprechend anzuwenden. (2) Die Verfahrensgebühr entsteht für das Betreiben des Geschäfts einschließlich der Information. (3) Die Terminsgebühr entsteht für die Teilnahme an gerichtlichen Terminen, soweit nichts anderes bestimmt ist. Der Rechtsanwalt erhält die Terminsgebühr auch, wenn er zu einem anberaumten Termin erscheint, dieser aber aus Gründen, die er nicht zu vertreten hat, nicht stattfindet. Dies gilt nicht, wenn er rechtzeitig von der Aufhebung oder Verlegung des Termins in Kenntnis gesetzt worden ist. (4) Für folgende Tätigkeiten entstehen Gebühren nach den Vorschriften des Teils 3: 1. für das Verfahren über die Erinnerung oder die Beschwerde gegen einen Kostenfestsetzungsbeschluss, für das Verfahren über die Erinnerung gegen den Kostenansatz, für das Verfahren über die Beschwerde gegen die Entscheidung über diese Erinnerung und für Verfahren über den Antrag auf gerichtliche Entscheidung gegen einen Kostenfestsetzungsbescheid und den Ansatz der Gebühren und Auslagen (§ 108 OWiG), dabei steht das Verfahren über den Antrag auf gerichtliche Entscheidung dem Verfahren über die Erinnerung oder die Beschwerde gegen einen Kostenfestsetzungsbeschluss gleich, 2. in der Zwangsvollstreckung aus Entscheidungen, die über die Erstattung von Kosten ergangen sind, und für das Beschwerdeverfahren gegen die gerichtliche Entscheidung nach Nummer 1.		
	Abschnitt 1 **Gebühren des Verteidigers**		
	Vorbemerkung 5.1: (1) Durch die Gebühren wird die gesamte Tätigkeit als Verteidiger entgolten. (2) Hängt die Höhe der Gebühren von der Höhe der Geldbuße ab, ist die zum Zeitpunkt des Entstehens der Gebühr zuletzt festgesetzte Geldbuße maßgebend. Ist eine Geldbuße nicht festgesetzt, richtet sich die Höhe der Gebühren im Verfahren vor der Verwaltungsbehörde nach dem mittleren Betrag der in der Bußgeldvorschrift angedrohten Geldbuße. Sind in einer Rechtsvorschrift Regelsätze bestimmt, sind diese maßgebend. Mehrere Geldbußen sind zusammenzurechnen.		
	Unterabschnitt 1 Allgemeine Gebühr		
5100	Grundgebühr .... (1) Die Gebühr entsteht neben der Verfahrensgebühr für die erstmalige Einarbeitung in den Rechtsfall nur einmal, unabhängig davon, in welchem Verfahrensabschnitt sie erfolgt.	36,00 bis 204,00 €	96,00 €

Nr.	Gebührentatbestand	Gebühr oder Satz der Gebühr nach § 13 oder § 49 RVG – Wahlanwalt	Gebühr oder Satz der Gebühr nach § 13 oder § 49 RVG – gerichtlich bestellter oder beigeordneter Rechtsanwalt
	(2) Die Gebühr entsteht nicht, wenn in einem vorangegangenen Strafverfahren für dieselbe Handlung oder Tat die Gebühr 4100 entstanden ist.		

Unterabschnitt 2

Verfahren vor der Verwaltungsbehörde

Vorbemerkung 5.1.2:

(1) Zu dem Verfahren vor der Verwaltungsbehörde gehört auch das Verwarnungsverfahren und das Zwischenverfahren (§ 69 OWiG) bis zum Eingang der Akten bei Gericht.

(2) Die Terminsgebühr entsteht auch für die Teilnahme an Vernehmungen vor der Polizei oder der Verwaltungsbehörde.

Nr.	Gebührentatbestand	Wahlanwalt	gerichtlich bestellter oder beigeordneter Rechtsanwalt
5101	Verfahrensgebühr bei einer Geldbuße von weniger als 80,00 €	24,00 bis 132,00 €	62,00 €
5102	Terminsgebühr für jeden Tag, an dem ein Termin in den in Nummer 5101 genannten Verfahren stattfindet	24,00 bis 132,00 €	62,00 €
5103	Verfahrensgebühr bei einer Geldbuße von 80,00 € bis 5 000,00 €	36,00 bis 348,00 €	154,00 €
5104	Terminsgebühr für jeden Tag, an dem ein Termin in den in Nummer 5103 genannten Verfahren stattfindet	36,00 bis 348,00 €	154,00 €
5105	Verfahrensgebühr bei einer Geldbuße von mehr als 5 000,00 €	48,00 bis 360,00 €	163,00 €
5106	Terminsgebühr für jeden Tag, an dem ein Termin in den in Nummer 5105 genannten Verfahren stattfindet	48,00 bis 360,00 €	163,00 €

Unterabschnitt 3

Gerichtliches Verfahren im ersten Rechtszug

Vorbemerkung 5.1.3:

(1) Die Terminsgebühr entsteht auch für die Teilnahme an gerichtlichen Terminen außerhalb der Hauptverhandlung.

(2) Die Gebühren dieses Unterabschnitts entstehen für das Wiederaufnahmeverfahren einschließlich seiner Vorbereitung gesondert; die Verfahrensgebühr entsteht auch, wenn von der Stellung eines Wiederaufnahmeantrags abgeraten wird.

Nr.	Gebührentatbestand	Wahlanwalt	gerichtlich bestellter oder beigeordneter Rechtsanwalt
5107	Verfahrensgebühr bei einer Geldbuße von weniger als 80,00 €	24,00 bis 132,00 €	62,00 €
5108	Terminsgebühr je Hauptverhandlungstag in den in Nummer 5107 genannten Verfahren	24,00 bis 288,00 €	125,00 €
5109	Verfahrensgebühr bei einer Geldbuße von 80,00 bis 5 000,00 €	36,00 bis 348,00 €	154,00 €
5110	Terminsgebühr je Hauptverhandlungstag in den in Nummer 5109 genannten Verfahren	48,00 bis 564,00 €	245,00 €
5111	Verfahrensgebühr bei einer Geldbuße von mehr als 5 000,00 €	60,00 bis 420,00 €	192,00 €
5112	Terminsgebühr je Hauptverhandlungstag in den in Nummer 5111 genannten Verfahren	96,00 bis 671,00 €	307,00 €

Unterabschnitt 4

Verfahren über die Rechtsbeschwerde

Nr.	Gebührentatbestand	Wahlanwalt	gerichtlich bestellter oder beigeordneter Rechtsanwalt
5113	Verfahrensgebühr	96,00 bis 671,00 €	307,00 €
5114	Terminsgebühr je Hauptverhandlungstag	96,00 bis 671,00 €	307,00 €

Unterabschnitt 5

Zusätzliche Gebühren

Nr.	Gebührentatbestand	Wahlanwalt	gerichtlich bestellter oder beigeordneter Rechtsanwalt
5115	Durch die anwaltliche Mitwirkung wird das Verfahren vor der Verwaltungsbehörde erledigt oder die Hauptverhandlung entbehrlich: Zusätzliche Gebühr (1) Die Gebühr entsteht, wenn 1. das Verfahren nicht nur vorläufig eingestellt wird oder 2. der Einspruch gegen den Bußgeldbescheid zurückgenommen wird oder 3. der Bußgeldbescheid nach Einspruch von der Verwaltungsbehörde zurückgenommen und gegen einen neuen Bußgeldbescheid kein Einspruch eingelegt wird oder 4. sich das gerichtliche Verfahren durch Rücknahme des Einspruchs gegen den Bußgeldbescheid oder der Rechtsbeschwerde des Betroffenen oder eines anderen Verfahrensbeteiligten erledigt; ist bereits ein Termin zur Hauptverhandlung bestimmt, entsteht die Gebühr nur, wenn der Einspruch oder die Rechtsbeschwerde früher als zwei Wochen vor Beginn des Tages, der für die Hauptverhandlung vorgesehen war, zurückgenommen wird, oder 5. das Gericht nach § 72 Abs. 1 Satz 1 OWiG durch Beschluss entscheidet. (2) Die Gebühr entsteht nicht, wenn eine auf die Förderung des Verfahrens gerichtete Tätigkeit nicht ersichtlich ist.	in Höhe der jeweiligen Verfahrensgebühr	

Nr.	Gebührentatbestand	Gebühr oder Satz der Gebühr nach § 13 oder § 49 RVG: Wahlanwalt	Gebühr oder Satz der Gebühr nach § 13 oder § 49 RVG: gerichtlich bestellter oder beigeordneter Rechtsanwalt
	(3) Die Höhe der Gebühr richtet sich nach dem Rechtszug, in dem die Hauptverhandlung vermieden wurde. Für den Wahlanwalt bemisst sich die Gebühr nach der Rahmenmitte.		
5116	Verfahrensgebühr bei Einziehung und verwandten Maßnahmen	1,0	1,0
	(1) Die Gebühr entsteht für eine Tätigkeit für den Betroffenen, die sich auf die Einziehung oder dieser gleichstehende Rechtsfolgen (§ 46 Abs. 1 OWiG, § 439 StPO) oder auf eine diesen Zwecken dienende Beschlagnahme bezieht. (2) Die Gebühr entsteht nicht, wenn der Gegenstandswert niedriger als 30,00 € ist. (3) Die Gebühr entsteht nur einmal für das Verfahren vor der Verwaltungsbehörde und für das gerichtliche Verfahren im ersten Rechtszug. Im Rechtsbeschwerdeverfahren entsteht die Gebühr besonders.		
	Abschnitt 2 **Einzeltätigkeiten**		
5200	Verfahrensgebühr	24,00 bis 132,00 €	62,00 €
	(1) Die Gebühr entsteht für einzelne Tätigkeiten, ohne dass dem Rechtsanwalt sonst die Verteidigung übertragen ist. (2) Die Gebühr entsteht für jede Tätigkeit gesondert, soweit nichts anderes bestimmt ist. § 15 RVG bleibt unberührt. (3) Wird dem Rechtsanwalt die Verteidigung für das Verfahren übertragen, werden die nach dieser Nummer entstandenen Gebühren auf die für die Verteidigung entstehenden Gebühren angerechnet. (4) Der Rechtsanwalt erhält die Gebühr für die Vertretung in der Vollstreckung und in einer Gnadensache auch, wenn ihm die Verteidigung übertragen war.		

Teil 6: Sonstige Verfahren

Nr.	Gebührentatbestand	Gebühr: Wahlverteidiger oder Verfahrensbevollmächtigter	Gebühr: gerichtlich bestellter oder beigeordneter Rechtsanwalt
	Vorbemerkung 6: (1) Für die Tätigkeit als Beistand für einen Zeugen oder Sachverständigen in einem Verfahren, für das sich die Gebühren nach diesem Teil bestimmen, entstehen die gleichen Gebühren wie für einen Verfahrensbevollmächtigten in diesem Verfahren. (2) Die Verfahrensgebühr entsteht für das Betreiben des Geschäfts einschließlich der Information. (3) Die Terminsgebühr entsteht für die Teilnahme an gerichtlichen Terminen, soweit nichts anderes bestimmt ist. Der Rechtsanwalt erhält die Terminsgebühr auch, wenn er zu einem anberaumten Termin erscheint, dieser aber aus Gründen, die er nicht zu vertreten hat, nicht stattfindet. Dies gilt nicht, wenn er rechtzeitig von der Aufhebung oder Verlegung des Termins in Kenntnis gesetzt worden ist.		
	Abschnitt 1 **Verfahren nach dem Gesetz über die internationale Rechtshilfe in Strafsachen, Verfahren nach dem Deutsch-Schweizerischer-Polizeivertrag-Umsetzungsgesetz und Verfahren nach dem Gesetz über die Zusammenarbeit mit dem Internationalen Strafgerichtshof** Unterabschnitt 1 Verfahren vor der Verwaltungsbehörde		
	Vorbemerkung 6.1.1: Die Gebühr nach diesem Unterabschnitt entsteht für die Tätigkeit gegenüber der Bewilligungsbehörde in Verfahren nach Abschnitt 2 Unterabschnitt 2 des Neunten Teils des Gesetzes über die internationale Rechtshilfe in Strafsachen oder dem Deutsch-Schweizerischer-Polizeivertrag-Umsetzungsgesetz.		
6100	Verfahrensgebühr	60,00 bis 408,00 €	187,00 €
	Unterabschnitt 2 Gerichtliches Verfahren		
6101	Verfahrensgebühr	120,00 bis 827,00 €	379,00 €
6102	Terminsgebühr je Verhandlungstag	156,00 bis 1 115,00 €	508,00 €
	Abschnitt 2 **Disziplinarverfahren, berufsgerichtliche Verfahren wegen der Verletzung einer Berufspflicht**		
	Vorbemerkung 6.2: (1) Durch die Gebühren wird die gesamte Tätigkeit im Verfahren abgegolten. (2) Für die Vertretung gegenüber der Aufsichtsbehörde außerhalb eines Disziplinarverfahrens entstehen Gebühren nach Teil 2. (3) Für folgende Tätigkeiten entstehen Gebühren nach Teil 3: 1. für das Verfahren über die Erinnerung oder die Beschwerde gegen einen Kostenfestsetzungsbeschluss, für das Verfahren über die Erinnerung gegen den Kostenansatz und für das Verfahren über die Beschwerde gegen die Entscheidung über diese Erinnerung,		

Nr.	Gebührentatbestand	Gebühr	
		Wahlverteidiger oder Verfahrensbevollmächtigter	gerichtlich bestellter oder beigeordneter Rechtsanwalt
2. in der Zwangsvollstreckung aus einer Entscheidung, die über die Erstattung von Kosten ergangen ist, und für das Beschwerdeverfahren gegen diese Entscheidung.			
	Unterabschnitt 1 **Allgemeine Gebühren**		
6200	Grundgebühr Die Gebühr entsteht neben der Verfahrensgebühr für die erstmalige Einarbeitung in den Rechtsfall nur einmal, unabhängig davon, in welchem Verfahrensabschnitt sie erfolgt.	48,00 bis 420,00 €	187,00 €
6201	Terminsgebühr für jeden Tag, an dem ein Termin stattfindet Die Gebühr entsteht für die Teilnahme an außergerichtlichen Anhörungsterminen und außergerichtlichen Terminen zur Beweiserhebung.	48,00 bis 444,00 €	197,00 €
	Unterabschnitt 2 **Außergerichtliches Verfahren**		
6202	Verfahrensgebühr (1) Die Gebühr entsteht gesondert für eine Tätigkeit in einem dem gerichtlichen Verfahren vorausgehenden und der Überprüfung der Verwaltungsentscheidung dienenden weiteren außergerichtlichen Verfahren. (2) Die Gebühr entsteht für eine Tätigkeit in dem Verfahren bis zum Eingang des Antrags oder der Anschuldigungsschrift bei Gericht.	48,00 bis 348,00 €	158,00 €
	Unterabschnitt 3 **Gerichtliches Verfahren** *Erster Rechtszug*		
Vorbemerkung 6.2.3: (1) Die nachfolgenden Gebühren entstehen für das Wiederaufnahmeverfahren einschließlich seiner Vorbereitung gesondert. (2) Kommt es für eine Gebühr auf die Dauer der Teilnahme an der Hauptverhandlung an, sind auch Wartezeiten und Unterbrechungen an einem Hauptverhandlungstag als Teilnahme zu berücksichtigen. Dies gilt nicht für Wartezeiten und Unterbrechungen, die der Rechtsanwalt zu vertreten hat, sowie für Unterbrechungen von jeweils mindestens einer Stunde, soweit diese unter Angabe einer konkreten Dauer der Unterbrechung oder eines Zeitpunkts der Fortsetzung der Hauptverhandlung angeordnet wurden.			
6203	Verfahrensgebühr	60,00 bis 384,00 €	178,00 €
6204	Terminsgebühr je Verhandlungstag	96,00 bis 671,00 €	307,00 €
6205	Der gerichtlich bestellte Rechtsanwalt nimmt mehr als 5 und bis 8 Stunden an der Hauptverhandlung teil: Zusätzliche Gebühr neben der Gebühr 6204		154,00 €
6206	Der gerichtlich bestellte Rechtsanwalt nimmt mehr als 8 Stunden an der Hauptverhandlung teil: Zusätzliche Gebühr neben der Gebühr 6204		307,00 €
	Zweiter Rechtszug		
6207	Verfahrensgebühr	96,00 bis 671,00 €	307,00 €
6208	Terminsgebühr je Verhandlungstag	96,00 bis 671,00 €	307,00 €
6209	Der gerichtlich bestellte Rechtsanwalt nimmt mehr als 5 und bis 8 Stunden an der Hauptverhandlung teil: Zusätzliche Gebühr neben der Gebühr 6208		154,00 €
6210	Der gerichtlich bestellte Rechtsanwalt nimmt mehr als 8 Stunden an der Hauptverhandlung teil: Zusätzliche Gebühr neben der Gebühr 6208		307,00 €
	Dritter Rechtszug		
6211	Verfahrensgebühr	144,00 bis 1 331,00 €	590,00 €
6212	Terminsgebühr je Verhandlungstag	144,00 bis 659,00 €	321,00 €
6213	Der gerichtlich bestellte Rechtsanwalt nimmt mehr als 5 und bis 8 Stunden an der Hauptverhandlung teil: Zusätzliche Gebühr neben der Gebühr 6212		160,00 €
6214	Der gerichtlich bestellte Rechtsanwalt nimmt mehr als 8 Stunden an der Hauptverhandlung teil: Zusätzliche Gebühr neben der Gebühr 6212		320,00 €
6215	Verfahrensgebühr für das Verfahren über die Beschwerde gegen die Nichtzulassung der Revision	84,00 bis 1 331,00 €	566,00 €

Nr.	Gebührentatbestand	Gebühr: Wahlverteidiger oder Verfahrensbevollmächtigter	Gebühr: gerichtlich bestellter oder beigeordneter Rechtsanwalt
	Die Gebühr wird auf die Verfahrensgebühr für ein nachfolgendes Revisionsverfahren angerechnet.		
	Unterabschnitt 4 **Zusatzgebühr**		
6216	Durch die anwaltliche Mitwirkung wird die mündliche Verhandlung entbehrlich: Zusätzliche Gebühr .... (1) Die Gebühr entsteht, wenn eine gerichtliche Entscheidung mit Zustimmung der Beteiligten ohne mündliche Verhandlung ergeht oder einer beabsichtigten Entscheidung ohne Hauptverhandlungstermin nicht widersprochen wird. (2) Die Gebühr entsteht nicht, wenn eine auf die Förderung des Verfahrens gerichtete Tätigkeit nicht ersichtlich ist. (3) Die Höhe der Gebühr richtet sich nach dem Rechtszug, in dem die Hauptverhandlung vermieden wurde. Für den Wahlanwalt bemisst sich die Gebühr nach der Rahmenmitte.	in Höhe der jeweiligen Verfahrensgebühr	
	Abschnitt 3 **Gerichtliche Verfahren bei Freiheitsentziehung, bei Unterbringung und bei sonstigen Zwangsmaßnahmen**		
6300	Verfahrensgebühr in Freiheitsentziehungssachen nach § 415 FamFG, in Unterbringungssachen nach § 312 FamFG und in Verfahren nach § 151 Nr. 6 und 7 FamFG .... Die Gebühr entsteht für jeden Rechtszug.	48,00 bis 564,00 €	245,00 €
6301	Terminsgebühr in den Fällen der Nummer 6300 .... Die Gebühr entsteht für die Teilnahme an gerichtlichen Terminen.	48,00 bis 564,00 €	245,00 €
6302	Verfahrensgebühr in sonstigen Fällen .... Die Gebühr entsteht für jeden Rechtszug des Verfahrens über die Verlängerung oder Aufhebung einer Freiheitsentziehung nach den §§ 425 und 426 FamFG oder einer Unterbringungsmaßnahme nach den §§ 329 und 330 FamFG.	24,00 bis 360,00 €	154,00 €
6303	Terminsgebühr in den Fällen der Nummer 6302 .... Die Gebühr entsteht für die Teilnahme an gerichtlichen Terminen.	24,00 bis 360,00 €	154,00 €
	Abschnitt 4 **Gerichtliche Verfahren nach der Wehrbeschwerdeordnung**		
	Vorbemerkung 6.4: (1) Die Gebühren nach diesem Abschnitt entstehen in Verfahren auf gerichtliche Entscheidung nach der WBO, auch i.V.m. § 42 WDO, wenn das Verfahren vor dem Truppendienstgericht oder vor dem Bundesverwaltungsgericht an die Stelle des Verwaltungsrechtswegs gemäß § 82 SG tritt. (2) Soweit wegen desselben Gegenstands eine Geschäftsgebühr nach Nummer 2302 für eine Tätigkeit im Verfahren über die Beschwerde oder über die weitere Beschwerde vor einem Disziplinarvorgesetzten entstanden ist, wird diese Gebühr zur Hälfte, höchstens jedoch mit einem Betrag von 225,00 €, auf die Verfahrensgebühr des gerichtlichen Verfahrens vor dem Truppendienstgericht oder dem Bundesverwaltungsgericht angerechnet. Sind mehrere Gebühren entstanden, ist für die Anrechnung die zuletzt entstandene Gebühr maßgebend.		
6400	Verfahrensgebühr für das Verfahren auf gerichtliche Entscheidung vor dem Truppendienstgericht	96,00 bis 815,00 €	
6401	Terminsgebühr je Verhandlungstag in den in Nummer 6400 genannten Verfahren	96,00 bis 815,00 €	
6402	Verfahrensgebühr für das Verfahren auf gerichtliche Entscheidung vor dem Bundesverwaltungsgericht, im Verfahren über die Rechtsbeschwerde oder im Verfahren über die Beschwerde gegen die Nichtzulassung der Rechtsbeschwerde .... Die Gebühr für ein Verfahren über die Beschwerde gegen die Nichtzulassung der Rechtsbeschwerde wird auf die Gebühr für ein nachfolgendes Verfahren über die Rechtsbeschwerde angerechnet.	120,00 bis 947,00 €	
6403	Terminsgebühr je Verhandlungstag in den in Nummer 6402 genannten Verfahren	120,00 bis 947,00 €	
	Abschnitt 5 **Einzeltätigkeiten und Verfahren auf Aufhebung oder Änderung einer Disziplinarmaßnahme**		
6500	Verfahrensgebühr .... (1) Für eine Einzeltätigkeit entsteht die Gebühr, wenn dem Rechtsanwalt nicht die Verteidigung oder Vertretung übertragen ist. (2) Die Gebühr entsteht für jede einzelne Tätigkeit gesondert, soweit nichts anderes bestimmt ist. § 15 RVG bleibt unberührt. (3) Wird dem Rechtsanwalt die Verteidigung oder Vertretung für das Verfahren übertragen, werden die nach dieser Nummer entstandenen Gebühren auf die für die Verteidigung oder Vertretung entstehenden Gebühren angerechnet.	24,00 bis 360,00 €	154,00 €

Nr.	Gebührentatbestand	Gebühr	
		Wahlverteidiger oder Verfahrensbevollmächtigter	gerichtlich bestellter oder beigeordneter Rechtsanwalt
	(4) Eine Gebühr nach dieser Vorschrift entsteht jeweils auch für das Verfahren nach der WDO vor einem Disziplinarvorgesetzten auf Aufhebung oder Änderung einer Disziplinarmaßnahme und im gerichtlichen Verfahren vor dem Wehrdienstgericht.		

Teil 7: Auslagen

Nr.	Auslagentatbestand	Höhe
	Vorbemerkung 7: (1) Mit den Gebühren werden auch die allgemeinen Geschäftskosten entgolten. Soweit nachfolgend nichts anderes bestimmt ist, kann der Rechtsanwalt Ersatz der entstandenen Aufwendungen (§ 675 i.V.m. § 670 BGB) verlangen. (2) Eine Geschäftsreise liegt vor, wenn das Reiseziel außerhalb der Gemeinde liegt, in der sich die Kanzlei oder die Wohnung des Rechtsanwalts befindet. (3) Dient eine Reise mehreren Geschäften, sind die entstandenen Auslagen nach den Nummern 7003 bis 7006 nach dem Verhältnis der Kosten zu verteilen, die bei gesonderter Ausführung der einzelnen Geschäfte entstanden wären. Ein Rechtsanwalt, der seine Kanzlei an einen anderen Ort verlegt, kann bei Fortführung eines ihm vorher erteilten Auftrags Auslagen nach den Nummern 7003 bis 7006 nur insoweit verlangen, als sie auch von seiner bisherigen Kanzlei aus entstanden wären.	
7000	Pauschale für die Herstellung und Überlassung von Dokumenten:	
	1. für Kopien und Ausdrucke a) aus Behörden- und Gerichtsakten, soweit deren Herstellung zur sachgemäßen Bearbeitung der Rechtssache geboten war, b) zur Zustellung oder Mitteilung an Gegner oder Beteiligte und Verfahrensbevollmächtigte aufgrund einer Rechtsvorschrift oder nach Aufforderung durch das Gericht, die Behörde oder die sonst das Verfahren führende Stelle, soweit hierfür mehr als 100 Seiten zu fertigen waren, c) zur notwendigen Unterrichtung des Auftraggebers, soweit hierfür mehr als 100 Seiten zu fertigen waren, d) in sonstigen Fällen nur, wenn sie im Einverständnis mit dem Auftraggeber zusätzlich, auch zur Unterrichtung Dritter, angefertigt worden sind:	
	für die ersten 50 abzurechnenden Seiten je Seite	0,50 €
	für jede weitere Seite	0,15 €
	für die ersten 50 abzurechnenden Seiten in Farbe je Seite	1,00 €
	für jede weitere Seite in Farbe	0,30 €
	2. Überlassung von elektronisch gespeicherten Dateien oder deren Bereitstellung zum Abruf anstelle der in Nummer 1 Buchstabe d genannten Kopien und Ausdrucke: je Datei	1,50 €
	für die in einem Arbeitsgang überlassenen, bereitgestellten oder in einem Arbeitsgang auf denselben Datenträger übertragenen Dokumente insgesamt höchstens	5,00 €
	(1) Die Höhe der Dokumentenpauschale nach Nummer 1 ist in derselben Angelegenheit und in gerichtlichen Verfahren in demselben Rechtszug einheitlich zu berechnen. Eine Übermittlung durch den Rechtsanwalt per Telefax steht der Herstellung einer Kopie gleich. (2) Werden zum Zweck der Überlassung von elektronisch gespeicherten Dateien Dokumente im Einverständnis mit dem Auftraggeber zuvor von der Papierform in die elektronische Form übertragen, beträgt die Dokumentenpauschale nach Nummer 2 nicht weniger, als die Dokumentenpauschale im Fall der Nummer 1 betragen würde.	
7001	Entgelte für Post- und Telekommunikationsdienstleistungen Für die durch die Geltendmachung der Vergütung entstehenden Entgelte kann kein Ersatz verlangt werden.	in voller Höhe
7002	Pauschale für Entgelte für Post- und Telekommunikationsdienstleistungen (1) Die Pauschale kann in jeder Angelegenheit anstelle der tatsächlichen Auslagen nach Nummer 7001 gefordert werden. (2) Werden Gebühren aus der Staatskasse gezahlt, sind diese maßgebend.	20 % der Gebühren – höchstens 20,00 €
7003	Fahrtkosten für eine Geschäftsreise bei Benutzung eines eigenen Kraftfahrzeugs für jeden gefahrenen Kilometer Mit den Fahrtkosten sind die Anschaffungs-, Unterhaltungs- und Betriebskosten sowie die Abnutzung des Kraftfahrzeugs abgegolten.	0,42 €
7004	Fahrtkosten für eine Geschäftsreise bei Benutzung eines anderen Verkehrsmittels, soweit sie angemessen sind	in voller Höhe
7005	Tage- und Abwesenheitsgeld bei einer Geschäftsreise	
	1. von nicht mehr als 4 Stunden	30,00 €
	2. von mehr als 4 bis 8 Stunden	50,00 €
	3. von mehr als 8 Stunden	80,00 €
	Bei Auslandsreisen kann zu diesen Beträgen ein Zuschlag von 50 % berechnet werden.	

Nr.	Auslagentatbestand	Höhe
7006	Sonstige Auslagen anlässlich einer Geschäftsreise, soweit sie angemessen sind	in voller Höhe
7007	Im Einzelfall gezahlte Prämie für eine Haftpflichtversicherung für Vermögensschäden, soweit die Prämie auf Haftungsbeträge von mehr als 30 Mio. € entfällt . . . . Soweit sich aus der Rechnung des Versicherers nichts anderes ergibt, ist von der Gesamtprämie der Betrag zu erstatten, der sich aus dem Verhältnis der 30 Mio. € übersteigenden Versicherungssumme zu der Gesamtversicherungssumme ergibt.	in voller Höhe
7008	Umsatzsteuer auf die Vergütung . . . . Dies gilt nicht, wenn die Umsatzsteuer nach § 19 Abs. 1 UStG unerhoben bleibt.	in voller Höhe

Anlage 2

(zu § 13 Absatz 1 Satz 3)

Gegenstandswert bis ... €	Gebühr ... €	Gegenstandswert bis ... €	Gebühr ... €
500	51,50	**50 000**	1 357,00
1 000	93,00	**65 000**	1 456,50
1 500	134,50	**80 000**	1 556,00
2 000	176,00	**95 000**	1 655,50
3 000	235,50	**110 000**	1 755,00
4 000	295,00	**125 000**	1 854,50
5 000	354,50	**140 000**	1 954,00
6 000	414,00	**155 000**	2 053,50
7 000	473,50	**170 000**	2 153,00
8 000	533,00	**185 000**	2 252,50
9 000	592,50	**200 000**	2 352,00
10 000	652,00	**230 000**	2 492,00
13 000	707,00	**260 000**	2 632,00
16 000	762,00	**290 000**	2 772,00
19 000	817,00	**320 000**	2 912,00
22 000	872,00	**350 000**	3 052,00
25 000	927,00	**380 000**	3 192,00
30 000	1 013,00	**410 000**	3 332,00
35 000	1 099,00	**440 000**	3 472,00
40 000	1 185,00	**470 000**	3 612,00
45 000	1 271,00	**500 000**	3 752,00

Stichwortverzeichnis

fette Zahlen = Paragrafen, magere Zahlen = Randnummern